SCHRIFTEN ZUR PHÄNOMENOLOGIE EDMUND HUSSERLS

PHILOSOPHY SERIES: 4

Schriften zur Phänomenologie Edmund Husserls

Herausgegeben von Diler Ezgi Tarhan

First published in 2023 by Transnational Press London in the United Kingdom, 13 Stamford Place, Sale, M33 3BT, UK.
www.tplondon.com

ISBN: 978-1-80135-172-0 (Paperback)
ISBN: 978-1-80135-173-7 (Digital)

Cover Design: Nihal Yazgan
Cover Photo: Edmund Husserl in 1910s

Transnational Press London Ltd. is a company registered in England and Wales No. 8771684.

SCHRIFTEN ZUR PHÄNOMENOLOGIE EDMUND HUSSERLS

Herausgegeben von Diler Ezgi Tarhan

TRANSNATIONAL PRESS LONDON

2023

Can suyu ömrümün,

Annem Dilek Yabar Tarhan'a…

DIE AUTOREN*

Alexander Schnell

Alexei Krioukov

Bernhard Waldenfels

Celia Cabrera

Dan Zahavi

Dieter Lohmar

Diler Ezgi Tarhan

Dulce María Ríos Torres

Flávio Vieira Curvello

Hernán Gabriel Inverso

Jesus Guillermo Ferrer Ortega

Junesang Ahn

Odysseus Stone

Philipp Battermann

Regina Schreiber

Santiago Sourigues

Saulius Geniusas

Sebastian Luft

Takuya Nakamura

Thiemo Breyer

Thomas Byrne

Thomas Dojan

Thomas Fuchs

Ying Chien Yang

---

* Die Namen werden alphabetisch nach Vornamen aufgelistet.

INHALT

Vorwort 5
Danksagung 11
Die Autorenbiografien 13

DIE PHÄNOMENALISIERUNG DES PHÄNOMENS. GRUNDLINIEN EINER PHÄNOMENOLOGISCHEN METAPHYSIK 23
Alexander Schnell

ÜBER DIE MÖGLICHKEIT VISUELLEN DENKENS 35
Alexei Krioukov

EDMUND HUSSERLS PHÄNOMENOLOGIE DER ERFAHRUNG 49
Bernhard Waldenfels

ÜBER PRAKTISCHE SELBSTBESTIMMUNG UND DIE ETHISCHE SELBSGESTALTUNG DES LEBENS BEI HUSSERL 61
Celia Cabrera

PHÄNOMENOLOGIE UND ACHTSAMKEIT 77
Odysseus Stone und Dan Zahavi

DAS SUBJEKT IN DER GENETISCHEN PHÄNOMENOLOGIE HUSSERLS UND SEINE BEDEUTUNG FÜR DIE PHILOSOPHIE DER GEGENWART 97
Dieter Lohmar

REINES TRANSZENDENTALES BEWUSSTSEIN IN DER PHÄNOMENOLOGIE HUSSERLS 107
Diler Ezgi Tarhan

HUSSERLS PHÄNOMENOLOGISCHE ZEITANALYSE. ICH, IDENTİTÄT UND ZEITLICHKEIT BEI HUSSERL 119
Dulce María Ríos Torres

BRENTANO UND DIE III. LOGISCHE UNTERSUCHUNG 129
Flávio Vieira Curvello

HUSSERLS RÄTSEL: DER WEG ZUR GÖTTLICHEN SENSIBILITÄT 147
Hernán Gabriel Inverso

HISTORIZITÄT UND PHILOSOPHIE JOSÉ GAOS' REZEPTION DER PHÄNOMENOLOGIE VON EDMUND HUSSERL 159
Jesus Guillermo Ferrer Ortega

HINSICHTLICH DES GRUNDMOTIVS DER TRANSZENDENTALEN PHÄNOMENOLOGIE: DIE PROBLAMATIK DES APODIKTISCHEN NORMBEGRIFFS BEI HUSSERL 171
June-sang Ahn

DIE GESTALTEIGENSCHAFT DER HARMONIE IN DER PHÄNOMENOLOGIE HUSSERLS UND DIE BLOSS WIRKLICHE UNTER DEN MÖGLICHEN WELTEN 187
Philipp Battermann

WIEDERVEREINIGUNG VON LEBENSWELTEN? UMBRUCHSERFAHRUNGEN „OSTDEUTSCHER" WÄHREND DER NACHWENDEJAHRE NACH DER WIEDERVEREINIGUNG DEUTSCHLANDS 1989/90 UND ANSÄTZE AUS DER PHÄNOMENOLOGIE EDMUND HUSSERLS ZUR INTERSUBJEKTIVEN GEMEINSCHAFTSKONSTITUTION 205
Regina Schreiber

DIE ÜBERTRAGUNG ALS GRUNDGESETZLICHKEIT DER ERFAHRUNGSSTRUKTUREN. EIN INTERDISZIPLINÄRER ANSATZ ZUR ÜBERTRAGUNG IN PHÄNOMENOLOGIE UND PSYCHOANALYSE 227
Santiago Sourigues

HUSSERLS BEGRIFFE DER APPERZEPTION UND WELTAPPERZEPTION 249
Saulius Geniusas

HUSSERL ALS PHILOSOPH DER AUFKLÄRUNG 261
Sebastian Luft

EINSTRÖMEN: DIE DYNAMISCHE STRUKTUR DES TRANSZENDENTALEN LEBENS 273
Takuya Nakamura

UNSICHTBARE GRENZEN. ZUR PHÄNOMENOLOGIE DER NORMALITÄT, LIMINALITÄT UND ANOMALITÄT 285
Thiemo Breyer

SURROGATE UND LEERE INTENTIONEN: HUSSERLS *"ÜBER DIE LOGIK DER ZEICHEN"* ALS ENTWURF FÜR SEINE ERSTE LOGISCHE UNTERSUCHUNG 301
Thomas Byrne

DAS ALTE EGO UND SEINE NEUEN GEWOHNHEITEN. HUSSERLS WEG ZUM TRANSZENDENTALEN EGO UND SEINE NEBENPFADE 317
Thomas Dojan

VERTRAUTHEIT UND VERTRAUEN ALS GRUNDLAGEN DER LEBENSWELT 335
Thomas Fuchs

DIE AFFEKTION IN DEN *C-MANUSKRIPTEN* —EINE UNTERSUCHUNG DES OBJEKTIVIERENDEN AKTS 349
Ying-Chien Yang

VORWORT

Dieses Buch, das aus dreiundzwanzig verschiedenen Texten besteht, die verschiedene Probleme der Phänomenologie Husserls aus unterschiedlichen Perspektiven erörtern, wird in zwei getrennten Bänden, dem deutschen Original und der türkischen Übersetzung, veröffentlicht, um das Studium der Phänomenologie in der Türkei zu fördern. Obwohl die Hermeneutik in der deutschen Sprache in der Türkei eine populäre Aufmerksamkeit genießt und die französische Phänomenologie in der frankophonen Tradition viel Beachtung findet, wurde die Phänomenologie Husserls in der akademischen Gemeinschaft weitgehend vernachlässigt. Um dem Studium der deutschen Phänomenologie in der Türkei den Weg zu ebnen und Impulse für das Studium von Husserl im Besonderen zu geben, haben wir Originaltexte von führenden Professoren des Fachs und jungen Phänomenologen zusammengestellt, die sich akribisch mit der Phänomenologie Husserls auseinandersetzen.

Alexander Schnell hat einen Beitrag mit dem Titel *„Die Phänomenolasierung des Phänomens. Grundlinien einer phänomenologischen Metaphysik"* beigesteuert, in dem er die Punkte diskutiert, in denen sich Husserls transzendentale Phänomenologie vom kantischen transzendentalen Idealismus und damit vom klassischen deutschen Idealismus im Allgemeinen unterscheidet. In dieser Studie, die sich mit den Grundzügen der phänomenologischen Metaphysik, insbesondere mit der Unterscheidung zwischen Husserls Phänomenbegriff und dem kantischen Phänomenbegriff beschäftigt, hat Schnell die historische Position der Husserlschen Phänomenologie im Vergleich zu Philosophen wie Fichte, Fink, Kant usw. dargestellt.

Alexei Krioukov hat sich in seinem Artikel *„Über die Möglichkeit visuellen Denkens"* auf den Unterschied zwischen *„Sehen"* und *„Betrachten"* konzentriert und erörtert die Möglichkeit des *visuellen Denkens*, das dem Denken vorausgeht. In dieser Studie, in der das visuelle Denken im Zusammenhang mit der Anschaulichkeit, dem *vor-prädikativen Denken* und dem *Bildbewusstsein* diskutiert wird, hat Krioukov die eigentümliche Logik des *Sehens* und die *Organisationsprinzipien der visuellen Wahrnehmung* phänomenologisch analysiert.

Bernhard Waldenfels hat in seinem Beitrag *„Edmund Husserls Phänomenologie der Erfahrung"* eine umfassende Zusammenfassung der Grundbegriffe und Grundprobleme der Husserlschen Phänomenologie vorgelegt. Reduktionen, die in der Husserlschen Phänomenologie von großer methodischer Bedeutung sind, werden als phänomenologischer *Abbau* und das Problem der Konstitution, das in der genetischen Phänomenologie besonders vertieft wird, als phänomenologischer *Aufbau* diskutiert. In diesem Artikel werden die Hauptprobleme der Husserlschen Phänomenologie anhand der Begriffe *Affektion, Fremderfahrung, Intentionalität, phänomenologische Reduktion und Responsivität* mit dem Schwerpunkt *‚Erfahrung'* erörtert und ein allgemeiner Überblick gegeben, der den Zweck und die Methode der Husserlschen Phänomenologie beleuchtet.

Celia Cabrera hat in ihrem Artikel *„Über die ethische Selbstgestaltung des Lebens und die praktische Selbstbestimmung bei Husserl"* das Recht auf Selbstbestimmung im Lichte von Husserls Ansichten zum Problem der Freiheit des Individuums diskutiert. Der in der Husserlschen Phänomenologie hergestellte Zusammenhang zwischen Entscheidungsprozess und Zeitlichkeit bestimmt die Grenzen der Willensfreiheit aus phänomenologischer Sicht; der praktische Kontext des Entscheidungsaktes wird im Zusammenhang mit diesen Grenzen diskutiert. Das Verhältnis von Entscheidung, Handlung und normativen Prinzipien wird anhand von *Husserls ethischen Vorlesungen und Manuskripten aus den 20er Jahren erläutert, die von einer teleologischen Konzeption des personalen Lebens geprägt sind und die sich durch seine Ansichten über die teleologische Konstitution des personalen Lebens* auszeichnen.

In ihrem Artikel *„Phänomenologie und Achtsamkeit"* erörtern Odysseus Stone und Dan Zahavi Aspekte der Phänomenologie, die für die Forschung in den Bereichen künstliche Intelligenz, Philosophie des Geistes, Psychotherapie und Neurowissenschaften nützlich sein können. Der Bereich der transzendentalen Phänomenologie, der uns mit dem Phänomen des reinen Bewusstseins konfrontiert, dem Bereich der reinen Erlebnisse, die frei von weltlichen Erfahrungen sind, verbindet uns mit dem Bereich der kognitiven Psychotherapie durch interessante Verbindungen mit der meditativen Erfahrung im Buddhismus. Indem er die fernöstliche Meditationspraxis in Bezug auf die phänomenologische Epoche als eine Art Rückzug aus der Welt interpretiert, zeigt dieser Artikel die mögliche Zusammenarbeit der Phänomenologie mit den Neurowissenschaften und der Psychiatrie als apriorische Wissenschaft der *unmittelbaren Erlebnisse* im Lichte der interessanten Gemeinsamkeiten zwischen meditativer Erfahrung und *phänomenologischer Achtsamkeit* im Buddhismus auf.

Dieter Lohmar analysiert in seinem Artikel *„Das Subjekt in der genetischen Phänomenologie Husserls und seine Bedeutung für die Philosophie der Gegenwart"* Husserls Verständnis des ‚Subjekts' im Hinblick auf seine späte Phänomenologie nach 1915. Der Artikel diskutiert die Bedeutung der Weltkonstitution des Subjekts in der genetischen Phänomenologie und die Frage, ob die *gemeinschaftliche Konstitution* der Welt für Husserl *unverzichtbar* ist. Er analysiert die zeitliche Erfahrung des Individuums durch das Problem des Horizonts, der Erinnerung und der Konstitution. Die Lehre vom *‚Personalismus'*, die zusammen mit der *Intersubjektivität* und der *gemeinschaftlichen Konstitution* zu den wichtigsten Auffassungen der genetischen Phänomenologie gehört, führt uns zu einer Phänomenologie der vor-sprachlichen und *vor-prädikativen* Erfahrung. In diesem Zusammenhang wird die Rolle und Bedeutung von Husserls *typisierender Apperzeption* für das Gemeinschaftsbewusstsein und die *gemeinschaftliche Konstitution* diskutiert.

In ihrem Artikel *„Reines Transzendentales Bewusstsein in der Phänomenologie Husserls"* befasst sich Diler Ezgi Tarhan mit der Konstituierung transzendentaler Bewusstseinserfahrungen anhand der Unterscheidung von *‚Erfahrung'* und *‚Erlebnis'* in Husserls statischer Phänomenologie. Diese Diskussion über reine Bewusstseinserfahrungen, die sich vor allem auf Husserls *Logische Untersuchungen* und *Ideen* stützt, zeigt auch die Kritik an den vorphänomenologischen Ansichten des Philosophen auf, in denen er fälschlicherweise reine Bewusstseinserfahrungen mit Sinneseindrücken und Vorstellungen gleichsetzt. Der Artikel diskutiert die Möglichkeit eines reinen transzendentalen Bewusstseins in Husserls Phänomenologie, ausgehend von der Unterscheidung zwischen *sinnlicher Anschauung*, die uns durch *mittelbare Erfahrung* mit einer materiellen Ontologie verbindet, und kategorischer Anschauung, die uns durch unmittelbare Erfahrung zu einer formalen Ontologie führt.

Dulce María Ríos Torres, *„Husserls phänomenologische Zeitanalyse. Ich, Identität und Zeitlichkeit bei Husserl"* befasst sich mit der Zeiterfahrung des Ich-Begriffs und dem inneren Zeitbewusstsein in der Phänomenologie Husserls. Das Problem von *Identität* und *Zeitlichkeit*, das allgemein im Kontext der phänomenologischen Intersubjektivität diskutiert wird, wird unter besonderer Berücksichtigung der *Ideen II* von Husserl untersucht. Ausgehend von der Unterscheidung zwischen dem transzendentalen Ich und der cartesianischen Substanz (solus ipse) in Husserls Phänomenologie werden die zeitliche Erfahrung des transzendentalen Ichs und die Möglichkeit des Ichs, in allen unterschiedlichen Bedeutungsmodifikationen mit sich selbst identisch zu bleiben, diskutiert.

Flávio Vieira Curvello diskutiert in seinem Artikel *„Brentano und die 3. logische Untersuchung"* die Kritik Husserls an den atomistischen Ansichten seines Lehrers Brentano. Diese Kritik, die unter Bezugnahme auf den zweiundzwanzigsten Absatz (§22) des dritten Teils von Husserls *Logischen Untersuchungen* ausgewertet wird, wird mit Brentanos *Deskriptiver Psychologie* verglichen und zeigt, dass es klare Unterschiede zwischen Brentanos und Husserls Antiatomismus gibt. Diese Studie, die die Ansichten beider Denker zur Phänomenologie der Wahrnehmung, zur Mereologie und zum Atomismus über die konstitutive Natur des Bewusstseins einbezieht, bietet eine qualifizierte Zusammenfassung der philosophischen Positionen von Brentano und Husserl in vergleichender Weise.

Hernán Gabriel Inverso bezieht sich in seinem Beitrag *„Husserls Rätsel: Der Weg zur göttlichen Sensibilität"* auf die rätselhaften Entdeckungen der phänomenologischen Suche nach Klarheit und untersucht die Bedingungen für die Erlangung *evidenter* Erkenntnis durch den phänomenologischen Entdeckungsprozess des transzendentalen Ich. Nachdem er den Unterschied zwischen *Körper* und *Leib* im Sinne der Husserlschen Phänomenologie herausgearbeitet hat, unterzieht Inverso, der sich mit der Verbindung der *konstitutiven Funktion des Körpers* mit der *Intersubjektivität* befasst, *Husserls Erkundungen des Ich und des Leibes* einer retrospektiven Befragung bis zu ihren letzten Grundlagen gemäß der Aufforderung, zu den Sachen selbst zurückzukehren.

Jesus Guillermo Ferrer Ortega stellt in diesem Artikel *„Historizität und Philosophie. José Gaos' Rezeption der Phänomenologie von Edmund Husserl"*, die unter dem Einfluss der Husserlschen Phänomenologie entwickelten Ansichten vor. Denn José Gaos war, indem er Husserls Hauptwerke ins Spanische übersetzte, maßgeblich an der Verbreitung der Phänomenologie Husserls in Spanien und Hispanoamerika beteiligt. Es ist der einzige Artikel in unserem Buch, der sich nicht direkt mit Husserls Konzepten und Problemen befasst, sondern erörtert die Ansichten der Husserlschen Phänomenologie zum Historismus durch Gaos. Da wir wissen, wie wichtig Gaos für Forscher ist, die sich mit der Phänomenologie in spanischer Sprache beschäftigen, haben wir es für nötig gehalten, diesen Artikel in unser Buch aufzunehmen.

In dem Artikel mit dem Titel *„Hinsichtlich des Grundmotivs der transzendentalen Phänomenologie: Die Problematik des apodiktischen Normbegriffs bei Husserl"* versucht June-sang Ahn, die apodiktische Grundlage des ethischen Normbegriffs bei Husserl aufzudecken. Begründet wird dieses Fundament durch die apriorische Wissenschaft des Bewusstseins, die Husserl im Bereich der transzendentalen Phänomenologie zu konstituieren versucht und die frei von jeder spekulativen Erkenntnis ist. June-sang Ahn beschäftigt sich mit der Beziehung zwischen Transzendentalphänomenologie und Ethik in Bezug auf das Problem der apodiktischen Rechtfertigung des Normbegriffs und interpretiert Husserls praktische Philosophie im Lichte der Praxeologie und Teleologie in der späten Kulturphänomenologie.

Philipp Battermann hat in seinem Beitrag *„Die Gestalteigenschaft der Harmonie in der Phänomenologie Husserls und die bloß wirkliche unter den möglichen Welten"* sich mit der Umkehrung des Leibnizschen Harmoniemotivs in der Phänomenologie Husserls *(die phänomenologische Umwendung des Harmoniemotivs Leibnizens in der Phänomenologie Edmund Husserls)* befasst und erklärt den *Gestalt*charakter, den der Harmoniegedanke in Husserls Phänomenologie erhält. Der Beitrag erläutert die Positionierung des Harmoniebegriffs im naiven Weltbild und in der Naturerfahrung im Sinne der Husserlschen Phänomenologie und zeigt die Unterschiede im Umgang mit dem Begriff bei Leibniz, Schütz und Goffmann auf.

Regina Schreibers Beitrag *„Wiedervereinigung von Lebenswelten? Umbruchserfahrungen ‚Ostdeutscher' während der Nachwendejahre nach der Wiedervereinigung Deutschlands 1989/90 und Ansätze aus der Phänomenologie Edmund Husserls zur intersubjektiven Gemeinschaftskonstitution"* ist kein abstrakter Artikel, der sich mit der Phänomenologie Husserls aus theoretischer Sicht befasst, sondern eine konkrete Beschreibung, die sie an ein praktisches Problem und einen Zeitraum anwendet. In diesem Beitrag werden die konkreten Erfahrungen der Ostdeutschen im Prozess der gesellschaftlichen Wiedervereinigung in den Übergangsjahren nach der Wiedervereinigung von Ost- und Westdeutschland 1989/90 im Lichte der Husserlschen Konzepte der intersubjektiven Gemeinschaftskonstitution, der Einfühlung und der Lebenswelt analysiert.

Santiago Sourigues untersucht in diesem Artikel „Das Übertragungsphänomen als Grundgesetzlichkeit der Erfahrungsstrukturen. Ein interdisziplinärer Ansatz zur Übertragung in Phänomenologie und Psychoanalyse" die Möglichkeit, das Phänomen der ‚Übertragung' in der Phänomenologie von Husserl und Merleau-Ponty als psychoanalytische Methode zu nutzen. Zu diesem Zweck wird das Phänomen der ‚Übertragung' bei Husserl im Hinblick auf die Gesetzmäßigkeit, auf der die passive Synthese der Assoziationen beruht, und bei Merleau-Ponty als Gesetz des Körpers und der Wahrnehmung analysiert, wodurch ein interdisziplinäres Feld eröffnet wird, das interessante Verbindungen zwischen Psychoanalyse, Psychopathologie und Phänomenologie herstellen kann.

In seinem Artikel *„Husserls Begriffe der Apperzeption und Weltapperzeption"* erklärt Saulius Geniusas, wie Husserl die Begriffe der *Apperzeption* und *Weltapperzeption* im Lichte der Manuskripte in Kapitel VII des Bandes XXXIX der Husserliana beschreibt und verdeutlicht den genetischen Unterschied zwischen diesen beiden Begriffen. Unter Hinweis darauf, dass die *Apperzeption* in der Husserlschen Phänomenologie als eine *Vielfalt von nicht-intuitiven Bewusstseinsmodi* zu verstehen ist, *die mit dem intuitiven Bewusstsein synthetisch vereinigt sind*, aber selbst nicht intuitiv sind, befasst sich der Artikel mit dem Verhältnis der vollständigen Wahrnehmung der Welt zu den konstitutiven Bewusstseinsmodi.

In seinem Artikel *„Husserl als Philosoph der Aufklärung"* argumentiert Sebastian Luft, dass Husserls transzendentale Phänomenologie eine konkrete Aufklärungsphilosophie fortführt. Die Phänomenologie Husserls ist als lebendige Theorie, deren Einflüsse bis in die Gegenwartsphilosophie hineinreichen, nichts anderes als eine transzendentale Interpretation des Idealismus, die als *‚aufgeklärte Lebensweise'* verstanden werden kann. Ausgehend von der Annahme, dass Husserls Phänomenologie, die als transzendentaler Idealismus verstanden wird, ein unvollendetes Projekt ist, interpretiert Luft Husserls Auffassungen von Kultur und Lebenswelt mit der Mentalität der Aufklärung. In diesem Artikel analysiert Luft Husserl als Aufklärer, um die Beziehung zwischen Husserls Phänomenologie und der Moderne herzustellen.

In seinem Artikel *„Einströmen: Die dynamische Struktur des transzendentalen Lebens"* erläutert Takuya Nakamura das Konzept des *‚Einströmens'* unter Bezugnahme auf Husserls Krisis-Text. Nakamura, der dieses Konzept auf zwei verschiedenen Wegen sowohl als *das Einströmen der Sonderwelten in die Lebenswelt* als auch als *das Einströmen des transzendentalen Lebens in das natürliche Leben* behandelt, verweist auf die phänomenologische Zirkularität in all dieser Transitivität. Mit der Befreiung des Alltagslebens von seiner Naivität (durch phänomenologische und eidetische Reduktionen) fließt das transzendentale Leben in das natürliche Leben ein; das Bewusstsein ist in der Lage, das transzendentale Leben aus dem natürlichen Leben durch den Begriff des *Einströmens* zu konstituieren.

Thiemo Breyer analysiert in seinem Beitrag *„Unsichtbare Grenzen. Zur Phänomenologie der Normalität, Liminalität und Anomalität"* den ‚Schwellen'-Grenzzustand zwischen den Zuständen der Normalität und der Anomalie, der eine Brücke zwischen Psychopathologie und Phänomenologie schlägt. Dieser ‚Schwellenzustand' den Husserl durch die Grenzerfahrungen des Einschlafens und des Verrücktwerdens veranschaulicht, und der Zwischenraum und die Zwischenzeit, die er schafft, eröffnen ein neues Reflexionspotenzial, in dem Erfahrungen, die zuvor im Sinne von Normalität und Anomalie definiert waren, viel deutlicher sichtbar werden. Phänomenologische Analysen des Grenzzustands des Schwellenseins und der empirischen Struktur anomaler Bewusstseinszustände können einer fruchtbaren Zusammenarbeit zwischen Phänomenologie und Psychopathologie dienen, und pathologische Diagnosen in der Psychiatrie können Licht auf phänomenologische Analysen des Bewusstseins werfen.

Thomas Byrne erklärt in seinem Beitrag *„Surrogate und leere Intentionen: Husserls 'Über die Logik der Zeichen' als Entwurf für seine erste logische Untersuchung"* Husserls Philosophie der Surrogate in seinem frühesten Werk (1890), „Über die Logik der Zeichen (Semiotik)", und analysiert seine psychologischen und logischen Untersuchungen der Surrogate. Obwohl Husserl in seinen Logischen Untersuchungen die Philosophie der Surrogate aus dem Frühwerk verwarf und stattdessen die Theorie der leeren Intention übernahm, ist die Rolle dieses semiotischen Hintergrunds für die Entstehung der Phänomenologie nicht zu leugnen. In den Logischen Untersuchungen erklärte Husserl die Möglichkeit, dass nichtexistierende Objekte vom Bewusstsein durch leere Absichten erfahren werden können.

Thomas Dojan versucht in seinem Artikel *„Das alte Ego und seine neuen Gewohnheiten - Husserls Weg zum transzendentalen Ego und seine Nebenpfade"* die Frage zu beantworten, wie das transzendentale Ich erfahren wird. Dieser Artikel analysiert auch Husserls Auffassung vom *‚Ich'* und unterscheidet zwischen *philosophierendem Ich*, *empirischem Ich*, *kulturellem Ich*, *transzendentem Ich*, *noetischem Ich* und *genetischem Ich*. Insbesondere wird der Rückgang des *philosophierenden Ichs* in den *Cartesianischen Meditationen* zum Ich der reinen *cogitationes* in der transzendentalen Reduktion analysiert.

In seinem Artikel *„Vertrautheit und Vertrauen als Grundlagen der Lebenswelt"* analysiert Thomas Fuchs die Vertrautheit mit der Lebenswelt und argumentiert, dass wir, wenn wir etwas wahrnehmen oder eine Handlung mit unserem Körper ausführen, auch mit typisch wiederkehrenden Situationen und vertrauten Gegenständen vertraut werden. All diese Vertrautheit wird durch Interaktionen im Alltag, die oft unhinterfragt akzeptiert werden, und durch die Lebenspraktiken des gesunden Menschenverstands der betreffenden Gesellschaft genährt. Das Vertrauen in das, was uns vertraut ist, ist der Gegenpol zu Freuds Konzept des Unheimlichen und bedeutet, wie der Begriff der *‚oikeiosis' (Einhausung / Die Beheimatung in der Welt)* in der stoischen Philosophie, sowohl, zu Hause sein', ‚in der Welt sein', ‚lebendig sein' als auch ‚sicher sein'. In diesem Artikel, der darauf abzielt, die erste Entdeckung der lebendigen Welt aus einer psychoanalytischen und phänomenologischen Perspektive durch diesen *‚Oikeiosis'*-Zustand zu analysieren, argumentiert diese Studie, die das Feld der Phänomenologie der Wahrnehmung mit Bezug auf die Kindheit und die psychoanalytischen Entwicklungsprozesse betritt, dass Stimmungsstörungen, die im Falle eines Traumas auftreten, auch durch den *Verlust* oder die Beschädigung dieser Gefühle *von Vertrauen und Vertrautheit* verursacht werden.

In seinem Artikel *„Die Affektion in den C-Manuskripten - Eine Untersuchung des objektivierenden Akts"* erörtert Ying-Chien Yang die objektivierende Funktion der Intentionalität. Bei der affektiven Wertintentionalität, der der Akt der Gestaltung des Objekts fehlt, findet der Akt der Objektivierung nicht statt. Unter Bezugnahme auf Husserls Erfahrung und Urteil wird der objektivierende Akt der genetischen Phänomenologie analysiert und sein Verhältnis zu Horizont, Affektion, Interesse, Kenntnis und Praxis diskutiert. Darüber hinaus beleuchtet die Studie, die die Aussagen in Husserls C-Manuskripten zum Verhältnis von Gefühlsaffektion und Kinästhese einbezieht, die Frage der Fundierung des nicht-objektivierenden Akts auf dem objektivierenden Akt.

DANKSAGUNG

-Tamer İlbuğa[1], der dieses Buch, das einen facettenreichen Überblick über die allgemeinen Probleme der Husserlschen Phänomenologie geben soll, übersetzt vom Deutschen ins Türkische hat, hat mit seiner Freundschaft und Unterstützung nicht nur einen bedingungslosen Beitrag zu diesem Buch geleistet, sondern mir mit seiner akribischen Übersetzung die Arbeit sehr erleichtert, und ich kann sogar sagen, dass die Möglichkeit der Entstehung des Buches dank ihm zustande kam. Ich schulde İlbuğa ein gesondertes Dankeschön für diese selbstlose Arbeit und ein gesondertes Dankeschön für seine Freundschaft und Bescheidenheit!

-Nur vier der dreiundzwanzig Texte des Buches sind in englischer Sprache. Da wir planen, das Buch in zwei getrennten Bänden auf *Deutsch und Türkisch* zu veröffentlichen, um die sprachliche Einheit zu gewährleisten, möchte ich dem lieben Matthias Kyska[2] für seine Hilfe bei der Übersetzung dieser vier Texte aus dem Englischen ins Deutsche danken.

-Ich möchte meiner lieben Familie, die meine größte Chance im Leben ist, für all ihre Unterstützung bei der Vorbereitung des Buches für die Veröffentlichung danken.

-Ich möchte İbrahim Sirkeci und Nihal Yazgan sowie dem gesamten Team von *Transnational Press London* für ihre konstruktive Haltung und Unterstützung danken.

-Vielen Dank an Can Kansın für seine Hilfe über die formalen Probleme, auf die ich bei der Vorbereitung des Buches zur Veröffentlichung gestoßen bin.

-Und der größte Dank gilt natürlich meinen geschätzten Professoren, lieben Kollegen und Freunden, die mit ihren Beiträgen zu diesem Buch beigetragen haben:

Mein Dank gilt an Bernhard Waldenfels, Dieter Lohmar, Thiemo Breyer, Alexander Schnell, Dan Zahavi, Sebastian Luft, Saulius Geniusas, Thomas Fuchs, Alexei Krioukov, Takuya Nakamura, Flávio Vieira Curvello, Thomas Byrne, Hernán Gabriel Inverso, Ying Chien Yang, Celia Cabrera, Philipp Battermann, Junesang Ahn, Thomas Dojan, Dulce María Ríos Torres, Regina Schreiber, Jesus Guillermo Ferrer Ortega, Odysseus Stone und Santiago Sourigues.

Diler Ezgi TARHAN

[1] Tamer Ilbuğa hat nach dem Sozialökonomiestudium in Hamburg in verschiedenen Organisationen u.a. im Bereich der Migration gearbeitet. Von 2008 bis 2017 arbeitete er zuerst als Projektkoordinator und dann als Dozent im Fachbereich Internationale Beziehungen der Akdeniz Universität in Antalya. Er hat u.a. Vorlesungen über Deutsch-Türkische Beziehungen, Geschichte der Europäischen Union und Internationale Organisationen gehalten. Seit 2018 arbeitet er als freiberuflicher Übersetzer. tamer.ilbuga@gmx.de

[2] Matthias Kyska hat in Wien Philosophie und Unternehmensführung studiert und arbeitet seit mehreren Jahren als Deutschlehrer und freier Übersetzer in Istanbul. matthias.kyska@gmail.com

DIE AUTORENBIOGRAFIEN

Prof. Dr. Alexander Schnell

Professor für theoretische Philosophie und Phänomenologie
Fakultät für Geistes- und Kulturwissenschaften
Bergische Universität Wuppertal
Gaußstraße 20, D-42119, Wuppertal/Deutschland
https://aschnell.eu/
schnell@uni-wuppertal.de

Alexander Schnell ist Professor für theoretische Philosophie und Phänomenologie an der Bergischen Universität Wuppertal. Er leitet dort das Institut für Transzendentalphilosophie und Phänomenologie (ITP). Diesem sind das Internationale Fichte-Forschungszentrum (IFF), das Eugen-Fink-Zentrum Wuppertal (EFZW), die Archivbibliothek Post-Neukantianismus und kritischer Idealismus der Gegenwart (APIG), das Marc-Richir-Archiv (MRA), das Archiv für phänomenologische Forschung (APF) und das Zentrum für Prinzipienforschung (ZePF) angegliedert. Er ist einer der führenden Experten auf dem Gebiet der Phänomenologie der Gegenwart. Seit 2016 ist er Präsident der Association Internationale de Phénoménologie (vormals Association pour la Promotion de la Phénoménologie). Alexander Schnells Forschungsschwerpunkte sind auf der systematischen Ebene die Erkenntnistheorie, Transzendentalphilosophie, Ontologie und Metaphysik; die historischen Schwerpunkte liegen in der Klassischen Deutschen Philosophie und in der Philosophie des 20. und 21. Jahrhunderts (insbesondere in der deutschen und der französischen Phänomenologie). Er hat mehrere international beachtete Publikationen auf dem Gebiet der Phänomenologie auf Französisch, Englisch und Deutsch veröffentlicht.

■■■

Prof.Dr.Alexei Krioukov

Staatliche Universität Samarkand, Usbekistan
Department of Philosophy
University Boulevard 15, 703004, Samarkand / Usbekistan
akrum@ya.ru

Er arbeitete viele Jahre an der Philosophischen Fakultät der Staatlichen Universität St. Petersburg und leitete das Institut für Soziologie der Russischen Akademie der Wissenschaften. Er ist Autor des deutschsprachigen Buches „Das Problem der Intersubjektivität bei Husserl und Sartre" und hat in mehreren Fachzeitschriften und Bücher zur Phänomenologie in deutscher, englischer und russischer Sprache publiziert. Er arbeitet an der Schnittstelle zwischen deutscher und französischer Phänomenologie und schlägt eine Brücke zwischen Existenzphilosophie und Phänomenologie. Er ist einer der Herausgeber der philosophischen Zeitschrift "HORIZON. Studies in Phenomenology". Seit 2023 arbeitet er an der Philosophischen Fakultät der Staatlichen Universität Samarkand, Usbekistan.

■■■

Prof. Em. Dr. Bernhard Waldenfels

Ruhr-Universität Bochum, Institut für Philosophie,
D-44780, Bochum / Deutschland
bernhard.waldenfels@ruhr-uni-bochum.de
Bernhard Waldenfels Archive, Albert-Ludwigs-Universität Freiburg
Kollegiengebäude I, Räume 1195 – 1198,
Platz der Universität 3, 79098, Freiburg i. Br. / Deutschland
https://www.husserlarchiv.de/bernhard-waldenfels-archiv

Der 1935 geborene Waldenfels gilt als einer der bedeutendsten lebenden Philosophen der Gegenwart auf dem Fach der Phänomenologie. Er ist Gründer der Deutschen Gesellschaft für phänomenologische Forschung. Er studierte Philosophie, Psychologie, Altphilologie, Theologie und Geschichte in Bonn, Innsbruck, München und Paris. Zwischen 1960 und 1962 arbeitete er in Paris mit den weltbekannten französischen Philosophen Paul Ricoeur und Maurice Merleau-Ponty zusammen. Von 1968 bis 1976 lehrte er am Philosophischen Seminar der Universität München, ab 1976 am Philosophischen Seminar der Ruhr-Universität Bochum, wo er 1999 emeritiert wurde. Er lehrte an den Universitäten von Paris, Hongkong, Louvain-la-Neuve, New York, Prag, Rom, Rotterdam und Wien. Zwischen 1992 und 1998 schlug er eine philosophische Brücke zwischen Frankreich und Deutschland durch das von der DFG geförderte Graduiertenkolleg Phänomenologie und Hermeneutik in Wuppertal und Bochum, das er leitete, und gleichzeitig durch den Arbeitskreis Phänomenologie und neuere französische Philosophie. Er leistete einen wichtigen Beitrag zur Rezeption und Interpretation zeitgenössischer französischer Philosophen wie Levinas, Ricoeur, Foucault und Derrida, insbesondere Merleau-Ponty, dessen Werke er ins Deutsche übersetzte. Seine Arbeiten zur Philosophie der „Responsivität", genauer der „responsiven Phänomenologie", wurden in zahlreiche Sprachen übersetzt. Seit 1975 ist er Herausgeber der Zeitschrift Philosophische Rundschau, seit 1983 der Buchreihe Übergänge und seit 1994 der Phänomenologischen Untersuchungen. Die Werke von Waldenfels, einem der Gründer des Freiburger Husserl-Archivs, werden im Bernhard Waldenfels-Archiv aufbewahrt, das anlässlich des 150. Geburtstags von Husserl (26.11.2009) an der Albert-Ludwigs-Universität Freiburg eröffnet wurde. Drei Bücher von Waldenfels wurden ins Türkische übersetzt: „Einführung in die Phänomenologie", „Grundmotive einer Phänomenologie des Fremden", „Spiegel, Spur und Blick. Zur Genese des Bildes". Darüber hinaus wurden verschiedene Artikel von Waldenfels in den Sammelband „Fenomenoloji ve Geleceği" von Mesut Keskin und in den Sammelband „Bir Arada. Das Dazwischen. In-Between" von Sanem Yazıcıoğlu zum Gedenken an Önay Sözer dem türkischsprachigen Publikum zugänglich gemacht. Auf Einladung von Önay Sözer nahm Waldenfels am 10. Juni 1999 an einer Konferenz mit Jacques Derrida an der Philosophischen Fakultät der Boğaziçi-Universität teil.

*Neben Derrida und Waldenfels nahmen auch Gabriella Baptist, Stefanos Yerasimos und Doğan Kuban an dieser Konferenz teil, die auf Einladung des am 04.12.2022 verstorbenen Prof. Önay Sözer stattfand; Önay Sözer veröffentlichte später das Buch „Pera Peras Poros mit Jacques Derrida".

■■■

Dr. Celia Cabrera

Academia Nacional de Ciencias de Buenos Aires
Centro de Estudios Filosóficos
Av. Alvear 1711 3º piso - C1014AAE
Buenos Aires - República Argentina
celiacabrera@gmx.com

Celia Cabrera ist Forscherin am Nationalen Rat für Technische und Wissenschaftliche Forschung (CONICET) in Argentinien. Sie hat ihre Promotion in Philosophie (Universität Buenos Aires, 2017) unter der Leitung von Prof.Dr.Roberto Walton abgeschlossen. Sie hat doktoralen und postdoktoralen Forschungsaufenthalte im Husserl-Archiv an der Universität zu Köln (2014; 2018) und am Institut für Philosophie der Karl Franzens Universität Graz (2015;2021) durchgeführt. Sie hat Stipendien vom CONICET, vom DAAD, vom Stipendienwerk Lateinamerika-Deutschland (ICALA) und vom Österreichischen Austauschdienstes (ÖeAD) bekommen. Das Thema ihre Dissertation war Husserls Ethik. Ihre Forschungsschwerpunkte sind die phänomenologische Ethik, Werttheorie, die Phänomenologie des Willens und Handlung. Sie ist co-Herausgeberin des Buches Fenomenologia de la vida afectiva (Buenos Aires, SB, 2021) und der philosophischen Zeitschrift Ideas: Revista de Fenomenología Moderna y Contemporánea (Buenos Aires, RAGIF).

■■■

Prof. Dr. Dan Zahavi

University of Copenhagen, Faculty of Humanities
Department of Communication
Center for Subjectivity Research
Karen Blixens Plads 8, DK-2300, Copenhagen S / Denmark
zahavi@hum.ku.dk

Dan Zahavi ist dänischer Phänomenologe und arbeitet die Abteilung für Kommunikation an der Fakultät der Geisteswissenschaften der Universität Kopenhagen. Er promovierte am Husserl-Archiv in Leuven unter der Leitung des berühmten Phänomenologen Rudolf Bernet. Im Jahr 2002 wurde er im Alter von 34 Jahren Professor für Philosophie an der Universität Kopenhagen und Direktor des Center for Subjectivity Research an der Universität Kopenhagen. Von 2018 bis 2021 war er Mitglied des Fachbereichs Philosophie der Universität Oxford. Seine Fachgebiete sind Bewußtseinsphilosophie und Phänomenologie. Seine Forschungsinteressen umfassen Empathie, Scham, Selbstbewusstsein, Zeitlichkeit, Sozialität und soziale Kognition. Er ist Chefredakteur der philosophischen Zeitschrift "Phenomenology and the Cognitive Sciences". Er ist eine der weltweit führenden Persönlichkeiten auf dem Gebiet der Husserlschen Phänomenologie. Seine Werke wurden in mehr als dreißig Sprachen übersetzt. Zwei seiner Werke wurden ins Türkische übersetzt: "Husserls Phänomenologie" und "Phänomenologie: Die Grundlagen". Er ist Autor zahlreicher international anerkannter Arbeiten auf dem Gebiet der Phänomenologie.

■■■

Prof. Em. Dr. Dieter Lohmar

Husserl-Archiv der Universität zu Köln, Philosophisches Seminar
Albertus-Magnus-Platz, 50923, Köln / Deutschland
dieter.lohmar@uni-koeln.de

Er studierte Mathematik und Philosophie an den Universitäten Köln, Bonn und Wuppertal. Nach seiner Promotion 1986 an der Universität Köln und seiner Habilitation 1996 war er Direktor des Husserl-Archivs; bis er Juli 2021 emeritiert wird. Seit 2011 ist er Präsident der Deutschen Gesellschaft für phänomenologische Forschung (DGPF) und derzeit Herausgeber der späten Manuskripte Edmund Husserls zur Raumkonstitution. Seine Forschungsschwerpunkte sind insbesondere Husserls Phänomenologie, Transzendental-philosophie, Britischer Empirismus, Anthropologie und Wissenschaftstheorie der Formalwissenschaften. Sein Buch „Denken ohne Sprache: Phänomenologie des nicht-sprachlichen Denkens bei Mensch und Tier im Licht der Evolutionsforschung, Primatologie und Neurologie" wurde mit dem Edwin Ballard Academic Prize 2017 ausgezeichnet. Er ist Gründungsmitglied der Zeitschriften „Phaenomenologica", „Contributions to Phenomenology", „ALTER", „Phänomenologische Forschungen" und „Phainomenon". Außerdem ist er Mitglied des wissenschaftlichen Beirats des „Consell Cientific de les publicacions de la Societat Catalana de Filosofia". In Deutschland ist er eine der führenden Autoritäten auf dem Gebiet der Husserlschen Phänomenologie. Sein Aufsatz „Die Phänomenologie der Zukunft: eidetisch, transzendental oder naturalisiert?" wurde in der Festschrift "Bir Arada. Das Zwischen. In-Between" auf Türkisch erschienen. Er hat zahlreiche international beachtete Arbeiten zur Husserlschen Phänomenologie veröffentlicht.

*Sehr geehrter Herr Lohmar hat mir seine Bescheidenheit und seine Unterstützung als Koordinator meiner akademischen Forschung im Husserl-Archiv, wohin ich als Stipendiatin aus TUBITAK während meines Promotionsstudiums reiste, nie vorenthalten. Ich möchte ihm für seine Unterstützung und seine Beiträge danken.

■■■

Assist. Prof. Diler Ezgi Tarhan

Istanbul Gelisim University,
Faculty of Economics, Administrative and Social Sciences,
Department of Sociology
Gelisim Tower, J Blok, Petrol Ofisi Cd. No:3, 34310,
Avcılar, Istanbul / Turkey
detarhan@gelisim.edu.tr
dilertarhan@gmail.com

Sie erwarb ihren Master- und Doktortitel am Institut für Sozialwissenschaften der Universität Istanbul, Fachbereich Philosophie, mit Arbeiten über die Phänomenologie Husserls. Von 2013 bis 2014 forschte sie an der Philosophischen Fakultät der Ruhr-Universität Bochum und von 2017 bis 2018 an der Philosophischen Fakultät der Universität zu Köln. Sie war ein Jahr lang Teilnehmerin des Arbeitskreises im Husserl-Archiv. Ihr spezifisches Fachgebiet ist die Phänomenologie und Semantik. Sie hat ein Buch mit dem Titel "Husserl ve Frege'de Anlam" (Meaning in Husserl and Frege). Außerdem hat sie in verschiedenen Zeitschriften und Büchern über Phänomenologie und Logik veröffentlicht. Sie versucht, ein Brückenglied zwischen Phänomenologie und analytischer Philosophie, zwischen Wissenschaftsphilosophie und Ästhetik zu bauen; sie studiert Optik und Phänomenologie, Astronomie und Musik gemeinsam. Neben Keplers Harmonices Mundi setzt sie ihre Studien über das Phänomen der Farbe bei Goethe, Newton, Schopenhauer, Kant und Husserl fort. Derzeit arbeitet sie im Fachbereich Soziologie an der Istanbul Gelisim Universität, wo sie Lehrveranstaltungen zu phänomenologische Soziologie, Feminismus, Gender, Menschenrechten, Ethik und Logik abhält.

■■■

Dulce Maria Rios Torres

PhD Studentin, a.r.t.e.s. Graduate School for the Humanities Cologne &
Institut für Philosophie und Soziologie der Polnischen
Akademie der Wissenschaften in Warschau, Poland
carmillazozt@yahoo.de

Sie ist Doktorandin an der Universität zu Köln und auch am Institut für Philosophie und Soziologe der polnischen Akademie der Wissenschaften in Warschau. Bei dem Thema ihrer Dissertation handelt sich um eine phänomenologische Analyse über die Konstitution und Funktion der Symbole in der Phantasie, im Traum und in der Wiedererinnerung. Die Betreuer der Arbeit sind Prof. Em. Dr. Dieter Lohmar (Köln) und Prof. Dr. Jagna Brudzińska (Warschau). Sie war DAAD Stipendiatin (1.Oktober 2013 bis den 30. März 2017) und vom SS 2014 bis WS 2019 Teilnehmerin des Arbeitskreises im Husserl Archiv.

■■■

Doz. Dr. Flávio Vieira Curvello

Universidade Federal do Rio de Janeiro
Department of Philosophy
Rua Antônio Barros de Castro, 119, Cidade Universitária,
Rio de Janeiro / Brazil
fv.curvello@hotmail.com

Flávio Vieira Curvello ist Doktor der Philosophie (2018) und hat als Stipendiat des DAAD, im Rahmen seiner Promotion, drei Jahre im Husserl Archiv der Universität zu Köln geforscht. Hier widmete er sich, in systematischer Auseinandersetzung mit Brentanos Methode, der Aufklärung des Sinnes und des Umfangs der Phänomenologie der "Logischen Untersuchungen". Neben seinen Universitätsabschlüssen in der Philosophie, hat Flávio einen Bachelor und Master der Psychologie an der staatlichen Universität von Rio de Janeiro (UFRJ) absolviert. Seit 2020 arbeitet Flávio als Dozent in der Abteilung für Allgemeine und Experimentelle Psychologie an der UFRJ. Flávio Vieira Curvello ist als Übersetzer tätig und übersetzt derzeit Aufsätze der Brentano-Schule (bspw. von Brentano und Ehrenfels) und Texte über die Geschichte der Phänomenologie (bspw. von Spiegelberg) in die portugiesische Sprache. Zu seinen Veröffentlichungen zählen Ausätze wie "Brentano on Scientific Philosophy and Positivism" (Kriterion, 2021) und "Franz Brentano's Mereology and the Principles of Descriptive Psychology" (Dialogue and Universalism, 2016).

■■■

Assoc. Dr. Hernán Gabriel Inverso

Philosophische Fakultät der Universität Buenos Aires &
Université libre de Bruxelles
Centre de recherche en Philosophie
Avenue F. D . Roosevelt 50, S.10.129, 1050, Bruxelles – Belgium
https://www.hernaninverso.eu/
hernan.gabriel.inverso@ulb.be

Seine Forschungsschwerpunkte sind Husserls Phänomenologie, Heideggers Ontologie und Metaphysik. Er hat an der Philosophischen Fakultät der Universität Buenos Aires, Argentinien, studiert, an der Bergischen Universität Wuppertal einen vertiefenden Workshop zur Phänomenologie Husserls organisiert und in zahlreichen Büchern und Zeitschriften zur Phänomenologie Husserls publiziert. Er ist regelmäßiger Besucher des Husserl-Archivs der Katholischen Universität Löwen. Hernán G. Inverso ist Forscher am Nationalen Forschungsrat für Wissenschaft und Technik (Argentinien) und lehrt Gnoseologie an der Universität Buenos Aires. Er war Stipendiat der Universität Buenos Aires, des CONICET, des Deutschen Akademischen Austauschdienstes und der Fulbright-Kommission. Derzeit arbeitet er als Fellow der Marie-Skłodowska-Curie-Maßnahmen an der Université Libre de Bruxelles.

■■■

Dr. Jesus Guillermo Ferrer Ortega

Theoretische Philosophie und Phänomenologie
Bergische Universität Wuppertal, Philosophisches Seminar
Fakultät für Geistes- und Kulturwissenschaften

Gaußstraße 20, D-42119, Wuppertal/Deutschland
ferrer@uni-wuppertal.de

Guillermo Ferrer, geb. 1972 in Mexiko-Stadt, Studium der Philosophie an der Universidad Panamericana und der Universidad Nacional Autónoma de México (UNAM), promoviert 2013 an der Bergischen Universität Wuppertal. Vom 2017-2021 assoziierter Wissenschaftlicher Mitarbeiter im Arbeitsbereich Kulturphilosophie/ Ästhetik und Leiter des DFG-Projektes "Die frühe Rezeption der Phänomenologie in Spanien und Lateinamerika" an der Bergischen Universität Wuppertal. Derzeit Mitdirektor des internationalen DFG-Forschungsnetzwerkes "Das literarische und philosophische Erbe des spanischen Exils in Mexiko" an der Bergischen Universität Wuppertal.

■■■

Junesang Ahn

PhD Student, Stipendiat der Kwan Jeong Educational Foundation
Bergische Universität Wuppertal, Philosophisches Seminar
Fakultät für Geistes- und Kulturwissenschaften
Gaußstraße 20, D-42119, Wuppertal/Deutschland
junesang88@gmail.com

Junesang Ahn hat Europäische Philosophie an der Staatlichen Universität Seoul studiert und unter der Betreuung von Prof. Dr. Nam-In Lee die Bachelorarbeit mit dem Titel "Erklärung der genetisichen und statischen Beziehung zwischen Lebenswelt und objektiven Wissenschaften in der Krisis-Schrift Husserls" verfasst (2012). Sein Masterstudium hat er auch bei Prof. Dr. Nam-In Lee an der Staatlichen Universität Seoul abgeschlossen: "Genetische Phänomenologie der kommunikativen Gemeinschaft bei Husserl" (2015). Seit 2017 promoviert er an der Bergischen Universität Wuppertal bei Prof. Dr. Alexander Schnell. Das Hauptinteresse seiner Forschung besteht im Moment darin, Husserls Praxeologie und Ethik seinem ganzen philosophischen Gedankengang zufolge zu rekonstruieren.

■■■

Odysseus Stone

PhD Student, University of Copenhagen, Center for Subjectivity Research,
Faculty of Humanities, Department of Communication
Karen Blixens Plads 8, DK-2300, Copenhagen S / Denmark
odysseus.stone@hum.ku.dk

Odysseus Stone hat einen Bachelor-Abschluss in Philosophie der Universität Bristol, einen Master-Abschluss in Philosophie der Universität Kopenhagen und promoviert am Zentrum für Subjektivitätsforschung (CFS) der Universität Kopenhagen unter der Leitung von Prof. Dr. Dan Zahavi. Stone arbeitet zu den Themen Phänomenologie, Meditation, Achtsamkeit und Aufmerksamkeit und untersucht, ob ein phänomenologischer Mittelweg zwischen der meditativen Erfahrung der buddhistischen Moderne und den kognitiven Neurowissenschaften gefunden werden kann. Stones Forschungsinteressen lassen sich wie folgt zusammenfassen: 1. die Aussichten für einen fruchtbaren Austausch zwischen Phänomenologie und Meditation bzw. östlichen kontemplativen Traditionen auszuloten. 2. phänomenologische Untersuchungen (z.B. zu Zeitlichkeit, Aufmerksamkeit, Selbstwahrnehmung, Intentionalität), um Achtsamkeit zu erhellen und 3. eine phänomenologisch angereicherte Konzeption von Achtsamkeit, um ihre therapeutische Bedeutung sowohl für gesunde als auch für klinische Populationen zu erhellen.

■■■

Philipp Battermann

PhD Student, a.r.t.e.s. Graduate School for the Humanities Cologne &
Wissenschaftliche Hilfskraft für das Husserl Archiv Köln
Albertus-Magnus-Platz, 50923, Köln / Deutschland
Philipp.Battermann@uni-koeln.de

Philipp Battermann stammt gebürtig aus Mönchengladbach am Niederrhein. Seit dem Jahr 2021 promoviert er an der Universität zu Köln zur Ästhetik transgenerationaler Traumatisierung und Geschichtsbewusstsein bei Jagna Brudzinska. Hier arbeitet er auch als wissenschaftliche Hilfskraft für das Husserl Archiv Köln unter der Leitung von Thiemo Breyer. Zuvor hat er bereits im Rahmen eines Praktikums und anschließend auf ehrenamtlicher Basis im Archiv des

Dokumentationszentrum und Museum über die Migration in Deutschland (DOMiD e.V.) archivarische Tätigkeiten ausgeübt. Zur Zeit ist Philipp Battermann Kollegiat an der Graduierten Schule A.r.t.e.s. der Universität zu Köln. Während seines Studiums der Geschichtswissenschaften und der Philosophie entwickelte er ein tieferes Interesse an der Phänomenologie Edmund Husserls. Seine Bachelorarbeit schrieb er über die phänomenologische Anthropologie Helmuth Plessners. In seiner Masterarbeit vertiefte er die phänomenologische Rezeption Leibnizens in Husserls Erkenntnistheorie. Seine Forschungsschwerpunkte sind Theorien der Geschichtsschreibung (insb. Dilthey und Kracauer), sowie die späte genetische Phänomenologie der Lebenswelt bei Edmund Husserl. Sein besonderes Interesse ist die soziologische Rezeption der Phänomenologie bei Alfred Schütz und die Alltagssoziologie Erving Goffmans.

■■■

Regina Schreiber

PhD Studentin, a.r.t.e.s. Graduate School for the Humanities Cologne &
Doctoral Researcher, Universität Jyväskylä
Department of Social Sciences and Philosophy
Opinkivi, Keskussairaalantie 2, PO Box 35, FI-40014, Jyväskylä / Finland
rschreib@smail.uni-koeln.de

2010-2014 Studium (B.A.) der Philosophie und Psychologie an der Universität Freiburg und an der Universität Helsinki

2014-2017 Studium (M.A.) der Philosophie an der Universität zu Köln

Seit 2018 Promotionsstudium im Fach Philosophie an der Universität zu Köln und an der Universität Jyväskylä über Methodengerechtigkeit und Methodenentwicklung in der Phänomenologie Edmund Husserls mit Perspektiven auf Klassifikationsprobleme in der Psychopathologie.

■■■

Santiago Sourigues

Lehrassistent an den Lehrstühlen für Phänomenologische und Existenzielle Psychologie und für Geschichte der Psychologie (II) an der Universität Buenos Aires &
Stipendiat des Deutschen Akademischen Austausch Dienstes (DAAD)
Husserl-Archiv der Universität zu Köln
Albertus-Magnus-Platz, 50923, Köln / Deutschland
santiago.sourigues@gmail.com

Santiago Sourigues, Absolvent der Fakultät für Psychologie der Universität von Buenos Aires, setzt seine Promotion Forschungsinstitut der Fakultät für Psychologie der Universität von Buenos Aires fort. UBACyT Doktorand, Forscher und Lehrassistent an den Lehrstühlen für Phänomenologische und Existenzielle Psychologie und für Geschichte der Psychologie (II) an der Universität Buenos Aires, Doktorand am Husserl-Archiv, Universität zu Köln (Deutschland) mit einem bi-national betreuten Promotionsstipendium des Deutschen Akademischen Austausch Dienstes (DAAD). Professor für Entwicklungspsychologie am Lehramtinstitut N°41 (Buenos Aires, Argentinien), Lehrer für Philosophie und Psychologie (ALFA Schule, Buenos Aires, Argentinien). Ehemaliges Forschungsstipendiat des Nationalen Interuniversitären Rates (CIN, Argentinien, 2015-2016). Er hat Artikel in nationalen und internationalen Fachzeitschriften auf mehreren Sprachen veröffentlicht und Vorträge bei nationalen und internationalen wissentschaftlichen Veranstaltungen gehalten, wobei er sich auf Themen der Psychoanalyse, der Phänomenologie und des Existentialismus spezialisiert hat.

■■■

Prof. Dr. Saulius Geniusas

Professor of Philosophy, The Chinese University of Hong Kong
Department of Philosophy,
New Asia College 08/2021-present
FKH Bld. 427, CUHK, Shatin, NT, Hong Kong
geniusas@cuhk.edu.hk

Er arbeitet zur kontinentalen Philosophie des 19., 20. und 21. Jahrhunderts, zur Phänomenologie und Hermeneutik. Seine Arbeit konzentriert sich insbesondere auf Affektivität (vor allem Phänomene wie Schmerz), Imagination (vor allem produktive Imagination) und Selbstwahrnehmung (vor allem unterdrückte Selbstwahrnehmung). Sein Buch „The Phenomenology of Pain" wurde mit dem Edward G. Ballard Prize des Center for Advanced Research in Phenomenology und dem Hermes Award: A Book of the Year in Phenomenological Hermeneutics des International Institute for Hermeneutics ausgezeichnet. Er hat drei Forschungsstipendien (GRF) erhalten, darunter das Humboldt-Forschungsstipendium für Fortgeschrittene und den Research Excellence Award 2020-2021 der Chinese University of Hong Kong. Er ist Herausgeber der Buchreihe Social Imaginaries (Rowman & Littlefield) und des International Journal of Social Imaginaries. Neben der Geschichte der antiken und modernen Philosophie unterrichtet er Ästhetik, Phänomenologie, Hermeneutik und philosophische Anthropologie. In den Jahren 2012-13 und 2017-18 erhielt er den Preis für vorbildliche Lehre der Fakultät. Derzeit arbeitet er an der Philosophischen Fakultät der Chinese University of Hong Kong und ist häufiger Besucher des Husserl-Archivs in Köln. Er hat mehrere international beachtete Werke auf dem Gebiet der Phänomenologie veröffentlicht.

■■■

Prof. Dr. Sebastian Luft

Professor of Philosophy, Director of Graduate Studies
Marquette University, Klingler College of Arts & Sciences
Department of Philosophy, Marquette Hall 438,
Milwaukee, WI 53201-1881, USA
Sebastian.Luft@marquette.edu

Er wurde 1969 in Heidelberg geboren und hat in Deutschland, den USA, Belgien und Österreich gelebt, studiert und gearbeitet. Er studierte an den Universitäten Freiburg, Heidelberg, Wuppertal und Löwen und lehrte an verschiedenen Universitäten, u.a. an der Emory University, der Marquette University, der Universität Freiburg, der Universität Graz, der Universität Paderborn, der Universität Köln und der Universität San Juan (Puerto Rico). Luft hat zahlreiche Vorlesungen zur kontinentalen Philosophie des 19. und 20. Jahrhunderts, zum Deutschen Idealismus, zur Phänomenologie, zur kantischen Philosophie und zur Kulturphilosophie gehalten und mehrere Forschungsstipendien und Wissenschaftspreise erhalten. Zurzeit arbeitet er an der philosophischen Fakultät der Marquette University und ist Autor zahlreicher international anerkannter wissenschaftlicher Arbeiten.

■■■

Prof. Dr. Takuya Nakamura

Professor of Philosophy, Doshisha University
Faculty of Letters Department of Philosophy
Kamigyo-ku, 602-8580, Kyoto, Japan
taknakam@mail.doshisha.ac.jp

Takuya Nakamura ist Professor für Philosophie an der Doshisha Universität in Kyoto, Japan. Seine Arbeit konzentriert sich hauptsächlich auf die Husserlsche Phänomenologie, insbesondere die Ich-Problematik, das Zeitbewusstsein, die Lebenswelt und die Einfühlung. Nakamura, der in zahlreichen Zeitschriften und Büchern in verschiedenen Sprachen zur Husserlschen Phänomenologie publiziert hat, ist in Japan auf dem Gebiet der Husserlschen Phänomenologie sehr bekannt und lehrt Phänomenologie an der Philosophischen Fakultät der Universität Kyoto Doshisha Universität im Lichte seiner Arbeit am Kölner Husserl-Archiv.

■■■

Prof. Dr. Thiemo Breyer

Direktor des Husserl-Archivs der Universität zu Köln
Philosophisches Seminar
Albertus-Magnus-Platz, 50923, Köln / Deutschland
https://www.thiemobreyer.com/
thiemo.breyer@uni-koeln.de

Thiemo Breyer studierte Philosophie, Anthropologie und Kognitionswissenschaft in Freiburg und Cambridge. Er wurde 2010 mit der Dissertation "Attentionalität und Intentionalität: Grundzüge einer phänomenologisch-kognitionswissenschaftlichen Theorie der Aufmerksamkeit" promoviert und habilitierte sich 2014 mit der Schrift "Verkörperte Intersubjektivität und Empathie: Philosophisch-anthropologische Untersuchungen". Von 2011–2014 war er Post-doc. am Karl-Jaspers-Lehrstuhl für Philosophie und Psychiatrie der Universität Heidelberg, dann von 2014–2018 Juniorprofessor für Transformationen des Wissens an der a.r.t.e.s. Graduate School for the Humanities Cologne. Seit 2018 ist er Heisenberg-Professor für Phänomenologie und Anthropologie am Philosophischen Seminar der Universität zu Köln sowie ebendort seit 2021 Direktor des Husserl-Archivs. Gastprofessuren führten ihn nach Kyoto, Mailand, Mainz und Montréal, Fellowships hatte er inne am Mahindra Humanities Center der Harvard University, am Zentrum für interdisziplinäre Forschung der Universität Bielefeld sowie am Hamburg Institute for Advanced Studies. Neben der Phänomenologie Husserls ist er bekannt für seine international anerkannten Werke und seine intellektuelle Produktivität, insbesondere in der philosophischen Anthropologie, der Hermeneutik und der Wissenschaftstheorie.

■■■

Assoc. Prof. Thomas Byrne

Sun Yat-sen University, Department of Philosophy
510275 Guangzhou, P.R. China
https://thomasbyrnephenomenology.com/
t.byrne3@gmail.com

Er ist ein amerikanischer Philosoph. Er erwarb einen MA und einen PhD in Philosophie an der Katholischen Universität Leuven (Belgien). Er promovierte am Husserl-Archiv-Leuven unter der Leitung des renommierten Phänomenologen Rudolf Bernet. Er arbeitet auf den Gebieten der kontinentalen Philosophie, der Geschichtsphilosophie, der Ethik, der antiken Philosophie und der Phänomenologie Husserls. Er gehört zum Kernbestand des Husserl-Archivs in Leuven. Seine post-doc Forschung setzt er an der Universität Mocau und der Katholischen Universität Leuven fort. Seit 2021 ist er Associate Professor an der philosophischen Fakultät der Sun-Yat-Sen Universität in China.

■■■

Thomas Dojan

PhD Student, a.r.t.e.s. Graduate School for the Humanities Cologne
& Institut für Philosophie und Soziologie der Polnischen Akademie
der Wissenschaften in Warschau &
Wissenschaftlicher Mitarbeiter am Zentrum für Palliativmedizin
am Universitätsklinikum Köln, Germany
tdojan@smail.uni-koeln.de

Thomas Dojan ist ein Doktorand der Philosophie des a.r.t.e.s. Graduiertenkollegs der Universität zu Köln (Deutschland) und der Graduate School for Social Research GSSR am Institut für Soziologie und Philosophie der Polnischen Akademie der Wissenschaften (Warschau, Polen). Er studierte Psychologie (Universität Bielefeld, MS) und Philosophie (Universität zu Köln, BA), absolvierte eine Fortbildung zum zertifizierten Psychoonkologen (Deutsche Krebsgesellschaft DKG) und ist Mitglied der Kölner Akademie für Psychoanalyse Jacques Lacan KAPJL sowie des Center for Psychoanlytic Thought am Institut für Soziologie und Philosophie der Polnischen Akademie der Wissenschaften. Er arbeitet als Gesundheitsversorgungsforscher (Wissenschaftlicher Mitarbeiter) am Zentrum für Palliativmedizin am Universitätsklinikum Köln. Forschungsschwerpunkte und -interessen umfassen die (Transzendental-) Phänomenologie Edmund Husserls, die Psychoanalyse Sigmund Freuds sowie existentialistische und psychologische Themen am Lebensende.

■■■

Prof. Dr. Dr. Thomas Fuchs

Karl-Jaspers-Professor für Philosophie und Psychiatrie
Universität Heidelberg, Department of General Psychiatry
Psychiatrische Universitätsklinik
Voßstr. 4, D-69115, Heidelberg / Deutschland
thomas.fuchs@urz.uni-heidelberg.de

Fuchs, Thomas, Prof. Dr. med. Dr. phil., Psychiater und Philosoph, Karl-Jaspers-Professor für philosophische Grundlagen der Psychiatrie und Psychotherapie an der Universität Heidelberg. Leiter der Sektion Phänomenologische Psychopathologie und Oberarzt an der Psychiatrischen Universitätsklinik Heidelberg; Herausgeber der Zeitschrift „Psychopathology".

Forschungsschwerpunkte: Phänomenologische Psychologie, phänomenologische Psychopathologie und Anthropologie, Theorien der Verkörperung und der Neurowissenschaften.

Buchpublikationen u.a.: Das Gehirn – ein Beziehungsorgan. Eine phänomenologisch-ökologische Konzeption. 5. Aufl. Kohlhammer, Stuttgart, 2016; Randzonen der Erfahrung. Beiträge zur phänomenologischen Psychopathologie. Alber, Freiburg, 2020; Verteidigung des Menschen. Grundfragen einer verkörperten Anthropologie. Suhrkamp, Frankfurt/M., 2020.

Seit 1997 leitet Fuchs die Abteilung für Allgemeine Psychiatrie an der Universität Heidelberg und hat wichtige Verbindungen zwischen Bewußtseinsphilosophie, Phänomenologie, Psychopathologie und kognitiven Neurowissenschaften hergestellt. Fuchs, der wichtige Studien zur Interpretation der husserlschen Phänomenologie aus der Perspektive der Psychiatrie durchgeführt und international beachtete Publikationen veröffentlicht hat, ist auch Gründungspräsident der „Deutschen Gesellschaft für Phänomenologische Anthropologie" und der „Deutschen Gesellschaft für Psychiatrie und Psychotherapie" (DGAP). Er war Koordinator der europäischen Marie Curie Research Practice Networks „DISCOS - Disorders and Coherence of the Embodied Self" (2007-2011), "TESIS - Towards an Embodied Science of Intersubjectivity" (2012-2016) und "Embodiment as a Paradigm of an Evolutionary Cultural Anthropology" des Heidelberger Marsilius-Projekts. Er ist außerdem Koordinator des nationalen Forschungsprojekts „The Brain as an Organ of Interrelations" (2008-2011).

■■■

Dr. Ying-Chien Yang

National Tsing-Hua University
Institute of Philosophy
101, Sec.2, Kuang-Fu Rd.
Hsinchu City 30013, Taiwan (R.O.C.)
yepyoung@gmail.com

Ying-Chien Yang kommt aus Taiwan und hat ihre Promotion an der Universität zu Köln, Husserl Archiv abgeschlossen (12.2022), in Cotutela mit Institute of Philosophy and Sociology of Polish Academy of Sciences (IFiS PAN). Ihre Dissertation lautet: "Die Passivität in der Aktivität bei E. Husserl – Eine Untersuchung ihrer Leistungen in der Genesis der Subjektivität und transzendentalen Logik". Sie war Stipendiatin der Hans-Böckler-Stiftung während ihrer Promotion. Ihre Forschungsschwerpunkte sind Husserls Phänomenologie und Erkenntnistheorie. Sie untersucht die verschiedenen intentionalen Funktionen in der Wahrnehmung: Kognition, Gefühle, Affektion, Aufmerksamkeit und die Rolle des Ich usw. Sie ist jetzt ein post-doctoral fellowship an der National Tsing-Hua University in Hsinchu, Taiwan.

■■■

DIE PHÄNOMENALISIERUNG DES PHÄNOMENS. GRUNDLINIEN EINER PHÄNOMENOLOGISCHEN METAPHYSIK [1]

Alexander Schnell [2]

Dieser Vortrag zielt darauf ab, sich im Rahmen einer Neubegründung der als transzendentalen Idealismus verstandenen Phänomenologie über den *Status des Phänomenbegriffs* zu verständigen. Diese Neubegründung macht es sich zur Aufgabe, theoretische Un- bzw. Unterbestimmtheiten des husserlschen (und nachhusserlschen) Ansatzes der Phänomenologie aufzuweisen und diesbezüglich alternative Lösungsvorschläge, die dem transzendentalen Idealismus keineswegs entsagen, sondern ihn vielmehr stärker machen sollen, zu entwickeln. Aus Gründen, die weiter unten erhellen werden, wird diese Neuausrichtung der Phänomenologie als eine — sowohl an Fichtes Transzendentalphilosophie und *"Phänomenologie"* als auch an Finks Arbeiten aus den dreißiger Jahren orientierte — *"konstruktive Phänomenologie"* bezeichnet.[3] Diese führt die Phänomenologie anhand spekulativer Erörterungen über das von Husserl abgesteckte Feld hinaus und versteht sich als ein Beitrag zu einer eigens ausgearbeiteten phänomenologischen Metaphysik.

Folgende Problembereiche sollen hier ausführlicher behandelt werden. Die Grundausrichtung des hier Ausgeführten betrifft die Frage nach einer genauen Abgrenzung und Bestimmung des Phänomenbegriffs in der Phä- nomenologie überhaupt, sofern er der spezifischen Methodik derselben, die aus diesem Grunde kurz auseinandergelegt werden muss, entspricht. Es wird sich dabei ergeben, dass hier zunächst zwischen zwei unterschiedlichen Phänomenbegriffen unterschieden werden muss, wobei der sozusagen *"tiefer"* angelegte, den anderen begründende, eine erste *"phänomenologische Konstruktion"* (deren Bedeutung zu erläutern sein wird) in Anspruch nimmt. Ein weiterer, wesentlicher Aspekt besteht in der von Husserl selbst nicht gelieferten Beantwortung der Frage nach der transzendentalphilosophischen Selbsterfassung des Phänomens bzw. einer Selbstbegründung des Wissens qua *"Bild"* - was die Einführung eines dritten Phänomenbegriffs (des *"Urphänomens"*) und eine zweite "phänomenologische Konstruktion" erforderlich macht. Diese Antwort versteht sich zugleich als eine Reflexion über den *Grund des Erscheinens.* In einem letzten Schritt wird dann der aus vorigem sich ergebende Begriff der Realität reflektiert werden.[4]

---

[1] Dieser Text ist eine Fassung des Vortrags, den Alexander Schnell auf der Konferenz *"New Concepts in Modern Phenomenology: Genetic Method and Interdisciplinary Problems"* vom 3. bis 5. Juni 2010 in St. Petersburg gehalten hat und der im Konferenzband *"Materials for the Participants of the International Conference on Phenomenological Philosophy"* veröffentlicht wurde. Der Autor hat von der *Philosophischen Gesellschaft der Staatlichen Universität St. Petersburg* die Erlaubnis erhalten, diesen Text zu veröffentlichen, und trägt die volle Verantwortung dafür. Wir danken dem Autor für die Erlaubnis, diese wertvolle Arbeit den Lesern zur Verfügung zu stellen. Für den Originaltext siehe Schnell, Alexander, *"Die Phänomenalisierung des Phänomens. Grundlinien einer Phänomenologischen Metaphysik"*, *New Concepts in Modern Phenomenology: Genetic Method and Interdisciplinary Problems Conference: Materials for the Participants of the International Conference on Phenomenological Philosophy,* 3-5 June 2010, St. Petersburg Philosophical Society, St. Petersburg State University, S. 19-35.

[2] Prof.Dr., Bergische Universität Wuppertal, Fakultät für Geistes- und Kulturwissenschaften, Philosophisches Seminar (Lehrstuhl für theoretische Philosophie und Phänomenologie), schnell@uni-wuppertal.de & https://aschnell.eu/

[3] Zu einer ersten, noch ganz an Husserl orientierten Ausarbeitung der "konstruktiven Phänomenologie", siehe v. Vf., *Husserl et les fondements de la phenomenologie constructive,* Grenoble, Millon, "Krisis", 2007.

[4] Es sei angemerkt, dass das jedes Erscheinen konstituierende "Urphänomen" (noch) *keinen* zeitlichen Charakter aufweist. ZeitlicKkeit tritt erst *im* Bewusstsein und als spezifische *Form* des Bewusstseins auf — wie es in jeweils eigenen Ausarbeitungen etwa Fichte, Schelling und selbstverständlich Husserl gezeigt haben (siehe hierzu ausführlich v. Vf. *En deçà du sujet. Du temps dans la philosophie transcendentale allemande,* Paris, PUF, "Epimethée", 2010). Das Bewusstsein ist aber nur- *eine* - freilich *notwendige* - Bedingung des Erscheinens, das jedoch selbst im "Urphänomen" konstituiert ist. Im Gegensatz zu den klassischen, von Husserl und Heidegger gelieferten Analysen sieht die "konstruktive Phänomenologie" in der "ursprünglichen Zeitlichkeit" also keine letztursprüngliche Struktur der Phänomenalität. Der erwähnte "Grund des Erscheinens" wäre somit ein "vorzeitlicher".

Wie jedermann weiß, ist innerhalb der Tradition des transzendentalen Idealismus die Einführung des Phänomenbegriffs Kant zu verdanken. Wenn die Gründe für diese Einführung in erster Linie erkenntnistheoretischer Natur sind - um die Möglichkeit erkenntnissichernder apriorischer Elemente zu gewährleisten -, so geht der Phänomenbegriff doch über den lediglich die Erkenntnis betreffenden Bereich insofern hinaus, als dadurch das Sein (welches nun nicht mehr im Rahmen einer "Ontologie", sondern nur noch einer "Analytik" relevant sei) des vorstellungsmäßig Gegebenen bezeichnet wird. Die Zweideutigkeiten, die dem Phänomen bei Kant allerdings noch anhaften, können in der Phänomenologie - bei strenger Beachtung ihrer ureigenen Methodik — vermieden werden. Hierzu ist es nötig, zu derselben einige kurze Anmerkungen zu machen.

Die weitreichenden *ontologischen* Implikationen der transzendentalen *Epoché* sind noch nicht ausreichend erörtert und erfasst worden. Wenn auch die Behandlung derselben nicht Husserls Anliegen gewesen sein mag, so heißt das keineswegs, dass sie nicht in einer anderen (womöglich vertieften) Perspektive auseinandergesetzt werden können und müssen. Es soll zunächst versucht werden, diese Implikationen explizit auseinanderzusetzen. Vom theoretischen (spekulativen) Blickwinkel aus betrachtet, besteht die Epoché nicht m einer *subjektiven* Herangehensweise ("Praxis", Handlung oder dergleichen) an das Erscheinende, sondern in der Bewusstwerdung des Status der *phänomenalen Gegebenheit* der erscheinenden (und je nur erscheinen könnenden) Gegenstände selbst. Ihr Vollzug bedeutet keine lediglich 'vorübergehende Ausschaltung der Seinssetzung, die nach der Klarstellung der durch die transzendentale Subjektivität geleisteten Konstitutionsleistungen wieder aufgehoben werden könnte, um so zum natürlichen An-sichSein zurückzugelangen, sondern zielt auf den Seinsstatus des korrelativ zu dieser Subjektivität Gegebenen selbst ab: Die Phänomenologie macht eben die Phänomene zugänglich, und diese stehen zum natürlich Gegebenen in einer Spannung, die sich in einem nicht reduzierbaren, das so Eröffnete kennzeichnenden Dualismus ausdrückt. - Es soll hier insbesondere deutlich gemacht werden, inwiefern diese Perspektive, wenn sie konsequent durchdacht wird, ein Forschungsfeld eröffnet, das diesseits der Alternative Erkenntnistheorie/Ontologie anzusiedeln ist.

Was heißt nun aber "Phänomen" — eine Frage, die sich umso dringender stellt, als eben diese "phänomenale Gegebenheit" erklärt werden muss? Bei Husserl lassen sich auf eine sehr lehrreiche Art zunächst *zwei* Bedeutungen dieses Begriffs unterscheiden. Einerseits bezeichnet das Phänomen "das reine Erleben als Tatsache", und dementsprechend die Gesamtheit der Phänomene das "Reich der egologischen Tatsachen". Husserl gebraucht diese Begriffe, um all das zu bezeichnen, was innerhalb der Bewusstseinssphäre erscheint. Alles, was erscheint: also sowohl die Noemata (als Sinnbegriffe des intentionalen Gegenstands), als auch die die immanenten Erscheinungen konstituierenden (noetischen) Bewusstseinsleistungen und ebenso die hyletischen (sinnlichen) Daten, auf denen sich die noetischen Akte aufbauen. Die egologischen Tatsachen sind daher: das Erscheinende (der Gegenstand, d.h. der noematische *Sinn*) und das, was das Erscheinende konstituiert (die hyletischen Daten sowie die auffassenden Akte). Es muss dabei betont werden, dass in den programmatischen Schriften (etwa den '*Ideen I*' und den *Cartesianischen Meditationen*) nur dieser (erste) Phänomenbegriff vorherrschend ist.

Es gibt aber auch noch einen zweiten Phänomenbegriff, welcher vor allem in Husserls *Arbeitsmanuskripten* entwickelt wird. Die bekanntesten Stellen, in denen man auf diesen zweiten Phänomenbegriff stößt, sind die Manuskripte zur Konstitution des inneren Zeitbewusstseins und jene zur passiven Synthesis. In den Zeitvorlesungen zum Beispiel, in denen Husserl die Analyse des Tons als Zeitobjekts liefert, zielt er zunächst auf den ersten Phänomenbegriff ab (er beschreibt die

Retentionen, Urimpressionen usw.) und fragt dann: Was aber sind die *ursprünglich zeitkonstituierenden Phänomene*? Was konstituiert die Zeitlichkeit der Retentionen *selbst*? Woraus unzweifelhaft zu ersehen ist, dass der zweite Phänomenbegriff — über den ersten Phänomenbegriff hinaus — die Konstitution des letzteren zum Thema hat. Dieser zweite Phänomenbegriff betrifft also die konstitutiven Phänomene dessen, was das Reich der gegebenen ("egologischen") Tatsachen ausmacht. Und Husserl nennt diese ursprünglich konstituierenden Phänomene die "fungierenden Leistungen" der transzendentalen Subjektivität. Das ganz Wesentliche — Entscheidende — dabei ist, dass hier zwei verschiedene, grundlegende Dimensionen der Phänomenologie sichtbar werden. Die erste ist die bekannte — klassische — Dimension der deskriptiven Phänomenologie. Und dementsprechend ist der erste Phänomenbegriff der eigentliche Gegenstand dieser deskriptiven Analyse. Dagegen sind die ursprünglich konstituierenden Phänomene, d.h. die Phänomene in der zweiten Bedeutung des Wortes, der deskriptiven Analyse nicht immer zugänglich. Hier kommen dann *genetisch-konstruktive* Elemente ins Spiel.

Um dies alles noch einmal auf eine andere Art und Weise zu sagen: Die Phänomenologie beschäftigt sich mit Tatsachen, Fakten, auf die sie im Laufe ihrer Beschreibungen trifft und deren *Genese* sie zu erzeugen hat. Man kann in der Phänomenologie im Wesentlichen zwei Arten von Tatsachen oder Fakten voneinander unterscheiden. Die erste Art von Tatsachen ist das, was soeben als "egologische Tatsachen" bezeichnet wurde — also der Phänomenbegriff im ersten Sinne des Wortes. Die zweite Art von Fakten sind die Grenzfakten (Grenzen), auf die man innerhalb der deskriptiven Analyse stößt. Als Beispiele sind — über das erwähnte Problem des Status der ursprünglichen Zeitlichkeit hinaus — die Frage nach der Existenz (nicht die nach der apodiktischen Evidenz!) der Welt, nach der Endlichkeit oder Unendlichkeit des transzendentalen Bewusstseinsflusses, nach dem phänomenologischen Ich (ist es solipsistisch, also rein egologisch, oder intersubjektiv konstituiert?), usw. zu nennen. Und hier haben wir es dann also mit dem zweiten Phänomenbegriff zu tun. Nur die konstruktive Analyse der ursprünglich konstituierenden Phänomene kann hier in der Tat eine Antwort auf diese Fragen liefern.

Worin besteht nun aber genau eine — die "konstruktive Phänomenologie" wesentlich prägende —"phänomenologische Konstruktion"? Es gilt zunächst, diesen Begriff sowohl von jeglicher *metaphysischer* Konstruktion, als auch von dem, was Heidegger und Fink ihrerseits als "phänomenologisehe Konstruktion" bezeichnet haben, fernzuhalten.

Einerseits darf die phänomenologische Konstruktion nicht mit einer *metaphysischen* Konstruktion verwechselt werden. In der Phänomenologie zu konstruieren heißt nicht, etwas von einem Prinzip aus gleichsam mechanisch zu *deduzieren*, sondern in einer Zickzack- Bewegung von jenen Grenzfakten, von denen oben die Rede war, in die zu konstruierende Dimension dessen, was diese Fakten zu erklären vermag, hinabzusteigen, wobei man sich freilich immer an diese Fakten zu halten hat — sie ist somit keine fiktive (und auch keine spekulative), sondern eine sich je an das zu Konstruierende haltende Konstruktion. Andererseits — und dies entspricht genau dem eben Ausgeführten — fällt der Begriff der phänomenologischen Konstruktion, der hier stark gemacht werden soll, weder mit dem heideggerschen Konstruktionsbegriff in Sein und Zeit, noch mit dem, was Fink in der *VI.Cartesianischen Meditation als* "phänomenologische Konstruktion" bezeichnet, zusammen. Die phänomenologische Konstruktion — so wie sie hier aufgefasst wird — dient nämlich nicht dazu, Bestandstücke des "Daseins" oder der "transzendentalen Subjektivität", die sich nicht mehr (oder noch nicht) phänomenologisch aufweisen lassen und daher "konstruiert" werden müssen, gleichsam an das sich noch phänomenologisch zu Bezeugende "anzustücken", sondern sie hat einen *fundierenden* Charakter: Die phänomenologische Konstruktion ist, wie Husserl es selber zu Ende der zwanziger Jahre zumindest ansatzweise angedeutet hat, die einzige Möglichkeit, die Erkenntnis definitiv zu begründen und zu legitimieren.

Wie aus Husserls Vorlesungen und Abhandlungen aus demselben Zeiträum[5] hervorgeht, ist die Legitimationsproblematik der Erkenntnis für die als transzendentalen Idealismus verstandene Phänomenologie absolut wesentlich. Der hier vertretenen Auffassung zufolge haben aber weder Kant noch Husserl selbst tatsächlich eme solche zufriedenstellende Erkenntnislegitimation geliefert. Bevor es im Folgenden zu einer positiven Darstellung des Sinns und Gehalts der "phänomenologischen Konstruktion" kommt, soll vorher dieser letzte Punkt noch emgehender erläutert werden.

Kant behauptet, m und mit der *Kategoriendeduktion* die Rechtfertigung der Erkenntnis geliefert zu haben. Die Originalität seines Ansatzes — jenseits der bloßen Aufstellung und Erörterung der Erkenntniselemente sowie der Aufweisung (im Schematismuskapitel) der tatsächlichen (nichtsdestoweniger apriorischen) Bedingungen der Subsumption der Anschauungen unter die Kategorien dank der transzendentalen Schemata — besteht darin, eine neue "Argumentations" form[6] *(die transzendentale)*, die einem bloß psychologisch- genetischen, und d.h. empirischen, Verfahren entgegengesetzt werden muss, eingeführt zu haben. Dabei ist es durchaus verwunderlich, dass der Abschnitt, der die diesbezüglich wesentlichen Schritte zu dieser Legitimation enthält, nämlich die sogenannte "subjektive Deduktion", d.h. das Kapitel über die drei Verstandessynthesen aus der ersten Ausgabe von 1781, in den späteren Ausgaben der ersten Kritik nicht übernommen wurde. Noch sonderbarer mutet seine Behauptung an, das Wesentliche für seine Absichten in der "objektiven Deduktion" geleistet zu haben, während sich doch der Kern der Kategoriendeduktion gerade in der subjektiven Deduktion von 1781 befindet. Das Hauptanliegen der Kategoriendeduktion besteht also, wie gesagt, in der Erkermtnis*legitimation.* Eine solche kann nicht auf faktisch Gegebenem beruhen, sondern muss die "Bedingungen der Möglichkeit" der Erkenntnis beinhalten. Worin bestehen nun diese Ermöglichkeitsbedingungen? Kant antwortet hierauf in zwei Schritten. Jede Erkenntnis beinhaltet drei Synthesisleistungen des Verstandes: in der Anschauung, in der Reproduktion des Angeschauten und in der bewusstseinsmäßigen Vereinigung des Angeschauten und Reproduzierten im Begriff, welche zugleich das empirische Selbstbewusstsein des Begreifenden stiftet. Soweit der erste Schritt, der noch auf der Ebene einer *empirischen Deskription* angesiedelt ist. Der für den transzendentalen Idealismus (so wie Kant ihn versteht) entscheidende zweite — transzendentale — Schritt besteht nun darin, nachzuweisen, dass diese Synthesisleistungen nicht nur für jedes empirisch Gegebene notwendig sind, sondern ebenso auch von den reinen Anschauungen erfordert werden: Die Anschauungen a priori des Raums und der Zeit sind also ihrerseits nur durch diese drei Synthesen des Verstandes möglich (wodurch ersichtlich wird, weshalb und inwiefern die Verstandessynthesen für die Modi der grundlegendsten Form der Sinnlichkeit — nämlich gerade der Zeit konstitutiv sind.)[7]

Da diese Anschauungen aber apriorische Anschauungen sind, können die hier erforderten Synthesisleistungen selbst auch nur apriorische sein. Diese lassen sich per definitionem nicht empirisch nachweisen und müssen somit als *transzendentale* Synthesen vorausgesetzt werden. Und da der Raum und die Zeit die Bedingungen der Möglichkeit jeder Erfahrung sind und eben die transzendentalen Synthesen zur Voraussetzung haben, so smd — transitiv geschlossen — die

[5] Siehe insbesondere Husserls Vorlesungen über eine *Erste Philosophie*.

[6] Bekanntermaßen stammt der Begriff der "transzendentalen Argumentation" nicht von Kant selbst, sondern wurde erst vor einigen Jahrzehnten in der amerikanischen Kantrezeption eingeführt.

[7] Siehe die folgende Fußnote.

transzendentalen Verstandes Synthesen notwendige Bedingungen jeder Erfahrung. Q. e. d.[8]

Die kantische Rechtfertigung der Erkenntnis lässt sich also, prägnant ausgedrückt, darauf zurückführen, dass Kant, wie aus der eben gelieferten Rekonstruktion ersichtlich ist, die transzendentalen Synthesisleistungen, die vorausgesetzt werden müssen, um die Möglichkeit der Erfahrung und somit eben der Erkenntnis legitimieren zu können, offenbar doch noch — da es sich ja um einen Vernunftschluss handelt — im klassischen Sinne des Wortes *deduziert.* Vom phänomenologischen Standpunkt aus betrachtet ist dieses Verfahren insofern fragwürdig, als es an einer konkreten Ausweisung mangelt, die von einer Erkenntnislegitimation doch gerade verlangt werden darf und muss. Präziser gesagt, wenn Husserl wiederholt das Fehlen eines "Bodens" der Erkenntnis bemängelt, dann hat er eine (zumindest dem "orthodoxen" kantischen Transzendentalismus) paradox anmutende "transzendentale Erfahrung" im Sinn, die auf eine zweifache Art und Weise in An Spruch genommen werden kann: nämlich entweder als eine deskriptive Ausweisung der anschaulich sich gebenden "Akte" und "Leistungen" des transzendentalen Bewusstseins oder — globaler gefasst — als eine auf die"transzendentale Subjektivität", bzw. "Monade" (im husserlschen Sinne) als ein eigenes Forschungsfeld abzielende Erfahrung (wobei die hier nicht zu vermeidende Trennung zwischen Subjekt und Welt durch eine "Selbstverweltlichung des transzendentalen Subjekts"[9] überwunden werden soll). Diesen beiden Forschungsrichtungen ist gemein, dass sie sich auf eine Ausweisung in einer letztgültigen Evidenz stützen — also auf keinerlei verstandesoder vernunftmäßige Akte, Deduktionen, Schlüsse usw., sondern auf ein "Sehen", auf ein anschauliches Gegebensein. Dies ist der tiefe Sinn des "Prinzips aller Prinzipien" aus dem § 24 der *Ideen I.*

Die "konstruktive Phänomenologie" arbeitet hingegen ein alternatives Verfahren aus, das sowohl die Klippen des kantischen Transzendentalismus als auch der husserlschen deskriptiven Phänomenologie zu umschiffen versucht. Worin besteht das Ungenügen dieser beiden Ansätze? *Kants* Ansatz ermangelt, wie es die klassischen deutschen Philosophen und auch Husserl selbst bereits angemerkt hatten, an einer *überzeugenden* Letztbegründung. Sowohl die Tatsache, dass Kants transzendentale Argumentation sich letzten Endes bloß auf Hypothesen stützt (da sie ja das aufstellt, was *vorausgesetzt* werden *muss,* damit die Erkenntnis möglich sein kann), deren epistemischer Gehalt freilich schwächer ist als das, was sie zu begründen beanspruchen, als auch jene, dass sie letztlich doch noch (zumindest teilweise) in einem herkömmlichen Sinne *deduktiv* verfährt (s.o.), machen seinen Anspruch, tatsächlich eine Letztbegründung der Erkenntnis geliefert zu haben, zweifelhaft. Und das Ungenügen der husserlschen phänomenologischen Methode besteht in der vermeintlichen Überzeugung, die *anschauliche Evidenz* vermöge *ausschließlich* als eine legitimierende Instanz zu fungieren. Wenn Husserl zwar behauptet, dass die Evidenz ihrerseits begründet werden muss[10], so scheint das von ihm selbst hierfür Gelieferte nicht dazu in der Lage zu sein, dieser Forderung auch tatsächlich gerecht zu werden. Hier tritt somit, wie bereits gesagt, die *phänomenologische Konstruktion* auf den Plan.

Uneinigkeit herrscht darüber, ob auch Husserl *selbst* diese Methodik einer phänomenologischen

[8] Ein weiterer, für den transzendentalen Idealismus der Kritik der reinen Vernunft sehr bedeutender Aspekt der "subjektiven" Kategoriendeduktion besteht in der Tat in der jeweiligen Konstitution der Zeitmodi (Sukzession, Gleichzeitigkeit und Beharrlichkeit) in den transzendentalen Synthesen des Verstandes. Siehe hierzu v. Vf. das erste Kapitel von *En deçà du sujet. Du temps dans la philosophie transcendentale allemande, op. cit.*

[9] Siehe dazu die V. Cartesianische Meditation.

[10] Siehe z. Bsp. *Erste Philosophie* (zweiter Teil), *Husserliana VIII*, S.33.

Konstruktion erwogen oder gar angewandt hat.[11] Unabhängig von den diesbezüglich eingenommenen oder verteidigten Positionen, können — im Rahmen der Ausarbeitung einer phänomenologischen Metaphysik — folgende Punkte festgehalten werden. Eine philosophische Letztbegründung kann nicht lediglich durch die *Anschauung* geliefert werden. — Genau an diesem Punkt trennen sich die "orthodoxe" und die - "konstruktive" Phänomenologie. — Zwar ist *idealerweise* (im Sinne der kantischen Idee) die anschauliche Gegebenheit ein nicht aus den Augen zu verlierender, notwendiger *Horizont.* Aus der phänomenologischen Praxis erhellt aber, dass die Intuition bisweilen auf Grenzen stößt, die dem Bereich der Letztbegründung *vorgelagert* sein können. Die phänomenologische Konstruktion entwickelt — qua "konstruktive Anschauung"[12] — intellektiv entworfene Denkmodelle, die zwar nie der Anschaulichkeit beraubt sein dürfen (welche gewiss teilweise erst *nachträglich* eingeholt werden kann), die sich aber notwendigerweise auf ein Gebiet begeben, *dessen Anschaulichkeit überhaupt erst offenbar gemacht werden muss.* Die phänomenologische Konstruktion vereint daher insofern ein verstandesmäßiges Entwerfen und ein intuitives Erschauen, als sie die intellektiven *und zugleich auch* die intuitiven Möglichkeitsbedingungen einer Letztbegründung allererst eröffnet. Und eben gerade dadurch, dass dies auch die Anschaulichkeit betrifft, ist die phänomenologisehe Konstruktion keine metaphysische oder spekulative Konstruktion.

Was die *intellektiven* Möglichkeitsbedingungen der Letztbegründung betrifft, muss noch hinzugefügt werden, dass sich die *Notwendigkeit* der Konstruktion erst *in der Konstruktion selbst* ergibt: Die phänomenologische Konstruktion verfährt also nicht nach vorausliegenden oder vorausgesetzten Regeln, sondern diese lassen sich erst in der Konstruktion und durch die Konstruktion selbst erfassen. Die phänomenologische Konstruktion[13] erweist sich somit als eine im fichteschen Sinne genetische Konstruktion: Das zu Konstruierende ist an sich "nichts", es entsteht nur dem diese Konstruktion Vollziehenden. Sie ist aber nichtsdestoweniger *notwendig,* weil eben nur sie die geforderte Letztbegründung liefert.

Es war oben bereits mehrfach von der *Letztbegründung* die Rede - und dies selbst im Rahmen der *husserlschen* Phänomenologie auch nicht zu Unrecht, wenn anders der transzendentale Idealismus in allen seinen Ausgestaltungen eben diese Letztbegründung zum Ziel hat. Es soll nun gezeigt werden, dass letztere nur als eine *Selbstbegründung des Wissens* aufgefasst werden kann. Die Hauptthese dieses Beitrags wird dann darin bestehen, aufzuzeigen zu versuchen, dass diese Selbstbegründung in emem Sichbilden des als *"Bild"* verstandenen - und insofern erweiterten – "Phänomens" geliefert werden kann. Hierbei handelt es sich in der Tat insofern um eine Erweiterung des Phänomenbegriffs, als dieses "Phänomen" einzig ist – und die konstruktive Phänomenologie somit auf ein "Urphänomen"[14] stößt, das auf der tiefsten konstitutiven Ebene alles Wissens der *Vielfalt* der zu beschreibenden Phänomene (s.o. die ersten beiden Bedeutungen des Phänomens) entgegengesetzt ist. Dieses "Urphänomen" ist für uns somit ein - gewiss paradox anmutendes – differenziertes *"singulare tantum"* (im Sinne des Er- agnisses beim späten Heidegger[15])[16]. Aus Gründen, die weiter unten geliefert werden, soll es hier also *"Bild"* genannt werden.

---

[11] Das Buch des Vf. *Husserl et les fondements de la phénoménologie constructive,* op. at., wird diesbezüglich zuweilen — und gewiss auch nicht zu Unrecht — kontrovers diskutiert.

[12] Siehe *Manuskript Z-IV*, S. 94ab im Eugen-Fink-Archiv, Freiburg (zitiert v. Vf. im § 3 des letzten Kapitels von *En deçà du sujet. Du temps dans la philosophie transcendentale allemande, op. cit.).*

[13] Es ist an dieser Stelle aus Platzgründen nicht möglich, Beispiele einer konkret vollzogenen phänomenologischen Konstruktion zu liefern. Der Vf. verweist hierfür — insbesondere in Bezug auf die Zeitlichkeit, die Intersubjektivität und die Trieb- und Instinktintentionalität — auf sein Buch *Husserl et les fondements de la phénoménologie constructive*, op. cit.

[14] Dieser Gebrauch des Begriffs des "Urphänomens" hat nichts mit dem in Husserls späten Arbeiten gemein.

[15] M. Heidegger, *Identität und Differenz*, Pfullingen, Neske, 1957, S. 25.

[16] Weiter unten wird erhellen, wie diese *Differenziertheit* aufzufassen ist.

Die Phänomenologie im Allgemeinen, und die konstruktive Phänome- nologie im Besonderen, ist ein *transzendentaler Idealismus.*[17] Dies bedeutet, dass sie - der kantischen Definition der transzendentalen Erkenntnis entsprechend – "unsere Erkenntnisart" der Gegenstände, sofern diese Er- kenntnisart "apriori möglich sein soll", zum Thema hat. Kants Lösung dieses Problems besteht bekanntermaßen darin, dass er die Erkenntnis dadurch definiert, dass sie je apriorische Elemente beinhaltet, welche (im Rahmen einer transzendentalen Ästhetik und einer transzendentalen Analytik) die Formen a priori der Sinnlichkeit und des Verstandes ausmachen Diese Begründung des transzendentalen Idealismus ist aber nicht ausreichend. Gewiss ist es ein in seiner Bedeutung ungemein wichtiger Schritt, eben diese Elemente der Erkenntnis aufgewiesen zu haben. Damit hierdurch aber auch eine überzeugende *Erkenntnisbegründung* geliefert wird, genügt es nicht, bei dem, was eine Erkenntnis *als Erkenntnis* ausmacht (nämlich der *Apriorizität*), lediglich auf apriorische Formen zu verweisen - dadurch wird nämlich lediglich die notwendig *apriorische* Erkenntnis durch *apriorische* Elemente erklärt. Ein solcher Verweis von Gleichartigem auf Gleichartiges liefert aber eben noch nicht eine Erkenntnis*begründung*. Gerade hier setzt nun die konstruktive Phänomenologie an.[18]

Die Phänomenologie hat es mit Phänomenen zu tun. Es ist nicht einzusehen, weshalb das, was *jedes* Wissen als Wissen *fundiert,* nicht auch seinerseits als "Phänomen" zum Thema gemacht werden könnte. Es handelt sich dabei freilich um ein in einem zweifachen Sinne besonderes Phänomen: Es ist nämlich nicht an einen bestimmten Gegenstand gebunden, sondern eben ein jedes Wissen als Wissen kennzeichnendes — also, wie schon erwähnt, ein *einziges* Phänomen; und es ist nie thematisch und explizit gegeben, also ein *"unscheinbares"* Phänomen. Versuchen wir nun, uns von diesem "Urphänomen" ein *Bild* zu machen.

Es wird jetzt also darum gehen, die erforderte Erkenntnisbegründung tatsächlich zu liefern zu versuchen. Es sei darauf hingewiesen, dass im Rahmen einer konstruktiven Phänomenologie eine solche Letztbegründung zugleich immer auch die Phänomenalität als Phänomenalität zu erhellen hat. Auf dieses *Zweifache im Einen* zielt die nun folgende phänomenologische Konstruktion ab.[19]

Die Erkenntans soll sein. Die Letztbegründung soll geliefert werden, Kant betont: die transzendentale Erkenntnis beschäftigt sich mit unserer Erkenntnisart, sofern diese (a priori) möglich sein *"soll"*. Die transzendentale Frage nach den Bedingungen der Möglichkeit der Erkenntnis, nach deren Ermöglichung, hängt also ganz eng mit diesem "Soll" (das kein abstraktes Sein-Sollen ist) zusammen.[20] Die[21] hier erforderte und angewandte phänomenologische Konstruktion des "Urphänomens" als Bild[22] muss dabei zunächst einen zu Anfang noch völlig leeren Begriff dieser

[17] Husserl schreibt in aller Deutlichkeit: "Nur wer den tiefsten Siim der intentionalen Methode oder den der transzendentalen Reduktion oder gar beider missversteht, kann Phänomenologie und transzendentalen Idealismus trennen wollen", *Cartesianische Meditationen*, *Husserliana I*, § 41, S.119.

[18] In seinem Buch *Réflexion et speculation - L'idéalisme transcendantal chez Fichte et Schelling*, Grenoble, Millon, "Krisis", 2009, hat der Vf. die Interpretationsthese aufgestellt, dass die Begründung des apriorischen Charakters der Erkenntnis sowohl bei Fichte als auch bei Schelling der Aufweisung der fehlenden (von Schelling in einem berühmten Brief an Hegel vom 6. Januar 1795 angemahnten) Prämissen in Kants Transzendentalphilosophie entspricht. Fichtes Analyse des "Solls" (d.h. der "kategorischen Hypothetizität") und Schellings "Selbstobjektivierung des Ich" in den verschiedenen "Epochén" der "pragmatischen Geschichte des Selbstbewusstseins" in seinem System des transzendentalen Idealismus (1800) liefern somit jeweils eine Erkenntnisbegründung im Rahmen ihres je eigenen transzendentalen Idealismus.

[19] Die phänomenologische Konstruktion ist keine Urdversalmethode, sondern hängt selbstverständlich stets von dem zu Konstruierenden ab. Dementsprechend unterscheidet sich die folgende zweite Konstruktion — die das "Urphänomen" betrifft — wesenhaft von der obigen ersten Konstruktion, die sich ja auf den zweiten Phänomenbegriff bezog.

[20] Dies wurde zuerst von Fichte herausgestellt, siehe vor allem seine Wissenschaßlehre von 1804 (zweite Fassung).

[21] Der mit der Spätphilosophie Fichtes vertraute Leser wird in der nun vollzogenen phänomenologischen Konstruktion einen Versuch, Fichtes Bildlehre für eine phänomenologische Letztbegründung der Erkenntnis fruchtbar zu machen, erkennen.

[22] Der Bildcharakter des "Urphänomens" ist in einem ursprünglichen Bilden und, wie im Folgenden auseinandergesetzt wird, in dessen verschiedenen Modi (Abbilden, Ausbilden, Einbilden) begründet.

Erkenntnisfundierung entwerfen. Das heißt insbesondere, dass von dieser Fundierung zu- nächst nur ein reines Abbild vorliegt. Dieser aus dem "Soll" sich ergebende Sachverhalt einer Entzweiung, einer Entgegensetzung, von angepeilter Fun- dierung und begrifflichem *Ab*bild, entspricht übrigens, wie nicht weiter betont zu werden braucht, der Natur des *Bewusstseins* selbst, von dem allein konsequent ausgegangen werden kann und muss und welches ja seinerseits durch die *Entzweiung* von Bewusstseinssubjekt und bewusstseinsmäßig Gegebenem (also durch die Subjekt-Objekt- Struktur) gekennzeichnet ist.

In einem zweiten Schritt wird dann die phänomenologische Konstruktion auf das so Entworfene *reflektieren*, es also mit dem zu Konstruierenden in Beziehung setzen – welche Reflexion das noch völlig leere Abbild nach und nach "inhaltlich", und dabei selbstverständlich und notwendigerweise phänomenologisch *ausweisbar*, "erfüllen" wird. Was ergibt sich aus dieser Reflexion? Das entworfene Abbild ist *nicht* das Prinzip der Erkenntnislegitimation *selbst,* sondern eben bloß ein ihm gegenüberstehendes Abbild. Das Abbild "begreift sich" in dieser Reflexion als ein *bloßes* Abbild. Um zum Prinzip selbst zu gelangen, muss daher das soeben Entworfene *vernichtet* werden. Hierdurch wird ein neues Bild *ausgebildet:* kein reines, lediglich — freilich unvermeidlich — *hinprojiziertes* Abbild, sondern ein genetisch durch Vernichtung des Abgebildeten und Ausbildung des Prinzips selbst erzeugtes Bild. Worin besteht nun dieses Bild — wenn es *kein rein formales* sein soll? Eben gerade im doppelten Prozess des *gleichzeitigen Entwerfens* und Vernichtens. (Der Begriff des *"Ausbildens"* ist hier insofern passend, als er ja einerseits, negativ, ein *Aus*merzen, *Aus*schalten usw. und andererseits, positiv, eben ein *Aus*formen, *Aus*bilden, zum Ausdruck zu bringen vermag.) Das so verstandene *Aus*bilden bezeichnet also paradoxerweise das Vernichten eines ersten, notwendigen Abbildens. Und da das Abbilden nichts Anderes als der Ausdruck der Bedingung des (intentionalen) Bewusstseins selbst ist (insofern es die Bewusstseins*korrelation* zum Ausdruck bringt), ist dieses Ausbilden zugleich ein solches einer *prä-intentionalen* (und "vorzeitlichen") "Bewusstseins"form (die somit ihrerseits durch dieses gleichzeitige Setzen und Vernichten ausgezeichnet ist)! Hierdurch erweist sich diese phänomenologisehe Konstruktion zugleich als eine die intentionale Struktur genetisch konstituierende. Diese "Konstitution" ist nun dadurch ausgezeichnet, dass das in ihr Konstituierte nicht in einem ihm Zugrundeliegenden fundiert ist, sondem letzeres selbst erst durch die Konstruktion zugänglich wird. Im Schlussabschnitt wird auf die entscheidenden ontologischen Konsequenzen dieses prä-intentionalen Setzungs- und Vernichtungsakts zurückzukommen sein (denn die *Realität* wird sich dann nämlich als nichts Anderes als die auf diesem Wege zu leistende Bewusstwerdung eines je "endogenen" Seins erweisen).

Die phänomenologische Konstruktion des Prinzips der Erkenntnisbegründung ist hiermit aber noch keineswegs abgeschlossen. Der phänomenologische "Gehalt" des Konstruierten ist bis dato bloß negativ als ein "Ausbilden" aufgetreten. Ein erster Hinweis auf eine *positive* Bestimmung des Konstruierten besteht nun darin, dass das sich aus der bisherigen Konstruktion Ergebende nicht lediglich auf das ursprüngliche Sein-Sollende zurückfällt, sondern eben auf eine (dieses Ausbilden ausmachende) zweifache entgegengesetzte prä- sujektive "Tätigkeit" eines Setzens und Aufhebens verweist. Diese ist aber selbstverständlich keine rein mechanische "Tätigkeit", sondern lässt sich in einer noch tieferen, nun *verinnerlichenden* Reflexion erfassen. Jedes Aufheben ist ein Aufheben eines zunächst Gesetzten — und daher ein von ihm Abhängiges. Das oben sich offenbarte Ausbilden hatte sich daraus ergeben, dass das bloße Abbilden sich *als ein solches* begriff und infolgedessen vernichtete. Die jetzt vollzogene verinnerlichende Reflexion geht nun noch einen Schritt weiter: Sie begreift sich nicht bloß als abbildende, sondern als begreifende. Und dieses Begreifen *als Begreifen*, diese Reflexion *als Reflexion*, eröffnet ein ganz neues Feld (das freilich im Moment des Ausbildens schon anklang und durchschien): ein Feld des nicht je schon objektiv Gegebenen, sondern des reinen Ermöglichens[23] selbst.

Was ist darunter zu verstehen? Die diese phänomenologische Konstruktion vollendende verinnerlichende Reflexion, die nur uneigentlich als "Reflexion" bezeichnet werden kann, da sie gerade nicht — wie sonst üblich — im Reflexionsakt auf ein dem Reflektierenden unvermeidlich *Äußerliches*[24] reflektiert, macht den letzten Gesichtspunkt des "Urphänomens" aus. Will man ihm einen "bildenden" Charakter zuschreiben, wäre wohl der Begriff des "Einbildens" der geeignetste — was zugleich darauf verweist, dass hier die (selbstverständlich *transzendentale*) *Einbildungskraft* vorrangig ist (s.u.). Das "ein-" in "einbilden" drückt nämlich implizit eine *Innerlichkeit* aus. Und dieses Einbilden ist nun also nichts Anderes als ein sich als begreifendes Begreifen, ein sich als reflektierendes Reflektieren![25] Die geforderte und gesuchte Erkermtnislegitimation mündet somit in diesem phänomenologisch konstruierten ermögliebenden Sich-Erfassen als Sich-Erfassen. Sie begnügt sich, wie gesehen, nicht mit lediglich *postulierten* Erkenntnisformen, sondern bringt das reflexive Grundprinzip der Ermöglichung des Verstehens von... zum Ausdruck.

Fassen wir noch einmal diese phänomenologische Konstruktion prägnant zusammen. Gefordert wird ein Legitimationsprinzip der Erkenntnis, das nicht faktisch hingestellt werden darf (wie das etwa mit der postulierten anschaulichen Evidenz der Fall ist), sondern sich selbst phänomenologisch ausweisen muss — und zwar in einer fortwährenden, nach und nach verinnerlichenden Reflexion. Von diesem Prinzip machen wir uns zunächst ein begriffliches "Bild" — ohne zunächst zu wissen, was es eigens beinhaltet. Auf dieses reflektieren wir nun nicht äußerlich, sondern lassen es sich vor unseren Augen selbst reflektieren. In dieser *ersten* Selbstreflexion begreift sich das Bild als bloßes *Abbild* - was sein Vernichten *als Bild* nötig macht. Was bleibt übrig? Nicht nichts, sondern die eben beschriebene Doppeltätigkeit eines Enfwerfens und Vernichtens. In einer *zweiten* Reflexion, die nun auf keine auf einen Gegenstand gerichtete Tätigkeit geht (sei diese auch — negativ — eine vernichtende, die ja doch noch, wie schon gesagt, auf das zu Vernichtende bezogen bleibt), sondern auf das bloße rein innere Reflektieren selbst, begreift sich dieses Reflektieren *als Reflektieren*, das Begreifen *als Begreifen*, das Erkennen *als Erkennen.* Und die *Ermöglichung* ist also nichts Anderes als dieses sich als reflektierendes Reflektieren, sich als begreifendes Begreifen, sich als erkennendes Erkennen. Worin bekundet sich hier aber die Begründung der Phänomenalität *als Phänomenalität*?

Die Antwort ist im soeben Entwickelten bereits enthalten. Der Begriff der Phänomenalisierung wird missverstanden, wenn er als phänomenale Äußerung eines zunächst nicht phänomenal – also *"an sich"* - Gegebenen aufgefasst wird. Die Phänomenalisierung ist so sehr keine *Äußerung,* dass sie vielmehr ein "ausstehendes Innestehen"[26] ausdrückt. Dieser Begriff ist aber selbst noch missverständlich, denn das "Innen" (in "Inne-" bzw. "In-") hat ja nur im Gegensatz zu einem "Außen" einen Sinn. Diesbezüglich wäre daher der Begriff der "Seins*endogeneität*" vorzuziehen. Um

---

[23] In der phänomenologischen Tradition ist dieser Gedanke vor allem bei Heidegger anzutreffen. Siehe seine Ausführungen zur "Ermöglichung" in Sein und Zeit, in den Grundproblemen der Phänomenologie und in den Grundbegriffen der Metaphysik.

[24] In dem Moment, in dem das reflektierende Subjekt in der Reflexion auf das zu Reflektierende zurückkommt, ist ihm dieses in der Tat unweigerlich ein *äußerliches.*

[25] Diese drei Gesichtspunkte des "Urphänomens" können für das Verständnis der modernen Ästhetik fruchtbar gemacht werden. Es wären dann drei "Bilder" als Paradigmen von drei entsprechenden ästhetischen Grundeinstellungen (und den ihnen korrespondierenden Formen des Kunstwerks) zu unterscheiden: l) das "phänomenologische Bild": das Kunstwerk als sichtbar machendes, unendlich variierende Erscheinungen hervorbringendes (Beispiel: das Werk Andre Thomkins); 2) das "kondensierende Bild": das Kunstwerk als Konzentration oder Absatz der künstlerischen, vitalen, erotischen usw. Energien des Schaffenden (Beispiel: Mallarmes Buch, Bellmers Puppe); 3) das "reflektierende Bild": das Kunstwerk als Reflexion auf den Schaffensprozess selbst (Beispiel: das Werk Gerard Esmerians). Der Vf. ist gerade dabei, eine vertiefte Studie über diese Thematik auszuarbeiten.

[26] In diesen Worten charakterisiert Heidegger das "Bewahren", siehe *"Über den Ursprung des Kunstwerkes", in Holzwege, Frankfurt am Main, Klostermann, 198* [6], S.54.

das näher zu erläutern, soll jetzt in einem letzten kurzen Abschnitt der Begriff der "Realität" näher ins Auge gefasst werden.

Aus alledem folgen in der Tat wesentliche Konsequenzen für den Status der *Realität,* die sich nach drei verschiedenen Gesichtspunkten ausbreiten lassen.

1) Die *"Realität"* ist vom *reflexiven* Moment nicht zu trennen. Das Reale ist das Übrigbleibsel - der *Absatz* - der Vernichhing des entworfenen Abbildes. Es ist das Sein, das bei der Vernichtung des subjektiven Pols der Bewusstseinskorrelation allein übrig bleibt (und insofern prä-intentional ist!). Es ist aber kein totes An-sich-Sein, sondern wird durch die verinnerlichende Reflexion verlebendigt: Es ist nichts Anderes als *Reflexion der Reflexion*, besser: *Reflexion ALS Reflexion.* Die Realität "erbt" und verkörpert also dadurch die drei Grundaspekte des *"Urphänomens".*

2) Somit können nun die ontologischen Konsequenzen aus dem, was die phänomenologische *Epoché* bereithält, gezogen werden: Das phänomenologisch Zugängliche steht in keiner Weise in einem Gegensatz zu einem äußerlich "Natürlich"-Realen. Real ist nur, was sich eben in der phänomenologisehen "Einstellung", und d.h. in der *Epoché,* offenbart. Das heißt aber näher, dass das real Gegebene dem Bewusstsein (und dem transzendentalen Bewusstsein) *"immanent"* ist. Realität ist Seins- bzw. Bewusstseinsimmanenz — wir führen hierfür, wie gesagt, den Begriff der "Endogeneität" ein, der keine reine Immanenz bezeichnet, sondern dem "Ausstehen", dem "Transzendenzcharakter" des Realen Rechnung trägt. Niemals kann das Bewusstsein dem Sein gegenüber "zu spät" kommen, nichts ist — als "Sein" — dem transzendentalen Bewusstsein vorgegeben oder vorausgesetzt. Dies ist zweifelsohne der gemeinsame Nenner der wesentlichen Ausarbeitungen der neuesten phänomenologischen Forschungen. Hier wird nun auch verständlich, wie genau die oben ausgeführte, das "Ausbilden" kennzeichnende Doppelbewegung des Entwerfens und Vernichtens des Abbildens zu verstehen ist: Wenn das zunächst nur durch ein "Soll" geforderte Legitimationsprinzip der Erkenntnis im Entwerfen und Vernichten der begrifflichen Entwurfsstrukturen sich tatsächlich nicht nur einsichtig fassen lässt, sondern auch "real" äußert, dann heißt das, dass dieses Prinzip je schon "bei" uns ist und auf diesem Wege bloß unser Zugang zu ihm gesichert wird. Auch hierin drückt sich also die Bewusstseinsendogeneität alles Seins — sowie dessen Prinzips — aus.

3) Was die Rolle der verschiedenen Erkenntnisvermögen bei diesem Ansatz einer phänomenologischen Metaphysik angeht, muss betont werden, dass der (transzendentalen) Einbildungskraft vor allen anderen Vermögen Priorität eingeräumt werden muss. In der konstruktiven Phänomenologie hat, im Gegensatz zur husserlschen Phänomenologie, die *Einbildungskraft* den Vorrang vor dem Wahrnehmungsvermögen.[27] Dies hat seinen hauptsächlichen Grund in dem *imaginären Charakter der Realität.* Und dabei ist die Wirklichkeit nicht deswegen imaginär, weil eine solche Priorität postuliert wird, sondern letztere resultiert aus besagter Imaginarität. Die erkenntnistheoretischen Einsichten folgen hier aus den ontologischen — und nicht umgekehrt. In diesem Sinne sieht sich die konstruktive Phänomenologie gezwungen, Errungenschaften der kantischen "kopernikanischen Wende" neu zu befragen und gegebenenfalls neu zu erörtern.

Je tiefer man in die ursprünglich konstitutiven Sphären hinabsteigt, desto mehr verliert der Phänomenbegriff seinen lediglich erschauten Charakter. Wenn die statisch-deskriptive

[27] Phänomenologisch wiirde dieser Sachverhalt in den Werken M. Richirs aus dem vergangenen Jahrzehnt ausgearbeitet (siehe insbesondere die Rolle der "Phantasie" in der Phänomenologie, Psychopathologie, Ästhetik, usw.). Sein Werk gehört ohne Zweifel zum Bedeutendsten, was die neueste französischsprachige phänomenologische Forschung hervorgebracht hat. Siehe hierzu v. Vf. *Le sens se faisant: Marc Richir et la refondation de la phénoménologie transcendantale* (in Vorbereitung).

Phänomenologie — so wie ihr Name ja schon besagt — es mit evident sich gebendem Erscheinenden zu tun hat (das also in einem Sehen erfassbar wird), so gilt das für die genetisch-konstruktive Phänomenologie nicht mehr unbedingt. Schon der zweite Phänomenbegriff, der, das sei noch einmal zusammenfassend gesagt, die fungierenden Leistungen der transzendentalen Subjektivität bezeichnet, welche das in der immanenten Sphäre des Bewusstseins sich Zeigende (und den ersten Phänomenbegriff Ausmachende) konstituieren, verweist ja bereits auf eine (freilich keiner freien und willkürlichen Subjektivität unterliegenden) genetische "Tätigkeit". Noch mehr gilt das für den dritten Phänomenbegriff, das "Urphänomen", in dem sich das Wissen selbst (oder, wie man auch sagen könnte, das transzendentale Selbstbewusstsein) begründet: In diesem wird das Prinzip der Letztbegründung eigens zu einem "Phänomen", das zugleich Prinzip der Phänomenalisierung ist.

Wie aus obigem hervorgegangen ist, trifft die "konstruktive Phänomenologie" dabei auf keinen "Grund" des Erscheinens — zumindest, wenn das so verstanden würde, dass dem Erscheinenden etwas zugrunde läge. Dem genetischen Charakter der phänomenologischen Konstruktion gemäß wird ein solcher, sich als "vorzeitlich" erweisender "Grund" nur *in der Konstruktion selbst* eröffnet. Gibt es aber dennoch einen Grund für das Erscheinen? Die Frage scheint auf diese Art falsch gestellt zu sein und müsste vielmehr andersherum formuliert werden: Was ist überhaupt der Grund für die Annähme eines außerphänomenal Bestehenden? Oder anders ausgedrückt: Was begründet den eingangs erwähnten Dualismus? Das Ziel dieser Reflexionen war es, diese Frage anders als im Horizont einer lediglich vorausgesetzten, wie auch immer aufgefassten Transzendenz zu stellen (weshalb wir dann ja auch den Begriff der "Endogeneität" des phänomenalen Feldes einführten). Und die Antwort hierauf könnte in der Aufweisung des scheinbar paradoxen Charakters des Phänomens bestehen: Je mehr das Phänomen sich *phänomenalisiert*, desto mehr *verinnerlicht* es sich.

ÜBER DIE MÖGLICHKEIT VISUELLEN DENKENS

Alexei Krioukov[1]

Zusammenhang:

In letzter Zeit ist die Ansicht populär geworden, dass auf dem Grund des Denkens die visuelle Vorstellung liegt. Auf den ersten Blick scheint es zwar so, dass alles Gesehene ursprünglich in einer willkürlichen Unordnung besteht. Doch dieser Anschein ist falsch, da die visuelle Wahrnehmung eine eigentümliche Logik aufweist. In diesem Beitrag möchte ich drei Aspekte davon ansprechen: Erstens: Das visuelle Denken liegt im Hintergrund des Denkens in einem weiteren Sinne. Das läßt sich sehr gut mit Hilfe der phänomenologischen Analyse zeigen. Zweitens: Das Sehen läßt sich selbst erziehen, was von bestimmten Praktiken abhängt. Sehen und Betrachten sind mithin nicht das gleiche. Drittens: Das Sehen ist kein willkürlicher Akt, wenngleich vorausgesetzt werden kann, dass jeder das sieht, was er will, sondern es gibt eine eigentümliche Logik des Sehens und bestimmte Organisationprinzipien der visuellen Wahrnehmung. Mein Beitrag besteht aus drei Teilen. Im ersten Teil *Sehen als vorprädikative Erfahrung* skizziere ich diejenigen Positionen, die die These vertreten, dass das Denken auf der Anschauung als Prinzip basiert. Im zweiten Teil *Erziehung des Sehens* diskutiere ich diejenigen Positionen, die das Sehen als Erziehungsprozess in Betracht nehmen. Im dritten Teil *Logik des Sehens* stelle ich einige Aspekte der eigentümlichen Logik des Sehens dar.

Schlüsselwörter: Anschauung, Bildbewusstsein, vorpädikatives Denken, Phänomenologie, Logik des Sehens.

■■■

I. Sehen als vorprädikative Erfahrung

Gottfried Boehm weist auf die nicht immer auffallende Tatsache hin, dass die Bildwahrnehmung zum Bewusstsein des Menschen gehört. In der Regel wird das Denken vor allem mit der Sprache verbunden. Die Hauptidee des schweizerischen Forschers besteht dagegen darin, dass die elementare visuelle Beobachtung auf dem Grund einer jeder sprachlichen Struktur liegt. Er ist deshalb auch der Auffassung, dass die Einbildungskraft das menschliche Denken begründet. Daher kann man vom Menschen als homo pictor sprechen.[2] Bisher gab es stattdessen eine Disproportion in der Analyse des menschlichen Denkens. Die philosophische Analyse der Sprache war darin im 20.Jahrhundert dominierend. Daher gab es zuletzt nicht sehr viele Versuche, die das *visuelle* Denken ausgelegt haben. Man kann aber davon ausgehen, dass visuelle Vorstellungen ursprünglicher als sprachliche Ausdrücke sind.

Dieter Lohmar formuliert die ähnliche These, dass nicht nur sprachliche Akte das Denken bestimmen.[3] Die Sprache ist nur eines der möglichen Systeme der Repräsentation unseres Denkens.

---

[1] Prof. Dr., Staatliche Universität Samarkand, Usbekistan, Department of Philosophy, akrum@ya.ru

[2] Boehm, Gottfried, *Wie Bilder Sinn erzeugen,* Berlin University Press, 2015, S. 10.

[3] Lohmar, Dieter, *Denken ohne Sprache?* In: Mattens, F. (ed.) Meaning and Language: Phenomenological Perspectives, Dordrecht, 2008, S. 169–194. S. 171.

Da seine Auslegungen in der Bahn der Husserlschen Phänomenologie liegen, verwendet er den Begriff der sogenannten "bedeutungsgebenden Akte", die vorprädikativ sind. Husserl beschreibt die Natur dieser Akte in seinen „Logischen Untersuchungen" und macht eine deutliche Unterscheidung zwischen der kategorialen Schau und den sinngebenden Akten. Dieter Lohmar argumentiert für seine Position wie folgt: Ist die kategoriale Schau mit Sprache verbunden, können die sinngebenden Akte mit allen möglichen symbolischen Systemen festgehalten werden. Es geht in diesem Fall um die eigenartige Verbreitung der symbolischen Systeme. Das sprachliche Model des Denkens ist dabei nur ein mögliches unter vielen. Die Sprache als selbstständiges System der Kommunikation existiert zwar seit ca. 150.000 Jahren. Doch damit ist sie ein relativ junges Phänomen. Denn die Kommunikation zwischen den homo sapiens zählt mehr als 2 Mio. Jahre[4]. Auf dem Grund eines jeden möglichen symbolischen Systems liegt aber die Anschauung. Mit diesem Word bezeichnet Husserl die anschauende Erkenntnis. Ein Beispiel von Lohmar: Ein erwachsener Man denkt an Sex angeblich alle 2 Minuten. Und das ist eben kein kategoriales Denken, sondern ein eher anschauliches.

Sobald man über das visuelle Denken spricht, stellt man sich die Sache auf eine solche Weise vor, als ob wir die kleinen Abbildungen der transzendenten Sachen in uns beherrschen, die von unserem inneren Blick wahrgenommen sind. Das zu behaupten wäre allerdings nicht ganz korrekt, da die Anschauung als Grundlage des Denkens eine andere Deutung voraussetzt.

Die Anschauung enthält nicht nur Bilder im Kopf. Ihre Struktur ist wesentlich komplizierter[5]. Der Begriff der Anschauung, so wie Husserl diesen verwendet, muss daher zuerst ausgelegt werden. Wie es öfter bei Husserl vorkommt, ist eine eindeutige Definition eines der wichtigsten Begriffe in seinem Nachlass schwer zu finden. Man kann aber versuchen, eine funktionale Definition zu bieten. Husserl verwendet den Begriff der Anschauung in seinen "Logischen Untersuchungen", sobald er seinen berühmten Slogan "Zu den Sachen selbst!" formuliert. Er schreibt: "Wir wollen auf die *Sachen selbst* zurückgehen. An vollentwickelten Anschauungen wollen wir uns zur Evidenz bringen [...]"[6]. Wir sehen, dass der Begriff der Anschauung zusammen mit einer der wichtigsten Thesen der Husserlschen Phänomenologie verwendet wird. Daher können wir wohl die Konsequenz ziehen, dass die Realisierung der ganzen phänomenologischen Strategie von der Anschauung abhängt. Die Anschauung ist für Husserl dasjenige, das zwar kein Denken, aber doch eine zentrale intellektuelle Funktion ist.

Das proklamierte *"Zu den Sachen selbst!"* kann nur dann stattfinden, wenn man sich zur Evidenz bringen kann. Und nur auf der Basis der neu erworbenen Evidenz kann das Denken sich entwickeln. Dies hat zwei Folgen, erstens, dass Husserl die Anschauung, obwohl er den Begriff am Rande seiner Hauptausführungen hält, als Grundlage der denkerischen Aktivität ansieht, zweitens, auch als Grundlage von jeglicher Vorstellung. Die Anschauung ist eine Basis, ein "Raum" für die weitere Entwicklung sowohl des Denkens als auch der bildnerischen Vorstellung.

In diesem Zusammenhang ist das Beispiel des Tintenfasses, das Husserl auf einigen Seiten seiner "Logischen Untersuchungen" gibt[7], charakteristisch. Wir sehen ein Tintenfass. Ein Rätsel ist, wie eine neue Kenntnis entsteht, wenn ich das Objekt sehe. Husserl spricht diesbezüglich über "einen bedeutungsverleihenden Gedanken". Technisch besteht dieser darin, dass wir in einem Akt das gesehene Tintenfass mit einer Bedeutung verbinden. Wie funktioniert das? Husserl glaubt, dass ein

---

[4] Lohmar, Denken ohne Sprache? S. 179.

[5] Wiesing, Lambert, *Phänomene im Bild*, München: Wilhelm Fink Verlag, 2000, S. 89.

[6] Husserl, Edmund, *Logische Untersuchungen. Erster Band: Prolegomena zur reinen Logik,* ed. Holenstein Elmar, Den Haag: Nijhoff, 1975, S. 10.

[7] Husserl, Logische Untersuchungen. Erster Band, S. 558.

wichtiges Moment das Moment des Zusammentreffens von Wörtern und der Idee des Tintenfasses ist. Mit anderen Worten stellt sich heraus, dass im Bereich der Anschauung Worte und Vorstellungen vereint sind. Nur dann entsteht der Gedanke laut Husserl. Die Anschauung selbst ist ein Grundprinzip des Denkens.

Wenn es um Husserls Phänomenologie geht, muss man einige Worte über die Prinzipien des Funktionierens des Bildbewusstseins sagen. Einer der ersten Hinweise dazu finden wir bei Husserl schon in seinen "Ideen I". Im Paragraphen 111[8] geht es um Dürers Kupferstich "Ritter, Tod und Teufel". Husserl unterscheidet zwei Ebenen der phänomenologischen Wahrnehmung des Kupferstiches. Zuerst nimmt man dieses Objekt (den Kupferstich als physisches Objekt) als herkömmliches Objekt jeder Wahrnehmung wahr, etwa in Gestalt einer Lithographie. Aber später nimmt man die Gestalten wahr, den Reiter, das Bild des Todes, den Teufel. Diese sekundäre Wahrnehmung hat nichts mehr mit der primären Wahrnehmung des Kupferstiches zu tun, der ein physisches Medium ist. Dieser sekundären Wahrnehmung gibt Husserl einen besonderen phänomenologischen Namen: "neutralisierende Modifikation". Das ist ein wichtiger Begriff in Husserls ästhetischer Phänomenologie, wenn man überhaupt über das Problem der Ästhetik bei Husserl sprechen kann.

Wir haben also eine klare Unterscheidung von zwei Arten der Intentionalität: eine objektive, die auf das Objekt als solches gerichtet ist, und eine zweite, die als neutralisierende Modifikation bezeichnet wird und die tatsächlich eine spezifische ästhetische oder phantasierende Wahrnehmung ist.

Wenden wir uns den Husserliana, Band XXIII "Phantasie und Bildbewußtein", zu und betrachten, welche Rolle Husserl in diesem Text diesen Begriffen zuweist. So schreibt er in einem Manuskript über das Problem der ästhetischen Darstellung (von 1918) über das Spiel der Schauspieler:

> Wo aber ein Schauspiel dargestellt wird, da braucht gar kein Abbildungsbewusstsein erregt <zu> werden, und was da erscheint, ist ein reines perzeptives Fiktum. Wir leben in der Neutralität, wir vollziehen hinsichtlich des Angeschauten gar keine wirkliche Position, alles, was da vorkommt, was da ist an Dingen und Personen, was da gesagt, getan wird usw., alles hat den Charakter des *Als-ob*.[9]

Auf der Grundlage dieses Zitats können wir feststellen, dass die neutralisierende Modifikation keine wirkliche Position, sondern eine Position Als-ob ist. Es handelt sich um eine Art der phantasierenden Einstellung. In einem anderen Manuskript schreibt Husserl ganz eindeutig: "In der neutralen Einstellung finde ich vor und beschreibe ich, was ich da ‚*habe*', die Phantasievorkommnisse, die neutralen überhaupt, alles in der Weise des *Als-ob*"[10]. In dieser Passage, die einige Jahre nach dem oben zitierten Manuskript geschrieben wurde, wird der Zusammenhang von Phantasie und neutralisierender Als-ob-Modifikation ganz deutlich festgestellt.

Auf diese Weise haben wir es mit der folgenden Argumentationskette zu tun: die Anschauung ist die Grundlage für das Denken überhaupt, auf welcher Grundlage die Evidenz entstehen kann; das Bildbewusstsein und das Sprachbewusstsein sind nur mögliche symbolische Systeme, die das Denken

---

[8] Husserl, Edmund, *Ideen zu einer reinen Phänomenologie und phänomenologischen Philosophie I: Allgemeine Einführung in die reine Phänomenologie,* Den Haag: Nijhoff, 1976, S. 250.

[9] Husserl, Edmund, *Phantasie, Bildbewusstsein, Erinnerung: Zur Phänomenologie der anschaulichen Vergegenwärtigungen*, Den Haag: Nijhoff, 1980, S. 515, 516.

[10] Husserl, *Phantasie, Bildbewusstsein, Erinnerung: Zur Phänomenologie der anschaulichen Vergegenwärtigungen*, S. 571.

ausmachen; die modifizierenden phantasierenden Als-ob Akte ermöglichen das Bildbewusstsein.

Husserl schrieb in seinen "Ideen" über die zweiteilige Struktur der ästhetischen Wahrnehmung, und zwar über die Wahrnehmung eines Kupferstichs als Objekt und über die neutralisierende Modifikation dieser Wahrnehmung. In seinen Manuskripten über Bildbewusstsein beschrieb er dagegen die kompliziertere dreiteilige Architektonik des bildnerischen Denkens. Husserl schlägt folgende Struktur des Bildbewusstseins vor: erstens, Bild als Objekt, zweitens, Bildobjekt oder das erscheinende Bild, das nie existiert hat und welches eine abbildende Funktion hat, und, drittens, Bildsujet, das abgebildet ist.[11]

So kommen wir zu dem Schluss, dass die Anschauung eine primäre Struktur des Bewusstseins in Husserls Theorie ist. Auf dem Grund unseres Denkens liegen die bedeutungsgebenden Akte, die auf Anschauung basieren. Wir können daher vorläufig festhalten, dass die Sprache als Ausdrucksmethode für Denkprozesse nur eines der möglichen symbolischen Systeme ist, und dem Gedankenprozess sinngebende Akte zugrunde liegen, die nur auf der Grundlage der Anschauung erwachsen können.

Mit der Anschauung und mit dem bildnerischen Denken ist die Frage nach der der Erziehung des Sehens eng verbunden. Darin liegt das historisch-genetische Moment der Entwicklung des bildnerischen Denkens.

II. Erziehung des Sehens

Nach einem phänomenologischen Exkurs im ersten Teil möchte ich nun das Problem der Erziehung des Sehens diskutieren. In der Regel gehen wir davon aus, dass wir die willkürlich auf der Retina platzierten Bilder sehen können, welche die Realität abbilden. De facto ist dies jedoch nicht der Fall, und alles sieht ganz umgekehrt aus: zuerst erhalten wir die Sinneserlebnisse eines wahrgenommenen Objektes und nur dann können wir diese Wahrnehmung mit dem gesehenen Objekt identifizieren. Selbstverständlich stellt sich die Frage, wie wir die Sinne des gesehenen Objektes erfassen können. Wird der Sinn uns von der Umgebung der Wirklichkeit schon vorgegeben? Oder konstituieren wir ihn selbst?

Bei einer Analyse des Sehens berücksichtigt man üblicherweise folgende Faktoren: Besonderheit der Farbwahrnehmung, Farbskala, Umlagerung der Objekte, Beleuchtung, Struktur eines abgebildeten Objektes, Abbildungstechnik, Ähnlichkeit dieser Objekte mit den Objekten der Wirklichkeit und so weiter. Bei alledem spielen die Eigenschaften der Objekte der Wirklichkeit beim Sehen nicht die zentrale Rolle, wie man herkömmlich glaubt. Wichtig ist zu bemerken, dass der Akt des Sehens auch fundiert ist. Obwohl wir ein Objekt anschauen, sehen wir dieses *in einer bestimmten Weise*, und nichts anderes. Meine Hauptthese lautet daher: *Nicht alles, was wir schauen, können wir sehen, und falls wir etwas sehen, sehen wir das in einer bestimmten Weise.*

Es gibt eine Reihe Forscher, die diese These in der einen oder anderen Variante vertreten. So schreibt zum Beispiel Mikhail Iampolski: "Die Abbildung ist kein Gegenstand, sondern ein Prozess in unserem Bewusstsein"[12]. Darauf hat auch der russische Formalist Wiktor Schklowski hingewiesen, sobald er schrieb, dass die Aufgabe der Kunst darin bestehe, die Sache sehen zu lassen und diese nicht anzuerkennen.[13] Diese Aussagen haben den allgemeinen Sinn, dass das Sehen keine abbildende Funktion hat. Ich gebe dazu einige Beispiele.

[11] Husserl, *Phantasie, Bildbewusstsein, Erinnerung: Zur Phänomenologie der anschaulichen Vergegenwärtigungen*, S. 19.
[12] Iampolski, Mikhail, *IZO-brazhenije,* Moskwa: Novoje literaturnoje obozrenije, 2019, S. 99.
[13] Schklowski, Wiktor, *O teorii prozy*, Moskwa: Sovetskij Pisatel, 1983, S. 15.

Oliver Saks beschreibt folgende Situation. Ein Mann im Alter von 45 Jahren konnte nach einer Star-Extraktion gar nichts sehen, wie man das auch erwartet hat. Er sah die Welt zunächst nur als Bündel von farbigen Flecken[14]. Erst nach einer bestimmten Zeit konnte er die Objekte identifizieren bzw. wahrnehmen. Sein Gehirn war noch nicht gewohnt, die neue gesehene Information zu verarbeiten. Man kann sich das mit der Analogie eines Aufenthaltes in einem unbekannten Land verdeutlichen. Die erste Zeit sind wir nicht imstande, uns zu orientieren, da das semiotische System dieses Landes uns noch unbekannt ist. Wir sind diesem Mann ähnlich, der erst wieder zu sehen lernt. Carl Gustav Jung gibt ein weiteres Beispiel: die afrikanischen Eingeborenen konnten einen weissen Mann auf dem Foto nicht erkennen, bis man ihnen erklärt hat, dass da ein weisser Man abgebildet ist. Das berühmte Gorilla-Beispiel[15] demonstriert, dass die Sehensaufmerksamkeit von der Zielsetzung oder der Intentionalität des Zuschauers abhängt. Das Gesehene hat einen Vorrang. Das andere wohlbekannte Beispiel mit einer Gummihand[16] zeigt, dass man mit dem Gesehenem (einer mit einem Hammer geschlagenen Hand) Schmerzgefühl zu verbinden strebt. Auch das Beispiel mit Bauchrednerpuppe ist charakteristisch. Der Laut wird dem Mund zugeschrieben, da wir beim Anblick die Lautquelle mit ihm identifizieren.

Diese und viele anderen Beispiele zeigen uns, dass, erstens, das Sehen einen Vorrang bei der Wahrnehmung der Realität hat, und, zweitens, dass der Sinn des Gesehenen intellektuell konstituiert ist. In einem Roman von Honoré de Balzac *Le chef-d'oeuvre inconnu* sagt der Maler Frenhofer, dass die Aufgabe des Malers nicht darin besteht, die Natur abzubilden, sondern vielmehr darin, diese zum Ausdruck zu bringen.

Zu sehen bedeutet eine abgebildete, dargestellte Welt zu konstituieren. In diesem Zusammenhang dominierte in der Kunst lange Zeit das repräsentativ-ästhetische Modell: je besser die Welt in kleinsten Details dargestellt ist, desto ästhetischer ist das Kunstwerk. Ästhetik wurde als Darstellung bzw. Abbildung verstanden. Das Sehen hielt man für eine Wiederholung des räumlichen Objektes auf der Retina. Im herkömmlichen Sinne glaubte man, dass die Sehenstätigkeit passiv und nur eine eigenartige Registration des Gesehenen ist. Jedoch ist der Prozess des Sehens sehr viel komplizierter und hängt von vielen Faktoren ab; er hat eine eigene Geschichte seiner Entwicklung. Man kann sogar vom *Entstehen* der visuellen Subjektivität sprechen[17].

Andreas Dörpinghaus weist auf den Wendepunkt in der Genealogie des Sehens hin. Dieser bestand in der Erfindung der Zentralprojektion während der Renaissance. Ein wichtiges Prinzip, das auf dem Grund des perspektivischen Sehens liegt, besteht darin, dass die Welt in allen Kleinigkeiten darstellbar sein kann. Hauptprinzip der Zentralperspektive ist ein geometrischer Aufbau der Gegenstände. Die Welt ist ein Zusammenhang der unsichtbaren Linien, die das Gesehene konstituieren. Ein gutes Beispiel dafür ist die Camera obscura, wenn auf einer dem kleinen Loch gegenüberliegenden Wand ein Bild entsteht: die Welt bekommt ihre sichtbaren Konturen. Diese Art des Bildaufbaus nennt der Autor die "Bildhaftigkeit" der Welt. Die Art der Sichtweise ist seit der Renaissance dominierend. Sehen bedeutet ein Bild darzustellen, das auf seinem Grund das geometrische Prinzip der Zentralprojektion hat. Diese Auffassung schien lange selbstverständlich zu sein und entsprach dem gewöhnlichen Verständnis der Prinzipien des Sehens.

Die Art und Weise, wie die Realität wahrgenommen wird, hängt von der Erziehung im weitesten

[14] Sachs, Oliver, *An Anthropologist on Mars*, New York: Knopf, 1995.

[15] Chabris, Christopher, Simons, Daniel, *The invisible gorilla: And other ways our intuitions deceive us,* Crown Publishers/Random House, 2010.

[16] Botvinick Matthew, Cohen, Jonathan, *Rubber hands "feel" touch that eyes see*, Nature, 1998, 391(6669), 756.

[17] Dörpinghaus, Andreas, *Die Erziehung des Blicks – Technologien des Sehens*. Zur Genealogie visueller Subjektivität. In: *Sehen als Erfahrung*. Hg. Dörpinghaus, A., Lembeck K.-H., München: Verlag Karl Alber, 2020, S. 163.

Sinne ab. Seit dem Kindesalter beschäftigt sich der moderne Mensch vor allem mit Bildern, die ein lineares Perspektivsystem verwenden. Aber im Leben sind alle Linien und geometrischen Konstruktionen nicht real. Unser Gehirn ist es vielmehr gewohnt, die Verzerrungen der linearen Perspektive zu interpretieren und bemerkt sie daher nicht. In diesem Sinne haben die Meister der Renaissance eine große Arbeit geleistet, um unsere Sichtweise zu erziehen[18].

Dörpinghaus weist auch darauf hin, dass im 19. Jahrhundert eine qualitative Veränderung eintritt, die mit den Namen von Goethe und Schopenhauer verbunden ist. Der erste entwickelt eine psychologische Farbenlehre, der andere verbindet visuelle Wahrnehmung mit körperlicher Subjektivität. Die geometrische Sichtweise mit dem Vorbild der Camera obscura spielt keine entscheidende Rolle mehr. Bis dahin folgte die körperliche Erscheinungsweise der geometrischen Spezifikation des Sehens. Die geometrische Sehensweise wurde als ein passives Ablesen der optischen Weltsignale verstanden. Die Konzeption von Schopenhauer setzte dagegen das Sehen als eine innere Quelle, die vom Subjekt abhängig ist, voraus. Man kann in diesem Fall von einer „intellektuellen" Sehkraft sprechen.[19]

Die Akzente sind jetzt verschoben: Der Vorteil der räumlichen Lichtkonstruktion der Gegenstände wird durch die Konstruktion der Sehkraft beim Subjekt ersetzt. Diesbezüglich spricht man von der "Erziehung" des Sehens. Es geht dabei um die visuelle Subjektivität, die sich bei besonderen Sichtbarkeitstechnologien herausgebildet hat. Die Bilder haben seit dieser Zeit eine spezifische Bedeutung, da sie die Realität nicht nur abbilden, sondern zugleich konstituieren. Sie sind eine eigenständige Entwicklung des 20.Jahrhunderts. Dabei ist erforderlich, "Bilder" in einem erweiterten Sinne zu verstehen, da darunter auch Photographien, Skizzen, Werbedarstellungen, Diagramme, Graphiken, Tabellen, Zeichnungen usw. fallen. Alle diese Bilder formieren unsere alltägliche Realität. Wir können deshalb ein neues Prinzip formulieren: Sein zu haben bedeutet durch Bilder vertreten zu sein; was nicht abgebildet ist, existiert auch nicht.

Ina Katharina Uphoff schreibt in ihrem Beitrag "Konzeptionen des ‚Sehens' im Diskursfeld der künstlerischen Erziehung" über das Thema der Erziehung des Blicks das Gleiche: Der Prozess des Sehens ist das Ergebnis einer Erziehung. Die Hauptmethode des Malereiunterrichts im 19.Jahrhundert war die geometrische Mimesis der Welt.[20] Das bedeutet, dass bis zum 19.Jahrhundert der Blick am Beispiel der Camera obscura erzogen wurde. Die Welt war primär und der Malereiunterricht war diejenige Form des Unterrichts, der die Details der Welt dank der geometrischen Proportionen abzeichnet[21]. Es schien damals, als ob die Welt aus grundlegenden Formen bestehen würde (erinnern wir an die erste Meditation von Descartes in seinem Werk *Meditationes de prima philosophia*). Die Autorin vertritt aber die Ansicht, dass fundamentale Veränderungen in der Sehensweise am Ende der 19.Jahrhundert entstanden sind und sich im 20.Jahrhundert weiterentwickelten. Man geht in der Malereiausbildung zum Bilden des sinnvollen Sehens über. In Deutschland herrschte anfangs des 20.Jahrhunderts daher der Slogan "Sehen lernen!". Dies war deshalb möglich, weil das neue System der visuellen Bildung schrittweise geformt wurde. Man lernte zu sehen durch die Kunst. Es entstand eine neue Form der Anschauung, die

[18] Raushenbah, Boris, *Prostranstvennije postrojenija v zhivopisi*, Moskwa: Nauka, 1980. S. 65.
[19] Dörpinghaus, Andreas. Die Erziehung des Blicks – Technologien des Sehens, S. 174.
[20] Uphoff, Ina Katharina, *Konzeptionen des ‚Sehens' im Diskursfeld der künstlerischen Erfahrung*. In: *Sehen als Erfahrung*. Hg. Dörpinghaus, A., Lembeck K.-H., München: Verlag Karl Alber, 2020. S. 126.
[21] Ähnlich behauptet Rauschenbach, dass die geometrischen Kanons der Direktperspektive der Renaissancemalerei uns längere Zeit als Vorbild für die Malerei dienten. Die Abweichung von der „photographischen " Perspektive hielt man dagegen für eine Unfähigkeit zum Malen (Rauschenbach, *Prostranstvennije postrojenija v zhivopisi,* S. 12).

"verweilende Betrachtung"[22].

Das Model der Dunkelkammer erklärt den Prozess des Sehens also schon nicht mehr. Im 20.Jahrhundert entsteht eine prinzipielle Veränderung: das Sehen ist keine Abbildung der Welt mehr, die geometrisch richtig gemessen werden kann, sondern Sehen ist ein konstitutiver Prozess, der zwar subjektiv ist, doch von der optischen Erziehung des Subjektes, d.h. von der Genealogie des Subjektes abhängt. Das letztere erlaubt es uns, einige phänomenologischen Bemerkungen zu machen bzw. Probleme zu benennen.

1. Manfred Sommer schreibt in seinem Aufsatz "Kleiner Versuch über die Intentionalität des Gesichtsfeldes" nicht nur über die phänomenologische Intentionalität, sondern auch über die Besonderheit der Intentionalität des Blickfeldes.[23] Zu beachten sind einige Thesen von Sommer:

1.1 Die intentionalen Gegenstände werden einseitig wahrgenommen. Man kann diesbezüglich von der Restwirklichkeit sprechen. In einem gewissen Sinne steht dies in einem Zusammenhang mit dem Husserlschen Verständnis der Intentionalität, wenn er über die Abschattungen der intentionalen Wahrnehmung spricht. Wichtig ist, dass der ganze Gegenstand nie vollständig oder in einem Mal wahrgenommen werden kann.

1.2. Das intentional Gesehene ist flach und am Rande von einem krummen Teil umsäumt. Und das ist ein anderes Modell als das Modell der Camera obscura: das Sehfeld wird nicht mehr flach vorgestellt. Das entspricht einer alltäglichen Erfahrung. So sind an der klassischen Malerei im Museum alle Details sehr deutlich abgebildet, als ob der Maler das alles mit einem Male sieht, wohingegen wir uns in der Realität nur auf einen beschränkten Bereich des ganzen Bildes konzentrieren können, wenn wir auch dessen Details betrachten wollen.

2. Alva Noë diskutiert andere Aspekte der Intentionalität.[24] Seine Hauptthese lautet: Visuelle Wahrnehmung ist diskontinuierlich, diskret, obwohl die Welt von uns als ein Kontinuum begriffen zu werden scheint. Wie ist dies möglich? Es ist deswegen möglich, so der Autor, weil wir vorwegwahrnehmen können und weil wir kinästhetische Bewegung haben. Dank dieser Möglichkeiten können wir eine Approximation des Fehlenden durchführen und die Welt als kontinuierliches Ganzes wahrnehmen.

3. Ferner besteht auch eine phänomenologische Tradition der Arbeit mit der Bildhaftigkeit des Sehfeldes. Dabei ergeben sich eine Reihe von Fragen, die im Rahmen der üblichen Konzeption der visuellen Wahrnehmung nicht eindeutig beantwortet werden können. Lambert Wiesing diskutiert solche Fragen. Wenn wir etwa sehen, dass auf einem Bild etwas abgebildet ist[25], können wir Fragen bezüglich der Struktur des Bildes stellen: wer zeigt, wem wird gezeigt, was wird gezeigt und womit wird etwas gezeigt. "Wer zeigt?" – Diese Frage ist nicht eindeutig zu beantworten, da das Zeigen eine Handlung ist, und das Bild nicht handeln bzw. zeigen kann. "Wem wird gezeigt?" – Auch diese Frage ist nicht einfach zu beantworten, da man zwar in der Literatur über einen Schriftsteller und einen Leser sprechen kann, es aber keinen Rezipienten der Zeigehandlung im Bild gibt. "Womit wird gezeigt?" – Die Frage unterstellt einen instrumentellen Charakter des Bildes, was de facto nicht der Fall ist. Und die Frage "Woran wird gezeigt?" findet auch keine eindeutige Lösung, da wir es nur mit

---

[22] Uphoff, Ina Katharina, Konzeptionen des ‚Sehens' im Diskursfeld der künstlerischen Erfahrung, S. 133.

[23] Sommer, Manfred, *Kleiner Versuch über die Intentionalität des Gesichtsfeldes*, In: *Sehen als Erfahrung*, Hg. Dörpinghaus, A., Lembeck K.-H., München: Verlag Karl Alber, 2020.

[24] Noë, Alva, *Is the Visual World a Grand Illusion?* Journal of Consciousness Studies, 9, N. 5-6, 2022. S. 1-12.

[25] Wiesing, Lambert, *Sehen lassen. Die Praxis des Zeigens,* Berlin: Suhrkamp, 2013.

einer Abbildung zu tun haben, nicht mit einem realen Gegenstand.

4. Um das Problem besser verstehen zu können, kann man die Theorie von Berkeley ansprechen. Berkeley ist Solipsist. Sein bekanntes Prinzip lautet *esse est percipi*. Uns interessiert aber eine andere These, nämlich die, dass es keine Substanz gibt. Wir haben danach nur Wahrnehmungsdaten, die einer Substanz zugehören *könnten*. Berkeley argumentiert wie folgt: Er sagt, dass wir mit Hilfe der Sehkraft und der Geometrie nicht im Stande sind, die Distanz zu einem Objekt genau zu ermessen, da wir beim Erblicken keine Messhilfe wie Lineare in den Händen haben. Wir haben, laut Berkeley, nur einen kinästhetischen Unterschied der Wahrnehmungen. Wir können nur sagen, dass sich ein Objekt näher oder weiter von uns befindet. Aufgrund dieser Unterscheidung nehmen wir eine Distanz wahr. Daraus folgt, so Berkeley, dass wir keine Substanz wahrnehmen, sondern nur Ideen, die durch unsere Vernunft produziert sind. Nun ist Berkeley ist kein Phänomenologe. Aber seine Einsichten bezüglich der Kinästhesie liegen sehr nah zu den phänomenologischen Ausführungen. Was Berkeley der phänomenologischen Analyse nahe bringt, ist die Voraussetzung, dass nicht nur apriorische Prinzipien für die Wahrnehmung wichtig sind, sondern auch kinästhetische körperliche Veränderungen.[26]

V. Für ein weiteres Beispiel nehme ich Zuflucht zum Nachlass von Ludwig Wittgenstein. In seinen „Philosophischen Untersuchungen“ führt er folgendes Beispiel an: Es ist ein Würfel gezeichnet und mit einem Text begleitet. Man kann die Zeichnung unterschiedlich interpretieren: Es kann ein Glaswürfel, eine umgestülpte offene Kiste oder ein Drahtgestell sein.[27] Wir können, je nachdem, unterschiedliche Figuren sehen. Das hängt davon ab, wie wir den Gegenstand interpretieren. Wittgenstein behauptet dabei etwas Entgegengesetztes zur phänomenologischen Richtung: Der Begriff des inneren Bildes (der Begriff war für Husserl von besonderer Tragweite) ist irreführend.[28] Worin liegt aber der Grund, dass wir das gleiche physische Objekt unterschiedlich wahrnehmen bzw. interpretieren? Wittgenstein fügt dafür den Begriff “Aspekt” bei. Dieser hat eine doppelte Funktion: “Und darum erscheint das Aufleuchten des Aspekts halb Seherlebnis, halb ein Denken”[29]. Diese Doppelsinnigkeit des Begriffs “Aspekt” erlaubt es Wittgenstein, eine Unterscheidung zwischen Sehen und Denken zu machen. „Deuten ist ein Denken, ein Handeln; Sehen ein Zustand“[30]. Es geht also darum, dass das Sehen oder Schauen laut Wittgenstein eine Feststellung ist. *Was* wir sehen, ist durch das Denken bestimmt. Trotz der Tatsache, dass Wittgenstein der phänomenologischen Tradition fernsteht, meint er das Gleiche: das Sehen ist durch unser Denken festgelegt. Er schreibt: “Aspektblindheit wird verwandt sein dem Mangel des *musikalischen Gehörs*”[31]. Es gibt ein Objekt, es gibt Aspekte des Objektes, die wir sehen können oder noch nicht sehen. Dies hängt von vielen Faktoren ab. In jedem Fall bleibt die Frage offen: Was macht das gesehene Objekt zu einer Glaskurbel oder zu einem Drahtgestell?

In gewisser Weise handelt es sich bei all diesen Fragen um das Problem der Identität. Ein Gegenstand ist uns in unterschiedlichen noetischen Akten gegeben. Dank der Synthesis des Gedankens nehmen wir den Gegenstand als denselben wahr. In jedem Fall bleibt aber die Frage offen, warum wir einen Gegenstand auf eine bestimmte Weise wahrnehmen. Das ist ja ein

---

[26] Erinnern wir uns auch, dass Ludwig Landgrebe über die Kinästhesie als Hauptprinzip der phänomenologischen Wahrnehmung des Ästhetischen sprach. (Landgrebe, Ludwig, Was ist ästhetische Erfahrung? In: *Distanz und Nähe. Reflexionen und Analysen zur Kunst der Gegenwart.* P. Jaeger, R. Luethe (Ed.), Würzburg: Königshausen und Neumann, 1983, 129-144.

[27] Wittgenstein, *Philosophische Untersuchungen*, Massachusetts: Blackwell Publishers, 1997, S. 193.

[28] Wittgenstein, Philosophische Untersuchungen, S. 196.

[29] Wittgenstein, Philosophische Untersuchungen, S. 197.

[30] Wittgenstein, Philosophische Untersuchungen, S. 212.

[31] Wittgenstein, Philosophische Untersuchungen, S. 214.

wohlbekanntes Problem in der transzendentalen Philosophie von Kant, in der Phänomenologie Husserls und in anderen Ansätzen: Wie können wir die unterschiedlichen Wahrnehmungen eines Gegenstandes zusammenfassen und den Gegenstand als den gleichen in unterschiedlichen Noesen identifizieren? Eva Schurmann thematisiert in ihrem Beitrag "Die Intentionalität des Hinschauens" das gleiche Thema. Es geht um eine "Variabilität des Wahrnehmens"[32], wenn wir ein Objekt (wie im Beispiel der Kiste von Wittgenstein) einmal so und einmal anders wahrnehmen können. Soll man einen Sieger in der Schlacht einen Sieger oder einen Mörder nennen? "Ob ich auf jemanden oder etwas als dieses oder jenes, Sieger oder Mörder, Bezug nehme, verlangt unter Umständen dramatische Gewichtungen und Entscheidungen"[33]. Wie wir also sehen, wird das Problem in unterschiedlichen Gebieten diskutiert. Wie seltsam es auch erscheinen mag, erklärt doch die Natur des noematischen Sinnes der Nicht-Phänomenologe Ernst Cassirer am besten, wenn er den Begriff der "symbolische Prägnanz" einführt. Cassirer definiert diesen Begriff folgendermaßen: Unter "symbolischer Prägnanz" ist die Art zu verstehen, in der ein Wahrnehmungserlebnis, als "sinnliches" Erlebnis, zugleich einen bestimmten nicht-anschaulichen "Sinn" in sich fasst.[34] Man sieht dabei erstens, dass die Prägnanz auf der Ebene der sinnlichen Wahrnehmung wirkt, zweitens, dass ein nicht-anschaulicher Sinn diese Wahrnehmung prägt, drittens, dass jede einzelne Wahrnehmung mit dem Sinn-Ganzen synchronisiert wird. In dem Paragraphen zur "symbolischen Prägnanz" in seinen "Symbolischen Formen" führt Cassirer ein Beispiel an und demonstriert, wie der Begriff auf der praktischen Ebene funktioniert. Wir haben eine Linie, so Cassirer. Man kann diese Linie als einen Gegenstand ohne jegliche Konnotation betrachten. Aber wir können die gleiche Linie, den gleichen Gegenstand auch unterschiedlich interpretieren. Zum Beispiel kann die Linie ein Objekt der Geometrie sein. In diesem Fall hat die Linie eine funktionale Bedeutung in der Mathematik. Anderseits können wir die gleiche Linie als Teil eines sakralen Ornaments in Betracht nehmen. In diesem Fall geht es um ein mythologisches Verstehen des verborgenen Sinnes der Linie. Schließlich kann die gleiche Linie auch einen ästhetischen Sinn haben, indem sie ein Teil einer abgebildeten Gestalt eines Gemäldes ist. So haben wir also mit einem Male vier mögliche Richtungen des Funktionsverstehens der symbolischen Prägnanz: die gleiche Linie kann unterschiedlich gegenständlich, geometrisch, mythologisch oder ästhetisch verstanden werden.

Man kann den allgemeinen Sinn dieser Abgrenzung so deuten, dass die Prägnanz einer Wahrnehmung ganz innewohnt und ganz mit der Wahrnehmung verschmolzen ist. Die Akte des Urteilens oder des Assoziierens sind allerdings selbst keine Akte der sinnlichen Wahrnehmung, sondern eher die bewertenden Akte des Bewusstseins, sodass sie mehr zur Reflexion gehören.

Cassirer spricht in seinen Manuskripten darüber, dass eine bestimmte Art der Prägnanzstörung beim Menschen den Verlust besonderer Fähigkeiten zur Folge hat. Ist eine räumliche Prägnanz beschädigt, verliert man die Fähigkeit, die räumlichen geometrischen Gegenstände zu erfassen. Verliert man die zeitliche Prägnanz, ist man zeitlich orientierungslos. Es gibt sogar eine ästhetische Prägnanz. Für diesen Fall spricht Cassirer von der Amusie als einer besonderen Unempfindlichkeit für das Schöne.[35] Daraus ergibt sich als vorläufige Folgerung, dass die symbolische Prägnanz eine tiefwirkende Funktion aufweist. Eine der möglichen Deutungen drückt sich in einem weiteren Analogieschluss von Cassirer aus: die einzelne Wahrnehmung hat einen Bezug auf den ganzen

---

[32] Schürman, Eva, *Die Modalität des Hinschauens. Intentionalität des Gesichtsfeldes*, In: *Sehen als Erfahrung*, Hg.: Dörpinghaus, A., Lembeck K.-H. München: Verlag Karl Alber, 2020. S. 21.

[33] Schürman, Die Modalität des Hinschauens. Intentionalität des Gesichtsfeldes, S. 20.

[34] Cassirer, Ernst, Philosophie der symbolischen Formen III: Phänomenologie der Erkenntnis, Hamburg: Meiner Verlag, 2011, S. 234.

[35] Cassirer, Ernst, *Symbolische Prägnanz, Ausdrucksphänomen und 'Wiener Kreis', Hg. Möckel, Christian, Ernst Cassirer. Nachgelassene Manuskripte und Texte (ECN) 04*, Hamburg: Meiner Verlag, 2011, S. 70, 71.

sinnlichen Inhalt wie ein Differenzial zu einem Integral.[36]

Cassirer führt noch einen anderen Begriff ein, der für die Auseinandersetzung mit der Phänomenologie auch sehr wichtig ist: „Jede Wahrnehm[ung] steht innerhalb eines Sinn-Ganzen [-] trägt einen Sinn-Vektor“[37]. Er schreibt darüber auch, wenn er die Prinzipien des Kunstwerkes für die Erklärung der Funktion der symbolischen Prägnanz verwendet: „Wir haben den Eindruck, daß wir aus einem echten Kunstwerk kein Moment “herausnehmen” können[,] ohne das Ganze zu zerstören…”.[38] Diese unterschiedlichen Deutungsversuche der symbolischen Prägnanz im Nachlass von Cassirer vervollständigen ein kleines Kapitel in seinem Werk “Philosophie der symbolischen Formen”, wo er den Begriff zum ersten Mal verwendet. Man kann über eine ausführliche Deutung des Begriffes nur sprechen, wenn man die Bestimmungen des Begriffs, die Cassirer gemacht hat, berücksichtigt. Wichtig ist hierbei, dass Cassirer über den Sinn der wahrgenommenen Sache spricht. Hier kehren wir wieder zum Punkt der Husserlschen Philosophie zurück, über den wir oben schon gesprochen haben. Husserl hat über das gleiche Problem gesprochen, als er den Begriff des noematischen Sinnes einführte. Er schrieb:

> *Wir merken hierdurch, daß wir innerhalb des vollen Noema (in der Tat, wie wir es im voraus angekündigt hatten) wesentlich verschiedene Schichten sondern müssen, die sich um einen zentralen “Kern”, um den puren “gegenständlichen Sinn” gruppieren* […][39]

Ein wichtiger Aspekt des noematischen Sinns sind seine Schichten, die einen Kern ausbauen. Und genau dieser Punkt führt auf die Ausführungen von Cassirer hin. Eine der Hauptfragen war ja, wie die Prägnanz die symbolisch geprägte Wahrnehmung bildet. Bei Husserl können wir zwar keine Lösung, aber einen Zugang zum Problem finden. Das noematische Sinn-Ganze ist für die Phänomenologie ein konstitutiver Prozess. Das Noema hat unterschiedliche Schichten, die ausgelegt werden müssen, um zum Wesentlichen Zugang zu finden. Die klassische phänomenologische Auslegung ist diejenige, wenn ein Gegenstand in unterschiedlichen Akten der Wahrnehmung als derselbe präsentiert ist (in der Erinnerung, in der Wiedererinnerung, in der Phantasie usw.).

An dieser Stelle sollte man betonen, dass weder Husserl noch Cassirer eine endgültige Deutung der symbolischen Prägnanz bzw. der Rolle des noematischen Sinnes für die Wahrnehmungskonstitution vorschlagen. Die Frage lässt sich aber auf der Grundlage der Analyse der besonderen Logik der visuellen Wahrnehmung (vgl. den folgenden Paragraphen) besser beantworten.

III. Logik der visuellen Wahrnehmung

Normalerweise wird angenommen, dass das Sehen nur von uns, von unserer Sehkraft abhängt. Die Position kann auch dahingehend zugespitzt werden, dass alles, was wir vernünftig sehen können, nur von der Tätigkeit des Bildbewusstseins abhängt. Realität enthält somit noch keine Muster der Gegenstände, die später auf der Retina dank der Optik des Auges abgebildet werden können. Deshalb möchte ich zu einem anderen Punkt meines Beitrages, nämlich zum Thema der Logik der visuellen Wahrnehmung übergehen. Mein Ziel ist es zu demonstrieren, dass es so etwas wie verborgene Gesetze der visuellen Wahrnehmung gibt. Man kann diese Gesetze ganz im Sinne der formalen Logik

[36] Cassirer, Symbolische Prägnanz, Ausdrucksphänomen und 'Wiener Kreis', S. 52, 53.
[37] Cassirer, Symbolische Prägnanz, Ausdrucksphänomen und 'Wiener Kreis', S. 54.
[38] Cassirer, Symbolische Prägnanz, Ausdrucksphänomen und 'Wiener Kreis', S. 79.
[39] Husserl, Ideen zu einer reinen Phänomenologie und phänomenologischen Philosophie I: Allgemeine Einführung in die reine Phänomenologie, S. 227.

verstehen. Das Gesehene wird nach bestimmten Regeln gebildet und ist in keinem Fall willkürlich.

Eine Möglichkeit zu demonstrieren, wie das visuelle Denken funktioniert, ist die praktische Aufgabe des Trainierens der Erinnerung. In einem praktischen Werk zur Gedächtniskunst schreiben die Autoren, dass es wohlbekannt sei, dass die Sprache des Gehirns die Gestalten sind. Diese Gestalten haben vor allem eine visuelle Natur. Gibt man einen Befehl in der Sprache des Gehirns, die die Sprache der visuellen Gestalten ist, führt das Gehirn diesen Befehl, zum Beispiel den Befehl "zu erinnern", aus.[40] Das Haupträtsel der Gedächtniskunst ist wohl bekannt. Ein Mensch verbindet in seiner Einbildung einige Wahrnehmungsgebilde und das Gehirn fixiert diese Relation. Bei der Erinnerung an eine der Gestalten gibt das Gehirn die ganze Kette dieser Gestalten wieder. In diesem Sinne ist die Möglichkeit des visuellen Gedächtnisses viel breiter, als man glaubt.

Wir sehen, dass die Praktiker des Gehirntrainings, die an die Theorie nicht so stark gebunden sind, es für selbstverständlich halten, dass die Sprache des Gehirns mit Gestalten operiert. Sie halten es für selbstverständlich, dass die visuellen Gestalten im Mittelpunkt des Denkens als Prozess stehen. Das Hauptanliegen der Werke von Rudolf Arnheim besteht darin zu zeigen, dass visuelle Wahrnehmung nicht das mechanische Registrieren des Gesehenen ist. Die visuelle Wahrnehmung funktioniert nie wie eine Fotokammer. In seinem Buch "Art and visual Perception" begründet er die These, dass man bei der Wahrnehmungsanalyse eines Bildes bzw. eines Gemäldes über eine bestimmte Logik des Sinnaufbaus des Gesehenen sprechen kann.

Wenn wir ein Bild betrachten, unterscheiden wir selbstverständlich das Oben und das Unten. Die Gegenstände, die auf einem Bild unten gemalt sind und die mit anderen Objekten von gleicher Größe sind, scheinen massiver zu sein. Ein anderes Beispiel geht so: Wir sind daran gewohnt, die Abbildung von links nach rechts zu lesen. Deswegen haben die Gegenstände, die rechts gemalt sind, ein größeres subjektives Gewicht als die Gegenstände, die links auf dem Bild platziert sind. Will man aus einem Bild aber ein Spiegelbild machen, verliert das Bild seinen ursprünglichen Sinn. Noch ein Beispiel: Das Zentrum des Bildes hat ein eigenes Gewicht. Das muß man berücksichtigen, sobald man die Aufmerksamkeit auf eine bestimmte Figur oder einen bestimmten Gegenstand in einer abgebildeten Szene lenken will.

Diese Beispiele und viele andere erlauben es Arnheim, die These zu formulieren, dass die visuelle Aktivität der Aktivität des Denkens ähnlich ist:

> It seems now that the same mechanisms operate on both the perceptual and the intellectual level, so that terms like concept, judgment, logic, abstraction, conclusion, computation, are needed in describing the work of the senses.
>
> Recent psychological thinking, then, encourages us to call vision a creative activity of the human mind. Perceiving accomplishes at the sensory level what in the realm of reasoning is known as understanding[41].

Bei der Bildbetrachtung haben wir es mit einem wichtigen Aspekt zu tun. Wir sehen das Abgebildete auf einer Leinwand oder vor einem Hintergrund. In der Realität sehen wir aber noch keinen Hintergrund, wovon die Sachen abgehoben werden. Michael Iampolski meint, dass das Entstehen der Hintergründe eine eigene Genese bzw. eine künstlerische Geschichte hat.[42] Das

---

[40] Ziganov, Marat, Kozarenko, Vladmir, *Mnemotekhnika.* Moskwa: Schkola razionalnogo chtenija, 2000, S. 9.

[41] Arnheim, Rudolf, *Art and visual Perception. A Psycology of the Creative Eye,* Berkley, Los Angeles, London: University of California Press, 1997, p. 46.

[42] Iampolski, *IZO-brazhenije,* S. 298.

Abgebildete wird auf einem reinen Blatt gemalt. Das reine Blatt, der Ansichtsbogen, entsteht nicht von selbst, sondern entwickelt sich sehr langsam, mit grösster Mühe. Die leere Fläche, auf welcher alles gemalt ist, ist uns also nicht ursprünglich gegeben. Sie ist eine reine Virtualität, die in der Wirklichkeit, in der Natur nicht existiert. Die Malerei entwickelt sich, sobald ein Hintergrund oder ein reines Blatt, auf welchem die malerischen Zeichen zusammenkommen, zu existieren beginnt. Man kann das schwarze Quadrat von Malevich in dem Sinne verstehen, dass es ein Kampf gegen den Raum, der mit Zeichen aufgefüllt werden soll, ist. Der Raum als Leinwand ist also eine Voraussetzung für das Entstehen des Sinns.

Eine Leinwand setzt die Möglichkeit voraus, eine Sache vor einem Hintergrund abzuheben. In einem verbreiteten Sinne umfasst diese Sachlage die Frage nach der Möglichkeit der Landschaftsmalerei überhaupt. Ein Landschaftsgemälde ist nur dann möglich, sobald Ferne und Nähe als eine Perspektive auf dem Gemälde eingezeichnet werden können.

Das Entstehen der malerischen Landschaft ist mit dem Entstehen des malerischen Raums eng verbunden. Die Landschaftsmalerei ist eine Transformation der Natur, die selbst formiert werden kann.[43] Wir müssen uns auf einem Bild, das die Landschaft präsentiert, orientieren können. Erstens gibt es einen wichtigen Orientierungspunkt, nämlich den Horizont. Die Linie des Horizonts ist diejenige, die auf dem Landschaftsgemälde einen Anfang für die Koordinaten, durch die wir uns zurechtfinden können, gibt. Zweitens ist bei der Landschaftsmalerei auch die Tiefe als eine Perspektive wichtig. Drittens ist auch die Umrahmung des Bildes von großem Belang. Die Abbildung der Landschaft hat als eine pure Abbildung noch keinen Wert. Vielmehr muss sie umrahmt werden. Um dies zu verstehen, kommt das Phänomen des Claude-Glases in Betracht. Das ist ein Spiegel, der klein, getönt und gerahmt ist. Der Spiegel ist auch leicht gewölbt, sodass die Abbildung im Zentrum ein bisschen schärfer ist. Sobald man die Natur durch diesen Spiegel betrachtet, entsteht ein ästhetisches Phänomen: die Landschaft hinter dem Rücken des Betrachters, der den Spiegel vor sein Gesicht hält, wird ästhetisch geformt. – Die Landschaft als Malereigenre entwickelt sich also nur dann, wenn ein Abstand, eine Umrahmung, ein Horizont als Betrachtungskoordinaten einen geformten Raum erscheinen lassen.

So haben wir es beim Landschaftsgenre mit einem entstehenden virtuellen Raum zu tun. An dieser Stelle können wir an die phänomenologische Methode der Analyse der visuellen Wahrnehmung erinnern, um das Thema der Logik des Bildes noch näher in einer phänomenologischen Perspektive zu betrachten. Gottfried Boehm geht detailliert der Frage nach der logischen Struktur der visuellen Wahrnehmung nach. Diesem Problem sind z.B. seine Texte "Jenseits der Sprache? Anmerkungen zur Logik des Bildes", "Zwischen Auge und Hand. Bilder als Instrumente der Erkenntnis", "Unbestimmtheit. Zur Logik des Bildes" usw. gewidmet. Es reicht an dieser Stelle, einige Positionen seiner Stellungnahme anzugeben. Erstens wird heutzutage die ganze Welt bis zum kleinsten Detail zum Bild. Wir sind daran gewohnt bzw. dazu gezwungen, die ganze Welt als ein Bild oder als eine Sammlung von Bildern zu betrachten. Zweitens haben diese Bilder eine eigene Logik, die von nicht-prädikativer Natur ist. Boehms Untersuchungen weisen in Richtung zweier prinzipieller Thesen. Erstens setzen die wahrgenommenen Sachen einen Horizont des Unwahrgenommenen, des Vorausliegenden voraus. Das ermöglicht es uns erst, mit einem Male die ganze Sache zu sehen. Es gibt darin das noch nicht Wahrgenommene, aber Mitgemeinte. Dazu gebraucht Boehm einen Husserlschen Ausdruck, die "Abschattung". Mit einem Male ist uns die Sache gegeben, wobei wir aber nur einen Teil davon wahrnehmen und der Horizont des

[43] Iampolski, *IZO-brazhenije,* S. 300.

Mitgemeinten schwankend ist. Daraus lässt sich die Schlussfolgerung ziehen, dass der schwankende Horizont oder das noch nicht Aktuelle für die Gegenstandsgestalt noch wichtiger als Gesehene ist. Um diese These begründen zu können, macht Boehm einen direkten Übergang zur Phänomenologie Husserls, sobald er den genannten Begriff "Abschattung" thematisiert. Aber er macht diesen Übergang auf eine eigenartige Weise. Boehm erklärt seine Stellungnahme am Beispiel eines Bildes von Claude Monet, der „Kathedrale von Rouen". Man sieht auf dem Gemälde eine Kathedrale. Die Kathedrale ist ganz in der Manier von Monet gemalt: die farbige Abbildung ist sehr vage, und man erkennt das Objekt selbst, die Kathedrale, nur schwer. Die Aufmerksamkeit des Betrachters spaltet sich auf. Trotz des Titels des Gemäldes "Kathedrale von Rouen" ist der Hauptpunkt des Bildes nicht die Kathedrale. Man betrachtet in erster Linie die Färbung des Himmels, das Kontinuum des farbigen Lichtes, des Hintergrundes. Daraus lässt sich, Boehms Meinung nach, erkennen, dass die Kathedrale sich von dem farblichen Hintergrund abschattet. Dabei besteht so etwas wie ein "Überschuss des Imaginären"[44]. Das bedeutet, dass für die vollkommene Wahrnehmung, für die Konstitution des noematischen Sinnes eines Gegenstandes, der Hintergrund immer notwendig ist. Mit anderen Worten spielt die Abbildung der Kathedrale in Monets Gemälde keine zentrale Rolle. Boehm zieht die Konsequenz, dass eine "Asymmetrie zwischen der Figuration und dem unbestimmten Horizont"[45] besteht. Dies steht in einem Zusammenhang mit der eben erklärten Genese der Entstehung des Landschaftsgemäldes, wenn ein Raum als Zusammenspiel zwischen der Tiefe eines Hintergrundes und einem Vordergrund erlebt wird. Boehm bemerkt nachdrücklich, dass der Hintergrund für die visuelle Wahrnehmung eine wichtige Rolle spielt.

Zur Verwendung des Begriffs "Abschattung" bei Husserl ist folgendes zu bemerken. Die Abschattung bedeutet für Husserl die Eigenschaft des Erlebnisses, in welchem das Abgeschattete (das Objekt) in unendlichen Variationen wahrgenommen wird. Wichtig ist, dass Husserl, trotz der Unendlichkeit der abgeschatteten Seiten, ein vereinigendes Prinzip für diese sich in dem Horizont der Wahrnehmung eines Objektes befindende Unendlichkeit kennt. Dieses Prinzip ist der noematische Sinn. Die Unendlichkeit des abschattenden Erlebnisses eines abgeschatteten Objektes gehört zum phänomenologischen Horizont der immanenten Wahrnehmung. Für Husserl reicht nur ein Verweis auf die sinnliche Erfassung des transzendenten Objektes, ein Verweis darauf, dass das Objekt potentiell wahrnehmbar ist. Bezüglich eines Versuches, die Logik des Bildes anhand des Begriffes "Abschattung" zu verstehen, ist daher Folgendes zu sagen: Die Abschattung des Dinges nach Husserl gehört zu dem gleichen Ding, das sich in unterschiedlichen Perspektiven darbieten kann. Es ist das gleiche Ding, das einmal so, ein anderes Mal so wahrgenommen werden kann. In jedem Fall können wir sagen, dass es "mehr" von einem Ding gibt, als wir mit einem Male wahrnehmen können. In diesem Sinn ist die Rede von einem Überschuss der Wahrnehmung gerechtfertigt. Dabei ist es notwendig zu betonen, dass dieser Überschuss in der Phänomenologie zu dem Ding gehört. Boehm dagegen meint, dass der Überschuss zum Hintergrund der Wahrnehmung gehört.

Mit "Überschuss des Imaginären" meint Boehm, dass die nur gemalte Abbildung eines Gegenstandes nicht für eine volle Vorstellung genügt. Ich möchte die Parallelen dazu in anderen Strategien der Phänomenologie zeigen. Dieses Thema lässt sich z.B. auch anhand der Phänomenologie von Nicolai Hartmann belegen. Er behandelt den Begriff "Abschattung" nicht so oft, aber die allgemeine Strategie der Ausführungen liegt nahe zu dem, was auch Boehm behauptet.

[44] Boehm, Wie Bilder Sinn erzeugen, S. 49.
[45] Boehm, Wie Bilder Sinn erzeugen, S. 52.

Zum Beispiel schreibt Hartmann in seinem Werk "Ästhetik" über die Wahrnehmung Folgendes: "[...] denn niemals sehen wir rein optisch gleich alles Sichtbare an einem Dinge, aber wir komplettieren es ohne weiteres, verbinden, vereinheitlichen und merken nicht einmal, daß wir es tun".[46] Dieses Prinzip nennt Hartmann das "Hindurchblicken" oder das "nicht Wahrnehmbare", das für den Prozess der Wahrnehmung gleichwohl bedeutsam ist. Es ist wichtig darauf hinzuweisen, dass das Nichtwahrnehmbare nicht zu dem Gebiet des Unbewussten gehört, wie man glauben könnte. Hartmanns Philosophie ist rational und reflexiv wie diejenige Husserls. Hartmann meint, dass wir, obwohl wir die Mannigfaltigkeit eines Gegenstandes wahrnehmen können, nicht im Stande sind, uns auf alle Kleinigkeiten des wahrgenommenen Gegenstandes gleichzeitig zu konzentrieren. Während der Wahrnehmung kennen wir schon die wichtigsten Charakteristika des Gegenstandes. Diesen Wahrnehmungstypus nennt Hartman die "Bildhaftigkeit" der Wahrnehmung.[47] Das ist genau der Punkt, der das Spezifische einer ästhetischen Wahrnehmung nach Hartmann ausmacht. Wenn wir ein Objekt ästhetisch wahrnehmen, haben wir es schon mit der vollen Gestalt des Gegenstandes und nicht mit der Vielseitigkeit seiner separaten Merkmale zu tun.

Aus der Interpretation der Abschattung bei Boehm und der unvollkommenen Wahrnehmung bei Hartmann lässt sich ableiten, dass die phänomenologische Analyse des noch nicht Wahrgenommenen, der Umgebung eines Gegenstandes, eine noch grössere Rolle spielt, als man vermuten würde.

Von der phänomenologischen Auslegung gehe ich zur praktischen Malerei. Die Idee des besonderen visuellen Denkens teilte auch der Maler Paul Klee. Wenn wir seine Bilder betrachten, fühlen wir uns unangenehm, erleben einen kognitiven Missklang. Das betrifft viele modernen Kunstwerke. Warum ist es so? Wir sind gewohnt, auf einem Bild die Darstellung, die von der Linearperspektive bestimmt ist, zu sehen. Wir erwarten, das zu sehen, woran wir gewohnt sind, was wir in unserer Umgebung, in unserem wirklichen Raum und unserer wirklichen Zeit normalerweise sehen. Das, was wir auf den kleinen eigenartigen Bildern von Paul Klee sehen, unterscheidet sich von den realen Dingen und der üblicher Raumkonstruktion.[48]

Paul Klee machte einige theoretische Bemerkungen bezüglich der Kunst in seinen Werken "Schöpferische Konfession" (1920) und "Wege des Naturstudiums" (1923). Ich möchte nur seine Hauptthese nennen, die gut mit allem übereinstimmt, was zuvor gesagt wurde, und welche als ein Resümee dienen könnte: "Kunst gibt nicht das Sichtbare wieder, sondern macht sichtbar"[49].

Zusammenfassend lässt sich also sagen, dass man über das Sehen als passiven Prozess des Ablesens der Realität kaum sprechen kann. Das Sehen ist vielmehr eine Art der schöpferischen Tätigkeit des Menschen.

---

[46] Hartmann, Nicolai, *Ästhetik*. Berlin: De Gruyter, 1966, S. 42.

[47] Hartmann, *Ästhetik,* S. 56.

[48] Podoroga, Valeri, *Fenomenologija tela*, Moskwa: Ad Marginem, 1995, S. 182.

[49] Zit. nach Dittmann, Lorenz, Weltbilder moderner Kunst: Werke von Kandinsky, Klee, Beckmann, Mondrian, Kokoschka im Licht phänomenologischer Philosophie, Vienna, Cologne: Böhlau, 2013, S. 117.

EDMUND HUSSERLS PHÄNOMENOLOGIE DER ERFAHRUNG[1]

Bernhard Waldenfels[2]

Zusammenfassung:

In Erneuerung platonischer und aristotelischer Motive eröffnet Husserl Wege einer Erfahrung, die sich nicht auf empirische Daten, rationale Konstrukte oder technische Modelle stützt, sondern die Sachen selbst zur Sprache kommen läßt. Schlüsselbegriff ist die Intentionalität, mittels derer wir jeweils *etwas als etwas* konstituieren. Das Als fungiert als eine Art "signifikative Differenz". Die Intentionalität korrespondiert mit einer einer Responsivität, mit der wir auf das, was uns affiziert, anrührt und anspricht eingehen. Verankert ist die Erfahrung in der Leiblichkeit als einem Geflecht von Eigenem und Fremdem. Das Fremde beginnt wie Freuds Unbewußtes im eigenen Haus. Die Erfahrung ist kreativ, aber ausgehend von dem, was uns widerfährt. Wir erfinden, was und wie wir antworten, nicht aber das, worauf wir wohl oder übel zu antworten haben. Der Sinn der Erfahrung ist ein Sinn in statu nascendi. In vielerlei Hinsicht kreuzen sich Husserls Wege mit denen von Hermeneutik, Sprachanalyse, französischem Strukturalismus und amerikanischem Pragmatismus.

Schlüsselwörter: Affektion, Fremderfahrung, Intentionalität, phänomenologische Reduktion, Responsivität

■ ■ ■

Man behauptet nicht zuviel, wenn man feststellt, daß sich in der Phänomenologie alles um die Erfahrung dreht. Dieses alte wie auch neue Motiv der Erfahrung ist sowohl Vorzugsthema wie Bewährungsort des phänomenologischen Denkens, und so eignet es sich im besonderen Maße dazu, das Denken Husserls zu erschließen.

Im Mittelpunkt der folgenden Ausführungen steht Husserl als der Begründer der Phänomenologie. Der Begründer? Die Phänomenologie hat selbst dazu beigetragen, den Mythos einer reinen Erfindung zu zerstören. Husserl hat, wie so manch anderer Erfinder, etwas gefunden, was er gar nicht gesucht hatte und so auch nicht suchen konnte. Erst nachträglich wurde der Fund auf den Namen 'Phänomenologie' getauft. Dieser Name war schon seit dem 18.Jahrhundert bekannt, doch zu Husserls Zeiten erfreute er sich vor allem in der Physik einer besonderen Beliebtheit. Kann man die Phänomenologie als ein einheitliches Produkt betrachten? Hier gilt es auf innere Spannungen und Zweideutigkeiten zu achten und das Ungedachte mit in Rechnung zu stellen. Nur so erklärt sich, wie es zu einer phänomenologischen Bewegung kam, bei Husserl selbst und dann nach ihm. Zur phänomenologischen Bewegung, die Herbert Spiegelberg in seinem gleichnamigen großen Werk aufgezeichnet hat, gehören neben Husserl Leitfiguren wie Heidegger und Scheler. Hinzu kommt der große Reigen der französischen Phänomenologie, der von Sartre und Merleau-Ponty, von Levinas, Ricœur und Derrida bis in die Gegenwart reicht. Schließlich sind osteuropäische Phänomenologenkreise zu erwähnen, die sich um Ingarden, Špet und Patočka gebildet haben, so wie

[1] Unveröffentlichter Text zu mündlichen Vorträgen in Sofia: Nov. 1993, Straßburg: März 1995, Graz: Nov.1996, Frankfurt/M.: Juni 1997, Minsk: Sept. 1997.

[2] Prof.em.Dr., Ruhr-Universität Bochum, Institut für Philosophie,
bernhard.waldenfels@ruhr-uni-bochum.de
https://www.husserlarchiv.de/bernhard-waldenfels-archiv

schließlich das, was in den USA von dem Litauer Aron Gurwitch und dem Wiener Alfred Schütz auf den Weg gebracht wurde. Von all dem wird hier nur andeutend die Rede sein.[3] In meinen Überlegungen geht es weniger um die Geschichte der Phänomenologie als vielmehr um ihre Möglichkeiten heute. Heidegger schrieb bereits im Jahre 1925: "Das Große der Entdeckung der Phänomenologie liegt nicht in den faktisch gewonnenen, abschätzbaren und kritisierbaren Resultaten [...], sondern darin, daß sie die Entdeckung der Möglichkeit des Forschens in der Philosophie ist" (GA 20, S. 184).

I. Rückkehr zur Erfahrung: die Sache selbst

Die berühmte Parole *"Zurück zu den Sachen!"* bleibt eine alltägliche Selbstverständlichkeit, wenn nicht der Status der 'Sachen selbst' mit zur Sprache kommt. Das 'Zurück' kündigt eine Rückwärtsbewegung an. Wir tun einen Schritt zurück, wie auch Heidegger es empfiehlt, wenn wir bei der Betrachtung eines Bildes Abstand nehmen, so daß eine Sicht sich entfalten kann. Husserl spricht in der Einleitung zu den *Logischen Untersuchungen* auch von einer Zickzackbewegung (Hua XIX/1, S. 22 f.), und zwar deshalb, weil der Phänomenologe nicht auf feste Worte und Begriffe bauen kann, ohne die 'Sachen selbst' sachfremden Gesetzen zu unterwerfen. In den *Ideen I* formuliert er schließlich sein berühmtes "Prinzip aller Prinzipien", das lautet: "Am Prinzip aller Prinzipien: daß jede originär gebende Anschauung eine Rechtsquelle der Erkenntnis sei, daß alles, was sich uns in der 'Intuition' originär, (sozusagen in seiner leibhaften Wirklichkeit) darbietet, einfach hinzunehmen sei, als was es sich gibt, aber auch nur in den Schranken, in denen es sich da gibt, kann uns keine erdenkliche Theorie irre machen" (Hua III, 52). Das Wort 'Prinzip' ist in diesem Fall griechisch zu lesen, als "Archè", als Anfang, nicht als Grundsatz. Der Rückgang zu den 'Sachen selbst', der gefordert wird, weist einen destruktiven und einen konstruktiven Aspekt auf.

1. Abbau

Der destruktive Aspekt besagt, daß Vorurteile 'abgebaut' werden, daß alle Vormeinungen und Vorbegriffe, die nicht aus dem Anblick der Sachen selbst gewonnen wurden, suspendiert und an den Sachen selbst überprüft werden. Heideggers 'Destruktion' der abendländischen Metaphysik, die deren Fundamente freizulegen verspricht, sowie Derridas 'Dekonstruktion', die in den klassischen Texten eine uneindeutige Sprachbewegung freizusetzen sucht, folgen dieser Linie. Es geht darum, gegenüber den Verstellungen des Blicks und den Verführungen der Sprache der Sache selbst Gerechtigkeit widerfahren zu lassen. Der Widerstand, der hierbei zu überwinden ist, kam und kommt bis heute aus verschiedenen Richtungen.

An erster Stelle ist der *Naturalismus* zu nennen, den man als philosophische Deformation der Naturwissenschaften bezeichnen kann. In Husserls Zeiten besagte dies, daß man sich auf bloße Tatsachen und Tatsachenverknüpfungen beschränkte, so etwa, wenn man zur Erklärung des Sehens von umgekehrten Netzhautbildern ausging und dann fragte, wie der Mensch es fertigbringe, die Dinge dennoch 'richtig herum' zu sehen, oder wenn John Stuart Mill logische Widersprüche auf *mental states* zurückführte, die einander ausschlössen. Was Husserl hieran kritisiert, sind nicht nur

[3] Zur weiteren Orientierung vgl. meine *Einführung in die Phänomenologie,* München 1992, auf Türkisch: Fenomenolojiye Giriş, üb. von M. Keskin, Istanbul: Avesta 2010 bzw. *Phänomenologie in Frankreich*, Frankfurt am Main 1983 sowie *Grundmotive einer Phänomenologie des Fremden*, Frankfurt am Main 2006, auf Türkisch: *Yabancının Fenomenolojisi,* üb. von M. Keskin, Istanbul: Avesta 2010. Speziell zu Husserls Begriff der Erfahrung verweise ich auf mein Nachwort zu: E. Husserl, *Arbeit an den Phänomenen*, Frankfurt am Main 1993: „Husserls Verstrickung in die Erfahrung" sowie auf: *Deutsch-Französische Gedankengänge*, Frankfurt am Main 1995, Kap.3: "Erfahrung des Fremden in Husserls Phänomenologie". Eine vertiefte Analyse der phänomenologischen Methodik findet sich schließlich in: *Grenzen der Normalisierung*, Frankfurt am Main 1998, Kap.1: "Phänomenologie unter eidetischen, transzendentalen und strukturalen Gesichtspunkten".

faktische Irrtümer, sondern es ist der Verlust an Lebensbedeutsamkeit, mit dem die Wissenschaften ihre Reduktion auf bloße Tatsachenwissenschaften bezahlen. Hier fand Husserl im übrigen Bundesgenossen in Ernst Mach und Ludwig Wittgenstein, die ihre Erfahrung in positivistischen Zirkeln gesammelt hatten.

Verwandt mit dem Naturalismus ist der *Technizismus*, der heute mehr und mehr die Form einer *Techno-Science* angenommen hat. Husserl bemängelt in diesem Falle, daß Bedeutungen sich in bloße "Spielbedeutungen" verwandeln (Hua XIX/1, 75), das heißt, daß sie sich auf rein syntaktische Regeln und Logikkalküle reduzieren; damit nähern sich die Formeln der Wissenschaft bloßen Figuren und Zügen im Schachspiel, die über ihre korrekte Verwendung hinaus nichts bedeuten. Husserl, dem die formale Logik alles andere als fremd war, beharrte ähnlich wie Frege darauf, daß es sich bei ihr immer noch um Gesetze *möglicher Wahrheit* handle und nicht um bloße Spielregeln (vgl. Hua XVII). Heute haben die Debatten sich verlagert auf das Gebiet der Künstlichen Intelligenz; es gibt Konstruktivisten, die die Frage "Wie funktioniert etwas?" über alles stellen.

Weiterhin ist der *Historismus* zu nennen, den man als philosophische Deformation der Geisteswissenschaften ansehen kann. Hier werden die Sachen selbst ersetzt durch historische Gestalten. Gedanken bilden den bloßen Ausdruck einer Zeit, und bei Oswald Spengler wird daraus gar eine Biologie der Kulturen. Schon Nietzsche wendet sich in seinen "Unzeitgemäßen Betrachtungen" gegen die Gefahr, daß die lebendige Kultur von historischer Gelehrsamkeit überwuchert und erstickt wird. Allerdings hatten die Historisten, gegen die Nietzsche und Husserl ankämpften, noch einen historischen Sinn, der uns heute im Zuge einer technologischen Globalisierung mehr und mehr abhanden zu kommen droht.

Schließlich bleibt als weiterer Kontrahent ein *Systemdenken*, das zu Husserls Zeiten vor allem durch die Schulen des Neukantianismus gefördert wurde. Ähnlich wie sein Lehrer Brentano wendet Husserl sich gegen eine 'Philosophie von oben'. Er spricht sich dagegen aus, daß man Perspektiven und Gesichtspunkten folgt, die nicht aus der Erfahrung selbst geschöpft werden. Schon Nietzsche sah im Willen zum System ein Mangel an Redlichkeit, und Kierkegaard bemerkte spöttisch, daß die philosophischen Systembauer schöne Gedankenpaläste errichten, aber es vorziehen, in der Hütte nebenan zu wohnen. Husserl vertritt demgegenüber eine 'Philosophie von unten'. Die Kantische Frage: "Wie sind Erfahrungsurteile möglich?" verlagert sich auf die Ebene der Erfahrung selbst, wo allererst etwas auftritt, was zu begreifen und zu beurteilen ist. Wenn Husserl sich auf eine „Philosophie als strenge Wissenschaft" beruft, so denkt er nicht an bestehende Wissenschaften, sondern an die sachliche Strenge, die der wissenschaftlichen Forschung innewohnt. So gelangt er zu der Maxime: "Nicht von den Philosophien, sondern von den Sachen und Problemen selbst muß der Antrieb der Forschung ausgehen" (Hua XXV, 61).

2. Aufbau

Die Kehrseite des Abbaus bildet der Aufbau, die 'Konstitution' der Erfahrung, wie es in der Fachsprache heißt. Die Phänomenologie geht aus von den *Sachen selbst*, von den *auta ta pragmata*, die schon Platon ins Auge faßt (*Gorgias* 459 b-c).[4] Im Bereich der bildenden Kunst spricht man zu Husserls Zeiten von einer neuen Sachlichkeit, die sich gegen ein Übermaß an literarischen Symbolen, historischen Zitaten und üppig wuchernden Ornamenten richtet.

Die *Erfahrung*, die hierbei in Anspruch genommen wird, bedeutet zunächst nicht mehr und nicht

[4] Zu den platonischen Impulsen in Husserls Phänomenologie vgl. inzwischen vom Verf. *Platon. Zwischen Logos und Pathos*, Berlin 2017.

weniger als den Prozeß, in dem die Sachen selbst auftreten. Schon Dilthey fordert: "Empirie, nicht Empirismus" (*Ges. Schr.* XIX, 17). Empirie ist nicht zu verwechseln mit dem bloßen Haben oder dem Vorhandensein von Daten, auf die der Empirismus sich stützt. Sie verweist vielmehr auf jene *empeiria* die Aristoteles der momentanen *aisthesis*, aber auch der auf allgemeine Gesetze dringenden epistēmē entgegensetzt (vgl. *Metaphysik* I; *Nikomachische Ethik* VI). Eine solche Empirie bedeutet einen allmählich sich anreichernden Umgang mit der Sache, der es erlaubt, daß wir 'Erfahrungen machen' und immer auch durch Leiden lernen, gemäß dem sprichwörtlichen *pathos mathos*. Heidegger spricht später in *Sein und Zeit* von einer Umsicht, das heißt, von einer Sicht, die in den Umgang mit der Sache eingebettet ist. Husserl wendet sich allerdings nicht nur gegen den Empirismus, der sich auf *vorgegebene Daten*, auf Empfindungen oder Sinnesdaten verläßt, sondern er wehrt sich ebenso gegen einen Rationalismus, der von *vorentworfenen Kategorien* wie Substanz oder Ursache ausgeht. Erfahrung bildet jenen Prozeß, in dem Sinn sich bildet und artikuliert, in dem Gestalten auftreten und sich zu Dingen kristallisieren. Es gibt, wie Merleau-Ponty es nennt, einen *Sinn in statu nascendi*; so heißt es im Vorwort zur *Phänomenologie der Wahrnehmung:* "Die Rationalität bemißt sich genau nach den Erfahrungen, in denen sie sich enthüllt."[5]

Die Vorgehensweise, die dem lebendigen Erfahrungsprozeß entspricht, ist die *Beschreibung*, und zwar nicht verstanden als bloße Bestandsaufnahme, als Inventarisierung der 'Tatsachen des Bewußtseins', sondern als Entfaltung des Sinnes. Eine gelungene Beschreibung *macht sichtbar mit Worten*, sie läßt uns sehen, was wir ohne sie nicht sehen würden.[6] Darin gleicht die Phänomenologie der Literatur und der Dichtung, wie vor allem Merleau-Ponty immer wieder betont. Das Gegenstück zur Beschreibung ist die *Erklärung*, die bei aller Bedeutung, die ihr zukommt, doch stets etwas voraussetzt, was zu erklären ist. So versteht sich die schroffe Formulierung, die sich in Wittgensteins *Philosophischen Untersuchungen* (§ 109) findet: "Alle *Erklärung* muß fort, und nur Beschreibung an ihre Stelle treten." Dieser methodische Impuls wirkt fort, etwa bei Clifford Geerts, der für die Ethnologie eine dichte Beschreibung, eine *thick description* fordert.

Nach diesen vorbereitenden Bemerkungen stellt sich die Frage, wie die Sachen selbst Gestalt annehmen und worin die entscheidende Weichenstellung der Phänomenologie liegt.

II. Grundstruktur der Erfahrung: Intentionalität

Die Idee der Intentionalität, deren sprachliche und gedankliche Vorgeschichte bis auf Augustinus und die mittelalterliche Philosophie zurückreicht, übernimmt Husserl von Brentano, doch tut er es auf seine besondere Art. Es kommt ihm darauf an, den neuzeitlichen Dualismus von innerer, psychischer und äußerer, physischer Realität zu überwinden. Für ihn gibt es nur eine einzige Wirklichkeit; doch diese ist auf vielerlei Weise gegeben bzw. wird von uns auf vielerlei Weise gemeint. Das aristotelische *pollaxōs legetai*, nämlich die vielfältige Sagbarkeit des Seins, wird bei Husserl in eine Vielfalt der Erfahrung überführt. Wir sehen uns verschiedenen Variationsreihen gegenüber. Etwas wird wahrgenommen oder erinnert und erwartet (Aspekt der Zeit); etwas wird als wirklich wahrgenommen oder als möglich imaginiert (Modalitäten); etwas wird wahrgenommen oder beurteilt, erstrebt oder geplant (theoretische und praktische Qualitäten); Wahrgenommenes wird von dieser oder jener Seite, aus der Nähe oder aus der Ferne erfaßt (Perspektivität). Hierbei fungiert die Wahrnehmung für Husserl als Urmodus, der in den verschiedenen Modifikationen als Ausgangspunkt vorausgesetzt ist. Diese Annahme eines reinen Urmodus, der allen anderen Modis

[5] Phénoménologie de la perception. Paris 1945, S. XV: La rationalité est exactement mesurée aux expériences dans lesquelles elle se révèle.
[6] Vgl. M. Merleau-Ponty, *Le visible et l'invisible*, Paris 1964, S. 319: *Elle (sc. la philosophie) fait voir par des mots.*

vorausgeht, führt allerdings zu Problemen, wie sich später vor allem in der Zeitlehre zeigt.

Generell kommt es auf folgenden Gesichtspunkt an. *Was* gemeint oder gegeben ist, ist stets in einem bestimmten *Wie* oder *als etwas* (in einem bestimmten Sinn, in einer bestimmten Gestalt, unter einem bestimmten Gesichtspunkt) gemeint oder gegeben. Die hier auftretende Differenz nenne ich *signifikative Differenz*.[7] Diese tritt auch in dem zitierten Prinzip aller Prinzipien zutage, demzufolge "alles, *was* sich gibt", hinzunehmen ist "*als was* es sich gibt" und "*in den Schranken*", in denen es sich gibt. Mit einem schlichten Intuitionismus hat dies nicht das geringste zu tun. Schon bei Aristoteles begegnet uns dieses signifikative Als, wenn er der Metaphysik die Auflage zuweist, "das Seiende als Seiendes (*on hē on*)" zu erforschen. Heidegger, der in *Sein und Zeit* zwischen hermeneutischem und apophantischem Als unterscheidet, hat ähnliches im Auge, wenn er die Aufgabe der phänomenologischen Ontologie folgendermaßen bestimmt: "Das was sich zeigt, *so wie* es sich von ihm selbst herzeigt, von ihm selbst hersehen lassen" (*Sein und Zeit*, § 7).

Intentionalität besagt, daß wir immer schon und immerzu *mit etwas* beschäftigt sind, selbst wenn wir uns den Pegasus vorstellen, wenn wir halluzinatorische Stimmen hören, wenn wir den Widersinn eines runden Vierecks zu denken versuchen oder den grammatischen Unsinn eines 'grünen Oders' formulieren - wobei letzteres als gezielte Abweichung von bestimmten Regeln durchaus einen Sinn haben kann, so in den sprachlichen Verballhornungen der Surrealisten und Dadaisten. Die Erfahrung der Dinge zurückgewinnen heißt also gleichzeitig, die Vielfalt der Erfahrung beachten. Die Intentionalität, mit der Husserl operierte, war eine zündende Idee, die mannigfachen Widerhall weckte und alle möglichen Variationen durchlief. So begrüßt Sartre, daß die Intentionalität uns geradewegs unter die Dinge versetzt und uns von der fragwürdigen Innerlichkeit bloßer psychischer Zustände und Vorgänge befreit. Merleau-Ponty forscht nach einer 'fungierenden Intentionalität', einem leiblichen Erfahrungsgeschehen, das sich unterhalb der Schwelle diskreter und expliziter Bewußtseinsakte abspielt, während für Levinas die traditionelle Vorstellung, die ihren Gegenstand beherrscht, in der Intentionalität ihren Untergang findet. Aufs Ganze gesehen läßt sich feststellen, daß die Phänomenologie ihrer Aufgabe nur gerecht wird, wenn sie diese Differenz zwischen Was und Wie ständig mit bedenkt. Sachgehalt und Zugangsart gehören unzertrennlich zusammen. Damit setzt die Phänomenologie sich ab von allen Spielarten des Subjektivismus und Objektivismus, die durch Überbetonung des einen oder des anderen Aspekts die Spannung lockern. "Andres Wahrnehmen ist Anderes wahrnehmen", heißt es lapidar bei Levinas.[8] Es geht in der Phänomenologie also nicht bloß um neue Erfahrungsgehalte, sondern um eine neuartige Einstellung zu den Dingen.

III. Wege zur Erfahrung

Ich spreche, wie Husserl es mitunter tut und Heidegger es ausführlich empfiehlt, von 'Wegen', um dem griechischen Wort *methodos* seine anfängliche Bedeutung zurückzugeben. Es bedarf eines Weges in die Erfahrung, weil die Erfahrung etwas ist, was wir zwar kennen, aber nicht in seiner Eigenbedeutung verstehen. Dies gilt etwa für das allen vertraute Ereignis der Geburt, das seine Schlichtheit verliert, wenn wir es ausdrücklich befragen. Wir entdecken darin eine eigentümliche Vorzeitigkeit, keimendes Leben, die Zutaten anderer, frühe Traumatisierungen, die Annahme als natürliches oder adoptiertes Kind, narrative Verkleidungen, und in allem entdecken wir ein Ich, das stets Züge eines Es behält.

---

[7] Vgl. *Grenzen der Normalisierung*, a.a.O., S. 21.

8 E. Levinas, *En découvrant l'existence avec Husserl et Heidegger*, Paris2, 1967, S. 146: *Percevoir autrement c'est percevoir autre chose.*

Das Verfahren, die 'natürliche', das heißt immer schon spontan ablaufende Erfahrung als solche in den Blick zu heben, bezeichnet Husserl als durchaus künstlich und 'widernatürlich' (vgl. Hua XIX/1, 16). Vom bloßen *Fungieren* der Erfahrung, das *nicht ohne* unser Zutun, aber dennoch nicht *durch* unser Tun zustande kommt, gehen wir über zur *Thematisierung*, die sich gegebenenfalls in einer *Problematisierung* fortsetzt. Husserl nennt dieses Verfahren Reduktion. Das bedeutet wörtlich ein Zurückführen auf ..., was nichts zu tun hat mit einem Reduktionismus im Sinne von *Ockham's razor*. Husserl unterscheidet des weiteren zwischen zwei Formen der Reduktion.

1. Eidetische Reduktion

In dieser ersten Form der Reduktion geht es um die Differenz von Erfahrungseinstellung und Einstellung auf das Allgemeine in der Erfahrung. Innerhalb der signifikativen Differenz des 'etwas als etwas' wird nun das 'als etwas', also die allgemeine Gestalt, Struktur, Regel oder Auffassung thematisiert. Allgemeines ist immer schon im Spiel, etwa dann, wenn wir ein hohes c hören, einen runden Gegenstand bemerken, ein Gesicht wiedererkennen, einen Namen verwenden oder eine bestimmte Automarke ausmachen. Diese Allgemeinheit ist in die Erfahrung eingelassen wie Figuren in eine Intarsienarbeit, sie gibt den Dingen eine bestimmte Physiognomie. In Anlehnung an die Sprache der Kunst und der natürlichen Morphologie spricht Husserl vielfach von 'Stil' oder 'Typus'; Alfred Schütz und Merleau-Ponty sind ihm darin gefolgt. Der Ausdruck 'eidetische Reduktion' verweist uns auf das platonische *Eidos*, eine erfahrbare Grundgestalt, die sich durch Variation faktischer Erfahrungstexte als Invariante herausfiltern läßt. Invariant ist eine Struktur, die alle möglichen Variationen überdauert. Das Verfahren der Variation hat Husserl der Mathematik nachgebildet, mit deren Variationsverfahren Husserl sich schon frühzeitig befaßt hat.

Die Methode der eidetischen Reduktion zeigt eine Nachbarschaft zum Strukturalismus, wie er von Lévi-Strauss praktiziert wird, er hat aber auch eine Verwandtschaft mit den Sprach- und Verhaltensregeln, die im Gefolge von Wittgenstein untersucht werden. Bei näherem Hinsehen erweist sich das Verfahren, das Husserl hier durchführt, als nicht unproblematisch. Es fragt sich, ob es einen einzigen invarianten Gesichtspunkt gibt oder ob nicht jeder Gesichtspunkt auf einer Selektion beruht und mit einer entsprechenden Kontingenz behaftet ist. Im letzteren Falle haben wir es stets mit einer *Variation von Strukturen* zu tun, die auf relativen, aber unüberwindlichen Differenzen beruhen wie schon die Differenz von Figur und Grund, die von den Gestalttheoretikern zum elementaren Bestand der Erfahrung gezählt wird. Der späte Merleau-Ponty spricht demgemäß von einem "Polymorphismus des Seins". Dem entspricht eine Historisierung des Strukturgeschehens, das nicht auf die eindeutige und einheitliche Bahn einer Teleologie gelenkt werden kann. Husserl hat selbst noch von einem „historischen Apriori" gesprochen (vgl. Hua VI, 380), das in den Epistemai von Foucault weitaus radikalere Formen annimmt.

2. Transzendental-phänomenologische Reduktion

Auch diese zweite Art von Reduktion läßt sich aus der signifikativen Differenz des 'etwas als etwas' begreifen. In diesem Falle wird das *Daß*, also das faktische Auftreten dieser Differenz als solches thematisiert. Es geht dabei um das Grundfaktum oder Grundereignis der Erfahrung selbst: *es gibt* Sinn, Welt, Sein oder Ordnung. Dieses Grundereignis verbirgt sich zunächst in einem *Weltglauben*. Die Welt, auf die sich dieser Glaube richtet, ist nicht zu verwechseln mit einer Ansammlung aller Dinge (*omnitudo realitatis*), vielmehr ist die Welt von der Intentionalität her zu verstehen als Inbegriff aller Sinnverweisungen. Die Welt ist kein Etwas, sie fungiert als *Boden*, von dem alle Sinnbewegungen ausgehen, und sie fungiert als offener *Horizont*, auf den sie sich zu bewegen.

Die Differenz, die hier zutage tritt, zieht also keine Trennungslinie zwischen Innenwelt und Außenwelt. Der Phänomenologie geht es keineswegs um die bei aller Skepsis reichlich naive Frage, ob es die Dinge und die Welt als All der Dinge überhaupt gibt. Ein solch erkenntnistheoretischer Streit, der sich auf den Bahnen des neuzeitlichen Cartesianismus bewegt, wird von Husserl ebenso wie von Heidegger ad acta gelegt. Wer fragt, ob dieses oder jenes oder überhaupt etwas existiert, setzt schon etwas voraus, das er befragt. In diesem Sinne erweist jede Skepsis sich als relativ. Bei der phänomenologischen Reduktion geht es also nicht um einen Gegensatz von Innen- und Außenwelt, sondern vielmehr um die Differenz zwischen *natürlicher Einstellung*, die sich auf etwas in der Welt richtet, und *transzendentaler Einstellung*, die auf das Erfahrungsgeschehen und die Weltvorgegebenheit als solche gerichtet ist. Auf gewisse Weise wiederholt sich hier der Anfang der Philosophie, der laut Platon und Aristoteles mit dem Staunen einsetzt, mit dem Staunen darüber, *daß die Dinge so sind wie sie sind.* Für den modernen Frager steht dahinter allerdings die Vermutung, die Dinge *könnten auch anders sein als sie sind* - was wir Kontingenz nennen. Die phänomenologische Reduktion bedeutet demgemäß keine bloße Methode, die man nach Belieben verwendet. Sie läßt sich verstehen als Ausbruch einer Fragebewegung und als Einbruch eines Neuen, als eine dem philosophischen Fragen innewohnende Verfremdung. Diese erinnert an das Verfremdungsverfahren, das die russischen Formalisten in den Innovationen von Sprache und Kunst am Werk sehen.

IV. Dimensionen der Erfahrung

Im folgenden ist die Rede von verschiedenen Richtungen, die in der Erfahrung auszumachen sind. Dies führt zur Verschärfung jener Probleme, die mit dem Selbstsein der Sachen, mit der Ursprünglichkeit der Erfahrung und ihren Anfängen und Zielen zusammenhängen.

1. Horizonte und Genese von Sinn in der Welterfahrung

Welthorizonte der Erfahrung, die über die bloße Dingerfahrung hinausführen, machen deutlich, wie sehr Erfahrung und Auffassung von etwas als etwas über sich selbst hinausweisen. Die Erfahrung entfaltet eine ungeheure Dynamik, die Husserl in Form einer genetischen Phänomenologie der anfänglich statischen Form der Phänomenologie gegenüberstellt. Die Sinnbewegung geht von keiner bloßen Differenz aus, sondern von einem *Überschuß*. In den *Cartesianischen Meditationen* gelangt Husserl zu der Einsicht, daß jeweils *mehr gemeint ist als gegeben und mehr gegeben ist als gemeint ist.* Jede Meinung steigert sich zu einer "Mehrmeinung" (Hua I, 86). Nehmen wir das einfache Beispiel der Wahrnehmung eines Hauses, das ich betrete oder bewohne. In dieser Erfahrung gibt es nicht nur die simultanen Horizontverweise, etwa von der Außenfassade auf die Rückseite oder auf die Anordnung des Hausinneren, jede Synthesis, so auch die Hauswahrnehmung, hat vielmehr "*ihre sich in ihr selbst bekundende Geschichte*" (Hua I, 112). Dazu gehört die Geschichte der Herstellung, des Gebrauchs, des Besitzes, die persönliche Geschichte, die im Falle eines Geburts- oder Elternhauses eine besondere Prägung annimmt, dazu gehört das weitere Umfeld von Stadt und Land und vieles mehr. In diesem Sinne verweist alles, was uns in der Erfahrung begegnet, auf einen Welthintergrund und eine Weltgeschichte. Die Phänomenologie berührt sich hier mit den Schöpfungen der Gegenwartsliteratur, so wenn Joyce aus dem Geschmack einer Madeleine die gesamte Kindheitswelt von Combray aufsteigen sieht, oder wenn Proust in seinem Dubliner „Weltalltag“ eine Geschichte wiederfindet, die bis auf Odysseus und unsere jüdischen Herkünfte zurückgeht. Prousts spontane Erinnerungen setzen ebenso wie die Epiphanien von Joyce eine Art von Erfahrung voraus, die im Einzelnen ein horizonthaftes, offenes Ganzes aufscheinen läßt. Dieses Ganze bleibt immer fragmentarisch, da unsere Erfahrung aufgrund ihrer faktischen Ausgangspunkte mit einer 'bestimmten Unbestimmtheit' behaftet ist (vgl. Hua I, 83).

2. Leibliche Erfahrung

Die leibliche Erfahrung versetzt uns an einen Zeit-Ort, von dem aus wir die Welt und uns selbst inmitten der Welt erfahren. Der Leib wird, wie Sartre bemerkt, zunächst und zumeist "mit Schweigen übergangen".[9] Er meldet sich indirekt zu Wort, in der begrenzten Perspektive der Dinge, die auf unseren leiblichen Standort verweist, in der wechselnden Nähe und Ferne der Dinge und Personen, in der sich die begrenzte Reichweite meiner leiblichen Eigenbewegung bekundet, schließlich in den sinnlichen Affektionen, in der Fremd- und Selbstaffektion ineinanderspielen. Im Glanz der Dinge spiegelt sich unsere eigene Helligkeit, in der Dunkelheit der Dinge unsere eigene Finsternis. Der Leib, der weder rechts noch links, weder oben noch unten, weder vorn noch hinten plaziert ist, der sich weder als reines Tun noch als reines Leiden darstellt, bildet den "Nullpunkt", das Hier und Jetzt, an dem unsere leibliche Orientierung in der Welt hängt (vgl. *Ideen* II). Gleichzeitig ist dieser Nullpunkt auch in der Sprache gegenwärtig als der Zeit-Ort, an dem der Sprecher sich befindet und auf den er mit okkasionellen oder indexikalischen Ausdrücken hinweist.

Gleichzeitig verdoppelt sich der Leib in einen *fungierenden Leib*, der mir eine Welt erschließt, und in ein *Körperding*, das selbst in der Welt vorkommt. Husserl und Scheler sprechen deshalb vielfach von einem Leibkörper. Zur Leiblichkeit gehört auch eine sinnliche Rückbezüglichkeit, denn sehend, hörend, tastend, hantierend und fühlend ist der Leib "auf sich selbst zurückbezogen" (Hua I, 128). Der Leib gehört selbst der Wirklichkeit an, die er mit ermöglicht und mit erschließt, dennoch ist er mehr als ein bloßer Teil der Welt. Die Doppelheit eines Wesens, das zugleich *sehend und sichtbar* ist und sich zugleich *hier und anderswo* befindet, verleiht diesem eine eigentümliche Seinsweise, im Gegensatz zur *res cogitans*, die sehend ist, doch nicht sichtbar, und im Gegensatz zu *res extensa*, die sichtbar ist, aber nicht sehend. Diese singuläre Selbstverdoppelung und Selbstdistanzierung des Leibes bildet ein zentrales Motiv, das sich vor allem in den phänomenologischen Leibanalysen von Maurice Merleau-Ponty und Helmut Plessner ausgewirkt hat. Es ergeben sich auch Beziehungen zur symptomatischen Körpersprache der Psychoanalyse, die in Jacques Lacans *Sprache des Unbewußten* eine besondere Form gefunden hat.[10]

3. Fremderfahrung

Die Fremderfahrung verleiht der Welt soziale Horizonte und erweitert die Leiblichkeit um eine soziale Dimension. Es gehört zu den Vorzügen der Husserlschen Phänomenologie der Erfahrung, daß sie Unbestimmtheit, Ferne, Abwesenheit und Fremdheit ständig mit in Betracht zieht, und zwar nicht als Mangelerscheinungen, sondern als konstitutive Bestandteile der Erfahrung. Den Charakter des Fremden bestimmt Husserl auf paradoxe Weise als "Zugänglichkeit des original Unzugänglichen" (Hua I, 144). Diese *Unzugänglichkeit* schließt nicht aus, daß Eigenes und Fremdes in Form einer wechselseitigen *Verflechtung* ineinander spielen, so etwa im Wechselblick, in der geschlechtlichen Vereinigung oder in der Wechselrede, in der laut Michail Bachtin das eigene Wort ein „halbfremdes Wort" bildet, da es ständig mit fremden Intentionen besetzt ist und sich "auf der Grenze zwischen dem Eigenen und Fremden bewegt".[11] Dennoch hinterläßt Husserls Einstellung zum Fremden einen zwiespältigen Eindruck. Einerseits beharrt Husserl auf einem originären *Kern* oder einer *Grundschicht*

---

[9] *L'être et le néant*, Paris 1943, S. 395.

[10] Vgl. dazu inzwischen vom Verf. *Erfahrung, die zur Sprache drängt. Studien zur Psychoanalyse und Psychotherapie aus phänomenologischer Sicht*, Berlin 2019.

[11] Vgl. M. M. Bachtin, „Das Wort im Roman", in: *Die Ästhetik des Wortes*, hrsg. von R. Grübel. Frankfurt am Main 1979, S. 185.

des Eigenen, andererseits spricht er von einer ursprünglichen *Urscheidung* zwischen Ich und Anderen (so etwa Hua VI, 260). Hätten wir es mit einer Urscheidung zu tun, so wären Eigenes und Fremdes gleichursprünglich, ähnlich wie Gegenwart, Vergangenheit und Zukunft. Husserls Nachfolger haben seine Idee in radikalerer Form fortgesetzt, so Sartre in seiner Dialektik des Blicks, Merleau-Ponty in seiner Theorie der Zwischenleiblichkeit und Levinas in seiner Ethik des Anderen, die von der Ferne des fremden Antlitzes ausgeht. Entscheidend ist bei all dem, daß die Fremdheit nicht einer bereits bestehenden institutionellen oder sprachlichen Gemeinsamkeit geopfert wird. Diese Achtung vor der Fremdheit und der Verzicht auf ihre gewaltsame Eingemeindung bietet auch einen Widerstand gegen totalitäre Versuchungen in der Politik, ohne daß deswegen die Gesellschaft auf eine bloße „Gesellschaft von Individuen" reduziert würde.[12]

4. Selbsterfahrung als Zeiterfahrung

Husserl betrachtet zwar, wie schon angedeutet, die Selbsterfahrung als Urerfahrung, doch vor allem in den Zeitanalysen entdeckt er eine *innere Fremdheit*, eine Distanz meiner Selbst zu mir selbst. Schon die Reflexion entpuppt sich als ein „Nachgewahren" (Hua VIII, 89), das heißt als eine Erfahrung, die von einer unwiderruflichen *Nachträglichkeit* gezeichnet ist. Doch diese Nachträglichkeit betrifft nicht nur die Reflexion, sie wohnt auch den präreflexiven Erlebnissen inne. Das Jetzt, das in Form einer reinen Gegenwart der Nachträglichkeit Einhalt gebieten würde, läßt sich überhaupt nur fassen als eine "ideale Grenze" (Hua X, 40). Denn das jetzt Gegebene verweist in sich selbst auf soeben und sogleich Gegebenes, und dies in einer Form von Retention und Protention, die keine eigenständige Intention darstellt, sondern zur konkreten Wahrnehmung und zur konkreten Gegenwart gehört. Ohne solche Vor- und Rückverweise würden wir keine Melodie hören, sondern nur Einzeltöne, wir würden keine Rede vernehmen, sondern bloße Einzelwörter, ja es gäbe im strengen Sinne überhaupt kein Etwas, da dieses sich nur im Durchgang durch die Mannigfaltigkeit der Erfahrung als das Selbe erweist. Das Selbe ist das, auf das ich immer wieder zurückkommen kann und zurückkommen muß. Das gilt für die Dinge genauso wie für mich selbst und für Andere. Die Abwesenheit durchzieht also von Anfang an jede Anwesenheit, auch die Anwesenheit meiner selbst für mich selbst in der Selbstgegenwart. Reine Gegenwart erscheint dann als bloße Chimäre. Dieser Gedanke erfährt eine weitere Vertiefung, wenn Merleau-Ponty die Geburt als „Urvergangenheit" bezeichnet, als „eine Vergangenheit die nie Gegenwart war"[13], wenn Levinas diese Urvergangenheit mit der unvordenklichen Inanspruchnahme durch den Anderen erklärt und wenn Derrida den Prozeß der Sinnbildung als eine zeitliche Verschiebung, als *différance* begreift.

Wie wir zusammenfassend feststellen können, zeigen diese Grunddimensionen der Erfahrung, daß die Sachen selbst immer schon mit Andersheit, Fremdheit und Differenzen durchsetzt sind. Bei der Sache selbst sein heißt immer auch, woanders sein, nämlich bei dem, was sich im Sichzeigen der Sache nicht zeigt, was sich dem Blick entzieht. Die Phänomenologie stößt hier auf eigene Grenzen, und das Bedenken dieser Grenzen bildet ein entscheidendes Movens der nachhusserlschen Phänomenologie.

V. Das Paradox der Ausdruck der Erfahrung

Abschließend komme ich nochmals zurück auf die Phänomenologie als Verfahren, als Analyse

[12] Vgl. dazu die Analysen des Soziologen Norbert Elias, der noch bei Husserl studiert hat: *Die Gesellschaft der Individuen*, Frankfurt am Main 1987.

[13] *Phénoménologie de la perception*, a.a.O., S. 280: *„... un passé originel, un passé qui n'a jamais été présent".*

und Aufhellung der Erfahrung, die nach einem entsprechenden Ausdruck verlangt. Ein viel zitierter und viel kommentierter Satz aus Husserls *Cartesianischen Meditationen* lautet: "Der Anfang ist die reine und sozusagen noch stumme Erfahrung, die nun erst zur reinen Aussprache ihres eigenen Sinnes zu bringen ist" (Hua I, 77). Hier kündigt sich ein Paradox an, das insbesondere Merleau-Ponty auf fruchtbare Weise verschärft hat und das auch bei Foucault, in seiner Kritik an einer empirisch-transzendentalen Verdoppelung des Menschen, eine deutliche Rolle spielt.

Das erwähnte Paradox löst sich auf, wenn man sich entweder einseitig auf die Seite der Erfahrung oder ebenso einseitig auf die Seite des Ausdrucks schlägt. Im ersten Extremfalle behandelt man den Ausdruck als *bloße Wiedergabe*, als *reine Reproduktion* dessen, was an sich schon gesagt ist. Der Ausspruch wäre rein, weil sich in ihm die Sache selbst und nichts anderes als die Sache selbst unverblümt ausspricht. Von einer Stummheit der Erfahrung könnte nicht mehr die Rede sein. Doch diese einseitige Sichtweise verkennt oder bagatellisiert den Vorgang des Zur-Sprache-bringens. Dieser Vorgang ist nie ganz frei von Gewaltsamkeit. So erinnert Heidegger an die unausbleibliche Gewaltsamkeit jeder Interpretation, die in dem, was im Text steht, niemals ein zureichendes Fundament findet (*Sein und Zeit*, S. 311). Aus ähnlichen Gründen spricht Merleau-Ponty im Falle von Wahrnehmung, Liebe oder Kommunikation von einem gewaltsamen Akt, einem *acte violent*.[14] Diese Sichtweise untergräbt jede Form von *Fundamentalismus*. Es gibt stets Gründe für das, was wir sagen, tun und fühlen, doch gibt es niemals zureichende Gründe. Umgekehrt verschwindet das Paradox ebenfalls, wenn der Ausdruck als *reine Schöpfung*, *reine Produktion* verstanden wird, hinter der nichts stünde, was zur Aussprache seines eigenen Sinnes gebracht werden könnte. Der Fundamentalismus schlägt hier um in einen ebenso radikalen *Konstruktivismus* oder *Fiktionalismus*. Die Wirklichkeit wäre ein bloßes Produkt der Erfindung, ein Konstrukt; das Abbildverhältnis würde ersetzt durch Kopien ohne Original. Die Diagnosen von Jean Baudrillard lassen erkennen, wie sehr diese Sichtweise in unsere westliche Gesellschaftstechnologie eingebaut ist. Während im ersten Extremfalle die Gesichtspunkte der Erfahrung mit der Sache selbst verschmelzen, würden sie im zweiten Extremfalle von außen an die Erfahrung herangetragen. Wie könnte jener mittlere Weg aussehen, der sich in Husserls paradoxer Formulierung andeutet?

Eine mittlere Möglichkeit bietet die *schöpferische Antwort*, die den nie endenden und nie endgültig gelingenden Versuch macht, "eine Erfahrung zu *übersetzen*, die doch erst zum Text wird durch das Wort, das sie wachruft"[15]. Die Erfahrung findet ihren Ausdruck also in einem Zur-Sprache-bringen, einem Eingreifen in die Erfahrung. Doch auf diese Weise liefert die Erfahrung nicht bloßes Material für unsere Konstruktion, sondern sie läßt zu, daß die Dinge selbst etwas besagen und daß *sie selbst als etwas* erscheinen.

VI. Antworten der Erfahrung

Ein schöpferischer Ausdruck, der Erfahrung zu ihrem eigenen Ausdruck bringt, setzt voraus, daß die Erfahrung selbst eine Art dialogische Struktur aufweist. Die Erfahrung beschränkt sich nicht darauf, etwas zu meinen und anzuzielen, sondern sie antwortet auf etwas, sie greift zurück auf etwas, das ihr entgegenkommt. Eine solche Erfahrung wird geweckt, ohne daß die Differenz zwischen *eigener Antwort* und *fremdem Anspruch* je getilgt würde. Diese Differenz zwischen dem *Was* der eigenen

[14] Vgl. hierzu meine Erörterung dieser Probleme in: *Der Stachel des Fremden*, Frankfurt am Main 1990, Kap.2, insbesondere S. 114.

[15] Merleau-Ponty. *Résumés de Cours*. Collège de France 1952-1960, S. 41: "parler ou écrire, c'est bien *traduire* une expérience mais qui ne devient texte que par la parole qu'elle suscite." Der Autor bezieht sich mit dieser Äußerung auf das "innere Buch der Zeichen" in Marcel Prousts *Recherche*. Zum Paradox des Ausdrucks bei Husserl und Merleau-Ponty vgl. ausführlich *Deutsch-Französische Gedankengänge*, a.a.O., Kap.7.

Antwort und dem *Worauf* des fremden Anspruchs nenne ich *responsive Differenz*.[16] Erfahrung bedeutet somit einen Übergang vom Fremden zum Eigenen über eine Schwelle hinweg. Der Hiatus zwischen Eigenem und Fremdem bewirkt, daß die Sachen selbst nie völlig zur Sprache kommen, daß stets mehr und anderes zu sagen bleibt als das, was faktisch gesagt wird oder generell gesagt werden kann.

Das *Sichzeigen* geht Hand in Hand mit einem *Sichnichtzeigen*. Vieles, was heute im Bereich der Phänomenologie weiterwirkt, bewegt sich auf der Grenze zwischen dem, Sagbaren und Unsagbaren, zwischen dem Sichtbaren und Unsichtbaren. Ein solches Denken an der Grenze und ein solches Verweilen auf der Grenze bietet die Möglichkeit, daß der Ruf nach den 'Sachen selbst' fortklingt, nicht indem er ein Bestreben auslöst, vom Eigenen aus das Ganze zu finden, sondern indem er den Anspruch des Fremden im jeweils Eigenen laut werden läßt.

[16] Zur Responsivität der Erfahrung verweise ich auf mein Buch *Antwortregister*, Frankfurt am Main 1994, insbesondere S. 242 und 330-332.

ÜBER PRAKTISCHE SELBSTBESTIMMUNG UND DIE ETHISCHE SELBSGESTALTUNG DES LEBENS BEI HUSSERL

Celia Cabrera[1]

Zusammenfassung:

Der vorliegende Aufsatz befasst sich mit dem Verständnis Husserls über die praktische Selbstbestimmung und die ethische Selbstgestaltung des Lebens mittels einer Analyse ihrer zeitlichen Horizonte, ihrer Motivationen und ihrer praktischen Möglichkeitsbedingungen. Zu diesem Zweck betrachte ich zuerst Husserls Auffassung der Beziehung zwischen der Berücksichtigung des vergangenen Lebens, dem Vorgriff auf die Zukunft und der Entscheidung in der Gegenwart. An zweiter Stelle umfasse ich die Grenzen der Willensfreiheit den praktischen Zusammenhang unterstreichend, in dem jede Entscheidung stattfindet. Es handelt sich hierbei darum, die Beziehung zwischen Wollen, Können und Sollen aufzuklären, also die Verknüpfung zwischen dem, unter jeden und der normativen Dimension, die nach Husserl immer fordert "das Beste" zu tun. Schließlich versuche ich den Sinn des Ideals der Selbstbestimmung aufzuklären, im Rahmen einer ethischen Konzeption, die, wie bei Husserl, der Teleologie der persönlichen Entwicklung, der Wertmotivation durch den Willen und der Ausführung einer individuellen, ethischen Aufgabe eine zentrale Bedeutung verleiht. Der Aufsatz basiert hauptsächlich auf Husserls ethischen Vorlesungen und Manuskripten aus den 20er Jahren, die von einer teleologischen Konzeption des personalen Lebens geprägt sind. Jedoch wird auch -unter der Annahme einer Kontinuität zwischen den Phasen- auf relevante Aspekte der frühen Ethik eingegangen.

Schlüsselwörter: Ethik - Wille - Selbsbestimmung - praktischer Vernunft

■■■

I. Einleitung

Die Möglichkeit der Selbstbestimmung, in Hinsicht auf die Fähigkeit des Willens die Handlungen von den eigenen Einsichten ausgehend zu bestimmen, nimmt in den Überlegungen Husserls über Ethik -besonders in denen, die aus den Freiburger Jahren stammen[2]-, eine wichtige Rolle ein. Husserl hat sich auf die Selbstbestimmung als ein "wunderbares" Phänomen bezogen.[3] Das bedeutet nicht, dass die Selbstbestimmung wären und, im Allgemeinen, die Autonomie und die Selbstregelung eine abstrakte Möglichkeit wären, also ein Phänomen, das einfach in die Gegenwart eindringt. Die Analyse dieses Themas in der Perspektive Husserls muss sowohl die Struktur der Entscheidung in der Gegenwart als auch ihre zeitlichen Horizonte, ihre Motivationen und ihre Bedeutung im Rahmen einer teleologischen Betrachtungsweise des menschlichen Lebens erwägen. In diesem Rahmen ist das

---

[1] Assist.Prof., Nationale Akademie der Wissenschaften von Buenos Aires/ CONICET, Argentinien, celiacabrera@gmx.com

[2] Husserls Ethik lässt sich in zwei umfassenden Phasen einteilen: eine erste Phase, die als "frühe Ethik" bezeichnet wird, weist auf die Göttinger "Vorlesungen über Ethik und Wertlehre" (1908-09, 1911 und 1914) hin (*Husserliana* Band XXVIII). Die "späte Ethik" umfasst die Vorlesungen, Artikeln und Manuskripte, die Husserls in seinem Freiburgen Jahren verfasste (ab 1916). Es handelt sich hauptsächlich um die Vorlesung "Einleitung in die Ethik" die Husserl in Sommersemestern 1920 gehalten hat und im Sommersemester 1924 wiederholt hat, die "Fünf Aufsätze über Erneuerung", die in *Husserliana* Band XXVII herausgegeben wurden, und die Forschungsmanuskripte, die in den vierten Teil des Bandes XLII der *Husserliana* herausgegeben wurden. Für eine ausführliche Darstellung der Entwicklung von Husserls Ethik siehe Melle, Ullrich, "The Development of Husserl´s Ethics", in *Études Phénoménologiques*, 13-14, 1991, SS. 115-135.

[3] Husserl, Edmund, *Einleitung in die Ethik (1920/1924),* Hua XXXVII. Peucker, H. (Hrsg.), Dordrecht, Kluwer, 2004, S. 162 (im Folgenden zitiert als Hua XXXVII)

Ziel dieser Arbeit, das Verständnis Husserls über die Möglichkeit von Selbstbestimmung und der ethischen Selbstgestaltung des Lebens mittels der Analyse ihrer zeitlichen Horizonte, ihrer Motivationen und ihrer praktischen Möglichkeitsbedingungen zu untersuchen. Zu diesem Zweck betrachte ich zuerst die Beziehung zwischen der Berücksichtigung des vergangenen Lebens, dem Vorgriff auf die Zukunft und der Entscheidung in der Gegenwart. An zweiter Stelle umfasse ich die Grenzen der Freiheit des Willens, den praktischen Zusammenhang unterstreichend, in dem jede Entscheidung stattfindet. Es handelt sich hierbei darum, die Beziehung zwischen Wollen, Können und Sollen aufzuklären, also die Verknüpfung zwischen dem, was ich in jedem Umstand kann, und der normativen Dimension, die immer fordert "das Beste" zu tun. Ich werde die Arbeit mit einer Reflexion über den Sinn des Ideals der Selbstbestimmung im Rahmen einer ethischen Konzeption beenden, die, wie bei Husserl, der Teleologie der persönlichen Entwicklung, der Wertmotivation durch den Willen und der Ausführung einer individuellen, ethischen Aufgabe eine zentrale Bedeutung verleiht.

II. Unzufriedenheit, Antizipation und Willensmotivation. Über den zeitlichen Horizont der Selbstbestimmung in der Ethik von Husserl

Eines der Themen, das im Vordergrund in den Überlegungen Husserls ab den zwanziger Jahren erscheint (in den jeweiligen Texten pflegt man es seine "späte Ethik" zu nennen), ist die Möglichkeit des Menschen sein Leben ausgehend von seinem Willen frei selbstzugestalten. Mit seinen Worten: "Die absolute rationale Person ist hinsichtlich ihrer Rationalität *causa sui*".[4] Husserl bezieht sich auf diese Möglichkeit mit dem Begriff "Selbstbestimmung", obwohl er auch andere Begriffe benutzt hat, um einige von ihnen zu erwähnen: Selbsterneuerung, Selbstregulierung, Selbstgestaltung, Selbsterziehung, Selbstdisziplinierung, Selbstdirektion etc. Diese sind laut ihm die "oberste" Themen aller Ethik.[5]

Im phänomenologischen Sinn beziehen sich diese Begriffe auf die Erfahrung der Fähigkeit, aus eigenen Einsichten und Stellungnahmen zu handeln, das heißt, die Erfahrung, in der wir uns als verantwortliche Wesen unserer Entscheidungen begreifen. Auf die Frage "Was ist allgemein Selbstbestimmung?" antwortet Husserl: "Jeder Fall eines auf mein Ich gerichteten Willens, der fundiert ist in einem «Ich richte meinem Blick auf mich selbst und werte mich selbst.»"[6] Die Wichtigkeit der Selbstbestimmung in der Ethik anzuerkennen, ist nicht gleichwertig mit dem Verteidigen einer naiven Form des Rationalismus, nach dem der Mensch die Gesamtheit der Motivationen, die in seinen Handlungen vorkommen, und die er uneingeschränkt beherrscht, einfach verstehen könnte. Wenigstens ist das nicht so in der Philosophie Husserls. Die Möglichkeit der Reflexion schließt nicht aus, dass wir auch Personen mit Habitualitäten und mit passiven und dunklen Tendenzen seien. Wir haben Gefühle, Tendenzen und persönliche Projekte und nur auf diesem Fundament gibt es Raum für die rationale Autonomie. Sonst mangelt es der Autonomie und der Selbstbestimmung an Sinn. Das ist, wie ich es verstehe, eine der Absichten der Ethik Husserls: Die Motivation für die freie Selbstgestaltung unseres Lebens befindet sich in unserem individuellen Lebensweg und nicht außerhalb dessen, im Anbetracht der Tatsache einer unpersönlichen Ordnung. In einem weiteren Sinn könnte man behaupten, dass ein großer Teil dieser Fragestellung beigelegt wird, abhängig davon, wie wir die Idee des Selbstbewusstseins auslegen, das eines der Konzepte ist,

[4] Husserl, Edmund, *Aufsätze und Vorträge (1922-1937)*, Hua XXVII, Sepp, H.R & Nenon, T. (Hrsg.), Den Haag, Kluwer, 1988, S. 36 (im folgenden zitiert als Hua XXVII). Siehe auch: Hua XXXVII, SS. 162-163.

[5] Hua XXVII, S. 20

[6] Husserl, Edmund, *Zur Phänomenologie der Intersubjektivität. Texte aus dem Nachlass. Zweiter Teil: 1921-1928.* Husserliana XIV, Kern, I. (Hrsg.), Den Haag: Martinus Nijhoff, 1973, S. 211 (im folgenden zitiert als Hua XIV).

das im Fundament der Möglichkeit der Selbstbestimmung liegt. C.Korsgaard hat darauf hingewiesen, obwohl aus einer anderen Perspektive, dass auch wenn der menschliche Verstand selbstbewusst sei, dies nicht bedeutet, "dass seine Inhalte uneingeschränkt verständlich sind - dass wir immer Gewissheit haben können, woran wir denken, was wir fühlen und wollen - und dass die Selbstbeobachtung uns wahre Kenntnis über uns selbst bringt (...). Der menschliche Verstand ist selbstbewusst, im Sinn, dass er im Grunde reflexiv ist."[7] Auf diese Weise verstanden, öffnen das Selbstbewusstsein und die Reflexion den Zugang zu der normativen Dimension, also sie erlauben uns Abstand davon zu nehmen, was wir machen, sie infrage zu stellen und sie ermöglichen, unser Verhalten nach dem Ideal der Selbstvollkommenheit zu steuern. In der Ethik Husserls kann man viele Überlegungen in dieser Richtung finden. Nach Husserl setzt die Möglichkeit, die Handlungen zu steuern und sie zu einem Ziel zu führen, die Fähigkeit des Menschen voraus, in der Gegenwart über sein vergangenes Leben gleichzeitig auch über die Erwartungen in der Zukunft nachzudenken, mit dem Zweck, sie zu bestätigen oder neu zu bestimmen. Zum Beispiel in den Artikeln "Fünf Aufsätze über die Erneuerung" aus 1922-1924 bezieht sich Husserl auf die Bedingung dieses Prozesses unter dem Titel "Selbstbewusstsein".

> "Als Ausgangspunkt nehmen wir die zum Wesen des Menschen gehörige Fähigkeit des Selbstbewusstsein in dem prägnanten Sinn der personalen Selbstbetrachtung *(inspectio sui)* und der darin gründenden Fähigkeit zu reflexiv auf sich selbst und sein Leben zurückbezogenen Stellungnahmen bzw. personalen Akten: der Selbtserkenntnis, der Selbstwertung und praktischen Selbstbestimmung *(Selbstwollung und Selbstgestaltung)*."[8]

Die Vorstellung des ethischen Selbstbewusstseins bezieht sich auf die Fähigkeit, die Handlungen, die Motive und die Ziele zu bewerten und beurteilen, die von einem Subjekt kraft der praktischen Möglichkeiten und, wie wir sehen werden, gemäß dem Imperativ "das Beste unter dem Erreichbaren" gewählt werden.[9] Angesichts dessen kann man behaupten, dass, was Husserl im erwähnten Zusammenhang Erneuerung, Selbstbestimmung, Selbstregulierung, Selbstgestaltung, usw... sie nennt, eine Art der Umwandlung der Beziehung des Subjekts zu einem eigenen Leben ist, ein Prozess, bei dem es beginnt, die Weise, wie das Leben bis in die Gegenwart verlaufen ist, und die Einschätzungen, die jede Entscheidung bewegten, zu hinterfragen. Nach Husserl haben das Selbstbewusstsein und die Reflexion, die hier im Vordergrund stehen, einen allgemeinen Charakter, sofern man die Handlungen nicht so betrachtet, als ob es sich um einmalige und einzelne Ereignisse handeln würde, sondern als Teil eines Typs oder Wesens von Handlungen, die allgemein gut und wertvoll sind. Gemäß Husserl unterscheidet diese allgemeine oder globale Dimension der ethischen Reflexion und des Willens den Menschen vom Tier. Er schreibt: "Das « bloße Tier» mag z.B. unter gewissen Umständen immer wieder in gleicher Weise tun, aber es hat nicht den Willen in der Form der Allgemeinheit. Es kennt nicht, was der Mensch in den Worten ausspricht: «Ich will überhaupt, und wo immer ich derartige Umstände vorfinde, so handeln, weil mir derartige Güter überhaupt wert sind»".[10] Andererseits ermöglicht das Selbstbewusstsein dem Menschen eine Betrachtung seines Lebens als eine Einheit, was die Ausgestaltung aller seiner Handlungen auf ein Ziel hin erlaubt.

> "Der Mensch kann sein gesamtes Leben, wenn auch in sehr verschiedener bestimmtheit

---

[7] Korsgaard, Christine, *The sources of normativity*, Cambridge: Cambridge University Press, 1996, SS. 92-93.

[8] Hua XXVII, SS. 23

[9] Husserl, Edmund, *Vorlesungen über Ethik und Wertlehre (1908-1914)*, Hua XXVIII, Melle, U. (Hrsg.), Dordrecht: Kluwer Academic Publishers, 1988, S. 142 (im folgenden zitiert als Hua XXVIII).

[10] Hua XXVII, S. 25

und Klarheit, einheitlich überblicken und es nach Wirklichkeiten und Möglichkeiten universal bewerten. Er kann sich danach ein allgemeines Lebensziel vorsetzen, sich und sein gesamtes Leben in seiner offenen Zukunftsunendlichkeit einer aus eigenem freien Wollen entsprungenen Regelforderung unterwerfen."[11]

Die ethische Selbstgestaltung des Ichs setzt nicht nur die Möglichkeit eines Zugangs zum vergangenen Leben als eine Einheit zu erreichen voraus, sondern auch die Fähigkeit die Zukunft zu antizipieren. Die Sorge um die Zukunft wird gewissermaßen von einem Gefühl der Enttäuschung und der Unzufriedenheit motiviert. In diesem Sinne, im Artikel "Erneuerung als individuelles ethisches Problem". Laut Husserl, dass "der Anfang jeder Selbstentwicklung Unvollkommenheit <ist> und Vollkommenheit zwar die konsequent leitende Zweckidee in der Entwicklung <ist>."[12] Husserls Meinung nach "erschaut" der Mensch in sich die Idee eines neuen Menschen, seines "wahren Ich", das er nicht ist, sondern das er sein soll. Er "sieht" ein echtes und wahres Menschenlebens, das er nicht wirklich lebt, sondern das er leben sollte. In einem anderen Text mit dem Titel "Das vorsorgende Leben und die universale Sorge für die ganze Lebenszukunft. Die zwei Ideale eines befriedegenden Gesamtlebens" bezieht sich Husserl tiefer auf die Rolle der Antizipation der Zukunft: Diesem Text zufolge entsteht durch die Erfahrung der Enttäuschungen *(Hemmungen)* und Befriedigungen eine allgemeine Sorge um die Lebenszukunft, bzw., eine Einstellung der Lebenssorge, die auf das Ideal eines befriedigenden Gesamtlebens abzielt.

"Das Ich sorgt dafür, indem es sich immer Güter schafft (und verschafft bzw. danach strebt), über die es als seine «Erwerbe», Besitztümer verfügen kann, wenn die Stunde kommt, der Moment des Es-nun-Brauchens, des Bedürfnisses, das befriedigt werden «müss». Befriedigung ist Intentionalität der aktuellen «Selbsterhaltung». Unbefriedigung ist Hemmung der Selbsterhaltung. Das Ich als ein Ich «bleibender» Bedürfnisse sein Lebensstil ist der von Bedürfnisintention zu Bedurfniserfüllung, und zwar so, das immer wieder gleich Bedürfnisintention erwachsen und zu Befriedigung drängen, so dass der Stil und die Typik der Bedürfnisse verbleibt, von Urbedürfnissen ausgehend und zu höher fundierten sich erhebend, die dann wieder bleibende sind, einen bleibenden besonderen Bedürfnisstil begründend". [13]

Der Zusammenhang zwischen der Vergangenheit, der Gegenwart und der Zukunft und die Struktur "Intention - Erfüllung (bzw., Befriedigung)" sind wichtige Aspekte, die berücksichtigt werden sollen, um Husserls Konzeption der praktischen Normgerechtigkeit in diesen Jahren gründlich zu verstehen. Das liegt daran, dass mittels der Betrachtung des vergangenen Lebens und der Reflexion über die zukünftigen Möglichkeiten die Person selbstverantwortlich wird. In anderen Worten: Dank der Fragestellung ihrer Vergangenheit und ihrer Erwartungen, und dank einer Besinnung über ihre Enttäuschungen und Befriedigungen beginnt das Subjekt nach Einstimmigkeit und Einheit in seinem Leben zu streben. Die Selbstverantwortung basiert nämlich auf der Möglichkeit des Subjekts, zu der Beziehung zwischen seiner aktuellen Situation und seinen ethischen Ansprüchen (seinem praktischen Ideal) Stellung zu nehmen, bzw., die Möglichkeit, seine Handlungen einer Willenskritik unterzuwerfen.

Aus diesem Grund bemüht sich Husserl in seinen späten Texten zur Ethik darum, die Wichtigkeit

---

[11] Hua XXVII, SS. 26-27

[12] Hua XXVII, S. 38

[13] Husserl, Edmund, *Grenzprobleme der Phänomenologie. Texte aus dem Nachlass (1908-1937)* Hua XLII, Sowa, R. (Hrsg.), Dordrecht, Springer, 2013, S. 426 (im folgenden zitiert als Hua XLII).

der Individualität der ethischen Aufgabe und des ethischen Stils für die Ethik anzuerkennen. Erst wenn man ein personales individuelles Ich betrachtet (bzw., ein Ich mit einem individuellen praktischen Gesamtcharakter) kann man an die Pflichten denken, die zu diesem konkreten personalen Ich gehören. Die Individualität wird zu einem entscheidenden ethischen Aspekt, indem sie die Verantwortung jedes Ich bezüglich seiner ethischen Aufgabe erklären lässt. In den Vorlesungen und Manuskripten aus den zwanziger Jahren bezieht sich Husserl auf dieses Thema mit den Begriffen "Ruf","Beruf" und "Berufung". Nach Husserl folgt das Ich "einem innersten Ruf, der die tiefste Innerlichkeit, das innerste Zentrum des Ichs trifft und zu neuartigen Entscheidungen, zu neuartigen Selbstverantwortungen, Selbstrechtfertigungen bestimmt wird."[14] Wenn das Ich nicht diesem Ruf folgt, wird er sich untreu, verliert er sich selbst, versündigt er sich.[15] Um das zu vermeiden, muss sich das Ich an die Norm halten "In Einigkeit mit sich selbst leben".

Zusammenfassend: Dank der Anerkennung der ethischen Rolle der Individualität kann Husserl erklären, wie das Ich versucht, Harmonie und Einstimmigkeit in seinem Leben wiederherstellen, wenn sie verloren sind. Husserl bringt das Streben nach Einheit, das das menschliche Leben durchläuft, mit dem Ideal der "Selbsterhaltung" in Verbindung.

> "Jede Überzeugungsänderung ist eine Ichänderung; ich habe nicht Überzeugungen wie flüchtige Erlebnisse, sondern ich habe sie als Icheigenheiten (...) Letztlich geht durch das Ich-leben hindurch ein Streben, zu einer Einheit und zu Einhelligkeit in der Mannigfaltigkeit seiner Überzeugungen zu kommen, derart, dass das Ich zu einem solchen werden will, das sich selbst treu bleibt bzw., treu bleiben kann, sofern es nicht mehr geneigt ist, seine Überzeugungen preiszugeben, und, was damit wesensmässig zusammenhängt, unselig zu werden. Das ist natürlich eine Idee, aber sie bezeichnet den Sinn des Selbsterhaltungsstreben in seiner Idealität". [16]

Daraus kann man einen wichtigen Aspekt des begriff von Husserl der Selbstbestimmung folgern: die Fähigkeit, die Handlungen von den eigenen Einsichten ausgehend zu bestimmen, ist laut Husserl mit einer personalen praktischen Identität verbunden. In diesem Sinne betrifft die Selbstbestimmung nicht unpersönliche Normen. Dagegen bestimmt sich die Person in Anbetracht einer Idee seines "wahren Ichs" und in Anbetracht bestimmter Werte, die sie für erstrebenswert hält. Wie A. Staiti erwähnte: "Aus unseren praktischen Identitäten (bzw. aus unserer personalen Topik) schöpfen wir die Handlungsgründe, die wir als vernunftbegabte und reflexive Wesen brauchen."[17] Demzufolge wäre nicht die Husserlsche Konzeption der praktischen Rationalität mit dem Appel an eine Zentralität der Individualität unvereinbar.

Zusammenfassend, setzen Erneuerung und Selbstbestimmung voraus, die Möglichkeit des Menschen Zugang zu einem allgemeinen Blick über sein Leben zu haben und es in seinem umfassenden zeitlichen Horizont umzugestalten. Einerseits betrifft diese Umgestaltung die Zukunft als das eigentliche Wirkungsfeld des Willens. Darüber hinaus sorgte es von jetzt ab dafür, jede einzelne Handlung unter normativen Forderungen einzuordnen, die ihre Entscheidungen leiten werden. Hinsichtlich dieses Themas soll man auch bemerken, dass die Endgestalt des ethischen Ideals die Entwicklung einer "ethischen Gesinnung" ist,[18] eine Disposition, sich immer in einer

---

[14] Hua XLII, S. 358

[15] Vgl. Hua XLII, S. 356

[16] Husserl, Edmund, *Phänomenologische Psychologie. Vorlesungen Sommersemester 1925,* Husserliana IX. Biemel, W., (Hrsg.), Den Haag: Martinus Nijhoff, 1968.Hua IX, S. 214 (im folgenden zitiert als Hua IX).

[17] Staiti, Andrea, "Praktische Identität aus phänomenologischer Sicht. Koorsgard und Husserl", *Phänomenologische Forschungen*, 2015, S. 185.

[18] Vgl. Hua XLII, SS. 305-306

Bestimmte Richtung zu entscheiden. Andererseits betrifft diese Umgestaltung auch die Vergangenheit des Ichs. Denn auch wenn die Vergangenheit nicht verändert werden kann, kann sie durch den Willen zur Selbstbestimmung in der Gegenwart neuaufgefasst werden. Die Besinnung, die in der Gegenwart die Vergangenheit wertet und beurteilt, kann ein nachträgliches Bewusstsein der Uneinstimmigkeiten motivieren und ein Gefühl der Unzufriedenheit und Reue über die vergangenen Entscheidungen und Handlungen erwecken.[19]

Letztlich soll man auf die Thematik der Grenzen und Reichweite der Willensstärke hinweisen. Es lässt sich dadurch erklären, dass Selbstbestimmung auch die Möglichkeit die allgemeine Einstellung gegenüber dem eigenen Leben zu verändern voraussetzt. Es betrifft nämlich die Motivation und die Willensstärke zu haben, um eine solche Änderung zu erreichen.[20] Dies bedeutet nicht, dass die Person immer imstande ist eine solche Änderung erfolgreich zu vollziehen. Wie wir sehen werden, hat jedes praktisches Feld eine Struktur der Horizonthaftigkeit, dessen Aspekte teilweise bestimmt und teilweise unbestimmt sind. Anders gesagt: es gibt Bestimmtheitsrahmen und Unbestimmtheitsrahmen. Entsprechend ist menschliches Streben manchmal erfüllt und manchmal gehemmt. Trotzdem muss sich nach Husserl jeder Mensch der Herausforderung stellen, sich als ein freies Wesen zu denken, um etwas Neues leisten zu können. Allerdings hat jeder Wille seine Begrenzungen, da, auch wenn ich mein Leben radikal verändern kann, ich nicht ein Anderer sein kann:

> "Ich kann nicht wollen (und schon nicht danach streben, versuchen wollen), ein Anderer zu sein, aber wohl, anders zu sein, mich zu ändern. In der Änderung bin ich doch derselbe, derselbe, aber evtl. ein besserer oder minder guter. Ich wünsche mich anders, ich vermisse ein Sosein, ich werte es negativ, ich erkenne, dass ein Anderssein möglich, und für mich möglich ist; ich selbst in meinen bleibenden Habitualitäten bin in meiner Macht, ich vermag etwas über mich selbst, ich bestimme mich selbst praktisch, ich werde zu meinem Werke. / Aber dies ist doch nur ein ausgezeichneter Fall einer Selbstbestimmung, dieser Fall der "Sich-selbst-Veränderung."[21]

Die Konzeption des Menschens als ein Wesen, dem die Fähigkeit angehört, sein gesamtes Leben einheitlich zu überschauen und in seiner offenen Zukunftsunendlichkeit einer aus eigenem freien Wollen entsprungenen Regelforderung zu unterwerfen, könnte einige Einwände erheben. Diese Einwände könnte man mindestens mit zwei Aspekten der oben dargestellten Position in Verbindung setzen: (1) Die Möglichkeit eines Zugangs zu eigenem Leben als eine Einheit zu erreichen und (2) Die Möglichkeit des Willens, um von diesem Zugang ausgehend, die Einstellung gegenüber dem eigenem Leben umzuwandeln. Kurz gesagt: Man könnte sich fragen, ob die Möglichkeit der Selbsttranzparenz des Bewusstseins überwertet wird und, ob sie ein starkes Vertrauen auf die Willensstärke und die Willensfreiheit voraussetzt.[22] Wie soll man mit diesen Kritiken umgehen? Die Bezeichnung der Selbstbestimmung als ein "wunderbares" Phänomen weist darauf hin, dass sie einen gewissen "Bruch" hinsichtlich der passiven Sedimentierung der Habitualitäten bedeutet. Ebenso hebt diese Bezeichnung die Hemmungen hervor, die jeder Mensch, auf dem Weg zu einem rationalen selbstbestimmten Verhalten strebend, treffen kann. Allerdings stellt die Idee einer unbegrenzten

[19] Siehe Walton, Roberto, "Imperativo categórico y kairós en la ética de Husserl", *Tópicos,* 11, 2003, S. 4

[20] Zu diesem Thema siehe Merz, P, *Werterfahrung und Wahrheit. Phänomenologische Ethikbegründung nach Husserl*, Paderborn: Wilhem Fink, 2015, SS. 323-328 und Vargas Bejarano, Julio Cesar, *Phänomenologie des Willens. Seine Struktur, sein Ursprung und seine Funktion in Husserls Denkens,* Frankfurt am Main: Lang, 2006, S. 308 ff.

[21] Hua XIV, S. 211.

[22] Für eine tiefe Diskussion über diesen Aspekte siehe Merz, S. 321 ff.

Selbstbestimmung des ichs nur ein "Limes" bzw. ein teleologisches Ideal der praktischen Vernunft dar. Sowohl die Reflektion, als auch der Wille sind nicht absolut: Wir können nicht alle Motive und alle Gründe unserer Handlungen begreifen und in vielen Hinsichten ist der Wille zu schwach, um unvernünftige Tendenzen und Neigungen zurückzuhalten oder zu unterdrücken. Aber die Tatsache, dass der Zugang zu unseren eigenen Bewustseinsleistungen (nicht nur in der Reflektion, sondern auch in der Erinnerung) und die Stärke unseres Willens beschränkt sind, lässt nicht den Schluss zu, dass wir nicht danach streben können. Im Endefekt, wie wir sehen werden, nach Husserl in einer normativen Hinsicht *muss* der Mensch danach streben.

Diese Fragen betreffen die faktischen Bedingungen des nach Selbstbestimmung strebenden Verhaltens. Bis jetzt haben wir uns mit der Beziehung zwischen der Verganhenheit, der Gegenwart und der Zukunft im Moment der Entscheidung befasst. Eine neue Dimension dieses Themas entsteht, wenn man das Verhältnis zwischen der Handlung, die auf die Realisierung des Besten in jedem Moment abzielt, und den praktischen Bedingungen dieser Handlung beachtet. Damit wird gemeint: Worauf bezieht sich das Ziel der Handlung mit den von der Umwelt gebetenen praktischen Möglichkeiten? Es geht hier um die Analyse der Selbstbestimmung im Zusammenhang zwischen dem praktisch Möglichen und dem ethischen Ideal, die immer die Realisierung des Besten fordert. Im Folgenden befassen wir uns mit diesem Thema.

III. Selbstbestimmung und die Grenzen des Willens: *Was soll ich tun?* und *Was kann ich tun?*

Husserl hat sich mit dem Thema der Willensfreiheit und der praktischen Möglichkeiten, die in einem bestimmten praktischen Feld offen sind, besonders im Rahmen der Untersuchung über die Beziehung zwischen dem Wollen und dem Ich kann Bewustssein beschäftigt. Seine Überlegungen über das Ich kann Bewustsein, die haupsächlich in den *Ideen II* entwickelt wurden, sind von grosser Bedeutung für die Analyse unserer Erfahrung als freie Subjekte. Phänomenologisch kann man die Freiheit in verschiedenen Ebenen analysieren. Während die Möglichkeit zur rationalen Selbstbestimmung einer der obersten Stufen der Freiheit entpricht, gibt es auch grundlegende Stufen, die auch wesentliche Bedingungen für unser moralisches Handlen darstellen. Es ist notwendig zu betrachten, dass die Phänomenologie sich nicht primär mit der Freiheit als einer metaphysichen These, sondern mit dem Erlebnis der Freiheit befasst. Wie D. Lohmar schreibt, die Frage "«Sind wir frei oder nicht?»" ist phänomenologisch nachrangig im Vergleich mit der Frage: «auf welche Weise(n) wir anschaulich das erleben, was wir Freiheit nennen?»"[23] In diesem Sinne ist das Ich kann als Erlebnis der Vermöglichkeiten oder Fähigkeit etwas auszuführen das primäres Sinn der Freiheit.

In Husserls Konzeption des ethischens Sollens spielt auch die Bestimmung praktischer Möglichkeiten und das Ich kann Bewusstsein eine wichtige Rolle. Husserls erste Formulierung des kategorischen Imperativs aus der Vorlesung *Grundfragen der Ethik* (1914) weist auf den praktischen Bereich eindeutig hin: "¡Tue das Beste unter dem erreichbaren Guten innerhalb deiner jeweiligen praktischen Gesamtsphäre![24] Gemäss diesem grundlegenden Gesetz der formalen Praktik ist eine Handlung richtig, wenn das Subjekt die bessere Möglichkeit, die seinen gesamten praktischen Bereich einschliesst, wählt. In diesem Kontext ist es wichtig zu betonen, dass praktische Möglichkeiten immer auf das betreffende Subjekt bezogen sind. Mit anderen Worten: Was für mich eine praktische Möglichkeit ist, braucht es nicht für jeden anderen zu sein. Aus diesem Grund behauptet Husserl,

---

[23] Lohmar, Dieter, "Freiheit der Einzelnen und Freiheit der Gemeinschaft. Eine Husserls´sche Perspektive", *Phänomenologische Forschungen*, 2015, S. 147.

[24] Hua XXVIII, S. 142.

dass "was jemand nicht kann, dann soll er auch nicht."[25] Ferner: Was ich kann es im Bezug auf meine Umstände zu verstehen. Da zwei Subjekte nicht identische praktische Gesamtbereiche haben können, und da der Bereich jedes Subjekts sich von Zeitpunkt zu Zeitpunkt ändert, ist das Können und danach das Gesollte immer anders. In späteren Jahren hebt Husserl auch die zeitliche und Situations-abhängige Dimension der praktischen Forderung hervor. Er spricht von dem Imperativ "das zur Zeit Bestmögliche zu tun und so nach zeitiger Möglichkeit immer besser zu werden",[26] und von einem "individuellen konkreten kategorischen Imperativ."[27]

In diesem Zusammenhang soll man zwei Aspekte in Betracht ziehen, die relevant sind, um Husserls Aufassung des ethischen Sollens zu verstehen. Einerseits geht die Formulierung des kategorischen Imperativs parallel zu einer spezifischen Auffassung des Willens. Der Wille ist nach Husserl eine schöpferische Intention, die auf die Realisierung ihres Zieles in der Zukunft abzielt. Im Vergleich zum Wünschen, der keinen praktischen Akt darstellt, zielt der Wille immer auf Verwirklichung ab. Wille ist Bewusstsein von etwas Wünschenswertem und Bewusstsein von Etwas als praktisch Realisierbarem. Aufgrund dessen behauptet Husserl, dass der Wille wesensmässig das Bewusstsein des Ich kanns als Fundament hat.[28] Andererseits ist die Bestimmung des Bestens nach Husserl mit einer Wertauffassung untrennbar verbunden. Husserls These ist, dass das Wollen durch Werte motiviert wird. Werte sind in einer spezifischen "Wertnehmung", die zur Sphäre des Gemüts gehört, anschaulich gegeben und sie fungieren als Motivation und Fundierung des Wollens. Dieser Fundierung nach kann ich nichts wollen, das ich nicht wertvoll finde.[29] Die Anerkennung der Wichtigkeit des wertenden Bestimmungsgrundes des Willens (die für ihn nicht Subjektivismus zur Folge haben muss, da sie nicht mit einer blossen Naturtatsache der psychophysischen Organisation des Menschen zu identifizieren ist) stellt eine der Grundzuge von Husserls Umarbeitung der praktischen Vernunft dar. Husserls Erachtens nach verlören alle ethischen Begriffe ihren Sinn, wenn wir alles Gefühl aus der menschlichen Brust auszulöschen versuchen.[30] Im Lichte dieser Feststellung fordert der kategorische Imperativ, dass ein Subjekt, dem mehrere Optionen gegenüberstehen, immer die Option wählt, die den höchsten Wert im betreffenden praktischen Bereich realisiert. Meinen Willen dem kategorischen Imperativ "das Beste zu tun" zu unterwerfen, setzt voraus, dass ich eine Sphäre der Werte, als die höchste der zu realisierenden Werte, anerkenne und mich durch sie motivieren lasse, d.h., sie als Motive meiner Handlungen betrachte.[31] Als Schlussfolgerung dieser Überlegungen kann man sagen, dass dank der Anerkennung der wichtigen Rolle des praktischen Bereichs und der Individualität des praktischen Sollen von Husserl Formulierung des kategorischen Imperativs einen konkreten Charakter hat. Es geht nämlich darum, besser zu werden in den Umständen, in denen wir uns treffen, auf der Grundlage unserer praktischen Möglichkeiten.

---

[25] Hua XXVIII, S. 149.

[26] Hua XXVII, S. 36.

[27] Hua XLII, S. 321.

[28] Vgl. Husserl, Edmund, *Studien zur Struktur des Bewusstseins. Teilband II: Gefühl und Wert. Texte aus dem Nachlass 1896 – 1925.* Hua XLIII/2, Melle, U. (Hrsg.), Cham: Springer, 2021, S. 46 (im folgenden zitiert als Hua XLIII/2); Siehe auch Hua XXVIII, SS. 105-106.

[29] Siehe Hua XXVIII, SS. 105; 404.

[30] Vgl. Hua XXXVII, S. 147

[31] Es gibt jedoch eine wichtige Unterscheidung zwischen der Konzeption der Selbstbestimmung im Lichte der frühen Formulierung des kategorischen Imperativs (Göttinger Ethik) und der Konzeption der Selbstbestimmung, die man in den Vorlesungen, Artikeln und Manuskripten aus den zwanziger Jahren (Freiburger Ethik) finden kann. Husserls Freiburger Ethik hebt den personalen Ursprung von den ethischen Werten hervor. Das bedeutet, sie unterstreicht, dass Werte aus der Quelle der personalen Individualität entspringen. In diesem Kontext, ist die Forderung des kategorischen Imperativs in dem Sinne eines Strebens nach Einstimmigkeit zwischen den einzelnen Handlungen und dem Zentrum der Person verstanden. Auch wenn diese Dimension in der frühen Formulierung des Imperativs abwesend ist, besagt das nicht, dass die späte Ethik die Idee des Imperativs ganz aufgibt. Es ging vielmehr um eine Ergänzung, die die personale Dimension des Sollens in Betracht zu ziehen versucht.

Jedoch soll Husserls Idee der Beschränkung des Könnens und Sollens auf das Erreichbare nicht in einem trivialen Sinn verstanden werden. Es scheint in diesem Kontext wichtig den Zusammenhang zwischen Wollen und Ich kann Bewusstsein tiefer zu analysieren, um die Frage nach der Möglichkeit der Selbstbestimmung und die Grenzen der Willensfreiheit nach Husserl zu beantworten. Hierzu zählten die Fragen: (a) welche sind die Grenzen des Erreichbaren, das ich in meiner praktischen Erwägung berücksichtigen soll?. Das heisst, was ist erreichbar? Ich muss überlegen was das Beste unter dem Erreichbaren ist, aber wie weit soll sich die Überlegung erstrecken?, und (b) Wie soll die Person mit diesen faktischen Bestimmungen umgehen, um sie und ihre Handlung als "ethisch" beurteilen zu können? Es geht grundsätzlich um die Beurteilung der Möglichkeit der Phänomenologie Husserls, einen starken Begriff der Autonomie und Selbsbestimmung anzubieten. In anderen Worten: Da die Phänomenologie unsere Erfahrung von Abhängigkeiten tief beschreibt, drängt sich daher immer mehr die Frage auf, was Selbstbestimmung in diesem Zusammenhang bedeuten würde. Andererseits: unter der Annahme, dass die Grenzen zwischen die Erreichbarem und nicht Erreichbarem gezogen sein können, könnte man sich fragen, ob eine echte ethische Handlung die Überwindung der Abhängigkeit und der Relativität meiner eigenen Situation (und auch Habitualitäten, Tendenze, Impulse, usw.) angesichts einer Idee des absolut Besten -einer Maximierung der Rationalität erfordert. Wie sollte ich mit den verschiedenen Formen von Abhängigkeiten umgehen, um die praktische Rationalität meiner Handlungen zu maximieren?

Um die erste Frage zu beantworten, ist es erforderlich, den komplexen Begriff der praktischen Möglichkeit zu erklären. In einer Beilage der Vorlesung über Ethik aus dem Jahr 1914 weißt Husserl auf die Rolle der praktischen Möglichkeiten in der praktischen Erwägung hin. Nur zwischen praktischen Möglichkeiten kann ich mich entscheiden, aber was steht vor mir als eine praktische Möglichkeit und wie soll ich das betrachten? Als Beispiele für unwahrscheinliche Ziele nennt er in dieser Beilage das Vorhaben eines großen Reformators oder ein Religionsstifter zu werden.[32] Husserl behauptet, dass diese Ziele von so vielen Zufälligkeiten abhängen, dass ich sagen muss, es wäre unendlich unwahrscheinlich, das zu erreichen, selbst wenn ich die positiven Begabungen dafür besässe. Er kommt zu dem Schluss, die Wahrscheinlichkeit ist gleich Null:

> "Ich habe also einen leeren Horizont erfüllt mit blossen Möglichkeiten, mit beliebigen Vorstellbarkeiten, gegen die nichts spricht, für die nichts spricht, oder solchen Möglichkeiten, für die so gut wie nichts und gegen die unendlich Überwiegendes spricht. Diesen Horizont kann ich wie nicht vorhanden behandeln. Ich habe mich nur zu beschränken auf die in Gewissheit oder in einer gewissen endlichen Wahrscheinlichkeit erreichbaren Güter, und zwar nur die positiven; und ich habe dabei den Horizont nur so weit zu nehmen, als diese Gegebenheiten reichen, soweit ich solche Güter finde".[33]

Mit Ausnahme von diesen Beispielen, die hoch unwarscheinliche Möglichkeiten darstellen, annerkent Husserl, dass das Könnenbewusstsein und das Nicht-Könnenbewusstsein nicht immer so scharf begrenzt sein können. Vielmehr ist die Apperzeption des Widerstandes und entsprechend die Unterscheidung zwischen einer freien Willenssetzung und den Hemmungen unserer Willensziele als eine *schrittweise* Erfahrung zu bezeichnen. Mit anderen Worten: Es gibt kein reines "Ich kann", das heisst, ein Könnenbewusstsein absolut frei von Hemmungen. Dagegen -könnte man sagen- gehört auch zum "Ich kann" selbst eine durchnittliche Anzahl von Hemmungen. In diesem Sinne fragt sich

[32] Hua XXVIII, S. 158

[33] Hua XXVIII, S. 158

Husserl auch in den *Ideen II*, welche Art von Modifikation das Ich kann ist. Er behauptet, dass es phänomenologisch eine "Gradualität des Widerstandes und der Kraft der Überwindung" gibt. Der Widerstand kann unüberwindlich werden: dann stossen wir auf das "es geht nicht", "ich kann nicht", "ich habe nicht die Kraft."[34] Die Komplexität des Begriffs von praktischen Möglichkeiten lässt sich dadurch erklären, dass sie verschiedene Stufen von Abhängigkeiten betrifft und sie mit dem Vermögen verbunden sind. Es geht nicht um ein "bloß Dingliches Handeln", sondern um etwas, das in die Sphäre dessen fällt, was ich schon als etwas, was ich vermag, kennengelernt habe. Die Sphäre der praktischen Möglichkeiten ist dann sehr weit: Sie umfasst die Welt, als mein Wirkungsfeld verstanden, die Natur als unterste Stufe, und auch intersubjektive und generative Dimensionen. Jeder aktuelle, praktische Bereich ist auch sozial und geschichtlich vorgestaltet. Diese Vorgestaltung begünstigt bestimmte Erwartungen und hemmt andere. Darüber hinaus spielen nicht nur meine individuellen Erfahrungen hinsichtlich dessen, was ich in der Vergangenheit konnte und nicht konnte, sondern auch eine intersubjektiv konstituierte Vergangenheit von erfüllten und unerfüllten Erwartungen in der Bestimmung meiner praktischen Möglichkeiten eine Rolle. Aus diesem Grund sind, das kann ich und die Willensfreiheit als stufige Phänomene zu betrachten. Gemäß dieser Schichtung kann man unter anderem von einer leiblichen Freiheit sprechen (die Freiheit des Leibes als Bewegungsorgan), von einer Freiheit in den untersten Stufen der Konstitution (wie die Freiheit mich aufmerksam auf etwas im Bewusstseinsfeld zuzuwenden), und von der Freiheit eine Stellungnahme als Person zu nehmen: Dies ist der Fall, wenn ich mir aktiv ein Ziel setze (ich bemühe mich aktiv um die Realisierung von etwas), wenn ich über die entsprechenden Mittel, um es zu erreichen, nachdenke und meine Willensintention im Laufe des Vorgangs der Handlung aufrechterhalte. Zu höheren Stufen der Willensfreiheit gehört auch die Möglichkeit zu entscheiden, welche Art von Person ich von nun ab sein möchte, usw.

Bis jetzt haben wir verschiedene Dimensionen erwähnt, die eine Rolle in der Bestimmung des Handelkönnens spielen. Unter anderem haben wir auf die empirischen Begrenzungen der Handlung in einem Möglichkeitsbereich hingewiesen und auch auf die sedimentierte Geschichte des Ichs,[35] d.h., die ständige Sedimentierung der Erfahrungen, die als individuelle und intersubjektive Habitualitäten (Traditionen) in der Gegenwart fungieren. Es geht hier um verschiedene Formen, in denen das Vergangene das Künftige beeinflusst. Dieser Aspekt ist mit der Konzeption des Ichs als "Substrat" und "Träger" von Habitualitäten verbunden und ausserdem mit der Konzeption der Willensakte als Akte, die einen Willenshabitus gestalten, der unsere einzelnen Leistungen mitbestimmt. Wie bereits erwähnt, Habitualitäten sind dauernde Eigenschaften, die den personalen Charakter gestalten. Im folgenden Text fasst Husserl diesen mannigfaltigen Horizont der Abhängigkeiten zusammen:

> "Ich finde mich empirisch abhängig von der "äusseren" Dingwelt, in besonderer Weise von meinem Leib, dem Vermittler äusserer Einwirkungen, von meiner seelischen Untergrund, meinem Gedächtnis, meinen faktisch gewordenen Assoziationen usw: dann auch von anderen Menschen, von dem geltenden Recht, von der Kirche usw. Ich apperzipiere mich jeweils mit einem offenen Abhängigkeitshorizont, der sich im Fortgang meines Lebens, in dem das Vergangene das Künftige geregelt beeinflusst, immerfort auch wandelt. / Ich finde mich abhängig: Das ist nämlich, ich als tätiges (als mögliches tätiges und Willenssubjekt) finde mich abhängig, ich kann nicht alles, mein

[34] Husserl, Edmund, *Ideen zu einer reinen Phänomenologie und einer phänomenologischen Philosophie. Zweites Buch,* Husserliana IV, Biemel, W. (Hrsg.), Den Haag: M. Nijhoff, 1952, S.258 (im folgenden zitiert als Hua IV).

[35] Vgl. *Husserl, Edmund, Analysen zur passiven Synthesis. Aus Vorlesungs- und Forschungsmanuskripten, 1918-1926. Husserliana XI. Fleischer, M. (Hrsg.), Den Haag:* Martinus Nijhoff, 1966, SS. 38; 360 (im folgenden zitiert als Hua XI).

Tunkönnen ist begrenzt in einem Möglichkeitsbereich, der empirisch ist"[36]

Die wichtige Frage, die wir jetzt beantworten müssen, ist, inwiefern diese Begrenzugen die Möglichkeit vermeiden, unser Leben auf Vernunftideale auszurichten und wie die Person mit diesen Bestimmungen umgehen soll, um sich selbst und ihre Handlung als "ethisch" beurteilen zu können. Zuerst soll es noch erwähnt werden, dass Selbstbestimmung *nur vom Standpunkt der gegenwärtigen Entscheidung* als ein "Bruch" hinsichtlich dieser Bestimmtheiten betrachtet werden kann. Aufgrund dessen hat Husserl sie als ein "wunderbares" Phänomen beschrieben. Eine Analyse der praktischen Selbstbestimmung in der Husserlschen Perspektive soll doch diesen "heroischen" Charackter[37] der Entstehung des ethischen Selbstbewusstseins im Strom der passiven Sedimentierung der Erfahrung berücksichtigen. Menschliches Leben verläuft in der Spannung zwischen Freiheit und Bestimmtheit. Zwar sind die verschiedenen Abhängigkeitsdimensionen ein notwendiger Hintergrund für jede aktive Stellungnahme, sie sind aber nicht genug Bedingungen für ihre Entstehung. Im Grunde genommen, da Stellungnahmen und Entscheidungen nicht auf Ihre Motivationen reduziert werden können, soll eine Analyse dieses Themas den Bruch-Charackter der Selbstbestimmung nicht übersehen werden. Trotzdem ist es gleichzeitig wesentlich ein anderes Extrem zu vermeiden, und zwar, die Entstehung der Selbsbestimmung als ein "abstraktes" Phänomen zu verstehen, das heisst, als ein das von seinen Horizonten und Motivationen in gegenwärtigen und vergangenen Erfahrungen getrenntes Phänomen. Wäre dies der Fall, wäre die Freiheit nur als ein allmächtiger und ausserordentlicher Wille verstanden, würde sie ihren konkreten Sinn als menschliche Fähigkeit verlieren. Nach Husserl kann Freiheit als allmächtiger Wille nur einen absoluten *Limes* für jeden konkreten Willen darstellen.[38] In Husserls Phänomenologie kann man tatsächlich zwei Perspektiven über die Beziehung zwischen den Handlungen und ihren Vorzeichnungen finden. Einerseits die Perspektive, die die verschiedenen Faktoren hervorhebt, denen unsere Handlungen (und im allgemeinem unsere aktiven Stellungnahmen und Entscheidungen) *als Motivationen* unterliegen. Andererseits die normative Perspektive, die ihre vernünftigen Gründe und ihre Rechtfertigung gemäss praktischen Normen zu erklären versucht. Während der ersten Perspektive die genetische Sedimentierung von Habitualitäten und Tendenzen hervorhebt, betont die zweite Perspektive die Gründe der Entscheidungen *in der Gegenwart.* Die zweite Perspektive ist insbesondere in Husserls Vorlesungen, Manuskripten und Artikeln über Ethik zu finden. Nach dieser Perspektive verletzt die Annerkennung der Abhängigkeitsdimensionen, die dem menschlichen Streben unterliegen, nicht die Möglichkeit zur Selbstbstimmung. Dagegen verleiht sie der Selbstbestimmung den Charackter einer ethischen Forderung bzw., einer Herausforderung. Aus diesem Grund ist es bemerkenswert, dass Husserls Analysen des Willens im ethisch-normativen und teleologischen Zusammenhang (z.B., in den "Kaizo" Artikeln) das Vertrauen in die menschliche Willensstärke und Reichweite besonders hervorheben. Dieses Vertrauen scheint eine notwendige Bedingung für das ethisches Handeln zu sein. H. Peucker hat deutlich darauf hingewiesen, dass "Husserls Ethik der Selbstgestaltung und Erneurung (...) ganz unverständlich wäre, wenn unser Leben durch das Geschehen in der Bewusstseinspassivität vollständig vorgezeichnet wäre."[39] E Einer wichtige Charakter der ethischen Akten nach Husserl ist, dass sie nicht *naive* Akte sein können. Die eigentliche ethische Akte sind die

[36] Husserl, Edmund, *Studien zur Struktur des Bewusstseins. Teilband III: Wille und Handlung. Texte aus dem Nachlass 1902 - 1934.* Hua XLIII/3, Melle, U. (Hrsg.), Cham: Springer, 2021, S. 90 (im folgenden zitiert al Hua XLIII/3)

[37] Zu diesem Thema siehe Cavallaro, Marco, "Der Heroismus der Vernunft. Ein Beitrag zur späten Ethik Husserls", in Fraisopi, F., (Hrsg.), *Mathesis, Grund, Vernunft. Die philosophische Identität Europas zwischen deutschem idealismus und Phänomenologie*, Würzwurg: Ergon, 2019, SS. 147-168.

[38] Siehe Hua XXVII, S. 33.

[39] Peucker, Henning, "Hat Husserl eine konsistente Theorie des Willens? Das Willensbewusstsein in der statischen und genetischen Phänomenologie", *Husserl Studies*, 31, 2015, SS. 35-36.

Akten, in denen das Ich *willentlich* sich bestimmt. In diesem Sinne behauptet Husserl, dass die Seele "kein Klavier <ist>, vor dem das Ich als Spieler sitzt, als ob es eine schöne Fertigkeit einüben wollte, dergemäss wie die Töne so die Lebensakte nach schönen Weisen und gewisserweise mechanisch albliefen und als ob es auf dies objektiv Wertvolle als solches, auf die Bereicherung der Welt umdie schönen Akte ankäme."[40] Auf dem Grund der Akten, die ursprünglich die Moralität stiften, kann sich ja eine ethische Gesinnung oder Disposition zum ethischen Handeln entwickeln. Aber Husserls Erachtens kann die ethische Dimension nur als eine zweite Natur betrachtet werden, nicht als eine erste Natur.

Interessanterweise tritt der normative Aspekt in den späteren Texten über Ethik stark auf. In diesen Texten, die am meistens im Band XLII der *Husserliana* veröffentlicht wurden, geht er auf die Frage nach dem Sinn des ethischen Handelns angesichts "des dunklen Horizonts der Sinnlosigkeit"[41] ein. An vorderster Stelle steht dort eine Besinnung auf das Schicksal, die unberechenbaren Zufälle, die Ungewissheit, und die Unvollkommenheit der Welt, die unser ethisches Streben hemmen. In diesem Kontext vertritt Husserl die These, dass, auch wenn die Zukunftsaussichten schlecht sind, ein "Als-ob-Glaube" unsere Handlungen leiten soll, um uns selbst als ethisch bewerten zu können. Um das Beste zu tun, so die These, muss man die Wahrscheinlichkeiten praktisch "überwerten" und so handeln, als ob man die Gewissheit hätte, das das Schiksal nicht menschenfeindlich ist.[42] Um diesen Punkt zu zeigen genügt der folgenden Text von dem Manuskript "Wert des Lebens. Wert der Welt. Moralität (Tugend) und Glückseligkeit" von 1924.

> "Was theoretisch verwerflich ist, das Überwerten der Wahrscheinlichkeiten oder gar nur leichten Vermutlichkeiten zugunsten einer empirischen Gewissheit, ist praktisch gut und somit aber nur in praktischer Lage gefordert. Blicke auf das, was dich stark mach! Glaube an die Welt und das Schicksal! Nimm es, als ob es gewiss ein gutes wäre, und lebe so, als ob du es dir schliesslich zu Diensten bringen kannst (...) lebe in dierser Gewissheit und du wirst das Beste tun. Das sagt aber: Klammere die unvermeidliche Unzufriedenheiten bei Eintreten far gehäufer Fährnisse und Enttäuschungen ein, lasse die empirische Erwartung, dass es im nächsten kategorisch geforderten Streben so ergehen wird, aus!"[43]

Wie wir im ersten Teil dieses Aufsatzes betont haben, drucken Husserls ethische Reflexionen aus den Freiburger Jahren eine Konzeption der Ethik aus, laut dessen die Ethik nicht einzelne Handlungen betrifft, sondern das ganze Leben der Person. Für eine solche ethische Konzeption ist die relevanteste Frage nicht, wie ich vernünftig in dieser einzelnen Situation handeln soll, sondern wie ich von nun ab mein ganzes Leben als ein vernünftiges Leben gestalten kann. Dann, wenn eine Person eine Entscheidung treffen muss, muss sie nicht nur die richtige Option in einem geschlossenen praktischen Bereich auswählen, sondern auch den möglichen Beitrag von jeder Entscheidung zu einer allgemein vernünftigen Gestaltung des Lebens bedenken. Wenn wir die Frage "Wie weit soll die Überlegung erstrecken?" wiederaufnehmen, sollten wir jetzt antworten: Eine Entscheidung nach dem Ideal des "Bestmöglichen" soll über das gesamte Leben erstrecken. Diese Idee kommt durch dem erwähnten Begriff der Selbsterhaltung zum Ausdruck, die eine grosse Bedeutung in der teleologische Konzeption des Lebens hat: Selbsterhaltung bedeutet nichts anderes als eine Einstellung der Lebenssorge, die auf das Ideal eines befriedigenden Gesamtlebens in ihrem

---

[40] Hua XXXVII, S. 162.
[41] Hua XLII, S. 304.
[42] Hua XLII, S. 324
[43] Hua XLII, S. 323

ganzen Zukunftshorizont abzielt. In diesem Sinne, unterstreicht Husserls späte Ethik die entscheidendste Rolle des Willens in der Vorzeichnung der Zukunft und deshalb in der Bestimmung des Könnens selbst: "Was ich kann, das ist aber nicht bloß in meiner "momentanen Umgebung beschlossen, sondern mein gegenwärtiger Wille umspannt meinen gesamten Zukunftshorizont, weil mein "Ich kann" in seine mehr oder minder unbestimmten und bestimmten Weiten hineinreicht. Mein Bestes ist, genauer gesprochen, bestimmt durch meine Vergangenheit und Gegenwart, und meine Zukunft ist nicht völlig ohne Vorzeichnung. Die entschiedenste Vorzeichnung vollzieht aber mein Wille"[44]

Da Husserls Ethik, insbesondere in ihrer späten Version von einer starken teleologischen Konzeption des menschlichen Lebens geprägt ist, kommen Hemmungen, Enttäuschungen und verschiedene Formen von Negativität und Harmonielosigkeit in den Vordergrund als unübersehbare Aspekte unserer Erfahrung. In einer solchen teleologischen Konzeption des Lebens gewinnt der Begriff von Selbstbestimmung eine reiche Bedeutung. Er erlaubt nämlich ein Verständnis der Beziehung zwischen den freien Handlungen und ihren Horizonten (und auch passiven Tendenzen, Affektionen, vergangenen und gegenwärtigen Dimensionen der Abhängigkeiten), nicht nur als einen "Bruch", sondern auch als einen graduellen und fließenden Prozess des Strebens nach Freiheit und Rationalität und Überwindung von Hemmungen, der in der Form eines Strebens nach einer Erhöhung und Maximierung von Rationalität erfolgt. Hieraus ergibt sich, dass die "Erhöhung" der Vernunft so notwendig ist, dass ohne sie Vernunft gar keine Vernunft wäre. Im Lichte dieser Konzeption des Lebens lässt es sich erklären, warum die Handlungen nicht als isolierte Geschehen zu verstehen sind. Da sie untrennbare Momente unserer Geschichte sind, bietet uns jede Handlung (jeder Moment in dem wir uns entscheiden) die Möglichkeit einer Umgestaltung der sedimentierten Geschichte zu erreichen. Eine solche Umgestaltung kann ja in verschiedenen Richtungen erfolgen. Es ist natürlich möglich, dass sie in der Richtung einer bloßen Verfestigung von erwerbten Tendenzen verläuft. Jedoch ist die Möglichkeit dadurch etwas Neues zustande zu bringen im Prinzip nicht ausgeschlossen. Eine ausführliche Darstellung des Habitualisierungsprozesses und der Möglichkeit eines Auftauchen der Neuigkeit auf dem Boden des schon Gegebenen würde eine Erklärung der genetischen phänomenologischen Methode erfordern, was weit über die Grenzen dieses Aufsatzes gehen würde. Um diese Frage eindeutig beantworten zu können, bedarf es weiterer Untersuchungen. Ziel dieses Aufsatzes war die Relevanz von einer Konzeption darzustellen, laut deren die unabsehbare Spannung zwischen unserem ethischen Streben und dem Bestimmtheitshorizont, die Möglichkeit zur rationalen Selbstbestimmung nicht vernachlässigt. Demgegenüber öffnet diese Konzeption den Weg zu einer neuen Auffassung der praktischen Rationalität, und zwar eine, die unser Gemütsleben, unsere Wertungen, unsere Geschichte, unsere Erwartungen, und unsere personale Berufung ernst zu nehmen versucht, ohne dabei die Forderung auf ein gerechtfertigtes und evidentes praktisches Leben aufzugeben.

IV. Schlussfolgerungen

Im vorliegenden Aufsatz wurde Husserls Aufassung der Selbstbestimmung im ethischen Zusammenhang analysiert. Der erste Schritt war die Analyse des zeitlichen Horizonts des Willenbewusstseins und ihrer Motivationszusammenhänge. In diesem Rahmen habe ich auf die Beziehung zwischen Gegenwart, Vergangenheit und Zukunft im praktischen Bereich hingewiesen. Obwohl die Entscheidung und das Streben nach Selbstbestimmung in der Gegenwart stattfinden,

[44] Hua XXXVII, S. 252

sind sie nach Husserl mit der Betrachtung und Beurteilung des vergangenen Lebens und mit den Erwartungen hinsichtlich normativer Ideen untrennbar verbunden. Von dieser Idee ausgehend habe ich versucht, die besondere Art und Weise zu zeigen, in dem die Interaktion zwischen Enttäuschungen und Befriedigungen die Sorge um die Zukunft und entsprechend neue Willenssetzungen motiviert. Enttäuschungen und Unzufriedigkeit -so unsere Darstellung der Husserlschen Perspektive- sind wichtige Phänomene, da sie die Ausgangspunkte der ethischen Reflektion und praktischen Selbstbestimmung leisten. Aus dieser Darstellung des Themas lässt sich folgern, dass Selbstbestimmung in Husserls Ethik ein Verknünpfungspunkt zwischen Motiven und Hintergründen der Entscheidung und teleologischen Normen darstellt. Folglich soll die Entscheidung weder auf ihre Motivationen -die zwar ein wesentlicher unabsehbarer Momente sind- reduziert werden, noch als ein getrenntes unmotiviertes Phänomen betrachtet werden. Genau in diesem Sinne kann man behaupten, dass Husserls Ethik sowohl Elemente der modernen deontologischen Ethiken (Kantische Ethik), als auch Elemente der klassischen Tugendethiken (Aristotelischen Ethik) kombiniert und dementsprechend beide Versionen der Ethik eine Kritik unterzieht.[45] Husserls Meinung nach ist der Ursprung des ethischen Lebens nicht einfach als ein Prozess der Sedimentierung zu verstehen, sondern als ein radikaler Entschluss zur Selbstbestimmung, der aus dem freien aktiven Ich entspringt. Trotzdem bietet Husserls Ethik auch interessante Elemente, um die Entwicklung einer ethischen Gesinnung zu erklären, die auf der Grundlage der Moralität ursprünglich stiftenden Akte aufkommt.[46]

Ich möchte letzlich hinzufügen, dass Husserl sich bereits in seinen Göttinger Jahren mit dem zeitlichen Horizont des Willensbewusstseins intensiv beschäftigt hat. In der Tat kommt die Mehrheit von seinen Forschungsmanuskripten über den Willen aus seinen früheren Jahren. Zum Beispiel findet man im Teil "Phänomenologie des Willens" der Vorlesung *Grundfragen der Ethik und Wertlehre* aus dem Jahr 1914 eine interessante Beschreibung der verschiedenen Phasen des Willenskontinuums[47] und schon in diesen früheren Texten zeigt sich, dass der Wille einen eigenen spezifischen zeitlichen Horizont hat. Aber, da es dabei um eine statische Akt-Analyse der Willensintentionalität geht, werden die Motivationzusammenhänge zwischen den Willens-Phasen als Phasen eines persönlichen Lebens nicht konkret aufgefasst. Mit anderen Worten: Die frühe strukturelle Analyse des zeitlichen Horizonts des Willens genügt nicht um die Tatsache zu erklären, dass *eine Person* von ihrem vergangenen Handeln in Bezug auf eine normative Idee von sich selbst entäuscht ist. Um auf diese Dimensionen einzugehen, ist es notwendig genetisch die Entwicklung der Person als konkretes Lebewesen und die assoziativen Zusammenhänge zwischen den zeitlichen Phasen des Lebens zu analysieren, was Husserl sich erst in den Freiburger Jahren vorgenommen hat. Wie wir gesehen haben, ist Husserls Freiburger Ethik von einer teleologischen Idee des personalen Lebens geprägt. Die besondere Rolle, die die Freiburger Ethik einnimmt, soll nicht den Gedanken erwecken, dass es keine Kontinuität zwischen den beiden Phasen gibt. Es geht vielmehr um eine Ergänzung und Erweiterung der frühen Konzeption. Dies lässt sich in der teleologischen Struktur der Handlung in den frühen Manuskripten zeigen.

Darüber hinaus habe ich die Frage nach den Grenzen der Möglichkeit der Selbstbestimmung im Husserls Phänomenologie gestellt. Obwohl diese Frage aus verschiedenen Standpunkten beantwortet werden kann, hat meine Analyse auf die folgenden zwei Aspekte hingewiesen: die Begrenzungen der

[45] Siehe Cabrera, Celia, "Husserl y la ética de la virtud", *Contrastes*, 2017, Vol. 27, 2, 59-76 und Peucker, Henning, "From Logic to the Person. An Introduktion to Edmund Husserl´s Ethics", *The Review of Methaphysics*, 62, 2008, 307-325.

[46] Siehe Hua XXXVII, S. 163.

[47] Vgl. Hua XXVIII, SS. 110-111.

Reflexion, um Zugang zum ganzen Leben zu erreichen und die Begrenzungen des Willens, um sich auf der Grundlage dieser Reflexion in einer Handlung motivieren zu lassen. Die Thematik der Möglichkeit das ganze Leben zu betrachten ist eher sehr komplex. Diese Komplexität erscheint, wenn wir berücksichtigen, dass sie nicht nur die Grenzen der Reflexion, sondern auch jene der Erinnerung betrifft. In einem strengen Sinn sind hierbei verschiedene Akte und Stufen eingeschlossen, die im vorliegenden Aufsatz nur skizziert worden sind. Die Erinnerung eines Ereignisses legt die Grundlagen für die Reflexion. Die Erinnerung ermöglicht, dass wir etwas in die Gegenwart bringen, um darüber zu reflektieren. Aus diesem Grund spielt sie eine Rolle in der Synthese der vergangenen Erfahrungen, in der Konstitution der Einheit der personalen Geschichte und der persönlichen Identität. Wenn wir im vorliegenden Kontext über die Betrachtung und den Zugang zum gesamten Leben sprechen, sollen die Erinnerung und die Reflexion nicht verwechselt werden. Andererseits muss man auch die Wertungen und die Billigungen der vergangenen Wertungen in Betracht ziehen. Wie oben erwähnt, sind Willenssetzungen durch Werte motiviert. Werte müssen nicht nur erlebt, sondern auch gebilligt und beurteilt sein, um sie als vernünftige Motive unserer Handlungen zu erkennen. In diesem Sinn bleibt noch die Aufgabe, tiefer zu analysieren, wie sich verschiedene Akte (Werten, Wollen, Erinnerung, Reflexion, Phantasie, usw.) im praktischen Bereich untereinander verhalten. Zum Beispiel: Welche Rolle der Wille spielt, in der Synthese der vergangenen Erfahrungen, die diese Erfahrungen in der Gegenwart als eine Einheit zugänglich werden lässt, und welche Rolle die Phantasie spielt, in der Bestimmung praktischer Möglichkeiten und dadurch in der Setzung praktischer Ziele.[48] Diese Themen stehen noch für eine andere Arbeit aus.

Literatur:

Cabrera, Celia, "Husserl y la ética de la virtud", *Contrastes*, 2017, Vol. 27, 2, 59-76.

Cavallaro, Marco, "Der Heroismus der Vernunft. Ein Beitrag zur späten Ethik Husserls", in Fraisopi, F., (Hrsg.), *Mathesis, Grund, Vernunft. Die philosophische Identität Europas zwischen deutschem idealismus und Phänomenologie*, Würzwurg: Ergon, 2019, SS. 147-168.

Husserl, Edmund, *Einleitung in die Ethik (1920/1924)*, Hua XXXVII. Peucker, H. (Hrsg.), Dordrecht, Kluwer, 2004.

Husserl, Edmund, *Grenzprobleme der Phänomenologie. Texte aus dem Nachlass (1908-1937)* Hua XLII, Sowa, R. (Hrsg.), Dordrecht, Springer, 2013

Husserl, Edmund, *Ideen zu einer reinen Phänomenologie und einer phänomenologischen Philosophie. Zweites Buch,* Hua IV, Biemel, (Hrsg.), Den Haag, M. Nijhoff, 1952

Husserl, Edmund, *Vorlesungen über Ethik und Wertlehre (1908-1914),* Hua XXVIII, Melle (Hrsg.), Dordrecht, Kluwer Academic Publishers, 1988

Husserl, Edmund, *Aufsätze und Vorträge (1922-1937),* Hua XXVII, Sepp, H.R. & Nenon, T. (Hrsg.), Den Haag: Kluwer Academic Publishers, 1988.

Husserl, Edmund, *Phänomenologische Psychologie. Vorlesungen Sommersemester 1925,* Hua IX. Biemel, W., (Hrsg.), Den Haag: Martinus Nijhoff, 1968.

Husserl, Edmund, *Analysen zur passiven Synthesis. Aus Vorlesungs- und Forschungsmanuskripten, 1918-1926. Hua XI. Fleischer, M. (Hrsg.), Den Haag:* Martinus Nijhoff, 1966.

Husserl, Edmund, *Zur Phänomenologie der Intersubjektivität. Texte aus dem Nachlass. Zweiter Teil: 1921-1928.* Hua XIV, Kern, I. (Hrsg.), Den Haag: Martinus Nijhoff, 1973

Husserl, Edmund, *Studien zur Struktur des Bewusstseins. Teilband II: Gefühl und Wert. Texte aus dem Nachlass 1896 – 1925.* Hua XLIII/2, Melle, U. (Hrsg.), Cham: Springer, 2021.

Husserl, Edmund, *Studien zur Struktur des Bewusstseins. Teilband III: Wille und Handlung. Texte aus dem Nachlass 1902 - 1934.* Hua XLIII/3, Melle, U. (Hrsg.), Cham: Springer, 2021.

Korsgaard, Christine, *The sources of normativity*, Cambridge: Cambridge University Press, 1996.

Lohmar, Dieter, "Freiheit der Einzelnen und Freiheit der Gemeinschaft. Eine Husserls´sche Perspektive", *Phänomenologische*

[48] Eine interessante Analyse der Beziehung zwischen dem Wollen und der Erinnerung findet sich in Vargas Bejarano, Phänomenologie des Willens, S. 300 ff. Zum Zugang zum gesamten Leben und zur Grenzen der Erinnerung siehe auch Lotz, Christian, "Verfügbare Unverfügbarkeit. Über theoretische Grenzen und praktische Möglichkeiten der Erinnerung bei Husserl", *Phänomenologische Forschungen*, 2001, SS. 207-321.

Forschungen, 2015, 147-170

Lotz, Christian, "Verfügbare Unverfügbarkeit. Über theoretische Grenzen und praktische Möglichkeiten der Erinnerung bei Husserl", *Phänomenologische Forschungen*, 2001, 207-321.

Melle, Ullrich, "The Development of Husserl´s Ethics", *Études Phénoménologiques*, 13-14, 1991, 115-135.

Merz, P, *Werterfahrung und Wahrheit. Phänomenologische Ethikbegründung nach Husserl*, Paderborn: Wilhem Fink, 2015.

Peucker, Henning, "Hat Husserl eine konsistente Theorie des Willens? Das Willensbewusstsein in der statischen und genetischen Phänomenologie", *Husserl Studies*, 31, 2015, 17-43.

Peucker, Henning, "From Logic to the Person. An Introduction to Edmund Husserl´s Ethics", *The Review of Methaphysics*, 62, 2008, 307-325.

Staiti, Andrea, "Praktische Identität aus phänomenologischer Sicht. Korsgaard und Husserl", *Phänomenologische Forschungen*, 2015, 171-188.

Vargas Bejarano, J.C., *Phänomenologie des Willens. Seine Struktur, sein Ursprung und seine Funktion in Husserls Denkens*, Frankfurt am Main: Lang, 2006.

Walton, Roberto, "Imperativo categórico y kairós en la ética de Husserl", *Tópicos,* 11, 2003, 5-21.

PHÄNOMENOLOGIE UND ACHTSAMKEIT[1]

Odysseus Stone[2] & Dan Zahavi[3]

Zusammenfassung:

In den letzten Jahrzehnten wurde in zahlreichen Veröffentlichungen behauptet, dass es wichtige Ähnlichkeiten zwischen Achtsamkeit und Phänomenologie gibt, wobei der Schwerpunkt auf der Epoché und der phänomenologischen Reduktion liegt. Wir argumentieren, dass diese Vergleiche auf einer eher oberflächlichen und oft irreführenden Darstellung der Phänomenologie beruhen. Die Epoché/Reduktion wird entweder als eine Frage der Ausklammerung unseres "theoretischen Gepäcks" behandelt, um eine vollständige Offenlegung und präzise Beschreibung der Objekte der Erfahrung zu ermöglichen, oder als eine Frage der Ausklammerung unserer Beschäftigung mit weltlichen Angelegenheiten und unserer Vertiefung in denselben, um eine genaue Aufmerksamkeit für subjektive Handlungen zu ermöglichen. Beide Interpretationen verkennen den eigentlichen Geltungsbereich der Phänomenologie, nämlich die Korrelation zwischen Subjekt und Objekt (Geist und Welt). Außerdem verfehlen beide den theoretischen, systematischen und (vor allem) philosophischen Charakter der Phänomenologie. Wir schlagen vor, dass sich Vergleiche zwischen Phänomenologie und Buddhismus besser auf die buddhistische Philosophie als auf die buddhistische Meditationspraxis konzentrieren sollten.

■■■

1. Einführung:

Viele Philosophen, Psychologen und Kognitionswissenschaftler verwenden den Begriff „Phänomenologie" derzeit synonym mit „Phänomenalität", also als Bezeichnung für den qualitativen Charakter von Erfahrung. Nach dieser Lesart ist die Phänomenologie eine Eigenschaft bewusster mentaler Zustände. Einem anderen, weit verbreiteten Gebrauch zufolge verdient jede sorgfältige Untersuchung und Beschreibung der Erfahrungsdimension den Namen Phänomenologie. Diese beiden laxen Verwendungen unterscheiden sich von einer eher technischen und historisch angemessenen Verwendung des Begriffs, bei der sich die Phänomenologie auf eine bestimmte Tradition in der Philosophie bezieht, nämlich diejenige, die von Husserl begründet und von Denkern wie Scheler, Heidegger, Sartre, Merleau-Ponty und anderen[4] fortgeführt wurde. Was hat diese kanonische Art der Phänomenologie, die philosophische Phänomenologie, mit Achtsamkeit gemeinsam? Wenn man einen flüchtigen Blick auf die neuere Literatur zu diesem Thema wirft, könnte man meinen, es gäbe eine ganze Menge. (e.g. Varela, Thompson and Rosch, 1991; Depraz, Varela

---

[1] Odysseus Stone, Dan Zahavi, *"Phenomenology and Mindfulness", Journal of Consciousness Studies,* 28, No. 3–4, 2021, s. 158–85. Der Autor, Odysseus Stone, hat vom *Journal of Consciousness Studies* die Erlaubnis erhalten, den Text aus dem Englischen zu übersetzen und zu veröffentlichen. Wir möchten Stone und Zahavi dafür danken, dass wir diesen wertvollen Artikel in deutscher und türkischer Sprache zur Verfügung stellen dürfen.

[2] Doktorand, Center for Subjectivity Research, University of Copenhagen, Faculty of Humanities, Department of Communication, odysseus.stone@hum.ku.dk

[3] Prof.Dr., University of Copenhagen, Center for Subjectivity Research, Faculty of Humanities, Department of Communication, zahavi@hum.ku.dk

[4] Für eine ausführliche Diskussion darüber, warum diese Vereinnahmung des Begriffs einer angemessenen Würdigung dessen, was die Phänomenologie der Kognitionswissenschaft zu bieten hat, abträglich ist, siehe Gallagher und Zahavi (2021).

and Vermersch, 2003; Varela, 1996; Petitmengin, 2006; 2007; 2011; Petitmengin and Bitbol, 2009; Bitbol and Petitmengin, 2013; Thompson, Lutz and Cosmelli, 2005; Shapiro *et al.*, 2006; Thompson, 2007; Colombetti, 2014; Dunne, 2015, p. 260; Lutz *et al.*, 2015, p. 640; Depraz, 2019; Bitbol, 2019; Lundh, 2020). Mit dem vorliegenden Artikel wollen wir diese Einschätzung einer genaueren Prüfung unterziehen. Genauer gesagt werden wir gegen die Behauptung argumentieren, dass Phänomenologie im klassischen Sinne des Begriffs eine Art meditative Technik oder Praxis ist, die die sorgfältige Beobachtung der Erfahrung des gegenwärtigen Augenblicks zum Zwecke der Beschreibung beinhaltet. In den Abschnitten 2 und 3 geben wir einen Überblick über die zeitgenössische Darstellung von Achtsamkeit und weisen auf einige Zweideutigkeiten hin, die für unsere nachfolgende Diskussion relevant sein werden. Abschnitt 4 bietet einen kurzen Überblick über die verschiedenen Vergleiche, die zwischen Phänomenologie und Achtsamkeit angestellt wurden. Wie sich zeigen wird, stützt sich die Mehrzahl der Vergleiche auf eine spezifische Interpretation von Husserls zentralen methodischen Werkzeugen, der *Epoché* und der Reduktion. In Abschnitt 5 argumentieren wir, dass diese Interpretation falsch ist und dass sich Husserls Unternehmen sehr von der Praxis der Achtsamkeit unterscheidet. In Abschnitt 6 untersuchen wir dann zwei Beispiele für die von uns kritisierte Behauptung, nämlich die jüngsten Artikel von Natalie Depraz und Michel Bitbol.

2.Was ist Achtsamkeit?

Wie Phänomenologie ist auch Achtsamkeit ein stark umstrittener Begriff. Wie ein Wissenschaftler kürzlich feststellte, 'ist das Wort "Achtsamkeit" selbst so vage und dehnbar, dass es fast als eine Chiffre dient, in die wir praktisch alles hineinlesen können, was wir wollen' (Bodhi, 2013, S. 22). Auch wenn wir nicht den Anspruch erheben, einen umfassenden Überblick zu geben, ist es doch nützlich, einen Eindruck von der theoretischen Landschaft zu vermitteln, um unsere Diskussion zu orientieren.

Das wachsende Interesse an Achtsamkeit in den letzten Jahrzehnten, das in den letzten Jahren stark zugenommen hat, ist zu einem großen Teil auf ihre Integration in psychotherapeutische Programme zurückzuführen, die als Achtsamkeitsbasierte Interventionen (MBIs)[5] bekannt sind. Dies ist nur der jüngste einer Reihe von Versuchen im 20. Jahrhundert, Ideen und Praktiken, die aus asiatischen kontemplativen Traditionen stammen, für westliche therapeutische Zwecke umzufunktionieren (Harrington und Dunne, 2015). Der wahrgenommene Erfolg der MBIs hat in der Psychologie ein allgemeineres Interesse an Achtsamkeit geweckt, wo sie als geeigneter Gegenstand wissenschaftlicher Untersuchungen und gelegentlich sogar als eine Art eigenständige Wissenschaft - eine "Wissenschaft des Geistes" - angesehen wird. In diesem Zusammenhang wird Achtsamkeit in der Regel als eine Art "nicht urteilendes, gegenwartszentriertes Gewahrsein"[6] verstanden. Dieses Gewahrsein soll den Praktizierenden in eine direktere epistemische Beziehung zu dem bringen, was sich in seiner Erfahrung "zeigt", was wiederum eine therapeutische Wirkung haben soll, indem es ihn von bestimmten festgefahrenen, psychologisch schädlichen kognitiven und affektiven Mustern befreit.

---

[5] z.B. Jon Kabat-Zinns Mindfulness-Based Stress Reduction (MBSR) und John Teasdale und Zindel Segals Mindfulness-Based Cognitive Therapy (MBCT) Programme.

[6] Weithin zitierte Definitionen aus der psychologischen Literatur beinhalten "Aufmerksamkeit auf eine bestimmte Art und Weise: absichtsvoll, im gegenwärtigen Moment und nicht urteilend" (Kabat-Zinn, 1994, S. 4) oder "eine Art von nicht bemühtem, nicht urteilendem, gegenwartszentriertem Gewahrsein, bei dem jeder Gedanke, jedes Gefühl oder jede Empfindung, die im Aufmerksamkeitsfeld auftauchen, anerkannt und akzeptiert wird, wie sie sind" (Bishop et al., 2004, S. 232). Lutz und Kollegen stellen fest: "In der psychologischen Literatur wird inzwischen allgemein anerkannt, dass Achtsamkeit, was auch immer damit verbunden sein mag, notwendigerweise auf die Gegenwart bezogen und nicht urteilend ist" (Lutz et al., 2015, S. 636).

In Diskussionen über Achtsamkeit wird nicht immer präzisiert, ob Achtsamkeit ein Zustand, eine längerfristige Eigenschaft oder eine Praxis ist. Wir gehen davon aus, dass Achtsamkeit eine Praxis ist, die bestimmte charakteristische Erfahrungszustände einschließt, die mit verschiedenen Phasen der Praxis verbunden sind (vgl. Lutz et al., 2015). Typisches MBI-Training beinhaltet zunächst: (1) Auswahl und Halten eines Objekts in der Aufmerksamkeit ohne Bewertung oder konzeptionelle Ausarbeitung, (2) Wachsamkeit gegenüber Ablenkungen, (3) nicht urteilendes Wahrnehmen und Lösen von Ablenkungen, falls und wenn sie auftreten, und (4) Neuausrichtung auf das Zielobjekt (Dunne, 2015, S. 254; Kabat-Zinn, 2005a, §4). Die empfohlenen Objekte der achtsamen Aufmerksamkeit können von relativ einfachen Objekten in den frühen Phasen der Praxis (z. B. der Atem, Körpergefühle, Geräusche) bis hin zu komplexeren Objekten in fortgeschritteneren Phasen reichen [z. B. diskursive Gedanken: 'Lassen Sie den Atem los und beobachten Sie einfach, wie die Gedanken das Feld Ihrer Aufmerksamkeit betreten und wieder verlassen... Versuchen Sie, sie als "Ereignisse" in Ihrem Geist wahrzunehmen' (Kabat-Zinn, 2005a, S.73)]. Sobald die Kernfähigkeiten der Achtsamkeit (1-4) entwickelt sind, wird eine Form der "objektlosen" Meditation - manchmal auch wahlfreies Gewahrsein genannt - empfohlen.[7] Dazu gehört, die Vorgabe, sich auf ein bestimmtes Meditationsobjekt zu konzentrieren, fallen zu lassen und stattdessen „einfach da zu sitzen und sich dessen bewusst zu sein, was auftaucht, nicht nach etwas Bestimmtem zu suchen, auf das man sich konzentrieren kann … einfach empfänglich zu sein für alles, was sich in jedem Moment entfaltet" (Kabat-Zinn, 2005a , S. 71), „völlig offen und empfänglich für alles, was in das Feld des Gewahrseins kommt" (ebd., S. 74). Wichtig ist, dass Achtsamkeit, auch wenn sie in einer formalen Praxis gelehrt wird, letztendlich in das tägliche Leben integriert wird und die alltägliche Erfahrung mit charakteristischen Qualitäten der Aufmerksamkeit durchdringt (z. B. Kabat-Zinn, 2005a, S. 74). Zinn, 2005a, S. 431-9; vgl. McMahan, 2008, §8).

Die zeitgenössische Darstellung von Achtsamkeit hat zu erheblichen Kontroversen geführt (siehe die Sammlung in Williams und Kabat-Zinn, 2013). Viele buddhistische Gelehrte haben darauf hingewiesen, dass sie nicht gut mit den klassischen Darstellungen der Achtsamkeit übereinstimmt, die sich eng an das Abhidharma anlehnen, einer wichtigen frühen Systematisierung der Lehren des Buddha (Wallace und Bodhi, 2006; Gilpin, 2008; Dreyfus, 2013; Gethin, 2013; Bodhi, 2013; Sharf, 2015; Dunne, 2015).

Im Kontext des Abhidharma beispielsweise hat das Wort, das üblicherweise mit Achtsamkeit übersetzt wird - smrti (Sanskrit; Pāli, sati) - die technische Bedeutung "sich erinnern", nicht im Sinne von Erinnerung oder episodischem Gedächtnis, sondern im Sinne von "im Gedächtnis behalten". In diesem Sinne soll man sich beim Meditieren an sein Ziel "erinnern"; Wie Gethin es ausdrückt: "Wenn man angewiesen wird, den Atem zu beobachten, muss man sich daran erinnern, dies zu tun, anstatt es nach einer Minute, fünf Minuten, 30 Minuten usw. zu vergessen. (Gethin, 2013, p. 270; 2015, s.10–11). Darüber hinaus sollte die Achtsamkeitspraxis, die als gemeinsames Wirken von smrti (Achtsamkeit im eigentlichen Sinne) und saṃprajanya (klares Verstehen) verstanden wird, wohl nicht als eine gänzlich urteilsfreie Angelegenheit betrachtet werden. Obwohl die Praxis mit Übungen beginnt, die helfen sollen, den Geist zu "beruhigen" - d.h. die Befreiung von seinen zwanghaften, reaktiven Tendenzen, Dinge vom Standpunkt des Eigeninteresses aus zu konzeptualisieren und zu beurteilen - ist es nicht das Ziel, einen völlig urteilsfreien Zustand zu erreichen. Vielmehr soll eine neue Reihe von Urteilen (einschließlich bewertender Urteile) die reaktiven Urteile ersetzen, indem der Praktizierende eine Reihe von theoretisch fundierten Unterscheidungen in Bezug auf seine

[7] Kabat-Zinn hat diese Formulierung von Jiddu Krishnamurti übernommen (Kabat-Zinn, 2005b, S. 262).

Erfahrungen vornimmt (Dreyfus, 2013).

Die vorherrschende Ansicht unter buddhistischen Gelehrten ist, dass der moderne Begriff der Achtsamkeit in hohem Maße einer umstrittenen Interpretation bestimmter früher buddhistischer und Abhidharma-Quellen durch Vertreter der neo-Theravāda-"Vipassanā"-Laienmeditationsbewegung des zwanzigsten Jahrhunderts entspringt. (z.B. Gilpin, 2008; Braun, 2013; Gethin, 2013; 2015; Sharf, 2014; 2015; Bodhi, 2016).[8] Der Einfluss des Neo-Theravāda wird deutlich, wenn wir Nyanaponika Theras populäres Buch *The Heart of Buddhist Meditation* betrachten, das wichtige westliche Meditationslehrer wie Jack Kornfield und Joseph Goldstein inspirierte, die wiederum Jon Kabat-Zinn unterrichteten (Braun, 2013, S. 166).[9] Nyanaponika charakterisierte Achtsamkeit (zumindest in ihrer rudimentären Ausprägung) als das, was er "bloße Aufmerksamkeit" nannte:

> "Bloße Aufmerksamkeit" ist das klare und zielstrebige Gewahrsein dessen, was in den aufeinanderfolgenden Momenten der Wahrnehmung tatsächlich mit uns und in uns geschieht. Sie wird "bloß" genannt, weil sie nur die bloßen Tatsachen einer Wahrnehmung beachtet, wie sie entweder durch die fünf physischen Sinne oder durch den Geist, der nach buddhistischer Auffassung den sechsten Sinn darstellt, präsentiert werden. Wenn man diesem sechsfachen Sinneseindruck Aufmerksamkeit schenkt, wird die Aufmerksamkeit oer Achtsamkeit auf ein bloßes Registrieren der beobachteten Tatsachen beschränkt, ohne auf diese mit einer Tat, Worten oder einem geistigen Kommentar zu reagieren, der ein selbstbezüglicher Kommentar (Gefallen, Abneigung usw.), ein Urteil oder eine Reflexion sein kann. (Nyanaponika, 1962, S. 30).

In der Literatur gibt es eine Debatte darüber, ob Nyanaponika seine Diskussion über "bloße Aufmerksamkeit" einfach als pädagogisches Mittel für Meditation gedacht hat oder nicht. (Wallace and Bodhi, 2006; Bodhi, 2013, s. 27–32; Gethin, 2013, p. 267; 2015, s. 29–30; Sharf, 2014, p. 957 n. 36). Häufiger jedoch wird sie als theoretische Darstellung einer Erfahrung behandelt, bei der der Praktizierende, befreit von subjektiven und kulturellen Konditionierungen, "die Dinge so sieht und erkennt, wie sie wirklich sind".

> Normalerweise geht es dem Menschen nicht um eine unvoreingenommene Erkenntnis der "Dinge, wie sie wirklich sind", sondern darum, sie unter dem Gesichtspunkt seines Eigeninteresses zu "handhaben" und zu beurteilen... [D]ie normale visuelle Wahrnehmung wird, wenn sie für den Betrachter von Interesse ist, selten das visuelle Objekt rein und einfach präsentieren, sondern das Objekt wird im Lichte hinzugefügter subjektiver Urteile erscheinen, wie: schön oder hässlich, angenehm oder unangenehm, nützlich, nutzlos oder schädlich... Es ist die Aufgabe der bloßen Aufmerksamkeit, all diese fremden Zusätze aus dem eigentlichen Objekt, das sich dann im Bereich der Wahrnehmung befindet, zu eliminieren. (Nyanaponika, 1962, s.32–3)[10]

---

[8] Zu den wichtigsten Persönlichkeiten gehören Ledi Sayādaw (1846-1923), Mahasi Sayādaw (1904-1982), U Ba Khin (1889-1971), Nyanaponika Thera (1901-1994) und S.N. Goenka (1924-2013). (siehe Braun, 2013; Sharf, 1995; 2015; Cousins, 1996; Gethin, 2015).

[9] Einige wenige Stimmen haben auch die Bedeutung des Einflusses des Mahāyana- und Vajrayāna-Buddhismus auf die zeitgenössische Achtsamkeit hervorgehoben, insbesondere den der "nicht-dualen" Traditionen des tibetischen Dzogchen und Mahāmudra sowie des japanischen und koreanischen Zen (z. B. Dunne, 2013; 2015; Watt, 2017; Husgafvel, 2016; 2018). Kabat-Zinn behauptet, dass "MBSR größtenteils eine Vipassana-Praxis (im Sinne des Theravada, wie sie von Leuten wie Joseph [Goldstein] und Jack [Kornfield] usw. gelehrt wird) mit einer Zen-Haltung" oder als "eine Mischung aus Zen und Vipassana-Elementen, die jetzt durch Dzogchen verfeinert wurden" (Gilpin, 2008, S. 238).

[10] In Anlehnung an diese Passage behauptet Kabat-Zinn: "Denken und Gedächtnis kommen etwas später, aber sehr schnell, nach einem anfänglichen Moment des reinen Sinneskontakts hinzu. Denken und Gedächtnis können unsere ursprüngliche Erfahrung leicht auf eine Weise färben, die die bloße Erfahrung selbst verzerrt oder beeinträchtigt (Kabat-Zinn, 2005a, S. 119).

3. Zweideutigkeiten

Bevor wir weitermachen, wollen wir kurz auf einige unserer Meinung nach beunruhigende Zweideutigkeiten in der zeitgenössischen Darstellung von Achtsamkeit eingehen. Diese Zweideutigkeiten werden sich als wichtig erweisen, wenn wir in späteren Abschnitten versuchen, die Phänomenologie mit Achtsamkeit zu vergleichen. Betrachten wir zunächst die Behauptung, dass Achtsamkeit darauf hinausläuft, der "Erfahrung des gegenwärtigen Augenblicks" oder dem, was "in der Erfahrung gegenwärtig ist", Aufmerksamkeit zu schenken usw. Ein immer wieder auftretendes Problem ist, dass bei solchen Verweisen auf Erfahrung oft nicht klar zwischen dem intentionalen Objekt und der intentionalen Handlung unterschieden wird. Infolgedessen kann man ziemlich widersprüchliche Ansichten darüber finden, was genau Achtsamkeit beinhalten soll. Handelt es sich bei der Achtsamkeit um eine bestimmte Art von (reflektierender oder reflexiver) Selbstpräsenz oder Selbstwahrnehmung[11], oder ermöglicht sie vielmehr eine bestimmte Art von Präsenz in der (oder gegenüber der) erfahrenen Welt? Wie Puc (2019, S. 172) kürzlich beobachtet hat, leidet Nyanaponikas Darstellung der Achtsamkeit unter genau dieser Zweideutigkeit: An manchen Stellen ist klar, dass sich die Formulierung "bloße Aufmerksamkeit" auf eine Form des Selbstbewusstseins beziehen soll, z.B. "auf die grundlegenden Tatsachen des mentalen Prozesses achten" (Nyanaponika, 1962, S. 36); an anderen Stellen scheint sie sich jedoch auf ein Bewusstsein des wahrgenommenen Objekts zu beziehen, das der Assoziation, Erinnerung und Konzeptualisierung vorausgeht: 'Die Beobachtung kehrt zur allerersten Phase des Wahrnehmungsprozesses zurück, wenn sich der Geist in einem rein rezeptiven Zustand befindet und die Aufmerksamkeit auf das bloße Bemerken des Objekts beschränkt ist" (ebd., s.33).

Beide Interpretationen sind auch in der aktuellen Literatur zu finden. So formulieren die Herausgeber des Handbuchs der Achtsamkeit die zweifellos vorherrschende Ansicht, dass "die Grundlage der klassischen und anderer Definitionen [von Achtsamkeit] die klare Aufmerksamkeit für die Funktionsweise von Geist, Körper und Verhalten ist" (Brown, Creswell und Ryan, 2015, s.1). Der buddhistische Gelehrte David McMahan bemerkt jedoch zu Recht, dass die Liste der geeigneten Objekte der Achtsamkeit für viele nicht nur geistige und körperliche Zustände, sondern auch die "physischen Objekte, denen man begegnet", umfassen kann (McMahan, 2008, s.216). Während viele frühe buddhistische kontemplative Techniken mit dem ausdrücklichen Ziel entwickelt wurden, der Welt zu entsagen, liegt der Schwerpunkt in der heutigen Zeit auf der Verfeinerung der Sinne und der "Öffnung für das, was verschlossen ist" (Goldstein und Kornfield, 1987, s.15; siehe McMahan, 2008, s.216- 18). Jon Kabat-Zinns berühmte MBSR-Übung, bei der die Probanden angewiesen werden, eine Rosine achtsam zu essen, indem sie ihre Farbe, ihre Textur und ihren Geschmack sorgfältig wahrnehmen, während sie sie an die Lippen führen und kauen, ist wohl ein gutes Beispiel dafür. Abgesehen von der Reflexionskomponente, die hier enthalten sein mag, lässt sich schwerlich leugnen, dass ein wichtiger Teil des Prozesses darin besteht, das Objekt einfach wahrzunehmen - zu fühlen, zu sehen, zu schmecken -, wenn auch auf eine aufmerksamere und engagiertere Weise (Kabat-Zinn, 2005a, s.27-8). Wie einige der führenden Psychologen auf diesem Gebiet es ausdrücken, ist Achtsamkeit ein Instrument, das uns helfen kann, "[a]us unserem Kopf herauszukommen und zu lernen, die Welt direkt und erfahrungsmäßig zu erleben, ohne den unerbittlichen Kommentar unserer Gedanken" (Williams et al., 2007, s.46). Trotz der Bedeutung dieser Zweideutigkeit und der damit verbundenen unterschiedlichen Interpretationen von Achtsamkeit wird sie fast nie explizit diskutiert.

---

[11] Hier wird es nicht so verstanden, dass es ein Bewusstsein eines Selbst gibt, sondern einfach, dass das Bewusstsein sich in gewissem Sinne seiner selbst bewusst ist.

Eine zweite Gruppe von Fragen betrifft die Beurteilung. Die Vorstellung, dass Achtsamkeit nicht urteilend ist, ist zum Teil deshalb umstritten, weil sie angeblich beunruhigende ethische Implikationen habe. Es ist jedoch nicht immer klar, worauf sich der Begriff Urteil in dieser Diskussion beziehen soll. Oft wird explizit von wertenden Urteilen gesprochen. Alan Wallace ist beispielsweise besorgt darüber, dass "nicht urteilend" "eine Art ethischer Neutralität impliziert, die keinen signifikanten Unterschied zwischen heilsamen und unheilsamen mentalen Zuständen anerkennt und jeden Versuch ablehnt, eine Art von mentalem Prozess gegenüber einem anderen zu bevorzugen" (Bodhi und Wallace, 2006). An anderer Stelle wird jedoch klargestellt, dass die Ermahnung nicht auf wertende Urteile beschränkt ist, sondern auf Urteile über einfache Sachverhalte ausgedehnt werden sollte, einschließlich z. B. *Wahrnehmungs*urteile (Gunaratana, 2011, s.132). Aber wie ist die Beziehung zwischen Erfahrung und Urteilsvermögen in diesem Zusammenhang? Während in der analytischen Bewußtseinsphilosophie manchmal die Tendenz besteht, alle Erfahrungen mit einer Art von Urteil gleichzusetzen (z.B. Dennett, 1991, s.114-26), ist es wohl viel plausibler zu denken, dass wir die Welt sehr wohl wahrnehmen und danach handeln können, ohne sie explizit als so-und-so zu beurteilen. Wenn dies alles ist, was mit "nicht urteilend" gemeint ist, dann könnte man es durchaus als eine ziemlich langweilige Angelegenheit betrachten. In der Literatur über Achtsamkeit scheint sich die Kategorie Urteil jedoch oft auf etwas viel Grundlegenderes und Allgegenwärtiges zu beziehen. In der oben zitierten Passage aus Nyanaponika scheint sich das Urteilsvermögen zum Beispiel auf das zu erstrecken, was Philosophen manchmal als Wahrnehmen-als bezeichnen: die Tatsache, dass ich Dinge (zum Beispiel) nicht einfach nur sehe, sondern als schön oder seltsam betrachte; oder als Objekte einer solchen und jener Art; oder (vielleicht sogar) als besteigbar oder essbar. Die Idee wäre dann, dass Achtsamkeit ein Bewusstsein beinhaltet, das nicht mit dieser Als-Struktur übereinstimmt - ein Bewusstsein für etwas *als solches*[12]. Ganz allgemein scheint der Begriff "Urteil" oft eine Kurzform für jede Art von Unterscheidung oder Bedeutungszuschreibung zu sein.[13]

Die Hervorhebung dieser Zweideutigkeiten ist wichtig, da sie einige der tiefgreifenden begrifflichen Probleme veranschaulichen, die direkt unter der Oberfläche der gegenwärtigen Diskussion über Achtsamkeit liegen. Wie wir gleich sehen werden, spielen ähnliche Zweideutigkeiten auch in den jüngsten Diskussionen über Phänomenologie eine Rolle. Jeder Versuch, Phänomenologie und Achtsamkeit zu vergleichen, muss sich letztlich darüber klar werden, wie beide zu diesen zentralen Fragen stehen.

4. Achtsamkeit trifft auf Phänomenologie

Der früheste und einflussreichste Vergleich zwischen Phänomenologie und Achtsamkeit findet sich wahrscheinlich in *The Embodied Mind* (1991) von Varela, Thompson und Rosch sowie in späteren Arbeiten von Varela und seinen Kollegen. Die Autoren von *The Embodied Mind* wandten sich sowohl der westlichen Phänomenologie als auch der buddhistischen Philosophie und Praxis zu (was sie als die Tradition der buddhistischen Achtsamkeit/Bewusstheit bezeichneten), um nach Alternativen

[12] Da man oft denkt, dass "Wahrnehmen als" mit Begriffen verbunden ist, wird Achtsamkeit dann manchmal mit einer Art nicht-begrifflicher Erfahrung gleichgesetzt: "Achtsamkeit ist nicht-begriffliches Gewahrsein. Ein anderer englischer Begriff für *sati* ist "bare attention (bloße Aufmerksamkeit)". Sie ist nicht denkend. Sie verstrickt sich nicht in Gedanken oder Begriffen. Sie bleibt nicht an Ideen, Meinungen oder Erinnerungen hängen. Sie schaut einfach. Achtsamkeit registriert Erfahrungen, aber sie vergleicht sie nicht. Sie etikettiert sie nicht und kategorisiert sie nicht. Sie beobachtet einfach alles, als ob es zum ersten Mal geschehen würde. Es ist keine Analyse, die auf Reflexion und Gedächtnis beruht. Es ist vielmehr das direkte und unmittelbare Erleben dessen, was geschieht, ohne das Medium des Denkens. Sie kommt im Wahrnehmungsprozess vor dem Denken" (Gunaratana, 2011, s.134).

[13] Vgl. Shulman (2014, s.114), der kürzlich argumentiert hat, dass die Achtsamkeitsmeditation im frühen Buddhismus "alles andere als nackte Aufmerksamkeit ist und mehr damit beschäftigt ist, die Dinge so zu sehen, wie sie vom buddhistischen Denken definiert werden, als sie zu sehen, "wie sie wirklich sind".

zum vorherrschenden computationalistischen Paradigma in der Bewußtseinsphilosophie und der Kognitionswissenschaft zu suchen. Wie Thompson kürzlich hervorgehoben hat, waren fast alle buddhistischen Quellen, auf die die Autoren bei der Beschreibung der Achtsamkeitsmeditation zurückgriffen, der neo-Theravādan-Darstellung verpflichtet (Thompson, 2017, S. xxiii). *The Embodied Mind* stellte den Buddhismus und die Phänomenologie als Traditionen dar, die das edle Ziel einer rigorosen und getreuen Untersuchung der gelebten Erfahrung teilen. Es wurde jedoch auch argumentiert, dass der Buddhismus dort erfolgreich war, wo die Phänomenologie allzu oft versagte: Da es an detaillierten Anleitungen für die tatsächliche Ausübung der phänomenologischen Reflexion fehlte, neigte die Phänomenologie dazu, sich in obskuren theoretischen Fragen zu verzetteln. Selbst Persönlichkeiten wie Heidegger und Merleau-Ponty, die die pragmatischen Dimensionen der menschlichen Erfahrung betonten, blieben letztlich einem begrenzten theoretischen Paradigma der Philosophie verhaftet (ebd., S. 19). Die buddhistische Achtsamkeits-/Bewusstseins-Tradition hingegen begründete ihre Philosophie in meditativer Praxis und Erfahrung und schaffte es so, ein Ziel zu verwirklichen, das die Phänomenologie allzu oft nur anstrebte (ebd., S.27f.).[14]

The Embodied Mind beschreibt Achtsamkeit als eine Technik, "die darauf abzielt, den Geist von seinen Theorien und Überlegungen, von der abstrakten Einstellung zurück zur Situation der eigenen Erfahrung selbst zu führen" (Varela, Thompson und Rosch, 1991, S. 22). Die Autoren behaupteten, dass "aus buddhistischer Sicht Heidegger und Merleau-Ponty nur durch die natürliche Achtsamkeit von einem normalen Modus der aktiven Beteiligung an der Welt wissen konnten" (ebd., S. 32). In Varelas späteren Arbeiten wird die Achtsamkeit ausdrücklich mit den entscheidenden Schritten der phänomenologischen Methode, der *Epoché* und der Reduktion, verglichen (Varela, 1996; Depraz, Varela und Vermersch, 2003). Wie die Achtsamkeit beinhaltet auch die Reduktion "ein plötzliches, vorübergehendes Aussetzen der Überzeugungen über das, was untersucht wird, ein Innehalten unseres gewohnten Diskurses über etwas, ein Ausklammern der vorgegebenen Strukturierung, die den allgegenwärtigen Hintergrund des täglichen Lebens bildet" (Varela, 1996, S. 337).

Diese Ideen haben in der Folge eine breitere Akzeptanz gefunden, und es ist jetzt nicht mehr schwierig, eine Vielzahl von Philosophen, Psychologen und buddhistischen Gelehrten zu finden, die entweder ausdrücklich die Ähnlichkeit zwischen der philosophischen Phänomenologie und der Achtsamkeit hervorheben, oder die argumentieren, dass die Methode der Phänomenologie eine Art meditative Praxis oder Technik ist (oder ihr analog ist) (Petitmengin, 2006; 2007; 2011; Petitmengin und Bitbol, 2009; Bitbol und Petitmengin, 2013; Thompson, Lutz und Cosmelli, 2005; Cogan, 2006; Shapiro et al., 2006; Thompson, 2007; Coseru, 2012, S. 171; Colombetti, 2014; Dunne, 2015, S. 260; Lutz et al., 2015, S. 640; Depraz, 2019; Bitbol 2019; Vörös, 2019; Lundh, 2020). Einige Beispiele müssen genügen. In einem Eintrag über die phänomenologische Reduktion in der Internet-Enzyklopädie der Philosophie wird behauptet, die Reduktion sei eine "radikale, rigorose und transformative meditative Technik". Weit davon entfernt, eine bloße theoretische Verschiebung der Perspektive zu sein, wird die phänomenologische Reduktion als eine praktische Übung dargestellt, die rigorose und beharrliche Anstrengungen und sogar gewisse äußere Vorbereitungen erfordert:"Man kann die grundlegende Ausgangsposition einnehmen, um Körper, Geist und Emotionen zur Ruhe zu bringen, während man in einer bequemen Position sitzt und Vorkehrungen getroffen hat, um nicht gestört zu werden" (Cogan, 2006). Ebenso haben Psychotherapeuten, die sich für phänomenologische Psychologie interessieren, behauptet, dass die phänomenologische Reduktion ein "radikaler selbst-meditativer Prozess" ist, der dem Forscher hilft, ein "Gefühl des

[14] Evan Thompson hat in der Folge verschiedene Aspekte dieser Gesamteinschätzung sowohl im "Anhang A" seines Mind in Life (Thompson, 2007) als auch in seiner Einleitung zu der neuen Ausgabe von The Embodied Mind (Thompson, 2017) überarbeitet.

Staunens und der Offenheit gegenüber der Welt" zu erlangen, und es ihm ermöglicht, "dem Phänomen so unverbraucht wie möglich zu begegnen" (Finlay, 2008, S. 2, 12). In einem kürzlich erschienenen Artikel mit dem Titel "Experimentelle Phänomenologie in der Achtsamkeitsforschung" definiert Lundh die Phänomenologie als das wissenschaftliche Studium der menschlichen Subjektivität und argumentiert, dass das Ziel der phänomenologischen Methode von Husserl darin besteht, "unsere Aufmerksamkeit auf die bewusste Erfahrung als solche zu richten" (Lundh, 2020, S. 494). Während wir uns also in der natürlichen Einstellung auf die objektive Welt (wie sie aus unserer subjektiven Perspektive erscheint) konzentrieren, richten wir in der phänomenologischen Einstellung unsere Aufmerksamkeit auf die subjektive Perspektive als solche. Konkreter gesagt: Während wir uns in der natürlichen Haltung mit verschiedenen äußeren Objekten wie Hämmern oder Nägeln beschäftigen, konzentrieren wir uns in der phänomenologischen Haltung auf "Körperempfindungen, Sinneseindrücke, Gedanken und Gefühle" (*ebd.*, S. 495). Die phänomenologische Praxis besteht genau darin, diesen Wechsel von der Aufmerksamkeit für die Welt zur Aufmerksamkeit für die eigenen Erfahrungen zu vollziehen, und Lundh behauptet, dass es dieser Wechsel ist, den Husserl als *Epoché* bezeichnet (*ebd.*, S. 494). Angesichts dieser Interpretation dessen, worauf Phänomenologie hinausläuft, ist es nicht schwer zu verstehen, warum Lundh argumentieren kann, dass "Achtsamkeitsmeditation eine Art von phänomenologischer Praxis darstellt" und dass eine "Atemmeditation, die einfach darin besteht, auf den Atem zu achten, so wie er ist, ohne die Anweisung, ihn in irgendeiner Weise zu verändern, eine rein phänomenologische Praxis ist" (*ebd.*, S. 497).

Wie unschwer zu erkennen sein sollte, kehrt dieselbe Zweideutigkeit, die wir im vorigen Abschnitt über Achtsamkeit festgestellt haben, in der Diskussion über die phänomenologische Methode wieder. Besteht ihr Ziel darin, uns aufmerksamer und vertrauter mit unserem Erleben zu machen, oder eher darin, ein gesteigertes Bewusstsein und eine größere Offenheit gegenüber der erlebten Welt zu ermöglichen? Während Finlay vorzuschlagen scheint, dass die Phänomenologie eine intimere und unmittelbarere Begegnung mit der Welt ermöglichen will, die von theoretischem Vorwissen und Voraannahmen befreit und von einem Geist des Staunens und Wunderns beseelt ist, behauptet Lundh, dass Husserls Methode darauf abzielt, unsere Aufmerksamkeit von der objektiven Welt auf die subjektive Erfahrung zu lenken.

Diese Zweideutigkeiten deuten offensichtlich auf eine gewisse Verwirrung hinsichtlich der phänomenologischen Methodologie hin. Aber vielleicht ist in den Vergleichen doch ein Körnchen Wahrheit zu finden. Denn ist es nicht ein zentraler Grundsatz der phänomenologischen Methodologie, dass wir so etwas wie eine "nicht urteilende" Haltung gegenüber der Erfahrung einnehmen? Erlaubt diese Haltung nicht gerade eine besondere Aufmerksamkeit für einen besonderen, genau umschriebenen Bereich, entweder den Bereich der Erfahrungen oder den der weltlichen Objekte? Und ist nicht etwas an der Behauptung dran, dass Husserls bekannte Aufforderung, theoretische Spekulationen über Bord zu werfen und zu den "Sachen selbst" zurückzugehen (Husserl, 2001a, I/168 6), die Vorliebe der Achtsamkeitsbewegung für unmittelbare Erfahrung gegenüber abstraktem Denken widerspiegelt? Wenden wir uns nun der Bewertung dieser Behauptungen zu.

5. Die *Epoché* und Reduktion

Wie wir gerade gesehen haben, beziehen sich diejenigen, die die Phänomenologie und die phänomenologische Methode mit der Achtsamkeitspraxis vergleichen, häufig auf die *Epoché* und die phänomenologische Reduktion und gehen oft davon aus, dass beide Begriffe - was immer sie auch bedeuten mögen - für die Praxis der Phänomenologie entscheidend sind. Aber ist dies tatsächlich etwas, dem alle (oder zumindest die meisten) führenden Phänomenologen zustimmen würden? Nicht wirklich. Husserl war derjenige, der beide Begriffe einführte, aber selbst er hielt sie nicht immer für unverzichtbar. In Husserls Frühwerk, den monumentalen *Logischen Untersuchungen* von 1900-01, finden wir seine erste vollwertige Untersuchung der Intentionalität. Hier findet sich auch Husserls berühmter Slogan von der Notwendigkeit eines Zurückgehens zu den *"Sachen selbst"* (Hua 19/1, 1984, s.10) und er betont, wie wichtig es ist, die Phänomene sorgfältig zu beobachten, anstatt sich von verschiedenen theoretischen Vorurteilen ablenken zu lassen. Die *Logischen Untersuchungen* waren ein durchschlagender Erfolg und gaben den Startschuss für die phänomenologische Bewegung. Das Werk enthält jedoch keinen Hinweis auf die *Epoché* oder die phänomenologische Reduktion. Diese methodologischen Begriffe und Manöver waren einfach nicht erforderlich, um die Art von deskriptiver Phänomenologie zu betreiben, die dem frühen Husserl ein Anliegen war. Man betrachte auch die Arbeit von Adolf Reinach, einem der talentiertesten frühen Phänomenologen. Kurz vor dem Ausbruch des Ersten Weltkriegs hielt Reinach einen einflussreichen Vortrag mit dem Titel "Was ist Phänomenologie?" Wie Reinach in seinem Vortrag deutlich macht, ist die Phänomenologie kein umfassendes System philosophischer Sätze, sondern eine spezifische Methode des Philosophierens, eine besondere philosophische Haltung. Was charakterisiert diese Haltung? Für Reinach ist die phänomenologische Rückbesinnung auf "die Sachen selbst" eine Abkehr von Theorien und Konstruktionen, um zu einer "reinen und unverstellten Wesensanschauung" (Reinach, 1968) zu gelangen. Reinach verstand die phänomenologische Methode folglich in erster Linie als eine Intuition des Wesens, bei der man das Hier und Jetzt der Objekte außer Acht lässt, um sich auf ihre wesentlichen Merkmale zu konzentrieren. Interessanterweise beschränkte Reinach den Fokus der Phänomenologie keineswegs auf die Untersuchung von Erfahrungen, sondern erwähnte, dass Phänomenologen auch Zeit, Raum, Zahlen, Begriffe und Sätze untersuchen sollten. Bemerkenswert ist, dass er die *Epoché* oder die Reduktion in seinem Vortrag nicht ein einziges Mal erwähnte.

Was ist mit den späteren Phänomenologen? Weder Heidegger noch Merleau-Ponty haben sich oft auf die *Epoché* und die Reduktion bezogen. Es ist umstritten, ob dies so ist, weil sie Husserls Methodologie ablehnten (Carman, 2003) oder weil sie sie einfach für selbstverständlich hielten (Tugendhat, 1970, S. 263). Was Sartre betrifft, so erwähnt er die *Epoché* nur einmal in *Das Sein und das Nichts*, und zwar um sich von ihr zu distanzieren (Sartre, 2018, S.370). Dasselbe gilt für die wenigen Gelegenheiten, bei denen Sartre die phänomenologische Reduktion Husserls erwähnt. Darauf zu bestehen, dass die *Epoché* und die phänomenologische Reduktion die grundlegende Methode der Phänomenologie ist, ist daher eine ziemlich umstrittene Behauptung; eine Behauptung, die durch stichhaltige Argumente und eine sorgfältige Textanalyse gestützt und untermauert werden muss. Das soll nicht heißen, dass das nicht möglich wäre, aber diejenigen, die die Behauptung vertreten, dass die Achtsamkeitspraxis und die Phänomenologie etwas Wichtiges gemeinsam haben, und die versuchen, diese Behauptung durch eine bestimmte Interpretation der *Epoché* und der Reduktion zu stützen, wären vielleicht auf etwas sichererem Boden, wenn sich ihre Behauptung speziell auf Husserls reife Phänomenologie und nicht auf die Phänomenologie im Allgemeinen beziehen würde. Schließlich wird niemand bestreiten, dass die *Epoché* und die Reduktion im Werk des späteren Husserl eine absolut grundlegende Rolle spielen. Für ihn waren sie in der Tat wesentlich für das phänomenologische Philosophieren. Was aber meint er dann mit den beiden Begriffen? Wie wir sehen werden, gibt es auch hierüber heftige Meinungsverschiedenheiten.

Nach einer Interpretation ist das Zurückgehen zu den Sachen selbst eine Abkehr von Theorien,

Interpretationen und Konstruktionen. Ziel der *Epoché* ist es demnach, unsere verschiedenen theoretischen Vorannahmen außer Kraft zu setzen. Die *Epoché* soll unsere vorgefassten Ideen, unsere Denkgewohnheiten, unsere Vorurteile und theoretischen Annahmen in die Schranken weisen. Indem wir das tun, indem wir unser theoretisches Gepäck abwerfen, können wir uns unvoreingenommen den Objekten zuwenden und unvoreingenommen an den Ort des Geschehens gelangen, um die Phänomene als das erscheinen zu lassen, was sie sind (Finlay, 2008, S. 1-2). Wir sollten uns auf die Sachen konzentrieren, wie sie uns in der Erfahrung begegnen, und nicht so, wie wir sie uns vorgestellt haben, und unsere Definitionen dann auf sorgfältige Beschreibungen stützen. Nach dieser Lesart ist die Phänomenologie eher ein deskriptives als ein deduktives oder spekulatives Unternehmen, dessen Kern die rigorose intuitive Methode ist.

Nach einer ganz anderen Interpretation besteht der Zweck der *Epoché* darin, unser eigenes bewusstes Leben zum eigentlichen Thema der Untersuchung zu machen. Normalerweise sind wir in weltliche Objekten und Ereignisse, in das, was wir erleben, versunken und mit denselben beschäftigt. Indem wir die *Epoché* durchführen, klammern wir nicht nur traditionelle Theorien und Vorurteile aus, sondern auch, und das ist noch wichtiger, unsere Beschäftigung mit der Welt der Objekte und unsere Versunkenheit darin. Wir richten unsere Aufmerksamkeit erneut auf das Wie der Erfahrung und enthüllen so Aspekte und Dimensionen unseres subjektiven Lebens, die wir normalerweise übersehen und ignorieren (Petitmengin, Remillieux und Valenzuela-Moguillansky, 2019). Nach dieser Lesart besteht das Ziel der Phänomenologie letztlich darin, jene "Ränder ... unserer Erfahrung aufzudecken und zu beschreiben, die übersehen werden, solange die ausschließliche Beschäftigung mit Objekten vorherrscht" (Bitbol und Petitmengin, 2013, S.179).

Beide Interpretationen sind recht weit verbreitet, aber beide sind falsch. Die Behauptung, wir bräuchten die *Epoché*, um unsere Aufmerksamkeit von den Objekten der Erfahrung auf die Erfahrungsakte zu lenken, ist nicht nur falsch, wenn sie vorschlägt, dass die phänomenologische Haltung eine solche Neuorientierung beinhalten sollte, sondern auch, wenn sie vorschlägt, dass so etwas wie die *Epoché* für eine solche notwendig sein sollte. Vergessen wir nicht, dass Brentano bereits in *Psychologie vom empirischen Standpunkt*e von 1874 die Legitimität und Bedeutung einer deskriptiven Psychologie verteidigt hat. Vergessen wir nicht die Arbeiten von Psychologen wie James, Wundt und Titchener, die alle auf unterschiedliche Weise auf der Notwendigkeit einer sorgfältigen Untersuchung des inneren Erlebens bestanden haben. Und vergessen wir nicht Husserls eigenes Frühwerk, in dem er uns ausgefeilte Beschreibungen und Analysen verschiedener intentionaler Erfahrungen präsentierte, ohne jemals die *Epoché* zu erwähnen und anzuwenden.

Die Behauptung, wir bräuchten die *Epoché*, um vorgefasste Meinungen, Ansichten oder Vorstellungen über das zu untersuchende Phänomen auszuklammern, ist ebenfalls falsch, da sie den spezifischen Beitrag der *Epoché* (auf den wir gleich noch zurückkommen werden) mit einer allgemeineren Ablehnung von Spekulation und Erklärung zugunsten der Beschreibung vermengt. Auch hier ist es nützlich, auf den frühen Husserl zu verweisen, der in den Logischen Untersuchungen schrieb: "Wir wollen uns schlechterdings nicht mit "bloßen Worten" zufrieden geben... Bedeutungen, die nur von entfernten, verschwommenen, uneigentlichen Anschauungen - wenn überhaupt von irgendwelchen - belebt sind, können uns nicht genug tun. Wir wollen auf die "Sachen selbst" zurückgehen." (Hua 19/1, 1984, s.10). Als Husserl diesen Ansatz verteidigte, hatte er die *Epoché* noch nicht eingeführt, und als er dies schließlich tat, geschah dies sicherlich nicht nur, um die Bedeutung der Aufmerksamkeit für die Dinge zu betonen, wie sie in der Erfahrung angetroffen werden.

Als Husserl später in seinem Leben die *Epoché* und die Reduktion einführte, tat er dies aus ganz anderen philosophischen Gründen. Wenn die Philosophie eine Reihe grundlegender erkenntnistheoretischer und metaphysischer Fragen auf ausreichend radikale Weise angehen will, muss sie das, was Husserl die natürliche Einstellung nennt, einer kritischen Prüfung unterziehen. In der natürlichen Einstellung gehen wir davon aus, dass die Welt, der wir in der Erfahrung begegnen, unabhängig von uns existiert. Aber dieser natürliche Realismus kann nicht einfach vorausgesetzt werden, wenn wir ernsthaft philosophieren wollen. Was wir nach Husserl tun müssen, ist, unser grundlegendes und tief sitzendes Vertrauen in die verstandesunabhängige Existenz dieser Welt auszuschalten (Hua 3/1, 1976b, s.65). Husserls Name für diese spezifische Ausschaltung ist *Epoché*. Indem wir diese Ausschaltung vollziehen, indem wir die weltliche Wirklichkeit nicht mehr als unhinterfragten Ausgangspunkt nehmen, beginnen wir darauf zu achten, wie und als was uns die weltlichen Gegenstände gegeben sind.

> Die *Epoché* vollziehen wir, die neu Philosophierenden, zwar als eine Umstellung aus der nicht zufällig sondern wesensmäßig vorangehenden Einstellung des natürlichen menschlichen Daseins, also derjenigen Einstellung, welche in seiner gesamten Geschichtlichkeit in Leben und Wissenschaft niemals unterbrochen war. Es ist nun aber notwendig, sich wirklich einsichtig zu machen, daß es nicht bei einer bedeutungslosen habituellen Enthaltung bleibt, sondern daß mit ihr der Blick des Philosophen in der Tat erst völlig frei wird, und vor allem frei von der stärksten und universalsten und dabei verborgensten inneren Bindung, von derjenigen der Vorgegebenheit der Welt. (Hua 6, 1976a, s.154).

> [A]lle historisch vorgegebenen Wissenschaften und selbst ein Teil der gewöhnlich zur Philosophie gerechneten, wie formale Logik, Psychologie, Ethik, [vollziehen] alle ihre Forschungen in einer natürlichen Naivität, obschon einer in gewisser Art notwendigen [Naivität]. Alle ihre Fragen nämlich beziehen sie auf die uns schon vor aller Wissenschaft im Leben selbstverständlich vorgegebene Welt, ohne es zu merken, dass diese Vorgegebenheit eine wahre Unendlichkeit von rätselvollen Problemen in sich schließt, die in der natürlichen Blickrichtung gar nicht gesehen werden können. (Hua 32, 2001, s.7).

Indem wir die phänomenologische Haltung einnehmen, konzentrieren wir uns nicht ausschließlich auf die subjektiven Handlungen, unabhängig davon, ob diese Handlungen in einer privaten inneren Sphäre angesiedelt sind oder ob sie vielmehr als verkörpert, eingebettet und ausgedehnt angesehen werden. Vielmehr schauen wir darauf, wie sich die Welt für das Subjekt zeigt. Wir achten darauf, wie und als was uns die weltlichen Objekte gegeben werden. Wie Husserl betont, müssen wir das Objekt sowohl in dem "Wie seiner Bestimmtheiten" als auch in dem "Wie seiner Gegebenheitsweisen" betrachten (Hua 3/1: 302-304, 1976b). Auf diese Weise entdecken wir auch die intentionalen Akte und Erfahrungsstrukturen, in Bezug auf die jedes erscheinende Objekt notwendigerweise verstanden werden muss. Wie Husserl bereits in den *Logischen Untersuchungen* schrieb, 'daß die Gegenstände, die uns "bewußt" werden, nicht im Bewußtsein als wie in einer Schachtel einfach da sind, so daß man sie darin bloß vorfinden und nach ihnen greifen könnte; sondern daß sie sich in verschiedenen Formen gegenständlicher Intention als das, was sie uns sind und gelten, allererst *konstituieren*.' (Hua 19/1, 1984, s.169). Wie er später in den *Ideen* schreiben sollte, hängen die größten und wichtigsten Probleme der Phänomenologie mit der Frage zusammen, wie Objektivitäten verschiedener Art, von den vorwissenschaftlichen bis zu denen der höchsten wissenschaftlichen Ordnung, durch das Bewusstsein konstituiert werden. (Hua 3/1, 1976b, s.198). In der Tat, '[i]n umfassendster Allgemeinheit gilt es also zu erforschen, wie sich objektive Einheiten jeder Region und Kategorie "bewußtseinsmäßig konstituieren" (*ebd.*). Als Husserl in der Folge den Begriff der *Reduktion* einführte, ging es ihm genau um eine systematische Analyse dieses Verhältnisses von Welt und Subjektivität, das von dem natürlichen Sein der Welt *zurück zu* seinem subjektiven Seinsboden *leitet* (*re-ducere*) (Hua 1, 1991, s.61).

In der *Krisis* beschreibt Husserl die Phänomenologie als die Endform der Transzendentalphilosophie. (Hua 6, 1976a, s.71). Für Husserl ist eine eingehende Untersuchung der Intentionalität nicht nur eine begrenzte Erkundung des psychologischen Bereichs, sondern ebnet den Weg für ein angemessenes Verständnis von Realität und Objektivität. Aus diesem Grund sollte Husserls reife Phänomenologie nicht nur als eine Theorie über die Struktur der Subjektivität aufgefasst werden, noch ist sie nur eine Theorie darüber, wie wir die Welt verstehen und wahrnehmen, sondern ihr eigentliches Thema ist die Geist-Welt-Dyade. Husserls Untersuchungen zur Intentionalität, seine Erforschung der Wechselbeziehung zwischen Erfahrungsakten und Erfahrungsobjekten, führten ihn schließlich zu einer Form des transzendentalen Idealismus, der auf der wesentlichen Verbindung zwischen Vernunft, Wahrheit und Sein sowie zwischen Objektivität und Intersubjektivität beharrt. (Hua 3/1, 1976b, s.329; Zahavi, 2003; 2017; 2019a). Sowohl die *Epoché* als auch die Reduktion können folglich als Elemente einer philosophischen Reflexion gesehen werden, deren Ziel es ist, uns von unserem natürlichen Dogmatismus zu befreien und uns unserer eigenen konstitutiven Leistung bewusst zu machen. Auf diese Weise, so Husserl, werden wir schließlich in der Lage sein, unser Haupt-, wenn nicht sogar einziges Anliegen als Phänomenologen zu erfüllen, nämlich "die universale Selbsverständlichkeit des Seins der Welt - für ihn [den Phänomenologen] das größte aller Rätsel - in eine Verständlichkeit zu verwandeln.“ (Hua 6: 184, 1976a). Kommen wir auf die beiden Fehlinterpretationen zurück. Wie gerade deutlich geworden sein sollte, ist die Phänomenologie weder eine Hinwendung zum Objekt noch eine Rückkehr zum Subjekt. Beide Interpretationen verkennen die wirkliche Aufgabe der phänomenologischen Analyse. Das Ziel der Phänomenologie besteht gerade nicht darin, *entweder* das Subjekt oder das Objekt, *entweder* den Geist oder die Welt zu untersuchen, sondern beide in ihrer Wechselbeziehung oder Korrelation zu untersuchen. Deshalb beschäftigt sich eine Phänomenologie der Erkenntnis sowohl mit den Erfahrungen, in denen die Objekte gegeben sind, als auch mit den Objekten selbst, so wie sie erfahren werden. Dass dieser doppelte Fokus für Husserl absolut entscheidend ist, hat er an einer zentralen Stelle in der *Krisis* ausdrücklich betont:

> Der erste Durchbruch dieses universalen Korrelationsapriori von Erfahrungsgegenstand und Gegebenheitsweisen (während der Ausarbeitung meiner "Logischen Untersuchungen" ungefähr im Jahr 1898) erschütterte mich so tief, daß seitdem meine gesamte Lebensarbeit von dieser Aufgabe einer systematischen Ausarbeitung dieses Korrelationsapriori beherrscht war. (Hua 6: 169, 1976a).

Darüber hinaus verkennen beide Fehlinterpretationen den eigentlichen philosophischen Charakter der Phänomenologie, indem sie behaupten, dass das Hauptziel der Phänomenologie darin besteht, detaillierte Beschreibungen (entweder von Objekten oder von Erfahrungen) zu liefern. Es ist kein Zufall, dass ein rein deskriptives Unterfangen ohne systematische Ambitionen von Husserl als bloße "Bilderbuchphänomenologie" abgetan worden sein soll (Spiegelberg, 1965, S. 170). Ob sie sich auf Gegenstände, Erfahrungen oder sogar auf die Korrelation zwischen beiden beziehen, ob sie sich auf das Besondere - das ist es, was ich hier und jetzt fühle - oder auf das Unveränderliche und Wesentliche beziehen, die bloße Anhäufung verschiedener Beschreibungen ist ein schlechter Ersatz für die systematische und argumentative Arbeit, die wir bei Husserl finden. Ein kurzer Blick in Werke wie *Ideen I*, *Cartesische Meditationen* und *Krisis* zeigt, dass Husserl sich mit Themen wie dem Verhältnis von Wahrnehmungsintentionalität und wissenschaftlicher Rationalität, dem Zusammenhang von formaler Logik und formaler Ontologie, dem Wesen der Objektivität, den Grundstrukturen der sozialen Wirklichkeit, dem Zusammenhang von Ethik, Werten und Personsein oder der kulturellen Krise Europas beschäftigt hat. Sicherlich hat auch Husserl durchweg argumentiert, dass Themen wie diese nur dann philosophisch geklärt und verstanden werden können, wenn wir Subjektivität und Erfahrung ernst nehmen. Aber sich nur auf die subjektive Erfahrung zu konzentrieren und die theoretischen Fragen, die Husserl zu behandeln versuchte, zu ignorieren, geht am Wesen seines philosophischen Projekts vorbei. Auch wenn ein gewisses Maß an Beschreibung notwendig sein mag, läuft eine minutiöse Untersuchung dünner Zeitscheiben von Erfahrungen (wie sie beispielsweise in Petitmengins Mikrophänomenologie zu finden ist) Gefahr, die philosophische Untersuchung zu behindern und letztlich unsere Fähigkeit zu beeinträchtigen, die Art von Fragen zu erhellen, mit denen sich Husserl befasste.

Gelegentlich hat man den Eindruck, dass jene, die starke Ähnlichkeiten zwischen Husserls Phänomenologie und der Achtsamkeit sehen (im Gegensatz zu, sagen wir, Affinitäten zwischen der Phänomenologie und Teilen der buddhistischen Philosophie), bereit sind, Husserls systematischere philosophische Analysen beiseite zu lassen und sie als von der eigentlichen Phänomenologie getrennt zu betrachten. Das würde suggerieren, dass Husserls Arbeit über Ontologie, Erkenntnistheorie, Logik, Ethik, Werttheorie usw. unabhängig von seiner Phänomenologie und ihr fremd ist. Ein ernsthaftes Problem mit diesem Argument ist, dass es von Husserls eigenen Schriften nicht gestützt wird. Husserl macht immer wieder deutlich, dass seine Herangehensweise an verschiedene Fragen, seien sie ontologischer, erkenntnistheoretischer oder ethischer Natur, eine phänomenologische ist. Wie Husserl es in *Ideen III* ausdrückt: 'Die Phänomenologie in unserem Sinne ist die Wissenschaft der "Ursprünge", der "Mütter" aller Erkenntnis, und sie ist der Mutterboden aller philosophischen Methode: zu ihm und zur Arbeit in ihm führt alle zurück.' (Hua 5, 1971, s.80).[15]

6. Bitbol und Depraz

Wir werden uns auf den Artikel von Michel Bitbol "Consciousness, Being and Life: Phenomenological Approaches to Mindfulness" und Natalie Depraz' Artikel "*Epoché* in Light of *Samatha-Vipassanā* Meditation", die beide im Jahr 2019 veröffentlicht wurden, konzentrieren.[16]

Das Ziel von Bitbols Artikel ist es, die Möglichkeit einer produktiven gegenseitigen Befruchtung zwischen der Praxis der Achtsamkeit und der Praxis der Phänomenologie zu erforschen. Könnten phänomenologische Werkzeuge und Methoden uns helfen, die Praxis und Erfahrung der Achtsamkeit besser zu verstehen? Könnte eine Phänomenologin, die Achtsamkeit praktiziert, eine bessere Phänomenologin werden und ihre philosophischen Ziele eher erreichen (Bitbol, 2019, S.

[15] Wir haben uns auf Husserl und seine Begriffe von *Epoché* und Reduktion konzentriert. Der Grund für diese Fokussierung ist, dass fast alle, die den Vergleich zwischen Phänomenologie und Achtsamkeit anstellen, explizit Husserl und seine Methodik im Blick haben. Ein anonymer Gutachter meinte, dass dies unserem Gegner die Möglichkeit eröffnet, auf Affinitäten zwischen Achtsamkeit und einer anderen (nicht Husserl'schen) Form der Phänomenologie hinzuweisen. Doch was sind die Kandidaten für einen solchen Vergleich? Einerseits scheinen die Ähnlichkeiten zwischen der Achtsamkeit und den Projekten anderer prominenter phänomenologischer Philosophen wie Heidegger, Merleau-Ponty oder Levinas noch schwieriger zu erkennen zu sein. Andererseits könnte jemand unter Phänomenologie einfach eine Untersuchung der Ist-wie Entsprechung von Erfahrung verstehen. Aber gegen diese Verwendung des Begriffs haben wir bereits Einspruch erhoben.

[16] Depraz und Bitbol waren beide langjährige Mitarbeiter von Varela, und zentrale Teile des jüngsten Artikels von Depraz wurden ursprünglich als Kapitel 7 in einem Buch aus dem Jahr 2003 veröffentlicht, das sie gemeinsam mit Varela und Vermersch (2003) geschrieben hat.

128)? Ein früher Hinweis auf Bitbols eigene Ansicht findet sich in seiner Behauptung, dass "die Phänomenologie nach Wissen sucht, indem sie es auf eine sorgfältig kanalisierte Vielfalt spiritueller Übungen gründet" (*ebd.*, S. 131).

Zur Untermauerung dieser Ansicht bietet Bitbol zunächst einige Belege an, die selbst bei der wohlwollendsten Interpretation nur als recht umständlich bezeichnet werden können. Er argumentiert zunächst, dass der französische Philosoph Maine de Biran (1766-1824), der manchmal als früher Denker der Verkörperung gepriesen wird und der eine Inspirationsquelle für den französischen Phänomenologen Michel Henry war, ein nicht-religiöser Meditierender war, der in einigen seiner Schriften Ideen skizzierte, die die Praxis der Achtsamkeit anzudeuten scheinen. Auf dieser Grundlage kommt Bitbol zu dem Schluss, dass eine der Quellen des phänomenologischen Projekts "eng mit dem therapeutischen Projekt der Achtsamkeit verbunden zu sein scheint" (*ebd.*, S. 132). Als nächstes weist er darauf hin, dass Husserl den Begriff *Epoché* von den griechischen Skeptikern entlehnt hat, und deutet an, dass Pyrrho von Elis, der oft als der erste griechische skeptische Philosoph angesehen wird, nach Indien gereist war und daher von buddhistischen Denkern beeinflusst worden sein könnte (*ebd.*, S. 133). Schließlich weist Bitbol auf einen besonderen Aspekt von Husserls Schriften hin. Viele von Husserls Forschungsmanuskripten (tägliche Manuskripte, die Husserl oft schrieb, um neue Ideen auszuprobieren) weisen einen ziemlich zyklischen und sich wiederholenden Stil auf. Bitbol argumentiert, dies unterstütze die Behauptung, dass es Ähnlichkeiten zwischen Husserls Methode und sowohl der (Neo-Theravāda) *vipassanā* als auch der Achtsamkeitsmeditation gibt, bei der man sich darin üben soll, immer wieder in den gegenwärtigen Moment zurückzukehren, wenn eine Ablenkung auftritt (*ebd.*, S. 140).

Wie sollte man solche Behauptungen bewerten? Man kann wohl mit Fug und Recht behaupten, dass die vorgelegten Beweise kaum jemanden überzeugen werden, der die Idee, dass es eine tiefe Ähnlichkeit zwischen Achtsamkeit und Phänomenologie gibt, nicht bereits angenommen und akzeptiert hat. Für eine überzeugendere Argumentation brauchen wir weitere Argumente. Schauen wir uns also Bitbols Diskussion über Husserl genauer an.

Bitbol schreibt zunächst, dass für Husserl das Ziel der *Epoché* darin besteht, unseren stillschweigenden "natürlichen" Glauben an eine objektive Welt auszuschalten und zu neutralisieren (*ebd.*, S. 134). Dieser Beschreibung können wir ohne weiteres zustimmen. Bitbol hat auch recht, wenn er argumentiert, dass die Ausschaltung uns erlauben soll, die Kurzsichtigkeit (oder Einseitigkeit) der natürlichen Einstellung zu überwinden. Das bedeutet vor allem, dass die *Epoché* uns nicht dazu bringen soll, unseren Fokus von den gewöhnlichen weltlichen Objekten auf innere Erfahrungen zu richten, als ob wir einfach einen begrenzten Bereich durch einen anderen ersetzen würden (*ebd.*, S. 135). Vielmehr geht es gerade darum, unseren Fokus zu erweitern, weshalb Husserl selbst die Durchführung der *Epoché* mit dem Übergang von einem zweidimensionalen zu einem dreidimensionalen Leben vergleicht (Hua 6: 121-122, 1976a). Was Bitbol als nächstes schreibt, ist jedoch weniger überzeugend. Unter Bezugnahme auf Jon Kabat-Zinns Definition von Achtsamkeit behauptet er, dass die *Epoché* nicht nur eine Ausschaltung von "ausgefeilten Urteilen, sondern sogar davor die Ausschaltung der *semantischen* Funktion sowohl mentaler als auch verbaler Aktivitäten" beinhaltet, eine Funktion, die "dazu tendiert, uns aus unserer Gegenwart zu vertreiben" (Bitbol, 2019, S. 36). Es ist nicht schwer zu verstehen, warum eine solche Charakterisierung einen Vergleich mit der Achtsamkeit überzeugender erscheinen lassen könnte, aber ist sie wirklich zutreffend? Es ist sicherlich richtig, dass die Phänomenologie an den affektiven und kognitiven Prozessen interessiert ist, die es uns ermöglichen, uns in der Welt zurechtzufinden. Anstatt uns in den Objekten der

Intentionalität versinken zu lassen, besteht ein Teil ihrer Aufgabe darin, uns die Strukturen der Intentionalität stärker bewusst zu machen. Dieses Ziel wird jedoch nicht dadurch erreicht, dass die Bedeutungszuschreibung, die für das Leben des intentionalen Bewusstseins so zentral ist, ausgesetzt wird, sondern dadurch, dass sie kritisch reflektiert wird. Wie wir bereits gesehen haben, versucht sie, diese Reflexion zu motivieren, indem sie unseren Glauben an eine bereits existierende objektive Welt ausschaltet.

Bitbol schreibt weiter, dass Achtsamkeit bedeutet, das zu sehen, was sich in der Erfahrung unabhängig vom "Filter" unserer Überzeugungen, Annahmen und Wünsche entfaltet (*ebd.*, S. 137). Aber das ist definitiv nicht das Ziel der Phänomenologie. Ganz im Gegenteil, sie zielt darauf ab, uns bewusst zu machen, wie sehr das, was uns in der Erfahrung begegnet, unausweichlich mit unseren kognitiven und affektiven Leistungen verwoben ist. Die Phänomenologie lehnt damit das ab, was der buddhistische Gelehrte Robert Sharf die "Filtertheorie" der Kognition nennt, die einen Großteil der Literatur über Achtsamkeit durchzieht und der zufolge "unsere normalen sensorischen und diskursiven Prozesse, anstatt uns für die Realität zu öffnen, tatsächlich dazu dienen, sie [die Realität] herauszufiltern. (Sharf, 2015, S. 477).[17]

Abschließend soll kurz die Tatsache in Erinnerung gerufen werden, dass einer der entscheidenden Beiträge Husserls zur Philosophie darin bestand, das Ausmaß hervorzuheben, in dem die normale Erfahrung alle drei zeitlichen Modi (Gegenwart, Vergangenheit und Zukunft) umfasst. Seiner Ansicht nach beinhaltet selbst eine einfache Wahrnehmung ein Zusammenspiel von Nicht-Jetzt, Jetzt und Noch-Nicht-Jetzt: ein Festhalten dessen, was gerade geschehen ist, eine Offenheit für das, was gerade geschieht, und eine Vorwegnahme dessen, was gleich geschehen wird. In seinen späteren Werken konzentriert sich Husserl außerdem zunehmend auf die Rolle von Tradition und Geschichtlichkeit. Es ist keineswegs klar, wie man diese zentralen Aspekte des Husserlschen Denkens mit Bitbols Behauptung in Einklang bringen soll, die Phänomenologie beschäftige sich ausschließlich mit dem gegenwärtigen Moment und mit dem, was "schlichtweg hier" ist (Bitbol, 2019, s.136).

Wenn wir nun zu Depraz' Artikel übergehen, ist ihre zentrale Behauptung, dass Chögyam Trungpas Darstellung der grundlegenden Praxis der *samatha-vipassanā*-Meditation mit ihrer Betonung des einfachen Sitzens und der Verbindung mit der eigenen Erfahrung in bemerkenswerter Weise mit Husserls phänomenologischen Beschreibungen und mit seiner Forderung eines Rückgehens zu den Sachen selbst übereinstimmt (Depraz, 2019, s.50-51). Der Artikel besteht aus drei Teilen: einem Vergleich von Trungpas neun Stufen der *Samatha*-Meditation mit Husserls *Epoché* und Reduktion (*ebd.*, s.52-57); einem Vorschlag, wie *Samatha* und *Epoché* so kombiniert werden könnten, dass sie sich gegenseitig ergänzen (*ebd.*, s.58-62); und einem Vergleich von Trungpas Darstellung von *vipassanā* mit Husserls Weg zur Reduktion durch die Lebenswelt (*ebd.*, s.63-67). Für unsere Zwecke sind die wichtigsten Diskussionen in den beiden ersten Teilen zu finden.

Depraz beginnt mit der Behauptung, dass das Ziel der *Samatha*-Meditation darin bestehe, den Geist zu stabilisieren und das Auftauchen und Verschwinden der Gedanken zu verlangsamen, um sie besser beobachten zu können. Sie führt dann die *Epoché* ein, die ihrer Meinung nach eine Neutralisierung der Gültigkeit von Gedanken, die uns an die Objekte der Erfahrung binden, beinhaltet und es dem Subjekt dadurch ermöglicht, seine Aufmerksamkeit auf die Erfahrungsakte

[17] Ein Gutachter wandte sich gegen diese Schlussfolgerung und fragte, ob die natürliche Einstellung nicht als eine Art Filter betrachtet werden könne, den die phänomenologische Methode zu entfernen versuche. Wir müssen hier jedoch vorsichtig sein. Die Filter-Metapher suggeriert die Möglichkeit einer "filterlosen" Beziehung zur Welt. Aber ein solcher Vorschlag ist der Phänomenologie ziemlich fremd. Für eine Diskussion darüber, warum dies die Phänomenologie nicht auf eine Form des Repräsentationalismus verpflichtet, siehe Zahavi (2018).

selbst zu richten (*ebd.*, s.52f.). Es folgt eine recht ausführliche Beschreibung der von Trungpa dargelegten Stufen des *Samatha.* Die Stufen führen uns von einer anfänglichen Platzierung und Verengung der Aufmerksamkeit auf die Empfindungen des Atmens über einen allmählichen Prozess der Ausdehnung der Dauer der fokussierten Aufmerksamkeit, der die Überwindung verschiedener Ablenkungen und Hindernisse einschließt, bis hin zu einem dauerhaften Zustand, in dem eine mühelose aufmerksame Präsenz erreicht wird (*ebd.*, s.53-56). Diese Phasen werden dann mit den folgenden Schritten in Husserls Methode verglichen: (1) Nachdem sich der Phänomenologe der verschiedenen Überzeugungen und Vorurteile bewusst geworden ist, die sein normales waches Leben durchdringen, geht er dazu über, sie auszuklammern oder zu neutralisieren. (2) Dieses Verfahren führt zu einer neuen Wertschätzung des Status des Subjekts oder Egos, eher als ein Subjekt *der* Welt, und nicht ein Subjekt *in* der Welt. Dies führt dann zu der Erkenntnis, dass (3) ich, *qua* Subjekt, intrinsisch auf die Welt bezogen bin, und dass diese Welt- (und Objekt-) Beziehung konstitutiv für das Subjekt ist, und (4) dass die Welt nicht mehr einfach da ist, sondern von Anfang an mit einem intentionalen, sinngebenden Subjekt korreliert (*ebd.*, s.56-57).[18]

Man könnte sich fragen, ob der Vergleich nicht mehr Unterschiede als Gemeinsamkeiten offenbart. In der Tat kann man sagen, dass es nicht immer ganz klar ist, was für Depraz das Ausmaß der "Echos und Resonanzen" (Depraz, 2019, s.51-52) zwischen *Epoché* und *Samatha* tatsächlich ist. Eine übergreifende Idee scheint zu sein, dass beide uns helfen, uns der Handlungen und nicht der Objekte der Erfahrung bewusster zu werden. Diese Behauptung steht zum Beispiel im Hintergrund von Depraz' ausführlicher Erörterung der Art und Weise, wie die *Samatha*-Meditation uns bei der Durchführung der phänomenologischen Methode helfen kann. Der Grundgedanke ist, dass aufgrund der Tendenz, sich von den Objekten der Erfahrung mitreißen zu lassen, der Bezug des Phänomenologen zu den Akten der Erfahrung normalerweise sehr zerbrechlich ist und einer ständigen Erneuerung bedarf. *Samatha* kann dazu beitragen, diesen Prozess zu stärken und zu unterstützen, indem es die zeitliche Lücke zwischen dem Auftauchen eines objektgerichteten intentionalen Aktes und unserem thematischen Gewahrsein dieses Aktes dramatisch verringert (*ebd.*, s. 60-61). Auch hier wollen wir nicht leugnen, dass die Phänomenologie (teilweise) an intentionalen Handlungen interessiert ist. Aber aus den von uns dargelegten Gründen würde eine Überbetonung des Aktes ein eher einseitiges Verständnis der Phänomenologie fördern. *Samatha* kann dazu beitragen, diesen Prozess zu stärken und zu unterstützen, indem es die zeitliche Lücke zwischen dem Auftauchen eines objektgerichteten intentionalen Aktes und unserem thematischen Gewahrsein dieses Aktes *qua* Akt dramatisch verringert (*ebd.*, S. 60-1). Auch hier wollen wir nicht leugnen, dass die Phänomenologie (teilweise) an intentionalen Handlungen interessiert ist. Aber aus den von uns dargelegten Gründen würde eine Überbetonung des Aktes ein eher einseitiges Verständnis der Phänomenologie fördern.

Sowohl Bitbol als auch Depraz räumen ein, dass es wichtige Unterschiede zwischen Phänomenologie und Achtsamkeit gibt. Die beiden Autoren sind sich zum Beispiel einig, dass es Unterschiede in den allgemeinen Zielen der jeweiligen Bemühungen gibt. Für Bitbol ist das Ziel der Phänomenologie letztlich philosophisch, während das der Achtsamkeit in erster Linie psychotherapeutisch ist (Bitbol, 2019, S. 142); in ähnlicher Weise ist für Depraz das Ziel der

[18] Dieser letzte Schritt, der unseres Erachtens eine korrekte Interpretation von Husserl darstellt, scheint im Gegensatz zu Depraz' früherer Behauptung zu stehen, dass das Objekt durch die *Epoché* "nicht mehr für mich da ist" (2019, s.59). Indem ich die *Epoché* durchführe, werde ich mir gerade der Tatsache bewusst, dass die Objekte nicht einfach von sich aus da sind, sondern immer "für mich" da sind. Der Sinn der *Epoché* besteht darin, dass wir unseren stillschweigenden Glauben an eine bereits existierende objektive Welt aufgeben und uns der Tatsache bewusst werden, dass die Objekte immer für uns da sind in verschiedenen Formen der Gegebenheit (z. B. als wahrgenommene, vorgestellte, erinnerte usw.)

Phänomenologie wissenschaftlich, während das der *samatha-vipassanā* ethisch und soteriologisch ist (Depraz, 2019, S. 51). Bitbol betont ferner, dass die Achtsamkeit eine Fülle von Material darüber enthält, wie die für die Kontemplation der Erfahrung erforderlichen praktischen Schritte tatsächlich ausgeführt werden können, während eine Entsprechung in der Phänomenologie nicht zu finden ist (Bitbol, 2019, S. 138). Depraz fügt hinzu, dass die Phänomenologie an den wesentlichen Strukturen der Erfahrung interessiert ist, während die Meditation sich mit besonderen Erfahrungen befasst (Depraz, 2019, S. 51). Unseres Erachtens sind die angesprochenen Unterschiede jedoch weitaus substanzieller, als die beiden Autoren zuzugeben bereit sind. Die Phänomenologie ist im Kern ein philosophisches Unterfangen, das sich in erster Linie mit der Geist-Welt Korrelation und ihren theoretischen Implikationen beschäftigt. Was auch immer man über Achtsamkeit sagen mag, es ist klar, dass sie nicht in diese Beschreibung passt.

Zusammenfassung:

Wir wollen uns darüber klar werden, wofür wir genau argumentiert haben (und wofür nicht). Wir bestreiten nicht, dass es lohnend sein kann, die Phänomenologie und die Praxis der Achtsamkeit zu vergleichen, solange ein solcher Vergleich auf der Grundlage eines fundierten Verständnisses beider erfolgt und man auch ihre bedeutenden Unterschiede anerkennt. Wir bestreiten auch nicht, dass phänomenologische Reflexionen über das Bewusstsein und meditative Praktiken gelegentlich in ihren beschreibenden Ergebnissen konvergieren (siehe z.B. Fasching, 2008). Darüber hinaus sind wir nicht gegen den Vorschlag, dass eine kontemplative Wissenschaft des Bewusstseins durch den Rückgriff auf Ideen aus verschiedenen Traditionen profitieren könnte, und wir denken, dass der Versuch, Ideen aus der Phänomenologie im Kontext der Meditation zu nutzen und anzuwenden, durchaus neue Erkenntnisse hervorbringen und sogar zur Entwicklung neuer unorthodoxer Methoden führen könnte.[19] In den letzten Jahren haben eine Reihe von Autoren das vorgeschlagen, was sie als eine Phänomenologie *der* Achtsamkeit (oder anderer Formen der Meditation) beschreiben (Petitmengin et al., 2017; Lutz et al., 2015; Puc, 2019; Sparby, 2019; Brown und Cordon, 2009; Sawyer, 2018). Nichts von dem, was wir gesagt haben, spricht gegen die Annahme eines solchen Ansatzes, obwohl einige der Bedenken, die wir gegenüber der Art und Weise haben, wie die Phänomenologie in der Literatur oft dargestellt wird, eindeutig auch auf einige dieser Diskussionen übergehen (z. B. Petitmengin et al., 2017; Lutz et al., 2015; Sparby, 2019; Brown und Cordon, 2009). Aber was ist es dann, gegen das wir Einspruch erheben? Unsere Kritik richtet sich gegen die Behauptung, die Phänomenologie sei im Kern eine Art meditative Praxis oder Technik, die wie die Achtsamkeit darauf abzielt, unsere Erfahrung genau zu beobachten und zu beschreiben. Um es ganz einfach auszudrücken: Ein geübter Praktizierender der Achtsamkeit zu sein, ist weder notwendig noch ausreichend, um ein guter phänomenologischer Philosoph zu sein. Wenn man wirklich an den Gemeinsamkeiten zwischen Phänomenologie und Buddhismus interessiert ist, würde der richtige Ansatz unserer Ansicht nach darin bestehen, Phänomenologie und buddhistische *Philosophie* zu vergleichen (siehe Siderits, Thompson und Zahavi, 2011; Zahavi, 2019b; Thompson, 2020).

Die "buddhistisch-wissenschaftlichen" Dialoge, für die das Mind and Life Institute ein Beispiel ist, sind in letzter Zeit in einigen Kreisen auf Widerstand gestoßen. Buddhistische Gelehrte und Philosophen haben sich darüber beschwert, dass "Buddhismus" bei solchen Begegnungen allzu oft auf "Achtsamkeit" und Achtsamkeit auf die "urteilsfreie Beobachtung der Erfahrung des gegenwärtigen Augenblicks" reduziert wird. Das Ergebnis ist, dass ein Großteil der theoretischen

[19] In gewisser Weise spiegelt ein solcher Versuch andere Versuche wider, die Phänomenologie in einem nicht-philosophischen Kontext zu praktizieren, zu nutzen und anzuwenden. Für neuere Diskussionen siehe z.B. Zahavi (2020; 2021), sowie Gallagher und Zahavi (2021).

Raffinesse der buddhistischen Philosophie auf der Strecke bleibt (Ganeri, 2017, S. 345; siehe auch Thompson, 2017). Bei der Formulierung dieses Anliegens neigen einige Autoren jedoch dazu, die Frage, ob der Buddhismus eine *Phänomenologie* ist oder nicht, als relevante Frage zu behandeln. So behauptet Robert Sharf in einem kürzlich erschienenen Artikel mit dem Titel "Is Yogācāra Phenomenology?", dass im Gegensatz zum Abhidharma, Madhyamaka und dem frühen Yogācāra von Asaṅga und Vasubandhu das spätere Yogācāra von Dignāga und Dharmakīrti eine "phänomenologische Wende" erfuhr (Sharf, 2016, S. 777). Sharf zufolge ist es oft genau dieses begrenzte phänomenologische Moment der buddhistischen Tradition, auf das sich die jüngsten Behauptungen stützen, der Buddhismus sei eine "Wissenschaft des Geistes". Sharf stellt die (Husserl'sche) Phänomenologie als eine unablässige Form des Fundamentalismus dar, die sich "auf die Autorität der unmittelbaren Erfahrung" beruft, um eine unbestreitbare und unanfechtbare Grundlage für die Wissenschaft zu schaffen (ebd., s.801). Für Sharf kommt diese Beschäftigung mit der vordiskursiven Unmittelbarkeit der subjektiven Erfahrung und die daraus resultierende Ausblendung des Bereichs der Begriffe und Bedeutungen einem Verrat des Engagements der Phänomenologie im Namen einer fatal fehlerhaften Version des Mythos des Gegebenen gleich (ebd., s.794, 801). Abgesehen von der Frage, wie Sharf Dignāga und Dharmakīrti liest, leidet seine Darstellung der Phänomenologie als eine Angelegenheit der reinen Beobachtung an einigen der Mängel, die wir hier diskutiert haben (siehe auch Zahavi, 2017). Unser Vorschlag wäre, dass wir die buddhistische Philosophie als eine Fülle von theoretischen Ressourcen schätzen lernen müssen, und dasselbe muss auch für die philosophische Phänomenologie gelten.

***Danksagungen:**

Wir danken Evan Thompson, Sara Heinämaa, Sofie Loidolt und Joel Krueger sowie zwei anonymen Gutachtern für hilfreiche Kommentare zu einem früheren Entwurf dieser Arbeit.

■■■

Literatur:

Bishop, S., Lau, M., Shapiro, S., Carlson, L., Anderson, N., Carmody, J., Segal, Z. Abbey, S., Speca, M, Velting, D. & Devins, G. (2004) Mindfulness: A proposed operational definition, Clinical Psychology: Science and Practice, 11 (3), s. 230–241.

Bitbol, M. (2019) Consciousness, being & life: Phenomenological approaches to mindfulness, Journal of Phenomenological Psychology, 50, s. 127–161.

Bitbol, M. & Petitmengin, C. (2013) On the possibility and reality of introspection, Kairos, 6, s. 173–198.

Bodhi, B. (2013) What does mindfulness really mean?, in Williams, M.G. & Kabat-Zinn, J. (eds.) Mindfulness: Diverse Perspectives on its Meaning, Origins and Applications, London: Routledge.

Bodhi, B. (2016) The transformations of mindfulness, in Purser, R.E., Forbes, D. & Burke, A. (eds.) Handbook of Mindfulness: Culture, Context, and Social Engagement, Cham: Springer.

Braun, E. (2013) The Birth of Insight, London: The University of Chicago Press. Brentano, F. (1874/1995) Psychology from an Empirical Standpoint, Rancurello,

A.C., Terrell, D.B. & McAlister, L.L. (trans.), London: Routledge & Kegan Paul.

Brown, K.W. & Cordon, S. (2009) Toward a phenomenology of mindfulness: Sub- jective experience and emotional correlates, in Didonna, F. (ed.) The Clinical Handbook of Mindfulness, New York: Springer.

Brown, K.W., Creswell, J.D. & Ryan, R.M. (2015) The Handbook of Mindfulness: Theory, Research, Practice, London: Guilford.

Carman, T. (2003) Heidegger's Analytic: Interpretation, Discourse and Authen- ticity in Being and Time, Cambridge: Cambridge University Press.

Cogan, J. (2006) The phenomenological reduction, [Online], https://www.iep.utm. edu/phen-red/ [15 May 2020].

Colombetti, G. (2014) The Feeling Body: Affective Science Meets the Enactive Mind, Cambridge, MA: MIT Press.

Coseru, C. (2012) Perceiving Reality: Consciousness, Intentionality and Cognition in Buddhist Philosophy, Oxford: Oxford

University Press.
Cousins, L.S. (1996) The origins of insight meditation, in Skorupski, T. (ed.) *The Buddhist Forum IV, seminar papers 1994–1996*, London: School of Oriental and African Studies.
Dennett, D. (1991) *Consciousness Explained*, Boston, MA: Little Brown.
Depraz, N. (2019) *Epoché* in light of *samatha-vipassanā* meditation, *Journal of Consciousness Studies*, **26** (7–8), s. 49–69.
Depraz, N., Varela, F. & Vermersch, P. (2003) *On Becoming Aware*, Amsterdam: John Benjamin Publishing Company.
Dreyfus, G. (2013) Is mindfulness present-centered and nonjudgmental?, in Williams, M.G. & Kabat-Zinn, J. (eds.) *Mindfulness: Diverse Perspectives on its Meaning, Origins and Applications*, London: Routledge.
Dunne, J. (2013) Toward an understanding of nondual mindfulness, in Williams,
M.G. & Kabat-Zinn, J. (eds.) *Mindfulness: Diverse Perspectives on its Meaning, Origins and Applications*, London: Routledge.
Dunne, J. (2015) Buddhist styles of mindfulness, in Ostafin, B., Robinson, M.D. & Brian, P. (eds.) *Handbook of Mindfulness and Self-regulation*, New York: Springer.
Fasching, W. (2008) Consciousness, self-consciousness, and meditation, *Phenomenology and the Cognitive Sciences*, **7**, s. 463–483.
Finlay, L. (2008) A dance between the reduction and reflexivity: Explicating the phenomenological psychological attitude, *Journal of Phenomenological Psychology*, **39**, s. 1–32.
Gallagher, S. & Zahavi, D. (2021) *The Phenomenological Mind*, 3rd ed., London:Routledge.
Ganeri, J. (2017) *Attention, Not Self*, Oxford: Oxford University Press.
Gethin, R. (2013) On some definitions of mindfulness, in Williams, M.G. & Kabat-Zinn, J. (eds.) *Mindfulness: Diverse Perspectives on its Meaning, Origins and Applications*, London: Routledge.
Gethin, R. (2015) Buddhist conceptualisations of mindfulness, in Brown, K.W., Creswell, J.D. & Ryan, R.M. (eds.) *The Handbook of Mindfulness: Theory, Research, Practice*, London: Guilford.
Gilpin, R. (2008) The use of Theravāda Buddhist practices and perspectives in mindfulness-based cognitive therapy, *Contemporary Buddhism*, **9** (2), s. 227–251.
Goldstein, J. & Kornfield, J. (1987) *Seeking the Heart of Wisdom: The Path of Insight Meditation*, Boston, MA: Shambhala.
Gunaratana, M. (2011) *Mindfulness in Plain English*, Boston, MA: Wisdom Publications.
Harrington, A. & Dunne, J. (2015) When mindfulness is therapy: Ethical qualms, historical perspectives, *American Psychologists*, **70** (7), s. 621–631.
Husgafvel, V. (2016) On the Buddhist roots of contemporary non-religious mind- fulness practice: Moving beyond sectarian and essentialist approaches, *Temenos*, **51** (1), s. 87–126.
Husgafvel, V. (2018) The 'Universal Dharma Foundation' of Mindfulness-Based Stress Reduction: Non-duality and Mahāyāna Buddhist influences in the work of Jon Kabat-Zinn, *Contemporary Buddhism*, **19** (2), s. 275–326.
Hua 1: Cartesianische Meditationen und Pariser Vorträge. Hrsg. und eingeleitet von Stephan Strasser. Nachdruck der 2.verb. Auflage. 1991.
Hua 3/1: *(Ideen I)* Ideen zu einer reinen Phänomenologie und phänomenologischen Philosophie. Erstes Buch: Allgemeine Einführung in die reine Phänomenologie. In zwei Bänden: 1.Halbband: Text der 1.-3.Auflage. Neu hrsg. von Karl Schuhmann. Nachdruck. 1976b.
Hua 6: (Krisis) Die Krisis der europäischen Wissenschaften und die transzendentale Phänomenologie. Eine Einleitung in die phänomenologische Philosophie. Hrsg. Von Walter Biemel. Nachdruck der 2. verb. Auflage. 1976a.
Hua 19/1: Logische Untersuchungen. Zweiter Band. Erster Teil. Untersuchungen zur Phänomenologie und Theorie der Erkenntnis. Hrsg. von Ursula Panzer. 1984.
Hua 32: Natur und Geist. Vorlesungen Sommersemester 1927. Hrsg. von Michael Weiler. 2001.
Kabat-Zinn, J. (1994) *Wherever You Go, There You Are: Mindfulness Meditation for Everyday Life*, London: Piatkus.
Kabat-Zinn, J. (2005a) *Full Catastrophe Living: Using the Wisdom of Your Body and Mind to Face Stress, Pain, and Illness*, New York: Delta Trade.
Kabat-Zinn, J. (2005b) *Coming to Our Senses: Healing Ourselves and the World through Mindfulness*, New York: Hyperion.
Lundh, L.G. (2020) Experimental phenomenology in mindfulness research, *Mind- fulness*, **11**, s. 493–506.
Lutz, A., Jha, A., Dunne, J., Saron, C., Anderson, Norman B., & Kazak, A.E. (2015) Investigating the phenomenological matrix of mindfulness-related practices from a neurocognitive perspective, *American Psychologist*, **70** (7), s. 632–658.
McMahan, M. (2008) *The Making of Buddhist Modernism*, Oxford: Oxford Uni- versity Press.
Nyanaponika, T. (1962) *The Heart of Buddhist Meditation: A Handbook of Mental Training on the Buddha's Way of Mindfulness*, New York: Samuel Weiser.
Petitmengin, C. (2006) Describing one's subjective experience in the second person: An interview method for a science of consciousness, *Phenomenology and the Cognitive Sciences*, **5** (3), s. 229–269.
Petitmengin, C. (2007) Towards the source of thoughts: The gestural and trans- modal dimension of lived experience, *Journal of Consciousness Studies*, **14** (3), s. 54–82.
Petitmengin, C. (2011) Describing the experience of describing? The blind spot of introspection, *Journal of Consciousness Studies*, **18** (1), s. 44–62.
Petitmengin, C. & Bitbol, M. (2009) The validity of first-person descriptions as authenticity and coherence, *Journal of Consciousness Studies*, **16** (10–12), s. 363–404.

Petitmengin, C.M., Van Beek, M., Bitbol, M., Nissou, J. & Roepstorff, A. (2017) What is it like to meditate? Methods and issues for a micro-phenomenological description of meditative experience, *Journal of Consciousness Studies*, **24** (5– 6), s. 170–198.

Petitmengin, C., Remillieux, A. & Valenzuela-Moguillansky, C. (2019) Discover- ing the structures of lived experience: Towards a micro-phenomenological analysis method, *Phenomenology and the Cognitive Sciences*, **18** (4), s. 691– 730.

Puc, J. (2019) In defence of bare attention: A phenomenological interpretation of mindfulness, *Journal of Consciousness Studies*, **26** (5–6), s. 170–190.

Reinach, A. (1968) What is phenomenology?, Kelly, D. (trans.) *The Philosophical Forum*, **1**, s. 234–256.

Sartre, J.-P. (2018) *Being and Nothingness*, Richmond, S. (trans.), London: Routledge.

Sawyer, D. (2018) Mindfulness meditation: A Sartrean analysis, *Sartre Studies International Volume*, **24** (2), s. 66–83.

Shapiro, S., Carlson, L.E., Astin, J.A. & Freedman, B. (2006) Mechanisms of mindfulness, *Journal of Clinical Pychology*, **63** (3), s. 373–386.

Sharf, R. (1995) Buddhist modernism and the rhetoric of meditative experience, *Numen*, **42**, s. 228–283.

Sharf, R. (2014) Mindfulness and mindlessness in early Chan, *Philosophy East and West*, **64** (4), s. 933–964.

Sharf, R. (2015) Is mindfulness Buddhist? (And why it matters), *Transcultural Psychiatry*, **52** (4), s. 470–484.

Sharf, R. (2016) Is Yogācāra phenomenology? Some evidence from the *Cheng weishi lun*, *Journal of Indian Philosophy*, **44**, s. 777–807.

Shulman, E. (2014) *Rethinking the Buddha*, New York: Cambridge University Press.

Siderits, M., Thompson, E. & Zahavi, D. (eds.) (2011) *Self, No Self? Perspectives from Analytical, Phenomenological, & Indian Traditions*, Oxford: Oxford Uni- versity Press.

Sparby, T. (2019) Phenomenology and contemplative universals: The meditative experience of *dhyāna*, coalescence, or access concentration, *Journal of Con- sciousness Studies*, **26** (7–8), s. 130–156.

Spiegelberg, H. (1965) *The Phenomenological Movement*, The Hague: Martinus Nijhoff.

Thompson, E. (2007) *Mind in Life*, London: Harvard University Press.

Thompson, E. (2017) Introduction to the revised edition, in Varela, F.,Thompson, E. & Rosch, E., *The Embodied Mind*, Cambridge, MA: MIT Press.

Thompson, E. (2020) *Why I am Not a Buddhist*, Yale, CT: Yale University Press.

Thompson, E., Lutz, A. & Cosmelli, D. (2005) Neurophenomenology: An introduction for neurophilosophers, in Brook, A. & Akins, K. (eds.) *Cognition and the Brain: The Philosophy and Neuroscience Movement*, Cambridge: Cambridge University Press.

Tugendhat, E. (1970) *Der Wahrheitsbegriff bei Husserl und Heidegger*, Berlin: de Gruyter.

Varela, F. (1996) Neurophenomenology: A methodological remedy for the hard problem, *Journal of Consciousness Studies*, **3** (4), s. 330–349.

Varela, F., Thompson, E. & Rosch, E. (1991) *The Embodied Mind*, Cambridge, MA: MIT Press.

Vörös, S. (2019) Embodying the nondual: A phenomenological perspective on *shikantaza*, *Journal of Consciousness Studies*, **26** (7–8), s. 70–94.

Wallace, A. & Bodhi, B. (2006) *The Nature of Mindfulness and Its Role in Buddhist Meditation*, A Correspondence between B. Alan Wallace and the Venerable Bhikkhu Bodhi, Unpublished manuscript, Santa Barbara Institute for Consciousness Studies, Santa Barbara, CA.

Watt, T (2017) Spacious awareness in Mahāyāna Buddhism and its role in the modern mindfulness movement, *Contemporary Buddhism*, **18** (2), s. 455–480. Williams, M., Teasdale, J, Segal, Z. & Kabat-Zinn, J. (2007) *The Mindful Way Through Depression*, London: Guilford Press.

Williams, M. & Kabat-Zinn, J. (eds.) (2013) *Mindfulness: Diverse Perspectives on its Meaning, Origins and Applications*, London: Routledge.

Zahavi, D. (2003) *Husserl's Phenomenology*, Stanford, CA: Stanford University Press.

Zahavi, D. (2017) *Husserl's Legacy: Phenomenology, Metaphysics, and Transcendental Philosophy*, Oxford: Oxford University Press.

Zahavi, D. (2018) Brain, mind, world: Predictive coding, neo-Kantianism and transcendental idealism, *Husserl Studies*, **34** (1), s. 47–61.

Zahavi, D. (2019a) *Phenomenology: The Basics*, London: Routledge.

Zahavi, D. (2019b) Reflexivity, transparency, and illusionism: Engaging Garfield, *Protosociology*, **36**, s. 142–156.

Zahavi, D. (2020) The practice of phenomenology: The case of Max van Manen, *Nursing Philosophy*, **21**, 12276.

Zahavi, D. (2021) Applied phenomenology: Why it is safe to ignore the *epoché*, *Continental Philosophy Review*, [Online] https://doi.org/10.1007/s11007-019- 09463-y.

DAS SUBJEKT IN DER GENETISCHEN PHÄNOMENOLOGIE HUSSERLS UND SEINE BEDEUTUNG FÜR DIE PHILOSOPHIE DER GEGENWART

Dieter Lohmar[1]

1. Unverzichtbarkeit des Subjekts?

Wenn man fragt, worin die Bedeutung und Unverzichtbarkeit des Subjekts aus der Sicht der Phänomenologie Husserls liegt, dann stößt man schnell auf eine Generalthese seiner Phänomenologie, die er mit den Hauptvertretern der Bewusstseinsphilosophie der Neuzeit teilt: Das Subjekt konstituiert die Welt. Den verschiedenen Schichten dieser Konstitution in den Bewusstseinsleistungen des Subjekts hat er einen großen Teil seiner analytischen Arbeit gewidmet.

In meiner Darstellung gehe ich zudem von einer bestimmten Einsicht über die Entwicklung der Phänomenologie Husserls aus: Von den *Logischen Untersuchungen* (1900) bis etwa zur Publikation der *Ideen I* (1913) konzentriert sich Husserl auf das Projekt einer voraussetzungslosen Grundlegung der Erkenntnistheorie mit Hilfe eidetischer Analysen des Aktgefüges. Dieses phänomenologische *Grundlegungsprogramm* verwendet in und nach den *Ideen I* auch mit Gewinn die transzendentale Reduktion, die uns auf das *transzendentale Ego* zurückführt. Das transzendentale Ego wird jedoch nicht als substantielle Entität verstanden, sondern lediglich als ein letztes, 'nicht hintergehbares' Erfahrungsfeld, auf dem alle Grundlegungsbemühungen beginnen müssen.

Ab der Verfassung der *Ideen II* (1912-1915) schieben sich langsam zwei neue Richtungen der Konstitutionsanalyse in den Vordergrund von Husserls Analysen: (1) Die zeitlich erstreckte *Erfahrung* des einzelnen Subjekts, die später in die genetische Phänomenologie von *Erfahrung und Urteil* eingehen wird und (2) die *gemeinschaftliche Konstitution von (historisch und regional verschiedenen) kulturellen Elementen unserer Weltvorstellungen*. Dies könnte man als phänomenologische Geisteswissenschaft verstehen. – Beide Richtungen der Analyse scheinen auf den ersten Blick nur thematische Erweiterungen der Phänomenologie zu sein, sie bringen jedoch beide neue Methoden mit sich. Diese beiden neuen Untersuchungsrichtungen mischen und verflechten sich in der Folge auf vielfältige Weise mit dem *Grundlegungsprogramm*, aber manchmal konkurrieren sie jedoch methodisch mit diesem und auch miteinander. Diese komplexe Dynamik in der Entwicklung von Husserls Phänomenologie ist bis heute wenig untersucht worden.[2] In der *Krisis* (1936) kommt die Untersuchung der (historisch-gemeinschaftlichen) intersubjektiven Konstitution zu einer Anwendung auf das geistige Gebilde, das heute unser Bild der Welt am stärksten bestimmt: die neuzeitliche Naturwissenschaft. Da ich an anderer Stelle schon die Entwicklung des Ich im Rahmen von Husserls Grundlegungsprogramm ausgeführt habe, werde mich in meiner jetzigen Darstellung auf die Vorstellung des Subjekts im

---

[1] Prof. em. Dr., *Husserl-Archiv* der Universität zu Köln, dieter.lohmar@uni-koeln.de

[2] Die Gründe für das Desinteresse an der internen Entwicklung der phänomenologischen Methoden sind vielfältig. Oft wird die Entwicklung der Phänomenologie oft an dem Gegensatz zwischen einer vermeintlich realistischen Phänomenologie der *Logischen Untersuchungen* und der ab den *Ideen I* propagierten transzendentalen Phänomenologie orientiert. Die demnächst erfolgende Neuausgabe der *Ideen II* (Hua IV/V) wird dieses Bild korrigieren. Vgl. hierzu T. Sakakibara: *The Genesis of Husserl's Phenomenology. A study on the origin and development of its method.* University of Tokyo Press, Tokyo 2021 und D. Lohmar: *Methodenprobleme der Lebenswelt-Phänomenologie in der Krisis.* In: The Ritsumeikan Bungaku, The Journal of Cultural Science Nr. 665 (2020), A Special Issue in Honour of Toru Tani. p. 39-56. – Ich weise Zitate von Edmund Husserl nach der kritischen Ausgabe seiner Werke mit dem üblichen Sigel (Hua Bd.Nr, Seite) nach.

Rahmen der späten, genetischen Phänomenologie der Lebenswelt beschränken.[3]

Also beginnen wir noch einmal: Das Subjekt konstituiert die Welt, aber das Subjekt der genetischen Phänomenologie ist nicht allein. Es konstituiert die Welt zusammen mit anderen Subjekten in gemeinschaftlicher Konstitution. Das bemerkt man vor allem an den *kulturellen Sinnen*, die wir den Dingen in der Welt zulegen (z.B. gemeinschaftlich akzeptierte Werte, Regeln für die Verwendung von Dingen usw.). Die meisten dieser kulturellen Sinne haben nur eine auf die jeweilige Gemeinschaft regional begrenzte Verbreitung und sie ändern sich in der historischen Entwicklung.

In dieser nach Wert und Regeln orientierten Ordnung der Lebenswelt wissen wir zudem bereits viel über die Eigenschaften von Dingen und die Abhängigkeiten zwischen alltäglichen Ereignissen, und zwar auch ohne dass wir bereits Wissenschaften besitzen. Dieses Wissen ist aber gelegentlich ungenau und spiegelt oft nur die Erfahrung des jeweiligen Subjekts. Zudem gibt es auch im Alltag Sachverhalte, über die man möglichst genaues und verlässliches Wissen besitzen will. In der alltäglichen Lebenswelt haben sich in der kulturellen Entwicklung der menschlichen Gemeinschaft daher früh Messtechniken und Wissenschaften entwickelt, die zunächst an praktischen Problemen der Lebensführung und der Organisation der Gemeinschaft orientiert waren, z.B. die Feldmesskunst, die Rechenkunst usw., aber es gab auch früh Versuche zur Erklärung der Naturphänomene und der Bewegungen von Sonne, Mond und Sternen. Abgelöst von dieser lebenspraktischen Motivation entwickelten sich auch rein theoretische Wissenschaften, wie die Geometrie und Arithmetik, die schon eine gemeinschaftlich gestiftete Abstraktion und den Eintritt in eine Tradition normierter Idealisierung verlangen. – Auf dem Weg der weiteren Abstraktion von den lebenspraktischen Motiven und der Suche nach der Mechanik der irdischen und der Himmelskörper entwickelt sich am Anfang der Neuzeit dann die moderne Physik. Sie wurde auf der idealisierten Vorstellung einer mathematisch beschreibbaren physikalischen Welt *hinter* der sichtbaren Welt errichtet. Die Ereignisse in dieser physikalischen *Hinterwelt* folgen einer streng mathematisch beschreibbaren Gesetzmäßigkeit und sie verursachen alle Ereignisse in der sinnlich erscheinenden Welt.[4]

Es war aber nicht die Wissenschaft, die zuerst zu gemeinsam konstituierten Vorstellungen von Welten führte, die hinter der sichtbaren Welt liegen (*Hinterwelten*), sondern Religion und Philosophie. Von diesen unanschaulichen Hinterwelten glauben wir, dass sie die 'eigentlich wirkliche Wirklichkeit' sind, und dass sie die für uns erscheinende Welt verursachen. Dabei mag man als philosophisch Gebildeter an die Ideen von Plato denken, aber die religiösen Vorstellungen der Götter und einer göttlichen Wirklichkeit, die unsere Sinnenwelt verursacht und regelt, sind wohl weiter verbreitet. Heute ist es die Vorstellung der physikalischen Natur, die ebenfalls nicht sichtbar ist und von der wir glauben, dass sie alles kausal verursacht, was wir sehen können.

Hierdurch entsteht aber ein Problem für das Selbstverständnis des Menschen: Aus dem Gesichtspunkt jeder Hinterwelt-Theorie hat das konstituierende Subjekt kein Gewicht, keine eigene Kausalität. Es ist nur ein wirkungsloses und funktionsloses Störgeräusch, ein unerklärliches Flackern im unaufhaltsamen Gang der Kausalität, ein subjektives Epiphänomen. In einer wichtigen Hinsicht (der Hinsicht der Konstitution) ist daher das Subjekt bzw. die Subjekte das *An Sich Erste* (also ein *Prinzip*) – und nicht die Welt oder die verschiedenen Hinterwelten. In einer anderen Hinsicht, nämlich die, welche die Eigenständigkeit der Hinterwelten der Ideen, der Religion, der Physik usw. an den

[3] Vgl. D. Lohmar: *Ego and Arch-Ego in Husserlian Phenomenology*. In: *Life, Subjectivity & Art*. Essays in Honor of Rudolf Bernet. Springer: Heidelberg 2012, 277-302. Es geht bei dem „Subjekt der Phänomenologie" hier auch nicht um das Ich, das phänomenologische Forschung betreibt, sondern um das Bild des Subjekts in der genetischen Phänomenologie.
[4] Vgl. hierzu Husserls Darstellung im sog. Galilei-Paragraphen der *Krisis*, Hua VI, § 9.

Anfang stellt, ist das Subjekt in mehreren Hinsichten *das Letzte*. Es ist nicht nur funktionslos, es ist nur Folge, nicht Wirkung, und damit auch wertlos.[5]

In dieser paradoxen Doppelsinnigkeit lebt das Subjekt seit dem Anfang der philosophischen Selbstbesinnung. Wie steht Husserls Phänomenologie zu dieser Streitfrage? Es geht mir hierbei vor allem um das Bild des Subjekts, das die späte genetische Phänomenologie der Lebenswelt in dieser Streitfrage einnimmt. Es geht aber auch um Husserls Stellung zur Konzeption eines intelligenten Tier-Ich und seine Diagnosen über die beschränkte Bedeutsamkeit der gemeinschaftlich konstituierten Vorstellungen einer 'Welt hinter dieser sichtbaren Welt', wie es sie gelegentlich in der Philosophie, in der Wissenschaft, den Religionen usw. gibt.

Nach dieser Einleitung werde ich die genetische Sichtweise auf die Rolle der Erfahrung des Einzelnen und den Einfluss der Gemeinschaft auf die Konstitution der Welt zum Thema machen. Abschließend diskutiere ich kurz Husserls *Personalismus* als ein auch heute noch relevanter Gegenentwurf zum Naturalismus.

2. Die Konstitution der Welt in der genetischen Phänomenologie – Die Erfahrung des Einzelnen und der Einfluss der Gemeinschaft

Beginnen wir mit der Konstitution der Welt: Alle Gegenstände, Sachverhalte, Zeit, Raum, Werte, Kulturobjekte und auch die anderen Personen werden vom Bewusstsein vorgestellt. Hierfür ist ein komplexes Gefüge von Bewusstseinsakten erforderlich, und zwar schon dafür, dass uns die Gegenstände des Wahrnehmens und Denkens anschaulich erscheinen. Die Art der Anschaulichkeit ist dabei abhängig von der Art des Gegenstandes: Beim raumzeitlichen Ding hängt die Erfüllung der Intention im Wesentlichen von der Sinnlichkeit ab. Bei höherstufigen Gegenständen wie Sachverhalten oder Theorien ist auch der Vollzug der Erkenntnisakte eine Bedingung der Anschaulichkeit. Bei einigen Wissenschaften muss man zuvor in eine Tradition der Idealisierung eintreten, die ein Ideenkleid über die für uns sichtbare Welt wirft (z.B. für Geometrie und Physik).

Die Konstitution der kulturellen Sinne, die alle Dinge einer regional kulturell geprägten Welt besitzen, z.B. Werte und Regeln für die Verwendung von Dingen, hängt vor allem von den kommunikativen Akten einer Gemeinschaft ab. Es sind daher immer mehrere Subjekte an der Formierung von kulturellen Sinnen beteiligt. Der Erfüllungsstil kultureller Sinne ist daher auch komplizierter als bei der Wahrnehmung und der Erkenntnis. Es gibt hier nicht eine in der Sinnlichkeit beginnende Kette von Evidenzen, sondern die Gemeinschaft, ihre Weltsicht und ihre Interpretation ist für die Bildung der kulturellen Sinne *und* für ihre Erfüllung zuständig.

Die einstimmige und zustimmende Kommunikation kann dabei in verschiedenen Medien vor sich gehen, z.B. in einem Blickwechsel, in gemeinsamen Handeln oder einer zustimmenden Mimik oder Geste. Es muss nicht immer sprachlich Einvernehmen hergestellt werden. Schon das harmonische Handeln zusammen mit Anderen kann eine Bestätigung für die Richtigkeit meiner und unserer Überzeugungen und Wertungen sein. Wenn ich z.B. eine Kirche, eine Moschee, einen Tempel usw. betrete, dann erwarten die Anderen von mir bestimmte Handlungen und das Unterlassen anderer Verhaltensweisen. Wenn die gegenseitigen Erwartungen erfüllt werden, zeigt das an, dass wir

[5] Husserl schreibt: „Die Phänomene sind nur in den Subjekten; sie sind in ihnen nur als kausale Folgen der in der wahren Natur stattfindenden Vorgänge, die ihrerseits nur in mathematischen Eigenschaften existieren. Ist die anschauliche Welt unseres Lebens bloß subjektiv, so sind die gesamten Wahrheiten des vor- und außerwissenschaftlichen Lebens, welche sein tatsächliches Sein betreffen, entwertet." Hua VI, 54.

stillschweigend bezüglich der kulturellen Sinne übereinstimmen: Es ist ein sakraler Raum. Wenn ich ein wertvolles Ding seinem Besitzer unaufgefordert zurückgebe, dann zeigt dies, dass ich die Eigentumsregeln unserer Gemeinschaft respektiere. Zuvor hatte ich das scheinbar herrenlose Ding in die Hand genommen und dafür bereits einige strafende Blicke von Anwesenden erhalten, die mich diskret darauf hinweisen sollen, dass ich Regeln der Gemeinschaft zu verletzen drohe.

Der Einfluss der Gemeinschaft setzt voraus, dass das einzelne Subjekt schon Gegenstände anschaulich gegeben hat. Alle Arten von Anschauung verlangen ein leibliches Subjekt, das aktiv Erfahrungen sammelt und auf der Grundlage dieser Erfahrungen, d.h. seines Vorwissens, auch seine Welt weiter erschließt und sich in ihr praktisch orientiert. In der späten, genetischen Phänomenologie versteht Husserl das Vorwissen, das aus meinen gesammelten Erfahrungen resultiert als *Typus*, z.B. als Typus einer Zitrone. – Was leistet der Typus? Seine wichtigste Funktion ist die Leitung unserer Wahrnehmungsaktivität, indem er bestimmte sinnliche Gegebenheiten als Darstellung des wahrgenommenen Gegenstandes fordert. Dabei sind die Aktivitäten im Rahmen des Prozesses der Wahrnehmung nicht nur leibliche Aktivitäten, sondern vor allem intellektuelle: *Interesse*, *Vorwissen*, *Auswahl*, *Interpretation* und vor allem die *Verbindung* des sinnlich Gegebenen zur Darstellung des Dinges.

Das kann man an einfachen Beispielen verständlich machen. Wenn wir eine bekannte gelbe Gestalt auf dem Obstteller in der Küche liegen sehen, dann ist die Wahl meiner Typen schon eingeschränkt: Apfel, Apfelsine oder Zitrone? Wenn ich dann mit Hilfe des Typus 'Zitrone' das Ding wahrnehme, dann bedeutet dies, dass ich durch den geweckten Typus Zitrone von ihm weitgehend dasselbe erwarte, was ich schon zuvor an ähnlichen Gegenständen erfahren habe. Durch meine Erfahrung mit Zitronen hat sich in meinem Bewusstsein eine Gruppe ähnlicher Dinge gebildet (sozusagen 'Gegenstände wie dieser'), deren Gemeinsamkeiten ich nun in der Form des Typus zur Organisation meiner Wahrnehmung verwende. Diese Funktion ist aber bedeutsam und wirksam. Nehmen wir jetzt an, die erscheinende Gestalt und die erwartete Farbe stimmen, so dass sie die wichtigsten Elemente der Zitrone darstellen können. Wenn ich zur gleichen Zeit aufdringliche Zahnschmerzen habe, dann werde ich diese starke Empfindung aber nicht zur Darstellung der Zitrone rechnen dürfen. Der Typus der Zitrone hilft mir in der analogischen Apperzeption eines Dinges also bei der *Auswahl* der Elemente in der Sinnlichkeit, die zur Darstellung geeignet sind (Farbe, Gestalt, Geruch ...). Wenn es weiterhin z.B. einen leichten fruchtigen Geruch im Raum gibt, dann werde ich diesen als Teil der normalen Erscheinungsweise von ‚so etwas wie' einer Zitrone nehmen. Dabei können natürlich auch Irrtümer entstehen, denn wenn auf dem Obstteller die Attrappe einer Zitrone neben einer echten Apfelsine liegt, dann *interpretiere* ich den fruchtigen Geruch der Apfelsine als den einer Zitrone (in diesem Fall ist das falsch). Aber auch, wenn es eine echte Zitrone ist, muss ich den fruchtigen Geruch als den einer Zitrone interpretieren. – Am Ende des Prozesses der Wahrnehmung setze ich mit der Hilfe des Typus die sinnliche Darstellung der Zitrone aus den Elementen in der gebotenen Sinnlichkeit zusammen: Visuelle Form und Farbe, Geruch, taktile Empfindung usw. Der Typus leitet also die komplexe Handlung der Wahrnehmung durch *Auswahl, Interpretation und Zusammensetzung (Synthesis)* der Elemente der Sinnlichkeit, die eine Darstellung des typisch erwarteten Dinges leisten sollen. Wenn diese Handlung gelingt, dann nehmen wir eine Zitrone mit dem *Recht der Wahrnehmung* wahr. Husserl bezeichnet den Prozess der Wahrnehmung daher auch gelegentlich als *typisierende Apperzeption.* – Diese Beschreibung des komplexen Aktes der Wahrnehmung gilt übrigens ebenso für einen Affen, der eine reife Banane oder eine charakteristische Wegmarke (landmark) wahrnimmt.

Neben der grundlegenden Funktion in der Leitung und Organisation der Wahrnehmung enthält der Typus aber auch die Sinnniederschläge, die er aus der Gemeinschaft erhalten hat, z.B. hinsichtlich seines Wertes und der Regeln für seine Verwendung. Da unsere Wahrnehmung immer auch im Kontext einer Praxis steht, die uns mit anderen Personen verbindet, sind im Typus immer auch diese *kulturellen Sinnelemente* enthalten. Es gibt z.B. in jeder Gemeinschaft, sei sie auch noch so primitiv, immer Regeln für die Verwendung von Nahrungsmitteln, auch in Gruppen von Affen und Primaten.[6]

Diese kulturellen Sinnelemente werden in gemeinschaftlicher Konstitution und Praxis eingeübt und ihre Verletzung wird sanktioniert, so dass sie fest zu ‚Dingen wie diese' bzw. zu Gegenständen bestimmten Typus gehören. Sie werden zusammen mit den typisiert apperzipierten Gegenständen vorgestellt und gehören gleichsam fest zu ihnen, obwohl ihre Erfüllung eventuell nur in gelegentlichen kommunikativen Akten geschieht (und nicht in der Sinnlichkeit). Das Verfahren der typisierenden Apperzeption beschreibt, wie wir die Erfahrung, die ein Subjekt gemacht hat, in der weiteren Wahrnehmung nutzen. Wiederum gilt dies für viele Tiere, worauf schon Hume mit dem Beispiel des Hundes hinwies, der nicht zweimal mit der Nase einen heißen Ofen berührt.[7]

Natürlich ist die typisierende Apperzeption auch für Irrtümer anfällig. Schon die Auswahl des Typus den wir anwenden wollen, stellt eine Quelle von Irrtümern dar: Ich kann in einer Gegend, in der es Schlangen gibt, in einem dunklen Schuppen ein zusammengerolltes Seil bemerken, es aber als Schlange wahrnehmen und in Panik herausrennen. In diesem Beispiel aus den Veden zeigt sich die große Abhängigkeit unseres Weltbezuges von unseren Erfahrungen und vor allem von unserer individuellen Relevanzordnung. Diese ordnet unser Vorwissen bezüglich der Welt nach Bedeutsamkeit, d.h. auf der einen Seite ist das, was auf keinen Fall geschehen darf und am anderen Ende das, was unbedingt geschehen soll.[8] Auf diese Weise wird in der dargestellten Situation z.B. der Typus der Schlange bevorzugt geweckt und kann sich in der Kürze der Wahrnehmung erfüllen. Auch diese Irrtumsmöglichkeit teilen wir mit den meisten Tieren.

Aus der Darstellung der Wahrnehmung mit Hilfe eines Typus ersieht man gleich Mehreres: Einmal wird deutlich, dass das Subjekt, von dem wir zur Erbringung dieser Leistungen ausgehen müssen, nicht notwendig Begriffe kennen und, dass es auch nicht 'vernünftig' zu sein braucht. Auch Tiere sammeln Erfahrungen mit den Gegenständen, mit denen sie es täglich zu tun haben, und sie können sie wiedererkennen und wissen um ihre Eigenschaften. Sogar Zusammenhänge, die z.B. eine Vorstellung der Kausalität in den Wirkungen von Ereignissen erfordern, beherrschen auch Tiere – wie man empirisch nachweisen kann. Also entweder gibt es wie Hume schreibt, eine 'Vernunft der Tiere'[9], oder wir sollten einsehen, dass die vermeintlich exklusive menschliche Vernunft ein Restbestand von eher theologischem Denken ist. In der älteren rationalistischen Tradition (Descartes, Leibniz, Kant) wird Vernunft z.B. als die Fähigkeit verstanden, Begriffe zu besitzen und anwenden zu können, die scheinbar nicht aus der Erfahrung stammen können, wie z.B. Substanz, Kausalität usw. – Oder um es anders zu wenden: Wenn wir die Intelligenzleistungen von Tieren wirklich verstehen wollen, dann müssen wir lernen, von einem Subjekt auszugehen, das seine Welt allein auf der Basis von Erfahrungen konstituiert. In dieser Hinsicht ist die genetische Phänomenologie eine geeignete Basis für eine *inklusive Erkenntnistheorie*, d.h. eine solche, die auch Tiere als Subjekte von

---

[6] Vgl. Frans de Waal, (1997): *Der gute Affe. Der Ursprung von Recht und Unrecht bei Menschen und anderen Tieren,* München 1997, Kap.3.

7 Vgl. David Hume: *Untersuchungen über den menschlichen Verstand*, 9. Abschnitt „Über die Vernunft der Tiere" (vgl. auch den 5. Abschnitt), Stuttgart 1967.

[8] Vgl. hierzu D. Lohmar: *Phänomenologie der schwachen Phantasie. Phänomenologische, psychologische und neurologische Aspekte der Funktion schwacher Phantasma in Wahrnehmung und Erkenntnis.* Springer Dordrecht/Heidelberg 2008. Kap. 8.

[9] David Hume, *Untersuchungen über den menschlichen Verstand*, 9. Abschnitt „Über die Vernunft der Tiere", Stuttgart 1967.

Wahrnehmung und Erkennen begreift. Aber wie steht die genetische Phänomenologie zu einem solchen Projekt?

Husserl ist in dieser Hinsicht relativ offen, denn er geht nicht davon aus, dass die menschliche oder tierische Vernunft bereits eine bestimmte apriorische Struktur mit sich führt, die es uns erst ermöglicht, die Dinge der Welt als Gegenstände wahrnehmen und vorstellen zu können. Es gibt in der Phänomenologie natürlich eidetische Gesetze für die Leistungen des Bewusstseins, aber die betreffen nur die Struktur der Akte, nicht ihren begrifflichen Inhalt. Den müssen wir mühsam lernen, ebenso wie alle anderen erfahrenden Lebewesen auch.

Am Beispiel der Kausalität kann man sich das klar machen. In seiner späten, genetischen Phänomenologie versteht Husserl kausale Verbindungen als etwas, was uns zunächst die alltägliche Erfahrung lehrt. Hierbei geht es um so etwas wie ‚Alltagskausalität': "Die Dinge der anschaulichen Umwelt (immer genommen so, wie sie anschaulich in der Lebensalltäglichkeit für uns da sind und uns als Wirklichkeiten gelten) haben sozusagen ihre 'Gewohnheiten', sich unter typisch ähnlichen Umstanden ähnlich zu verhalten."[10] Es sind 'Gewohnheiten der Dinge', die wir in Erfahrungen kennen lernen. Die physikalische Vorstellung einer immer und allgemein wirkenden *universalen (und exakten) Kausalität* ist sehr fern von dieser, an einzelnen Dingen erfahrenen Art von Kausalität. Unsere Kenntnis dieser *Alltagskausalität* zeigt sich z.B. darin, dass wir heißen Kaffee nicht direkt trinken, weil wir schon die Erfahrung gemacht haben, dass er uns die Zunge verbrennen wird und wir diese Folge auch jetzt erwarten. Die erfahrene Kausalität des Alltags ist jedoch immer nur für bestimmte Dinge und Ereignisse bekannt, sie ist nicht universal und exakt und sie verbleibt im Ungefähren. Aber dennoch: "Dieser universale Kausalstil der anschaulichen Umwelt macht in ihr Hypothesen, macht Induktionen, macht Voraussichten hinsichtlich der Unbekanntheiten der Gegenwart, der Vergangenheit und Zukunft möglich. Aber im vorwissenschaftlich erkennenden Leben stecken wir bei alledem im Ungefähren, Typischen."[11]

Die *universale Kausalität* dagegen ist eine idealisierende Sinnstiftung der Naturwissenschaft, deren Entstehung relativ präzise datiert werden kann: mit Galilei und seinen Zeitgenossen.[12] Die physikalische *Idealisierung* ist für unser Interesse an den Eigenschaften der physikalischen Welt sehr hilfreich, da sich das Verhalten unbelebter Dinge im großen und kleinen Maßstab mit dieser Annahme gut interpretieren und voraussagen lässt. Die auf physikalische Analysen gestützten Naturwissenschaften haben seit dieser Zeit einen großen Erkenntnis-Erfolg gehabt. Zudem stieg das Ansehen der zugrunde liegenden Idee universaler Kausalität durch die erfolgreichen technischen und industriellen Anwendungen. – Man könnte sagen: Wer heute nicht an die universale Geltung des Kausalgesetzes glaubt, der gilt als unvernünftig.

Nun gibt es deutliche Anzeichen in der späten genetischen Phänomenologie der *Krisis*, dass Husserl selbst keineswegs von der universalen Geltung des Kausalgesetzes überzeugt war. Er versteht diese Vorstellung lediglich als eine nützliche Idealisierung, d.h. eine Sinnstiftung, die zu einer bestimmten Zeit gefunden oder initiiert wurde, und die seither von einer großen – vielleicht sogar weltweiten – Gemeinschaft geteilt wird. Allein wegen der großen Anerkennung muss sie noch nicht für alle Gegenstände der Erkenntnis zutreffen. Sie mag in den gemeinsamen Überzeugungen vorherrschen, aber dennoch gibt es Gegenstände unseres Denkens, auf die sie nicht angewandt werden kann und auf die sie nicht angewandt werden darf.

---

[10] Hua IV, 28.
[11] Hua IV, 29.
[12] Vgl. Krisis, Hua IV, § 9

Dieser Vorbehalt betrifft vor allem auf das Denken und Verhalten von Subjekten (übrigens wieder: nicht ausschließlich menschliche Subjekte). Sie sind nämlich frei, d.h. sie verhalten sich in gleichen oder ähnlichen Situationen nicht immer auf die gleiche Weise. Diese Freiheit unserer Entscheidung ist ebenfalls in alltäglichen Kontexten zu erfahren, denn wir erleben unser Schwanken und die Unsicherheit bezüglich unseres Handelns jeden Tag.[13]

Die Erfahrung der Freiheit machen wir jedoch nicht nur auf der Stufe wohlüberlegter Entscheidungen, sondern bereits auf tieferen Ebenen, z.B. in der Wahrnehmung, in der es immer einen Deutungsspielraum gibt, den Husserl terminologisch als Auffassungswechsel bezeichnet. Husserls Analysen der Wahrnehmung wenden sich bereits in der 5. *Logischen Untersuchung* gegen die Vorstellung, dass die Wahrnehmung, die hier als Auffassung von sinnlichen Inhalten verstanden wird, kausal organisiert ist und immer dasselbe Ergebnis haben muss. Das zeigt das bekannte Beispiel der bewegten Puppe im Spiegelkabinett, die wir auf der gleichen sinnlichen Grundlage einmal als ‚Menschen', dann wieder als mechanisch bewegte 'Puppe' sehen können.

Wir sehen schon hier einen der Gründe, warum Husserl auch später eine eher kritische Haltung gegen die These der universal gültigen Kausalität einnimmt, die in unserem Glauben an die universale Gültigkeit der Physik (heute in der Neurologie, Physiologie usw.) enthalten ist. Eine idealisierende Voraussetzung wie der Glaube an die universal wirksame Kausalität mag für *einen* Gegenstandsbereich z.B. unbelebte Materie zutreffend und nützlich sein, aber auf *anderen* Gebieten wie z.B. den Bewusstseinserlebnissen ist sie schlicht verfehlt. Hier kann sie nur zu Irrtum und in der weiteren Konsequenz auch einer Gefährdung des menschlichen Selbstverständnisses führen.

Diese Einsicht stellte sich für Husserl nicht erst in der *Krisis* ein, sondern bereits im Ringen um eine Grundlegung der Geisteswissenschaften in der Arbeit an den *Ideen II* ein, d.h. schon in der Zeit 1912-15. Rückblickend schreibt er 1929 in einem Brief an Misch (vom 3.8.1929, *Hua Dok* III, Bd.VI, 277): "Ich ersah selbst, dass ich schon damals ein absolutes Sein der Natur aufgegeben hatte (mit absolut gültigen Naturgesetzen), [...]". Aber hiermit ist keineswegs eine generelle Zurückweisung der Naturwissenschaften verbunden, sondern nur eine sinnvolle Beschränkung. Husserl bleib weiterhin ein Mann der Wissenschaft. – Das sieht man z.B. an der doppelten Richtung der Kritik der Wissenschaft in der *Krisis* (1936): Einerseits geht es um die Herausstellung des Eigenrechts der lebensweltlichen Evidenzen, denn diese fundieren die Wissenschaften mit, hier geht es also um Analysen ihrer Geltungsbegründung. Andererseits müssen die versteckten und vergessenen Idealisierungen der Wissenschaft aufgedeckt werden, damit eine kritische Selbstbegrenzung der Naturwissenschaft möglich wird.

In der Forderung nach einer sinnvollen Begrenzung ihrer Anwendungsgebiete liegt also keine Relativierung der Geltung der Wissenschaften. Husserl steht damit auch nicht im Gegensatz zu den eigenen Zielen strenger Wissenschaft, denn diese zeichnet sich gerade durch eine konsequente selbstkritische Haltung aus: Das Wissen um Grenzen der Messbarkeit, das Wissen um die Beeinflussung von Messwerten durch den messenden Eingriff (Unschärferelation), die bleibende Unsicherheit hinsichtlich der Interpretation von Ergebnissen, die fortlaufende Diskussion alternativer Theoriemodelle, die vielleicht ein besseres Verständnis ermöglichen usw. Der Naturalismus, welcher die sinnvollen Begrenzungen nicht beachtet, erscheint aus dieser Perspektive

[13] Vgl. meinen Beitrag: *Freiheit des Subjekts und Freiheit der Gemeinschaft.* In: *Lebenswelt und Lebensform*, Sonderband der Phänomenologischen Forschungen, Hrsg. von Chr. Bermes und Annika Hand, Hamburg 2016, 147-170.

weniger als eine wissenschaftliche These sondern eher als eine ‚spekulativ-philosophische' Universalisierung. Der Naturalismus ist ein Problem der Philosophie, nicht der Wissenschaft.

3. Personalismus und gemeinschaftliche Konstitution der Welt

Husserl hat sich schon recht früh – bereits in der Ausarbeitung des 2. Buchs der *Ideen* (ca. 1912-1915) – zu einer radikalen Gegenposition zum Naturalismus bekannt, zum *Personalismus*.[14] Dessen These ist: Die Grundlage aller Konstitution ist die verleiblichte Person, die in der Kommunikation mit anderen Mitgliedern ihrer Gemeinschaft die Gegenstände ihrer Welt konstituiert, wertet und interpretiert. Diese neue Forschungsrichtung der gemeinschaftlichen Konstitution kann man als eine geisteswissenschaftliche Forschung verstehen. Husserl nennt sie sogar ausdrücklich *geisteswissenschaftliche Phänomenologie*.

Es war eine persönliche Begegnung mit Wilhelm Dilthey im Jahr 1905, die bei Husserl das Interesse an dem verwirrenden[15] Gebiet der gemeinschaftlichen Konstitution geweckt hatte. In einem Brief an Mahnke schreibt Husserl 1927 rückblickend: „Dass Dilthey meine Phänomenologie mit der geisteswissenschaftlichen Psychologie identifizierte und in Zusammenhang brachte mit seinem Lebensziel einer philosophischen Grundlegung der Geisteswissenschaften, machte auf mich einen gewaltigen Eindruck. Ich kündigte in Göttingen sofort Übungen über 'Natur- und Geisteswissenschaft' an, und von da an beschäftigten mich die zugehörigen Probleme einer geisteswissenschaftlichen Phänomenologie jahrelang fast mehr als alle anderen, obschon davon nichts bisher publiziert ist. Der im Winter 1912 zugleich mit dem I. Teil der "Ideen" entworfene II. Teil behandelte diese Probleme schon sehr breit, und neue große Studien, zur Vertiefung und Erweiterung der schon reichen Anfänge, liefen von 1916 an fort."[16] Er schreibt weiterhin, dass er seine "Phänomenologie als radikale und universale ‚Geisteswissenschaft' auffasste, ungleich radikaler als Dilthey [...]."[17]

Von den Jahren 1912 bis 1915 an ergibt sich so eine neue Dynamik in der Entwicklung von Husserls Phänomenologie: Die neu entdeckte *geisteswissenschaftlich Phänomenologie* mischt sich in der Folge mit dem *Grundlegungsprogramm*. Der Ausgangspunkt bei der Person in einer Gemeinschaft konkurriert jedoch methodisch mit dem radikalen Grundlegungsprogramm.[18] Schließlich drängt die phänomenologische Geisteswissenschaft das anfänglich verfolgte Projekt der radikal

---

[14] Husserls Kritik am Naturalismus geht implizit sogar bis zu den *Prolegomena zur reinen Logik* (1900) zurück. Der hier kritisierte *Psychologismus in der Logik* tritt mit dem Anspruch auf, eine empirisch-psychologische Begründung der logischen Prinzipien zu bieten. Der Psychologismus in der Logik ist eine Variante des Naturalismus, denn er akzeptiert nur naturwissenschaftliche Erklärungen als begründete Einsicht (wie auch der szientistische Pragmatismus von Peirce bis Quine und darüber hinaus). Die den logischen Prinzipien zugewiesene universale und notwendige Geltung lässt sich auf diese Weise jedoch prinzipiell nicht erweisen. Vgl. Hua XVIII, Kap. III-X.

[15] Man möchte hier fragen: Warum wird es ein 'verwirrendes' Gebiet genannt? Die Schwierigkeit bei der gemeinschaftlichen Konstitution ist, dass hier alle Arten von populären Irrtümern, Hörensagen, Überredung, bereitwilliger Selbsttäuschung usw. zur Formierung einer gemeinsamen Überzeugung beitragen, dazu kommen noch regional wirksame traditionale Elemente, die das Resultat der gemeinschaftlichen Konstitution in der Regel eher irrational erscheinen lassen. – Ein solches Gebiet überhaupt zu betreten bedeutet für den Mathematiker Husserl eine große Überwindung, denn eidetische Notwendigkeit wird man hier an keiner Stelle erwarten dürfen.

[16] Vgl. den Brief Husserls an Dietrich Mahnke vom 26.12.1927 (Husserliana Dokumente, *Hua Dok* III, Bd. III, s.456-463), aus dem auch die folgenden Zitate stammen.

[17] So heißt es mit Bezug auf die Auseinandersetzung mit Dilthey in den Jahren 1905-1911 in dem Brief von Husserl an Misch vom 3.8.1929 (*Hua Dok* III, Bd. VI, 277): „Ich ersah selbst, dass ich schon damals ein absolutes Sein der Natur aufgegeben hatte (mit absolut gültigen Naturgesetzen), ferner, dass ich trotz des vergröbernden Logosartikels, der "populär" sein sollte (!), die Phänomenologie als radikale und universale "Geisteswissenschaft" auffasste, ungleich radikaler als Dilthey – radikaler durch die phänomenologische Reduktion (zuerst 1907 in Vorlesungen explizit vorgetragen) – während Dilthey sich an die historischen Geisteswissenschaften band und damit an die vorgegebene Welt und an eine Anthropologie. [...] Ich habe noch allerlei zu sagen: worauf die „Ideen", ein Bruchstück, hinauszielten, was in den 15 Jahren nachher ausgeführt, fortgeführt wurde, beginne ich eben erst in Publikationen klarzulegen u. hoffe so die konstitutive Phänomenologie als das *unum necessarium* zu erweisen."

[18] Vgl. hierzu meinen Beitrag: *Methodenprobleme der Lebenswelt-Phänomenologie in der Krisis*. In: The Ritsumeikan Bungaku, The Journal of Cultural Science Nr. 665 (2020), A Special Issue in Honour of Toru Tani. p. 39-56.

voraussetzungslosen Begründung der Möglichkeit von Erkenntnis nach und nach beiseite und so kann die Spätphänomenologie in eine explizite Lebenswelt-Phänomenologie einmünden.

Der Personalismus ist von Anfang an stark auf unser alltägliches Selbstverständnis gegründet, das sich auch nicht von dem wissenschaftlichen (oder theologischen) Idealisierungen in die Irre führen lässt. Wir glauben z.B. dass wir als Personen für unsere Entscheidungen und die folgenden Handlungen verantwortlich sind, denn wir haben sie aus Freiheit getroffen. Zudem wissen wir über die meisten kausalen Folgen unseres Handelns Bescheid, daher rechnen wir Andern und auch uns selbst die Verantwortung für Handlungen und ihre Folgen zu. Für Handlungen, die Andere oder die Gemeinschaft schädigen, halten wir daher auch Strafen für angebracht. Wären wir nur – wie in der Sichtweise des Naturalismus – ein Spielball der Kausalität, dann hätten die Vorstellungen von Gerechtigkeit, Verantwortung und verdienter Strafe keinen Sinn. Wir müssten uns dann auf Prävention und nachträgliche Wiedergutmachung beschränken, ohne die Vorstellung von personaler Verantwortung auch nur zu erwägen.

Bei aller Hochschätzung für die Errungenschaften der Naturwissenschaften muss man daher – so fordert es Husserl im Namen des Personalismus – immer die Grenzen des Sinnes ihrer idealisierenden Voraussetzungen im Blick behalten. Die Kritik an der Wissenschaft ist für Husserl aber nie einseitig oder lediglich wegwerfend gewesen. Der Personalismus bietet nämlich zugleich auch einen Beitrag zur *Begründung* der Wissenschaften, denn die Idealisierungen der Wissenschaft weisen immer auch auf Motive in der menschlichen Praxis zurück: Die Arbeit des Schreiners oder des Landvermessers bietet einen lebensweltlichen Weg, auf dem Motive für die idealisierenden Setzungen der Geometrie (z.B. der Geraden) gefunden werden können. Solche praktischen Motive, wie z.B. der Versuch des Schreiners, ein Brett immer gerader zu machen, reichen aber nicht aus, um das volle Recht der Idealisierung auszuweisen, die z.B. in der Vorstellung einer idealen Geraden enthalten ist.[19] Solche idealisierenden Vorstellungen verlangen die Mitleistung des Einzelnen und der Gemeinschaft, die sie positiv aufnehmen, weitergeben und aufrecht erhalten muss. Aber das ist kein großes Problem.

Wir sehen schon an unseren Schulkindern, dass der Eintritt in die geometrische Tradition der Idealisierung leicht und auch attraktiv ist, denn er ermöglicht eine spielerische Aneignung geometrischer Erkenntnisse. Der Eintritt in die Tradition geometrischer Idealisierungen zeigt sich daran, dass es sehr selten passiert, dass Kinder im Geometrie-Unterricht auf die Linien auf der Tafel hinweisen mit der Bemerkung, sie seien doch nicht ganz gerade. Alle Schüler haben sich bereitwillig auf das Erkenntnis-Spiel der Idealisierung eingelassen. – Das mag uns trivial erscheinen, aber es wiederholt sich auf jeder Stufe des Erlernens einer neuen Wissenschaft. Auch für die Physik treten wir in eine Tradition der Idealisierung ein. Wir dürfen aber bei allem Erkenntnis-Vergnügen nicht vergessen, dass diese idealisierenden Annahmen keineswegs universale Geltung haben. An diese notwendige Zurückhaltung erinnert uns der Personalismus der Phänomenologie Husserls immer wieder. Und in der *Krisis* lernen wir am Beispiel von Galilei und seiner Zeitgenossen, dass es eine Geschichte der Urstiftung und der Modifikationen solcher idealisierenden Annahmen gibt.

Eine der merkwürdigen Facetten dieser zugleich anerkennenden und Begrenzung fordernden Haltung gegenüber den Naturwissenschaften ist der eigentümliche Anti-Kopernikanismus Husserls, der aus dem Text "Die Ur-Arche Erde bewegt sich nicht" spricht.[20] Hier stellt Husserl sich – der

---

[19] Vgl. meinen Beitrag: *Genesis des Ungeschichtlichen. Vorformen des Lebensweltbegriffes in Husserls Suche nach einem ungeschichtlichen und kulturunabhängigen Boden für die Kritik von Idealisierungen*. In: H. Busche/G. Heffernan/D. Lohmar: *Bewußtsein und Zeitlichkeit.* Würzburg 1990, 249-268.

[20] Vgl. E. Husserl: *Grundlegende Untersuchungen zum phänomenologischen Ursprung der Räumlichkeit der Natur. Die Ur- Arche Erde bewegt sich nicht.* In: Marvin Farber (Hrsg.): *Philosophical Essays in Memory of Edmund Husserl.* Cambridge, Mass.: Harvard University Press, 1940, 307–325.

Formulierung nach – gegen die revolutionäre These des Kopernikus, das sich die Erde um die Sonne dreht: Die Ur-Arche Erde dreht sich nicht! Der Grund für die Ablehnung der Universalisierung der, im Übrigen gut begründeten These des Kopernikus, ist der Hinweis auf den Weg der Sinnkonstitution: Was 'Bewegung' heißt, wird für uns verleiblichte Menschen immer nur im Verhältnis zu einem unbewegten Grund seinen ersten Sinn gewinnen. In dieser Hinsicht bewegt sich die Ur-Arche Erde nicht, denn sie ist der Boden, auf dem wir lernen, was es überhaupt heißt, dass wir uns oder andere Gegenstände sich ‚bewegen'. Jeder denkbare Sinn von Bewegung, den wir konstituieren können, geht von dieser Urerfahrung aus, wird verallgemeinert und mit den idealisierenden Voraussetzungen gemischt, die unsere neuzeitliche Wissenschaft auszeichnen (z.B. Homogenität und Unendlichkeit des Raums und der Zeit).

Mit dem Aufweis der Grenzen einer naturalisierenden Betrachtungsweise des (menschlichen und tierischen) Subjekts will Husserl keine generelle Kritik an den Naturwissenschaften erheben. Wie wir gesehen haben, sieht er keine Gründe für eine Relativierung ihrer Geltung. Im Gegenteil, er bemüht sich auch in der *Krisis* um eine Lebenswelt-basierte Geltungsbegründung, die die lebensweltlichen Evidenzen herausstellt, die Wissenschaft möglich machen: Der stufenweise Übergang von Vergrößerungen im Mikroskop und Teleskop, der eine Identifikation sinnlich möglich macht, das Beobachten von Instrumentenwerten, der Bilder aus Nebelkammern, die Verlässlichkeit von Mit-Forschern usw.

Meiner Meinung nach liegt das Problem des uneingeschränkten Naturalismus als einer Interpretation der Welt und des Subjekts eher darin, dass er sich selbst verabsolutiert. Dies tun aber vor allem die philosophischen Adaptionen der Naturwissenschaft, die es versäumen, kritisch die Grenzen der Aussagekraft der Wissenschaften im Auge zu behalten.[21] Viele Fachleute der naturalisierenden (analytischen) Philosophie neigen dazu, in ihren Ansichten auf eine einheitliche Gesamtsicht hin orientiert zu sein und sie betrachten notwendige Differenzierungen als ein Problem, dem nur mit Dogmatismus begegnet werden kann.

Der Blick auf das Subjekt der Phänomenologie Husserls zeigt uns also, dass er akademisch zwar als Fachwissenschaftler der Formalwissenschaft angefangen hat, aber schon früh die Grenzen der Aussagekraft der Wissenschaften gesehen hat. Sie brauchen nicht nur eine bewusste Besinnung auf ihre Grundlagen, sondern auch eine Besinnung auf die unaufhebbaren Voraussetzungen ihrer Wissenschaft und – vor allem – auf ihre Grenzen. Um das Eigenrecht der lebensweltlichen Evidenzen zu sichern, brauchen wir heute daher vor allem eine bewusste Begrenzung der Reichweite der Naturwissenschaften. Dies ist eine philosophische Selbstschutz-Maßnahme, die als Beitrag zur Erhaltung der menschlichen Selbstbestimmung verstanden werden kann. Die bewusste Begrenzung der Aussagen der Wissenschaft ist also ein Teil der *Selbstaufklärung*, die Philosophie leisten sollte. Hierin liegt ein Teil der bleibenden Bedeutung der Phänomenologie.

---

[21] Ich kenne viele Naturwissenschaftler, aber niemand darunter neigt dazu, die Meinungen und Entscheidungen seiner Frau oder seiner Kinder als kausal verursacht anzusehen. Diese uneingeschränkte Verallgemeinerung ist der Sache nach für Fachleute absolut fernliegend. Sie wirkt eher wie eine , philosophische' Idee im schlechtesten Sinne: dogmatisch, überzogen und borniert. Was Naturwissenschaftler für die Gegenstände ihrer Forschung annehmen, nehmen sie nicht für die Personen, Entscheidungen und Erkenntnisse des Alltags an. Sie wissen zudem gut um die beschränkte Reichweite der Aussagen ihrer eigenen Disziplin. Als Personen sind sie zudem oft in gutem Sinne 'bodenständig' und legen eine angemessene Distanz zu den gelegentlichen philosophischen Verallgemeinerungen von Kollegen und Fachfremden an den Tag.

REINES TRANSZENDENTALES BEWUSSTSEIN IN DER PHÄNOMENOLOGIE HUSSERLS

Diler Ezgi Tarhan[1]

Husserls Wunsch, Philosophie als *„strenge Wissenschaft"*[2] zu betreiben, fand seine konkreteste und reifste Form in den Ideen. In seinem *Werk Ideen zu einer Reinen Phänomenologie und Phänomenologischen Philosophie. Allgemeine Einführung in die reine Phänomenologie* (1913), in dem er sich noch auf dem Gebiet einer *„statischen Phänomenologie"*[3] bewegte, verbindet Husserl die *„reine oder transzendentale Phänomenologie"*[4] mit reinen und transzendentalen Bewusstserlebnisse, nicht mit realen und tatsächlichen Bewusstserfahrungen. Husserl akzeptiert in diesem Werk die Erlebnisse des transzendentalen Bewusstseins als (formale) Allgemeingültigkeiten ohne Inhalt. Bekanntlich wurden jedoch in Husserls Frühphase, als er die *„Philosophie der Arithmetik"*[5] schrieb, die Bewusstseinsinhalte mit Sinneseindrücken und Vorstellungen gleichgesetzt. Husserl, der in seiner vorphänomenologischen Periode dem Vorwurf des Psychologismus ausgesetzt war und angesichts der heftigen Kritik von Frege auf die Veröffentlichung des zweiten Bandes der *„Philosophie der Arithmetik"* verzichtete, versuchte deshalb, den Fehler, in den er in seiner Frühzeit verfallen war, zu vermeiden, indem er im ersten Band der *„Logische Untersuchungen"*[6] eine klare Unterscheidung zwischen intentionalen Erlebnissen und Bewusstseinsakten traf.

Mit der Aufforderung *„Kehren wir zu den Sachen selbst zurück!"*[7] lud der Philosoph dazu ein, das Phänomen der Welt aus der Welt herauszuholen, und etablierte das reine Residuum, das von den phänomenologischen Reduktionen übrig geblieben war, als transzendentale Erlebnisse.[8] Mit anderen Worten: Die reinen Idealitäten, die nach der Reduzierung aller zweideutigen, relativen, metaphysischen, psychologischen und spekulativen Eigenschaften der Dingen zusammen mit dem empirischen Bewusstsein erreicht werden, führen uns zu einem eidetischen Grund und einem transzendentalen Bewusstsein. Husserl kategorisiert diese reinen transzendentalen Idealitäten, die man erhält, indem man von der *‚Lebenswelt'*[9] ausgeht, sie aber transzendiert, als absolute Existenzen.

---

[1] Assist.Prof., Istanbul Gelisim University, Faculty of Economics, Administrative and Social Sciences, Department of Sociology detarhan@gelisim.edu.tr

[2] Husserl, Edmund, "Philosophie als strenge Wissenschaft", herausgegeben von Wilhelm Szilasi, Frankfurt am Main, 1981.

[3] Zum Unterschied zwischen der statischen und der genetischen Phänomenologie bei Husserl: Bernet, Rudolf / Kern, Iso / Marbach, Eduard, "Edmund Husserl. Darstellung seines Denkens", Hamburg, 1989, s.181. & Schwabe-Hansen, Elling, "Das Verhältnis von transzendentaler und konkreter Subjektivität in der Phänomenologie Edmund Husserls", München, 1991, s.17.

[4] Husserl, Edmund, "Ideen zu einer reinen Phänomenologie und phänomenologischen Philosophie. Erstes Buch: Allgemeine Einführung in die reine Phänomenologie", Gesammelte Schriften, Band V, herausgegeben von Elisabeth Ströker, Hamburg, 1992, s. 6.

[5] Husserl, Edmund: "Philosophie der Arithmetik. Logische und Psychologische Untersuchungen", I. Band, Halle a.d. Saale: C. E. M. Pfeffer (Robert Stricker), 1891, in: Edmund, Husserl, "Gesammelte Schriften. Band I", Ed: Elisabeth Ströker, Meiner, Hamburg, 1992.

[6] Husserl, Edmund, "Logische Untersuchungen", Ergänzungsband I, Erster Teil: "Entwürfe zur Umarbeitung der VI. Untersuchung und zur Vorrede für die Neuauflage der Logische Untersuchungen (Sommer 1913)", Hua XX/I, Gesammelte Werke, Melle, Ullrich; Springer, Den Haag / Dordrecht, 2002. & Husserl, Edmund, "Logische Untersuchungen", Ergänzungsband II, Zweiter Teil: "Texte für die Neufassung der VI. Untersuchung: Zur Phänomenologie des Ausdrucks und der Erkenntnis (1893/94 – 1921)", Hua XX/II, Gesammelte Werke, Melle, Ullrich; Springer, Den Haag / Dordrecht, 2005.

[7] Husserl, Edmund, "Logische Untersuchungen II/II", Zweiter Band. Zweiter Teil. "Untersuchungen zur Phänomenologie und Theorie der Erkenntnis", Hua XIX/II, Gesammelte Werke, Ed: Panzer, Ursula; Springer, Den Haag / Dordrecht, 1984, S.10.

[8] Marx, Werner, "Die Phänomenologie Edmund Husserls. Eine Einführung", München, 1987, S.17.

[9] Zum Begriff der "Lebenswelt" siehe Husserl, Edmund, "Die Lebenswelt. Auslegungen der vorgegebenen Welt und ihrer Konstitution. Texte aus dem Nachlass (1916-1937)", Hua XXXIX, Gesammelte Werke, Sowa, Rochus, Springer, Dordrecht, 2008.

Tatsächlich ist „die immanente Existenz eine eindeutig absolute Existenz“[10] und das Bewusstsein „muss im Kontext einer absoluten Existenz gültig sein“[11]. Husserl konzentriert sich auf die apriorischen Erlebnisse, die sich mit unmittelbarer Evidenz auf diesem eidetischen Grund realisieren, und argumentiert, dass das reine transzendentale Bewusstsein hier außerhalb von Raum und Zeit steht. Dieses Bewusstsein, das von keinem Gegenstand der Außenwelt abhängig ist und keine Kausalität zu einem physischen Gegenstand aufweist, hat eine Struktur, die nicht von der Außenwelt beeinflusst wird, genau wie Leibniz' ‚fensterlose Monade'[12].[13] Die Behauptung der Unabhängigkeit des transzendentalen Bewusstseins von der Lebenswelt ist jedoch zum einen problematisch, weil sie zum Solipsismus führt, und zum anderen widersprüchlich, weil der Ausgangspunkt des Reduktionsprozesses immer noch die ‚Lebenswelt' ist. Darüber hinaus verdeckt dieser Widerspruch auch den Unterschied von Husserls Bewusstseinsvorstellung zum deutschen Idealismus. Während bei Kant und Fichte das „Ich“ als absolutes Subjekt die Einheit des Denkens ausdrückt, die nicht empirisch erfahrbar ist (Kant) und durch eine intellektuelle Anschauung erlangt wird (Fichte), hat das „reine Ich“ bei Husserl eine Transzendentalität, die von der empirischen Welt unabhängig ist, diese aber transzendiert. Mit anderen Worten: Obwohl wir auf der Stufe des ‚transzendentalen Ichs' keine Verbindung mit der ‚Lebenswelt' haben, werden die unmittelbaren Erlebnisse auf dem Boden des transzendentalen Bewusstseins erreicht, ohne die empirischen Erfahrungen zu ignorieren, im Gegenteil, wir gehen von ihnen aus, indem wir sie eliminieren. Deshalb ist Husserls transzendentales Bewusstsein, auch wenn es nicht empirisch im kantschen und fichtschen Sinne ist, dennoch in einem erfahrbaren und beschreibbaren Feld gewonnen; darin unterscheidet es sich von dem transzendentalen Bewusstseinsentwurf des deutschen Idealismus. Husserls Theorie des transzendentalen Bewusstseins befasst sich also, anders als die empirische Psychologie, mit reinen Erlebnissen und idealisiert, anders als der klassische Idealismus, das Transzendentale, indem es sich vom Tatsächlichem entfernt. Ob dieser *Ideationsprozess* bei Husserl zu einem platonischen Realismus führt, ist jedoch eine andere Diskussion.

Um die ideale Identität der logischen und mathematischen Gegenstände zu erklären, entschied sich Husserl nicht dafür, sie mit einem platonischen Realismus zu betrachten. Im Gegenteil, nach Husserl kann die ideale Identität von Denkstrukturen, die als ideale Gegenständlichkeiten betrachtet werden können, nur durch eine Analyse der Strukturierung erklärt werden. Diese Analyse zeigt, dass, wenn die Gegenstände des Verstandesvermögens in der noetischen Spontaneität offenbart werden, diese Offenbarung als identisch mit diesen Idealitäten selbst realisiert wird.[14] Daraus lässt sich a priori schließen, dass die Form dieser spontanen Aktivitäten mit sich selbst identisch bleibt und ihre Strukturen ebenfalls dieselbe Form haben müssen. Die Identität der Form ist jedoch nicht alles. In *Erfahrung und Urteil* analysiert Husserl ausführlich den zeitlichen Charakter der Gegenständlichkeiten, die dem Verstandesvermögen eigen sind. Gegenständlichkeiten, die dem Verstandesvermögen eigen sind, sind ihrer Natur nach irreal: Obwohl sie hier und jetzt im Bewusstsein sind, mit anderen Worten, obwohl sie in einer bestimmten Zeit und einem bestimmten Raum entstehen, haben sie mehr als eine Zeit und einen Raum. Andererseits schaffen sie es aber, bei dieser zeitlichen und räumlichen Vielfalt

---

[10] Husserl, Edmund, “Ideen zu einer reinen Phänomenologie und phänomenologischen Philosophie. Erstes Buch: Allgemeine Einführung in die reine Phänomenologie”, Gesammelte Schriften, Band V, Elisabeth Ströker, Hamburg, 1992, s.104.

[11] Husserl, Edmund, “Ideen zu einer reinen Phänomenologie und phänomenologischen Philosophie. Erstes Buch: Allgemeine Einführung in die reine Phänomenologie”, Gesammelte Schriften, Band V, Elisabeth Ströker, Hamburg, 1992, s.105.

[12] Zu Leibniz' Konzept der “fensterlosen Monade” siehe Leibniz, Gottfried Wilhelm, “Vernunftprinzipien der Natur und der Gnade. Monadologie”, Herbert Herring, 2. verbesserte Auflage, Hamburg, 1982, s.29.

[13] Husserl, Edmund, “Ideen zu einer reinen Phänomenologie und phänomenologischen Philosophie. Erstes Buch: Allgemeine Einführung in die reine Phänomenologie”, Gesammelte Schriften, Band V, Elisabeth Ströker, Hamburg, 1992, s.106.

[14] Husserl, Edmund, “Erfahrung und Urteil”, L. Landgrabe, 3. Auflage, Hamburg, 1964, §64.

zahlenmäßig identisch zu bleiben. An dieser Stelle findet Husserl den spezifischsten Weg, ideale Gegenständlichkeiten von realen Gegenständen zu unterscheiden, in der Unterscheidung ihrer Zeitlichkeit. Nach Husserl verhalten sich die realen Gegenstände individuell in Bezug auf den Zeit-Raum, während die idealen Gegenständlichkeiten *Allzeitlichkeit*[15] besitzen.[16] Andererseits konstituiert sich ein Gegenstand im Kontext eines bestimmten Bewusstseins, in dem es seine intelligible Einheit trägt - ob real oder nicht -, sofern es zu einem Bewusstsein von ‚x' führt, das mit sich selbst gemäß seinem Wesen identisch ist. In seiner späten Periode gab Husserl die monistische Haltung seiner frühen Periode auf, indem er die irrealen Entitäten in ‚universelle' und ‚ideale Einheiten' aufteilte.

Husserl charakterisiert den Bereich der ‚reinen Erlebnisse'[17], der durch die für den Epochenprozess spezifischen Stadien, die er als *Reduktion*, *Ausschalten*, *Einbildung/Abstraktion* oder *Einklammern* bezeichnet, erreicht wird, als den Bereich der unmittelbaren und vorprädikativen Wesen. So wird die Methode der *Epoche* auf die Bedeutung der *Lebenswelt* als eine positive Methode angewandt, die sicherstellt, dass der Glaube nur ein Glaube bleibt; der Glaube an die Existenz der Welt wird aufgehoben und die Welt auf die Art und Weise reduziert, wie sie uns erscheint. Von nun an liegt der Schwerpunkt nicht mehr auf dem ‚Wie' des Wahrnehmungsinhalts des Bewusstseins, sondern auf dem ‚Wesen' des Inhalts, wie er gemeint ist; aus phänomenologischer Sicht erfolgt diese Wesensanalyse jedoch auf einem primordialen Grund durch transzendentale Gegebenheiten, nicht durch die realen Gegebenheiten des Naturalismus. Deshalb behauptet Husserl, der sein Gesicht von der empirischen ‚Lebenswelt' zu einer eidetischen Ebene wendet, die diese transzendiert, dass er der wahre Positivist ist, wenn es darum geht, eine Reinheit zu erreichen, die „apriorische Erlebnisse des Bewusstseins"[18] mit einer unmittelbaren Evidenz gibt.[19]

Die erste Grundform der Anschauung entspricht nach Husserl dem Wissen, das durch die Ausrichtung des Phänomens auf sich selbst entsteht, während das Bewusstseinsäquivalent dessen, was sich in der *Intention* auf sich selbst ausrichtet, auf einer *Ähnlichkeitsbeziehung* zwischen *Weltgegenstand* und *Bewusstseinsphänomen* beruht. Husserl hat dieses Verhältnis der *Adäquatheit / Ähnlichkeit* zwischen empirischer und transzendentaler Gegebenheit sowohl in den *Logische Untersuchungen* als auch in den *Ideen* zum Ausdruck gebracht. Insbesondere die in *Ideen I* dargelegte duale Beziehung zwischen *noema* und *noesis* erklärt diese Ähnlichkeitsbeziehung. Indem er die reine transzendentale Wesensanalyse durchführt, die übrig bleibt, nachdem alles durch die Dualität von *noema* und *noesis* reduziert wurde, bestimmt der Philosoph auf der Grundlage der Ähnlichkeitsbeziehung zwischen *noema* und Gegenstand, ob sich *intentionale* Erlebnisse realisieren oder nicht, und klassifiziert so die aktiven und passiven Erlebnisse des Bewusstseins.

---

[15] Husserl, Edmund, "Formale und transzendentale Logik. Versuch einer Kritik der logischen Vernunft", P. Janssen, Husserliana Bd. XVII, Verlag Nijhoff, Den Haag, 1974, §§ 58-66.

[16] Erhard, Christopher, "Denken Über Nichts – Intentionalität und Nicht-existenz bei Husserl", in: Halfwassen, J.; Perler, D.; P; Quante, M., "Quellen und Studien zur Philosophie – Band 118", De Gruyter, 2014, Berlin/Boston. S.131

[17] Husserl, Edmund, "Ideen zu einer reinen Phänomenologie und phänomenologischen Philosophie. Erstes Buch: Allgemeine Einführung in die reine Phänomenologie", Gesammelte Schriften, Band V, Elisabeth Ströker, Hamburg, 1992, s.67.

[18] Obwohl Husserl das unmittelbare Erlebnis reiner Essenzen betont, das als Ergebnis aller Reduktionen erreicht wird, spricht er von einer apriorischen Selbstevidenz und absoluten Bewusstseinserfahrungen, tatsächlich hat das Husserlsche Apriori eine ganz andere Bedeutung als die klassische *apriori - aposteriori* Terminologie im kantschen Sinne. Bei Husserl können transzendentale Erlebnisse weder *apriori* noch *aposteriori* im klassischen Sinne betrachtet werden. Husserls transzendentale Erlebnisse können nicht als *apriorisch* im kantschen Sinne betrachtet werden da sie durch Reduktion abgeleitet und aus Gegebenheiten abgeleitet werden. Diese transzendentalen Erlebnisse können auch nicht als *aposteriorisch* im kantschen Sinne betrachtet werden, denn die Methode der Reduktion hat dafür gesorgt, dass alle aposteriorischen Charaktere eingeklammert und eliminiert werden. Transzendentale Erfahrungen, die sich bei Husserl durch eine *apriorische* Struktur auszeichnen, sind also nicht völlig losgelöst von ihren empirischen Grundlagen.

[19] Husserl, Edmund, "Ideen zu einer reinen Phänomenologie und phänomenologischen Philosophie. Erstes Buch: Allgemeine Einführung in die reine Phänomenologie", Gesammelte Schriften, Band V, Elisabeth Ströker, Hamburg, 1992, s.45.

Die Frage, wie wir die Identität des Gegenstandes mit sich selbst im Bewusstsein trotz all seiner verschiedenen Bedeutungen konstutieren können, wird durch die verschiedenen Schichten von *noema* beantwortet. Während die *noesis* als bedeutungsgebende Komponente der *Intentions*erlebnisse auf die gegenständliche Bedeutung des Bewusstseins ausgerichtet ist, entspricht der noematische Pol der sinnlichen Komponente der *Intention*. Der noematische *Sinn*, der eine noematische Gegenständlichkeit in sich birgt, wird als die formlose Substanz der *Intention* charakterisiert, das noetische Erlebnis als die substanzlose Form der *Intention*. Wir kennen den *noematischen Sinn* nicht durch die Koexistenz verschiedener Akte, sondern durch die intentionale Gegenständlichkeit, die in diesen verschiedenen Akten mit sich selbst identisch bleibt.[20] Mit anderen Worten: Wir bezeichnen jedes Subjekt in einer wahren Prädikation als Gegenstand.[21] Gegenstand und prädikatives Subjekt sind gleichwertig. Da wir in dieser Arbeit jedoch Husserls Konzeption des transzendentalen Bewusstseins und nicht seine Konzeption von Gegenstand, Bedeutung und reiner logischer Grammatik analysieren werden, sehen wir keine Notwendigkeit, uns mit der Frage zu befassen, ob die Bedeutung des Gegenstandes in den *Erlebnissen des Bewusstseins* dem prädikativen Subjekt in der Sprache entspricht.

Nach Husserl hat das Bewusstsein, wenn es auf die Bedeutung von Gegenständen ausgerichtet ist, Wissen vom Typus der *'Erkenntnis'*; wenn es auf die Bedeutung von *intentionalen* Akten ausgerichtet ist, hat es Wissen vom Typus der *'anschaulichen Erfahrung'*. Mit anderen Worten: In den Erlebnissen des intentionalen Bewusstseins werden nur die Dinge erfasst, die auf sich selbst ausgerichtet sind. Das Wissen um den Akt des Sich-Orientierens offenbart sich nicht im *Erfassen*, sondern im *Anschaulichen*, und so wird der Akt des Sich-Orientierens *unmittelbar* in einem anschaulichen Erlebnis erlebt. Um aber zu erklären, wie es dazu kommt, dass noetische Erlebnisse auf die aus ihnen konstutierten objektiven Bedeutungen ausgerichtet werden können, postulierte Husserl den *Doxa-thetische-Charakter* der *'noesis'*. Mit anderen Worten: Da noetische Erlebnisse die Kraft der Spontaneität, der Empfänglichkeit und der Synthese besitzen, sind sie in der Lage, den Sinn, auf den sie ausgerichtet sind, in dem Moment zu konstituieren, in dem sie auf ihn ausgerichtet sind, und während dieser Ausrichtung erleben sie unmittelbar (explizit) ein Bewusstsein der Ausrichtung selbst auf der Ebene des Bewusstseins.

> "Es war das Problem, wie das erkennende Bewußtsein, wie das erkennende Bewußtsein in seinem Fluß mannigfach gestalteter und ineinander verwobener Erkenntnisakte sich selbst transzendieren und in gültiger Weise eine Gegenständlichkeit setzen und bestimmen kann, die in ihm nach keinem Bestandstück reell zu finden ist, in ihm nie und nirgend zu absolut zweifelloser Selbstgegebenheit kommt, während sie doch dem Sinn der Naturerkenntnis gemäß an sich existieren soll, ob sie zufällig erkannt wird oder nicht (Hua X, 345)"[22]

Die Relation, die aus der Relation zwischen Wahrnehmung und Wahrgenommenem (ebenso wie das Mögen und das Gemochte) übrigbleibt, sind nach Husserl „transzendentale Erlebnisse der wesenhaften Gegebenheit der Wahrnehmungs- und Freudeerlebnissen, die phänomenologisch

---

[20] Husserl, Edmund, "Ding und Raum. Vorlesungen 1907", Hrsg. von Ulrich Claesges, Husserliana XXVI, Gesammelte Werke, Springer, Den Haag / Dordrecht, 1973, S. 81.

[21] Husserl, Edmund, "Logik und allgemeine Wissenschaftstheorie. Vorlesungen Wintersemester 1917/18. Mit ergänzenden Texten aus der ersten Fassung von 1910/11, Hrsgb. von Ursula Panzer, Husserliana XXX, Gesammelte Werke, Springer, Den Haag / Dordrecht, 1996, S. 31.

[22] Husserl, Edmund, "Zur Phänomenologie des inneren Zeitbewusstseins (1893-1917)", Hrsg. von Rudolf Boehm, Nachdruck der 2. Verb. Auflage, Husserliana X, Gesammelte Werke, Springer, Den Haag / Dordrecht, 1969, S. 345.

reduziert und damit durch *,reine Immanenz'* erreicht werden."[23] Bei diesen transzendentalen Erlebnissen wird das noematische Element als immanent zum Erlebnis betrachtet, während das reale Gegenstand als transzendental zum Erlebnis betrachtet wird. Der noetische Akt ist das Erlebnis des Bewusstseins, das als sinnstiftende Komponente des transzendentalen Bewusstseins „von den Gesetzen der phänomenologischen Zeitlichkeit abhängt; in einem kontinuierlichen Fluss und Wandel der Zeit erfasst wird; aufeinanderfolgende Stadien zu Stadien von Akten verbindet"[24]. Während der *Intention* konstituieren sich nicht nur noetische Erlebnisse als dem Bewusstsein immanente Zeitobjekte, sondern auch das zeitlich strukturierte Bewusstsein selbst. In einem unendlichen Fluss von Erlebnissen ohne Anfang und Ende ist die phänomenologische Zeit[25], die als die Form charakterisiert wird, in der alle Erlebnisse eine Einheit bilden, das innere Zeitbewusstsein, das es ermöglicht, die Einheiten der Identität zu konstituieren. Die Bedeutung des Gegenstandes, das in diesem sich ständig verändernden Fluss von Erlebnissen mit sich selbst identisch bleibt, wird durch die Formulierung von *noema - noesis* erklärt.

Die Prozessmodi der apriorischen Zeitstruktur, von denen das transzendentale Bewusstsein abhängt, bilden die Kontinuität des Bewusstseinsflusses. Die Prozessmodi bestehen aus den folgenden fünf Phasen:

(1) Jetztphase

(2) Retentionsphase

(3) Reproduktionsphase

(4) Prätentionsphase

(5) Erwartungsphase

In der *,Jetztphase',* das Husserl auch als *,Grundeindrucksphase'* bezeichnet, trifft das Bewusstsein auf einen Grundeindruck, der dem Bewusstsein zum ersten Mal gegeben wird, und konstutiert ein Erlebnis dieses Eindrucks in der Gegenwart. In dieser Phase gibt es ein originelles Erlebnis, das die aus Dingwahrnehmungen bestehenden Erlebnisse phänomenologisch in der Gegenwart fixiert. Die Vielfalt und Mannigfatigkeit der in der Gegenwart erlebten Grundeindrücke offenbart die Kontinuität des Wandels im aktuellen Bewusstsein der Dinge. Das Bewusstsein als *,wiederkehrende Kontinuität der Vergangenheit'*[26] speichert den gegenwärtigen Grundeindruck im Gedächtnis auf der Stufe der ,primären Erinnerungsstufe', die *Retentionsphase* genannt wird. Die *Retentionsphase* ist der Bewusstseinsmodus, der eindrucksbasierte Phänomene als jüngste Vergangenheit im Gedächtnis behält. Die Reproduktionsphase, die auf die *Retentionsphase* folgt, ist die ,sekundäre Erinnerungsphase' des Bewusstseins. In dieser Phase reproduziert das Bewusstsein, was es im Gedächtnis behält. Momente der Vergangenheit werden in der Gegenwart rekonstruiert. Dank der Speicherung im Gedächtnis (*Retention*) ist es möglich, auf die in der Vergangenheit erlebten Momente zurückzugreifen, und der reproduktive Bewusstseinsmodus lässt diese vergangenen Momente in der aktuellen Gegenwart wiederaufleben. Ähnlich wie die *Reproduktion* ausgewählter Momente aus der Vergangenheit in der Gegenwart durch die Reproduktionsphase, ist die Prätentionsphase der

[23] Husserl, Edmund, "Ideen zu einer reinen Phänomenologie und phänomenologischen Philosophie. Erstes Buch: Allgemeine Einführung in die reine Phänomenologie", Gesammelte Schriften, Band V, Elisabeth Ströker, Hamburg, 1992, S. 204.

[24] Gurwitsch, Aron, "Der Begriff des Bewußtseins bei Kant und Husserl", in: Kantstudien, Band 55, Köln, 1964, S. 424.

[25] Husserl, Edmund, "Ideen zu einer reinen Phänomenologie und phänomenologischen Philosophie. Erstes Buch: Allgemeine Einführung in die reine Phänomenologie", Gesammelte Schriften, Band V, Elisabeth Ströker, Hamburg, 1992, S. 180.

[26] Husserl, Edmund, "Vorlesungen zur Phänomenologie des inneren Zeitbewußtseins", Martin Heidegger, 2. Auflage, Tübingen, 1980, S. 389.

Bewusstseinsmodus, der das in der Gegenwart Erlebte in der nahen Zukunft fortsetzt. Wenn zum Beispiel in dem Café, in dem wir gerade sitzen, ein Lied gespielt wird und das Lied plötzlich unterbrochen wird, kann unser Geist das Lied in der Gegenwart noch eine Weile weiterspielen, und sogar dasselbe Lied kann bis zum Abend in unserem Geist weiterklingen. Ebenso definiert Husserl das reine transzendentale Bewusstsein, das am Ende des *Epochen*prozesses, der als eine Art Entpersönlichung verstanden wird, erreicht wird, durch diese *Prätensionsphase* wie folgt:

> "Das Ich ist (…) verharrendes in der Zeit und als das identische Einheit im Wandel aller zeitmodalen Phasen, so wie ein Ton verharrt, indem er ständig tönt, getönt habend fortgetönt hat und noch jetzt tönt und in die protentionale Zukunft hineintönt."[27]

Die nächste Phase nach der Phase der *Prätention* ist die ‚Erwartungsphase', das Husserl als den Modus der Phantasie betrachtet, in dem die Phantasie völlig frei ist. Dieser Bewusstseinsmodus, in dem Erwartungen, Hoffnungen, Wünsche oder Sehnsüchte für die Zukunft konstruiert werden, tendiert dazu, den immanenten Inhalt der Zukunft in der Gegenwart zu visualisieren. Was Husserl also mit diesen fünf Bewusstseinsmodi über das transzendentale Bewusstsein erklären will, ist, dass die aktuelle Wahrnehmung eines Zeitobjekts uns eine Anschauung von Vergangenheit und Zukunft gibt und uns gleichzeitig etwas in der Gegenwart erleben lässt.

> "Das phänomenologische Erfahrungsverständnis knüpft an den Topos des Erscheinens und Schauens an. Husserl überwindet aber in seiner Konzeption die traditionelle, empiristisch gefärbte Bindung der Anschauung an die Bewussthabe von aktuellen, impressional fundierten Wahrnehmungen. Das Studium des inneren Zeitbewusstseins und vor allem eine starke Interpretation der Phantasie als Leistungsbewusstsein bzw. phantasmatisch- imaginäre Erfahrungs- und Wirkungsordnung, erlauben eine wesentliche Erweiterung des Erfahrungsbegriffs. Damit wird zugleich der Weg zur Behandlung des Unbewussten als phantasmatisch-imaginäre Leistungsstruktur geebnet. Im Anschluss an Husserls Erweiterung des Erfahrungsbegriffs und Freuds dynamisches Verständnis der unbewussten Erfahrung lässt es sich als ursprünglich gebendes mediales und sogar polyphonisches Repräsentationsbewusstsein deuten. Als originäres Erfahrungsfeld für die Erforschung dieses Repräsentationsbewusstseins fungiert der Traum."[28]

Die transzendentale Phänomenologie als eine Wissenschaft des Bewusstseins, in der apriorische Gültigkeiten geprüft werden, befasst sich nicht mit zufälligen Zuständen und Erlebnissen, sondern mit den Erlebnissen des absoluten Bewusstseins, die sie konstituieren. Durch die Aufhebung der Realität empirischer Erlebnisse erscheint das transzendentale Bewusstsein im 'unendlichen Feld absoluter Erlebnisse'[29], und jedes psychische Erlebnis, das einer Reduktion unterworfen wird, hat in diesem reinen Bewusstsein ein neues transzendentales Erlebnis.[30] Jede Erfahrung, die ihres psychologischen und empirischen Charakters entkleidet und zu einem reinen und absoluten Erlebnis des Bewusstseins wird, ist in der Tat kein neues Phänomen, das durch die *Epochen*methode gewonnen

[27] Husserl, Edmund, Manuskript *A V* 5, S. 10.

[28] Brudzinska, Jagna, "Die phänomenologische Erfahrung und die Frage nach dem Unbewussten. Überlegungen im Anschluss an Husserl und Freud" (S. 54-71), in: Lohmar, Dieter & Fonfara, Dirk, "Interdisziplinäre Perspektiven der Phänomenologie", "Neue Felder der Kooperation: Cognitive Science, Neurowissenschaften, Psychologie, Soziologie, Politikwissenschaft und Religionswissenschaft", Phaenomenologica 177, Springer, Dordrecht, 2006, S. 54.

[29] Husserl, Edmund, "Ideen zu einer reinen Phänomenologie und phänomenologischen Philosophie. Erstes Buch: Allgemeine Einführung in die reine Phänomenologie", Gesammelte Schriften, Band V, Elisabeth Ströker, Hamburg, 1992, S. 107.

[30] Husserl, Edmund, "Die Idee der Phänomenologie. Fünf Vorlesungen", Paul Janssen, Hamburg, 1986, S. 45.

wird, sondern vielmehr ein neuer, modifizierter Sinn, der die Erfahrung der empirischen Gegebenheit von Individualität und Realität befreit. Mit anderen Worten: Der *Epochen*prozess ist eher ein Prozess der Transformation (Veränderung) als ein Prozess der Schöpfung. Reine Erlebnisse entsprechen den transzendentalen Phänomenen, die nun von allen Bindungen an die natürliche Welt befreit sind. Die transzendentale Phänomenologie ermöglicht es uns also, dieselben Phänomene im Bewusstsein auf unterschiedliche Weise zu erleben und zu sehen, anstatt neue Phänomene unabhängig von den gegebenen Inhalten abzuleiten. Hier werden auch das Wissen und das Erlebnis des Bewusstseins über sich selbst verändert, und das Bewusstsein selbst wird zusammen mit allen anderen empirischen Elementen reduziert und gereinigt.

Andererseits ist das, was Husserl als transzendental bezeichnet, und das, was Kant als transzendental bezeichnet, zwar in vielerlei Hinsicht ähnlich, aber es ist bekannt, dass es radikale Unterschiede zwischen ihnen gibt, was die Art und Weise betrifft, wie sie Begriffe wie ‚rein', ‚apriorisch' und ‚transzendental' definieren. Husserls Hauptproblem ist bekanntlich die Möglichkeit der Phänomenologie als apriorische Wissenschaft des Bewusstseins und das Problem des Ursprungs der Welt, während Kants Hauptproblem darin besteht, was die Bedeutung der realen Gegebenheit und der immanenten Gültigkeiten in der Welt sind. Beide Konzepte scheinen in Bezug auf die apriorische Weltform ähnlich zu sein. Während der Sinn der kantschen Transzendentalphilosophie in der Welt bestimmt ist und den Sinn der apriorischen Weltform zusammen mit den realen Gegebenheiten hinterfragt, betrachtet sie die ontische Transzendenz des Seienden und dessen Sinn. Husserl hingegen hat ein Verständnis von Transzendentalismus, das diese Welt transzendiert, aber auch das Weltimmanente einschließt, aber das Apriori erreicht, indem es das ontische Problem ausklammert. Mit anderen Worten, der phänomenologische Transzendentalismus ist ein absoluter Transzendentalismus, der das in der Welt verborgene Absolute offenbart und nicht ein metaphysisches, von der Lebenswelt unabhängiges Absolutes.

Wie Kants *transzendentales Ich* ist auch Husserls *transzendentales Ich* unabhängig von Raum und Zeit. Während jedoch Kants transzendentales Ich in dieser Hinsicht als ‚metaphysisches Ich' interpretiert werden kann, lehnt Husserls Phänomenologie die Annahme ab, dass das ‚transzendentale Ich' ein ‚metaphysisches Ich' sein kann, weil Husserls transzendentales Ich ein reines Ich ist, das im primordialen Feld durch eine Reihe von Reduktionen erreicht wird. Es handelt sich nicht um ein abstrahiertes und idealisiertes metaphysisches Subjekt, sondern um ein Bewusstsein, das reine eidetische Erlebnisse darstellt. Es ist auch ein Ich, das durch *Einfühlung* das Ich der anderen erfahren und die Welt durch andere konstituieren kann.[31] Die Unterscheidung zwischen der kantschen Transzendentalphilosophie und der husserlschen Transzendentalphänomenologie beruht also auf der unterschiedlichen Antwort auf die Frage, ob das transzendentale Subjekt als metaphysisches Subjekt angesehen werden kann.

Während Kant das 'Apriori' als unabhängig vom ‚Aposteriori' positioniert und diese beiden endgültig voneinander trennt, bildet in Husserls Phänomenologie der Grund der empirischen Phänomene den Ausgangspunkt des *Epochen*prozesses, um den Grund der transzendentalen Bewusstseinserlebnisse zu erreichen. Mit anderen Worten: Während in der Philosophie Kants das

[31] Dieser Punkt wurde aber auch von vielen Husserl-Kritikern als Grund dafür gesehen, dass Husserls Phänomenologie zu einer Egologie wurde. Die transzendentale Phänomenologie ist zu einer Egologie geworden, in der das Ich durch das Ich erklärt wird, weil die Transitivität zwischen Subjekt und Objekt (intentionale Reflexion) nicht auf einer absoluten Gesetzmäßigkeit beruht. Kants Transzendentalphilosophie ist jedoch weit davon entfernt, eine Egologie zu sein, denn das transzendentale Ich als Bewusstseinsform wird als inhaltlich völlig leer angesehen. Deshalb ist nach Kant auch der Versuch der deskriptiven Wissenschaft vom transzendentalen Ich, reine Erlebnisse als transzendentale Bedingungen der Erkenntnis zu sehen, vergeblich.

‚Apriorische', ‚Transzendentale' und ‚Reine' seinen Bedeutungsgehalt dadurch gewinnt, dass es sich dem empirischen Sein, also den aposteriorischen Gegebenheiten widersetzt, realisiert sich dieser Widerstand in der Philosophie Husserls nicht dadurch, dass er sie ignoriert, sondern dadurch, dass er sie auf Augenhöhe bringt, aber dadurch, dass er an dieser erkenntnistheoretischen Annahme kratzt. In der Tat kehrt Husserl durch Reduktionen zu den Sachen selbst zurück, um zum Grund der apriorischen und transzendentalen Erlebnisse zu gelangen; Kant hingegen positioniert das Apriorische als etwas, das so weit wie möglich unabhängig von der Erfahrung realisiert wird. Mit anderen Worten: Während Kant apriorisches Wissen als erfahrungsunabhängiges Wissen und aposteriorisches Wissen als erfahrungsbasiertes Wissen charakterisiert, trifft er eine Unterscheidung, in die die reinen Erlebnisse, zu denen Husserl durch die Epochenmethode gelangt, nicht einbezogen werden können. Denn nach Kant ist das, was wir als 'rein' bezeichnen, das, was keine empirische aposteriorische Erkenntnis enthält.[32] Die meisten Husserlianer argumentieren jedoch, dass Husserls transzendentale Erlebnisse - auch wenn sie von der Lebenswelt abgeleitet sind - ebenfalls von empirischer Erfahrung befreit sind und daher nicht im Widerspruch zum kantschen Apriorismus stehen. Während Husserl das Transzendentale jedoch als Bezeichnung für das reine, vom weltlichen Gehalt der Akte unabhängige Bewusstsein verwendet, benutzt Kant das Transzendentale als Charakterisierung des Bewusstseinsvermögens, eine Unterscheidung, die das Verständnis des Transzendentalen bei Husserl und Kant unterscheidet.

Außerdem ist bekannt, dass der Begriff ‚rein' bei Husserl eine andere Bedeutung hat als bei Kant. Während der Begriff ‚rein' bei Husserl ‚Immanenz' bedeutet, meint es bei Kant die Unabhängigkeit von empirischen Beziehungen. Während Husserl das reine Bewusstsein, das er nicht als Immanenz anerkennt, die die Begriffe der immanenten Gegebenheiten der Erfahrung konstituiert, in einem von der Erfahrungswelt nicht losgelösten (metaphysischen), aber ihr nicht immanenten (empirisch-psychologischen) Transzendentalismus sieht, charakterisiert Kant das reine Bewusstsein als ein die Erfahrungswelt transzendierendes ‚metaphysisches Ich'. Der grundlegende Unterschied zwischen Transzendentalphilosophie und Transzendentalphänomenologie liegt in der Tat eher in der Differenz zwischen den Methoden Kants und Husserls als in ihren Definitionen. Während bei Husserl der Weg zum Transzendenten über die Lebenswelt führt, wird bei Kant die Lebenswelt von vornherein ignoriert. Genauer gesagt, gewinnt Kant apriorische Anschauungsformen und Kategorien durch transzendentale Deduktion, während Husserl empirisch-psychische Phänomene durch eine induktive Methode *(Epoche)* in transzendentale Erlebnisse verwandelt. Husserl ging daher mit seiner transzendentalen Reduktionsmethode anders vor als die Transzendentalphilosophie Kants; er kategorisierte das Apriori auch als Gegenständlichkeit des Bewusstseins, nicht wie bei Kant als Form von Bewusstseinsfunktionen.[33]

Im Gegensatz zum ‚empirischen Ich', das als phänomenologischer Strom von Erlebnissen betrachtet wird, ist das ‚transzendentale Ich' die immanente Garantie für die Erlebnisse des Bewusstseins, die direkt auf dem eidetischen Grund, der nach allen Reduktionen erreicht wird, erfasst werden. Im zweiten Band der Logische Untersuchungen beging Husserl, der im ersten Band mit einer realistischen Einstellung antipsychologisch argumentierte, den Fehler, das Bewusstsein im zweiten Band erneut zu psychologisieren und verursachte eine ‚Vielheit des Bewusstseins', indem er mehr als eine widersprüchliche Definition des Bewusstseins gab. Vor allem die phänomenologischen, psychologischen, metaphysischen und empirischen Definitionen des Bewusstseins in den *V. Logische*

[32] Kant, Immanuel, "Kritik der reinen Vernunft", Raymund Schmidt, Hamburg, 1976, B 2.

[33] Seebohm, Thomas, "Die Bedingungen der Möglichkeit der Transzendental- Philosophie. Edmund Husserls transzendental-phänomenologischer Ansatz, dargestellt im Anschluss an seine Kant-Kritik", Bonn, 1962, S. 173.

Untersuchungen im zweiten Band nähren diese Vielfalt des Bewusstseins; das transzendentale Bewusstsein wird von Husserl in diesem Abschnitt nicht erwähnt.

> „Letztlich kennt der Mensch als soziales Wesen sein eigenes Bewusstsein in einer Vielzahl von Bewusstseinen, und die Koexistenz mit anderen Ichs verweist eher auf eine Vielzahl von Ichs als auf eine Masse von Ichs. Mit anderen Worten, diese ‚Vielfalt' wird nicht als eine zufällige Ansammlung von aufeinander gestapelten Bewusstseinen betrachtet, sondern als eine Bewusstseinsgemeinschaft, die aus Individuen besteht, von denen jedes mit jedem anderen verflochten ist. Zusammenleben ist also mehr als ein Nebeneinanderleben. Die Verflechtung zwischen den Bewusstseinen umfasst das menschliche Leben als Ganzes."[34]

Husserl, der zwischen ‚Selbsterfahrung' und ‚Fremderfahrung' unterschied, die Welt aber dank der korrelativen Verknüpfung dieser beiden Erfahrungen als intersubjektive Objektivität zu erfassen glaubte, zeigte mit dieser Unterscheidung, dass er ein Bewusstseinspluralist war. Der Philosoph, der bis 1920 die Beziehung zwischen dem ‚transzendentalen Ich' und anderen Ichs durch eine intentionale *Einfühlung* erklärte, bevorzugte nach 1920 den Ausdruck ‚Fremderfahrung' anstelle von *Einfühlung*. Mit diesem Konzept der ‚Erfahrung des Anderen' erklärte Husserl nicht nur die Konstitution des transzendentalen Ichs durch andere Ichs und der Welt durch diese anderen Ichs, sondern behauptete auch, dass das transzendentale Bewusstsein durch andere Ichs ein Bewusstsein seines eigenen Selbst entwickelt. Es war das, was Husserl über diese Intersubjektivität sagte, was ihn veranlasste, sich erneut mit Solipsismus und Idealismus auseinanderzusetzen und sie nicht zu überwinden.

Husserl versuchte, dieses Problem durch die Dualität von *Noema* und *Noesis* zu erklären, während er gleichzeitig versuchte, die Existenz des Bewusstseins unter anderen Bewusstseinen durch Intersubjektivität zu erklären. Unbeantwortet bleibt jedoch die Frage, wie das Bewusstsein eine Struktur haben kann, die sowohl andere Bewusstseine konstituiert als auch durch sie zu seinem eigenen Selbstbewusstsein im reinen primordialen Feld gelangt, das als Ergebnis aller Reduktionen entsteht. Die transzendentale Phänomenologie, die versucht, die Bewusstseinsinhalte der transzendentalen Subjekte im primordialen Feld zu beschreiben, scheint an dem Problem der Intersubjektivität zu scheitern, die sie durch *Intentionalität* zu erklären versucht.

Das transzendentale Bewusstsein ist ein Bewusstsein, das gereinigt wurde, indem es zusammen mit allem, was selbst weltlich ist, reduziert wurde. Erlebnisse des transzendentalen Bewusstseins gehören daher nicht zu einem metaphysischen oder spekulativen Ich. Am Noesis-Pol der *Intention* befindet sich mein eigenes transzendentales Bewusstsein, während am Noema-Pol andere Bewusstseine sind. Das transzendentale Bewusstsein konstituiert andere Bewusstseine im primordialen Feld in einer noetischen Orientierung und bestimmt während dieser Orientierung seinen eigenen Subjektsinn. Mit anderen Worten: Das transzendentale Ich erlangt seine noematische Bedeutung während seiner noetischen Ausrichtung auf andere Bewusstseine. Das Selbstverständnis des transzendentalen Bewusstseins über sein eigenes Selbst entsteht bereits während dieser Orientierung.

> „Natürlich sind hier die anderen Ichs, an denen man sich orientiert, keine individuellen Subjekte, sondern das gemeinsame ‚Eidos' der anderen Ichs im Allgemeinen. Das heißt, mein eigenes transzendentales Bewusstsein nimmt durch das ‚Erleben des

[34] Tarhan, Diler Ezgi, "Husserl ve Frege'de Anlam", Ed.Yusuf Duran, Dergâh yay. ISBN: 9786258437140, İstanbul, 2022, s.468.

> Anderen' Bewusstseine außerhalb seiner selbst kollektiv als ‚Nicht-Selbst', ‚Anderes' oder ‚Fremdes' wahr und begreift so seine eigenen Selbstgrenzen durch das Andere."[35]

Nach Husserl, der argumentiert, dass wir in diesem Prozess, um das Ich eines anderen zu erkennen, von seinem Körper auf sein Bewusstsein schließen, so wie wir ein Ganzes mit einem Körperbewusstsein sind, haben wir die Überzeugung, dass andere Körper ein Bewusstsein wie wir haben sollten. Auf der Grundlage dieser Überzeugung stellen wir zunächst eine Ähnlichkeitsbeziehung zwischen unserem eigenen Körper und anderen Körpern her, und dann zwischen unserem eigenen Bewusstsein und dem Bewusstsein anderer. Husserl stellt eine Ableitung der Ähnlichkeitsbeziehung zwischen ‚noematischer Bedeutung' und ‚noematischem Gegenstand' zwischen den primordialen Subjekten her; er behauptet, dass diese monadologische Ähnlichkeit als eine Reflexion fungiert, die es allen Monaden ermöglicht, sich ineinander zu spiegeln. Ausgehend von der Ähnlichkeitsbeziehung zwischen Monaden mit Leibnizscher Färbung versuchte Husserl zu erklären, wie das transzendentale Ich andere Ichs kennt, wie es mit ihnen Plätze tauschen kann, wie es sich in sie einfühlen kann und wie diese Monaden sich gegenseitig im Sinne von Intersubjektivität reflektieren können. Nach Husserl ist diese intersubjektive Transitivität das Werk der *Einfühlung*, einer monadologischen Reflexion.

> „Nach Husserl kann der ‚Körper' nicht streng als rein physiologischer Apparat aufgefasst werden, denn das, was wir ‚Empfindung' nennen, ist der Beweis dafür, dass im Körper ein wahrnehmendes Subjekt regiert. Unser Körper ist also der Vermittler zwischen der Welt und unserem Bewusstsein, das Mittel, durch das alles für unsere Seele wahrnehmbar wird. Da jedoch die Gegebenheit anderer Körper für uns nicht so ursprünglich ist wie die Gegebenheit unseres eigenen Körpers für uns, ist das Erleben eines anderen durch seinen Körper eine Wahrnehmung, die auf einer ‚vollständigen Wahrnehmung' (apperzeptiv) beruht. (...) Obwohl unsere Wahrnehmung des Körpers eines anderen nicht so ‚unmittelbar' ist wie unsere Wahrnehmung unseres eigenen Körpers, sind wir in der Lage, den Körper eines anderen mit einer ‚mittelbaren vollständigen Wahrnehmung' wahrzunehmen, dank der ‚Körperbedeutung', die wir von unserem eigenen Körper auf den Körper eines anderen übertragen. Diese auf ‚vollständiger Wahrnehmung' basierende Erfahrung macht es möglich, die Ähnlichkeit zwischen unserem eigenen Körper und dem Körper eines anderen festzustellen und durch diese Ähnlichkeit Bedeutung zu übertragen".[36]

Nach Husserl konstituiert das transzendentale Ich durch die intersubjektive Sinnübertragung und *Einfühlung* in die Körper der anderen auch deren Bewusstseine und entwickelt bei dieser *Konstitution* ein Selbstbewusstsein des eigenen Bewusstseins. Mit anderen Worten: Das transzendentale Ich kennt sich selbst durch andere, aber es konstituiert auch diese anderen Bewusstseine. Allerdings ergeben sich hier viele Fragezeichen, die Husserl mit der metaphysischen Lösung, die er in der ‚*V. Meditation*'[37] im zweiten Band der *Logische Untersuchungen* entwickelt, nicht beseitigen konnte. Die wichtigsten offenen Fragen, die an Husserl gerichtet werden sollten, um der Gefahr des Solipsismus und des transzendentalen Idealismus zu begegnen, die Husserl nicht beseitigen konnte, sind folgende:

---

[35] Tarhan, Diler Ezgi, "Husserl ve Frege'de Anlam", Ed.Yusuf Duran, Dergâh yay. ISBN: 9786258437140, İstanbul, 2022, ss.467-468.

[36] Tarhan, Diler Ezgi, "Husserl ve Frege'de Anlam", Ed.Yusuf Duran, Dergâh yay. ISBN: 9786258437140, İstanbul, 2022, ss.468-469.

[37] Husserl, Edmund, "Cartesianische Meditationen und Pariser Vorträge", Hua I, Gesammelte Werke, Ed: Prof. Dr. S. Strasser; Martinus Nijhoff, Den Haag, 1973, S. 121-185.

- Warum muss das transzendentale Bewusstsein sein eigenes Selbstbewusstsein immer noch durch die Ichheit der anderen erfassen, obwohl es sagt, dass es durch seinen eigenen Körper zum Bewusstsein seines eigenen Bewusstseins gelangt?
- Wie kann Husserl behaupten, dass das transzendentale Bewusstsein das Ich eines anderen als Ergebnis der Schlussfolgerung begreift, die es vornimmt, indem es Bedeutung aus seinem eigenen Körper und Bewusstsein auf sie überträgt, nachdem es den Körper des anderen wahrgenommen hat, und wie kann Husserl behaupten, dass das Bewusstsein diese Bedeutungsübertragung und monadologische Beziehung der Ähnlichkeit vornimmt, ohne zu psychologisieren? Wie kann diese auf Assoziation, Ähnlichkeit und Glauben basierende Beziehung realisiert werden, ohne das transzendentale Ich oder das Ich des anderen zu psychologisieren?
- Husserl will zwar andere Bewusstseine nicht auf unser transzendentales Bewusstsein reduzieren, aber er will ihnen auch keine von unserem Bewusstsein unabhängige Existenz zuschreiben. Aber zu sagen, dass das transzendentale Ich andere Ichs konstituiert, bedeutet nicht, sie auf unser Bewusstsein zu reduzieren?

Wenn man annimmt, dass andere Ichs unabhängig von unserem transzendentalen Bewusstsein existieren, kann Husserl nicht mehr erklären, wie diese Ichs, denen er eine transzendente Existenz zuschreibt, durch das transzendentale Ich konstituiert werden, und fällt in einen tiefen Idealismus. Wenn andere Ichs auf unser Ich reduziert werden, verfällt Husserl mit seiner Auffassung von einem einzigen Ich, das alles konstituiert, dem Solipsismus. Husserls transzendentale Phänomenologie, die im Problem der Intersubjektivität blockiert ist, scheint sich daher in einen transzendentalen Idealismus verwandelt zu haben. Obwohl Husserl den Fehler vermeidet, die Bewusstseinsinhalte mit Sinneseindrücken und Entwürfen zu verwechseln, wie in seinem vorphänomenologischen Werk *Die Philosophie der Arithmetik*, verfällt er in seiner späten Phänomenologie, indem er die Vielfalt der Ichs im primordialen Feld auf ein konstitutives reines Ich reduziert, in den Fehler, das Subjekt, das er für transzendental hält, zu metaphysisieren. Mit anderen Worten, anstatt das Problem der Vielheit des Bewusstseins zu überwinden, in das er im zweiten Band der *Logische Untersuchungen* verfallen war, treibt er es in *Ideen* voran. Im Übrigen hat er dieses Versagen in *Ideen* selbst eingestanden, indem er sagte, dass die transzendentale Phänomenologie an sich ein universeller Idealismus ist.[38]

Literatur:

Bernet, Rudolf / Kern, Iso / Marbach, Eduard, "Edmund Husserl. Darstellung seines Denkens", Hamburg, 1989.

Brudzinska, Jagna, "Die phänomenologische Erfahrung und die Frage nach dem Unbewussten. Überlegungen im Anschluss an Husserl und Freud" (ss. 54-71), şurada: Lohmar, Dieter & Fonfara, Dirk, "Interdisziplinäre Perspektiven der Phänomenologie", "Neue Felder der Kooperation: Cognitive Science, Neurowissenschaften, Psychologie, Soziologie, Politikwissenschaft und Religionswissenschaft", Phaenomenologica 177, Springer, Dordrecht, 2006.

Erhard, Christopher, "Denken Über Nichts – Intentionalität und Nicht-existenz bei Husserl", şunun içinde: Halfwassen, J.; Perler, D.; P; Quante, M., "Quellen und Studien zur Philosophie – Band 118", De Gruyter, 2014, Berlin/Boston.

Gurwitsch, Aron, "Der Begriff des Bewußtseins bei Kant und Husserl", in: Kantstudien, Band 55, Köln, 1964.

Husserl, Edmund, "Cartesianische Meditationen und Pariser Vorträge", Hua I, Gesammelte Werke, Ed: Prof.Dr. S. Strasser; Martinus Nijhoff, Den Haag, 1973.

Husserl, Edmund, "Die Idee der Phänomenologie. Fünf Vorlesungen", Paul Janssen, Hamburg, 1986.

Husserl, Edmund, "Die Lebenswelt. Auslegungen der vorgegebenen Welt und ihrer Konstitution. Texte aus dem Nachlass (1916-1937)", Hua XXXIX, Gesammelte Werke, Sowa, Rochus, Springer, Dordrecht, 2008.

Husserl, Edmund, "Ding und Raum. Vorlesungen 1907", Hrsg. von Ulrich Claesges, Husserliana XXVI, Gesammelte

[38] Uygur, Nermi, "Edmund Husserl'de Başkasının Ben"i Sorunu", YKY, III. Auflage, 2017, Istanbul. S. 92.

Werke, Springer, Den Haag / Dordrecht, 1973.
Husserl, Edmund, "Erfahrung und Urteil", L. Landgrabe, 3.Baskı, Hamburg, 1964.
Husserl, Edmund, "Formale und transzendentale Logik. Versuch einer Kritik der logischen Vernunft", P.Janssen, Husserliana Bd. XVII, Verlag Nijhoff, Den Haag, 1974.
Husserl, Edmund, "Ideen zu einer reinen Phänomenologie und phänomenologischen Philosophie. Erstes Buch: Allgemeine Einführung in die reine Phänomenologie", Gesammelte Schriften, Band V, herausgegeben von Elisabeth Ströker, Hamburg, 1992.
Husserl, Edmund, "Logik und allgemeine Wissenschaftstheorie. Vorlesungen Wintersemester 1917/18. Mit ergänzenden Texten aus der ersten Fassung von 1910/11, hrsgb.von Ursula Panzer, Husserliana XXX, Gesammelte Werke, Springer, Den Haag / Dordrecht, 1996.
Husserl, Edmund, "Logische Untersuchungen", Ergänzungband I, Erster Teil: "Entwürfe zur Umarbeitung der VI. Untersuchung und zur Vorrede für die Neuauflage der Logische Untersuchungen (Sommer 1913)", Hua XX/I, Gesammelte Werke, Melle, Ullrich; Springer, Den Haag / Dordrecht, 2002.
Husserl, Edmund, "Logische Untersuchungen", Ergänzungband II, Zweiter Teil: "Texte für die Neufassung der VI. Untersuchung: Zur Phänomenologie des Ausdrucks und der Erkenntnis (1893/94 – 1921)", Hua XX/II, Gesammelte Werke, Melle, Ullrich; Springer, Den Haag / Dordrecht, 2005.
Husserl, Edmund,"Logische Untersuchungen II/II", Zweiter Band. Zweiter Teil. "Untersuchungen zur Phänomenologie und Theorie der Erkenntnis", Hua XIX/II, Gesammelte Werke, Ed: Panzer, Ursula; Springer, Den Haag / Dordrecht, 1984.
Husserl, Edmund, Manuskript *A V* 5, s.10.
Husserl, Edmund, "Philosophie als strenge Wissenschaft", herausgegeben von Wilhelm Szilasi, Frankfurt am Main, 1981.
Husserl, Edmund: "Philosophie der Arithmetik. Logische und Psychologische Untersuchungen", I.Band, Halle a.d. Saale: C. E. M. Pfeffer (Robert Stricker), 1891, şurada: "Gesammelte Schriften. Band I", Ed: Elisabeth Ströker, Meiner, Hamburg, 1992.
Husserl, Edmund, "Vorlesungen zur Phänomenologie des inneren Zeitbewußtseins", Martin Heidegger, 2.Baskı, Tübingen, 1980.
Husserl, Edmund, "Zur Phänomenologie des inneren Zeitbewusstseins (1893-1917)", Hrsg. von Rudolf Boehm, Nachdruck der 2. Verb. Auflage, Husserliana X, Gesammelte Werke, Springer, Den Haag / Dordrecht, 1969.
Kant, Immanuel, "Kritik der reinen Vernunft", Raymund Schmidt, Hamburg, 1976.
Leibniz, Gottfried Wilhelm, "Vernunftprinzipien der Natur und der Gnade. Monadologie", Herbert Herring, 2. verbesserte Auflage, Hamburg, 1982.
Marx, Werner, "Die Phänomenologie Edmund Husserls. Eine Einführung", München, 1987.
Schwabe-Hansen, Elling, "Das Verhältnis von transzendentaler und konkreter Subjektivität in der Phänomenologie Edmund Husserls", München, 1991.
Seebohm, Thomas, "Die Bedingungen der Möglichkeit der Transzendental- Philosophie. Edmund Husserls transzendental-phänomenologischer Ansatz, dargestellt im Anschluss an seine Kant-Kritik", Bonn, 1962.
Tarhan, Diler Ezgi, "Husserl ve Frege'de Anlam", Ed.Yusuf Duran, Dergâh yay. ISBN: 9786258437140, İstanbul, 2022.
Uygur, Nermi, "Edmund Husserl'de Başkasının Ben"i Sorunu", YKY, III. Baskı, İstanbul, 2017.

HUSSERLS PHÄNOMENOLOGISCHE ZEITANALYSE. ICH, IDENTİTÄT UND ZEITLICHKEIT BEI HUSSERL

Dulce María Ríos Torres[1]

Zusammenfassung:

In dieser Arbeit analysiere ich das Problem der Zeitlichkeit in Verbindung mit dem Ich Begriff. Die Untersuchung bezieht sich prinzipiell auf Husserls Werk *Ideen II.* Mit dem Phänomen des aktuellen Bewusstseins startet diese Analyse und geht weiter auf das Phänomen der *Selbsterkenntnis des reinen Ichs, welcher als Cogito besser bekannt ist.* Ich unterscheide in Hinblick auf die Begriffe des Ich und seine Beziehungen mit dem eigenen Leib. Es interessiert mich auch, wie die geistig-seelische Wirklichkeit sich phänomenologisch konstituiert, was die eigene Leibapperzeption als leibliche Urapperzeption für das Ich bedeutet, sowie die Apperzeption des fremden Leibes. Es wird zwischen dem Ich Begriff und der cartesianischen Substanz *(solus Ipse)* unterschieden. Ich versuche folgendes phänomenologisch zu erklären: in welchem Sinn ist das Ich Zeitigung; was verbleibt und was verändert sich? Ob es dem Begriff der Identität widerspricht. Was konstituiert diese Identität? Wie versöhnt sich die Zeitigung des Ichs mit dem Identitätsbegriff? Welche Beziehung gibt es zwischen der Identität des Ichs und seiner eigenen Persönlichkeit?

Stichwörter: Empirisches Ich, reines Ich, Identität, Veränderung, Selbsterkenntnis, Leib, Apperzeption, Intentionalität, Zeitlichkeit, Persönlichkeit.

■■■

In diese Arbeit widme ich mich dem Problem der Zeitlichkeit in Bezug auf den Ich Begriff im Husserls Werk. Die Untersuchung folgt der Analyse, die in *Ideen II* dargestellt ist. Die Analyse befasst sich mit dem Phänomen des aktuellen Bewusstseins. Das Phänomen der Selbsterkenntnis des reinen Ichs, welcher als Cogito besser bekannt ist. Dort beschäftigt sich Husserl mit dem relevanten Unterschied in Hinblick auf die Begriffe des Ichs und seine Beziehung mit dem eigenen Leib.

Grundsätzlich muss ich eine klare Unterscheidung zwischen dem reinen Ich und dem empirischen Ich durchführen. Damit werde ich beschreiben, wie die geistig-seelische Wirklichkeit sich phänomenologisch konstituiert. Es wird durch die phänomenologische Methode erklärt, was die eigene Leibapperzeption als leibliche Urapperzeption, sowie die Apperzeption des fremden Leibes für das Ich bedeutet. Es wird hier ebenfalls die Konstitution der Transzendenz durch die Einfühlung berücksichtigt. Ich führe jedoch keine detaillierte Analyse der Einfühlung durch, sondern begrenze mich auf eine Erklärung der Termini. Im Grunde genommen, was unter diese Konstitution verstanden werden soll.

Durch eine phänomenologische Auffassung des Prozesses der Konstitution möchte ich betonen, dass, was unter Ich verstanden werden muss, soll nicht als cartesianische Substanz (*solus Ipse*) begriffen werden. Da das Ich immer in Verbindung mit anderen Ichs sich befindet und in einer Welt lebt. Auf

[1] Doktorandin, a.r.t.e.s. Graduate School for the Humanities Cologne & Institut für Philosophie und Soziologie der Polnischen Akademie der Wissenschaften in Warschau, carmillazozt@yahoo.de

Grund der methodischen Leistungen wie die ἐποχή wird es nicht erklärt, dass das Ich allein oder solipsistisch begriffen werden muss. Das Ich und die anderen, welche auch unter dem Terminus Ich genannt werden können, sind das Wir und alle geben der Welt einen Weltsinn.

Ein Thema dieser Arbeit ist die Zeitlichkeit des Ichs, was das Ich als „strömend-stehend" bedeutet? In welchem Sinn kann man das Ich als strömend darstellen und in welchem Sinn als stehend? Noch besser, in welchem Sinn ist das Ich Zeitigung; was verbleibt und was verändert sich?

Das Ich ist komplex in seinem zeitlichen Ablauf; zu seiner Gesamtheit gehört ein zeitlicher Widerspruch, der nach Husserl als „strömend-stehend" genannt ist, im gleichen Sinn schildert Klaus Held das Ich und sein Paradox wie folgt:

> Das Ich als zentrierende Lebendigkeit des intentionalen Lebens kann sein eigenes Gegenwartsein in doppelter Weise als einen Zeitgegenstand erfahren: es kann sich einmal als ein Etwas erfassen, das von Zeitpunkt zu Zeitpunkt, von Jetzt zu Jetzt *fortströmt* und sich auf diese Weise an Zeitstellen oder Zeitstellenfolgen (Dauern) lokalisiert bzw. Objektiviert; es kann seine jederzeit antreffbare Allgegenwärtigkeit im intentionalen Leben aber auch als ein quasi überzeitliches oder mit Husserl gesprochen allzeitliches Verharren nach Art der Idealen Gegenstände, als ein stehendes Jetzt („nuncstans") erfahren.[2]

Die Phänomenologie unterscheidet zwischen das reine Ich als die Form des *Cogitos* und das empirische ich als Mensch. Der Terminus Intentionalität spielt hier die Hauptrolle, weil er in dem Wahrnehmungsakt der Wirklichkeit und in dem Bewusstseinsphänomen eingeschlossen ist. Die Idee des Ichs stellt eine Identität zwischen dem empirischen Subjekt der Welt, der sich selbst als Ich nennt, und dem Subjekt des reinen Bewusstseins fest. Indessen lassen sich folgende Fragen stellen, einerseits: Was diese Identität konstituiert? Wie sich die Zeitigung des Ichs mit dem Identitätsbegriff versöhnt? Und anderseits: Welche Beziehung hat die Genese des Erlebnisses, die niedergeschlagen sind, mit der Identität des Ichs, besser gesagt, mit seiner eigenen Persönlichkeit? Es ist wichtig zu sagen, dass ich auf keinen Fall das Ich mit seinen Erlebnissen identifizieren mag, ebenfalls für das reine Ich und das empirische Ich, mit dem Mensch. Da gibt es aber einige Eigenarten zu unterscheiden.

Dafür beziehe ich mich auf die phänomenologische Analyse der *Ideen II,* des 14. Texts der *Bernauer Manuskripte* und dem Werk von Klaus Held „*lebendige Gegenwart*". Damit werde ich die oben genannte Frage versuchen zu erklären. Was identisch bleibt und was sich an dem Ich verändert? Dieser Widerspruch der lebendigen Gegenwart ist nach Husserl als „strömend-stehend" genannt. Daraus kommt die Frage nach der Seinsweise des intentionalen Lebens des Ichs. Nach Helds Analyse lautet die Antwort: das Ich ist nichts anderes als die „lebendige Gegenwart" alles Gegenwärtigen.[3] So sind wir auf der Spur für die Erklärung, aber es muss noch weiter erklärt werden, um den Aussagesatz zu verstehen; es wird zwischen dem reinen und empirischen Ich unterschieden werden.

Das reine und empirische Ich

Das reine Ich sollen wir nicht mit dem Ich der realen Person, mit dem Mensch verwechseln. Das reine Ich bezieht sich auf die Welt und ordnet sich in den Bereich der perzeptiven Erfahrung. In diesem Bereich lässt sich das Ich auf neuen Seiten mit neuen Eigentum jederzeit auf vollkommene

---

[2] Klaus, Held. *Lebendige Gegenwart.* Vorwort, X.

[3] Ebd,Vorwort,IX.

Weise sich kennen lernen. Das heißt, das reine Ich gehört zu einem Erfahrungsfeld, welcher durch die Geltung der Erfahrungsevidenz ausgelegt ist. Die Erfahrungen ergeben die Erfahrungen ihres Objekts nicht angemessen (adäquat). Es wird durch ein Verfahren verdeutlicht, in welchem das reine Ich die Leistung des *Cogitos* in immer weiter vollzogenen Akte sich vollzieht. Dementsprechend lässt sich das Ich nicht einseitig darstellen, aber es bedeutet nicht, dass das Ich nicht vorhanden sei. Man muss ihn finden. Es wird, sozusagen, als Resultat einer phänomenologischen Übung dem ich-erleben erscheinen. Solche phänomenologische Übung ist die Aussschaltung der Stellungnahme der Naturwissenschaft, in welcher durch die Reduktion des Menschen als Naturwesen und als Person einer Gesellschaft ausgeschaltet wird.

Das reine Ich besteht einfach absolut, es ergibt sich selbst als absolut und originär in eine Einheit ohne Abschattungen. Diese Einheit ist von der reflexiven Blickwendung als reines Ich des Wiedererinnerns[4] „als zeitlich dauerndes"[5] erfasst, das heißt, die Selbstwahrnehmung des Ichs von vergangenen Jetzt zur aktuellen Gegenwart.[6]

Wenn es hier über gegebene Erfahrung gesprochen wird, verweise ich auf einen Erlebnisstrom ohne Anfang und auch ohne Ende, dessen Erfassung man durch die Selbstwahrnehmung, adäquate Wahrnehmung oder Reflexion gewinnen kann.

> Wie schon der bildliche Ausdruck Erlebnisstrom (oder Bewusstseinsstrom) besagt, sind uns die Erlebnisse, sind uns Empfindungen, Wahrnehmungen, Erinnerungen, Gefühle, Affekte usw. in der Erfahrung nicht gegeben als in sich zusammenhangslose Annexe von materiellen Leibern, als ob sie miteinander nur durch die gemeinsame phänomenale Anknüpfung an diese geeinigt wären. Sie sind viel mehr durch ihr eigenes Wesen eins, mit einander verbunden und verflochten, schichtenweise ineinander strömend und nur in dieser Einheit eines Stromes. Nichts kann diesem entrissen, nichts gleichsam als Ding für sich abgestückt werden.[7]

Das Bewusstsein verflicht sich in eine Einheit, die nur durch die Blickwendung des reinen Ichs und nicht durch das empirische Ich intuitiv sich erfassen lässt. Unter dem Titel empirisches Ich ist eine Einheit als Mensch zu verstehen. Dieser Ich-Mensch entspricht das Ich der Erlebnisse, der psychischen Verfassungen, der Charaktereigenschaften, der Empfindungen und dem eigenen Leib und ihre Beschaffenheiten. Alles kommt immer auf die erste Person an, jedes Ich bezieht sich auf seine eigene Akte immer in der Form: ich mache etwas so und so, ich liebe das, ich bevorzuge das, ich fühle mich so und so, ich phantasiere und usw. Aus der Ichform ergeben sich unsere Charaktereigenschaften, unsere Anlage und unsere Fähigkeiten. Damit können wir genau zwischen

---

4 Klaus Held erklärt den Charakter der Wiedererinnerung, wenn er sage: „Die kontinuierliche Erfüllung aller Protentionen (das „Eintreffen" der gerade noch Protenierten) von damals bis heute, ermöglicht es, dass meine Erfahrung bis „damals" zurückreicht, dass sie ihren Gegenstand in seinen Vergangensein antrifft. Diese Ausdrucksweise darf nicht missverstanden werden: Der Akt der Vergegenwärtigung selbst ist zwar eine sich gegenwärtig abspielende Erfahrung; doch das darin „Erfahrende", das Vergegenwärtigte, ist nicht mehr in der Helligkeit und Nähe urimpressional-retentionaler Aktualität gegeben; es wird vielmehr aus dem Dunkel und aus dem Verdecktheit des endgültig vergangenen wieder ins Licht gerückt, ohne daß es damit seinen „Platz" im Bereich des ein für allemal Verströmten jemals aufgäbe. Es heißt darum „Wieder-erinnert", - im Gegensatz zum retentional Behaltenen, das wegen seiner unmittelbaren, wenn auch schon-schwindenden Mitbewusstheit im Präsenzfeld „primär erinnert". Held, Klaus. *Lebendige Gegenwart*, S. 34.

5 *Ideen* II, §23, 101.

6 In der *Bernauer Manuskripte* betrachte Husserl die Kontinuität der lebendigen Gegenwarten „als die momentane und unhaltbar als aktuelle, alle anderen als die gewesene, so bilden sie ebenfalls, wie schon gesagt, einen „objektiven", einen immer wieder identifizierbaren Bestand"Und sagt über die Identität wie folgt: In dieser Identität genommen – jede (Gegenwart) war ein identisches, das in einer Unzahl von „Vergangenheiten" sich intentional darstellt – sind sie in einer festen immanenten Zeitform aber in „Deckung" mit Ihr. Husserl, Edmund, *Die Bernauer Manuskripte,* Text. 14, §1, S. 275.

7 *Ideen* II, §20. 92.

unseren eigenen Eigenschaften und den Eigenschaften des anderen differenzieren.

> In den Akten des vielgestaltigen, vereinzelten oder durch es verknüpften Cogito übt das reine Ich seine reinen Funktionen und insofern möchten wir die Akte selbst in übertragenem Sinn als Funktionen bezeichnen. Hierbei ist das reine Ich einerseits zwar als das in ihnen funktionierende, sich durch sie hindurch auf Objekte beziehende von den Akten selbst zu unterscheiden; andererseits doch nur abstraktiv zu unterscheiden. Abstraktiv sofern es als etwas von seinem „Leben" getrenntes nicht gedacht werden kann – ebenso wie umgekehrt diese Erlebnisse nicht denkbar sind, es sei denn als Medium des Ichlebens.[8]

Das reine Ich hat Husserl seit *Ideen* I (1913) eingeführt, die Blickwendung gehört dem reinen Ich, es richtet sich auf den gegenständlichen Akt im entsprechenden Akterlebnis. Das Ich ist der Anfangspunkt der Blickwendung, es bleibt unteilbar und identisch, das reine Ich lebt und fließt in der Mannigfaltigkeit der Akte, allerdings multipliziert und teilt es sich nicht, es betätigt sich spontan in seiner Akte. Das reine Ich richtet sich auf die Gegenstände in der verschiedenen Seinsweise, davon hängt der vollzogene Akt ab, das reine Ich nimmt etwas wahr, denkt über etwas, kann etwas beurteilen, phantasiert etwas, erinnert sich an etwas, kann etwas erwarten, usw.

> Dabei ist es wichtig zu bemerken, dass das reine Ich nicht nur vollziehendes Ich ist, als welches wir es in den Akten im spezifischen Sinn, in denen der Form „cogito", bisher ausschließlich betrachtet haben. Sowie das jeweilige „cogito in Inaktualität versinkt, versinkt auch in gewisser Weise das reine Ich in Inaktualität. Es zieht sich aus dem betreffenden Akte zurück, es ist nicht mehr in ihm vollziehendes und möglicherweise überhaupt in keinen Akte vollziehendes Ich. Es ist dann nicht ein von allem Erleben Getrenntes, als ob nun das durchaus unvollzogene Bewusstsein und das reine Ich zusammenhanglos zusammen wären. Vielmehr bezeichnet der Unterschied der Aktualität und Inaktualität eine unterschiedene Wesensstruktur der intentionalen Erlebnisse und damit in eins einen von ihnen untrennbaren Unterschied des „wie" im Ich-Erleben.[9]

Die Präsenz des reinen Ichs wird gegenwärtig, wenn man die Reduktion vollzieht. Somit bleibt alles ausgeschaltet außer dem reinen Ich, die Reduktion tut ihn nichts. Im Unterschied zu dem empirischen oder geistigen Ich bleibt das reine Ich bestehen. Denn das reine Ich vollzieht in der Akte des Cogitos seine reine Funktionen.[10]

Zwar ist das reine Ich anders als seine eigenen Akte, es fungiert in denen und richtet sich auf die Gegenstände durch diese Akte. Der Unterschied ist dementsprechend abstraktiv. Das Leben des reinen Ichs kann nicht getrennt von seinem eigenen ich gedacht werden und andersherum nicht, die

---

[8] Ebd, §22,100

[9] *Ideen* II. §22,100

[10] Held führt uns in seinem Werk auf die Grundbegriffe zur Lehre der lebendigen Gegenwart, er erklärt, was nach der radikalisierte Reduktion noch„bleibt", er sage: «Als was finde ich mich, wenn ich von der Vorstellung eines ichlichen Lebensprozesses radikal keinen Gebrauch mache? Offenbar gibt es für das gesuchte „reine Da" meines Fungierens keinen anderen Namen als „Gegenwart". Wenn ich meinen Auftreten als Gegenwärtigzentrum Charakterisieren will, wie es für mich in der Reflexion unmittelbar „selbst da" ist, muss ich es als Gegenwart ganz neuartigen Sinnes; denn diese Gegenwart des fungierenden Ich darf nicht als eine Zeitstelle verstanden werden: die Vorstellung einer Abfolge von Zeitstellen ist ja mit der radikalisierten Reduktion, durch die Epoche des Lebensstromes endgültig in Klammern gesetzt. Im Unterschied zu Zeitstellengegenwarten heißt die Gegenwart des fungierenden ich selbst in den späten Manuskripten Husserls daher urtümliche, urmodale oder vor-zeitliche Gegenwart. Sie ist nicht eine unter anderen in einer Reihe sich ablösender Phasen: sie kommt nicht und sie geht nicht, sondern sie ist das bleibende, verharrende „Da" meines Gegenwärtiges selbst. Sie ist die stehende Präsenz meines Präsentierens selbst. Held, Klaus, *Lebendige Gegenwart.* S.63.

Erlebnisse gehören zu dem reinen Ich. Infolgedessen nehme ich wahr, dass das Ich in der Welt lebt. Das reine Ich vollzieht nicht nur alle Cogitationen, sondern auch tritt es immer in seinen aktuellen Akte und bleibt verborgen in der vergangenen Akte, weil dem reinen Ich eine Ichstruktur als Zeitigung[11] gehört, das heißt, der aktuelle Cogito sinkt in der Inaktualität und gleichfalls das reine Ich in gewisser Weise in einer kontinuierlichen Strömung herab.

Die Selbstwahrnehmung des Ich

Im zweiten Buch der *Ideen* fügt Husserl[12] einen wichtigen Gedanken ein, der Husserl weder in der *logischen Untersuchungen* noch in *Ideen I* in Bezug auf die Inaktualität des reinen Ichs und seine Erfassung entwickelte. Also in *Ideen II* sagt Husserl, dass das Ich als reines Ich in der Reflexion sich selbst erfassen kann. Aber in einer Funktion, in welcher das Ich selbst als Objekt durch sich selbst errichtet wird; daraufhin erfasst sich das Ich selbst als die wesentliche Form seiner Erlebnisse. Ich zitiere Husserl:

> Das reine Ich ist also keineswegs Subjekt, das niemals Objekt werden kann, wofern wir eben den Begriff des Objekts nicht von vornherein beschränken und insbesondere auf „natürliche" Objekte, auf mundane, „reale" beschränken, mit Beziehung auf welche der Satz allerdings in einem guten und wertvollen Sinn gelten würde. Denn das ist gewiss sehr bedeutsam, dass das reine Ich allem Realen und überhaupt allem anderen gegenüber, was noch als „seiend" bezeichnet werden kann, eine völlig isolierte Stellung einnimmt. Wir können nämlich sagen: alles in weitesten Sinne gegenständliche ist nur denkbar als Korrelat möglichen Bewusstseins, näher: eines möglichen „ich denke" und somit als beziehbar auf ein reines. Das gilt auch vom reinen Ich selbst. Das reine Ich ist durch das reine Ich, das identisch selbe, gegenständlich setzbar.[13]

Das reine Ich ist gerade als Gegenpol der realen und vorhandenen Gegenstände eingestellt, in dem Sinne, dass dieser immer als Korrelat eines möglichen Bewusstseins erscheinen kann. Das reine Ich denkt (cogita) die Objekte als Korrelat mögliches Bewusstsein, oder genauer gesagt: mögliches Ich-denke, aber zu gleichen Zeit das reine Ich kann sich selbst als was es ist erfassen und in der Weise, in der es seine Funktion vollzieht, erblicken. Genau so erkennt es sich selbst als „Objekt". Im Falle der Auffassung des reinen Ich von sich selbst als Objekt. Allerdings nicht als mundanes Objekt, sondern gelingt, dass dieses Ich identisch mit dem anderen ist. Damit weist man auf eine bestimmte Struktur, wobei eine Identität zwischen Polen errichtet wird. Husserl schildert es wie folgt:

> Zum Wesen des reinen Ich gehört dabei die Möglichkeit einer originären Selbsterfassung, einer „Selbstwahrnehmung", aber dann auch der sprechenden Selbsterfassungsmodifikationen, also einer Selbst-Erinnerung, Selbst-Phantasie u. dgl. Zum Wesen der Selbsterinnerung gehört offenbar, daß das selbst-wiedererinnerte reine Ich als vergangenes bewusst ist, daß anderseits eine Blickwendung möglich ist, vermöge deren das reine Ich sich als reines Ich des Wiedererinnerns erfaßt, somit als selbstwahrgenommene aktuelle Gegenwart, desgleichen, daß es sich vom vergangenen Jetzt bis zum aktuellen fließenden Gegenwarts-Jetzt hin als zeitlich dauerndes erfaßt usw.[14]

---

[11] *ebd* S. 83.
[12] Die Entwicklung dieser Idee stellt Husserl auch danach in der *Bernauer Manuskripte.* Vgl.Text. N 14. S 277.
[13] *Ideen II.* § 23. 101
[14] *Ideen* II, 101.

Zu der verschiedenen Weise der Selbstwahrnehmung, wie die Erinnerung, die Phantasie, die Wiedererinnerung und das Bildbewusstsein, gehört sichtbar, dass das erinnerte reine Ich für sich selbst bewusst ist und kann sich selber als vergangene erfassen. Infolgedessen ist es auch möglich aufgrund dieser Blickwendung, dass das reine Ich sich selbst als reines Ich in der Erinnerung, in der Phantasie oder in der Wiedererinnerung wahrnehmen kann.

Zum Beispiel: ich kann mich erinnern, dass ich damals an den Ufern eines Baches in der Abenddämmerung spazieren ging, weil mir die Färbung am Himmel und der Klang des kontinuierlich fließenden Wasser gefallen hatten. Währenddessen schaute ich die Vielfältigkeit der Farben und Nuancen am Himmel. Bei der Wahrnehmung richtete ich meine Blickwendung auf die Gegenstände deren Wahrnehmung (der Klang und die Farben). Danach, als ich nach Hause kam, konnte ich mich an meine Wahrnehmung, an das Erlebnis meiner Wahrnehmung erinnern und außerdem konnte ich mich in der Erinnerung als Spaziergängerin-Ich setzen und erfassen. In dem Augenblick der Wiedererinnerung erfasste ich mich als eine und dieselbe aller Akte, als ein identisches Ich. Dieses fungiert als vergangenes Ich, als gegenwärtiges Ich und als dergleichen erwartetes Ich, weil ich noch mal in diesem Ort spazieren gehen kann. Und jetzt schreibe und erinnere ich mich an diese Erfahrung, als ob ich da wäre; also erfasse ich mich als das selbe ich-erleben, welches jetzt darüber schreibt, und gleichzeitig erfasse ich mich als das ich-erleben in der Vergangenheit.

Diese Seinsweise gehört zu der Ichstruktur und alle Perzeptionen konstituieren das Erlebnis in der Vergangenheit. Auf diese Weise nimmt das reine Ich wahr. Während des Wahrnehmungsakts vollzieht das reine Ich für sich selbst den Akt des an sich erinnern, des sich phantasieren, des sich einbilden. Allerdings erfasst das reine Ich sich selbst in der aktuellen Wahrnehmung und gleichfalls erfasst es sich als zeitlich und räumlich als „lebendige Gegenwart" vom vergangenen Jetzt bis zum aktuellen Jetzt.[15]

Auch bei der zeitlichen Modifikation entsprechender vollzogenen Akte können wir den Unterschied zwischen vorgestellten und ursprünglich nicht vorgestellten Akte bemerken, wie im Fall des reflektierten reinen Ich und das reflektierenden reinen Ich. In diesem Fall steht nicht mehr das vergangene Cogito aktuell in der Reflexion. Es ist in diesem Augenblick inaktuell, da die Reflexion erfasst ist und stellt ihn nicht als vorhanden vor. Es ist nicht, was in dem jetzigen Erlebnis als wirkliches Bestandsstück als Modifikation des Cogitos besteht, sondern legt es genau das Identische, das einmal objektiv gegeben ist und das andere mal nicht.[16] Auf diese Weise[17] bilden sich Einheiten einer Dauer, welche sich bewusst in einem immanenten Zeitbewusstsein konstituieren. In diesen Einheiten konstituiert sich selbst das reine Ich und erfasst sich selbst in einer Reflexion höherer Stufe mit Evidenz als absolut. Das reine Ich identifiziert sich mit sich selbst.

> Jedes Cogito mit allen seinen Bestandstücken entsteht oder vergeht im Fluss der Erlebnisse. Aber das reine Subjekt entsteht nicht und vergeht nicht, obwohl es in seiner Art „auftritt“ und wieder „abtritt“. Es tritt in Aktion und tritt wieder außer Aktion. Was das ist und was es überhaupt selbst ist und leistet, erfassen wir, bzw. erfasst es im Selbstwahrnehmen, das selbst eine seiner Aktionen ist, und eine solche, die absolute Zweifellosigkeit der Seinserfassung begründet.[18]

Die entsprechende Identität des reinen Ichs ist eine formale, erfassbare und kategorische

[15] Held, Klaus, *Lebendige Gegenwart.* S. 79-88
[16] *Ideen II,* §23, 101-102
[17] *Die Bernauer Manuskripte*, S. 277
[18] *Ideen II*, 103.

Identität.[19] Sie bezieht sich immer wieder auf das reine Ich als aktiv oder passiv innerhalb des immanenten Lebens, das reine Ich ist immer identisch in der immanenten Zeit. Zum Beispiel, in dem Aktbewusstsein bin, war und werde ich dasselbe in der Dauer des herrschenden Aktes, allerdings bin ich kein wirklicher Moment des selben Aktes als ein Bestandsstück. Husserl bestätigt, dass das reine Ich kein anderes, als welches Descartes in seinen Meditationen gefunden hat, ist. Descartes hat ihn mit genialem Blick erfasst und „als solches für immer festgestellt, an dessen Sein ist kein Zweifel möglich. Das Ich in jedem Zweifel selbst wieder als Subjekt des Zweifels notwendig zu finden wäre."[20]

> Jeder Akt hat den Aktpol, das Ich, das nicht nur numerisch identisch ist, sondern für alle Zeitpunkte der Zeit, die für es da ist <und> der Erlebnisse, die ihre zeitlichen Gehalte sind, den selben absolut identischen Sinn Ich <hat>, ein identisches der Form, gewissermaßen ein ideal Identisches, das immer wieder zeitlich lokalisiert wird gemäß seinen Akten, seinen Zuständen, und doch nicht wirklich zeitlich ist.[21]

So haben wir, dass zu dem reinen Ich eine wesentliche Eigentümlichkeit gehört, die sich äußert, wenn das reine Ich auf und wieder abtritt. Husserl sagt: das reine Ich tritt auf und die «Akte spezifischen Sinn des Cogitos werden im Bewusstseinsstrom Ereignis". Es deutet darauf hin, was das Wesen solcher Akte darin besteht, was vom reinen Ich „vollzogen", intentionales Erlebnis zu sein.»[22] In diesem Sinne sagte Husserl, dass das identische reine Ich sich selber nicht erscheinen kann, es bewährt sich nicht allererste in mannigfaltigen durch wechselnde Umstände bestimmten Zuständlichkeiten bleibender Eigenschaften.[23] Da das reine Ich sich nicht auf wechselnde Umstände bezieht, da es weder erscheinungsmäßig gegeben sein kann, wird auch nicht auf erscheinende Umstände bezogen.

Daher sage ich mit Husserl hier, dass das reine Ich eine Transzendenz in der Immanenz ist, das weiß ich aus der Erfahrung meines Cogitos. Das reine Ich ist keineswegs anders als welches die Funktion dieses Cogitos vollzieht. Das reine Ich behält die numerische Identität solcher Art, dass es im Unterschied zu den Akten des Cogitos sich nicht verändert, dagegen sind die Akten in kontinuierliche Veränderung.[24] Was sich verändert, ist der Verlauf seiner aktiven Handlungen, die freien Motivationen und seine Stellungnahmen.

> Das reine Ich, sagten wir oben, tritt auf und wieder ab: so ist das Wesen des Bewusstseins in der Einheit des Flusses, dass ihm nicht überall, aber in einzelnen Akten das reine Ich sein Licht aufstecken kann und nur in einzelnen Akten. Denn unaufhebbar gehört zum Wesen des Bewusstseins, daß jeder Akt seinen dunklen Horizont hat, daß jeder Aktvollzug bei Wendung des Ich zu neuen Linien der Cogitation (Aktion) ins Dunkel hinabsinkt. Sowie der Ichblick ihm entfremdet ist, wandelt er sich und geht in den vagen Horizont ein. In Wesen des Bewusstseins liegt aber nicht etwa Notwendig, daß in ihm ein aktuelles cogito vollzogen sein muß. Unser waches Bewusstsein kann streckenweise unterbrochen sein durch ein schlafendes, völlig dumpfes, ohne einen

[19] *Held, Klaus, Lebendige Gegenwart,* S 31-32.
[20] *Held, Klaus, Lebendige Gegenwart,* S 31-32.
[21] *Die Bernauer Manuskripte.* S 280
[22] *Ideen II*, §23, 104
[23] *Ideen II*, §23, 104
[24] *Die Bernauer Manuskripten, S.*280.

Unterschied zwischen aktuellem Blickfeld und dunklem Hintergrund.[25]

In alle vollzogene Akte des Ichs finden wir eine Polarisierung: der Ichpol und die Gegenstände. Der Ichpol[26] entspricht dem identischen Subjekt der Funktionen aller Akte eines selben Bewusstseinsstromes. Es ist sowohl das Ausstrahlungszentrum des Bewusstseinslebens als auch Einstrahlungszentrum des selben Bewusstseinslebens, auch der Affektionen und Aktionen, des allen wahrgenommenes, des allen aufmerkendes. Es ist sowohl der Ichpol verbundener, theoretischer und wertender Stellungnahme als auch der geistigen Zuständlichkeit.

Das aktive reine Ich bezieht sich auf das Objektiv der vollzogenen Cogitationen. Seine Gegenstände, sagt Husserl, bilden das Geistesfeld des Blicks, das Feld der Aktualität des Ichs, aber es gibt nicht nur diese Objekte, sondern auch die Objekte der möglichen *Noesis.* Die zur Bewusstseinsmotivationen führen und zum Bewusstseinsstück gehören. Damit erkennen wir, dass die Umwelt des Ichs die ganze Welt mit seinen vollständigen Sachen, Menschen, Tieren und Pflanzen ist. Darum kann es die Welt kennen lernen, allerdings konstituiert sich das Gegensachverhalt als Hintergrund der real erscheinende Welt. Zu dieser Sphäre gehört der Mensch, den wir als Ich nennen, der Ich-Mensch ist auch Bestandsstück der wirklichen Umwelt des reinen Ichs. Das reine Ich vollzieht als Intentionalzentrum die Akte und konstituiert dadurch genau das Ich, den Mensch und die Persönlichkeit.[27] So kann man sagen, dass die realen Ichs intentionale Einheiten sind, ebenfalls sind sie Realitäten überhaupt. Das empirische Ich oder mundanes (real/ weltlich) ist ein transzendentes Objekt vom reinen Ich konstituiert. Die Konstitution erfolgt durch die Beziehung eines intersubjektiven Bewusstseins; das bedeutet, die Mannigfaltigkeiten des reinen Ich oder Bewusstseinsstrom sind vereinheitlicht durch die Einfühlung zu einem konstituierenden Zusammenhang einer intersubjektiven Gegenständlichkeit. Dagegen ist das reine Ich nicht konstituiert, es ist originär in dem immanenten Bewusstseinsstrom gegeben. Es ist in absoluter Selbstheit der ursprünglichen Gegebenheit des Cogitos, indem seine Funktionen vollgezogen werden, gegeben.

Die Blickwendung des reinen Ich, das „solus ipse", ist bestimmt eine intellektuelle Abstraktion, sie kennt keinen Leib in eigentlichen Sinn. Allerdings hat das Phänomen seines Leibs und das Phänomen von Systemen der Mannigfaltigkeit zugehöriger Erfahrung. Dennoch sollte uns diese Abstraktion nicht zu der Betrachtung des isolierten Menschen oder einer isolierten Menschenpersönlichkeit hinführen. Weil, obwohl wir das empirische Subjekt isolieren oder nach einem Krieg alle andere gestorben wären, als Überlebende würde es sich selbst als Mensch, als empirisches Subjekt der Abstraktion weiter erfassen. Dieses empirische Subjekt würde irgendwie als konstituiertes Objekt intersubjektiv gegeben, das heißt, das Abstraktionssubjekt ist untrennbar von der Erfahrung einer intersubjektiven Welt.[28]

Nach Husserls Vorstellung schreibt Eduard Marbach[29], dass das reine Ich als die Form des Cogitos und der Pol der Affektionen dargestellt wird, da die Affektion der Intention vorkommt. Wenn das Ich einen Akt vollzieht, das heißt, es ist nicht nur aktiv, sondern ist gleichzeitig auch passiv im affektiven Sinn. Somit findet man die intentionale Beziehung, wenn die eigenen Akte ihren notwendigen Ausstrahlungspunkt haben und in der intentionalen Beziehung doppelte

---

[25] *Ideen* II, §26 107.
[26] Die Bernauer Manuskripten, S.277.
[27] *Ideen* II, § 27.
[28] A.g.e. § 46.
[29] Rudolf Bernet, Iso Kern, Eduard Marbach, *An introduction to husserlian phenomenology*, Nortwestern University Press Evanston, Illinois, 1993, S. 209-211.

Ausstrahlungen vorhanden sind. Es heißt, es kommt aus dem Zentrum durch die Akte zu den Gegenständen und danach kommt aus den Gegenständen zu dem Zentrum phänomenologischer Eigentümlichkeiten zurück, die unterschiedlich sich verändern.

Der Zusammenfall aller Akte im Ichzentrum, sagt Husserl, liegt in dem noetischen Pol. In dem Pol findet die Struktur aller Akte, die aus dem Ichzentrum ausstrahlen, eine Analogie in der Zentralisierung der empfindlichen Phänomene, die auf den Leib bezogen sind.[30] Deshalb ist das Ichzentrum eine Abbildung leiblicher Orientierung. Das reine Ich des Cogitos ist Präsenz und Abwesenheit im Sinne des nicht einseitig Erscheinenden. Das reine Ich erleuchtet das Bewusstsein aber nur im einzelnen Akte; das reine Ich waltet im Vollzug aller Akte, aber es erscheint sich nicht sachhaltig, es ist kein mundaner Gegenstand, es hat keine Seiten und es lässt sich nicht abschatten.

Das reine Ich erfassen wir in der subjektiven Reflexion, in der wir das reine Bewusstsein vor der Reduktion betrachten, von ihm ziehen wir das liegende Ich heraus, obwohl dieses Ich keine reale Eigentümlichkeit und keine wirkliche Realität hat, da es kein Erscheinendes-Ich ist. Es ist klar, dass das reine Ich auf die Wesensstruktur hinweist, von ihr der Sinn aller möglichen Sinne kommt, es erklärt sich als konstituierend.

Als letztes möchte ich nur kurz nach der Seinsweise des Ich fragen, weil es kein Gegenstand ist, wie kann es gegenständlich werden, wie kann es erfassbar werden, was überzeitlich ist? Husserl erklärt diesbezüglich in der *Bernauer Manuskripte*, wie folgt:

> Nun, das ist wesensmäßig gegeben, dass im Erlebnisstrom eben solches auftritt und immer wieder auftreten kann, was ein total anderes Werden hat als sonstiges Erlebnismäßiges, ein Werden, das nicht nur als ein „Es passiert etwas" gegeben ist und immer wieder reproduktiv wiederholt werden kann, sondern gegeben ist als „ich tue etwas", „ich leide von etwas". Oder vielmehr vorher: Gegeben ist etwas mit einem irritierenden Charakter (Reiz, irritierender Pfiff) oder mit einem Charakter des „Gebildes", der Leistung, und dass dieses nun zurückweist auf ein Korrelat, ein Mitseiendes, das in einer neuen Dimension liegt, eben das „Ich tue das", „Ich leiste die Leistung", und da stoßen wir auf den Pol, auf ein Identisches, das nicht selbst zeitlich ist.[31]

Damit beende ich diese Arbeit. Hier habe ich eine erste Charakterisierung des reinen Ich gefunden und eine Idee, was unter der Termini Identität und Zeitlichkeit in Husserls Phänomenologie zu verstehen ist. Die Identität des Ichs stellt die Idee des einen anderen Werdens in dem Sinne von Wiederreproduktion vor. Wobei es handelt sich nicht nur um „Etwas" sondern um „ich tue etwas", „ich leide an etwas", ich leiste verschiedene Operationen, aber das reine Ich ist das Ichpol meiner Erlebnisse, es ist ein Identisches jeder Zeit, allerdings ist es selbst nicht zeitlich.

Literatur:

„Husserliana", EDMUND HUSSERL, *Gesammelte Werke*, auf Grund des Nachlasses Veröffentlicht vom Husserl Archiv (Lovain) unter Leitung von H.L van Breda, Haag 1950ff.

Band IV *Ideen zur einer reinen Phänomenologie und phänomenologischen Philosophie* 2. Buch, Hrsg. v. M Biemel, Haag 1952 (zitiert: Ideen II)

Band XXXIII, *Die Bernauer Manuskripte über das Zeitbewusstsein*, Hrsg. v. Bernet R. und Lohmar D. Haag 2001 (zitiert: Die Bernauer Manuskripte)

---

[30] *Ideen* II. S.105

[31] *Die Bernauer Manuskripte*, S.278.

Held, Klaus, *Lebendige Gegenwart*, die Frage nach der Seinsweise des transzendentalen Ich bei Edmund Husserl, Entwickelt am Leitfaden der Zeitproblematik, den Haag 1966.
Rudolf Bernet, Iso Kern, Eduard Marbach, *An introduction to husserlian phenomenology*, Nortwestern University Press Evanston, Illinois, 1993.209-211.

BRENTANO UND DIE III. LOGISCHE UNTERSUCHUNG[1]

Flávio Vieira Curvello[2]

Zusammenfassung:

Der vorliegende Aufsatz diskutiert die systematische Beziehung zwischen den Kritiken Husserls und Brentanos zum Atomismus. Husserl entwickelt seine Kritik hauptsächlich im § 22 der 3. Logischen Untersuchung. Er richtet sich gegen atomistische Ansätze zur sinnlichen Erfahrung und verfolgt das Ziel, mit phänomenologischen Analysen jener Erfahrung, zu einer formal-logischen Klärung des Begriffs 'Gegenstand' *in specie* beizutragen. Brentano, hingegen, richtet sich in seinen Vorlesungen über *Deskriptive Psychologie* von 1890-1891 gegen die Bündeltheorie von Hume, und plädiert stattdessen für eine Konzeption des Bewusstseins als eine wesentlich komplexe Einheit. Das Verfahren beider Denker weist in Bezug auf die Version des Atomismus, die sie angreifen, der methodologischen Behandlung dieser, und des Zwecks, den sie mit ihrer Kritik jeweils verfolgen, wichtige Unterschiede auf. Trotz dieser unterschiedlichen Herangehensweisen, bestehen entscheidende systematische Parallelen zwischen ihren Beiträgen. Die Interpretation ihrer Positionen zeigt, dass es sowohl für Husserl als auch für Brentano zentral war, den Atomismus aufgrund von zwei Ideen zurückzuweisen. Zum einen aufgrund der Art und Weise, wie der Atomismus mit der Idee des Nebeneinanders sinnlicher Inhalte umgeht. Zum anderen aufgrund seiner Bereitschaft, die Existenz eines Verbindungsfaktors im Bewusstsein anzunehmen, der eben dafür verantwortlich wäre, die sinnlichen Inhalte zusammenzusetzen und unsere Erfahrung zu strukturieren. Anhand meiner Interpretation argumentiere ich in diesem Aufsatz dafür, dass Brentano ein wichtigerer Gesprächspartner in der 3. Logischen Untersuchung Husserls ist, als dies in der Forschungsliteratur bisher angenommen wurde.

Schlüsselwörter: Mereologie; Atomismus; Phänomenologie; Deskriptive Psychologie; Wahrnehmung.

■■■

Die 3. Logische Untersuchung stellt eine der wichtigsten Textquellen dar, um die systematische Auseinandersetzung Husserls mit der Brentanoschule zu erforschen. Diese Tatsache lässt sich auf vielfache Weise veranschaulichen. So beschäftigt sich Husserl z.B. besonders intensiv mit sinnespsychologischen und mereologischen Ansätzen seines Betreuers Carl Stumpf. Dessen Forschungen über die Raumvorstellung, insbesondere über das Verhältnis zwischen Farbe und Raum, genauso wie diejenigen über die Wahrnehmung von Akkorden, geben Husserl die nötigen begrifflichen Anhaltspunkte, um zentrale Aspekte seiner eigenen Mereologie zu entwickeln. Dazu gehören etwa sein Verständnis von selbst- und unselbständigen Inhalten[3] und

[1] Der vorliegende unveröffentlichte Aufsatz ist eine bearbeitete und verbesserte Version eines früheren Vortrags, den ich im *'Workshop Phänomenologie'*, am 21. April 2017 im Husserl-Archiv Köln gehalten habe. Mein Forschungsprojekt wurde von dem Deutschen Akademischen Austauschdienst (DAAD) gefördert (Bi-national betreute Promotion, N. 57129430).

[2] Doz.Dr., Universidade Federal do Rio de Janeiro, Department of Philosophy (bi-national betreute Promotion in der Universität zu Köln), fv.curvello@hotmail.com

[3] §§ 2-5 – Husserl, Edmund. *Hua XIX / Logische Untersuchungen*. Den Haag: Martinus Nijhoff, 1984, s. 231-240. Alle Erwähnungen der *Logischen Untersuchung* beziehen sich auf die erste Auflage - vgl. Fußnote 9 unten.

Verschmelzungsphänomenen.[4] Weiterhin weist Husserl in der Beschreibung der sog. 'Einheitsmomente' auch auf seine Kollegen Christian von Ehrenfels und Alexius Meinong hin. In der 1. Auflage identifiziert Husserl seinen Begriff der Einheitsmomente mit dem der Gestaltqualität bei Ehrenfels und Meinongs Begriff des fundierten Inhalts.[5] Diese sind nur einige der vielen im Text enthaltenen Beispiele. Während die Bedeutung der drei genannten Mitglieder der Brentanoschule für Husserls Mereologie in der Forschung anerkannt ist,[6] findet seine Auseinandersetzung mit Brentano selbst weit weniger Beachtung. Dies dürfte dem Umstand geschuldet sein, dass Husserl sich weniger explizit auf ihn bezieht als auf die zuvor Genannten.

Tatsache ist, dass Brentano in der 3. Untersuchung kaum erwähnt wird. Es gibt gewisse Textstellen, in denen einige seiner Thesen angesprochen werden, aber trotz ihrer systematischen Bedeutung für die jeweilige Argumentation nicht ausführlich ausgelegt und kommentiert werden.[7] Über diesen Mangel an Zitaten hinaus gibt es einen weiteren, besonderen Fall, der unsere Aufmerksamkeit verdient. Im § 22 beschäftigt sich Husserl mit einem Problem, das bereits in Brentanos Vorlesungen über Deskriptive Psychologie von 1890-1891 behandelt wurde. Die Art und Weise, wie Husserl diesem Problem nachgeht und auf seine Lösung hinarbeitet, erinnert dabei an Brentanos frühere Versuche, denn beide Philosophen diskutieren den sog. atomistischen Ansatz in der Mereologie. Unter so einen Ausdruck soll man bekanntlich jene Perspektive verstehen, nach der die komplexe Struktur eines jeden Gegenstandes bzw. Ganzen sich schrittweise auf je kleinere Bestandteile analytisch auflösen lässt – bis auf die letzten, nicht weiter zerlegbaren Bestandteile, eben die 'Atome'. Die Geschichte der Philosophie und der Wissenschaften kennt verschieden Formen des Atomismus – den psychologischen, physiologischen, physikalischen, metaphysischen, logischen, sprachlichen u.a.. Den Kern von all dem macht aber die bereits hervorgehobene Idee einer vollständigen Analysierbarkeit eines jeden Komplexen bis auf eine Mehrheit letzter Elemente aus.[8]

Auch wenn Husserl sich nicht explizit auf Brentano bezieht, zeigt sich seine Nähe zu ihm in der Auseinandersetzung mit dem Atomismus. Denn obwohl sie von unterschiedlichen Problemstellungen ausgehen und zu anderen Lösungen gelangen, ist ihr Weg dorthin sehr ähnlich. Auf der einen Seite beschäftigt sich Husserl mit dem Atomismus im Rahmen der sinnlichen Phänomene – insbesondere mit der These, dass die sinnlichen Gegenstände unserer Erfahrung nichts Anderes sind als Zusammensetzungen von Inhalten, die originär als einfacher und vereinzelt charakterisiert werden müssen. Husserls Ziele sind aber nicht phänomenologisch, sondern vielmehr formal-ontologisch und rein-logisch. Seine Analysen sollen zur Klärung und Begründung des Begriffs

---

[4] § 9 – Husserl. *Hua XIX / Logische Untersuchungen*, s. 248-252

[5] § 4 – Husserl. *Hua XIX / Logische Untersuchungen*, s. 237.

[6] z.B. Fréchette, Guillaume. "Brentano's soul and the unity of consciousness". *Argumentos*, vol. 7, n. 13, 2015. Mulligan, Kevin & Smith, Barry. "Mach and Ehrenfels: the foundations of Gestalt Theory" und Smith, Barry. "Gestalt Theory: an essay in philosophy", beide In: Smith, Barry (ed.) *Foundations of Gestalt Theory*. München: Philosophia Verlag, 1988.

[7] Die drei wichtigsten Beispiele dazu sind m.E. die Hinweise: (i) auf die 'logischen Teile' im § 1 – Husserl. *Hua XIX / Logische Untersuchungen*, s. 230-231; (ii) auf die Ablösbarkeitsverhältnisse psychischer Teile im § 16 – s. 271; und (iii) auf die metaphysischen und logischen Teile im § 23 – s. 290. Aufmerksamkeit auf den Punkt (ii) wird schon gewissermaßen von Ferencz-Flatz geschenkt – Ferencz-Flatz, Christian. Fundierung und Motivation. Zu Husserls Auslegung der Alltagsgegenstände im Lichte der Heidegger'schen Kritik. *Phänomenologische Forschungen.* Felix Meiner, 2011. In Bezug auf logische und metaphysische Teile, siehe: Brentano, Franz. *Deskriptive Psychologie.* Hamburg: Felix Meiner, 1982, s. 20-21. Mulligan, Kevin & Smith, Barry. Franz Brentano on the ontology of mind. *Philosophy and Phenomenological Research*, vol. 45, n. 4, 1985, s. 635-636. Rollinger, Rob. *Husserl's Position in the School of Brentano.* Dordrecht: Kluwer Academic Publishers, 1999. Taieb, Hamid. Brentano on properties and relations. In: Kriegel, Uriah (ed.) *The Routledge Handbook of Brentano and the Brentano School.* London and New York: Routledge. Taylor and Francis Group, 2017, s. 156-157.

[8] Lalande, André. *Vocabulaire technique et critique de la philosophie.* Vol. I. A-M. Paris: Quadrige / PUF, 1997, s. 91-92. Vgl. mit Husserls kurze Erörterung der Idee von einfachen und zusammengesetzten Gegenständen im § 1 der 3. Untersuchung – Husserl. *Hua XIX / Logische Untersuchungen*, s. 229-230.

'Gegenstand' *in specie*, also in seinem universellsten Sinne, beitragen.[9] Auf der anderen Seite beschäftigt sich Brentano zwar auch im Rahmen der sinnlichen Phänomene mit dem Atomismus, aber mit einer schärfer abgegrenzten Version davon – nämlich der einflussreichen Hume'schen Bündeltheorie. Gegen diese plädiert Brentano für eine alternative Auffassung des Bewusstseins, bei der seine ursprüngliche, notwendige Einheit nicht übersehen und vernachlässigt wird. Seine Ziele sind somit psychologisch. Meine These ist nun, dass trotz dieser Unterschiede eine bisher unbeachtete systematische Ähnlichkeit zwischen beiden besteht. Diese explizit zu machen, kann zu einem besseren Verständnis von Husserls Vorhaben beitragen.[10]

Zu diesem Zweck, werde ich in in vier Schritten vorgehen. Im ersten Teil werde ich mich als Vorarbeit anhand des § 21 der 3. Logischen Untersuchung mit einigen begrifflichen Bestimmungen der Husserlschen Mereologie befassen, die seiner Herangehensweise zugrunde liegen: Den Bestimmungen der Begriffe 'Fundierung,' 'Ganzes' und 'Teil'. Im zweiten Teil werde ich anhand des § 22 Husserls Interpretation des atomistischen Ansatzes und seine Argumente dagegen thematisieren, so dass verständlich wird, warum sie mit den im ersten Teil betrachteten Begriffen inkompatibel ist. Im dritten Teil werde ich Brentanos Behandlung des Atomismus und seine Kritiken daran im Kontext seiner Vorlesungen thematisieren. Im vierten und abschließenden Teil werde ich die Gemeinsamkeiten beider Standpunkte darstellen und daraus die entsprechenden Schlüsse ziehen.

1. Grundlagen der Analyse Husserls:

Ich fange nun mit einer Darstellung der theoretischen Grundlagen des Husserlschen Standpunktes an. Ein zentraler Begriff der 3. Untersuchung ist der Begriff 'Fundierung', der im § 14 eingeführt wird. Darunter versteht Husserl ein eigentümliches Verhältnis zwischen Inhalten, in dem das Vorhandensein eines Inhaltes das eines anderen fordert, so dass der Eine nur in Einheit mit dem Anderen auftreten kann. Dann, wenn der Inhalt *a* nur in der Einheit *ab* existieren kann, sagt man, dass *a* eine Fundierung durch *b* fordert – oder dass *a* ergänzungsbedürftig ist und diese Ergänzungsbedürftigkeit erst durch *b* stillen kann.[11] Diese Ergänzungsbedürftigkeit ist nicht etwa ein

---

[9] Husserls formal-ontologisches, rein-logisches Interesse wird schon im § 41 der 2. Untersuchung – Husserl. *Hua XIX / Logische Untersuchungen*, s. 221 – und in der Einleitung der 3. hervorgehoben. In der letzteren Textstelle verdeutlicht er den Unterschied zwischen selbst- und unselbständigen Inhalten auf die folgende Weise: "Er reicht [...] über die Sphäre der Bewusstseinsinhalte hinaus und wird zu einem theoretisch höchst bedeutsamen Unterschied im Gebiete der Gegenstände überhaupt. Somit wäre die systematische Stelle seiner Erörterung in der reinen (apriorischen) Theorie der Gegenstände als solcher, in welcher die zur Kategorie Gegenstand gehörigen Verhältnisse zwischen Ganzem und Teil, Subjekt und Beschaffenheit, zwischen koordinierten Teilen oder Beschaffenheiten und dergleichen mehr behandelt werden." (s. 227).

[10] Hier ist es wichtig, auf Historisches Aufmerksamkeit zu schenken. Obwohl Husserl in der Zeit der erwähnten Vorlesungen Brentanos bekanntlich nicht mehr bei ihm studiert hat, ist es schon ausreichend bewiesen, dass er weiterhin auf unterschiedliche Weisen von Brentanos Ideen und Werken lernen konnte. Wie Moran schon zeigt, hatte sich Husserl anlässlich seiner Rückreise nach Deutschland bereits Transkriptionen mehrerer Manuskripte Brentanos besorgt – Moran, Dermot. *Edmund Husserl. Founder of Phenomenology*. Cambridge: Polity Press, 2005a, s. 17-18. Darunter waren die verschiedenen Manuskripte für die Vorlesungen über deskriptive Psychologie von 1887 bis 1891, genauso wie diejenigen für Vorlesungen über Sinnlichkeit, Phantasie, Erinnerung und Urteil. Außerdem kann man im Briefwechsel zwischen beiden, der in *Husserliana Dokumente III* gesammelt wurde, gewisse Stellen finden, die das verbleibende Interesse Husserls an weiteren Entwicklungen der Lehren Brentanos explizit machen. In einem Brief von 1891 an Husserl weist Brentano auf die Möglichkeit hin, ihm in seinen Wiener Reisen die letzteren Fortschritte der psychognostischen Untersuchungen beizubringen, nach denen sich er "so teilnehmend erkundigt" hätte (Husserl, Edmund. *Hua Dok III.1 / Briefwechsel. Die Brentanoschule*. Dordrecht: Kluwer Academic Publishers, 1994, s. 6.). Brentanos Vorlesungen über deskriptive Psychologie wurden übrigens in demselben Jahre zum letzten Mal gehalten, in dem Husserl so eine Einladung zum intellektuellen Austausch empfangen hat und tatsächlich nach Wien gereist ist, um Brentano zu besuchen. Das ist eben der Kontext, der im Hintergrund des in diesem Aufsatz behandelten Problems steht.

[11] Husserl. *Hua XIX / Logische Untersuchungen*, s. 267-268. Im § 16 zeigt Husserl, dass sich die Fundierungsverhältnisse in unterschiedliche Klassen einordnen lassen. Von ihnen ist es hier auf zwei Klassen, und zwar die grundlegendsten, wichtig einen Blick zu werfen: (i) Einseitige Fundierung: Wenn ein gewisses *a* durch ein *b*, aber dieses selbe *b* nicht durch dasselbe *a* fundiert werden muss – bspw. jedweder nicht-objektivierender Akt, der gerade eines objektivierenden Aktes als Grundlage bedarf; (ii) Gegenseitige Fundierung: Wenn ein gewisses *a* durch ein *b* und *b* selbst wieder durch *a* fundiert werden muss – vgl. die Menge Beispiele, die am Ende dieses Abschnittes des vorliegenden Aufsatzes gegeben werden. (s. 270-271)

Resultat der Begrenzung der psychischen Vermögen (wie etwa der Psychologismus behaupten würde), sondern durch den Inhalt selbst bedingt.[12]

Im § 21 führt Husserl mit diesem Begriff der Fundierung seine zunächst groben Bestimmungen der Begriffe 'Ganzes' und 'Teil' weiter aus. Die 'Teile' wurden im § 2 als alles, "was *in* einem Gegenstande unterscheidbar" ist, definiert – d.h., als alles, was im Gegenstande "*vorhanden* ist", was er "im realen Sinne *hat*". Das 'Ganze' findet seinerseits an keiner Textstelle eine direkte Definition und zählt nur – seiner funktionellen Rolle in Husserls Argumentation gemäß – als sozusagen das 'Übergeordnete', relativ zu dem etwas gerade als Teil bezeichnet wird. Üblicherweise gilt es dann als ein Gegenstand, aber "an und für sich" genommen, "also unter Abstraktion von allen Zusammenhängen, in die er eingewoben ist".[13] Mittels der Idee von Fundierung gewinnt aber das 'Ganze' eine direkte Definition, die Vorrang vor der Definition von Teilen hat.[14] Ein 'Ganzes' ist somit ein Inbegriff von Inhalten, die durch eine einheitliche Fundierung zusammengefasst und aufeinander bezogen werden. Die 'Teile' sind ihrerseits eben die Inhalte dieses Inbegriffs. Wenn dann ein bestimmter Inbegriff in sich die Inhalte *a*, *b* und *c* fasst, wird der Inbegriff selbst zum Ganzen und seine Inhalte zu Teilen, indem sie durch die erwähnte einheitliche Fundierung umspannt werden.[15] Husserls Interesse, nachdem er uns diese neuen Definitionen gegeben hat, ist die verschiedenen Arten des Ganzen zu thematisieren. Er unterscheidet zwei Arten des Ganzen:

(i) Bei der ersten Art werden die Inhalte des Inbegriffs – ohne irgendeine Hilfe von irgendwelchen weiteren Inhalten – unmittelbar oder mittelbar ineinander fundiert, so dass die Einheit des so entstandenen Ganzen *völlig aufgrund des immanenten Gehaltes* des Inbegriffs gesichert wird. Hier 'durchdringen sich' die Teile und gerade diese 'Durchdringung' gilt als der wesentliche Zug des gegebenen Ganzen. Die Durchdringung selbst fungiert einheitgebend, so dass all die oben erwähnten Inhalte zum Inbegriff gerade als Teile gehören müssen und es keinen Spielraum für einen solchen gibt, der es nicht tut. Die Ganzen dieser Art sind diejenigen, die durch eine prägnante innere Struktur charakterisiert werden.

(ii) Bei der zweiten Art des Ganzen fundieren alle Inhalte zusammen *einen neuen Inhalt* und werden erst dadurch zum Ganzen, so dass seine Ganzheit von der Konstitution eines sog. 'Gesamtinhaltes' abhängig ist. Die Teile so eines Ganzen sind 'auseinander' – d.h., sie sind relativ zueinander selbständig und als bloße 'Stücke' zu bezeichnen –, aber sie verketten sich auf so eine Weise, dass sie reale Verknüpfungs- bzw. Verbindungsformen schaffen. Diese 'Verknüpfung' bzw. 'Verbindung' der Teile gilt gerade als der wesentliche Zug dieser Art des Ganzen. Anders als die erstere Art hat diese keine prägnante Struktur und ihre Gesamtheit ist ein bloßer 'Forminhalt', der die Stücke unter sich fasst.[16]

Beide Begriffe können besser verstanden werden, wenn wir sie veranschaulichen. Wenn wir z.B. solche Einheiten betrachten, die aus Ausdehnung und Färbung bestehen, beschäftigen wir uns mit Beispielen der ersteren Art des Ganzen. Die Ausbreitung einer Farbe auf einer ausgedehnten Fläche und umgekehrt die räumliche Gestaltung eines Gefärbten sind keine zufälligen Verkettungen individuell gegebener Inhalte, sondern eben eine Notwendigkeit, die sich in eine gesetzliche und

---

[12] Husserl. *Hua XIX / Logische Untersuchungen*, s. 242-243. Drummond, John. "Wholes, parts, and phenomenological methodology (III. Logische Untersuchung)". In: Mayer, Verena (ed.). *Edmund Husserl: Logische Untersuchungen*. Berlin: Akademie Verlag, 2008, s. 109.

[13] Husserl. Hua XIX / Logische Untersuchungen, s. 231.

[14] Vgl. §§ 7-9 der 3. Untersuchung, wo Husserl den Vorrang der Auffassung des Ganzen vor derjenigen seiner Teilen deskriptiv begründet.

[15] Husserl. *Hua XIX / Logische Untersuchungen*, s. 282. Diese Art Weiterentwicklung früher gewonnener Forschungsergebnisse veranschaulicht Husserls Idee, dass sich die phänomenologische Analyse in Zick-Zack bewegt – vgl. Einleitung, § 6, s. 22-23.

[16] Husserl. *Hua XIX / Logische Untersuchungen*, s. 282. Drummond, "Wholes, parts, and phenomenological methodology (III. Logische Untersuchung)", s. 111.

beiderseitige Ergänzungsforderung ausdrücken lässt.[17] So eine Sachlage gründet im Wesen der Inhalte und bedingt eine Zusammengehörigkeit der jeweiligen Spezies, deren Differenzierungen die konkreten Inhalte bestimmen – d.h., nicht etwa eine Zusammengehörigkeit zwischen 'dieser faktischen Farbnuance' und 'jener räumlichen Figur', sondern eben eine zwischen 'Farbe überhaupt' und 'Ausdehnung überhaupt'. Was die zweite Art des Ganzen angeht, können wir die Auffassung von gegenständlichen Gruppen als Beispiel nennen – etwa eine Allee, ein Hunderudel, ein Kartenstapel und dergleichen. Für die Bezugnahme auf solche Gegenstände gilt, dass die Intention, die sich auf die Gruppe richtet, in den Teilintentionen, die sich auf jeden jeweiligen Gegenstand richten, fundiert wird.[18] Auch das Verhältnis zwischen einem Ding – etwa einem Stuhl – und seinen Teilen – etwa den Stuhlbeinen, der Rückenlehne, dem Sitz usw. – ist so ein Verhältnis, in dem das Meinen des Gesamtinhaltes des Dinges in jedem Meinen der individuellen Stücke fundiert wird.[19]

Husserls Bemerkungen im § 19 über die wesentlichen Möglichkeiten der Teilung dieser zwei Arten des Ganzen sind ebenfalls hilfreich für die Zwecke der hier angestellten Überlegungen. Die Teilung der letzteren Art des Ganzen – also des Inbegriffs von Inhalten, die sich unter einen Forminhalt vereinigen – ergibt sich als eine ganz freie Aufgabe. Wer sich damit beschäftigt, so ein Ganzes zu teilen, hat ja zunächst mit disjunkten Teilen zu tun, und kann das Ganze auf eine beliebige Weise zerstücken[20] – also, vollkommen subjektiven Interessen folgend. Man findet im Ganzen keine sachlichen, inneren Kriterien vor, die festsetzen, wie die Teilung erfolgen soll – d.h., nichts, was einen zwingt, auf eine bestimmte Weise oder mit einem bestimmten Stück anzufangen, eine bestimmte Reihenfolge bei der Zerstückung zu beachten.[21] Man kann sich gegebenenfalls zuerst mit den unmittelbarsten Teilen des jeweiligen Ganzen beschäftigen und dann seine Analyse so weiterführen, dass schrittweise jede weitere Stufe untergeordneter (oder "fernerer") Teile, also Teile von Teilen identifiziert und betrachtet wird, bis auf die letzten Teile überhaupt. So verfahrend, also vom Ganzen ausgehend und auf die letzten Teile dessen abzielend, kann man z.B. einen individuellen Baum einer

---

[17] Vgl. § 4 – Husserl. *Hua XIX / Logische Untersuchungen*, s. 267. Im § 22, s. 283-284 gibt uns Husserl auch weitere Beispiele: Tonqualität und Tonintensität, Empfindung und gegenständliche Deutung. D.h.: überhaupt kein Ton lässt sich hören, der nicht eine bestimmte Qualität an einer bestimmten Intensität innig verschmolzen aufzeigt. Wir hören ja 'einen tiefen Klang eines Klaviers', 'einen hohen Ton einer Flöte' u.dgl. Ebenso erscheint uns überhaupt keine sinnliche Impression, die sich nicht im Lichte eines bestimmten Auffassungssinnes ergibt. Wir fassen ja 'die glatte Oberfläche eines Bucheinbandes' an, riechen 'den Duft der jetzigen Sommerdämmerung', schmecken 'ein Stück Pfannkuchen' usw. Einfache, zusammenhanglose, nicht sinnbelebte sinnliche Qualitäten werden uns nie spontan gegeben. Das erstere oben erwähnte Beispiel findet Husserl wieder in Stumpfs Untersuchungen, wie er es selbst zeigt – vgl. § 4, s. 235-237.

[18] Obwohl sie den Problemen der 3.LU entsprechen, Husserl bietet uns wichtige Erläuterungen dazu in Husserl, Edmund. *Hua XII / Philosophie der Arithmetik. Logische und psychologische Untersuchungen*. Den Haag: Martinus Nijhoff, 1970, s. 73-74. Sie werden auch von Tillman im Zusammenhang der 3.LU passend ausgelegt und eben als Beispiele der oben erwähnten Art des Ganzen betrachtet – Tillman, Micah. Husserl's mereological semiotics. *The New Yearbook for Phenomenology and Phenomenological Philosophy*, n. 12, 2012. Des Weiteren sind auch Lohmars Ausführungen dazu erleuchtend: "Wenn wir ein Haus wahrnehmen, das wir ansehen oder um das wir herumgehen, dann haben wir eine Folge miteinander verschmolzener Wahrnehmungsakte. In all diesen Akten gibt es einen primären Gegenstand, nämlich das Haus, und eine Reihe von sekundären Gegenständen, z. B. Fenster, Wände, Türen usw. Nun gibt es schon für die schlichte Wahrnehmung den Unterschied zwischen einem primären und einem sozusagen nebenbei bemerkten, sekundär mitbemerkten Hintergrundgegenstand. Das führt dazu, dass ich – selbst wenn ich jetzt nur auf ein Fenster oder eine Wand sehe – dennoch das Haus als Gegenstand meiner Wahrnehmung habe. Ich sehe sozusagen das Haus durch eine Seitenwand, d.h. dadurch, dass ich mich auf einen bestimmten Teil konzentriere. Die meisten intentionalen Gegenstände haben einen ähnlichen Charakter wie das Haus, d. h. sie bestehen nicht nur aus einer einzigen Intention, sondern aus einer primären Intention auf das Ganze und einer „Menge" von sekundären Partialintentionen. Diese Partialintentionen sind dadurch gekennzeichnet, dass ich im Vollzug der Gesamtintention schon weiß, dass ich mich jeder dieser Teilintentionen ebenfalls thematisch zuwenden könnte." (Lohmar, Dieter. "Kategoriale Anschauung (VI. Logische Untersuchung, §§ 40-66)". In: Mayer, Verena. (ed.) *Edmund Husserl: Logische Untersuchungen*. Berlin: Akademie Verlag, 2008, s.211)

[19] Husserl. *Hua XIX / Logische Untersuchungen*, s. 283. In dieser Textstelle spricht Husserl die wichtige Tatsache an, dass sich beide Arten des Ganzen nicht gegenseitig ausschließen, und nennt hierzu das Beispiel eines Dings: Dasselbe Ding, das relativ zu seinen Stücken als Verknüpfung gilt, gilt relativ zum wesentlichen Zusammenhang zwischen Farbe und Ausdehnung natürlich als Durchdringung. Diese Sachlage wird im § 22, s. 284 weiter veranschaulicht.

[20] Im § 17, s. 273 werden die 'disjunkten Stücke' eben als solche definiert, die nicht nur relativ zueinander selbständig sind, sondern die auch keinen gemeinsamen Stück haben bzw. die sich gegenseitig ausschließen. Die 'Zerstückung' wird ihrerseits als solche Einteilung eines Ganzen definiert, die es auf eine Mehrheit disjunkter Stücke auflöst.

[21] Husserl. *Hua XIX / Logische Untersuchungen*, s. 276-277.

Allee beobachten und dann allmählich fortschreiten, so dass man danach seine Äste und danach eine bestimmte Frucht auf einem dieser Äste betrachtet. Das ist aber nur eine Möglichkeit. Es ist ebenfalls möglich, dass man sich zuerst genau mit den letzten oder irgendeinen sonstigen mittelbaren Teilen beschäftigt und der Fortführung seiner Analyse eine andere ganz unterschiedliche Richtung verleiht. Nichts bestimmt es dann von vornherein, wie man in den Teilungsstufen fortschreiten soll.

Diese Beliebigkeit der Teilung ist aber im Gegensatz dazu bei der ersteren Art des Ganzen gar nicht möglich, gerade weil dessen Teile sich durchdringen und innig zusammengehören. Hier muss die Teilung gewisse innere, im Ganzen selbst gründende, notwendige Kriterien beachten, die nicht subjektiven und damit kontingenten Zwecken folgen, sondern wesentliche Bestimmungen des Ganzen selbst zum Ausdruck bringen.[22] Vom obigen Beispiel wieder ausgehend: Wer etwa eine Frucht teilen möchte, wird eben ihre konkrete Färbung und die jeweilige Gestaltung ihrer Ausdehnung unproblematischerweise als ihre Teile erkennen können. In diesem Fall ist aber keine Zerstückung möglich, denn es handelt sich hierbei nicht um disjunkte Teile. Um sie gerade als Teile betrachten zu können, muss man zuerst ihre innere Zusammengehörigkeit berücksichtigen, die sie eben zu Momenten in der komplexen Einheit eines Gefärbten machen. Die Rede von der Färbung oder von der Ausdehnung jener Frucht *in abstracto* setzt nun die Erkenntnis ihrer ursprünglichen Mitgegebenheit voraus. Hier findet man dann eine objektive Bestimmung bzw. Nötigung für die Art und Weise, wie man in den Teilungsstufen fortschreiten kann.

2. Husserls phänomenologische Kritik am Atomismus:

Nach der Klärung solcher fundamentalen Begriffe können wir uns mit Husserls Kritik am Atomismus beschäftigen, die im § 22 entwickelt wird. Diese Kritik tritt auf, wenn Husserl die sinnliche Formlosigkeit aller Ganzen, die nicht als zerstückbare zu verstehen sind, behauptet. Was er damit meint, lässt sich anhand der oben erklärten Definitionen verstehen: Nur die zweite Art des Ganzen bedarf zusätzlicher Inhalte, um den jeweiligen Inbegriff eben zu einem Ganzen machen zu können, und diese Inhalte machen ja die sinnliche Form dieses Ganzen aus. Die erste Art des Ganzen bedarf im Gegenteil keines zusätzlichen Inhaltes, also keiner sinnlichen Form im Sinne eines hinzutretenden Gesamtinhaltes. Die Betrachtung der Beispiele dieser ersten Art des Ganzen zeigt uns schon, wie diese Behauptung zu verstehen ist: Wenn wir solche Ganze analysieren, deren Teile sich offenbar in prägnanter Zusammengehörigkeit darstellen – wie etwa die behandelte Einheit zwischen Färbung und Ausdehnung, diejenige zwischen Färbung und Helligkeit und dergleichen –, dann ist es selbstverständlich, dass sie nichts Anderem bedürfen, um sich so innig aufeinander zu beziehen, wie sie es tatsächlich tun. Die Suche nach derartigen Inhalten wäre vergeblich. Sobald wir die Eigenart der betrachteten Teile erkennen – d.h., sobald wir die Eigenart der 'Farbe' und der 'Ausdehnung' oder diejenige der 'Farbe' und der 'Helligkeit' erkennen – dann ist es klar, dass sie aus *wesentlichen Gründen in eine Einheit miteinander treten müssen*. Wir können nach anderen Inhalten suchen, die vermutlich bei diesen Komplexen eine Rolle als Verbindungsfaktoren spielen würden, aber so eine Suche würde nicht gelingen.[23]

Es ist genau nach dieser Erläuterung der Formlosigkeit der nicht zerstückbaren Ganzen, dass sich Husserl gegen den Atomismus wendet. Es ist erwähnenswert, dass im Text weder diese Position noch einer ihrer Vertreter ausdrücklich benannt werden. Stattdessen behandelt sie Husserl anonym, ausschließlich in ihrem theoretischen, rein begrifflichen Gehalt – d.h., bloß als einen Standpunkt über

[22] Husserl. *Hua XIX / Logische Untersuchungen*, s. 277-278.
[23] Husserl. *Hua XIX / Logische Untersuchungen*, s. 283-284. Drummond. "Wholes, parts, and phenomenological methodology (III. Logische Untersuchung)", s. 111.

die Teil-Ganzes-Verhältnisse, der ja einen Anspruch auf Wahrheit bezüglich der Natur solcher Verhältnisse erhebt und demzufolge einer Kritik unterzogen werden kann. Der Atomismus stellt in Frage, dass die bloße Koexistenz bzw. die Ergänzungsforderung gewisser zusammen gegebener Inhalte tatsächlich so fungieren kann, dass sie diesen Inhalten Einheit verleiht. Im strengen Gegensatz dazu vertritt er vielmehr die Ansicht, dass die Inhalte im Allgemeinen "beliebig in aller Welt verstreut" und daher wesentlich voneinander disjunkt sind, und in keiner wahren komplexen Einheit vorkommen – d.h., uns nicht "in *anschaulicher Einheit*" vorschweben.[24] Er nimmt somit die Behauptung der sinnlichen Formlosigkeit der Ganzen an, aber deutet sie auf so eine radikale Weise um, dass dabei jeder Inhalt als ein vereinzeltes Element verstanden werden soll.

Husserls erster Einwand gegen diese These einer "Verstreuung" der Inhalte rekurriert auf den Begriff der Fundierung. Phänomenologisch gesehen, zeigt die deskriptive Analyse irgendeiner Erfahrung, in der ein Inhalt *a* in einem Inhalt *b* fundiert ist, dass eine notwendige Beziehung zwischen ihnen besteht. Wird dieses Fundierungsverhältnis als evident erkannt, dann ist es gerade unmöglich, das selbständige Sein von *a* bzw. einen unabhängigen Akt, der nur *a* zum Thema machen würde, zu erkennen. Immer wenn das Sein von *a* konzipiert wird, muss es mit dem Sein von *b* verbunden sein; immer wenn ein Akt, der sich auf *a* richtet, erfasst und beschrieben wird, dann wird zugleich die nebensächliche Leistung, die sich auf *b* richtet, miterfasst und mitbeschrieben. Also, die bloße Erfahrung solcher zusammengehörender Momente gilt schon als Beweis dafür, dass die Inhalte überhaupt nicht als "in aller Welt verstreut" charakterisiert werden können.

Der Vertreter des Atomismus könnte auf diesen Einwand reagieren. Er könnte zugestehen, dass jene zwei Momente bzw. Inhalte notwendigerweise im Bewusstsein zusammen auftreten, aber dennoch darauf bestehen, dass damit prinzipiell nicht verhindert ist, dass die Inhalte voneinander *gesondert* und infolgedessen bloß *nebeneinander* auftreten können. Indem so ein Vertreter auf diese Möglichkeit hinweist, akzeptiert er zwar ein gewisses 'Zusammensein' der Inhalte, aber bemüht sich darum, dieses Zusammensein als *eine bloße Kontiguität disjunkter Inhalte* umzudeuten. Sie erscheinen seines Erachtens zwar 'zeitgleich und nah zu einander', aber immer noch notwendigerweise disjunkt.

Husserls weitere Kritik richtet sich gegen zwei grundlegende Aspekte dieser schwächeren Form des Atomismus: Einerseits die Idee einer möglichen Sonderung der Inhalte und andererseits die Idee ihres Nebeneinanders. Die Sonderung der Inhalte übersieht, so Husserl, immer noch die Evidenz der inneren Zusammengehörigkeit eines komplexen Inhaltes der Form *ab*. Dort, wo sich Teile durchdringen, kann keine Sonderung vorkommen ohne zugleich das Ganze und alle seine Teile, die für sich ohnehin nicht bestehen können, zu vernichten. Es geht somit dabei nicht nur um ein bloßes 'gleichzeitig-auftreten-Müssen,' sondern eben um eine radikale, unumgängliche Zusammengehörigkeit der Teile des Gegebenen. Die jeweiligen Inhalte sind nicht bloß zusammen da, sondern sie sind durch eine so innige Beziehung zueinander charakterisiert, dass sie in jeder erdenklichen Hinsicht zusammengehören und sich gegenseitig durchweben. Die Rede von einer Sonderung ignoriert somit die deskriptive Sachlage und die Evidenz, die daraus entspringt.[25] Was andererseits die Idee des Nebeneinanders anbelangt, ist sie auch keine treffende Beschreibung des Zustands jener Inhalte, sondern noch eine weitere verkehrte Darstellung dessen. Das Nebeneinander *ist gerade eine sinnliche Form* – d.h., es zeichnet eine Art und Weise vor, wie sich gewisse Inhalte in einer räumlichen Konfiguration befinden und wie sie zueinander stehen. Der Atomismus beabsichtigt aber, wie gesagt, die Formlosigkeit der Ganzen mithilfe der These der Verstreuung der Inhalte in der Welt

[24] Husserl. *Hua XIX / Logische Untersuchungen*, s. 284-285.
[25] Husserl. *Hua XIX / Logische Untersuchungen*, s. 285.

zu verteidigen. Wie Husserl selbst es formuliert: Die sinnliche Formlosigkeit ausgerechnet durch einen Fall sinnlicher Form illustrieren zu wollen, ist unannehmbar. Demnach ist der Atomismus falsch nicht nur als eine Analyse der Struktur der Gegenstände, sondern ist er auch in sich inkonsistent.

Husserl entwickelt seine Kritik nun weiter und zeigt, dass der Sinn der Idee des Nebeneinanders in der oben dargestellten atomistischen Position auf eine unsachliche Weise interpretiert wurde. Wir können seine Worte auf die folgende Weise fassen: Das Nebeneinander bestimmt in Wahrheit ein Verhältnis zwischen selbständigen Inhalten, die bloß räumlich zusammen sind, aber sich dank ihrer Selbständigkeit auf keine andere Weise aufeinander beziehen. Wenn z.B. die Gegenstände *a*, *b* und *c* nebeneinander sind, üben sie keinen Einfluss aufeinander aus, und es ist unwichtig, ob sie etwa ihre relativen Lagen miteinander tauschen oder ob irgendeiner unter ihnen durch einen neuen Gegenstand ersetzt wird. Solange sie ihre örtlichen Bestimmtheiten nicht so radikal ändern, dass sie nicht mehr zu ihrer ursprünglichen Gruppierung gehören, wird das Nebeneinander als eine Form bewahrt. Das ist somit der Sinn des Nebeneinanders: Es mag inhaltlich auf unterschiedliche Weisen geändert werden, aber, wenn die relativen Lagen aller Termini, die zu ihrer ursprünglichen räumlichen Gestaltung gehören, identisch bleiben, dann bleibt es als eine Form identisch. Der Atomismus verliert aber das alles aus dem Auge und deutet die Idee des Nebeneinanders radikal um. Er verteidigt, dass sich die Inhalte, die sich unter so eine Form reihen, nicht einmal derartige lose Beziehung zueinander haben, sondern dass sie vielmehr überhaupt nichts miteinander zu tun haben und immer als zusammenhanglose, individuelle, vereinzelte Elemente betrachtet werden müssen.[26] Der Atomismus sieht somit gar nicht, dass es da eine Form gibt, und dass das schon seinen Grundannahmen widerspricht.

Das führt uns schließlich zu der letzten von Husserl angesprochenen Voraussetzung des Atomismus: Damit solche prinzipiell disjunkten Inhalte überhaupt verbunden werden könnten, bräuchte man irgendeine Art von 'Band' – d.h. einen Faktor, der relativ zu den zu verbindenden Inhalten sachfremd wäre und der eben mittels seiner zufälligen Einwirkung jene Inhalte aufeinander beziehen würde. Diese Forderung entsteht aber nur, wenn man Husserls Begriff der Fundierung nicht übernimmt. Die Inhalte, die durch diese Art Verhältnis charakterisiert werden, haben, wie gesagt, eine innige Beziehung zueinander und benötigen kein Band oder sonstigen verbindenden Faktor, um in so einem Verhältnis zu stehen. Das, was sich in der deskriptiven Sachlage ergibt, ist kein bloßes Nebeneinander vereinzelter und voneinander unabhängiger Inhalte, die unter der Einwirkung sachfremder Kräfte zusammengekettet werden könnten. Es besteht vielmehr in einer konstitutiven Zusammengehörigkeit jener Inhalte.[27]

Kurzum: Husserls Einwände gegen den Atomismus zeigen, dass diese Position: (i) Fundierungsverhältnisse ignoriert; (ii) eine falsche Interpretation des Nebeneinanders darstellt und verallgemeinert; und (iii) sich auf die Idee eines Bandes als Verbindungsfaktor beruft, um die Erfahrung eines komplexen Gegebenen zu erklären. Streng genommen, bestehen alle Husserls Einwände in einer immer wieder erneuten Verdeutlichung des Sinns und deskriptiven Gehaltes der ersten Art des Ganzen, die durch die Fundierung unterschiedlicher zusammengehörender Momente gekennzeichnet wird. Husserls Kritik des Atomismus bildet somit eine Stufe seiner detaillierten Argumentation in der 3. Logischen Untersuchung, um die Grundunterscheidung zwischen den zwei Arten des Ganzen zu untermauern. Die formal-logische Betrachtung der Ganzes-Teil-Verhältnisse

---

[26] Husserl. *Hua XIX / Logische Untersuchungen*, s. 285.
[27] Husserl. *Hua XIX / Logische Untersuchungen*, s. 285-286.

lässt demzufolge keinen Spielraum für den Atomismus zu, sondern stützt sich auf völlig andere begriffliche Ressourcen.

3. Grundlagen der Analyse Brentanos:

Brentanos Herangehensweise an den Atomismus wird, wie bereits gesagt, in einem ganz anderen Zusammenhang entwickelt, aber hat wichtige systematische Gemeinsamkeiten mit derjenigen Husserls. In seinen Vorlesungen über *Deskriptive Psychologie* von 1890-1891 beschäftigt sich Brentano mit dem Atomismus im Rahmen seiner Argumentation für die Einheit des Bewusstseins. Seine Hauptthese hier lautet: Die 'Einheit des Bewusstseins' soll durchaus nicht mit der vermeintlichen 'Einfachheit' desselben gleichgesetzt werden – wie manche metaphysischen Perspektiven auf unterschiedliche Weisen zu verteidigen pflegen.[28] Der Ausgangspunkt Brentanos liegt in seiner Definition der deskriptiven Psychologie bzw. der Psychognosie als eigentümliches psychologisches Forschungsfeld. Darunter soll man eine untergeordnete Disziplin der wissenschaftlichen Psychologie im Allgemeinen verstehen, die sich aber bloß deskriptiv – d.h., lediglich mittels der sog. inneren Wahrnehmung – mit den Elementen des menschlichen Bewusstseins und ihren Verbindungsweisen beschäftigt.[29] Die Rede von Elementen – gerade als Bestandteile verstanden – und von den verschiedenen Weisen, wie sie sich aufeinander beziehen, bringt schon eine bestimmte Auffassung des Bewusstseins zum Ausdruck, und zwar eine, nach der es als eine 'Vielheit von Teilen' charakterisiert wird. Was das heißt, eine 'Vielheit von Teilen' zu sein, ist die entscheidende Frage, die Brentano beantworten möchte.

Als eine mögliche Antwort darauf tritt genau die empiristische, atomistische Sichtweise hervor, die zwar die Komplexität des Bewusstseins befürwortet, seine Einheit aber bestreitet. Wenn wir introspektiv verfahren und über unsere unterschiedlichen Bewusstseinstätigkeiten reflektieren – also, über unsere Wahrnehmungen, Phantasien, Urteile, Gemütszustände und dergleichen – sind wir auf den ersten Blick in der Lage die Einheit jeder Einzelerfahrung zu konstatieren. Dem Atomismus gemäß ist aber diese Einheit lauter Schein. Sie ist nichts Anderes als ein nachträgliches, epigonales Ergebnis gewisser psychischer Vorgänge, die ihre Grundlage in den vergangenen Erfahrungen – vorwiegend in der Wahrnehmungsgeschichte – des individuellen psychischen Lebens haben. Es handelt sich hierbei um Assoziationsvorgänge, die aus dem früher Erfahrenen die Kriterien herausziehen, um jedwede aktuellen Erlebnisse zu interpretieren und phänomenal zu strukturieren. Die wahren Bausteine des Bewusstseins bestehen dann in sinnliche Vorstellungselemente, also Empfindungen bzw. Impressionen, und die unterschiedlichen Spuren, die sie in uns ggf. hinterlassen mögen. Diese mannigfaltigen und inhaltsreichen Elemente werden aufgrund jener Assoziationsvorgänge zusammengesetzt und so arrangiert, dass sie eben die oben erwähnte Einheit erhalten. Das Charakteristikum des Bewusstseins wäre dann kurzweg dieses bedeutungs- und formlose sinnliche Material, das erst *a posteriori* durch zufällige, assoziative Verkettungsmöglichkeiten einheitlich werden könnte. Daher ist das Bewusstsein doch komplex, aber originär nicht einheitlich. Der Gesprächspartner Brentanos hier ist David Hume und der zu kritisierende Standpunkt seine sog. Bündeltheorie des Bewusstseins.[30]

---

[28] Chisholm erwähnt Maimonides, Descartes und Bolzano als Vertreter dieser Position – Chisholm, Roderick. "On the Simplicity of the Soul". *Philosophical Perspectives*, vol. 5, 1991, s. 175-177

[29] Brentano, *Deskriptive Psychologie*, s. 1

[30] Brentano, *Deskriptive Psychologie*, s. 10-11. Dieser Ansatz hat bekanntlich großen Einfluss auf die Entwicklung der naturwissenschaftlichen Psychologie des 19. Jahrhunderts geübt, mit der sich Brentano häufig und in zahlreichen von seinen Schriften befasst hat. Sachliche und systematisch konsistente Darstellungen dieser psychologischen Projekte sind bei den folgenden Quellen zu finden: Bühler, Karl. *Die Krise*

Brentanos Kritik an Hume und seiner Lehre ist vielschichtig. Sein Gesamtziel ist aber zu verteidigen, dass die zahlreichen Phänomene des Bewusstseins – bspw. die erwähnten Empfindungen, Impressionen oder sonstartigen sinnlichen Inhalte – *keineswegs eine wahre Vielfalt von Dingen ausmachen, sondern nur ein einziges Ding, das gerade in das Ganze des jeweiligen menschlichen Bewusstseins besteht.* Wenn Brentano sich mit diesem Punkt in seinen Vorlesungen befasst, verweist er auf die Argumentation, die er dafür im 4. Kapitel des 2. Buches der *Psychologie vom empirischen Standpunkt* angeführt hat. Somit ist eine Darstellung dieser Argumentation erforderlich, um die Ausführungen in den Vorlesungen besser zu verstehen. In jenem Werk behandelt Brentano das Problem der Einheit des Bewusstseins anhand einer These Aristoteles' *Metaphysik Z*, 16[31]: Es ist unmöglich, dass etwas gleichzeitig sowohl ein wirkliches Ding, als auch eine Vielheit wirklicher Dinge sei.[32] Was heißen aber die Termini dieser Disjunktion?

(i) Etwas ist als eine 'Vielheit wirklicher Dinge' zu verstehen, wenn etwas eine komplexe Sache ist, die aus der Zusammensetzung unterschiedlicher Bestandteile entsteht und gerade in dem 'Produkt' dieser Zusammensetzung besteht. Es sind die Bestandteile, die ontologisch unabhängig, wahrhaft existierend sind. Ihr Produkt ist im Gegensatz dazu eine bloß oberflächliche, ontologisch abhängige Konsequenz. Wenn man so eine Schablone auf das Bewusstsein überträgt, dann ergibt sich etwas wie die oben dargestellte atomistische Sichtweise: Was im Bewusstsein wahrhaft vorfindlich ist, was in ihm als wirkliches Dasein bzw. wirkliche Dinge gegeben ist, sind eben Inhalte wie die Empfindungen usw. Alles was sich phänomenal ergibt und daraus zusammengesetzt wird, ist eine bloße späte Konsequenz dessen. Brentano nennt die Vielheiten wirklicher Dinge 'Kollektive'.

(ii) Etwas ist andererseits als 'ein wirkliches Ding' zu verstehen, gerade dann wenn dieses Etwas eine ontologische Unabhängigkeit aufweist, also für sich selbst besteht, und in der Lage ist – je nachdem – Kollektive zusammenzusetzen. Im Kontext des psychologischen Atomismus ist die Veranschaulichung dazu schon oben aufgetreten: Die 'wirklichen Dinge' im Bewusstsein sind Inhalte wie die Empfindungen usw. Solche wirklichen Dinge können doch analysiert werden, aber nicht so, dass sie wahrhaft in eine gewisse Anzahl von Bestandteilen zergliedert werden – sonst wären sie ja selbst wieder Kollektive und keine wirklichen Dinge. Die Analyse, die in ihrem Fall durchgeführt werden kann, zeigt uns dennoch gewisse Aspekte ihrer Einheit, die als ihre 'Teile' erkannt werden können, aber ohne dass diese Teile wahrhaft aus ihrem ursprünglichen Ganzen herausgerissen werden. Dementsprechend sagt Brentano, dass sie zwar keine Mehrheit *von Dingen* sind, aber dass das noch nicht heißt, dass sie keine Mehrheit *von Teilen* sein können. Solche andersartigen, durch bloße Distinktion zu gewinnenden Teile nennt Brentano 'Divisive'.[33]

Kurz gefasst kann man sagen: Eine Vielheit wirklicher Dinge muss von etwas Anderem strukturiert werden, und wirkliche Dinge sind eben das, was in der Lage ist, so eine strukturierende

---

der Psychologie. Göttingen: Velbrück Wissenschaft, 2000, s. 17. Guillaume, Paul. *Psicologia da forma*. Übersetzung von Irineu Moura. São Paulo: Companhia Editora Nacional, 1966, s. 1-8. Katz, David. *Gestaltpsychologie*. Basel: Schwabe Verlag, 1948, s. 9-14.

[31] Met. Z, 16, 1040b5-1041a5 – Aristoteles. *Metaphysik Z*. Übersetzung von Michael Frede und Gunther Patzig. München: Verlag C.H. Beck, s. 117-119.

[32] Brentano, Franz. *Psychologie vom empirischen Standpunkte*. Leipzig: Duncker & Humblot, 1874, s. 205.

[33] Brentano, ***Psychologie vom empirischen Standpunkte***, s. 205-206. Dainton, Barry. "Brentano on the unity of consciousness". In: Kriegel, Uriah (ed.) ***The Routledge Handbook of Brentano and the Brentano School***. London and New York: Routledge. Taylor and Francis Group, 2017, s. 65-66. Dewalque, Arnaud. "Le programme analytique de Brentano". ***Conférence de la Société Belge de Philosophie***. ULB. 31. Oktober 2012. URL: < http://hdl.handle.net/2268/137094 >, s. 8-9. Dewalque, Arnaud. "Brentano and the parts of the mental. A mereological approach to phenomenal intentionality". ***Phenomenology and the Cognitive Sciences***, n. 12, 2013, s. 458-459. Smith, Barry. "Gestalt Theory: an essay in philosophy", 1988, s. 84-85. In den Vorlesungen verwendet Brentano andere Termini: Wirkliche Dinge, die aus einem Kollektiv wahrhaft herausgenommen werden können, sind 'ablösbare Teile'; Divisive sind 'distinktionelle Teile'. Brentano. ***Deskriptive Psychologie***, s. 12-14. Genau auf diese Ablösbarkeitsverhältnisse verweist Husserl im § 16 der 3. Untersuchung, s. 271. Siehe Fußnote 6 oben.

Rolle zu spielen. Es handelt sich um eine kategoriale Grundunterscheidung. Wie genau greift Brentano die Position von Aristoteles auf und entwickelt sie weiter? In der *Psychologie* bestreitet er dass die vielen Bewusstseinsphänomene, die wir gleichzeitig erleben mögen, als eine Vielheit wirklicher Dinge aufzufassen sind. Wir können auf viele Weisen unterschiedliche Akte gleichzeitig erleben. Brentano befasst sich mit zwei phänomenalen Zusammenhängen, in denen diese Komplexität unserer Erfahrung besonders deutlich auftaucht.

Auf der einen Seite können wir unterschiedliche Akte vollziehen, die zwar unter eine einzige Klasse von Akten fallen, sich aber auf unterschiedliche Gegenstände richten – bspw. wenn wir unterschiedliche Akte der sog. äußeren Wahrnehmung vollziehen und gleichzeitig uns etwa ein Bild in einem Museum ansehen, das Flüstern der Mitmenschen hören, nebenbei den Duft von einem Café riechen usw. Hier wird uns ein sehr verwickelter Wahrnehmungszusammenhang gegeben, in der wir uns vieler verschiedenen Sorten sinnlicher Daten zeitgleich bewusst werden. Auf der anderen Seite können wir unterschiedliche Akte vollziehen, die nicht unter eine einzige Klasse von Akten fallen, aber die sich doch auf einen selben Gegenstand richten – wie z.B. wenn wir uns ein Gemälde ansehen und in Bezug darauf gefühlsmäßig bzw. ästhetisch einstellen, indem wir es evtl. für schön, herzerwärmend, vielleicht auch beeindruckend halten. Da wird uns wieder ein verwickelter psychischer Zusammenhang gegeben, aber gerade ein zweischichtiger, in dem wir uns vorstellungsmäßig und zeitgleich emotional an etwas wenden.[34]

Laut Brentano können wir diese ganzen unterschiedlichen Phänomene – also, jeweils die unterschiedlichen Wahrnehmungen der ersteren und die Wahrnehmung und das Gefühl der letzteren Situation – keineswegs so behandeln, als ob sie vereinzelte, für sich selbst bestehende, wirkliche Dinge wären. Wenn wir diese Phänomene doch individuell betrachten, zeigen sie die oben erwähnte ontologische Unabhängigkeit nicht – also, sie ergeben sich als keine Anzahl autonomer, separater Bewusstseine, die sich – wie der Fall jeweils liegt – aneinanderreihen und einen phänomenalen Kollektiv bilden können. In Wahrheit ist so eine Ausgestaltung der psychischen Phänomene schon gleich zu Anfang schwerlich vorstellbar, so kontraintuitiv es ist. Es ist hier aber nötig, die vollen Argumente Brentanos dagegen zu thematisieren, damit seine Stellungnahme verständlich und begründet wird.

4. Brentanos psychologische Kritik am Atomismus:

Das wichtigste Argument Brentanos besteht darin, dass wir jene unterschiedlichen psychischen Phänomene ohne besondere Schwierigkeiten aufeinander beziehen und miteinander *vergleichen* können. Wenn jene Phänomene nicht zu einem einzigen Ding, also zu demselben komplexen Bewusstsein strukturell gehören, wie wäre es überhaupt möglich sie so zu behandeln? Stellen wir uns vor, dass ich ein Phänomen des Sehens mit einem anderen des Hörens vergleichen möchte. Wären sie unterschiedliche Dinge, also autonome und separate Bewusstseine, wie könnte der Vergleich je zustande kommen? Man müsste erst einmal irgendeinem dieser Bewusstseine eine gewisse Funktion unterstellen, die den Vergleich überhaupt ermöglichen würde und für seinen Vollzug Verantwortung tragen müsste. Dann müsste man sich so eine Funktion aussuchen, um sie zu beschreiben und ihre Beschaffenheit bzw. eigene Natur zu klären. Wäre diese Funktion dann bei dem Bewusstsein des Sehens vorzufinden? Wäre sie vielleicht bei dem Bewusstsein des Hörens? So eine Entscheidung müsste ausführlich thematisiert und begründet werden, um nicht beliebig und unwissenschaftlich zu sein – da zunächst keines von beiden Phänomenen einen natürlichen, selbst einleuchtenden Vorrang

[34] Brentano, ***Psychologie vom empirischen Standpunkte***, s. 207-208. Dewalque, "Le programme analytique de Brentano", s. 9-10.

vor dem Anderen in dieser Hinsicht zu haben scheint. Wie dem auch sein mag, wie könnte denn das zuständige Bewusstsein über ihre eigenen Schränken hinausgehen und das andere wahrhaft erreichen? Was könnte die reale Spaltung zwischen beiden überbrücken? Falls man aber diesen Problemen dadurch umzugehen versucht, dass man diese Rolle beiden Bewusstseinen zuschreibt, so dass jedes eine partielle zu leistende Funktion bei dem Austausch hat, ändert das jedoch an dem Problem der Überbrückung wesentlich nichts. Es bleibt immer noch unklar, wie sich beide aufeinander je richten könnten und wie sich ihre individuellen Vorgängen so ergänzen würden, dass der Austausch zwischen ihnen tatsächlich geschieht. Letztendlich könnte selbst die Annahme eines dritten Bewusstseins, das eine Vermittlungsfunktion zwischen den zwei ersten leisten würde, nichts daran ändern. Das würde noch einmal das Problem der Überbrückung nicht unmittelbar und eindeutig lösen und stattdessen sogar zu weiteren Problemen führen, weil der Charakter dieses neuen Bewusstseins untersucht werden müsste. Brentano glaubt, dass alle diese Optionen nichts wirklich aufklären und viele weitere Schwierigkeiten mit sich bringen. Er lehnt sie aufgrund dessen ab.[35]

Dieser Blick auf den Kern der Position Brentanos in der *Psychologie vom empirischen Standpunkt* bietet uns die passende Grundlage, um seine Herangehensweise in den Vorlesungen über *Deskriptive Psychologie* zu verstehen. In diesen Vorlesungen fügt Brentano zu seinem Hauptargument zwei weitere Bemerkungen hinzu, die seinen theoretischen Gehalt bereichern und intuitiver machen. Es handelt sich um Bemerkungen, die über den Sinn des Ausdrucks 'Bündel', der auf dem Titel 'Bündeltheorie' steht, reflektieren und die sich nach unterschiedlichen Auffassungen dieses Sinnes richten.

(i) Zum Einen zeigt Brentano, dass der Ausdruck 'Bündel' – wortwörtlich genommen – gerade die Idee eines "Stricks" bzw. eines "Drahts" impliziert, der im Zusammenhang des Bewusstseins die jeweilig gegebenen Phänomene sozusagen "zusammenschnüren" würde. Wenn sich ja diese Phänomene keineswegs spontan, von sich selbst aus, aufeinander beziehen können und keine eigentliche, originäre Einheit konstituieren, bleibt es für sie nur eine Möglichkeit übrig – und zwar, dass sie sich nur gelegentlich und aufgrund der Einwirkung irgendeines äußeren, sachfremden Faktors vereinigen. Dieser Faktor müsste auch im Phänomen selbst vorfindlich sein und irgendwie vorstellig werden können.

(ii) Zum Anderen zeigt Brentano, dass der Ausdruck 'Bündel' auch auf eine losere Weise verstanden werden kann, und zwar als ein Hinweis auf eine Vielheit von Dingen, die sich bloß "nebeneinander befinden", so dass sie "aneinander haften" oder "sich miteinander berühren." Im Zusammenhang des Bewusstseins wären somit die Phänomene als disjunkte, vereinzelte Daten, die bloß in räumlich-zeitlicher Kontiguität stehen würden. Wäre diese Auffassung der Idee eines 'Bündels' bevorzugt, dann müsste sich ein Phänomen als eine reine Juxtaposition bzw. ein reines Nebeneinander unterschiedlicher Dinge erweisen.[36]

Es fragt sich aber: Treffen diese Beschreibungen des Bewusstseins überhaupt zu? Kann man mittels der inneren Wahrnehmung irgendeinen von diesen Zuständen erkennen? Zeigt sich ein jedes Phänomen als ein "Zusammengeschnürtes" oder als ein bloßes "Nebeneinander" seiner konstitutiven Inhalte? Die Argumentation der *Psychologie* zeigt uns schon, dass beide Möglichkeiten abgelehnt werden müssen. Brentano verschärft aber seine Position, indem er sich mit einem neuen

---

[35] Brentano, *Psychologie vom empirischen Standpunkte*, s. 208-209. Dewalque, "Le programme analytique de Brentano", s. 10. Dewalque, Arnaud. "Brentano's mind: unity without simplicity". In: *Rivista di Filosofia*, vol. 108, n. 3, 2017, s. 357-358. Smith, "Gestalt Theory: an essay in philosophy", s. 83. Des Weiteren zeigt uns Brentano, dass auch die Erkennung zeitlicher Verhältnisse zwischen unseren psychischen Phänomenen, wie z.B. Sukzessions- oder die Simultaneitätsverhältnisse, wieder zu demselben Problem führen würde. Man müsste ja zeigen, welches diskrete Bewusstsein für diese Erkennung verantwortlich wäre und da würden sich dieselben Schwierigkeiten wieder aufdrängen.

[36] Brentano. *Deskriptive Psychologie*, s. 11.

phänomenalen Zusammenhang deskriptiv beschäftigt, den er in seiner früheren Argumentation nicht behandelt. Es geht hier nicht mehr um die zwei Arten Erfahrung, die Brentano schon in jenem Werke analysiert hat, also weder um die Erfahrung einer Mehrheit von Akten derselben Klasse, die sich auf unterschiedliche Gegenstände richten, noch um die Erfahrung einer Mehrheit von Akten unterschiedlicher Klassen, die sich auf denselben Gegenstand richten. Es geht stattdessen um eine psychologisch einfachere Sachlage, die Brentano uns durch ein Beispiel sinnlicher Wahrnehmung darstellt: Die Wahrnehmung eines Bildes und somit der unterschiedlichen Farben, die es in sich enthält. Es fragt sich denn, was wir in so einer Situation erleben. Ist es möglich zu sagen, dass die unterschiedlichen Farbwahrnehmungen originär voneinander losgelöst sind, so dass jede eine in sich selbst geschlossene Realität ist? Erlebe ich überhaupt etwas, wie eine Wahrnehmung der Farbe *a* als eine vollkommen unabhängige psychische Leistung; daneben eine Wahrnehmung der Farbe *b* als eine weitere unabhängige psychische Leistung; vielleicht noch auf einer dritten Ebene eine Wahrnehmung der Farbe *c*, ebenso als rein individuelles Erlebnis anzusehen…? Hier tritt dieselbe Frage auf, die in der *Psychologie* gestellt wurde: Wenn das der Fall wäre und die ganzen Farbwahrnehmungen eben in eine Anzahl autonomer, separater Bewusstseine bestehe würden, wie könnte man denn das Bemerken einer gewissen Ordnung zwischen ihnen erklären? Wie käme man denn zum Bemerken des einheitlichen gefärbten Bildes und der Ordnung, die unter ihren ganzen Farbnuancen in dieser Einheit herrscht? Wir sehen uns hier wieder vor dem schon erkannten Problem: Welchem Bewusstsein sollten wir die Verantwortung für dieses Bemerken unterstellen? Einem von ihnen? Zweien? Einem anderen sonstigen Bewusstsein, das in sich selbst keine Farbwahrnehmung ist, aber doch die Mehrheit dieser Wahrnehmungen unter sich fassen kann, um ihnen allesamt eine Ordnung zu verleihen? Alle diese Möglichkeiten schaffen mehr Probleme als sie lösen, da sie uns nur verkehrte, künstliche Beschreibungen des Bewusstseins anbieten.

Aufgrund dieser ganzen Reihe von Bemerkungen verteidigt Brentano, dass die atomistische Auffassung des Bewusstseins in einer unerwünschten Zersplitterung des inneren Lebens resultieren würde – besonders, in einer Verunstaltung dessen, was uns die unmittelbarste Erfahrung zeigt. Und sie zeigt uns, dass ein Phänomen immer eine komplexe, aber synkretische und durchstrukturierte Einheit ist. Den oben analysierten Erfahrungen entsprechend: Wenn ich unterschiedliche äußere Wahrnehmungsakte auf unterschiedliche visuelle, akustische, olfaktorische u.a. Objekte richte, dann schließen sich diese ganzen Phänomene in der Einheit eines einzigen, nuancierten und inhaltsreichen Bewusstseins ein. Sie geben mir ja mein aktuelles, geordnetes Wahrnehmungsfeld. Wenn ich sowohl einen Vorstellungs-, als auch einen Gefühlsakt auf denselben Gegenstand richte, dann sind diese Phänomene auch innig zueinander mitgehörig und bilden die Einheit eines einzigen Gefühlszustandes. Zum Schluss, wenn ich die unterschiedlichen Farben eines Bildes wahrnehme, gehören sie auch zu dem einheitlichen Wahrnehmungsakt, der sich auf das ganze Bild richtet. Demgemäß, statt dem Atomismus irgendeinen Spielraum zu geben, sollten wir nur das psychisch Gegebene als solches gelten lassen und die unterschiedlichen Aspekte unserer Erfahrungen gerade als "Teile eines einheitlichen wirklichen Seins",[37] also als partielle Aspekte einer einzigen Einheit sehen. Die vielen Phänomene, die wir zeitgleich erleben können sind keine mechanisch und zufällig zusammengesetzten psychischen Atome, sondern vielmehr Phänomene die sich miteinander verschmelzen und uns zeigen warum das Bewusstsein zwar komplex, aber doch originär einheitlich ist.

[37] Brentano, *Psychologie vom empirischen Standpunkte*, s. 204. Siehe. auch im 1. Kapitel des 2. Buches, § 8, s. 122-126 und § 9, s. 127. McAlister, Linda. "Brentano's epistemology". In: Jacquette, Dale (ed.). *The Cambridge Companion to Brentano*. Cambridge: Cambridge University Press, 2004, s. 157.

5. Fazit:

Nach dieser Darstellung und Auslegung der Beiträge Husserls und Brentanos zur Kritik des Atomismus ist es möglich einige abschließenden Bemerkungen vorzubringen. Es ist aus dem Gesagten schon klar genug geworden, dass beide Philosophen unterschiedliche Versionen des Atomismus angreifen; unterschiedliche methodologische Herangehensweisen haben; und sich unterschiedliche Ziele mit ihren individuellen Arbeiten setzen. Allerdings ist es auch klar geworden, dass ihre Argumentationen in entscheidenden Punkten parallel laufen. Auf der einen Seite behandelt Husserl den Atomismus gerade als eine allgemeine philosophische Position, ohne einen bestimmten Denker bzw. eine bestimmte Denkschule oder Lehre bei der Entwicklung seiner Kritiken im Blick zu haben. Diese Kritiken bewegen sich in der phänomenologischen Sphäre und streben letztendlich danach, eine formal-ontologische, rein-logische Klärung der Spezies 'Gegenstand' vorzulegen. Auf der anderen Seite hat Brentano vor, ausgerechnet Humes Bündeltheorie und seine sensualistische Auffassung des Bewusstseins anzufechten, was er durchaus auf der psychologischen Ebene macht und auf psychologische Ergebnisse abzielend. Worin bestehen nun die Parallelen?

Es ist offenkundig, dass die Argumentationen beider Philosophen – ihrer vielen Differenzen ungeachtet – doch terminologische und begriffliche Gemeinsamkeiten haben.

(i) Die Idee des Bandes bei Husserl bezieht sich auf dasselbe, worauf sich die Analogie des Stricks bzw. Drahts bei Brentano auch bezieht, und zwar auf die atomistische Annahme eines Verbindungsfaktors unserer Erfahrung, der die Inhalte – als wesentlich vereinzelte Elemente verstanden – miteinander verketten sollte. Beide halten diese Annahme für kontraintuitiv. Husserl, indem er wiederholt auf die Fundierungsverhältnisse hinweist, deren wahren Sinn derartige Auffassung ignoriert; Brentano, indem er sie als mit der Beschreibung der Ordnung unserer Wahrnehmungen und ihrer korrelativen physischen Phänomenen inkompatibel bezeichnet.

(ii) Die atomistische Annahme des Nebeneinanders als Erklärung für die möglichen, kontingenten Beziehungen zwischen Inhalten, wird auch von beiden hervorgehoben und abgelehnt. Husserl lehnt sie erst einmal aus bloß logischen Gründen ab, denn das Nebeneinander ist eine sinnliche Form und es ist widersinnig, genau so eine Form als Argument für eine angebliche Formlosigkeit aller Ganzen benutzen zu wollen. Jenseits dessen deutet der Atomismus die Form des Nebeneinanders radikal um, indem er sie als eine Darstellung der vollkommenen Indifferenz der Inhalte gegeneinander sieht, als ob solche Inhalte radikal an sich und für sich wären. Brentano lehnt die Idee des Nebeneinanders auch deswegen ab, weil sie die natürliche Ordnung, also die Verschmelzung oder immanent einheitgebenden Beziehungen zwischen psychischen Phänomenen übersieht.

Inwiefern können aber diese Ähnlichkeiten von Belang sein? Was für einen Beitrag können sie leisten in Bezug auf die Interpretation der *Logischen Untersuchungen* im Allgemeinen oder der 3. Untersuchung im Speziellen? Welche Bedeutung hätte dies für einen größeren Zusammenhang von Fragestellungen und Debatten? Ich beantworte diese Fragen wie folgt:

(i) Was die *Logischen Untersuchungen* im Allgemeinen anbelangt, muss man den folgenden Zusammenhang im Auge haben. Husserls sehr bekannte Charakterisierung der Phänomenologie in jenem Werk lautet: "Phänomenologie ist deskriptive Psychologie."[38] Kurz nach dieser Bezeichnung sagt uns aber Husserl, dass seine Methode vielmehr durch den Ausdruck 'Phänomenologie' bezeichnet werden sollte, u.a. "weil der Ausdruck deskriptive Psychologie in der Redeweise mancher

[38] Husserl. *Hua XIX / Logische Untersuchungen*, s. 23.

Forscher die Sphäre wissenschaftlicher psychologischer Untersuchungen bezeichnet, die durch die methodische Bevorzugung der inneren Erfahrung und durch Abstraktion von aller psychophysischen Erklärung umgrenzt wird."[39] Es handelt sich hierbei um eine Abgrenzung der Phänomenologie vor der Methode Brentanos. Wie es schon am Anfang des Abschnitts 3 dieses Aufsatzes erörtert wurde, ist nun die deskriptiv psychologische Methode Brentanos genau so zu verstehen: Zum Einen unterscheidet sie sich von der genetischen, psychophysischen Erforschung kausaler Zusammenhängen, bei denen psychische Phänomene von nicht-psychischen Phänomenen abhängen; zum Anderen bevorzugt sie die 'innere Erfahrung', sprich die 'innere Wahrnehmung', als Grundlage der Deskriptionen unseres phänomenalen Lebens. Husserls Definition der Phänomenologie als deskriptive Psychologie zeigt uns somit, dass sie nicht mit dem Standpunkt Brentanos identifizierbar ist – d.h., sie ist zwar als eine 'Art' deskriptive Psychologie zu verstehen, aber nicht im genauen Sinne Brentanos. Eine Auseinandersetzung mit Husserls Kritiken der Brentanoschen Lehre der inneren Wahrnehmung in der 5. und 6. Untersuchungen, aber besonders in der Beilage zu den *Logischen Untersuchungen,* bringen Husserls methodologische Gründe dafür ausreichend ans Licht.[40] Entscheidend hier ist es aber Folgendes zu beachten: Einerseits zeigen sich in den Auseinandersetzungen Husserls mit Brentano die methodologischen Differenzen zwischen beiden, aber andererseits übernimmt Husserl einige Ideen von Brentano. Gerade diese Spannung bietet Möglichkeiten, die Eigentümlichkeiten der Phänomenologie als Methodenlehre zu analysieren. Die in diesem Aufsatz behandelte Problematik gilt somit als ein Beispiel dafür: Sie stellt eine Diskussion dar, in der das 'zu Vermeidende' ausgerechnet als Stütze einer Argumentation gilt. Weitere Analysen, die von den hier erhaltenen Ergebnissen ausgehen, mögen uns kritische Interpretationen davon anbieten, was es im Grunde heißt, die Phänomenologie als eine 'Art' deskriptive Psychologie darzustellen.

(ii) Was die 3. Untersuchung im Speziellen angeht, ist diese Problematik wichtig um die Relevanz phänomenologischer Fragen für die Husserlsche Mereologie hervorzuheben. Es wird häufig behauptet, dass sich die vier ersten Logischen Untersuchungen grundsätzlich mit nicht-phänomenologischen Fragen beschäftigen und auch dass die 3. Untersuchung wesentlich aus Forschungen innerhalb der Sphäre der formalen Ontologie bzw. der reinen Logik besteht.[41] Diese Untersuchung wurde selbst schon als eine Art Exkurs im Rahmen der ganzen Untersuchungen dargestellt, um gewisse grundlegende Begriffe, die für ihre späteren Entwicklungen zentral sind, im Voraus zu klären.[42] Die oben durchgeführten Analysen zeigen uns aber, dass dieses Hauptinteresse der 3. Untersuchung an formal-ontologischen, rein-logischen Fragen nicht als ihr *einziges* Forschungsinteresse verstanden sein sollte. Fasst man den Text so auf, dann werden wichtige Nuancen der Argumentation Husserls übersehen – besonders jene, die zeigen, dass der Weg für die Postulierung formaler Thesen manchmal eben ein phänomenologischer Weg ist. Einige mereologische Ansätze Husserls lassen sich oft unmittelbar auf die Erfahrung und das Gegebene der Anschauung zurückführen, wie es sich von vornherein in der Kritik der atomistischen

---

[39] Husserl. *Hua XIX / Logische Untersuchungen*, s. 24.

[40] Husserl. *Hua XIX / Logische Untersuchungen*, s. 365-367, 751.

[41] Bell, David. *Husserl.* London: Routledge, 2003, s. 85. Cairns, Dorion. The fundamental philosophical significance of Husserl's Logische Untersuchungen. *Husserl Studies*, vol. 18, 2002, s. 48. Moran, Dermot. Introduction. In: Husserl, Edmund. *Logical Investigations. Volume 1. Prolegomena to Pure Logic.* Translated by J.N. Findlay. New York: Routledge, 2001, s. xlv. Moran, Dermot. The meaning of phenomenology in Husserl's Logical Investigations. In: Banham, Gary. *Husserl and the Logic of Experience.* New York: Palgrave Mcmillan, 2005b, s. 17-18. Husserls Position selbst ist in seinem "Entwurf einer Vorrede zu den Logischen Untersuchungen" zu finden - Husserl, Edmund. *Hua XX.1 / Logische Untersuchungen Ergänzungsband.* Erster Teil. Dordrecht: Kluwer Academic Publishers, 2002, s 300-301. Er erklärt die 1., die 2., die 5. und die 6. Untersuchungen für phänomenologisch. Der Ausschluss der 3. und der 4. mag wohl den Weg für solche Auffassungen der sekundären Literatur bereitet zu haben.

[42] Bell. *Husserl*, s. 94.

Herangehensweise und ihrer Rede von Elementen, Kontiguität, verbindenden Faktoren u.dgl. ergibt.

(iii) Zum Schluss kann man den Wert dieser Problematik auch in einem historisch umfassenderen Kontext erkennen, da sie eine frühere Episode einer Diskussion ausmacht, die später in der Psychologie des 20. Jahrhunderts sehr wichtig sein wird. Die Gestaltpsychologie wird nämlich die Überzeugung verfestigen wollen, dass eine atomistische Herangehensweise an das Bewusstsein notwendigerweise das Ziel verfehlt, es streng wissenschaftlich zu verstehen und klären. Besonders Max Wertheimers Aufsatz von 1922 *Untersuchungen zur Lehre von der Gestalt I* wird sich als Aufgabe vornehmen, die systematischen Hauptzüge so einer atomistischen Psychologie aufzulisten und es zu zeigen, warum sie der holistischen, synkretischen Natur unserer Erfahrung nicht gerecht wird.[43] Vielerlei Konsequenzen für die Entwicklung und Verbreitung der Psychologie als Wissenschaft in den darauffolgenden Jahren sind aus der gestalttheoretischen Sicht zu entnehmen, die nicht nur durch diese Auseinandersetzung mit dem Atomismus entsteht, sondern auch die direkt mit der Brentanoschule verbunden sind.

Selbstverständlich muss man auch die anderen Textstelle der 3. Untersuchung, in denen Brentanos Ideen behandelt werden, näher erforschen, wenn man eine vollkommene Analyse der Bedeutung und der Rolle dieses Denkers für Husserls Mereologie durchführen möchte. Der Anspruch dieses Aufsatzes ist es somit, einen anfänglichen Schritt in diese Richtung zu machen.

Literatur:

ARISTOTELES. ***Metaphysik Z.*** Text, Übersetzung und Kommentar von Michael Frede und Gunther Patzig. Erster Band. München: Verlag C.H. Beck.

BELL, D. ***Husserl.*** London: Routledge, 2003.

BRENTANO, F. ***Deskriptive Psychologie.*** Aus dem Nachlaß herausgegeben und eingeleitet von Roderick M. Chisholm. Hamburg und Wilhelm Baumgartner: Felix Meiner, 1982. Philosophische Bibliothek Bd. 349.

BRENTANO, F. ***Psychologie vom empirischen Standpunkte.*** Leipzig: Duncker & Humblot, 1874.

BÜHLER, K. ***Die Krise der Psychologie.*** Göttingen: Velbrück Wissenschaft, 2000. Karl Bühler Werke, vol. 4.

CAIRNS, D. The fundamental philosophical significance of Husserl's Logische Untersuchungen. In: ***Husserl Studies***, vol. 18, 2002, 41-49.

CHISHOLM, R.M. On the Simplicity of the Soul. In: ***Philosophical Perspectives***, vol. 5, Philosophy of Religion, 1991, 167-181.

DAINTON, B. Brentano on the unity of consciousness. In: U. Kriegel (ed.) ***The Routledge Handbook of Brentano and the Brentano School.*** London and New York: Routledge. Taylor and Francis Group, 2017. Routledge Handbooks in Philosophy. 61-74

DEWALQUE, A. Brentano and the parts of the mental. A mereological approach to phenomenal intentionality. In: ***Phenomenology and the Cognitive Sciences***, n. 12, 2013, 447-464.

_____. Brentano's mind: unity without simplicity. In: ***Rivista di Filosofia***, vol. 108, n. 3, 2017, 349-364.

_____. Le programme analytique de Brentano. In: ***Conférence de la Société Belge de Philosophie.*** ULB. 31. Oktober 2012. URL:< http://hdl.handle.net/2268/137094 >

DRUMMOND, J.J. Wholes, parts, and phenomenological methodology (III. Logische Untersuchung). In: V. Mayer (ed.). ***Edmund Husserl: Logische Untersuchungen.*** Berlin: Akademie Verlag, 2008, 105-122.

FERENCZ-FLATZ, C. Fundierung und Motivation. Zu Husserls Auslegung der Alltagsgegenstände im Lichte der Heidegger'schen Kritik. In: ***Phänomenologische Forschungen.*** Felix Meiner, 2011, 111-131.

FRÉCHETTE, G. Brentano's soul and the unity of consciousness. In: ***Argumentos***, vol. 7, n. 13, 2015, 65-76.

GUILLAUME, P. ***Psicologia da Forma.*** Tradução de Irineu Moura. São Paulo: Companhia Editora Nacional, 1966.

HUSSERL, E. ***Briefwechsel. Die Brentanoschule.*** In Verbindung mit Elisabeth Schuhmann herausgegeben von Karl Schuhmann. Dordrecht: Kluwer Academic Publishers, 1994. Husserliana Dokumente Bd. 3, Teil 1.

HUSSERL, E. ***Logische Untersuchungen.*** Zweiter Band. Untersuchungen zur Phänomenologie und Theorie der Erkenntnis. Herausgegeben und eingeleitet von Ursula Panzer. Den Haag: Martinus Nijhoff, 1984. Husserliana Bd. 19/1.

[43] Wertheimer, Max. Untersuchungen zur Lehre von der Gestalt. I. Prinzipielle Bemerkungen. *Psychologische Forschung: Zeitschrift für Psychologie und ihre Grenzwissenschaften*, Berlin, vol. 1, 1922.

_____. ***Logische Untersuchungen Ergänzungsband.*** Erster Teil. Entwürfe zur Umarbeitung der VI. Untersuchung und zur Vorrede für die Neuauflage der Logischen Untersuchungen (Sommer 1913). Herausgegeben und eingeleitet von Rudolph Bernet und Ullrich Melle. Dordrecht: Kluwer Academic Publishers, 2002. Husserliana Bd. 20/1

_____. ***Philosophie der Arithmetik. Logische und psychologische Untersuchungen***. Herausgegeben und eingeleitet von Lothar Eley. Den Haag: Martinus Nijhoff, 1970. Husserliana Bd. 12.

KATZ, D. ***Gestaltpsychologie***. Basel: Schwabe Verlag, 1948.

LALANDE, A. ***Vocabulaire Technique et Critique de la Philosophie***. Vol. I. A-M. Paris: Quadrige / PUF, 1997.

LOHMAR, D. Kategoriale Anschauung (VI. Logische Untersuchung, §§ 40-66). In: V. Mayer. (ed.) ***Edmund Husserl: Logische Untersuchungen***. Berlin: Akademie Verlag, 2008. Klassiker Auslegen, 209-242.

MCALISTER, L. Brentano's epistemology. In: D. Jacquette (ed.). ***The Cambridge Companion to Brentano***. Cambridge: Cambridge University Press, 2004. Cambridge Companions to Philosophy. 149-167

MORAN, D. ***Edmund Husserl. Founder of Phenomenology***. Cambridge: Polity Press, 2005a

_____. Introduction. In: E. Husserl. ***Logical Investigations***. Volume 1. Prolegomena to Pure Logic. Translated by J.N. Findlay. New York: Routledge, 2001. International Library of Philosophy. xxi-lxxii.

_____. The meaning of phenomenology in Husserl's Logical Investigations. In: G. Banham. ***Husserl and the Logic of Experience***. New York: Palgrave Mcmillan, 2005b, 8-37.

MULLIGAN, K. e SMITH, B. Mach and Ehrenfels: the foundations of Gestalt Theory. In: B. Smith (ed.) ***Foundations of Gestalt Theory***. München: Philosophia Verlag, 1988, 124-157.

MULLIGAN, K. e SMITH, B. Franz Brentano on the ontology of mind. In: ***Philosophy and Phenomenological Research***, vol. 45, n. 4, 1985, 627-644.

ROLLINGER, R. ***Husserl's Position in the School of Brentano.*** Dordrecht: Kluwer Academic Publishers, 1999. Phaenomenologica Bd. 150.

SMITH, B. Gestalt Theory: an essay in philosophy. In: B. Smith (ed.) ***Foundations of Gestalt Theory***. München: Philosophia Verlag, 1988, 11-81.

TAIEB, H. Brentano on properties and relations. In: U. Kriegel (ed.) ***The Routledge Handbook of Brentano and the Brentano School***. London and New York: Routledge. Taylor and Francis Group, 2017. Routledge Handbooks in Philosophy. 156-162.

TILLMAN, M. Husserl's mereological semiotics. In: ***The New Yearbook for Phenomenology and Phenomenological Philosophy***, n. 12, 2012, 69–108.

WERTHEIMER, M. Untersuchungen zur Lehre von der Gestalt. I. Prinzipielle Bemerkungen. ***Psychologische Forschung: Zeitschrift für Psychologie und ihre Grenzwissenschaften***, Berlin, v. 1, 1922, 47-58

HUSSERLS RÄTSEL: DER WEG ZUR GÖTTLICHEN SENSIBILITÄT

Hernán Gabriel Inverso[1]

Husserl beschreibt phänomenologische Entdeckungen oft als die Auflösung eines Rätsels nach enormen Anstrengungen, wobei er die anfängliche Situation der Unklarheit und die Wege betont, die es uns ermöglichen, Hindernisse zu überwinden und zu einer richtigen Erkenntnis zu gelangen.

Manchmal stellen einige dieser Erkenntnisse frühere Studien auf den Kopf, wie im Fall der transzendentalen Verschiebung, und bringen immer wieder überraschende Ergebnisse zu ganz unterschiedlichen Aspekten des Ansatzes hervor. In diesem Rahmen werde ich mich auf die so genannte Entdeckung des transzendentalen Ich und seine Merkmale konzentrieren. Anschließend werde ich die Verbindung zwischen diesen Entwicklungen und der konstitutiven Funktion des Körpers, seiner Manifestation als *Körper* und *Leib* und seiner Beziehung zum Ich betrachten. Auf dieser Grundlage werde ich die Enthüllung der Leiber der anderen als Bedingung der Intersubjektivität und der Welt untersuchen. Schließlich werde ich Husserls Erkundungen des Ich und des Leibes im Hinblick auf die Überschreitung untersuchen, die die zentrale Rolle dieser Aspekte beim Erfassen und Beschreiben des gesamten Spektrums von Phänomenen nach dem Prinzip "zu den Sachen selbst" offenbart.

1. Auf der Suche nach dem Ich

Husserl interessierte sich von Anbeginn seiner Karriere für die Grundlagen der Mathematik, was auf eine anhaltende Beschäftigung mit der Legitimität des Wissens hindeutet. Bolzanos Kritik des Psychologismus und Brentanos Erforschung der deskriptiven Psychologie[2] dienten ihm als Ausgangspunkt, bis er, wie er in der *Krisis* erzählt, 1898 das universale Korrelationsapriori zwischen dem Erfahrungsgegenstand und seinen Gegebenheitsweisen konzipierte.[3] Zu Beginn des letzten Jahrhunderts veröffentlichte er die Bände der *Logischen Untersuchungen*, die die Phänomenologie begründeten und seine Aufmerksamkeit auf die Wahrnehmung, das Gedächtnis und die Vorstellung lenkten. Zu diesem Zeitpunkt war die Idee einer ersten Philosophie, die sich mit dem Problem des Bewusstseins und dessen Gegenstand befasst, bereits vorhanden. Obwohl es keine detaillierte Abhandlung gibt, skizziert Husserl drei Merkmale des Bewusstseins, die den Begriff des Ich erhellen. Zum einen verweist er auf *die Einheit der Bewußtseinsinhalte*.[4] Andererseits ermöglicht das interne Bewusstsein von Erfahrungen, dass diese als Erfahrungen desselben Bewusstseins wahrgenommen werden, so dass das phänomenologische Ich das empirische Ich als intentionales Objekt betrachtet.[5] Darüber hinaus ist das Ich der Kern, der die Objekte des Wissens konstituiert, wenn man Subjektivität

---

[1] Assoc.Prof., *Philosophische Fakultät der Universität Buenos Aires & Université libre de Bruxelles, Department of Philosophy*, hernan.gabriel.inverso@ulb.be

[2] Zu Bolzano und Husserl siehe Beyer (1996), Benoist (2002) und Sebestik (2003, 59-81), zu Brentano Follesdal (1978, 8394) und Rollinger (2004, 255-276).

[3] Hua VI, 169.

[4] Hua XIX/1, 360.

[5] Hua XIX/1, 365-8. Das innere Zeitbewusstsein war noch nicht thematisiert, obwohl einige Elemente bereits vorhanden waren.

im Allgemeinen als die Fähigkeit versteht, intentionale Akte auszuführen.[6]

Dieses besondere Objekt, das als Bewusstseinseinheit der Erfahrungen fungiert und dem veränderlichen Bereich Einheit verleiht, ist mit einem belebten Körper verbunden und wird daher als empirisches Ich in einer empirischen Beziehung zu Erfahrungen und Objekten charakterisiert.[7] Das konkrete Ich ist also der einzelne Mensch, ein empirisches Objekt, "wie ein Haus oder Baum".[8] Jede Vorstellung von einem Ich jenseits dieser Ebene wird als unnötig angesehen, da die Selbstwahrnehmung des Ich wie die von allem anderen ist.[9] Dennoch spricht er in diesem Zusammenhang von einem *umgrenzten Kern der empirischen Ichvorstellung*, der nur als das wahrgenommen wird, was Evidenz möglich macht. Dieser "umgrenzte Kern" bildet ein Substrat, auf dem sich später der mit der transzendentalen Wende verbundene Perspektivenwechsel vollzog.[10]

Diese ersten Ideen erregten die Aufmerksamkeit des intellektuellen Milieus, und der so genannte Münchner Kreis begleitete Husserls Forschung in dieser Zeit. Doch fünf Jahre später brachte eine turbulente Zeit wesentliche Veränderungen mit sich. Viele Spannungen innerhalb der Universität Göttingen und Zweifel an der Qualität seiner Forschung setzten ihm emotional zu.[11] Gleichzeitig waren sie eine Herausforderung, den Wert seiner Ideen zu beweisen. Während seiner Ferien im Kreise von Freunden im Sommer 1905 konzipierte er die transzendentale Wende. Im Manuskript von Seefeld ist der Bericht über das Erstaunen seiner Anhänger Alexander Pfänder und Johannes Daubert überliefert, als sie Zeuge von Husserls Überlegungen zum Braun einer Bierflasche wurden, "so wie es wirklich gegeben ist".[12] Diese erste Spur der Reduktion führte zu einer tiefgreifenden Umstrukturierung des Ansatzes, die in der Vorlesung von 1907 Gestalt annahm, die später als *Die Idee der Philosophie* veröffentlicht wurde und eine Einführung in die Vorlesung war, aus der *Ding und Raum* hervorgingen.[13]

In der Tat begann Husserl nach der transzendentalen Wende eine Reihe von Untersuchungen, die sich an der reduzierten Welt orientierten, verstanden als das, was übrig bleibt, wenn man die These der natürlichen Einstellung, d.h. den Glauben an die Realität der Welt, ausklammert. So bleibt alles mit seiner ganzen Fülle außerhalb der natürlichen Einstellung als Phänomen im Leben des Bewusstseins erhalten.[14] Diese Skizze führte zu konstitutiven Untersuchungen über die intentionale Erfahrung, die mit dem Entstehen und der Sinngebung der Dinge und der Welt verbunden ist. In diesem Zusammenhang untersuchte Husserl viele Elemente, die zur Charakterisierung des transzendentalen Ich führen, wobei er ein wachsendes Interesse an der Zeiterfahrung als Grundlage für die Erklärung der andauernden Identität jenseits des Bewusstseinsstroms zeigte. Im Zusammenhang mit der Entdeckung des transzendentalen Ichs und der monadologischen Subjektivität im Jahr 1908[15] ist von einem "absoluten Bewusstsein"[16] die Rede, das in den *Grundproblemen der Phänomenologie* (1910/11) nicht nur den phänomenologischen Zugang zur Gegenwart, sondern auch das Gedächtnis und die Einfühlung erforscht. Es stattet das reine Ich mit

---

[6] Hua XIX/1, 375-6.
[7] Hua XIX/1, 365-7.
[8] Hua XIX/1, 363-4
[9] Hua XIX/1, 374.
[10] Hua XIX/1, 367-8.
[11] Zu den Einzelheiten dieser Episode siehe Biemel (1956, 293-4), Schuhmann (1977, 90) und Inverso (2020).
[12] Hua X, 103. Zu den Seefeld-Seiten, die von Daubert geschrieben wurden, siehe Hamrick (1985, 8).
[13] Zu dieser Periode siehe Drummond (1990). Zu Husserls Motiven, diesen Weg zu wählen, siehe die Neuauflage von Ingardens klassischem Werk (2005, 72-89).
[14] Hua III/I, 183.
[15] Hua XXXVI, 31.
[16] Hua XIII, 5; Hua XLII, 137, Ms. B II 2.

persönlichen, sozialen und historischen Merkmalen aus und nimmt damit Entwicklungen vorweg, die gewöhnlich mit späteren Perioden von Husserls Werk in Verbindung gebracht werden.

In *Ideen I*, veröffentlicht 1913, schiebt Husserl diese Erkundungen auf und gibt einem anderen Ansatz den Vorzug. Dennoch bleibt die Frage der transzendentalen Subjektivität relevant und verweist auf das reine Ich als vorpersönliche Grundlage des empirischen Ich. Husserl hatte bereits gelernt, das Ich jenseits seiner empirischen Manifestation zu entdecken, wie er in der zu diesem Zeitpunkt erfolgten Neuauflage der *Logischen Untersuchungen* feststellt. Er sagt dort über das reine Ich: "Inzwischen habe ich es zu finden gelernt, bzw. gelernt, mich durch Besorgnisse vor den Ausartungen der Ichmetaphysik in dem reinen Erfassen des Gegebenen nicht beirren zu lassen."[17]

Was sind die Merkmale dieser Entdeckung? Erstens erweist sich das Ich als fähig, seine eigene Existenz offensichtlich zu garantieren, wie seine Beständigkeit angesichts der Reduktion beweist. Indem sie die Transzendenz ausklammert und die Reflexion auf die internen Operationen des Bewusstseins lenkt, wirkt sich die Reduktion auf die Welt und folglich auf das empirische Ich aus und hebt die Dimension des transzendentalen Ich hervor.[18] Das reine Ich ist der abstrakte Pol der Akte und Erfahrungen,[19] der völlig immanent ist und offensichtlich seine eigene Existenz als aktives Subjekt der Erkenntnis in jeder Reduktion garantiert.[20] In der Tat beruht die Reinheit des Ichs auf seiner Identität gegenüber den sich verändernden Inhalten durch die aktive Ausübung des Bewusstseins, das sich apodiktisch offenbart.

Die noetisch-noematische Korrelation offenbart das Ding als etwas Transzendentes und verweist auf das transzendentale Ich als sein ebenso transzendentes Gegenstück. Wenn das Ding ein identischer Pol für jede mögliche Intention ist, so ist in gleicher Weise das transzendentale Ego ein identischer Pol am anderen Ende des intentionalen Aktes.[21] In dieser Beziehung ermöglicht das Subjekt die Evidenz des Gewussten, indem es die intuitive Fülle des adäquat Gegebenen ermöglicht. Obwohl es diese Bedingung nicht erfüllt und nur unzureichend gegeben ist, ist es gerade als ermöglichender konstitutiver Pol maximal evident. Allerdings sind Ich und Ding nicht in demselben Sinne transzendent, da das Ich mit seinen Erlebnissen auf eine nicht-beinhaltende Weise verbunden ist.

Das 1930 verfasste Nachwort zu *Ideen I* betont, wie wichtig es ist, die phänomenologische Reduktion und den Zugang zur transzendentalen Subjektivität zu verstehen, indem man die Sackgassen der empirischen oder apriorischen Anthropologie vermeidet.[22] Das Ego geht weder in den Bewusstseinsinhalten auf, noch ist es ein rein formaler Pol, sondern begleitet jeden Akt als ein Subjekt, das sich dem vollständigen Erfassen entzieht. In der dreifachen Formel *ego-cogito-cogitatum* sind Akt und Inhalt mit dem Ego als einer durch seine besonderen Inhalte individualisierten Erfahrungsstruktur verbunden. Das Ego ist also untrennbar von den Prozessen, die sein Leben abgrenzen.

Diese Ansätze stehen im Zusammenhang mit der Entwicklung der *Ideen II*. Husserl knüpft darin an frühere Erkundungen des reinen Ich als Substrat von Meinungen, Entscheidungen, Bewertungen und Erinnerungen an, d.h. als Träger von Habitualitäten und individueller Geschichte.[23] Es ist eine

---

[17] Hua XIX/1, 373. Siehe auch die Kommentare im Rückblick auf das Jahr 1913 in Hua XIX/1, 357.
[18] Hua III/2, 98.
[19] Hua IV, 104.
[20] Hua III/2, 84.
[21] Hua XIX/1, 368. Siehe auch Cairns (2013, 275) und Moran (2005, 207).
[22] Hua III/2, 140.
[23] Hua IV, 300. Zu Ideen II und ihrer Rolle innerhalb des Korpus siehe die Studien in Nenon und Embree (1996).

identische und dynamische Einheit, die durch Syntheseprozesse Erfahrungen sammelt, was sich mit den späteren Darstellungen als lebendiger Pol der Ausstrahlung oder als Substrat von Habitualitäten und Fähigkeiten[24] deckt, das nicht auf ein formales Einheitsprinzip oder auf ein Ding in der Welt reduzierbar ist.[25]

Das Ich ist das Zentrum der es umgebenden Welt, was den egologischen Charakter des Bewusstseins formt. In diesem Kontext sind Raum und Zeit um das Ich herum organisiert, markieren den Nullpunkt in beiden Dimensionen und betonen seine Transzendenz. Unter ihnen ist die Zeit die ursprüngliche Transzendenz, insofern sie die Bedingung für das Erfassen des Gegensatzes zwischen Vorher und Jetzt sowie der Entfernungen ist. Daher ist alles Erfassen Vergangenheit, und das Ich als Nullpunkt befindet sich im Gegenteil immer in der Gegenwart. Diese Eigenschaft unterstreicht seine nicht-gegenständliche und in gewissem Sinne anonyme Qualität. Die Merkmale der persönlichen Individualität gehören der transzendenten Vergangenheit an, auch wenn einige Aspekte dieser Vergangenheit, wie z. B. Habitualitäten, in der Gegenwart ohne diese Anonymität weiterleben.

Die Konstitution des Ich bestimmt also die zeitliche Perspektive, die Vergangenheit und Zukunft in einer Kette von Retentionen und Protentionen mit dem Jetzt als Referenz organisiert. Als abstrakte zeitliche Form wird dieses reine Ich nicht mit den Inhalten verwechselt, die es individualisieren, ihm Dauer verleihen und sich auf das persönliche Ich beziehen. Dennoch liegen sie ihm zugrunde, da seine Konstitution das Erfassen einer Identität im Bewusstseinsverlauf als Voraussetzung für die Gewohnheiten des persönlichen Ich impliziert. Ein ähnlicher Mechanismus ist in der Operation der Parifizierung vorhanden, da sie Ähnlichkeiten zwischen gegenwärtigen und vergangenen Wahrnehmungen herstellt. Sie sind in der Tat notwendig, um Objekte und Handlungen zu erkennen, die das stabile Merkmal des persönlichen Ich ausmachen. In diesem Zusammenhang erscheint das Ich unter anderen, die einen Gegenpol innerhalb einer gemeinsamen Welt bilden.[26] Ich werde später auf diesen Punkt zurückkommen.

So wie Husserl das transzendentale Ich entdecken musste, weil er es anfangs nicht fand, so erfassen die Menschen es in der Regel nicht in der natürlichen Haltung, sondern konzentrieren ihre Aufmerksamkeit auf Bewusstseinsepisoden.[27] Daher ist die Reduktion von grundlegender Bedeutung, um das transzendentale Ego, das hinter allen steht, als die Kraft, die das, was uns umgibt, konstituiert, zu enthüllen. Dazu ist eine besondere reflexive Entfaltung notwendig.[28] Deshalb behauptet Husserl, dass der grundlegendste Begriff der Phänomenologie gerade der des transzendentalen Ich sei.[29] Er beharrt darauf, dass trotz der vielfältigen früheren Versuche, es adäquat zu erfassen, nur die Phänomenologie mit ihrer Reduktionsstrategie bei dieser uralten Aufgabe substantielle Erfolge erzielt hat.[30]

2. Leib und Erfahrung

Die Entdeckung des Ich bringt die Entdeckung des Leibes mit sich. Dies ist ein merkwürdiger Punkt, wenn wir einige traditionelle Perspektiven auf Husserls Konzeption des Leibes betrachten, die mit der besonderen Überlieferung seines Werks zusammenhängen. Das veröffentlichte Material

[24] Hua I, 103 und Hua XXXIV, 200
[25] Hua IX, 208.
[26] Hua XIV, 276 und Hua I, 149.
[27] Hua XV, 81.
[28] Hua XVI, 179.
[29] Hua IV, 99.
[30] Hua VIII, 506.

stellt nur eine Spitze von umfangreicheren Abhandlungen dar, die ans Licht kamen, als Lektionen, Vorlesungen und viele Manuskripte einbezogen wurden. In gewissem Sinne sind wir Zeugen einer "Wiederentdeckung von Husserls Entdeckung" des Leibes geworden, die verschiedene Aspekte seiner Ideen über das Ich neu definiert.

Nach der transzendentalen Wende beschrieb Husserl 1907 in *Ding und Raum* die Strukturen, die die gelebte Erfahrung in der Intention der Gegenstände annimmt. In diesem Zusammenhang ist es relevant, dass das Bewusstsein die Dinge durch Verkürzungen erfasst, die nie mit allen ihren Merkmalen übereinstimmen. Genau an diesem Punkt tritt die fundamentale Rolle des Leibes in den Vordergrund, da die stets unvollständige Gabe von Dingen mit Perspektive zu tun hat.[31] Bei der Betrachtung eines Gegenstandes gibt uns jede Verkürzung nur eine Seite, niemals alle auf einmal, und es gibt keine Möglichkeit, sie alle zu erschöpfen, so dass die Wahrnehmung eines jeden Dings das Zeichen der Überschreitung in sich trägt.

Dennoch gibt es eine wesentliche Reihe von Verkürzungen, die uns zur Verfügung stehen und es uns erlauben zu sagen, dass wir Objekte erkennen, was nur durch die Anhäufung von Perspektiven möglich ist, auf die wir durch Bewegung zugreifen. Die *Bewegungsempfindungen* sind die Bedingung der Möglichkeit für die Konstitution eines Objekts. Sie sind ein primäres Element, ohne das es keine Wahrnehmung gibt. Gleichzeitig sind diese Bewegungsempfindungen mit der Kinästhetik verbunden, die die motorische Initiative des Ichs und sein *Vermögen*, sich zu bewegen, in den Vordergrund stellt.[32] Es gibt keine Kinästhetik ohne eine räumliche Basis sowohl des Objekts als auch des sich bewegenden Subjekts, d.h. wir haben es immer und notwendigerweise mit einem verkörperten, leiblichen Subjekt zu tun, das Bewegungen produziert.

Die Bedeutung des Leibes wird auch in *Ideen I* betont, einem Text, der traditionell als Hinweis auf Husserls "kartesianischen" Ansatz zum Bewusstsein interpretiert wird, der auf seiner Unterschätzung der leiblichen Dimension beruht. Gegen diese Vorstellung genügt die Feststellung, dass Husserl, nachdem er in § 50 die phänomenologische Haltung und das reine Bewusstsein als das eigentliche Feld der Phänomenologie beschrieben hat, in § 53 die Verbindung zwischen Bewusstsein und Leib anspricht und sagt, dass jedes Subjekt nur aufgrund des letzteren andere und die Welt vollständig erkennen und ihnen begegnen kann.[33] Unmittelbar danach charakterisiert er den Strom menschlicher Erfahrungen und seine inhärente Verbindung mit der Leiblichkeit, so dass die psychophysische Einheit der menschlichen Natur auf dem Leib beruht.[34] In ähnlicher Weise heißt es in *Ideen II*, § 14, dass die menschliche Räumlichkeit und Materialität vom Leib abhängt, auch wenn sich die menschliche Sphäre nicht in der materiellen Ebene erschöpft.[35] Das Grundverständnis der Lebewesen im Allgemeinen und des Menschen im Besonderen schließt daher den Leib als primäres Element ein.

Gleichzeitig hat der Körper eine physische Dimension als natürliches Ding, aber er ist auch der "Leib" eines konstituierenden Subjekts, sein "Träger von Empfindungen", wie es in *Ideen II*, 144 heißt. Die Charakterisierung des *Körper*s liefert die materielle Dimension. Demgegenüber bildet der *Leib* als ursprüngliches Organ und Medium aller Wahrnehmung, Handlung und Äußerung den Nullpunkt der

[31] Zur Entstehung des sensiblen Feldes siehe Bernet (1993, 134).
[32] Hua XVI, 160-1 und 189. Zur Kinästhetik und den Empfindungen von Bewegungen siehe Hardy (2018), Sheets-Johnstone (2018, 3-31) und Smith (2019).
[33] Hua III, 116.
[34] Hua III, 117.
[35] Siehe auch Hua XIII, 239.

Orientierung.[36] Der Leib in seinem Raum organisiert die kinästhetische Dimension als ein System von Positionen, einschließlich möglicher Bewegungen, die zusätzliche Verkürzungen im Streben nach einer optimalen Erscheinung ergeben könnten, was die Idee verstärkt, dass die Wahrnehmung und ihr intentionaler Charakter vom leiblichen Charakter des Subjekts abhängen.[37]

In einem Manuskript von 1914/15 charakterisiert Husserl die Konstitution des menschlichen Wesens durch eine Übung der Reduktion. Es beschreibt die Erfahrung der Wahrnehmung von Dingen im Raum. Der Leib erscheint dort als "Träger des Hier", der als Ding wahrgenommen wird, aber auch als "Träger des Tastende[n]", der auf ein Organsystem verweist.[38] Das ermöglicht die Wahrnehmung der Dinge, auch des Leibes selbst. Jeder Gegenstand ist für mich da, weil mein Leib in einem Beziehungsgeflecht da ist, das als Spannung von Besitztümern skizziert ist: "Ich habe 'gegenüber' eine ausserleibliche Natur, und meinen Leib [...] als das [...], durch das anderes zu meiner Verfügung ist, für Wahrnehmung und Erfahrung, aber auch praktisch für meine Zwecke".[39]

Die Konstitution des objektiven Raums setzt in der Tat eine leibliche Selbstobjektivierung voraus.[40] Um die räumliche Wahrnehmung und ihre Objekte zu erklären, muss der Körper thematisiert werden, indem sein materieller Aspekt von der Dimension des Leibes und seiner auf Erkundung ausgerichteten Kinästhesie, die von Selbstaffektion begleitet wird, unterschieden wird. Das leibliche Selbstbewusstsein ist kein bloßes Surrogatphänomen, sondern ein zentrales Element in der Konstitution von Wahrnehmungsobjekten. Der Leib ist ein Orientierungs- und Bewegungszentrum, das als Tätigkeitsfeld erlebt wird, als "Ich kann",[41] das das Erfasste durch Perspektivwechsel verorten kann. In der konkreten Erfahrung von Dingen können wir uns auf die Empfindung durch Berührung konzentrieren, und, einen Schritt weitergehend, können wir den Leib als Ding konstituieren, wenn eine Hand die andere berührt.[42]

In diesem Rahmen wird der Leib nie als ein bloß weiteres Ding in einem objektiven Raum erlebt. Das Selbstbewusstsein macht den *Leib* zu meinem Objekt, aber ich erlebe ihn nicht so, wie ich andere erlebe. Er erscheint als etwas Ursprüngliches, ohne jemals mit dem Ich zu verschmelzen. Der Leib wird in erster Linie so wahrgenommen, dass ich mich weder als einer, der in einem Ding herrscht, noch als einer, der zu einem Objekt gehört, verstehe. So bezeichnet Husserl den Menschen als "leiblich-geistiges" Wesen und weist darauf hin, dass die Selbsterkenntnis von der Distanz zum Leib abhängt.[43]

Diese Formulierung führt zu Husserls Beschreibung des Leibes als eine Art phänomenologische Anomalie, die zwischen dem Rest der materiellen Welt und der "subjektiven" Sphäre "eingeschaltet" ist.[44] Wie ist diese Anomalie zu verstehen? Wie wir gesehen haben, erfordert der Umgang mit der Welt sowohl die leibliche Dimension als auch die dem Bewusstsein eigenen kognitiven Mittel. Daher verweist Husserl auf eine gewisse Transparenz des Bewusstseins, die immer von der Undurchsichtigkeit der objektiven Realität betroffen ist, die in erster Linie durch die Verbindung mit dem Leib gegeben ist.

---

[36] Hua XVI, 80, 84, 161. Siehe Holenstein (1999) und Gschwandtner (2018).
[37] Hua XVI, 166. Siehe Claesges (1964, 75-6).
[38] Zum Hier als Nullpunkt siehe Behnke (1996, 146-7).
[39] Hua XIII, 237. Zur Idee, einen "Leib zu haben", siehe Carman (1999, 214) und Wehrle (2020).
[40] Hua XVI, 162.
[41] Hua XI, 14.
[42] Hua IV, 36.
[43] Hua XIII, 238.
[44] Hua IV, 161.

Die Entwicklungen in *Ideen II* verbinden den Leib mit einer Proto-Intentionalität, bei der wir uns als transzendentale Egos verstehen, die im Besitz von Empfindungen durch den Leib als deren "Träger" sind.[45] Der Status des Trägers impliziert, dass er nicht der letztendliche Empfänger ist, der, wie wir sagten, mit dem transzendentalen Ich identifiziert wird. Deshalb hält sich Husserl damit auf, zu erklären, was unter "eigen" zu verstehen ist, und charakterisiert die Akte als eigen in einem primären Sinn, während der Leib als Sitz der Empfindungen dies in einem sekundären Sinn ist. So weist die phänomenologische Analyse darauf hin, dass "ich sehe mit meinen Augen" bedeutet, "das Ich sieht mit 'seinen' Augen". Die "Eigenschaft" des Leibes ergibt sich aus der Verortung von lokalisierten taktilen Empfindungen oder "Empfindnissen" in ihm, insofern diese diesen Leib als meinen ausweisen.[46]

Das Ich hat einen Leib, der die Welt empfindet. Deshalb ist der Leib ein anomales Ding, der als Ding (*Körper*) wahrgenommen werden kann oder eine subjektive Dimension aufweisen kann, die direkt mit der transzendentalen Subjektivität verbunden ist.[47] In diesem Sinne behauptet Husserl, dass man sich nicht auf ein Modell berufen sollte, in dem das Bewusstsein ein Ding "bewohnt", sondern dass die Funktion des Leibes die eigentliche Aktivität des Ich ist.[48] Die Konstitution des Leibes als Ding wird also nicht von einem körperlosen Subjekt ausgeübt, sondern ist die Selbstobjektivierung des Leibes, d.h. sie wird immer von einem bereits verkörperten Subjekt ausgeführt.

3. Ich, die Anderen, die Welt und die Grenze

Die Perspektive des transzendentalen Ich rückt, wie wir gesehen haben, den Leib selbst in den Vordergrund, der auf eine doppelte Realität verweist, die mit Innerlichkeit und Äußerlichkeit verbunden ist. Der allgemeine Ansatz räumt jedoch dem Leib der anderen eine ebenso wichtige Rolle ein, der sich wie der eigene nicht in der physischen Dimension erschöpft, und bietet eine Interpretation des viel diskutierten Problems der Anerkennung und des Kontakts mit anderen. Empathie ist eine objektgebende Intuition mit der Besonderheit, dass sie den Anderen als bewusstes Subjekt begreift, ausgehend vom Erfassen seines Leibes und in Analogie zum eigenen Leib. In der Tat verbindet die Empathie den eigenen Leib mit dem Leib der anderen und der Welt,[49] was bedeutet, dass das Ich unter den Bedingungen der Reduktion die anderen konstituiert, sie zu Phänomenen macht und das reine Ich als Bedingung allen Wissens, einschließlich des intersubjektiven Wissens, bestätigt.[50]

Der Leib des anderen ist für meine konstitutive Tätigkeit relevant, da er das Erfassen verkörperter Subjekte voraussetzt. Die Beziehung zwischen den gelebten Leibern ist also in den breiteren Horizont der Intersubjektivität eingeschrieben. Wir haben bereits erwähnt, dass die räumliche Verortung allen Erfassens, das mit dem Leib als Bezugspunkt verbunden ist, die Unmöglichkeit impliziert, das Erfassen eines Objekts zu erschöpfen, und diese Eigenschaft ist auch in der Erfahrung anderer präsent.[51] Andere erlangen Verkürzungen, die von meinem Hier aus unerreichbar sind, was es ermöglicht zu sagen, dass die intersubjektive "Erfahrbarkeit" die Transzendenz der Welt ausmacht.

---

[45] Hua IV, 144.

[46] Zum Begriff des eigenen Leibes und seiner Verbindung mit dem Ich siehe Reynaert (2020).

[47] Hua XIV, 57 und Hua XV, 326.

[48] Hua XIII, 240.

[49] Zu diesem Punkt, der in den Lektionen von 1910-1911, der Fünften Cartesianischen Meditation und der Krise untersucht wurde, siehe Luo (2017) und Kern (2018).

[50] Hua I, 137 und 156.

[51] Hua XIV, 110; XV, 18; XV, 572. Siehe Hermberg (2006, 38-40).

Dieser Aspekt wird in der *Krisis* als "intersubjektive Konstitution der Welt" beschrieben, die das, was als objektiv aufgefasst wird, begründet.[52] Einige Texte suggerieren einen ursprünglich empathischen Horizont, so dass die Intersubjektivität nicht konstituiert wird, sondern immer schon da ist. Die Empathie enthüllt sie und unterstreicht die Beziehung zwischen den immer verkörperten Bewusstseinen.[53]

Damit sind wir bei der Beziehung zwischen dem Leib und der Lebenswelt angelangt. Der Begriff der Lebenswelt, der bereits 1917 im Zusammenhang mit den Erkundungen von *Ideen II* in Verbindung mit dem *natürlichen Weltbegriff* auftauchte, nahm die Entwicklungen vorweg, die in der *Krisis der europäischen Wissenschaften* zum Ausdruck kamen. Er wurde zu einem zentralen Begriff in Reaktion auf die galileische mathematisierende Perspektive. Der Begriff der Lebenswelt lenkt die Aufmerksamkeit auf die Welt als etwas, das mit der uns umgebenden sinnlichen Erfahrung verbunden ist. Er ist der Intuition in ihrem ganzen Reichtum gewidmet und betont, dass sie der Grund für die Wissenschaften jenseits ihrer abstrahierenden und interpretierenden Verfahren ist.[54] Seine vortheoretische Unmittelbarkeit unterstreicht die Zentralität der Dinge im Rahmen des *Leibes*, seine kinästhetischen Funktionen und den orientierten Charakter aller Wahrnehmung.

Diese Entwicklungen unterstreichen die Funktion des verkörperten Subjekts in einem Kontext, in dem die Konstitution der Welt zur Verweltlichung des konstituierenden Subjekts[55] oder zur Verweltlichung der transzendentalen Subjektivität in ihrer intrinsischen Beziehung zum Leib in seiner doppelten Dimension führt.[56] Der Leib ist also die Bedingung für Intersubjektivität, Kommunikation und jede Art von intersubjektiver Objektivität in der Lebenswelt.[57]

So wie wir gesehen haben, dass der späte Husserl die Zusammengehörigkeit von Ich und Welt betont, stellt der Leib keine autonome primäre Einheit dar, die die Welt erforscht. Vielmehr offenbart sich uns die Welt als das, was der Leib erforscht, und der Leib offenbart sich in der Erforschung der Welt.[58] In gleicher Weise entfaltet er sich in Offenheit gegenüber der Welt, schrittweise in Komplexität und Gewissheit von der natürlichen Einstellung zu den Wissenschaften und von dort zu seiner phänomenologischen Grundlage. Auf all diesen Ebenen spielt der Leib eine zentrale Rolle, denn was als wissenschaftlich objektiv gilt, hängt von den Parametern der sinnlichen Erfahrung ab, die sich auf einen normalen Leib beziehen.[59]

Der Leib ist im praktischen Bereich, der mit der phänomenologischen Ethik verbunden ist, gleichermaßen relevant. Wie wir gesehen haben, zeigt die genetische Erforschung eine präintentionale Proto-Struktur, die mit hyletischem Material und Kinästhetik verbunden ist und den eigenen Leib zum Ausgangspunkt aller Praxis macht, die sich in den nachfolgenden Strukturen fortsetzt.[60] Auf diese Weise bezieht sich das "Ich kann" auf die Freiheit, die allem Handeln zugrunde liegt. In der ursprünglichen Leiblichkeit verwurzelt, ist es ein grundlegender Aspekt, der die Handlungen begleitet.

Ebenso liegt der Leib sowohl den sinnlichen als auch den geistigen Werten zugrunde. Husserl assoziiert erstere mit passiven Affekten. Es besteht eine Spannung zwischen hedonistischen Zielen,

---

[52] Hua VI, 171.
[53] Hua VI, 255.
[54] Hua VI, 127.
[55] Hua I, 130.
[56] Hua XV, 403.
[57] Hua VIII, 187 und Hua V, 115.
[58] Siehe Hua IV, 147 zur Analyse des Tastsinns und seiner Fähigkeit, Innerlichkeit und Äußerlichkeit zu erklären, die unterscheidbar, aber nicht trennbar sind. Die Konstitution höherer Objektitäten funktioniert auf die gleiche Weise, wie aus Hua IV, 152-3 hervorgeht.
[59] Hua IV, 56 und Hua IX, 198-9.
[60] Hua XV, 328.

die nur den Genuss anstreben und niemals ein lebenswichtiges universelles Ziel erreichen, und einer höheren Sensibilitätsebene von vitalen Werten, die mit Komfort und Gesundheit verbunden sind.[61] Letztere tragen zur Entfaltung geistiger Werte bei, die zu vernünftigen Geboten führen können.[62] Ihr Beitrag zur Selbstzufriedenheit bringt sie mit dem Glück in Verbindung, das Zufriedenheit in Bezug auf die leibliche Dimension und die sie umgebende Welt als einen Schritt über die Spannung zwischen universellen Zielen und den irrationalen Zufälligkeiten der Welt, die mit Krankheit, Unordnung und Tod verbunden sind, impliziert.[63] In diesem Sinne sind das Wohlbefinden des Leibes und seine Überwindung der Kontingenzen auch die Grundlage für die Erfüllung der geistigen Werte im Horizont der Glücksfindung.

Der Leib ist für die Verbindung zwischen Liebe und Aufopferung ebenfalls von Bedeutung. Die Liebe durchläuft den gesamten axiologischen Bereich, da sie sensible Manifestationen hat, die mit instinktiven Passivitäten wie der Selbsterhaltung und der Kommunikation mit dem Anderen verbunden sind, aber auch mit der Überwindung dieser Sphäre in der Fürsorge für den Anderen, innerhalb der Familie und besonders im Übergang zur persönlichen geistigen Liebe, die die Menschheit umfasst.[64] An dieser Stelle thematisiert Husserl die Selbstvergessenheit, die zur Aufopferung des eigenen Leibes führt, mit unterschiedlichen Bewusstseinsstufen für das Risiko des Eigennutzes. Sie weist darauf hin, dass die Gabe des Lebens in der Liebe zu den anderen oder zur Gemeinschaft die höchste Verwandlung der vernünftigen Passivität in die absolute bedeutet, in einem Bereich, der die Leiblichkeit in den Mittelpunkt der geistigen Entfaltung stellt und die ursprüngliche Einheit bestätigt.[65]

In diesem Zusammenhang verliert der Tod seine inhärent negative Eigenschaft und wird als Element der Zugehörigkeit zu einer immerwährenden Humanität zugelassen, die eine ethische Sozialität erreichen kann.[66] Der universelle Sinn der menschlichen Existenz ist an die Kette der Generationen im Rahmen des historischen Werdens gebunden. Dieser Aspekt verbindet das Selbst mit einer unendlichen Dimension, die mit der Vernunft verbunden ist. Wenn das reine Ich die Vernunft ist, erweist sich seine absolute Version als immanent für die Gemeinschaft der Subjekte und verweist auf das Göttliche als Transzendenz.[67]

Auch hier bietet das Göttliche ein weiteres signifikantes Beispiel für die starke Verbindung zwischen Ich und Leib in Husserls Ansatz. In der Tat ist, wie wir gesehen haben, die Dimension des Leibes in allen Lebewesen ursprünglich, was Gott einschließt, verstanden in der Art eines Überbewusstseins oder absoluten transzendenten Bewusstseins. In *Ideen II*, 85, spricht Husserl vom "Paradox des leiblichen Gottes". Diese Passage ist in der Tat in vielerlei Hinsicht relevant, da sie Husserls Position gegenüber vielen Meinungen späterer Kritiker deutlich macht, die die Wirksamkeit der Reduktion anzweifelten, indem sie sich auf die Vorstellung einer Welt beriefen, die aufgrund ihrer körperlichen Beschaffenheit von Undurchsichtigkeit durchzogen ist. Wenn dem so ist, dann wären die Bedingungen für die von Husserls Phänomenologie angestrebte Transparenz und Apodiktizität nur dann gegeben, wenn ein nicht-verleiblichtes universales konstituierendes Bewusstsein möglich

---

[61] Hua XXXVII, 241-2.
[62] Hua XLII, 470 und Hua XXXVII, 338-9.
[63] Hua XLII, 433.
[64] Hua XV, 406.
[65] Hua XLII, 439. Diese Aspekte der Verbindung zwischen Leiblichkeit und Ethik wurden später unter anderem von Autoren wie Max Scheler, Paul Ricoeur, Jan Patocka, Emmanuel Lévinas und Michel Henry entwickelt und bilden die Grundlage für aktuelle Studien über Leib und Geschlecht. Siehe z. B. Ahmed (2014) über Orientierung und Geschlecht und Heinamaa (2012).
[66] Hua XLII, 317.
[67] Zu diesem Punkt siehe Boehm (1959), Alles Bello (1985) und Hart (2018).

wäre.[68]

In *Ideen II*, 85, weist Husserl jedoch auf die Sinnlosigkeit der Hypothese eines solchen nicht-verleiblichten Bewusstseins hin. Der Einwand, auf den er antworten will, ist uralt und geht auf ein traditionelles Argument der Skeptiker zurück. In *Grundzüge der pyrrhonischen Skepsis*, I.14 fasst Sextus Empiricus die *Tropoi* des Ainesidemos zusammen, die aus zehn Behauptungen zur Anfechtung dogmatischer und vernünftiger Überzeugungen bestehen. Das dritte *Tropos* analysiert "die verschiedenen Konstitutionen der Sinne", indem es in Erwägung zieht, dass dem Menschen einige für die Interpretation der Welt relevante Sinne fehlen könnten. Wenn es einige blinde Arten gibt, könnten wir nicht in der Lage sein, wichtige Aspekte der Realität zu erfassen, weil wir nicht über ein entsprechendes Sinnesorgan verfügen.[69] Was bedeutet diese Inkommensurabilität der Erfahrung zwischen Arten mit unterschiedlichen Sinnesstrukturen?

In der Tat wirft der Abschnitt über das Paradoxon des leibhaftigen Gottes die folgende Frage auf: "Sollen wir sagen, Gott sieht die Dinge, wie sie sisnd, und wir durch Sinnesorgane, die eine Art verzerrender Brillen sind?" Er fügt hinzu, dass, wenn die Dinge und die Art und Weise, wie sie erscheinen, dieselben wären, wie sie Gott erscheinen, wir daraus schließen sollten, dass ein gegenseitiges Verständnis zwischen Gott und uns möglich ist, aber unter einer Bedingung: "Aber wie wäre die Identifizierung denkbar als so, daß der supponierte absolute Geist die Dinge eben auch durch sinnliche Erscheinungen sieht, die ähnlich austauschbar sein müßten in einer Wechselverständigung - oder mindestens einseitig - wie unsere Erscheinungen zwischen uns Menschen?".[70]

Für einen Skeptiker war dieses Argument historisch gesehen eine gewichtige Erkenntnis, um jede positive erkenntnistheoretische Position in Frage zu stellen. Husserl hingegen benutzt es nicht, um einem subjektivistischen Relativismus zu frönen, sondern um vorzuschlagen, dass die Dinge sich so zeigen, wie sie sind, und dass sie die Grundlage für intersubjektive Kontakte sind. Dann hätte Gott nach diesem Vorschlag Zugang zu den Sinnesdaten der Menschen, damit eine solche Verbindung möglich ist. Auf dieser Grundlage entfaltet sich der zweite Teil des Arguments, der darauf hinweist, dass, wenn dies nicht der Fall ist, Gott farbenblind wäre und der Mensch blind für die Qualitäten wäre, die Gott erfasst, so dass "[n]atürlich der absolute Geist zu Zwecken der Wechselverständigung auch einen Leib haben [müßte], also wäre ja auch die Abhängigkeit von Sinnesorganen da".[71]

Damit diese Göttlichkeit eine solche sein kann, müsste sie Leiblichkeit annehmen, so dass sie auch ein notwendigerweise verleiblichtes reines Bewusstsein wäre. Auf diese Weise führt das Lernen der Entdeckung des Ich und des Leibes zu einer eigentümlichen Version des Realismus, wie Husserl in der *Krisis* erklärt: "einen stärkeren Realismus kann es also nicht geben", wobei er diese Haltung als diejenige definiert, die besagt, dass "ich dessen gewiß [bin], ein Mensch zu sein, der in dieser Welt lebt usw., und ich daran nicht im mindesten [zweifle]".[72] Das im Idealismus verwurzelte transzendentale Ich bildet die Grundlage für den gnoseologischen Realismus, der die vom Subjekt und der Subjektgemeinschaft erfasste Welt erklärt.[73] Mit der Entdeckung des Ich und des Leibes als Basis für die weitere Entwicklung erfüllt die Phänomenologie das Desiderat der *Endstiftung*, die die *Urstiftung*, den ursprünglichen Impuls der griechischen Vorbilder, von dem sich Husserl inspirieren

[68] Siehe z.B. Merleau-Pontys Argumentation zu diesem Thema (1945, 82).
[69] Zu Ainesidemos siehe Gaukroger (1995) und Chiesara (2002, 33-56).
[70] Hua IV, 85.
[71] Hua IV, 85.
[72] Hua VI, 190-1.
[73] Hua VI, 271.

lässt, wiederherstellt und alle zwischenzeitlichen Wiederbelebungen überwindet, um ein solides Fundament für die Philosophie zu legen.[74]

Literatur:

Ahmed, S. (2014). Mixed orientations, *Subjectivity* 7(1), 92-109.

Alles Bello, A. (1985). *Husserl. Sul problema di Dio*, Roma, Studium.

Behnke, A. (1996). "Edmund Husserl's Contributions to Phenomenology of the Body in *Ideas II*", T. Nenon y L. Embree (Eds.), *Issues in Husserl's* Ideas II, Dordrecht, Springer, 135-160.

Benoist, J. (2002). "Husserl and Bolzano", *Phenomenology World-Wide*, 80.

Bernet, R. (1993). *An introduction to Husserlian Phenomenology*, Evanston, IL, Northwestern University Press.

Beyer, C. (1996). *Von Bolzano zu Husserl. Eine Untersuchung über den Ursprung der phänomenologischen Bedeutungslehre*, Dordrecht: Kluwer.

Biemel, W. (1956). *"Husserl, Persönliche Aufzeichnungen", Philosophy and Phenomenological Research* 16.3, s. 293-302.

Boehm, R. (1959). "Zum Begriff des Absoluten bei Husserl", *Zeitschrift für philosophische Forschung* 14.

Cairns, D. (2013). *The Philosophy of Edmund Husserl*, Dordrecht, Springer.

Carman, T. (1999) "The body in Husserl and Merleau-Ponty", *Philosophical Topics*, 27.2.

Chiesara, M. (2002). "Enesidemo e i tropi in Aristocle di Messene", *Acme. Annali della Facoltà di lettere e filosofia dell'Università degli studi di Milano*, 55.1, 33-56.

Claesges, U. (1964). *Edmund Husserls Theorie der Raumkonstitution*, The Hague, Nijhoff.

Drummond, J. (2018). "Husserl's Middle Period and the Development of his Ethics". In: D. Zahavi (Ed.), *The Oxford Handbook of the History of Phenomenology*, Oxford, OUP, 135-154.

Follesdal, D. (1978). "Brentano and Husserl on Intentional Objects and Perception", *Grazer Philosophische Studien*, 5, 83-94.

Gaukroger, S. (1995). "The ten modes of Aenesidemus and the myth of ancient scepticism", *British Journal for the History of Philosophy*, 3.2.

Gschwandtner, C. (2018). Körper, Leib, Gemüt, Seele, Geist: Conceptions of the Self in Early Phenomenology. In *Gerda Walther's Phenomenology of Sociality, Psychology, and Religion*(s. 85-99). Cham, Springer.

Hamrick, W. (1985). *Phenomenology in Practice and Theory*, Dordrecht, Springer.

Hardy, J. S. (2018). *La chose et le geste: phénoménologie du mouvement chez Husserl.* Presses Universitaires de France.

Hart, J. G. (2018). Husserl and the Theological Question. *Eidos. A Journal for Philosophy of Culture*, *2*(2(4)), 122–135.

Heinämaa, S. (2012). "Sex, gender, and embodiment", D. Zahavi (Ed.), *The Oxford handbook of contemporary phenomenology*, Oxfgord, OUP, 216-43.

Hermberg, K. (2006). *Husserl's Phenomenology: Knowledge, Objectivity and Others*, London, Continuum.

Holenstein, E. (1999). "The Zero-Point of Orientation. The Placement of the I in perceived Space". In D. Welton (Ed.). The Body. Classic and Contemporary Readings, London, Blackwell, 57-94.

Ingarden, R. (2005) "About the motives which lead Husserl to transcendental idealism", en R. Bernet, D. Welton, G. Zavota (eds.), *Critical Assessments of Leading Philosophers*, London, Routledge, vol. 1.

Inverso, H. (2018) *Fenomenologia de lo inaparente*, Buenos Aires, Prometeo.

Inverso, H. (2020). "Abandonment or parricide? The tragedy of philosophical solitude in the autobiography of E. Husserl" (forthcoming)

Kern, I. (2018). *Husserl's phenomenology of intersubjectivity: Historical interpretations and contemporary applications. Routledge: Research in Phenomenology*, London, Routledge.

Luo, Z. (2017). "Motivating empathy: The problem of bodily similarity in Husserl's theory of empathy", *Husserl Studies*, *33*(1), 45-61.

Merleau-Ponty, M., (1945). *Phénoménologie de la perception*, Paris, Gallimard.

Moran, D. (2005). *Edmund Husserl: Founder of Phenomenology*, Malden, MA, Polity Press.

Nenon, T., Embree, L. (2013). *Issues in Husserl's* Ideas II, Dordrecht, Springer.

Reynaert, P. (2020). "Bodily Self-Determination and the Limits of Being One-Self", *The Person at the Crossroads: A Philosophical Approach*, 255.

Rollinger, R. (2004) "Brentano and Husserl", en D. Jacquette, *Cambridge Companion to Brentano*, Cambridge, CUP, 255-276.

Sandmeyer, B. (2009). *Husserl's Constitutive Phenomenology: Its Problem and Promise*, New York, Routledge.

Schuhmann, K. (1977). *Husserl-Chronik, Denk- und Lebensweg Edmund Husserls*, La Haya, Martinus Nijhoff.

Sebestik, J. (2003). "Husserl Reader of Bolzano. Husserl's *Logical Investigations* Reconsidered", *Contribution to Phenomenology*, 48, 59-81.

Sheets-Johnstone M. (2018). "Why Kinesthesia, Tactility and Affectivity Matter: Critical and Constructive Perspectives", *Body & Society* 24.4, 3-31.

[74] Zur historischen Dimension des phänomenologischen Projekts siehe Hua VI, 72-82 und Varga (2021).

Smith, R. (2019). "Phenomenology of movement". In: *The Sense of Movement. An Intellectual History*, London, 470-505.
Varga, P. A. (2021). Husserl und die „Philosophie der Philosophiegeschichte". *Analecta Hermeneutica* 12. 1-32.
Wehrle, M. (2020). "Being a body and having a body. The twofold temporality of embodied intentionality", *Phenomenology and the Cognitive Sciences* 19.3, 499-521.

HISTORIZITÄT UND PHILOSOPHIE JOSÉ GAOS' REZEPTION DER PHÄNOMENOLOGIE VON EDMUND HUSSERL[1]

Jesus Guillermo Ferrer Ortega[2]

Zusammenfassung:

José Gaos ist einer der wichtigsten Namen der spanischsprachigen Philosophie. Er trug entscheidend zur Verbreitung der Husserl'schen Phänomenologie in Spanien und Hispanoamerika bei. Obwohl seine Arbeit als Übersetzer von Husserls Hauptwerken gut bekannt ist, ist sein eigener Beitrag zur Phänomenologie noch nicht ausreichend untersucht worden. Die Tendenz mancher Forscher der frühen Rezeption der Phänomenologie in den spanischsprachigen Ländern geht eher dahin, die Genauigkeit seiner Interpretation der damals veröffentlichen Werke Husserls infrage zu stellen. Im vorliegenden Aufsatz nehme ich mich vielmehr vor, einen möglichen Beitrag Gaos zur gegenwärtigen Phänomenologie anhand seines Begriffs der Historizität der Philosophie zu skizzieren.

Schlüsselwörter: Phänomenologie; Edmund Husserl; José Gaos; Historizität; Philosophie der Philosophie; Weltbegriff

■■■

Für die frühe Aufnahme der Phänomenologie in Spanien und Hispanoamerika war insbesondere José Gaos (1900-1969) wichtig. Er ist einer der größten Namen in der spanischsprachigen Philosophie. Nachdem er infolge des Spanischen Bürgerkrieges nach Mexiko auswandern musste, unterrichtete er an der Nationalen Autonomen Universität von Mexiko (UNAM). Als Übersetzer führte Gaos die Tradition der von José Ortega y Gasset (1883-1955) gegründeten *Revista de Occidente* beispielhaft fort. Die hispanoamerikanischen Leser verdanken ihm die spanischen Fassungen mehrerer Grundlagenwerke der deutschen Philosophie, die in dem renommierten Verlag Fondo de Cultura Económica erschienen: *Psicología desde un punto de vista empírico* von Franz Brentano; *Investigaciones lógicas* - in Zusammenarbeit mit Manuel García Morente (1886-1942); *Meditaciones Cartesianas* und *Ideas relativas a una fenomenologia pura y una filosofia fenomenológica. Libro primero* von Edmund Husserl; *Ontología.* vols. I–V von Nicolai Hartmann; *Ser y tiempo* von Martin Heidegger und *La filosofía desde el punto de vista de la existencia* von Karl Jaspers.

Als Schüler von Ortega y Gasset und Xavier Zubiri (1898-1983) an der Universidad Central von Madrid, war Gaos ein privilegierter Zeitzeuge der Renaissance der spanischen Philosophie gewesen. Nach dem Bürgerkrieg galt er in gewissem Sinne als Schlüsselfigur des philosophischen Exils in Lateinamerika. Gleichwohl lässt sich die Tragweite seines Einflusses auf das hispanoamerikanische Denken heute schwer einschätzen. Denn einerseits regte er seine Schüler entscheidend zu einer

[1] Ich habe mich ausführlich mit Gaos' Rezeption der Phänomenologie in meiner Einführung zu *Phänomenologie in Spanien und Hispanoamerika. Ein Lesebuch*, hg. von Ferrer, Guillermo, Schmich, Niklas und Pérez-Gatica, Sergio; eingeleitet von Ferrer, Guillermo; aus dem Spanischen von Schmich, Niklas und Ferrer, Guillermo übersetzt, Baden-Baden: Karl Alber Verlag, 2022. Dabei konzentriere ich mich vor allem auf den philosophiegeschichtlichen Zusammenhang der frühen Rezeption der Phänomenologie in Spanien und Hispanoamerika. Im vorliegenden Aufsatz möchte ich Gaos' möglichen Beitrag zur gegenwärtigen, von Husserl inspirierten Phänomenologie hervorheben. Dieser Artikel ist zwar kein direktes Zitat aus dem Buch, sondern ein völlig neuer Artikel, aber da er in Anlehnung an den dortigen Artikel verfasst wurde, wurde vorsichtshalber trotzdem der Karl Alber Verlag kontaktiert und die notwendige Genehmigung eingeholt. Ich möchte betonen, dass ich als Autor die volle Verantwortung übernehme.

[2] Dr., Bergische Universität Wuppertal, Fakultät für Geistes- und Kulturwissenschaften, Philosophisches Seminar, ferrer@uni-wuppertal.de

Besinnung auf die Möglichkeit einer mexikanischen und hispanoamerikanischen Philosophie an. Andererseits löste sein eigener philosophischer Ansatz (die „Philosophie der Philosophie") eine eher negative Reaktion bei einigen seiner Kollegen und Schüler aus und veranlasste sie zur Suche nach philosophischen Alternativen auch außerhalb der sogenannten „kontinentalen" Tradition der Philosophie. Im Folgenden werde ich mich mit Gaos Rezeption der Phänomenologie von Edmund Husserl befassen. Der Schwerpunkt liegt dabei weniger auf der Genauigkeit seiner ganzen Interpretation als auf der Aktualität bestimmter Fragen, die seine Philosophie der gegenwärtigen Phänomenologie stellen kann.

1. José Gaos' frühe Schriften zur Phänomenologie: Husserls Kritik des Psychologismus als heuristischer Moment der Philosophiegeschichte

Bereits im Jahre 1921 hatten José Ortega y Gasset, Manuel García Morente und Xavier Zubiri Gaos vorgeschlagen, eine Dissertation über die Kritik des Psychologismus bei Husserl zu verfassen. Im Zusammenhang dieser frühen Auseinandersetzung Gaos' mit den *Logischen Untersuchungen* und den *Ideen* Husserls sind insbesondere zwei Umstände zu beachten: Erstens hatte Gaos sie im Einklang mit der philosophischen Atmosphäre der 1920er Jahre in Spanien gelesen. Viele waren damals der Überzeugung, dass eine Synthesis zwischen der realistischen Phänomenologie Nicolai Hartmanns und der Axiologie Max Schelers eine legitime Alternative zum transzendentalen Idealismus Husserls bot. Diese Situation änderte sich erst 1927, als Martin Heidegger *Sein und Zeit* veröffentlichte. Zweitens erzählte Gaos selbst, dass er keine besondere Neigung zur Phänomenologie Husserls hatte. Im Jahre 1928 stellten die Lektüre und Interpretation der Husserl'schen Phänomenologie vielmehr ein Forschungsdesiderat in Spanien dar, und aus diesem Grund hatte Gaos sie als Thema seiner Doktorarbeit gewählt. Er war damals weniger ein Phänomenologe als jemand, der unbeschadet vom Gebrauch einer phänomenologischen Methode in der Reflexion über die Philosophiegeschichte einen Ausgangspunkt für sein eigenes Denken suchte.

Die Rücksicht auf diese beiden Umstände lässt uns den Grund verstehen, weswegen Gaos ein frühreifes Feingefühl für die historische Relativität oder Perspektivität der Philosophie entwickelte. Er war ein Zeuge der Aufeinanderfolge der wichtigsten philosophischen Strömungen der Philosophie des 20. Jahrhunderts, was ihn dazu führte, die Geschichtlichkeit der philosophischen Wahrheit ernst zu nehmen. Dieser geschichtsphilosophische Ansatz war auch in seinen zwei Monografien zur Husserl'schen Phänomenologie zugegen: *La crítica del psicologismo en Husserl*, die er 1928 an der Universidad Central von Madrid verteidigte, und *Introducción a la fenomenología*, deren Manuskript aus dem Jahre 1929 datiert.[3]

Im Schlussteil seiner Dissertation betont Gaos die historische Bedeutung der Phänomenologie um die Wende der positivistischen Philosophie des 19. Jahrhunderts. Die Kritik am Psychologismus, der nichts mehr als eine Zuspitzung des Positivismus war, hatte den Reduktionismus der logischen Gesetze und Gegenständlichkeiten zu psychischen Tatsachen überzeugend widerlegt. Gaos vertiefte seinerseits die philosophischen Implikationen zweier Formen des positivistischen Reduktionismus: Der Positivismus beschränkte die Wirklichkeit auf das Gegebene und dieses auf die Ordnung der physischen und psychischen Erscheinungen. Der Husserl'schen Kritik des Psychologismus rechnete Gaos es an, die falsche Identifizierung der gegebenen Gesetze und Gegenstände der Logik mit psychischen Akten korrigiert zu haben. Damit ließ sie den Bereich der idealen Gegenstände wieder

[3] Beide Schriften wurden erstmals 1960 in Mexiko veröffentlicht. Sie sind im ersten Band der *Obras completas* von José Gaos enthalten: Gaos, José, *Obras completas* I-1 – *Escritos españoles* (1928–1938), hg. von Antonio Zirión Quijano, mit einem Vorwort von Agustín Serrano de Haro versehen, 2018, Mexiko: UNAM.

zu.

Gaos interessierte sich für diese Kritik und deren Ergebnisse als ein Schlüsselmoment der Philosophiegeschichte. Nach ihm stellt sie in gleich zweierlei Hinsicht ein philosophisches Problem dar: Husserl konnte durch eine Reduktion des Psychologismus *ad absurdum* auf die Existenz eines idealen Bereiches hinweisen. Denn wenn die idealen Gegenständlichkeiten keine Substanz hätten, würden sich die logischen Gesetze auflösen und das ganze Gebäude der Wissenschaft in sich implodieren lassen. Trotzdem stelle die Kritik des Psychologismus noch keine endgültige Überwindung des Positivismus dar. Der Grund dafür sei, dass die Phänomenologie in ihrer frühen Phase noch von der Identität des Realen und des Gegebenen ausging. Erst in einer zweiten Phase hatte die Phänomenologie die Sphäre des Gegebenen um den Bereich des Idealen erweitert und auch das nicht Gegebene, aber Reale in Betracht gezogen. Auf diese Weise stellte die Phänomenologie die Metaphysik und die Ontologie wieder her.

> Die Metaphysik wird wiederhergestellt, und zwar auch in dem Teil, der aufgrund seines traditionellen Inhalts den Namen am besten verdient. Gemeint ist der Teil, der sich mit der allgemeinen Struktur der Realität und mit den von dieser Struktur geforderten nicht gegebenen Wirklichkeiten beschäftigt.[4]

Diese Zeilen aus dem Jahr 1928 spielen auf die metaphysische und ontologische Richtung der Phänomenologie bei Scheler, Heidegger, Hartmann und auch Ortega y Gasset an. In seiner Dissertation interessierte sich Gaos vor allem für die philosophiegeschichtliche Annäherung der Phänomenologie an ein eigentlich metaphysisches Problem. Zu dieser Zeit begrüßte Gaos, die Lebensphilosophie Ortega y Gassets als eine neue Metaphysik, deren Schwerpunkt auf der primären Realität des Ich und seiner „Umstände" (*circunstancias*) liegt. Es handelt sich dabei um ein Geschehen (*acontecimiento*), das jeder Form der Reflexion, also dem intentionalen Bewusstsein, vorangeht. In der Hinsicht habe Husserl den Schritt zu einer phänomenologischen Metaphysik des Lebens noch nicht getan. Indem er das Reale stillschweigend mit dem Gegebenen identifiziere, setze er die höhere Ebene des intentionalen Bewusstseins bzw. das Bewusstsein idealer Objektivitäten und Wesenheiten mit einer absoluten Realität gleich.

2. Die *Introducción a la fenomenología*: die Geschichtlichkeit des Weltbegriffes

In *La crítica del psicologismo en Husserl* stellt Gaos die Phänomenologie in die Konvergenzlinie der Philosophiegeschichte zu einer Lebensmetaphysik. In der ein Jahr später verfassten *Introducción a la fenomenología* vergleicht er die Art und Weise, wie der Alltagsmensch, der Wissenschaftler, der Positivist und der Idealist jeweils die Gegenstände auffassen, mit der Herangehensweise der Phänomenologie.[5] Es handelt sich dabei um einen entscheidenden Wendepunkt in seinem Denken. Gaos verfolgt nun den holprigen, nicht selten antinomischen Verlauf der philosophischen Konzeptualisierung der Welterfahrung. Daraus ergibt sich jedoch die Notwendigkeit, die Phänomenologie als metaphysisches System von ihren Methoden abzuheben. Dies soll im Folgenden

[4] Gaos, José, *Obras completas* I-1 – *Escritos españoles* (1928–1938), S. 183. Erst später wird Gaos den antinomischen Charakter der gesamten Metaphysik und schließlich jeder Philosophie betonen, insofern sie metaphysische Postulate enthält.

[5] Im Vorwort zu *Introducción a la fenomenología* legt Gaos Nachdruck auf seine philosophiegeschichtliche Perspektive: „Dieses Buch könnte in einem sehr genauen Sinne die erwünschte Einführung in die Phänomenologie werden – und meines Wissens gibt es noch keine ähnliche Arbeit. Es hat sowohl einen theoretischen als auch einen historischen Aspekt. Denn es geht vom Weltbegriff des ‚naiven Menschen' aus und zieht danach jene Philosophien in Betracht, die vorherrschend waren, als Husserl seine eigene Philosophie zu entwickeln begann. Sie verfolgt schließlich die Entwicklung der phänomenologischen Philosophie Husserls von ihren Anfängen an bis zum vollständigen Ausdruck ihrer Besonderheit". Gaos, José, *Obras completas* I-1 – *Escritos españoles* (1928–1938), S. 133.

etwas ausführlicher nachgezeichnet werden.

Die Welt des naiven Menschen, so Gaos, besteht zunächst aus den physischen Gegenständen, die er durch die Sinne wahrnimmt, und den psychischen Gegenständen, deren er sich bewusst ist. Zwar wisse er auch von metaphysischen Gegenständen wie von seiner Seele oder den Seelen anderer Menschen, von Geistern oder von Gott. Streng genommen habe er jedoch kein Bewusstsein von ihnen, sondern lege seiner Seele lediglich die psychischen Gegenstände bzw. seine psychischen Zustände zugrunde.

Die neuzeitliche Physik dann habe die Welt des naiven Menschen grundsätzlich verändert. Sie reicherte sie zunächst mit Dingen an, die weder durch die Sinne noch durch das Bewusstsein erkannt werden können, sondern nur dank der mathematisch-experimentellen Methode. Der Wissenschaftler unterzog ferner den Weltbegriff des naiven Menschen einer Korrektur. Er übersetzte alle physischen Gegenstände in den Bereich des Psychischen und nannte sie „physische Phänomene". Die wirklichen physischen Gegenstände dagegen seien die physikalischen Gegenstände des Naturwissenschaftlers.

Der Psychologe des 19. Jahrhunderts beschrieb die physischen Gegenstände des naiven Menschen als Empfindungen. Sodann bildete er einen neuen, wissenschaftlichen Begriff von Bewusstsein als innere Wahrnehmung. Dadurch wollte der Psychologe betonen, dass dem Bewusstsein psychische Gegenstände genauso erscheinen wie der äußeren Wahrnehmung physische. Das Wort „Erlebnis" passe zu jeder Erscheinung, da es ihre unmittelbare Gegebenheit im Bewusstsein zum Ausdruck bringe. Auf diese Weise, so Gaos, reduzierte der Psychologe die ganze Welt des naiven Menschen auf Bewusstseinserlebnisse. Nach Gaos kam diese Korrektur im Grunde einer Ablösung des pluralistischen Weltbegriffs des naiven Menschen durch einen wissenschaftlichen und monistischen[6] Weltbegriff gleich.

Nun aber habe der positivistische Philosoph die Bühne betreten. Dieser richte sich ausschließlich nach dem Gegebenen, für dessen Inbegriff er die Empfindung halte. Daher versuche er, alle Erscheinungen auf Empfindungen zu reduzieren, stoße jedoch bei gedanklichen Phänomenen auf Schwierigkeiten. Es bedurfte also einer Methode, anhand derer sich auch ideale Gegenstände auf Empfindungen zurückführen ließen. Dazu stelle der Positivist nun eine merkwürdige Theorie der Abstraktion auf, durch die er glaube, die idealen Gegenstände auf Empfindungen reduzieren zu können: Betrachte man etwa das „Wesen" des Dreiecks, so sehe man im Grunde von Merkmalen sichtbarer Dreiecke ab. Ideale Gegenstände seien somit Erscheinungen der Wahrnehmungs- oder Einbildungskraft. Diese Art Erscheinungen gelte es nun auf Empfindungen zu reduzieren, womit der Positivist den inhaltsreichen Weltbegriff des naiven Menschen wie auch den dualistischen Weltbegriff des Wissenschaftlers (Bewusstseinsinhalte/physikalische Gegenstände) in einen Monismus der Empfindung auflöse.

Dem wiederum tritt nun nach Gaos der idealistische Philosoph entgegen, dessen Analyse der Erfahrung bzw. der Erkenntnis der Bewusstseinserscheinungen Folgendes zutage bringe: Wir nehmen weder die psychischen noch die physischen Erscheinungen als Empfindungskomplexe wahr, sondern als einheitliche Gegenstände. Diese werden durch Kategorien definiert, die sich in keiner Weise auf Empfindungen reduzieren lassen. Der Weltbegriff des idealistischen Philosophen fuße folglich auf einem System der Kategorien, das sich als Monismus bezeichnen lasse. Das Subjekt wende die Kategorien auf die Gesamtheit der Gegenstände an; sie könnten daher als Funktionen der

[6] Oder aber eines dualistischen Weltbegriffs, wenn man die Existenz physikalischer Objekte als Ursache der psychischen Erscheinungen annimmt.

Denktätigkeit des Subjekts verstanden werden, durch die es den Empfindungen eine Form verleihe. Folglich seien die Kategorien sowohl subjektive Denkfunktionen als auch Formen der Bewusstseins- und Weltgegenstände.

Der Phänomenologe nehme wieder eine andere Einstellung zum System der Gegenstände ein. Zunächst habe er sich dabei auf die Intentionalitätslehre und die Klassifikation der physischen und psychischen Phänomene bei Franz Brentano berufen, die auch Husserl, bis auf die Deskription der Empfindung als physischer Gegenstand, übernommen habe. Damit habe die Phänomenologie das System der physischen und psychischen Gegenstände des naiven Menschen sowie jenes der physischen und psychischen Erscheinungen des Wissenschaftlers transformiert. Alle werden nun zu Gegenständen, die sich in intentionalen Akten konstituieren und diese zugleich transzendieren. Das Augenmerk des Phänomenologen richte sich dabei vor allem auf die idealen Gegenstände. Phänomenologisch werde nun die Objektivität aller idealen Gegenstände nach dem Muster des Wesens aufgefasst. Die Wesenheiten machen das Apriorische aus. Während der idealistische Philosoph unter dem Apriori ein System von wenigen Kategorien begreife, die das Subjekt auf den empirischen Stoff anwende, um eine Welt zu konstituieren, fasse es der Phänomenologe als ein unbegrenztes System von idealen und materiellen Wesenheiten auf. Damit lege er seinem Weltbegriff eine vielschichtige Wesensstruktur zugrunde.

Gleichwohl bleibe die Frage offen, wie sich diese ideale Struktur auf das faktische Subjekt bezieht. Denn gemeint sei primär nicht das reine Ich, sondern das Subjekt der Korrelation Ich- „Umstände", wie Ortega y Gasset sie beschrieben habe. So kehrt Gaos in der *Introducción a la fenomenología* zu dem metaphysischen Problem zurück, das ihn in seiner Doktorarbeit interessierte. Er stellt noch einmal fest, dass die Phänomenologie, indem sie die Existenz eines ideal-eidetischen Bereichs aufzeigt, das Problem seiner Beziehung zum menschlichen Dasein verschärft. Nun gibt es aber eine Nuance: Man muss nun den antinomischen Charakter der Philosophien in Bezug auf die Geschichtlichkeit der menschlichen Existenz erklären.

3. Gaos' Philosophie der Philosophie

Die Frage nach der Existenz des idealen Seins und die Feststellung der Geschichtlichkeit des Weltbegriffes waren für Gaos richtungsweisend. Sie warfen das Problem des empirisch-transzendentalen Subjekts auf, dem ein historischer Weltbegriff vorgegeben ist. Um diesen zu vertiefen, betreibt der Mensch Wissenschaft, indem er sich mit einem Teil dieser Welt beschäftigt und ihn mit einer exakten, experimentellen Methodik untersucht. Philosophie betreibt er, wenn er seine Perspektive auf die gesamte Wirklichkeit in einem System universeller Erkenntnis aufbaut. Dieser Ansatz regte Gaos zur Skizzierung einer „Philosophie der Philosophie" (*filosofía de la filosofía*) an, die von der Tatsache ausgeht, dass jedem einzelnen Philosophen eine Pluralität von Philosophien in Gestalt der Philosophiegeschichte vorgegeben ist.

Für Gaos handelte es sich hierbei um keine triviale Feststellung. Er stimmt dem Satz zu, dass es so viele Definitionen von Philosophie gebe wie Philosophen. Aber es ging ihm zunächst nicht um die Ironie des Satzes. Die Pluralität der Philosophien gehört mit der Pluralität von Perspektiven, die manche Individuen – die Philosophen – bezüglich der Totalität des Realen haben, zusammen. Die Metaphysik ihrerseits sei die ursprüngliche Daseinsberechtigung der ganzen Philosophiegeschichte, weil erst ihre Gegenstände sich auf die Idee der Totalität des Realen bezögen.

In einem Brief an Ortega y Gasset vom Jahre 1935 bezeichnete Gaos diesen Ansatz als

Historismus (*historismo*). Im engeren Sinne bezeichnet dieser Begriff „den Skeptizismus in der Sache Metaphysik, der sich auf die Trope der Meinungsverschiedenheit stützt, die die Philosophiegeschichte bis zum heutigen Tag zu sein scheint". In einem weiteren Sinne bedeutet Historismus „den historischen Prozess selbst".[7] Man kann sagen, dass die Philosophie der Philosophie in einer historistischen Umkehrung der Husserl'schen Phänomenologie besteht. Gaos teilt nicht ihren Anspruch, eine strenge Wissenschaft des reinen Bewusstseins und seiner wesentlichen Strukturen zu sein. Für Gaos löst sich ein solcher Ansatz in metaphysischen Antinomien auf. Anders als Husserl wendet Gaos die eidetische Methode auf kein Residuum der transzendentalen Reduktion an, sondern auf das historische Werden der menschlichen Existenz und deren Ausdruck der Welterfahrung.[8] Es gibt jedoch einen ersten, wesentlichen Unterschied zwischen den Ausdrucksformen des menschlichen Denkens. Die Wissenschaft erwirbt ihre Objektivität um den Preis, dass sie sich mit der Erkenntnis eines Teils der Wirklichkeit begnügt. Die Philosophie hingegen verzichtet nie auf das Ideal einer Erkenntnis des Ganzen. Im Gegenteil: Sie besteht im Wesentlichen darin, eine Perspektive über die Gesamtheit der Wirklichkeit zum Ausdruck zu bringen.

Gaos' Historiografie des Weltbegriffs stellt somit eine Spaltung des menschlichen Denkens in Wissenschaft und Philosophie fest, die nicht darauf verzichten kann, metaphysisch zu sein. Traditionell hat man den Ursprung der Metaphysik in der Religion oder in einem religiösen Gefühl gesehen. Denn die Existenz von Realitäten, die nicht erfahrbar sind (Gott und eine unsterbliche Seele), ist für die menschliche Existenz von vitalem Interesse. Im Unterschied dazu geht Gaos davon aus, dass den verschiedenen Philosophien auch ein irreligiöses Gefühl – und zwar Hochmut (*soberbia*) – zugrunde liegt.[9] Jeder echte Philosoph habe ein individuelles System der universellen Wahrheit. Aber anstatt einzuräumen, dass sein System weiter nichts sei als seine eigene Perspektive auf die Wirklichkeit, bemühe er sich darum, sie anderen Menschen als die *eine* philosophische Wahrheit glaubhaft zu machen. Diese bestehe jedoch in der realen Pluralität von Perspektiven. Trotzdem neige der Philosoph dazu, seinen subjektiven Blickwinkel zu verabsolutieren und so zu kommunizieren, dass er als *die* Wahrheit anerkannt werde. Im Grunde handle es sich dabei um ein persönliches Bekenntnis (*confesión personal*) des Philosophen.

4. Philosophie der Philosophie und Phänomenologie

1939 ging Gaos nach Mexiko ins Exil, wo er seine Idee der Philosophie der Philosophie weiterentwickelte. Gleichwohl stieß er zunächst auf Widerstand. Der Philosophiehistoriker Francisco Larroyo (1912–1981), einer der wichtigsten Vertreter des Neukantianismus in Mexiko, bestritt Gaos' Fundierung der Philosophie auf subjektiven Motiven wie dem Interesse an der Begründung einer religiösen Überzeugung oder Hochmut mit aller Entschiedenheit.[10] Vor allem aber protestierte

---

[7] Gaos, José, *Obras completas* I-2 – *Escritos españoles* (1928–1938), hg. von Antonio Zirión Quijano, mit einem Vorwort von Agustín Serrano de Haro. Mexiko: UNAM, 2018, S. 1279.

[8] Dies setzt allerdings eine gewisse transzendentale Reduktion voraus. Der Historismus ist in der Tat eine Reduktion jeder nicht historischen Erkenntnis zur historischen Erkenntnis. Er betrachtet den Menschen nicht als ein in das Universum eingebettetes Seiendes, sondern beschreibt z.B. die vom Menschen betriebene Naturwissenschaft und ihren Gegenstand, das Universum, "als einen Teilprozess innerhalb des Gesamtprozesses der Menschheitsgeschichte". Gaos, José, *Obras completas* I-2 – *Escritos españoles* (1928–1938), S. 1279.

[9] Gaos' Texte über den Hochmut sind zahlreich und über sein gesamtes Werk verstreut. Im Band I-2 der Gesammelten Werke Gaos' sind die ersten Notizen und Anmerkungen zur Philosophie der Philosophie zusammengestellt, in denen das Thema des Hochmuts und sogar die Möglichkeit einer Phänomenologie des Hochmuts auftaucht. Siehe Gaos, José, *Obras completas* I-2 – *Escritos españoles* (1928–1938).

[10] Der Kern der Debatte ist im Text *Dos ideas de la filosofía (pro y contra la filosofía de la filosofía)* zu finden. Gaos, José, *Obras completas* III – *Ideas de la filosofía* (1938–1950), hg. von Antonio Zirión Quijano, mit einem Vorwort von Abelardo Villegas versehen, Mexiko: UNAM, 2003, S. 45–125. Zum philosophischen Profil von Francisco Larroyo, seinen Wurzeln im Neukantianismus und in der Phänomenologie sowie seiner Rolle an der mexikanischen Universität siehe Leyva, Gustavo, *La filosofía en México en el siglo* XX. *Un ensayo de reconstrucción histórico-sistemática*, Mexiko: Fondo de Cultura Económica, 2018, S. 159–161.

Larroyo gegen Gaos' Beschreibung des Philosophen als eines „diabolischen Hochmütigen'.[11] Einer solchen ‚Psychologie des Philosophen' stellte er den universellen Charakter der Philosophiegeschichte gegenüber, durch den man über einen historischen und allgemeingültigen Begriff der Philosophie verfüge. Er begriff sie als eine theoretische Reflexion über die universellen Werte der Kultur. Der Philosoph verbeuge sich respektvoll vor den überempirischen Gesetzen des Heiligen, des Guten, des Schönen und des Wahren. Auch wenn Gaos sich auf die Phänomenologie berufe, um seine Beschreibung des Philosophen zu rechtfertigen, so bleibe sie doch auf der Ebene einer psychologischen oder gar psychologistischen Auffassung der Philosophie und des Philosophen.[12] Es sei unersichtlich, wie sie überhaupt zur transzendentalen Reflexion Husserls auf die Phänomenologie als strenge Wissenschaft passe.[13]

Gaos' Antwort auf die Kritik von Larroyo ist interessant, weil sie die Verbindung zwischen der Phänomenologie und seinem Begriff einer *Philosophie der Philosophie* erhellt. Er entgegnet Larroyo, dass sich „sowohl der psychologische oder phänomenologische Charakter der Philosophie der Philosophie als auch die Schwierigkeiten des Begriffes des ‚persönlichen Bekenntnisses' [...] von einem phänomenologischen Standpunkt aus" erklären ließen.[14] Ihm zufolge stütze sich seine Philosophie der Philosophie auf die phänomenologische Methode, um der wesenseigenen Selbstreflexivität der Philosophie Rechnung zu tragen. Die Psychologie des Philosophen sei nur die Vorstufe des Verständnisses einer solchen Selbstreflexivität. Denn ihre Ergebnisse – nämlich die Charakterisierung des Philosophen als eines Hochmütigen und der Philosophie als persönliches

---

[11] Im Jahr 1947 veröffentlichte Gaos in Mexiko seinen Kurs *Filosofía de la filosofía*. Dort sprach er bereits vom „luziferischen Hochmuts" des Philosophen. Gaos, José, *Obras completas* VII – *Filosofía de la filosofía e historia de la filosofía*, hg. von Fernando Salmerón, mit einem Vorwort von Raúl Cardiel Reyes versehen, Mexiko: UNAM, 1987, S. 45. In seinem späteren Werk *De la filosofía* (1962) betonte Gaos wieder den besonderen Hochmut des Philosophen. „Die äußerste Überlegenheit ist die Überlegenheit über alle anderen, insbesondere über das höchste Wesen, über Gott, den Allerhöchsten. Der Philosoph ruft Gott vor das Tribunal seiner eigenen Vernunft, um vor ihm seine Existenz oder sein Wesen zu beweisen oder zu rechtfertigen, sonst droht Gott die Strafe, für nichtexistent oder falsch erklärt zu werden [...]. Der Philosoph ist also der ‚*Enthusiast*', der ‚*Vergöttlichte*' - das, was Luzifer in seinem *luziferischen Hochmut* sein wollte". Gaos, José, *De la filosofía. Curso de 1960*, Mexiko: Fondo de Cultura Económica, 1962, S. 442. Die Hyperbel bedeutet keineswegs Aberglaube. Sie beschreibt vielmehr die Selbstgefälligkeit, zu der der Philosoph-Metaphysiker gelangt, sobald er glaubt, die Totalität des Realen erfasst zu haben und über dessen Prinzipien oder Ursachen entscheiden zu können. Wenn das Ziel des Wissenschaftlers die Erkenntnis eines Teilbereichs der Wirklichkeit sei, sei das Ziel des Philosophen nur er selbst als jenes Subjekt, das behauptet, die ersten Prinzipien und die ersten Ursachen der Wirklichkeit erkennen zu können. Dadurch radikalisiert Gaos die Kantische Kritik an der Anmaßung der Metaphysik, indem er eine eidetische Analyse oder, wenn man so will, eine eidetisch-phänomenologische Psychologie des Philosophen vornimmt.

[12] „Wenn man mithilfe einer hochmodernen phänomenologische Methode (nicht die von Husserl) darauf besteht, dass der Hochmut [...] ein wesentliches Merkmal der Philosophie ist, dann gerät man, ob man will oder nicht, in einen Psychologismus. Handelt es sich beim Hochmut nicht um ein psychisches Phänomen, das als solches ein Thema der Psychologie wäre? Wenn man sich auf ein solches psychologisches Konzept beruft, geht es dann nicht um einen reinen Psychologismus? Dennoch war es bisher niemandem eingefallen, die Philosophie [...] mit diesem diabolischen Ton zu definieren". Gaos, José, *Obras completas* III – *Ideas de la filosofía* (1938–1950), S. 95. Larroyo lehnt jede psychologische oder anthropologische Grundlage für die Phänomenologie ab. Gaos versteht seine Analyse des Hochmuts jedoch nicht zunächst als psychologisch. Seine Frage nach der Motivation des Philosophen ergibt sich vor allem aus der Betrachtung eines wesentlichen Unterschieds zwischen der Philosophie und der Wissenschaft. Der Wissenschaftler begnüge sich mit einem Teilbereich des Wissens. Der Philosoph strebe hingegen danach, das Ganze irgendwie zu erfassen. Aus einer transzendentalen Perspektive könne man also fragen, warum sich das Subjekt eine Erkenntnis der Totalität anmaße - selbst unter dem Titel einer Erkenntnis der intuitiven Grundlagen aller Wissenschaft, wie es bei der Husserl'schen Phänomenologie der Fall sei.

[13] „Man könnte trotz allem Anschein dagegenhalten, dass die Analyse von Herrn Gaos nicht psychologisch, sondern phänomenologisch sei. Man versteht allerdings nicht, wie die philosophische Phänomenologie Husserls, sofern sie eine ‚transzendentale Reflexion' ist, Herrn Gaos zu der neukantianischen Idee führt, dass die Philosophie den Rang einer strengen Wissenschaft einnehmen müsse. Herr Gaos kommt dagegen auf einen Gedanken, der für uns unzulässig ist, dass nämlich die Philosophie nicht nur ein satanisches Wesen habe, sondern auch ein persönliches Bekenntnis sei". Gaos, José, *Obras completas* III – *Ideas de la filosofía* (1938–1950), S. 70. Gegenüber der Kritik Larroyos behauptete Gaos alles in allem, dass seine Analyse letztlich transzendental sei und nicht bloß empirisch. Für ihn ging es nämlich in erster Linie um die Transzendentalität des faktischen Lebens als primärer Realität. Andererseits wird Gaos später bestreiten, dass die Phänomenologie den Status einer strengen Wissenschaft beanspruchen könne. Er spricht ihr den Charakter einer Grundwissenschaft ab, wobei er eine eidetische Methodologie aufgreift, die der Selbstreflexivität des Philosophen und der Philosophie selbst untergeordnet ist. Nach Gaos schließt die Anwendung der eidetischen Methode eine transzendentale Analyse nicht aus, da die Kategorien des faktischen Lebens auf die philosophische Anthropologie und die Untersuchung der Lebensgeschichte der Philosophen als persönliches Bekenntnis angewendet werden können. Gaos bezeichnet diese Herangehensweise als „Phänomenologie der Philosophie".

[14] Gaos, José, *Obras completas* III – *Ideas de la filosofía* (1938–1950), S. 73.

Bekenntnis – ließen eine weitere phänomenologische Betrachtung bzw. eine eidetische Deskription zu. Damit ist nicht gesagt, dass die Philosophie der Philosophie sich ausschließlich auf eine phänomenologisch-eidetische Methode stützt. Da sie Philosophie als ein persönliches Bekenntnis bzw. eine Erzählung der konkreten Lebensgeschichte versteht, muss sie dem Leben nicht nur als Eidos, sondern auch als einem transzendentalen Faktum Rechnung tragen.

In dieser Hinsicht rechnet Gaos es der Husserl'schen Phänomenologie als Verdienst an, den Menschen als ein transzendentales Seiendes beschrieben zu haben, auf welches der Bereich der idealen Gegenstände bzw. der Wesen zurückbezogen werden muss. Der strittige Punkt lag im Verständnis des transzendentalen Subjekts oder Faktums, welches die idealen Gegenstände konstituiert bzw. mit ihnen verbunden ist. Wie Ortega y Gasset fasst auch Gaos das menschliche Leben (und das menschliche Zusammenleben) als die Grundtatsache auf, auf welche alle anderen Tatsachen zurückgeführt werden müssen. Gaos präzisiert dies noch: Es gehe dabei nicht um das Leben im Allgemeinen, sondern um das Leben eines konkreten, einzelnen Menschen. Aus diesem Grund ist die Philosophie der Philosophie eine Philosophie des Philosophen, seiner philosophischen Lebensgeschichte als persönliches Bekenntnis. Gaos' Denken lässt sich aus dieser Perspektive als eine eidetische Deskription und eine transzendentale Analyse des konkreten menschlichen Lebens bezeichnen. Die Philosophie der Philosophie wird im Rahmen einer phänomenologischen Anthropologie betrieben.

5. Der Streit Gaos' mit seinen Schülern um die Phänomenologie Husserls

Die historistische Konzeption der philosophischen Wahrheit Gaos zu einem gewissen Skeptizismus. Dem konsequenten Philosophen bleibe als einzige Möglichkeit, nicht länger auf eine universelle Wahrheit zu schielen, sondern die Endlichkeit des menschlichen Lebens und die Grenzen der Vernunft zu beschreiben und durch sein eigenes Dasein zu veranschaulichen. Die skeptischen Konsequenzen der Philosophie der Philosophie und deren Begriff der Philosophie als persönliches Bekenntnis stießen bei den bedeutendsten Schülern von Gaos auf Widerstand.[15] 1959 veranstaltete er an der UNAM eine Tagung zur Hundertjahrfeier der Geburt Edmund Husserls, deren Ziel darin bestand, den 1911 in der Zeitschrift *Logos* erschienenen Aufsatz *„Philosophie als strenge Wissenschaft"* von Husserl zu diskutieren. Die Beiträge der Schüler von Gaos spiegelten ihre unterschiedlichen philosophischen Interessen wider sowie eine kritische Stellungnahme zum philosophischen Denken seines Lehrmeisters: So wirft Ricardo Guerra (1927–2007), der später als einer der wichtigsten Heidegger-Forscher in Mexiko galt, die Frage auf, ob „[...] die methodologische Revolution der Phänomenologie nicht letztlich auf der Naivität der Geschichtslosigkeit beruhe"[16].

Alejandro Rossi (1934-2009) charakterisiert „Philosophie als strenge Wissenschaft" als ein philosophisches Manifest gegen den Naturalismus und die Konzeption der Philosophie als Weltanschauung. Dem Aufsatz Husserls sei es als Verdienst anzurechnen, so Rossi, „die Unfähigkeit der Philosophie, sich als eine Wissenschaft zu etablieren, auf eine falsche und irrtümliche menschliche Haltung zurückgeführt zu haben".[17] Gemeint war das Interesse des Philosophen an seinen geistigen

[15] Die Frage nach der Philosophie der Philosophie nahm auch einen Platz in der Diskussion ein, die Gaos mit seinem exilierten Kollegen Eduardo Nicol (1907-1990) in den 1950er Jahren führte. Die Kontroverse drehte sich um die Begriffe von Essentialismus und Historismus. Nicol, dessen Denken den gemeinschaftlichen Ursprung von Sein und Wahrheit betont, fühlte sich gezwungen, die aus seiner Sicht rein persönliche Philosophie von Gaos zurückzuweisen. Die Kontroverse ist in den folgenden Texten dokumentiert: Gaos, José, *Obras completas* III – *Ideas de la filosofía* (1938–1950), S. 45–125, 233–246 und 247–306; Nicol, Eduardo, *La vocación humana*, Mexiko: Lecturas Mexicanas, 1997, S. 313–322 und 323–341.

[16] Guerra, Ricardo, "La historia y la filosofía como ciencia rigurosa", in: *Anuario de Filosofía* I (1961), S. 156.

[17] https://www.revistadelauniversidad.mx/download/a2abc506-c196-4236-a06f-56698d70d53a?file name=la-tentacion-del-filosofo.

Bedürfnissen und seiner individuellen Rettung, welches jeder Philosophie als Weltanschauung zugrunde liege. Die Haltung einer genuin wissenschaftlichen Philosophie bestehe dagegen darin, sie als eine unpersönliche und kollektive Aufgabe auszuführen, wie es die Wissenschaftler tun.

In seinem Beitrag „Ciencia radical y sabiduría" („Strenge Wissenschaft und Weisheit") versucht Luis Villoro (1922-1914), die kategorische Trennung zwischen der wissenschaftlichen Philosophie und der Weisheit (*sabiduría*) bei Husserl zu relativieren. Für Villoro lautet die entscheidende Frage, ob „[...] die Philosophie zu einer Wissenschaft werden kann, ohne aufzuhören, Philosophie zu sein"[18]. Bei Husserl sei die Antwort bejahend, sofern die Philosophie als die einzige radikale Wissenschaft verstanden werde. Diese soll in einer Erkenntnis der Ursprünge (*saber de los orígenes*) der anderen Wissenschaften bestehen. Die Philosophie könne und dürfe nicht auf ihren traditionellen Weisheitscharakter verzichten. Trotzdem könne sie die Gestalt einer wissenschaftlichen Philosophie annehmen, sofern sie auf der Weisheit als unmittelbarer Erkenntnis der gegebenen Lebenswelt beruhe.

Vor allem der Ansatz Villoros löste eine weitere Diskussion mit Gaos über die Phänomenologie aus. Gaos bestritt entschieden die Möglichkeit, dass die Phänomenologie bzw. die phänomenologische Philosophie dieselbe überindividuelle Objektivität beanspruchen dürfe wie die Wissenschaften. Die Phänomenologie stelle sich als eine Wissenschaft der Wesen und des reinen Bewusstseins dar, sofern sie die Fundamente aller sonstigen Wissenschaft bilde. Gleichwohl hielt Gaos ein solches Konzept für höchst unwissenschaftlich, wie es die kurvenreiche Entwicklung der traditionellen Philosophie der ersten Prinzipien sowie der neuzeitlichen Bewusstseinsphilosophie belege. Um zu einer Wissenschaft zu werden, müsse eine Philosophie vom Faktum der Wissenschaft bzw. der verschiedenen Wissenschaften ausgehen, um deren objektive Fundamente freizulegen, so Gaos. Husserl aber ging, im Gegensatz zu Kant, nicht von den Sätzen der vorgegebenen Wissenschaften aus, sondern vom Postulat des reinen Bewusstseins und dessen Wesenheiten.[19]

1963 fand an der philosophischen Fakultät der UNAM ein von Gaos veranstaltetes Symposium zum Begriff der Lebenswelt statt, wie Husserl ihn in der *Krisis der europäischen Wissenschaften* entfaltet. Ludwig Landgrebe, Enzo Paci und John Wild hielten die Gastvorträge, die, einschließlich des Vortrages von Gaos, von Villoro protokolliert wurden.[20] Diese Veranstaltung markierte die letzte Phase der frühen Rezeption der Phänomenologie in Mexiko, bevor dann die Schüler von Gaos, allen voran Fernando Salmerón (1925-1997) und Alejandro Rossi, in den 1970er Jahren eine Wende zur analytischen Philosophie vollzogen. Gaos hatte indessen sein letztes Wort zur Phänomenologie Husserls gesprochen. Der Versuch Villoros, die Phänomenologie der Lebenswelt anders als Gaos zu interpretieren, nennt ferner den Grund, weshalb er sich vom philosophischen Ansatz Gaos' zu lösen begann.

Auf dem Symposium beschäftigte man sich mit der Frage, ob die Husserl'sche Phänomenologie

---

[18] Villoros Vortrag erschien später in seinen Husserl-Studien. Villoro, Luis, ***Estudios sobre Husserl***, Mexiko: UNAM, 1975, S. 137–149.

[19] Gaos' Skepsis gegenüber der Wissenschaftlichkeit der Phänomenologie beruht in zweierlei Hinsicht auf der Philosophie Kants. Erstens weist Gaos auf die Antinomien hin, zu denen jeder Anspruch auf die Erkenntnis der Totalität des Realen bzw. auf eine Begründung jeder wissenschaftlichen Erkenntnis führt. Zweitens unterstreicht Gaos, dass die Philosophie als strenge Wissenschaft erst von einer Reflexion über das Faktum der Objektivität der Wissenschaft ausgehen könne.

[20] Gaos, José, Landgrebe, Ludwig, Paci, Enzo, et Wild, John, *Symposium sobre la noción husserliana de la Lebenswelt*, Mexiko: UNAM, 1963. Die Texte von Gaos wurden im Band X der *Obras completas* gesammelt. Gaos, José, *Obras completas* X – *De Husserl, Heidegger y Ortega*, hg. von Antonio Zirión Quijano, mit einem Vorwort von Laura Mues de Schrenk versehen, Mexiko: UNAM, 1999, S. 51–78 und 387–403. Aurelia Valero schildert in ihrer Gaos-Biographie die Einzelheiten und den philosophischen Kontext dieses Symposiums an der mexikanischen Universität. Valero, Aurelia, *José Gaos en México: una biografía intelectual.* 1938–1969, Mexiko: El Colegio de México, 2015 (Kindle Version Kapitel 10 "El silencio de los libros")

ihr Ziel, die Lebenswelt als Korrelat einer transzendentalen Subjektivität darzustellen, wirklich erreicht habe. Gaos antwortet verneinend auf diese Frage: Die Konstitution der Gegenstände und der empirischen Bewusstseinserscheinungen bedürfe keiner Objektivierung einer transzendentalen Subjektivität durch *epoché* und phänomenologische Reduktion. Wie Ortega y Gasset ging er davon aus, dass die primäre Realität des Bewusstseins bzw. des Lebens keiner Vermittlung durch die Reflexion bedürfe.

Dennoch hat das ursprüngliche Verhältnis zwischen dem Subjekt und der Welt der neuzeitlichen Philosophie immer ein Rätsel aufgegeben. Denn das Subjekt ist die Instanz, durch welche die Gegenstände und die Welt zur Erkenntnis kommen. Jedoch ist es ein Teil der Welt, ein Gegenstand unter anderen Gegenständen. Husserls Lösung bestand darin, das reale Individuum vom transzendentalen Subjekt zu unterscheiden. Gaos fragte sich nun, ob eine solche Lösung nicht eine sinnlose Wiederholung der Problemstellung bedeute. Für ihn zeigte die Phänomenologie letztlich auch, dass es keine Antwort auf diese Frage gibt, da ihr eine unlösbare Antinomie zugrunde liegt. Nach Gaos gibt es keinen Ausweg aus der Alternative Realismus/Idealismus. Man entscheidet sich für die eine oder die andere Richtung aus persönlichen, letztlich „irrationalen“ Gründen.[21]

Husserl hatte sich für den transzendentalen Idealismus entschieden. Daher fasste er die Lebenswelt als ein abstraktes Objekt auf, welches aus den in der transzendentalen Subjektivität gegebenen Wesen hervorgehe. Die Frage sei nun, so Gaos weiter, ob man das Konkrete anders als durch das Zusammenspiel von eidetischer und transzendentaler Reduktion objektivieren könne. Vom Standpunkt der Philosophie der Philosophie aus erwies sich die Autobiografie oder die Rede in der ersten Person als die einzige Art und Weise, eine individuelle Lebensgeschichte und ihre einzigartige, unverwechselbare Perspektive von der Welt zu objektivieren. Sie stütze sich auf keine Methode der Regression auf das reine Bewusstsein, sondern auf eine „progressive phänomenologische Analyse“, wodurch die Perspektiven der individuellen Subjekte und ihre historischen Weltbegriffe entfaltet würden.

Villoros Bemerkungen zum Vortrag von Gaos waren ein Indiz für ihre Meinungsverschiedenheiten bezüglich der Interpretation der Phänomenologie sowie ihrer Konzeption der Philosophie und ihrer Aufgaben.[22] Villoro wies Gaos zunächst darauf hin, dass die *epoché* nicht nur in einer Reduktion des zweifelhaften Charakters der Welt zur unzweifelhaften transzendentalen Subjektivität bestehe. Die *epoché* als Kritik des objektiven Weltbegriffes habe einen weiteren Sinn: Sie führe zur Lebenswelt als dem Urboden jeder Gewissheit, wobei sich das transzendentale Subjekt als eine apriorische Struktur der Lebenswelt erweise.[23] Erst dank dieser Art *epoché* erscheint das Subjekt in Verbindung mit seiner Tätigkeit in der Welt. Es gehe hierbei um kein entweltlichtes Subjekt, sondern um ein operierendes Subjekt, das eine „Praxis“ ausübe und eine historische Existenz in der Welt habe.

Was Villoro vor allem interessierte, war die apriorische Korrelation zwischen der Lebenswelt und

---

[21] Diese Behauptung von Gaos stellt sich dem Ansatz Manuel García Morentes entgegen. García Morente schrieb der Husserl'schen Phänomenologie das Verdienst zu, die Antinomie zwischen Realismus und Idealismus durch eine bloße Deskription des Bewusstseins und seiner intentionalen Akte überwunden zu haben. Siehe García Morente, Manuel, "De la Metafísica de la vida a una teoría general de la cultura (1934)", in: ders., *Obras Completas* I-1 (1906–1936), hg. von Juan Miguel Palacios und Rogelio Rovira. Madrid/Barcelona: Fundación Caja Madrid/ Anthropos, 1996. S. 400–412

[22] Siehe Gaos, José, *Obras completas* X – *De Husserl, Heidegger y Ortega,* S. 387–388.

[23] „Ich glaube, dass Husserl in der *Krisis* einen anderen Weg zur Phänomenologie einschlägt, welcher auch der *epoché* einen anderen Sinn verleiht. Die Kritik der objektiven Welt führt zur *Lebenswelt* als einem *Urboden*, auf dem jegliche Wahrheit und Quelle der Gewissheit beruht. Es stellt sich somit die Frage nach der Struktur *a priori* dieser ‚Grundlage'“. Gaos, José, *Obras completas* X – *De Husserl, Heidegger y Ortega,* S. 387.

der historischen Gemeinschaft. Gaos gegenüber insistierte Villoro darauf, dass die phänomenologische *epoché* nicht zuallererst in eine Bewährung der Apodiktizität durch Reflexion auf die transzendentale Subjektivität mündete. Denn sie bestehe nicht nur in einer Erklärung der Weltgegenstände durch ihre transzendental-subjektiven Vorbedingungen, sondern auch in einer Freilegung der apriorischen Struktur der Lebenswelt und ihrer Korrelation zur Intersubjektivität. Die lebensweltliche Phänomenologie ermögliche dadurch allererst die Thematisierung einer geschichtlichen Praxis.[24]

Dennoch konzedierte Gaos Villoro nicht einmal diese Interpretation der Phänomenologie. Nach ihm ließ sich die Idee eines apriorischen Verhältnisses zwischen der geschichtlichen Intersubjektivität und der Welt nur schwer mit dem phänomenologischen Begriff des transzendentalen Ego vereinbaren. Die Idee der Konstitution der historischen Lebenswelt durch eine transzendentale Subjektivität sei im Grunde aporetisch: Entweder schließe die Konstitution der Lebenswelt durch die transzendentale Subjektivität die Konstitution der Geschichtlichkeit mit ein oder sie seien ein und dasselbe. Die Phänomenologie jedoch gerate in einen Teufelskreis, weil sie diese Konstitution als Idealisierung der Geschichte verstehe. Es nutze wenig, so Gaos weiter, die transzendentale Subjektivität zugleich als geschichtliche Subjektivität zu begreifen. Denn die Geschichtlichkeit werde durch keine idealen Möglichkeiten konstituiert, sondern durch reale Möglichkeiten, die sich im Laufe der Geschichte verwirklichten.

Gaos bestand auf seiner Kritik des transzendentalen Idealismus, ohne einzuräumen, dass die *Krisis*-Schrift Husserls die Phänomenologie diesbezüglich in ein neues Licht rückte. In dieser Hinsicht war die Interpretation Villoros fundierter[25] Sie wies auf phänomenologische Problemkonstellationen hin, die Gaos gar nicht berücksichtigt hatte. Dennoch muss man auch sagen, dass Gaos – aus der Perspektive seiner Philosophie der Philosophie, für die er eine phänomenologische Methode heranzog – wesentliche Fragen an die Phänomenologie stellte. Obwohl Gaos den Nachlass Husserls leider nicht erforschen konnte, war er sich dennoch am Ende seines Lebens des Interesses bewusst, das die unveröffentlichten Manuskripten und Vorlesungen Husserls bei einer neuen Generation von Phänomenologen hervorrief. Hätte Gaos die Manuskripte und unveröffentlichten Vorlesungen Husserls gekannt, so hätte er sehen können, dass Fragen wie die nach der Historizität des transzendentalen Subjekts und die Reflexion über das Faktum der Wissenschaften dem Begründer der Phänomenologie keineswegs fremd waren.

Gaos' Werke seinerseits könnte der gegenwärtigen Phänomenologie den Entwurf einer phänomenologischen Historiografie der Philosophie beisteuern. Nicht minder wichtig scheint mir sein Entwurf einer Phänomenologie der Geschichtlichkeit der philosophierenden Subjekte sowie der von ihnen zum Ausdruck gebrachten Weltbegriffe zu sein. Gaos' Überlegungen zum antinomischen Charakter der Philosophiegeschichte motivieren ferner dazu, über die Grenzen der Phänomenologie

[24] „Die *epoché* erfüllt eine andere Funktion: Indem sie nach den *Gegebenheitsmodi* der Welt fragt, erreicht sie eine andere Sphäre des Lebens, nämlich die Korrelation *a priori* zwischen der geschichtlichen Gemeinschaft und der Welt als Feld des Handelns. In diesem Fall würde die Funktion der *epoché* nicht nur darin bestehen, die Apodiktizität zu garantieren, sondern auch die Möglichkeit einer anderen Art von Erklärung als die bloße Reflexion über die Subjektivität eröffnen. Streng genommen geht es nicht mehr darum, die Weltgegenstände aus ihren subjektiven Möglichkeitsbedingungen zu erklären, sondern darum, die Totalität der *Lebenswelt* durch die *apriorische* Struktur des Verhältnisses von Intersubjektivität und Welt zu erklären. Erweist sich dieses Verhältnis nicht als eine geschichtliche Praxis?" Gaos, José, *Obras completas* X – *De Husserl, Heidegger y Ortega,* S. 387. Villoro versucht also, die Interpretation der *epoché* und der transzendentalen Reduktion in Richtung einer Philosophie der historischen Gemeinschaften umzuorientieren. Mehrere Stellen im Gaos' Werk deuten auf eine individualistische Version der Philosophie der Philosophie hin. Sicher ist jedoch, dass er die Erfahrung des Zusammenlebens als eine Wesenseigenschaft des transzendentalen Faktums des menschlichen Lebens betrachtete.

[25] Javier San Martín hat die Diskussionen, die während des Lebenswelt-Symposiums stattfanden, aus einer Husserl'schen Perspektive ausführlich kommentiert. San Martín, Javier, *La nueva imagen de Husserl. Lecciones de Guanajuato*, Madrid: Editorial Trotta, 2015, S. 45–59.

nachzudenken, sofern sie auch Gefahr laufen kann, sich in übermäßigen Ansprüchen zu verstricken. Gaos hat die Grundthemen seiner Philosophie in seinen späteren Kursen *De la filosofía* (1960), *Del hombre* (1965) und *Historia de nuestra idea del mundo* (1967)[26] wieder aufgegriffen und weiterentwickelt. Er veranstaltete sie bis zwei Jahre vor seinem frühen Tod im Alter von nur 69 Jahren. Ihre Interpretation aus einer phänomenologischen Perspektive stellt nach wie vor ein Desiderat der Forschung dar.[27]

[26] Gaos, José, *Obras completas* XII – *De la filosofía*, hg. von Fernando Salmerón, mit einem Vorwort von Luis Villoro versehen, Mexiko: UNAM, 1982; ders., *Obras completas* XIII – *Del hombre. Curso de* 1965, hg. und mit einem Vorwort von Fernando Salmerón versehen, Mexiko: UNAM, 1992; ders., *Obras completas* XIV – *Historia de nuestra idea del mundo*, hg. von Fernando Salmerón, mit einem Vorwort von Andrés Lira versehen, Mexiko: UNAM, 1994.

[27] Das neue Buch von Antonio Zirión ist ein erster Versuch in diese Richtung: Zirión, Antonio, *El sentido de la filosofía. Estudios sobre José Gaos*, Mexiko: Instituto de Investigaciones Filosóficas/UNAM, 2021.

HINSICHTLICH DES GRUNDMOTIVS DER TRANSZENDENTALEN PHÄNOMENOLOGIE: DIE PROBLAMATIK DES APODIKTISCHEN NORMBEGRIFFS BEI HUSSERL

June-sang Ahn[1]

Zusammenfassung:

In diesem Beitrag lässt sich die Entwicklung von Husserls Ethik verfolgen. Hierbei lassen sich aber nicht die ganzen Details dieser Entwicklung ausführen, sondern nur ihr Grundmotiv, das sie motiviert hat, ist aufzuzeigen. Hierdurch erweist sich, dass Husserls Ethik allen voran danach strebt, die apodiktische Grundlage des ethischen Normbegriffes zu entdecken und darin die Ethik selbst als strenge Wissenschaft zu begründen. In diesem Punkt hängt das Motiv, das die Vertiefung der Untersuchung zum ethischen Normbegriff leitet, mit dem Grundmotiv der transzendentalen Phänomenologie selbst eng zusammen, da Husserl auch in Hinblick auf die Begründung der Wissenschaft, die die apodiktischen Erkenntnisse zu finden versucht, die transzendentale Phänomenologie einführt, die gegen alle Versuche des Relativismus bzw. Skeptizismus gefeit sein sollte. Somit richten sich Ethik und transzendentale Phänomenologie gemeinsam auf die Zweckidee der apodiktischen Rechtfertigung aus, und beide finden ihre Ausgestaltung letztendlich in der Philosophie. Daher erweisen sich bei dem späteren Husserl die ethische Praxis als Philosophie und das ethische Subjekt als Philosoph, der dazu berufen ist, eine philosophische Kultur zu schaffen.

Schlüsselwörter: Ethik, Praxeologie, Teleologie, apodiktische Kritik, transzendentale Phänomenologie

■■■

1. Einleitung

In diesem vorliegenden Beitrag will ich einen groben Überblick über die Praxeologie und den ethischen Normbegriff von Husserl zum Thema geben. Dies ist kein Thema, das er in seinem Leben in einem einzelnen Buch untersucht hat, aber ein solches, mit dem er sich seit Beginn seiner Philosophie kontinuierlich durch mehrere Vorlesungen und Manuskripte hindurch beschäftigt hat. Die Ethik ist nicht nur eine praktische Disziplin, sondern sie nimmt auch eine unentbehrliche Zentralstellung in seiner Kritik der Vernunft überhaupt ein, die die ganzen Gebiete der theoretischen, axiologischen und praktischen Vernunft beherrscht (Hua III/1, S. 336f.; Hua XXIV, S. 445).

Deswegen hat sich Husserls Verständnis der Praxeologie und Ethik entsprechend der Entwicklung des Verständnisses der Vernunft überhaupt verändert, und hat, wie bekannt, eine Entwicklung in unterschiedlichen Stadien erfahren.[2] In diesem Sinn hat insbesondere U. Melle (2007) in seinem Artikel diese Entwicklung der ethischen Problematik von Husserl so beschrieben, dass man drei Phasen im Ablauf der ethischen Untersuchungen Husserls voneinander unterscheiden kann: Die erste Phase, die sich insbesondere in seiner Ethikvorlesung (in Hua XXVIII) manifestiert, zeigt den

[1] Doktorand, Bergische Universität Wuppertal, Fakultät für Geistes- und Kulturwissenschaften, Philosophisches Seminar, junesang88@gmail.com

[2] Hierfür sind folgende Arbeiten aufschlussreich: Melle 2007; Loidolt 2009, 183ff., Peucker 2011, Drummond 2018.

Parallelismus zwischen der logischen, axiologischen und praktischen Vernunft auf, und Husserl will dadurch die formalistische Gültigkeit der ethischen Normativität verteidigen, indem die formale Axiologie und Praktik zu begründen sind. Die zweite Phase umfasst den Zeitraum von 1917 bis zum Anfang der 1930er Jahre. In dieser mittleren Phase wurde die ethische Normativität nicht mehr in diesem formalistischen Hinblick behandelt, sondern die Problematik der Personalität und der ethischen Einstellung, die eine Person als Handelnder für die Einstimmigkeit ihres ganzen Lebensziels annehmen sollte, rückt ins Zentrum. Die Beschreibung der subjektiven und gemeinschaftlich-kulturellen Erneuerung wird zum Ausdruck gebracht, um die Charakteristika der personalistischen Ethik zu schildern. In der dritten Phase will Husserl diese Thematik der mittleren Phase hinsichtlich der Metaphysik und Teleologie, die Themen, die er in seiner Spätphilosophie auch ins Zentrum gerückt hat, vertiefen.

Aber diesen anscheinenden Differenzen zwischen den drei Phasen zum Trotz möchte ich darlegen, dass diese Entwicklung von ein und derselben Motivation einheitlich durchgeführt wurde. Diese sich durchhaltende Motivation für die beschriebenen Veränderungen besteht darin, die universale und objektive Gültigkeit der ethischen Normativität zu verteidigen und somit den Relativismus sowie Skeptizismus, die in jeder Phase mit einem anderen Gesicht immer stärker zutage treten, zu widerlegen: In dieser Hinsicht wurde die Entwicklung seiner Ethik von der Idee des Radikalismus, der sich auf den immer festeren Boden für ethische Normativität hineindrängt, motiviert. Es ist daher zu betonen, dass Husserls Etablierung der ethischen Normativität immer im Einklang mit der Rechtfertigung der apodiktischen und endgültigen Epistemologie vollzogen wurde. Zwar kann dieser vorliegende Beitrag diese komplexe Entwicklung aller Phasen nicht verfolgen,[3] aber mindestens sei darauf verwiesen, dass die Entwicklung stets die Plausibilität der praktischen Wahrheit zu begründen versucht und in diesem Belang mit dem Motiv der transzendentalen Phänomenologie, die letztendliche Grundlage, um Erkenntnis zu untersuchen, einhergehen sollte.

Dafür muss man zunächst zeigen, dass sich Husserls Versuch, Ethik und ethische Normativität zu fundieren, auf die Vernunftkritik und den Begriff der praktischen Wahrheit bezieht, der er als Aufgabe in den *Prolegomena* (Hua XVIII) hinsichtlich der Widerlegung des epistemologischen Skeptizismus und Relativismus nachging. Es gilt jedoch herauszufinden, wo jener Versuch auf seine Grenzen stößt. (im Folgenden 2., 3.) Aus diesem Grund versucht Husserl diese Grenze des früheren ethischen Normbegriffs zu überschreiten, und zwar in einem engen Zusammenhang mit dem Grundmotiv und der Entwicklung der transzendentalen Phänomenologie. (im Folgenden 4.) Demnach können wir sehen, wie Wissenschaft, insbesondere die *Philosophie*, mit dem Entwurf der Husserlschen Ethik zusammenhängt, wie es sich u.a. in der *Krisis*-Schrift (Hua VI) darstellt. Es wird dadurch deutlicher werden, inwiefern Philosophie als „Kulmination der ethischen Praxis" verstanden werden kann, die nicht mehr auf die Dimension der theoretischen Vernunft beschränkt ist. Aber diese Frage sollte durch die zusätzliche Erläuterung der folgenden zwei Thesen begründet werden. (1) Zunächst ist die Behauptung, dass Wissenschaft der Vollzug des ethischen Willens und eine Einstellung sei, zu erklären, indem man den Grund für Husserl versteht, aus dem er *Philosophin/Philosophen* als ethisch-willentliches Subjekt definiert und weshalb in diesem Zusammenhang die Philosophie als ethisch-willentliche Praxis die Verwirklichung der ethischen Normativität besagt (im Folgenden 5.). (2) Zum Schluss behandle ich die *PhilosophInnengemeinschaft* als ethische Willensgemeinschaft und *philosophische Kultur* als die letzte Form der philosophischen Praxis

---

[3] Hierbei muss man z. B. auch die Ethik der Liebe, ihre Irrationalität, und ihr verborgenes Motiv der Teleologie und des Vernunftglaubens weiter thematisieren, um Husserls spätere Ethik vollständig zu beschreiben. Aber aufgrund dieser begrenzten Seiten darf ich auf die genannten Aspekte nicht eingehen. Dafür seien folgende Artikel erwähnt: Melle 2007, Loidolt 2009, Luft 2010, Drummond 2018.

in Zusammenhang mit dem Entwurf der Sozialethik und der Teleologie, der Husserls spätere Philosophie charakterisiert (im Folgenden 6.).[4]

2. Die Feststellung des ethischen Normbegriffes bei dem frühen Husserl (1908-1914)

1) Das Ziel, das Husserl v.a. in seinen frühen Ethikvorlesungen (Hua XXVIII) unterstreicht, besteht darin, den ethischen Skeptizismus und Relativismus – die die objektive Gültigkeit der ethischen Normen verleugnen und die damals vor allem in der Form des Psychologismus auftauchten – zu widerlegen und die formal-objektive Gültigkeit der ethischen Normativität aufzuzeigen.

Er versucht durch seine Vorlesungen zu erweisen, dass rein formal-praktische Gesetze, die nicht auf empirisch-materieller Wert- und Praxisgültigkeit beruhen, aufgestellt werden können: Der formalen Wertlehre zufolge können Werte eine Hierarchie zwischen gut und schlecht bilden und es kann auch von Wertneutralität (Adiaphoron) zwischen gut und schlecht gesprochen werden. Aber bei einer Handlung stoßen wir unweigerlich auf eine Situation der Wahl, und zwar der Wahl zwischen mehreren Werten (Hua XXVIII, S. 132). Die Verwirklichung eines niedrigen Wertes verhindert dabei die Realisierung eines höheren Wertes. Wenn wir richtig handeln wollen, sollten wir immer einen höheren Wert zwischen verschiedenen Werten anzustreben versuchen, wobei ein höherer Wert die praktischen Gültigkeiten von niedrigen Werten absorbiert. Dieses Prinzip der Absorption erweiternd, können wir sagen: „In jeder Wahl absorbiert das Bessere das Gute und das Beste alles andere an und für sich als praktisch gut Zu-Schätzende.“ (Hua XXVIII, S. 136). Einen weniger guten Wert anstelle eines besseren Wertes zu realisieren, bedeutet nicht nur, bei weniger gutem Verhalten zu bleiben, sondern es zeigt sich als ein *falsches* Verhalten (Hua XXVIII, S. 130).

Das hierdurch von Husserl Gezeigte, formal-praktische Prinzip, ist das Gesetz des höchsten Gutes: “Unter allen erreichbaren Gütern dann das Beste zu tun, das ist das absolute Richtige und somit kategorisch Geforderte.“ (Hua XXVIII, S. 137). Dieses kann unabhängig von allen Bedingungen der einzelnen Subjekte und Situationen objektiv-formal bestimmt werden. Mit diesem Prinzip behauptet Husserl, dass es ein rein formales Kriterium gibt, das die Unterscheidung zwischen der praktischen Wahrheit und praktischen Falschheit ermöglicht. Damit wird ersichtlich, dass die formale Praxeologie eine Parallelität zur formalen Logik aufweist, die das Wahrheitsproblem im Allgemeinen in seiner rationalen Natur behandelt, weshalb die formale Praxeologie zur formalen Logik gehört (Hua XXVIII, S. 59, 68).

Aber obwohl Husserl behauptet, dass die Gesetzlichkeit des höchsten Gutes von allen subjektiven Bedingungen unabhängig eine bestimmbare Formalität aufweist, räumt er auch ein, dass das Problem der Subjektivität im Gegensatz zur formalen Logik nicht vollständig aus der formal-praktischen Lehre ausgeschlossen werden kann (Hua XXVIII, S. 149). Denn die Praxeologie behandelt letztlich das Prinzip des praktischen Handelns des Subjekts, das praktische Normen *in der faktischen Welt* realisiert. Insofern kommt man nicht umhin, den *faktischen Kontext* der Praxis als wesentliche Bedingung ethischer Normativität zu berücksichtigen.

Dazu gehört auch die „Einsicht“ als Wissen um jenes höchste Gut, das das Subjekt der Praxis bei einer solchen Handlung haben muss (Hua XXVIII, S. 143). Laut Husserl ist es wertvoller, etwas mit der klaren Einsicht, dass es sich um ein normatives Handeln handelt, zu tun, als ohne eine solche

[4] Sepp, H. R., *Praxis und Theoria: Husserls transzendentalphänomenologische Rekonstruktion des Lebens*, Freiburg/München: Verlag Karl Alber, 1997, S. 247: „Die These lautet, daß Husserl im Spätwerk die Ethik bis an ihre Aufhebung führte und daß der Grund hierfür in der von ihm vorgenommenen engen Verknüpfung der ethischen mit der teleologischen Fragestellung und in der gesteigerten Dominanz seines teleologischen Konzepts zu suchen ist.“

Einsicht Gutes zu tun (Hua XXVIII, S. 215). Da sich eine Einsicht jedoch auf einen faktischen Bewusstseinszustand eines Subjekts bezieht, und zwar auf ein explizites Wissen über die Angemessenheit der Handlung, liegt es nahe, dass nicht nur der objektive Wert, sondern auch die Art und Weise, wie das praktische Subjekt von diesem Wert faktisch „motiviert" wird, als wesentliche Voraussetzung des höchsten Gutes darzustellen. Obwohl Husserl dieses Motivationsproblem in seiner früheren Ethikvorlesung nicht näher erörtert hat, können wir bemerken, dass die Problematik der *passiven und aktiven Motivationen*, die erst in den *Ideen II* (Hua IV) und anderen Ethikvorlesungen der 1920er Jahre (Hua XXXVII) eingehender diskutiert werden, bereits hiermit angedeutet sind.

2) Eine aktive Motivation ist nach Husserl auf den Akt der Vernunft bezogen und steht im Zusammenhang mit dem Wahrheitsproblem. Ein aktiv motiviertes Handeln bedeutet, dass man zwischen dem richtigen und dem falschen Handeln unterscheidet und dann gerade das richtige vollzieht (Hua XXXVII, S. 112). Ein aktiv motiviertes Handeln ist ein rationales, nämlich ein *durch praktische Wahrheit motiviertes* Handeln. Es ist daher nichts anderes als ein als angemessen betrachtetes Handeln, bei dem es auf die Norm, d.h., auf die rationale „Konvenienz" (Hua XXVIII, S. 135) einer Handlung, ankommt. Im Gegensatz dazu wird ein passives Verhalten bei Husserl als diejenige Handlung bezeichnet, die ihre Motive nur in Impulsen, Triebreizen oder habituellen Tendenzen hat, bei denen eine Handlung ohne Rücksicht auf das Wahrheitsproblem, ob sie richtig oder falsch ist, vollzogen wird. Als eine zusätzliche Bedingung der ethischen Normativität erklärt das Konzept der Motivation gewissermaßen die konkreten Modi des praktischen Willens. Insbesondere die aktive Motivation soll als derjenige Modus angesehen werden, in dem das höchste Gut als formale praktische Wahrheit den Willen bestimmt.

Bei Husserl unterscheidet sich ein Willensakt von anderen Akten, wie beispielsweise einem Wunsch, dadurch, dass ein Willensakt seinen praktischen Zweck v.a. in der raumzeitlichen faktischen Welt zu realisieren anstrebt (Hua XXVIII, S. 105ff.). Gerade dieser Zweck des Willens, d.h., das, was ein praktisches Subjekt verwirklichen will, kann also als das, was den Willen motiviert, erklärt werden. Wenn man einen Zweck realisieren will, weil er sich durch eine rationale Überlegung als *richtig* – bzw. als konvenient – erweist, kann der Zweck als Norm, also als das „Gesolltes", bezeichnet werden (Hua Mat IX, S. 156).

Wenn wir bedenken, dass bei Husserl Praxis gerade die Wirkung des Willens ist, dann lässt sie sich als Verwirklichung des Gesollten verstehen. Hierbei kann man sagen, die objektive Gültigkeit dieser Norm bestimmt die objektive Wahrheit der Handlung. Obwohl eine ethische Motivation einem Subjekt faktisch bewusst sein muss, bleibt eine objektive Gültigkeit der den aktiven Willen motivierenden praktischen Normativität unabhängig von jeder faktischen Situation eines Einzelnen erhalten. Die Bedeutung der objektiven Gültigkeit dieser praktischen Wahrheit besteht darin, dass die Wahrheit selbst „immer und überall" – genauer gesagt, überraumzeitlich – gültig ist. Passive Motivationen (Triebe, Assoziationen etc.) hingegen können nur in einem periodischen und zufälligen Zeitraum ihre affizierende Kraft haben.[5]

3. Einstimmige Selbsterhaltung: das universale Ziel des personalen Lebens

1) Um klarer zu verstehen, dass diese aktive Motivation in dem ethischen *summum bonum* als strukturelles Moment eingeschlossen ist, gilt es zu analysieren, wie die aktive Motivation in der Praxis im Detail funktioniert, um daraufhin das Motivationsprinzip zu erhellen, das durch den gesamten

[5] „Das Tier in einem Stande regelmässiger Befriedigung seiner Instinkte und der damit bezeichneten Werte lebt in einer endlichen Umwelt in einer beschränkten Zeitlichkeit […], in der Periodizität des Hungers […]" (Hua XV, S. 405)

Prozess dieser aktiven Motivation hindurchfließt.

Für Husserl zeigt sich die Struktur der aktiven Motivation in der expliziten Form der „Stellungnahme durch Stellungnahme“ (Hua IV, S. 220). In der Stellungnahme ist die *aktive* Reflexion des Subjekts auf Gründe und Motive der Praxis eingeschlossen, so dass sie in diesem Sinne *aktiv* genannt wird. Angesichts dessen, dass gerade die praktische Motivation durch die aktive Überlegung bestätigt wird, ist es notwendig, zunächst im Detail zu verstehen, was die Überlegung bei Husserl bedeutet.

Das praktische Leben bzw. das geistige Leben tritt bei Husserl v.a. dann in den Vordergrund, wenn wir uns selbst und die Welt in der personalistischen Einstellung betrachten. Die personalistische Einstellung steht im Gegensatz zur naturalistischen Einstellung, bei der wir die Welt nur hinsichtlich des Prinzips ihrer eigenen geschlossenen Kausalität beobachten (Hua IV, S. 43f.), wobei diese Sichtweise völlig getrennt von dem Subjekt, das sie wahrnimmt, ist. In der personalistischen Einstellung hingegen betrachten wir uns als in Korrelation mit der gegenständlichen Welt stehende Personen und gehen davon aus, dass diese Welt auf unsere Handlungen wirkt – als Umwelt. Gerade dieser Einfluss der Welt auf die Person kann als Motivation verstanden werden, als das grundsätzliche Prinzip des geistigen Lebens. Die Gegenstände der Umwelt haben für uns hier einen bestimmten Wert und einen praktischen Zweck oder können als ein direktes Ziel oder als Mittel eines solchen Ziels erscheinen (Hua IV, S. 186). Als Beispiel können kulturelle Objekte, die in einem praktischen Kontext Bedeutung gewinnen, angeführt werden (Hua IX, S. 110ff.).

Bei Husserl unterscheiden sich die praktischen Zwecke von den bloßen axiologischen Werten. Denn nicht jeder Wert wird als praktischer Zweck verstanden. Die Praxis, also unsere „Handlung“, ist, wie oben kurz erwähnt, der Akt des Willens. Der Wille macht nur einen realisierbaren Zweck zum Objekt seiner Ausführung. Daher kann das, was wir als nicht erreichbar oder realisierbar ansehen, auch nicht als ein praktischer Zweck fungieren, obwohl es wünschenswert ist. Unter diesem Gesichtspunkt muss ein praktischer Zweck zudem eine *praktische Möglichkeit* (*In-der-Tat*-realisiert-werden-Können) aufweisen, anstatt nur als wertvoll und begehrenswert angesehen zu werden (Hua Mat IX, S. 127). Wenn wir diese Möglichkeit aus subjektiver Perspektive betrachten, umfasst sie also ein *praktisches Vermögen*, etwas *in der Tat* realisieren zu können, was Husserl unter dem Ausdruck "Ich-kann" (Hua IV, S. 257) aufgreift.

Bei der praktischen Überlegung geht es darum, zu erwägen, welche unter vielen Auswahloptionen praktischer Möglichkeiten, die beispielsweise als sowohl am bestem als auch als realisierbar gelten. Die praktische Überlegung ist also ein Prozess der Heraushebung der praktischen Möglichkeit, die diese normative Gültigkeit aufweist (Hua Mat IX, S. 127).

2) Wenn wir diesen Prozess der praktischen Überlegung genauer untersuchen, können wir jedoch erkennen, dass die praktischen Möglichkeiten, die für verschiedene Auswahloptionen praktischer Überlegungen stehen, andere Eigenschaften haben als logische Möglichkeiten (Hua IV, S. 261; 328). Dies zeigt sich darin, dass eine praktische Möglichkeit im Gegensatz zu einer logischen Möglichkeit eine solche sein muss, die in dieser faktischen Welt auf der tatsächlichen Fähigkeit des praktischen Subjekts selbst basierend realisiert werden kann. In diesem Sinn beschließt eine praktische Möglichkeit die Erwartung ihrer faktischen Verwirklichung. Mit anderen Worten, diese praktische Möglichkeit setzt eine bestimmte Erwartung eines bestimmten, tatsächlichen Ergebnisses voraus, das mein bestimmtes Handeln herbeiführen wird. Ohne diese Erwartung wäre es unmöglich, die Möglichkeit, dass ich etwas in der Welt realisieren kann, zu überprüfen.

Diese Gewissheit als Erwartung der faktischen Folgen ist eine notwendige Bedingung für die praktische Erwägung, so dass wir für die Verwirklichung eines bestimmen Ziels im Voraus um ein Mittel wissen müssen, welches in und durch unsere „Handlungen" zur Verwirklichung eines solchen Zweckes beitragen kann. Diese Überzeugung stellt also die praktische Gültigkeit der praktischen Möglichkeit dar, die zeigt, wie angemessen die Wahl der praktischen Möglichkeit zur Erreichung des angestrebten Ziels ist (Hua XI, S. 14). Für Husserl lassen sich diese Erwartungen und Überzeugungen, die auf dem Bewusstsein der praktischen Möglichkeiten, d.h. der praktischen Vermögen, basieren, als „Wenn-so" Struktur (Hua IV, S. 164) gestalten: z. B., „wenn ich so und so handle, so ergibt sich die und die Folge". In dieser Struktur von hypothetischen Erwartungen dienen bestimmte „Bedingungen" als Prämisse, welche für die Verwirklichung eines bestimmten Ergebnisses in der Welt erforderlich sind und einen instrumentellen Wert haben, der zum realisierbaren Zweck beitragen kann. Auch wenn Husserl es nicht ausdrücklich sagt, müssen die willentlichen Handlungen auf dieser Erwartungsstruktur basieren: auf dem Glauben an die Verwirklichung bestimmter Ergebnisse, die ein bestimmtes Handeln herbeiführen. Dementsprechend fungiert der Glaube als ein Horizont, der die Grenzen der Normativität vorgibt, welche vorschreibt, was wir auf dieser Grundlage tun und was wir nicht tun sollen (Hua IV, S. 330).

Solange wir aktiv motiviert sind, gültige und angemessene Handlungen durchzuführen, dürfen wir nicht über die Erwartungen oder Überzeugungen der praktischen Möglichkeiten hinausgehen, welche das Gebiet dieser gültigen Handlungen abstecken. Diesbezüglich denke ich, dass „Normalität" in Husserls persönlichkeitstheoretischer Diskussion dasjenige Konzept darstellt, das die Grenzen dieses praktischen Horizonts beschreibt, der unser gültiges Handeln vorzeichnet. Normalität lässt sich zwar bei Husserl in mehreren Dimensionen erklären – als Vertrautheit, Durchschnittlichkeit usw. –, aber sie betrifft im Prinzip das Kriterium, das bestimmt, was *einstimmig* ist und was nicht. Es geht somit im Wesentlichen darum, was *gültig* ist und was nicht. „Normalität" ist also ein Konzept, das die Grundlage der praktischen Gültigkeit thematisiert.

3) Aber was bedeutet genau diese Gültigkeit? Wir finden eine Sache normal, wenn eine bestimmte Erfahrung der Sache unseren bestehenden Erwartungen einstimmig entspricht (Hua XXXIX, S. 3). Hier ist aber weiter zu fragen, wie die Erwartung, also Normalität, gebildet wird. Hierbei gilt es, die Art und Weise zu klären, wie Normalität, d. h. ein bestimmter Modus der Erwartung, sich bildet, und auf welche Weise sie die Grundlage für die Gültigkeit jeder Erfahrung darstellt und die Normalität und Abnormalität des zukünftigen Verhaltens bestimmt. Diese Fragen werden von Husserl unter den Titeln „Urstiftung" und „Habitualität" aufgegriffen.

Eine Erfahrung vollzieht sich so, dass die „körperliche Bewegung", die ein Objekt in der Umwelt erfährt, und die „Phänomene" des wahrgenommenen Objektes, die Husserl meistens „Abschattungen" nennt, sich in einer kohärenten und vereinigenden Gesetzmäßigkeit vollziehen, entsprechend der stillschweigenden Erwartung ihrer Einstimmigkeit. Während Körperbewegungen mit der Abfolge von Erscheinungen eines Objekts auf diese Weise korrespondieren, damit eine konsistente Einheit zwischen ihnen zustande kommt (Hua XI, S. 13), bilden die körperlichen Bewegungen des Subjekts und die mit ihnen einhergehenden Erscheinungen der Welt somit einen korrelativen Zusammenhang; die Welt, als „einheitliche" Erscheinungsreihe in solcher Korrelation gedacht, kann dabei eigenständig und einheitlich erfahren werden (Hua XXXV, S. 104).

Für Husserl vollzieht sich diese Vereinheitlichung im Rahmen von Kinästhese und Konstitution; die kohärente Erfahrung eines Objekts geht von einer impliziten Erwartung der Erfahrbarkeit des Objekts aus, welche man vor seiner Wahrnehmung bereits besitzt. In dem Modus der Erwartung wird die Einheit eines solchen Objekts im Voraus erfasst, wobei diese Erwartung niemals willkürlich ist, sondern ihre Gültigkeit lediglich *aufgrund der Urstiftung, die durch vergangene tatsächliche Erfahrungen begründet wird* (Hua XXXIX, S. 3), gewinnt. Wenn ein Objekt erfahren wird, identifizieren sich die potenziellen Erwartungen, die bereits durch eine vergangene Urstiftung schon konstituiert ist, mit aktuellen Erscheinungen der Gegenwart, wobei die Gültigkeit der gestifteten Einheitlichkeit eines Gegenstandes erhalten bleibt (Hua Mat VIII, S. 253).

In diesem Sinn kann man sagen, dass die Erfahrung des Objekts bzw. die Konstitution seines Sinnes der teleologischen Struktur der Intention-Erfüllung folgt, in der sich bestimmte intendierte Erwartungen immerfort durch die nachkommenden Erscheinungen erfüllen lassen. Demgemäß weisen die Erwartungen einer bestimmten Erscheinung eines Objekts im Voraus auf eine kinästhetische Bewegung des Subjekts hin, die ihr entspricht und die eine praktische Möglichkeit darstellt. Diese praktische Möglichkeit bezieht sich sowohl auf eine mögliche Handlung als auch auf das Ergebnis der Ausführung dieser Handlung. Dabei bestimmt der Inbegriff der praktischen Möglichkeit, die ihre Gültigkeit den vergangenen Erfahrungen verdankt, den Umfang des praktischen Vermögens eines praktischen Subjekts (Hua XI, S. 14). Diesen Inbegriff der bleibenden Vermögen nennt Husserl auch „Habitus". Da alle intentionalen Akte auf die Erfüllung der durch den Horizont der Vergangenheit protendierten Erwartungen zielen, besteht die prinzipielle Motivation der Intentionalität auch darin, dass eine solche Gültigkeit der Vergangenheit auch durch den kontinuierlichen Fluss der Zeit erhalten bleiben sollte, was durch Husserls Definition der „Selbsterhaltung" artikuliert wird. Diese Sachlage ist in der Praxis nicht anders. Wenn man einen bestimmten Zweck verwirklichen will, der aufgrund einer praktischen Überlegung als richtig angesehen wird, setzt dieses Streben in der Tat voraus, dass die in der Vergangenheit schon etablierten Überzeugungen weiter einstimmig erhalten bleiben und nicht enttäuscht werden. In diesem Sinn formuliert Husserl also: „Das Selbsterhaltungsstreben ist der bloße Ausdruck für die Wesenseigenheit alles geistigen Lebens" (Hua XLIII/3, S. 473) Insofern waltet in allen praktischen Handlungen das „Gesetz der Selbsterhaltung" (Hua XLII, S. 367).[6]

4. Die Aufgabe der apodiktischen Kritik und das Grundmotiv der transzendentalen Phänomenologie

1) Aber paradoxerweise scheint dadurch die ethische Normativität, die Husserl in seinen frühen Schriften eingeführt hat, eine Beschränktheit aufzuweisen. Verschiedene praktische Möglichkeiten, die im Hintergrund dieser rationalen und praktischen Überlegungen fungieren, werden von Husserl als durch Erfahrung konstruierter Habitus angesehen, der im Prinzip horizonthaft ist. Diese praktischen Möglichkeiten müssen sich somit durch kommende empirische Anschauungen und durch die Bildung einer neuen Gültigkeit stets verändern (Hua XXXIX, S. 190f.). Insofern werden diese gewohnheitsmäßigen praktischen Gültigkeiten grundsätzlich als „präsumptiv" bezeichnet (Hua XXXV, S. 204). Hierdurch scheinen wir in die Gefahr zu geraten, dass die objektive Geltung des höchsten Gutes mit einer Veränderung des Betrachtungshorizonts verloren geht, sofern wir nach der Norm des höchsten Gutes handeln. Tatsächlich gesteht Husserl aus diesem Grund auch zu, dass das einfache höchste Gut nicht als absoluter kategorialer Imperativ im Kantischen Sinne funktionieren kann. Nur wenn die Möglichkeit der Erweiterung des praktischen Horizontes überhaupt ausgeschlossen wäre, könnte man das höchste Gut als einen echten kategorischen Imperativ und als ethische Norm bezeichnen (Hua XXVIII, S. 137).

[6] Vgl. Hua XLIII/3, S. 528.

Wenn sich jedoch alle praktischen Überlegungen nur im Rahmen der auf der empirischen Gültigkeit begründeten Normalität vollziehen lassen, dann könnten sie sich niemals der horizonthaften Relativität entziehen, und alle praktischen Normen, die wir jetzt befolgen wollen, könnten ebenfalls einer solchen relativen „Situationsbezogenheit" (Hua XXVII, S. 233) nicht entkommen.

Dennoch sieht Husserl die Aufgabe der Ethik darin, die beste Lebensform zu finden, die volle und dauerhafte Befriedigung während des ganzen Lebens garantiert (Hua Mat IX, S. 148), und den endgültigen Willenszweck zu entdecken, der sie ermöglicht. Was ist dann die endgültige ethische Norm, die für das ganze Leben einstimmig bleiben kann, d.h. die ein Leben garantieren kann, in dem man niemals enttäuscht wird oder etwas bereut?

Ich denke, dass der Versuch, diese ethische Normativität jenseits der horizonthaften Relativität zu finden, mit Husserls apodiktischer Kritik und dem Motiv der transzendentalen Phänomenologie zusammenfällt. Sein Bemühen, eine absolute Grundlage für alle Erkenntnis zu finden, eine Grundlage, deren Gültigkeit sich niemals ändert und die nicht negiert werden kann, ist ein Versuch, die Philosophie als „strenge Wissenschaft" vor der Gefahr des Relativismus und Skeptizismus zu retten; eine solche Philosophie ist rein selbstbegründet und dient als das universale Fundament für alle anderen Wissenschaften (Hua XXXV, S. 314).

2) Zu Beginn dieses Unternehmens wurde Husserl bekanntermaßen von Descartes inspiriert, der dieselbe Absicht wie Husserl hatte: Als „anfangender Philosoph" gilt es, nur vollständig begründetes Wissen zuzulassen und damit alle bisher reflexionslos etablierten Überzeugen abzulehnen; dies bezeichnete Husserl als den „allgemeinen Umsturz aller meiner bisherigen Überzeugungen." (Hua XXXV, S. 315).

Aber wo können wir ein solches Wissen finden und was bedeutet es, dass Wissen sich selbst rechtfertigt? Husserls Meinung nach dürfen wir nur dann von einem solchen Wissen sprechen, wenn die Fehlbarkeit oder Korrigierbarkeit des Wissens ganz und gar ausgeschlossen ist, d.h. wenn der Gegenstand des Wissens einem Subjekt *selbstgegeben* ist. Es ist bemerkenswert, dass die Idee der adäquaten und apodiktischen Evidenz als „notwendiges Prinzip eines Anfangens" (Hua XXXV, S. 336) und als „leitendes Ideal für absolut gerechtfertigte Erkenntnis" (Hua XXXV, S. 317) niemals beschädigt wird, selbst wenn wir alle normativen Gültigkeiten der schon gesetzten Gewissheiten einklammern.

Während man nur das Adäquate und Apodiktische für gültig hält, ist es genau „*ego cogito*"[7], das sich als absolut-gültig enthüllt - also der sowohl „trivialste" als auch „wunderbarste" Satz (Hua XXXV, S. 318). Mit anderen Worten, der Blick der inneren Reflexion ist niemals zu leugnen, d.h. „dieses reflektierende Sehen müsste selbst wieder adäquat sein und sich genau so vor sich rechtfertigen können" (Hua XXXV, S. 317). Husserl behauptet weiter, dass „Wesensanschauung" und damit erlangte wesentliche Sachverhalte, d.h. „Wesensgesetze" (z. B. mathematische Gesetze) ebenfalls als apodiktisch bezeichnet werden können, denn dabei erfassen wir „[g]egenüber den schwankenden Gestalten der Einzelheiten [...] das absolute Eidos und die eidetische Gesetzmäßigkeit, die in absoluter Weise das Universum untergeordneter Möglichkeiten beherrscht" (Hua XXXV, S. 328). Der Bereich des apodiktischen Wissens geht dann über das erst offenbarte Bewusstsein des '*ego cogito*' hinaus, erweitert sich zum Wissen der wesentlichen Struktur solchen Bewusstseins und zu den wesentlichen Charakteren der im Bewusstsein erscheinenden

[7] Im weiteren Sinn kann das auch so ausgedrückt werden: „Ich erfahre, ich denke, ich fühle, ich will" (Hua XXXV, S. 321)

intentionalen Gegenstände (Hua XXXV, S. 330). Diese Untersuchung des Bewusstseins ist also eine Untersuchung des Wesens und der Struktur der Intentionalität überhaupt, und in diesem Sinn deckt sie „alle Formen möglicher Aktivität" (Hua XXXV, S. 332) ab.

Die Wissenschaft dieser Wesensgesetze, jetzt Phänomenologie genannt, befasst sich daher mit allen möglichen Wesensbestimmungen überhaupt als Ontologie (Hua XXXV, S. 334; 336) und mit allen Bewusstseinsmodi, in denen diese Objekte erscheinen (Hua XXXV, S. 332). Darüber hinaus erforscht die Phänomenologie die universale Form, in der alle Erlebnisse selbst vonstattengehen, also die Form des Zeitbewusstseins im Allgemeinen als die „innerste Intentionalität" (Hua XXXV, S. 333), in der all diese Erlebnisse und Objekte als eine „konstituierte Einheit" auftreten (Hua XXXV, S. 333f.).

Dem inneren Zeitbewusstsein und dem transzendentalen Subjekt ist die Welt nun als das Bewusste, also nicht mehr als Welt an sich, sondern als Phänomen gegeben (Hua XXXV, S. 270). Das Subjekt ist damit nicht mehr das natürliche Subjekt, das in der Welt ist, sondern zeigt sich jetzt als ein Feld, in dem die Sinne und Gültigkeiten aller Objektivität gegeben ist. Daher ist es „Unsinn" (Hua XXXV, S. 271), nach anderen Gebieten außer diesem Gebiet oder Feld zu fragen. Die transzendentale Phänomenologie, die all diese Felder der Konstitution erkundet, deckt daher alle Gebiete ab, die mit dem wesentlichen Gesetz der Vernunft zusammenhängen, und als „Wesenslehre der Vernunft" bzw. als "universelle Normenlehre" trägt sie zur Rechtfertigung „alle[r] möglichen Wissenschaften" (Hua XXXV, S. 337) bei.

Wenn wir im Rahmen der Etablierung dieser universalen Wissenschaft den Normen der Adäquation und Apodiktizität folgen, bedeutet dies, dass alle anderen natürlichen Gewissheiten als Wesenseigenschaften und Wesensgesetze, welche durch die Phänomenologie herausgestellt werden, lediglich relativ sind. Sie sind nicht absolut gerechtfertigt, es sei denn, sie ist „auf die in der Phänomenologie adäquat erfassten und beschriebenen Wesensgestalten und Wesensgesetze [...] zurückbezogen" (Hua XXXV, S. 339). Die beschränkte Gültigkeit in der praktischen Welt verliert ihr Recht gegenüber der Gültigkeit, welche die durch die Idee der Apodiktizität und Adäquation motivierten Forschungen haben (Hua VII, S. 293).

Dies bedeutet jedoch nicht, dass die Überzeugungen der natürlichen Geltung völlig zu ignorieren sind; sie haben zwar auf ihrer eigenen praktischen Ebene hinreichende Geltung, aber sie stellen nur ein relativ niederes Recht dar, im Bezug auf das durch anschauliche Erfahrungen und wesentliche Erkenntnisse erlangte Wissen. Die natürliche Geltung wird deshalb nur als das anerkannt, was stets der erneuten Rechtfertigung unterliegen sollen (Hua XXVII, S. 97).

3) Hierdurch ist die Idee des sekundären Rechtfertigungsversuchs für die Überzeugungen, die bereits durch natürliche Erfahrung ihre eigene begründete Gültigkeit bekommen, dargelegt. Diese natürliche Gültigkeit gründet auf ihrer eigenen Begründung der Urstiftung, die sie bildete, aber es zeigt sich jetzt, dass gerade die Begründung selbst erneut gerechtfertigt werden muss. Mit anderen Worten, „Rechtfertigung bedarf selbst wieder einer Rechtfertigung" (Hua XXXV, S. 339).

Die radikalste Form einer solchen Rechtfertigung besteht darin, über die relativen Sinnbildungen, die auf der empirischen Gültigkeit beruhen, hinauszugehen und die habituelle Basis des transzendentalen Subjekts als Feld dieser Sinnbildungen selbst zu betrachten. In dieser Hinsicht kann diese sekundäre Rechtfertigung als *Selbstbegründung* bezeichnet werden, in der eine Person „die Zwecke selbst" bzw. „den ganzen möglichen Lebenshorizont als Horizont meines Könnens, und als gelingendes Zweckleben allgemein" zu begründen versucht, was gleichzeitig auch

„Selbstbesinnung" (Hua XV, S. 143) heißt. Selbstbesinnung besagt dabei die Betrachtung meines gegenwärtigen habituellen und praktischen Horizontes im Lichte einer höheren, „neuen Zielung über alles Ziele" (Hua XXVII, S. 234) und kann in diesem Sinn „die universale apodiktische Selbst- und korrelativ Welterkenntnis" (Hua VI, S. 430) genannt werden.

Indem all unsere Entscheidungen als wahre Aktivitäten von uns selbst gerechtfertigten Gründen getroffen werden können, übernehmen wir dabei die volle Verantwortung für all unsere Handlungen, was auch freie Entscheidung heißt (Hua VIII, 196f). Das bedeutet in diesem Sinn auch Selbstverantwortung, insofern eine echte volle Verantwortung für unsere Entscheidung besteht. Dies bedeutet auch im erweiterten Sinne „Autonomie" (Hua I, S. 227; Hua VIII, S. 506), nämlich dass wir uns selbst die praktischen Normen vorgeben, die unser Leben regeln (Hua VIII, S. 197).

5. Philosophie als Telos und Philosophie als Willensgesinnung

1) Durch diese apodiktische Kritik und den daraus folgenden Begründungsversuch der transzendentalen Phänomenologie wird deutlich, dass Husserls früher Begriff des *summum bonum* und das aktiv motivierte Handeln als Endziel von Husserls Frühethik nicht ausreichen, um eine absolut begründete ethische Normativität herauszustellen. Die Normativität, die wir mit Recht zulassen können, besteht lediglich darin, die wesentliche Horizonthaftigkeit und Beschränktheit eines solchen natürlichen Normsystems zu enthüllen und ständig zu versuchen, es zu rechtfertigen und zu korrigieren, indem wir zur anschaulichen Erfahrung, die als Urstiftung seinen Geltungsboden ausmacht, zurückkehren.

Insofern wir also Apodiktizität als ein absolut richtiges normatives Kriterium aufzuweisen suchen, geht der Versuch, eine solche Idee zu verwirklichen, über die bloße Auswahl des höchsten Gutes innerhalb eines gegebenen natürlichen Geltungsbereichs hinaus. Notwendig führt dies dazu, dass wir uns auf die praktischen Gültigkeiten besinnen, die als Hintergrund aller praktischen Überlegungen für das höchste Gut dienen, d.h., wir müssen die unser Handeln bestimmenden Normen dahingehend rechtfertigen, dass wir die Entwicklung der Normen „nach ihrem Ursprung, nach der konstitutiven Sinngebung" (Hua XXXVII, S. 293) abbauen, und zwar bis auf den Moment der ersten Urstiftung, in der ihre eigentlichen Gültigkeiten sich bildeten; dadurch ist es möglich, die die anschauliche Gültigkeit ihrer Normativität zu reaktivieren oder zu korrigieren (Hua XIV, S. 231), was Husserl auch als „Erneuerung" bezeichnet (Hua XXVII, S. 29ff.).

Aber es darf hier nicht übersehen werden, dass die wissenschaftliche Arbeit als solche, die Husserl im Rahmen der apodiktischen Kritik betrieben hat – die transzendentale Phänomenologie -, eine willentliche Praxis ist, der normativen Idee der Apodiktizität nachzugehen und sie als eine absolute Norm zu erfüllen.

2) Philosophie bei Husserl wird unter diesem Gesichtspunkt als ethische Aufgabe dargestellt. Dies liegt insbesondere daran, dass Philosophie keinesfalls eine Disziplin mit einer bestimmten Methodik ist, sondern selbst ein Willensprozess, der auf das universale Wissen um „die gesamte Welt" (Hua VII, S. 293) jenseits aller relativen Gültigkeit hinaus will und der der absolut „endgültigen Wahrheit" vorurteilslos nachzugehen sucht, welche ihre Gültigkeit anhand der „Unabhängigkeit von zufälligen Personen, Völkern, Gemeinschaftsvorurteilen" (Hua VII, S. 295) nicht verlieren kann (Hua VI, S. 73).

In diesem Sinne bezeichnet Philosophie eine einzigartige Verhaltensweise, in der man willens ist, das eigene Handeln auf der Grundlage des Ideals der universalen Wissenschaft und der Apodiktizität des vollkommenen Wissens zu entwickeln, und PhilosophInnen stellen sich dementsprechend als Menschen mit einem solchem Willen und einer solcher Einstellung dar (Hua VIII, S. 7). Mit anderen Worten, Philosophie ist kein etabliertes akademisches Wissenssystem oder eine etablierte Methodik, sondern eher ein ideales Telos, um zum absoluten, sich selbst begründenden Wissen über die Welt zu gelangen, und auch eine willentliche Gesinnung, diesen normativen Zweck zu verwirklichen. In diesem Sinn wird das Unternehmen der Philosophie als ein unendlicher *Progressus* verstanden (Hua VIII, S. 196), im Einklang mit der Idee der Philosophie selbst, als ‚ein[em] im Unendlichen liegende[m] Ziel" (Hua VIII, S. 196).

In dieser Hinsicht sieht Husserl die Quintessenz der Philosophie insbesondere in der sokratisch-platonischen Lebensweise (Hua VII, S. 8), wobei er das Leben Sokrates' als das hervorragende Vorbild der PhilosophInnen vorstellt und betont: Allein die sokratische Lebensweise sucht in ständiger Selbstreflexion die Quelle der Gültigkeit des Lebenszwecks und der Lebensmittel klarzustellen und ihre Rechtmäßigkeit zu kritisieren (Hua VII, S. 9, 16).

3) Dennoch kann diese philosophische Einstellung primär nur als eine theoretische Einstellung verstanden werden, die von der natürlichen Einstellung überhaupt abweichen muss und die mit praktischen Interessen nichts zu tun hat; daher hat Husserl dasjenige Subjekt auch als „uninteressierter Zuschauer" (Hua VIII, S. 92, 107) bzw. als „unbeteiligter Betrachter" (Hua VIII, S. 98) bezeichnet. In der Tat sagt er selbst, dass Philosophie von „einem von allen sonstigen Abzweckungen befreiten theoretischen Interesse" „an der Wahrheit rein um der Wahrheit willen" (Hua VII, S. 203; vgl. auch Hua VI, S. 328ff.) motiviert wurde. Aber auch eine solche theoretische Einstellung ist nach Husserl „nicht in jeder Hinsicht uninteressiert" (Hua VIII, S. 97). Darin unterscheidet sie sich vom Zustand des traumlosen Schlafes, der im eigentlichen Sinne als Fluchtpunkt aller Interessen bezeichnet werden kann (Hua VIII, S. 98).

Daher lässt sich die philosophische Einstellung in erster Linie nur als eine unpraktische theoretische Einstellung ansehen, andererseits aber muss „sie doch, aber in einem völlig neuen Sinne, praktisch" (Hua XXVII, S. 187) sein. Denn es ist klar, dass sie noch eine willentliche Gesinnung ist, die universale und grundlegende Norm zu erfüllen, nur außerhalb aller relativen Normen der natürlichen Einstellung. Daher zeigt sich der Unterschied zwischen diesen beiden Einstellungen erst in derjenigen Fragestellung, wie radikal und wie universal der Zweck jeder Einstellung, den man in jeder Einstellung stets erhalten sollte, hinsichtlich ihrer normativen Gültigkeit gerechtfertigt wird (Hua VIII, S. 204). In beiden Einstellungen gibt es für Husserl zwar keinen Unterschied hinsichtlich ihrer Gegenstände, aber die philosophische Einstellung unterscheidet sich von der natürlichen Einstellung dadurch, dass die erstere versucht, alle Probleme, die im Leben auftreten, universal zu behandeln - über ein spezifisches beschränktes Interesse hinaus.

Absolutheit als ein philosophisches Ideal bedeutet für Husserl hierbei weder etwas, das tatsächlich erworben werden kann, noch einen bestimmten Zustand, zu dem man tatsächlich gelangen kann, sondern nur etwas, dem man sich ständig in einer bestimmten Willenshaltung annähern kann. Nur diese Methode der Annäherung ist uns als verlässlich gewiss. Daher schreibt Husserl: „aus der Überzeugung von der Erreichbarkeit der endgültigen Weltwahrheit, die nur als vollständige nicht erreichbar bleibt, also im Progressus des Ausbaus endgültiger Wahrheiten und Theorien sich der Idee der allumfassenden Theorie nähert, wird die Überzeugung, daß die wissenschaftlichen Theorien nur *Approximationen* sein wollen an die endgültige Weltwahrheit und daß das Fortschreiten nicht bloß ein solches in der Vervollständigung, sondern in der Annäherung ist, *während erreichbar allein ist die methodische Form dieses Progressus bzw. deren Vorzeichnung in wirklich erreichbaren endgültigen Wahrheiten.*" (Hua

VII, S. 296) (Hervorhebung von JSA)

Wir erhalten die klarsten Antworten nur auf die Fragen, an welchem Zweck und an welcher Methodik wir festhalten sollen. Insofern es sich bei dieser Einstellung um ein vollkommenes Leben handelt, das als universales Gut im ganzen Leben waltet, ist diese Lebenseinstellung durch das Interesse an der Idee motiviert, welche alle Aspekte des ganzen Lebens bestimmen kann, unabhängig von anderen einzelnen Interessen oder Zwecken; somit bestimmt diese Idee auch den Willen, den wir in jedem Moment unseres Lebens berechtigterweise durchsetzen sollen.[8]

4) Unter der Berufung auf diese absolut endgültigen Zweckidee (Hua VIII, S. 13) sollte ein Willenssubjekt, das auf einen solchen normativen Aufruf antwortet, eine willentliche Tendenz haben, die von jeder Relativität unerschüttert bleiben kann. Schließlich ist es die apodiktische Norm, die den Willen über alle möglichen horizonthaften Erweiterungen und Transformationen des gesamten praktischen Lebens hinaus rational motivieren kann, welche somit die wahrhaft und absolut einheitliche Habitualität ermöglicht.

In diesem Willen kann, auch wenn unsere verschiedenen Gewohnheiten korrigiert und verändert werden, eine dauerhafte und universale Willenseinheit aufgebaut werden, die eine gesamte Persönlichkeit „zur einstimmigen universalen Gewissheit" zu bringen vermag (Hua XV, S. 404). Dies ermöglicht eine neue Weise der Selbsterhaltung (Hua XLII, S. 368), die über die Selbsterhaltung innerhalb eines hypothetischen Horizontes hinausgeht, und sie ist ein rein ideales und apodiktisches Ziel des wahren Menschen, das „Glückseligkeit verbürgende Leben" (Hua XLII, S. 239) und die Vervollkommnung der Menschheit zu erreichen (Hua XV, S. 404).

Indem Philosophie die ethische Idee verwirklichen will, spielt sie einerseits als Willenshandlung (Hua VIII, S. 196) die Rolle eines „Dieners des Willens" (Hua VIII, S. 201),[9] aber sie wird andererseits zum notwendigen „Fundament" (Hua VII, S. 16) für die Verwirklichung eines solchen ethischen Lebensziels.

6. Intersubjektivität der philosophischen Praxis und philosophische Kultur

1) Nach Husserl ist die Idee der universalen Wissenschaft die Idee, eine wahre und objektive Welt an sich zu erkennen.[10] Auffallend ist dabei, dass die Aufgabe, diese normative Idee der universalen Wissenschaft zu vollbringen, nicht nur einem Individuum, sondern einer intersubjektiven Gemeinschaft anvertraut wird, und zwar als Willensgemeinschaft, die Zweckidee als das gleiche funktionale Gemeinwohl zu verfolgen. Dies hat seinen Grund darin, dass diese Aufgabe die individuellen Leben überdauern soll, aber zugleich auch darin, dass meine ideale Intention auf die vollkommene Weltvorstellung all diejenigen Aspekte der Welt implizieren soll, die nur von den eigenen Standpunkten der Anderen aus erfahren werden können. Also ist klar, dass die Welt „ein offen endloses Feld von Möglichkeiten, unbekannten, unbestimmten Möglichkeiten" (Hua XV, S. 494) ist, und dass ein Subjekt „nicht unendliche Zeit und Kraft" hat, um „so allseitig sinnliche Erfahrung zu üben" und „meine Endlichkeit zu überscheiten". Dabei kann ein Subjekt in seiner primordialen Sphäre andere Subjekte und „ein offen endloses Universum von Mitmenschen" (Hua

[8] „Die Idee einer absolut vollkommenen transzendentalen Allgemeinschaft, diese im Unendlichen stehende Idee, ist zugleich die Idee eines durch alle Endlichkeiten und Faktizitäten hindurch waltenden Lebens, das durch alles faktische Leben hindurch ins Unendliche ideale Verwirklichung absolut vollkommenen Lebens ist." (Ms. E III 4/36 b) (zitiert von Schuhmann 1988, S. 152)

[9] In dieser Hinsicht sagt Husserl an einer anderen Stelle: „Wir, als aktuelle Vernunftsubjekte in der Aktualität schicksalvollen Lebens stehend, treiben Wissenschaft als Funktion und Methode eben dieses Lebens" (Hua VII, S. 258)

[10] Vgl. „Die ganze Entwicklung der Philosophie in der Vorstufe der Unwissenschaftlichkeit und als eigentliche Philosophie seit Plato ist von der Idee der Welt geleitet, der Welt an sich, der „objektiven" gemäß der besprochenen Sinnverwandlung [...]" (Hua XXVII, S. 194)

XV, S. 495) finden, weil es durch Einfühlung die „nicht wirklich wahrgenommene" bzw. „überhaupt nicht wahrnehmbare" Weltobjekte vergegenwärtigen und mithilfe von „Mitteilung" der Anderen das Wissen um die Welt im Ganzen erweitern kann (Hua XV, S. 498). In dieser Weise kann ein Individuum „die Möglichkeit der Forterfahrung" (Hua XV, S. 496) gewinnen und sich selbst als ein „Mensch unter Menschen" (Hua XV, S. 497) verstehen, als Menschen, die als Gemeinschaft unendlich versuchen, eine wahre Welt zu wissen.

Aus diesem Argument ergibt sich auch, dass ich verantwortlich bin, nicht nur für mein eigenes Wissen, sondern auch für das Wissen der Anderen, die um die von mir erfahrene Welt wissen wollen, und dass ich umgekehrt auf Mitsubjekte angewiesen bin, um die von ihnen erfahrene Welt zu wissen. Hierbei versuchen wir, ein vollkommenes Wissen um eine gemeinsame Welt zu erhalten, und dies entwickelt sich zur Idee der universalen Wissenschaft. Somit wird die universale Aufgabe der „Wissenschaft als unendlicher Theorie" (Hua VIII, S. 209) der generativen ForscherInnengemeinschaft gestellt, nicht einem Individuum.[11]

2) Aber diese Universalität des Weltwissens ist völlig losgelöst von der subjektiven Situation des Einzelnen und sogar von den verschiedenen Situationen. Daher impliziert diese Aufgabe der Wissenschaft eine Universalität jenseits aller individuellen und zufälligen kulturellen Relativität und fungiert als eine regulative Idee, die die gesamte Menschheit in eine universale Willensgemeinschaft überführt, welcher es darum geht, diese Idee der universalen Wissenschaft zu verwirklichen. Sie ist nicht sowohl eine realistische Gemeinschaft als vielmehr eine ideale Gemeinschaft, die im Prozess des unendlichen Fortschritts zur Vervollkommnung betrachtet wird (Hua VIII, S. 200).[12] Die Bedeutung dieser idealen Vervollkommnung liegt darin, die ihr zugehörige intersubjektive Habitualität, welche als soziale Normalität je nach Kultur und Tradition verschieden ist, gemäß dieser philosophischen Zweckidee zu rekonstruieren (vgl. Hua XIV, S. 558).

3) Auf diese Weise erneuert sich die Gemeinschaft, die auf einer relativ-kulturellen Geltung aufbaut, als eine von traditioneller Gültigkeit dominierte „bloße Wirkungsgemeinschaft" zur echten Menschheit qua „ethische Menschheit" (Hua XIV, S. 204); diese ist willens, alle etablierten traditionellen Normen zu überprüfen und zu erneuern. Wir können die habituelle Einstellung dieser Gemeinschaft als "wissenschaftliche Kultur"(Hua VI, S. 325) oder als "philosophische Kultur" (Hua VII, S. 203) definieren.[13] In diesem gemeinsamen ethischen Willen trägt auch jeder Einzelne als „Träger und Funktionär des Gemeinschaftswillens" (Hua XXVII, S. 22) seinen Teil zum gemeinsamen Willen bei.

Der Wille, dieser Idee zu folgen, besteht darin, danach zu streben, sich nur auf die Vernunft zu verlassen, und dies wird nur dann vollzogen, wenn die Menschheit auf wahren absoluten Normen und Prinzipien basiert und die "philosophische Kultur" "praktisch" als „Spiegelbild der Einheit und Harmonie unseres personalen Lebens" (Hua Mat IX, S. 148) gestaltet (Hua VII, S. 205). Dieser Prozess kann als geschichtliche Verwirklichung der ethischen Norm und Neugestaltung der intersubjektiven Umwelt nach der ethischen Norm verstanden werden (Hua XXVII, S. 207). Und in diesem Sinn kann man sagen, „[d]er Phänomenologe und die Phänomenologie stehen selbst in dieser

[11] „Das schöpferische Tun des einzelnen Forschers vollendet sich nicht im Einzelnen und hat nur Sinn dadurch, dass der Einzelne sich als Funktionär weiß und als Mitglied einer ins Unendliche sich fortpflanzenden Forschergemeinschaft, deren Korrelat die Wissenschaft – als unendliche Theorie – ist." (Hua VIII, S. 209)

[12] Vgl „dieses Menschentum nach Husserl „eine absolute Idee in sich trägt und nicht ein bloß empirischer anthropologischer Typus ist wie ‚China' oder ‚Indien' (Hua VI, S. 14)" (Schuhmann 1988, S. 145)

[13] Husserl hat die Definition der Kultur nicht genau ausgeführt, aber an einer Stelle hat er so geschrieben: „Kultur ist ein Titel für das schaffende Menschheitsleben, für das sich in Gemeinschaftsleistungen objektivierende." (Hua XIV, S. 207)

Geschichtlichkeit." (Hua XV, S. 393) In dieser philosophischen Kultur verwirklicht sich die absolute ethische „Idee" der unendlichen Selbstverantwortung als Herausbildung einer ethischen Kultur.

Die Aufgabe, eine philosophisch-ethische Kultur zu verwirklichen, betrifft in dieser Hinsicht die gesamte Menschheitsgeschichte, in der die Idee der Philosophie die ganze Entfaltung der menschlichen Geschichte reguliert und sich diese Teleologie in der faktischen Geschichte verwirklicht.[14] Daher kann diese Geschichte als Realisierung der ethischen Selbstgestaltung der Menschheit verstanden werden (Hua XLII, S. 238f.).

Literatur:

Husserl, E., *Cartesianische Meditationen und Pariser Vorträge*, Den Haag: Martinus Nijhoff, 1950 (Hua I)

Husserl, E, Ideen zu einer reinen Phänomenologie und phänomenologischen Philosophie I: Allgemeine Einführung in die reine Phänomenologie, Den Haag: Martinus Nijhoff, 1950 (Hua III/1)

Husserl, E, Ideen zu einer reinen Phänomenologie und phänomenologischen Philosophie II: Phänomenologische Untersuchungen zur Konstitution, Den Haag: : Martinus Nijhoff, 1952 (Hua IV)

Husserl, E, Die Krisis der europäischen Wissenschaften und die transzendentale Phänomenologie, Hrsg. von Biemel Walter, Den Haag: Martinus Nijhoff, 1954 (Hua VI)

Husserl, E, Erste Philosophie I (1923-24): Kritische Ideengeschichte, Den Haag: : Martinus Nijhoff, 1956 (Hua VII)

Husserl, E, Erste Philosophie II (1923-24): Theorie der phänomenologischen Reduktion, Den Haag: : Martinus Nijhoff, 1959 (Hua VIII)

Husserl, E, Phänomenologische Psychologie: Vorlesungen Sommersemester 1925, Den Haag: : Martinus Nijhoff, 1962 (Hua IX)

Husserl, E, Analysen zur passiven Synthesis: Aus Vorlesungs- und Forschungsmanuskripten 1918-1926, Den Haag: Martinus Nijhoff, 1966 (Hua XI)

Husserl, E, Zur Phänomenologie der Intersubjektivität: Zweiter Teil: 1921-1928, Hrsg. von Kern Iso, Den Haag: Martinus Nijhoff, 1973 (Hua XIV)

Husserl, E, Zur Phänomenologie der Intersubjektivität: Dritter Teil: 1929-1935, Hrsg. von Kern Iso, Den Haag: Martinus Nijhoff, 1973 (Hua XV)

Husserl, E, Logische Untersuchungen. Erster Band: Prolegomena zur reinen Logik, Hrsg. von Holenstein Elmar, Den Haag: Martinus Nijhoff, 1975 (Hua XVIII)

Husserl, E, Einleitung in die Logik und Erkenntnistheorie Vorlesungen 1906/07, Den Haag: Martinus Nijhoff, 1984 (Hua XXIV)

Husserl, E, Aufsätze und Vorträge: (1922-1937), Hrsg. von Sepp Hans Rainer, Nenon Thomas, Dordrecht: Kluwer, 1989 (Hua XXVII)

Husserl, E, *Vorlesungen über Ethik und Wertlehre: (1908-1914)*, Dordrecht: Kluwer, 1988 (Hua XXVIII)

Husserl, E, Einleitung in die Philosophie: Vorlesungen 1922/23, Dordrecht: Kluwer, 2002 (Hua XXXV)

Husserl, E, Einleitung in die Ethik: Vorlesungen Sommersemester 1920/1924, Dordrecht: Kluwer, 2004 (Hua XXXVII)

Husserl, E, Die Lebenswelt: Auslegungen der vorgegebenen Welt und ihrer Konstitution, Hrsg. von Sowa Rochus, Dordrecht: Springer, 2008 (Hua XXXIX)

Husserl, E, Grenzprobleme der Phänomenologie: Analysen des Unbewusstseins und der Instinkte. Metaphysik. Späte Ethik (Texte aus dem Nachlass 1908-1937), Dordrecht: Springer, 2014 (Hua XLII)

Husserl, E, Studien zur Struktur des Bewusstseins: Teilband III Wille und Handlung Texte aus dem Nachlass (1902-1934). Hrsg. von Ulrich Melle und Thomas Vongehr. Dordrecht: Springer, 2020 (Hua XLIII/3)

Husserl, E, Späte Texte über Zeitkonstitution: Die C-Manuskripte (1929-1934), Dordrecht: Springer, 2006 (Hua Mat VIII)

Husserl, E, Einleitung in die Philosophie: Vorlesungen 1916-1920, Hrsg. von Jacobs Hanne, Dordrecht: Springer, 2012 (Hua Mat IX)

Drummond, J. J., "Husserl's Middle Period and the Development of his Ethics", *The Oxford Handbook of the History of Phenomenology*, Hrsg. von Dan Zahavi, New York: Oxford University Press, 2018.

Lembeck, K-H., *Gegenstand Geschichte: Geschichtswissenschafttheorie in Husserls Phänomenologie*, Dordrecht: Kluwer Academic Publishers, 1988.

[14] Lembeck, K-H., *Gegenstand Geschichte: Geschichtswissenschafttheorie in Husserls Phänomenologie*, Dordrecht: Kluwer Academic Publishers, 1988. S. 162: "Geschichtliche Faktizität erscheint dabei als das bloße Vehikel einer sie kontinuierlich belebenden, traditionsbegründenden, virtuell vernunftgesetzten und teleologisch antizipieren Idealität."

Loidolt, S., *Anspruch und Rechtfertigung: Eine Theorie des rechtlichen Denkens im Anschluss an die Phänomenologie Edmund Husserls*, Dordrecht: Springer, 2009.

Luft, S., „Das Subjekt als moralische Person: Zu Husserls späten Reflexionen bezüglich des Personenbegriffs", *Geist-Person-Gemeinschaft: Freiburger Beiträge zur Aktualität Husserls,* Hrsg. von Philippe Merz, Andrea Staiti & Frank Steffen, Würzburg: Ergon, 2010, S. 221-240.

Melle, U., „Husserl's personalist ethics", *Husserl Studies* 23, 2007, S. 1–15.

Peucker, H., „Husserls Ethik zwischen Formalismus und Subjektivismus", *Die Aktualität Husserls*, Hrsg. von Verena Mayer, Christopher Erhard und Marisa Scherini, Freiburg/München: Verlag Karl Alber, 2011.

Schuhmann, K., *Husserls Staatsphilosophie*, Freiburg/München: Alber-Reihe Praktische Philosophie, 1988.

Sepp, H. R., *Praxis und Theoria: Husserls transzendentalphänomenologische Rekonstruktion des Lebens*, Freiburg/München: Verlag Karl Alber, 1997.

DIE GESTALTEIGENSCHAFT DER HARMONIE IN DER PHÄNOMENOLOGIE HUSSERLS UND DIE BLOSS WIRKLICHE UNTER DEN MÖGLICHEN WELTEN[1]

Philipp Battermann[2]

Zusammenfassung:

Harmonie ist ein naturphilosophischer Begriff aus der Metaphysik von Gottfried Wilhelm Leibniz (1646-1716) und charakterisiert die beste aller möglichen Welten. Der Beitrag untersucht die phänomenologische Umwendung des Harmoniemotiv Leibnizens in der genetischen Phänomenologie Edmund Husserls (1859-1938), in der Harmonie als Beschreibungsbegriff für holistische Erfahrungen von Einstimmigkeit dient. Ich zeige auf, wie Husserl Harmonie phänomenologisch in der natürlichen Erfahrung und im naiven Weltglauben verortet. Dabei ist der Weltbezug des harmonischen Lebens einerseits im Rahmen Husserls Leibniz-Rezeption zu verorten, andererseits muss Harmonie als Gestalteigenschaft einer bestimmten Umwelt vom Phänomen der Einstimmigkeit in der Dingwahrnehmung unterschieden werden. Die mit ihm charakterisierte Gestalteigenschaft bestimmter Erlebnisreihen hat besondere Relevanz in Bezug auf Kontinuitäten und Brüche verschiedener Lebensrealitäten, wie sie in der Soziologie Alfred Schütz' (1899-1959) und Erving Goffmans (1922-1982) untersucht werden. Damit entwickelt Husserl bereits zu Beginn der 20ziger Jahre ein bedeutendes methodisches Hilfsmittel einer Phänomenologie der Grenzen und Übergänge der „multiple realities".

■■■

Einleitung

Was heißt es aus einem Traum aufzuwachen? Für Alfred Schütz und Thomas Luckmann liegt hier ein Schockerlebnis vor, dass darin besteht, den plötzlichen »Sprung« von einem geschlossenen Sinngebiet, dem des Traumes, in ein anderes, den Zustand der Wachheit, zu vollziehen (Schütz and Luckmann 1979: 50). Dabei scheinen beide Sinngebiete durch verschiedene Erfahrungen von Kompossibilität ausgezeichnet zu sein. Während in der Traumwelt eventuell Schwerelosigkeit herrscht oder mir bestimmte Menschen feindlich gesinnt sind, mag es sich in der Alltagswelt gerade umgekehrt verhalten. Die Frage nach den „*multiple realities*" und ihrem gegenseitigen Verhältnis steht zumindest nach Schütz gleichnamigen Aufsatz und der pragmatischen Definition der Realität durch William James – Realität zeichne sich durch den besonderen Bezug zu unseren Emotionen und Handeln aus und nicht durch eine metaphysische Setzung – im Zentrum der Lebenswelt-Phänomenologie (Schütz 1972: 207).

Dieser Aufsatz möchte eine Untersuchung des Begründers der Phänomenologie, Edmund Husserl, vorstellen, die sich der Frage nach Kontinuität und Diskontinuität geschlossener Sinngebiete stellt. Schwerpunkt meiner Analyse soll zu diesem Zwecke die Kritik der mundanen Erfahrung sein,

---

[1] Dieser Aufsatz entstand im Anschluss einer von Jagna Brudzinska betreuten Masterarbeit und basiert auf einem mündlichen (unveröffentlichten) Vortrag während des *Workshops Phänomenologie* am Husserl Archiv zu Köln im April 2021.

[2] Doktorand, a.*r.t.e.s. Graduate School for the Humanities Cologne* & Wissenschaftliche Hilfskraft für das *Husserl Archiv Köln*, Philipp.Battermann@uni-koeln.de

die Husserl in seiner Vorlesung Erste Philosophie von 1923/24 entwickelt. Husserl untersucht an dieser Stelle eindringlich, wie unsere natürliche Einstellung, die Generalthesis einer fortwährend seienden Welt, funktioniert. Operativ dient ihm in diesem Zusammenhang der Begriff der Harmonie. Dabei darf nicht übersehen werden, dass Harmonie in der deutschen Philosophiegeschichte ein fester naturphilosophischer Terminus ist, der auf Gottfried Wilhelm Leibniz zurückgeht. Diese geschichtsphilosophische Situierung des Harmoniebegriffs bietet einen heuristischen Schlüssel zu einem eingehenden Verständnis der Sachmotive, die Husserl zu einer terminologischen Anlehnung an Leibniz motiviert haben. So lässt sich die Kritik der mundanen Erfahrung in die von Kiyoshi Sakai entwickelten Phasen der Leibniz-Rezeption Husserls verorten. Sakai identifiziert eine spezifische Phase Husserls Leibniz-Rezeption, die er von den 1920er bis in die 1930er Jahre datiert. In dieser Phase ist Husserl nicht mehr ausschließlich an Leibniz als Mathematiker, seiner Auseinandersetzung mit Locke und der Monadologie interessiert, sondern setzt sich insbesondere mit der Passivität innerhalb der Philosophie Leibnizens auseinander. Im Kontext dieser Rezeptionsphase zeigen sich Husserls Überlegungen zur Harmonie als Teil der genetischen Phänomenologie (Sakai 2017: 209).

Ausgehend von der historischen Bezugnahme auf Leibniz zeige ich, dass in der europäischen Tradition, die Frage geschlossener Sinngebiete im Sinne der Lebenswelt-Phänomenologie als kosmologische Frage – Die Frage nach der allumfassenden Ordnung des Seienden – diskutiert wurde. Im Folgenden versuche ich nachzuzeichnen, wie Husserl Motive Leibnizens in eine phänomenologische Forschungsrichtung wendet. Hier zeigt insbesondere die Abgrenzung vom Rationalismus des Aufklärers, dass es Husserl darum geht, ob oder wie wir eine Welt in unserer natürlichen Einstellung, der alltäglichen Erfahrung, erleben. In der Kritik der mundanen Erfahrung werden diesbezüglich das Erleben von Harmonie, Disharmonie und Ablaufsharmonie als wesentliche Eigenschaften unseres naiven Weltglauben aufgezeigt, wobei dieser gerade nicht, wie es die prästabilierte Harmonie nach Leibniz sein sollte, zwingend notwendig ist. Harmonie interpretiere ich als Gestalteigenschaft eines geschlossenen Sinngebietes, der das Motivationsfundament beschreibt, dass unsere Welt vor anderen möglichen Welten auszeichnet. Insofern Harmonie einen explizit holistischen Bezug hat, ist sie als Erweiterung der Tendenz zur Einstimmigkeit zu verstehen, die Andrea Staiti als wesentliche Eigenschaft der Dingwahrnehmung beschreibt (Staiti 2010). Bleibt das Motiv der Harmonie frei von impliziten Wertungen, die das blinde Sprechen des Alltages mit dem Begriff verbindet, kann er nach wie vor der phänomenologischen Deskription dienen. Dies umfasst ebenfalls die intensive Auseinandersetzung der phänomenologischen Forschung mit Normalität und Anormalität (Steinbock 1995), wie sie sich in der späten Lebenswelt-Phänomenologie findet. Dem Phänomen der Harmonie leistet es auch keinen Abbruch, sollte der Traum der mathesis universalis tatsächlich ausgeträumt sein (HUA VI: 508).[3]

Harmonie und Welt bei Leibniz

Wenn Harmonie zu einem sinnbildlichen Stillstand wird, wie etwa prominent in Chantal Mouffes demokratietheoretischer Kritik an Habermas und Rorty, und mit einem alle Differenzen versöhnenden Konsens identifiziert wird, stellt sich die Frage, inwiefern der Kern des Leibnizschen Motivs der Harmonie noch erfasst wird (Mouffe 1996: 6f.). Fraglich bleibt, inwieweit sie tatsächlich mit dem Ende der Geschichte identifiziert werden kann, dass seit Francis Fukuyama als Gespenst über der zeitgenössischen politischen Theorie kreist. Es gilt allerdings in dieser Hinsicht, die eigentlich philosophischen und erkenntnistheoretischen Momente des Harmoniebegriffs, nicht außer

[3] Husserl, E. (1954). Die Krisis der Europäischen Wissenschaften und die Transzendentale Phänomenologie. Eine Einleitung in die Phänomenologische Philosophie. Haag, Nijhoff.

acht zu lassen. Inwiefern zeigen sich hier Umrisse eines leibnizschen Motivs, dass einen Bezug zur Phänomenologie Husserls ermöglicht?

Die Hervorhebung des Harmoniegedankens bei Leibniz findet sich in der phänomenologischen Tradition bereits bei Husserls Doktorand Dietrich Mahnke (1884-1939), der in der von Husserl gegründeten Fachzeitschrift *Jahrbuch für Philosophie und phänomenologische Forschung* seine Arbeit zu *Leibnizens Synthese von Universalmathematik und Individualmetaphysik* veröffentlichte (1925). Mahnke sieht im Harmoniegedanken den Schlüssel zum Verständnis des Universalwissenschaftlers Leibniz. Die Vorstellung einer universalen Harmonie entwickele sich als Einheitsgedanke vor dem Hintergrund der „*größtmöglichen Mannigfaltigkeit*" wissenschaftlicher Erkenntnis. Leibniz habe sich geradezu nicht damit begnügt, eine bloße Enzyklopädie des Wissens zu verwalten. Vielmehr müsse ein Wissenschaftler in Leibnizens Sinne nach Mahnke „*imstande sein, nicht nur die Vielheit der zugleich oder nacheinander erklingenden Töne zu vernehmen, sondern auch die synthetische Einheit des Akkordes oder der Melodie aus ihnen heraus- oder in sie hineinzuhören*". Der Harmoniegedanke bei Leibniz wäre demnach als eine Hoffnung auf die Möglichkeit einer rationalen Metaphysik zu werten. Das Wesen der Dinge sei nach Vernunftgründen organisiert, sodass sich eine „*universelle Funktionsformel*" als rationale Begründung für die überwältigende Vielheit der Dinge finden lassen müsse (Mahnke 1925: 312). In diesem Zusammenhang verweist Mahnkes wissenschaftstheoretische Deutung des Leibnizschen Harmoniegedankens auf dessen Entdeckung der Integralrechnung (Poser 2016: 27).

Gleichzeitig zeigt sich hier auch der Anspruch die einzelnen Gegenstände möglichen Wissens vollständig, in „*Mannigfaltigkeit ihrer individuellen Relationen und subjektiven Erscheinungen*", erkennen zu können (Mahnke 1925: 312). Das wissenschaftliche Ideal einer universellen Harmonie bleibt nur dann sinnvoll, wenn die Einsicht in die synthetische Einheit der Variation des Seienden, deren Geltung als Individuum und somit deren eigene wissenschaftliche Aufklärung nicht nivelliert.

Die Vielheit oder die Abfolge einzelner und unterschiedener Klänge ist geradezu konstitutiv für das Heraus- bzw. Hineinhören der Harmonie. Diesbezüglich sieht Mahnke bei Leibniz nicht nur eine wissenschaftstheoretische Bedeutung des Harmoniebegriffs für eine Universalwissenschaft, sondern gleichzeitig die Notwendigkeit den individuellen Standpunkt zu bewahren und zu integrieren. Die Vielheit verschiedener Perspektiven bedeutet hier keine Verführung „*zum Eklektizismus noch zum Relativismus*", sondern sie alle geben die Sicht auf dieselbe Stadt von verschiedenen Orten frei (Mahnke 1925: 316).[4] Die Vielheit ist somit kein Endpunkt des Forschens, wie für den Relativismus, sondern konstituiert zusammen mit dem Streben nach Einheit eine doppelsinnige, synthetische Methode (Mahnke 1925: 318). Sowohl Vielheit als auch Einheit bestimmen die wissenschaftliche Urteilsfindung.

Diese Deutung übernimmt auch der Philosoph Gilles Deleuze (1925-1995) in seiner 1988 veröffentlichten Leibnizdeutung: *Die Falte, Leibniz und der Barock*. Leibnizens Anerkennung individueller Standpunkte münde nicht in einer „*Variation der Wahrheit je nach Subjekt*", sondern zeige „*die Bedingung, unter der dem Subjekt die Wahrheit einer Variation* [eines bestimmten Standpunktes] *erscheint*" (Deleuze 2017: 38). Der Perspektivismus, führt Deleuze aus, sei zwar in der Tat pluralistisch, aber die Pluralität impliziere vielmehr die Eigenschaft der Distanz und nicht die der Diskontinuität

[4] Mahnke bezieht sich hier auf die Stadtmetapher Leibnizens, wie sie sich beispielsweise im §9 des Discours de métaphysique findet: „Überdies ist jede Substanz gleichsam eine ganze Welt und wie ein Spiegel Gottes oder vielmehr des ganzen Universums, das jede auf ihre Weise ausdrückt, etwa so, wie die eine und selbe Stadt nach unterschiedlichen Standorten des Betrachters verschiedenartig vorgestellt wird" (Leibniz 2014: S.23).

(Deleuze 2017: 39). Mahnke und Deleuze verstehen Leibnizens Pluralismus somit immer auf die vereinheitlichende Bedingung der Welt hin. Im Zusammenhang mit den verschiedenen Ansichten der Substanztheorie ist die Leibnizsche Harmonie als alternative Antwort auf Monismus und Pluralismus zu begreifen. Die Metaphysik des Aufklärers ist demnach für Mahnke als Verbindung, Synthesis, zwischen Universalmathematik und Individualmetaphysik zu verstehen (Mahnke 1925: 320).

Ähnlich wie Mahnke sieht auch der zeitgenössische Philosoph und Leibnizforscher Hans Poser einen doppelten Zugang als Folge des Harmoniebegriffs als besonderes Kennzeichen der leibnizschen Metaphysik. Sie verlange, einen Zugang von der Einheit und einen Zugang von der Vielheit her. In seiner 2005 veröffentlichten Einführung in das Denken Leibniz erklärt Poser das Motiv der Harmonie zum „*Angelpunkt der Leibnizdeutung*". Gleichzeitig sieht Poser eine Entwicklung des Motivs von einer Annahme universaler Harmonie im göttlichen Kosmos, zur *prästabilierten Harmonie* in der Monadologie (Poser 2016: 29). Nach Poser entwickelt Leibniz einen sehr weiten Rahmen von möglichen Ordnungsbegriffen, welche die Vielheit als ein harmonisches Ganzes zeigen. Einhergehend mit diesem weiten Rahmen von möglichen Ordnungsbegriffen über das Mathematische hinaus ist somit eine „*gewollte Weite des Anwendungsbereich[es] des Harmoniebegriffs*" gegeben. Die jeweiligen harmonischen Verhältnisse von Ganzheiten setzen jedoch zugleich die Existenz von Disharmonien voraus. Disharmonien machen ein harmonisches Verhältnis von unterschiedenen Seienden erst erkennbar (Poser 2016: 31).

In Leibnizens späterer Monadologie ist jedes einzelne Ich ein solcher harmonisierender Ordnungsbegriff. Jede Monade, verstanden als individuelle Substanz, drückt auf ihre Weise das ganze Universum, die ganze Stadt, aus. Zugleich ist sie Einheitspunkt von Körper und Geist. Leibniz entwickelt hier die Vorstellung einem prästabilierten, sprich von Gott eingesetzten, harmonischen Verhältnis von Geist und Körper. Ziel der prästabilierten Harmonie ist es die Parallelität zwischen gleichzeitig unterschiedenen Seinsformen zu gewährleisten, die durch die cartesianische Unterscheidung von res cogitans und res extensa in Frage gestellt worden ist (Poser 2016: 33).

Die Leibniz-Forschung hat die genuin philosophische Funktion des Harmoniebegriff insbesondere durch Unterscheidung von Spinozas Metaphysik und seiner Annahme, die göttliche Substanz realisiere alle logischen Möglichkeiten, herausgestellt. Harmonie ist bei Leibniz zugleich die Charakteristik, welche die beste aller möglichen Welten von allen logisch möglichen Welten unterscheidet. Im Verständnis Leibnizens leben wir nicht in einer beliebigen Welt, sondern in einem wohlgeordneten oder harmonischen Ganzen, dass die vernünftigste Wahl darstellt, die ein Maximum an Phänomenen bei gleichzeitigem Minimum an ordnenden Prinzipien garantiert (Brown 1987: 201).

Eine Welt wird metaphysisch als Wahl Gottes verstanden. Leibniz bezeichnete die Frage nach der Beschaffenheit der Welt als *Theodizee*, doch ist mit Ernst Cassirer (1874-1945) vielmehr von einer „*Logodicee*" sprechen. Bei Leibniz zeigt sich die Vernunft als „*Einheitsinstanz, der durch kein angebliches Wissen aus übernatürlicher Vermittlung und Offenbarung widersprochen werden darf*" (Cassirer 1962: 474). Aus der Modifizierung des Gottesbegriff zur Vernunft leitet sich auch die Gestaltung des „*allgemeinen System der Phänomene*" her, dass das absolute Vernunftwesen in der Emanation betrachtet. Dieses System umfasst nicht nur die Perzeptionen einzelner Monaden, sondern ebenso naturwissenschaftliche Tatsachen (Poser 2000: 21). Innerhalb dieses Systems hat alles seinen zureichenden Grund, der letzten Endes in dem vernünftigen Willen Gottes liegt. Diesbezüglich umfasst die vernünftige Ordnung bspw. eine Einfachheit der Mittel bei gleichzeitiger Vielheit der Zwecke (Leibniz 2014: 13).

Fragen wir nach dem Weltbegriff bei Leibniz, so ist er in diesem Sinne zunächst als vernünftige Ordnung zu verstehen. Vernunft muss sich demnach auch vor dem Hintergrund von Katastrophen und Absurditäten in der Welt als ordnungsstiftende Instanz behaupten. Mit Deleuze gesprochen, lässt sich Leibniz somit als Anwalt Gottes, bzw. der Vernunft, beschreiben (Deleuze 2017: 114). Gott hat für Leibniz die beste und somit vernünftigste aller möglichen Welten geschaffen. Dieser Entwurf umfasst die Summe aller Ereignisse und Monaden, die sich innerhalb dieser Welt befinden. Nur die Monaden, die diese Welt auch tatsächlich ausdrücken, sind mit ihr kompossibel (Deleuze 2017: 100). Der Begriff der Kompossibilität zeugt bei Leibniz somit von der Verträglichkeit eines Ereignisses oder einer Monade mit einem bestimmten Weltentwurf. Damit ist er schwächer als logische Widerspruchsfreiheit, denn inkompossibele Monaden, z.B. ein nicht sündigender Adam, sind logisch möglich. Der nicht sündigende Adam drückt jedoch eine andere Welt aus, die nicht die Beste aller möglichen Welten ist. Existenzaussagen sind somit bereits für Leibniz in logisch- analytischer Hinsicht zufällig und gelten nur in Relation zu einem bestimmten Weltentwurf. Es ist nicht notwendig, dass ein Ding existiert, doch ist es mit einer bestimmten Weltordnung kompossibel (Mahnke 1925: 330).

Horizontintentionalität und Dingwahrnehmung: Voraussetzungen für Husserls Kritik der mundanen Erfahrung

Die rationalistisch, spekulative Verfahrensweise Leibnizens bleibt der Phänomenologie fremd. Vielmehr muss die Phänomenologie eine prästabilierte Harmonie als abstraktes Vorurteil erfahren, dass nicht als naturalisierender Erklärungsansatz für Bewusstsein Eingang in die phänomenologische Untersuchung selbst finden darf. Sie hat vielmehr zu klären, ob aus der Perspektive der Bewusstseinsforschung kohärent von einer Welt und gar einer harmonischen Welt gesprochen werden kann. Am einfachsten lässt sich ein phänomenologischer Zugang zur Welt über das Wahrnehmungsbewusstsein, von Husserl auch Dingwahrnehmung genannt, finden. Die intentionale Struktur der Dingwahrnehmung erschöpft sich jedoch nicht alleine in der Korrelation von Wahrnehmungsakt und seinem Gegenstand. Aus einer genetischen Perspektive muss vielmehr die Horizontintentionalität geltend gemacht werden.

Horizonte beschreiben die Verweisungszusammenhänge, die in der Dingwahrnehmung erfahrbar sind. In den cartesianischen Meditationen beschreibt Husserl die Verweisung von „*eigentlich wahrgenommenen*" Seiten eines wahrgenommenen Gegenstandes auf „*mitgemeinte*" und nur in „*unanschaulicher Leere antizipierte[n] Seiten*" als Horizontstruktur des Erlebens (HUA I: 82)[5]. Dabei ist der Horizontcharakter sowohl in Richtung des Bewusstseinsgegenstandes (Noema) als auch des Bewusstseinsaktes (Noesis) zu verstehen.

In Bezug auf den Gegenstand der Wahrnehmung beschreibt die Phänomenologie zwei Horizonte. Die unmittelbare Umgebung eines Gegenstandes, andere Dinge in seiner Nähe und seinem Hintergrund, bilden den *äußeren Horizont* eines Gegenstandes. In dieser Hinsicht befände sich der Tisch auf dem ein Würfel liegt im äußeren Horizont des Gegenstandes. Die verdeckte Zahl Eins auf dem Würfel hingegen, ist eine in der aktuellen Wahrnehmung „*verdeckt[e] und unbekannt[e]*" Bestimmtheit des Würfels, welche wir in unserer Auffassung des Würfel als einen typischen Würfel jedoch mitmeinen. Sie ist Teil des *inneren Horizontes* des Würfels (Ströker 1984: 201).

Insofern die Horizonte nur als verschiedene „*Weisen der Intention auf Gegenstände*" verstanden

[5] Husserl, E. (1973). Cartesianische Meditationen und Pariser Vorträge. The Hague, M. Nijhoff.

werden und bloß das *cogitatum* Zentrum der Analyse ist, verbleiben wir in einer statischen Analyse des Bewusstseins (ebd.). Statische Phänomenologie untersucht die Korrelationen zwischen *cogito* und *cogitatum* als „*geschichtslose[n] Vorfindlichkeiten der Erfahrung*" (Brudzinska 2013: 49). Sie fragt vom fertigen Produkt des Bewusstseins nach voraussetzenden Strukturen, ohne den grundlegenden Aspekt des inneren Zeitbewusstsein zum leitenden Thema der Analyse zu machen. Der Fokus einer statischen Analyse liegt somit auf einer „*Strukturanalyse der Aktintentionalität*" (Ströker 1984: 201).

Im Unterschied zur statischen Methode ist die von Husserl entwickelte genetische Methode phänomenologischer Forschung viel stärker auf die Horizonte des intentionalen Lebens fokussiert. In einem Wahrnehmungsmoment zeichnen sich bereits „*Potentialitäten des Bewußtseinsleben*" ab, „*ein Ich kann und Ich tue bzw. Ich kann anders als ich tue*", in denen sich verborgene Horizonte enthüllen lassen (HUA I: 82). Horizonte verdeutlichen die temporale Struktur des Bewusstseins, von der grundlegenden Spannung zwischen Retention und Protention, zu den konkreten Erlebnissen von Erwartungen und Erinnerungen. Sie können somit auch als Anknüpfungspunkt für eine genetische Untersuchung des Bewusstseins gelten.

Hier ist auch auf Leistungen des Bewusstseins zu verweisen, die außerhalb der spontanen Zuwendung des Subjekts liegen: Passive Synthesen und vorprädikative Erfahrung. Passive Synthesis beschreibt in den Cartesianischen Meditationen in erster Linie die *Assoziation* als passive Leistung des Bewusstseins. Assoziation beschreibt eine gewohnheitsmäßige Vergemeinschaftung von Vorstellungen und ist von spontaner, willkürlicher Verbindung von Vorstellungen zu unterscheiden. Ich erinnere mich plötzlich an die zutraulichen Katzen in einem Istanbuler Café, wenn mir ein Freund einen türkischen Tee serviert (obwohl ich das unter Umständen nicht *will*). Es handelt sich somit um unwillkürliche Gesetzmäßigkeit des intentionalen Lebens (HUA I: 114). Zwar ist die passive Synthesis der Willkür des Subjekts entzogen, jedoch hat sie als Voraussetzung jeder aktiven, sprich spontanen, Synthesis eine unentbehrliche positive Funktion für unsere erlebte Freiheit (Sakai 2017: 113). Vorprädikative Erfahrung beschreibt somit den Versuch Husserls, die passiven Vorgaben unseres Erkenntnisvorganges genauer zu charakterisieren. Erkennen findet für Husserl nicht nur auf der Ebene der spontanen, ichlichen Wahrnehmung statt. Vielmehr leistet bereits die Sinnlichkeit selbst ein strukturiertes Feld, dass Erkenntnisleistung zulässt, die dem prädikativen, oder auch sprachlichen, Urteilen und Denken fundierend vorausgeht. Husserl untersucht die Strukturen der Rezeptivität eingehend in seinem Spätwerk *Erfahrung und Urteil* und analysiert hier das Verhältnis von vorprädikativer und prädikativer Erfahrung (Husserl 1999: 74f.).

Horizontintentionalität schließt somit eine genetische Perspektive ein. Diese thematisiert eingehend den Wirkungszusammenhang verschiedener Bewusstseinsakte, insofern früher Geleistetes auf die Konstitutionsleistung späterer Bewusstseinsakte sinnbestimmend Einfluss nimmt (Ströker 1984: 202). Ins Zentrum phänomenologischer Aufmerksamkeit rücken somit „*Werdungsprozesse*" und „*Individuationsdynamiken der Erfahrung*" (Brudzinska 2013: 49). In dieser Hinsicht sind insbesondere Motivationszusammenhänge zu nennen. Erlebnisse stehen nicht bloß in zeitlicher Abfolge, sondern es handelt sich um ein „*motivierte[s] Auseinander-Hervorgehens von Erlebnissen in der Zeit*", welches ein neues Feld der Untersuchung bietet (Brudzinska 2013: 51). Wir fragen nach gemachten Erfahrungen, die eine bestimmte Sinnfärbung in der Auffassung eines Gegenstandes erklärbar machen. In der Frage nach genetischer Konstitution können wir einerseits eine *ontogenetische* Perspektive einnehmen. Die erklärende Leistung unserer Analyse orientiert sich an der Biografie oder dem Lebenslauf eines Subjektes. Gehen wir andererseits von einem *aktualgenetischen* Blickpunkt aus, fragen wir nach dem einzelnen Erlebnis in einem „*dynamischen Werden*". Statt auf den Zusammenhang mit der gesamten

Biografie eines Subjektes zu achten, betrachten wir den eigenen, zeitlichen Aufbau des einzelnen Erlebnisses. Die genetische Perspektive und ihr Einbezug des Zeitbewusstseins deutet allerdings auch auf neue Mittel der phänomenologischen Untersuchung hin. Diesbezüglich lasst sich mit Brudzinska festhalten, dass weniger die schlichte Wahrnehmung, als umso mehr Phantasie, Affekte und Leib eine Eröffnung der genetischen Forschungsrichtung ermöglichen (Brudzinska, 2013, p. 52).

Welt, Weltvernichtung und Kompossibilität in der transzendentalen Phänomenologie

Die Phänomenologie hat somit im Sinne einer reinen Bewusstseinsphilosophie genuin eigene Methoden, die sie von der rationalistischen Tradition abgrenzen. An den Ideen I (1913) und in Husserls transzendentalen Idealismus lässt sich zunächst aus einer statischen Perspektive ein phänomenologischer Zugang zur Welt konstruieren. Dabei entwickelt Husserl mit der transzendentalen Reduktion auch einen von Leibniz unterschiedenen Zugang zum Problem der Existenzsetzung und zur Distinktion der existierenden Welt von bloß logisch möglichen Welten.

Insofern ein Existenzurteil den gegenständlichen Sinn nicht verändert – Sein ist kein reales Prädikat (Kant B627)[6] – kann durch die Aussetzung der Seinsgeltung ein Erfahrungsboden gewonnen werden, der das Gesuchte nicht bereits voraussetzt (Lohmar 2002: 753). Somit lässt sich vorurteilsfrei untersuchen, worin Existenzsetzung und damit Objektivität begründet sind. Dabei geht es nicht um eine Leugnung von Existenz und Objektivität, sondern um eine zeitweilige Außerkraftsetzung bestimmter Geltungsansprüche, die ihre Legitimität verständlich machen soll. Das Residuum der transzendentalen Reduktion, in der die „*rechtgebende Anschauungsseite*" der Existenzsetzung überprüft werden soll, ist der reine Bewusstseinsstrom (Lohmar 2002: 753). In diesem Sinne erhalten wir eine „*Monade*", worunter Husserl einen transzendental reduzierten und auf einen Ich-Pol bezogenen Bewusstseinsstrom versteht. Hier zeigen sich alle Gefühle, Gedanken, Erinnerung und Phantasien etc. als untersuchbares Fundament von Existenzurteilen.

Husserls Ergebnis der transzendentalen Reduktion ist eine Bindung von Existenz an das „*Prinzip der Ausweisbarkeit*" und der Einsicht, dass Wirklichkeit sich in unmittelbarer Weise oder in mittelbarer Weise erfahren lassen muss (Rollinger and Sowa 2003: XV). Vor diesem Hintergrund modifiziert sich Husserls These zur Welt dahin, dass „*niemals [...] ein an sich seiender Gegenstand ein solcher [sei], den Bewusstsein und Bewusstseins-Ich nichts anginge*" (HUA III: 101)[7]. Auch das vorgestellte, nicht gesehene und nicht erfahrene Ding ist zwingend Ding einer Umwelt, d.h. ihm entsprechen bestimmte Reihen von Erfahrungen, die das Ding als ein so-und-so- beschaffenes und als existierendes ausweisen könnten. Hier zeigt sich Welt als motivationaler Zusammenhang, der es möglich macht ein bestimmtes Ding zu erfahren.

Dabei füllt der Motivationszusammenhang die inneren und äußeren Horizonte des Dinges aus. Wenn wir ein Ding als existierend fingieren, so stellen wir uns einen motivierenden Erfahrungszusammenhang vor: Ich sehe einen menschlichen Oberkörper, rieche Pferd und sehe blondes Haar, ich erfahre einen blonden Zentauren. Das Beispiel der Phantasiedinge zeigt uns zugleich, dass unsere wirkliche Welt nicht die einzige Möglichkeit ist, sondern ein „*Spezialfall mannigfaltiger möglicher Welten und Umwelten, die ihrerseits nichts anderes sind als Korrelate wesensmöglicher Abwandlungen der Idee 'erfahrendes Bewusstsein' mit mehr oder minder geordneten Erfahrungszusammenhängen*" (HUA III: 100). Im berühmten §49 der Ideen I zeigt Husserl das Bewusstsein als absolutes Sein, welches durch die Vernichtung der Welt zwar notwendigerweise

[6] Kant, I. (2020). Kritik der reinen Vernunft. Berlin/Boston, De Gruyter.

[7] Husserl, E. (1976). Ideen zu Einer Reinen Phänomenologie und Phänomenologischen Philosophie. The Hague, Martinus Nijhoff.

modifiziert, aber nicht gleichsam ausgeschaltet wird. Wenn wir jegliche Welt ausschließen, sprich die Möglichkeit korrelierender, geordneter Erfahrungszusammenhänge, dann schließen wir nicht aus, dass es immer noch die Möglichkeit eines Erscheinungsgewühls gibt. In dieser Hinsicht ist das Bewusstsein auf kein weltliches Ding oder eine bestimmte Welt festgelegt, um existieren zu können. Eine bestimmte Theorie über neuronale Netzwerke kann falsifiziert werden, doch meine Erlebnisse selbst sind davon unbeeinträchtigt. Damit zeigt sich, dass Bewusstsein als „*nulla 're' indiget ad existendum*" und, dass „*[a]ndererseits [...] die Welt der transzendenten 'res' durchaus auf Bewusstsein, und zwar nicht auf logisch erdachtes, sondern aktuelles angewiesen*" ist (HUA III: 104).

Innerhalb dieses Argumentationszusammenhanges findet sich in §48 auch die Monismus-These von Husserl. Hier heißt es, auch wenn wir mit einem anderen Ich nicht im Verhältnis des Einverständnisses stehen, bspw. mit einem Ich in „*fernsten Sternenwelten*", besteht wesentlich die Möglichkeit der Herstellung eines Einverständnisses. Damit meint Husserl den Zusammenschluss „*faktisch gesonderte[r] Erfahrungswelten*" zu einer einzigen intersubjektiven Welt. Somit sind von uns absolut getrennte Realitäten zwar „*formal-logische Möglichkeit*", jedoch zugleich ein sachlicher Widersinn. In der Ansetzung einer Welt als existierend, werden zugleich „*die sie konstituierenden Erfahrungsmotivationen*" für das Ich in fernster Sternenwelt angesetzt und diese müssen auch von mir prinzipiell erfahren werden können (HUA III: 102). In diesem Argument Husserls kommt einerseits die Prämisse zur Anwendung, dass eine Welt nur als real gelten kann, wenn sie sich tatsächlich für ein aktuelles Ich in Erfahrung ausweist. Zum anderen wird geltend gemacht, dass jede konkrete Subjektivität den Blick auf universale Strukturen eines möglichen Egos überhaupt freigeben kann. Im §48 der Ideen I wird diese These noch nicht abschließend begründet, sie findet sich aber bspw. als Forderung auch im §34 der cartesianischen Meditationen. Gezeigt wird hier, dass wir durch eidetische Analyse intentionaler Erlebnisse, bspw. der Dingwahrnehmung, notwendige Strukturen jeder möglichen Wahrnehmung, den Eidos Dingwahrnehmung, aufzeigen können. Diese gelten dann für jedes mögliche Ego überhaupt, sprich dem Eidos Ego (HUA I: 105). Husserl spricht in diesem Zusammenhang auch von einer „*Bewusstseinsregel*", die eine eidetische Wahrheit für jedes denkbare Ich darstellt (HUA XXXVI: 159).

In einem Text aus Husserls Arbeiten zur transzendentalen Phänomenologie von 1921, als » *Die Umfiktion im Zusammenhang mit der Leiblichkeit und der Intersubjektivität* « in Husserliana XXXVI veröffentlicht, vertieft Husserl seine Monismus These und geht eingehender auf das Phänomen der Kompossibilität ein. Husserl verweist darauf, dass die Ausgestaltung des transzendentalen Idealismus neben der Thematik der Welt auch die für uns entscheidenden Fragen der Intersubjektivität behandelt. Husserl bedenkt hier erneut das Verhältnis von Natur und Subjekt. Durch das gewonnene Eidos Ego lassen sich unendlich viele mögliche Abwandlungen von Subjekten denken und ebenso viele mögliche Naturen. Hier gilt, dass verschiedene Naturen inkompossibel sind, bspw. ist eine Natur, in der die Newtonsche Mechanik gilt, inkompossibel mit einer Natur in der sie nicht gilt. Was ist nun, wenn wir eine bestimmte Natur als seiend ansetzen? Müssen dann alle anderen Naturen und damit einhergehend Subjekte, die diese anderen Naturen erfahren, ausgeschlossen werden?

Husserl kommt hier zum Schluss, dass sie nicht im Sinne formal-logischer Möglichkeit ausgeschlossen werden, aber doch „*[i]m Dasein*" (HUA XXXVI: 156). Erläutert wird dieser Ausschluss durch eine Vertiefung des sachlichen Widerspruchs, der in der geforderten Art der Ausweisung begründet wird (Vgl. §48 Ideen I). Wenn wir eine Natur als seiend ansetzen, fordert dies eine korrelierende Modifikation der Erlebnisströme möglicher Iche, die diese Natur erfahren. So kann der Erlebnisstrom eines Ichs „*nicht Erfahrungen, Empfindungen, äußere App<erzeptionen> in* *beliebige[m] Gehalt und beliebiger Ordnung enthalten*". In dieser Hinsicht haben spezifische Auffassungen von mir selbst und meiner Umwelt eine „*immanente Genesis*", d.h. sie verweisen zwingend auf eine „*Ordnung*" von Empfindungsdaten, bei Husserl auch als hyletische Daten bezeichnet. Setzen wir eine Natur als seiend an, so müssen Auffassungen der dinglichen Umwelt zwingend „*in gewissen Stufen, in gewissen Ordnungen, Zusammenstimmungen auftreten*" (HUA XXXVI: 157).

Damit folgt aus der Seinssetzung einer bestimmten Natur eine Regel der Inkompossibilität: „*Ist eine Natur, so kann nicht mehr jede a priori mögliche Ich-Monade existieren*". Wenig später formuliert Husserl die Regel der Inkompossibilität wie folgt: „*Ein und dasselbe erfahrende Ich (Subjekt möglicher Erfahrung) kann, wenn es eine Natur erfährt und wenn es Subjekt der Erkenntnis dieser Natur als wirklich seiender soll sein können, nicht ebenso eine andere Natur erfahren und erkennen können*". Zu betonen ist der Bezug zur Erfahrung von Husserls entwickeltem Begriff der Kompossibilität. Die Forderung an eine seiende Natur, dass sie sich in Erfahrung ausweisen muss, macht das Subjekt der $Natur_1$ inkompossibel mit dem Subjekt der $Natur_2$. Hier wird somit ein Verhältnis des gegenseitigen Ausschlusses aufgezeigt, das über den bloßen logischen Widerspruch hinausgeht. In Bezug auf einen möglichen Erfahrungszusammenhang beschreibt Kompossibilität somit ein Verhältnis von Motivation, Erfahrungsverlauf und korrelierender Auffassung von Dingen, bzw. eines Kosmos einer bestimmten Ordnung (HUA I: 109).

Kompossibilität verweist demnach auf „*Motivationssysteme*", die eine Entwicklung eines möglichen Egos leiten, insbesondere mit Verweis auf die Assoziation innerhalb passiver Genesis. In dieser Hinsicht entwickelte Husserl zum einen also einen Erweis der notwendigen Vergemeinschaftung der Monaden durch den Begriff der Inkompossibilität bzw. Unverträglichkeit. Setzen wir eine Natur als seiend an, können gewisse Möglichkeiten von Subjektivität nicht mehr real sein. Diesbezüglich lässt sich vice versa argumentieren, dass, wenn eine bestimmte Natur existiert, alle existierenden Anderen ebenfalls mit dieser Natur kompossibel sein müssen. Dabei haben die transzendental-phänomenologischen Untersuchungen Husserls paradoxerweise das Resultat, dass gerade der Versuch der Weltvernichtung unsere Welt in ihrer Kompossibilität und Selbstgegebenheit herausstellt und auszeichnet. Aus formal logischer Perspektive ist die Beschränkung auf eine Welt zunächst irrational. Es ist unsere tatsächliche Erfahrung, die unsere Welthabe rational motiviert (Taguchi 2017: 173).

Das Erlebnis der Harmonie und die natürliche Einstellung

Eine genauere Beschreibung der Erfahrungszusammenhänge, die die Ansetzung unserer Welt motivieren, entwickelt Husserl in der Kritik der mundanen Erfahrung. In diesem Teil seiner Vorlesung *Erste Philosophie* aus dem Jahre 1923/24 wird unsere unhinterfragte Welthabe der natürlichen Einstellung im Zusammenhang mit der Frage untersucht, ob die Existenz der Welt ein sicherer Ausgangspunkt für wissenschaftliches Erkennen sein kann. Exemplarisch entwickelt Husserl diese Kritik anhand der Dingwahrnehmung. Die Dinge, die wir perzeptiv und nicht durch Reflexion wahrnehmen, sind für uns selbstverständlich da. Aus der Perspektive des cartesianischen Motivs fragen wir jedoch, ob diese Selbstverständlichkeit wirklich nicht bezweifelt werden kann, wollen wir doch strenge und sichere Erkenntnisse gewinnen. Versuchen wir unsere Erfahrung der Welt mit Husserl weiter zu beschreiben, stellen wir fest, dass wir die Welt in einem „*kontinuierliche[n] Strom äußeren Wahrnehmens*" erfahren. Dieser kontinuierliche Strom kann als Abfolge von Wahrnehmungen einzelner Dinge aufgefasst werden (HUA VIII: 46)[8]. Die inadäquate Gegebenheit der Dinge

[8] Husserl, E. (1959). Erste Philosophie (1923/24) Zweiter Teil. The Hague, Martinus Nijhoff.

kompensieren wir innerhalb der Dingwahrnehmung durch die Einbringung von Vorwissen und gemachten Erfahrungen. Die sich in der konkreten Dingwahrnehmung zeigende offene Möglichkeit, bspw. die verborgene Rückseite einer erblickten Pflanze, füllen wir durch Erwartungen. Es handelt sich hierbei um einen „*Vorgriff*". Ich nehme den Blumentopf einheitlich wahr und bin davon überzeugt, ihn drehen zu können etc. Diese erwarteten Inhalte im inneren und äußeren Horizont des Dinges bezeichnet Husserl hier als „*Mitgemeintes*" (HUA VIII: 45).[9]

Richten wir unsere Aufmerksamkeit weg von dem konkreten Gegenstand, hin zum Erlebnisstrom, nehmen wir mit Husserl die „*Gesamtwahrnehmung*" in den Blick. Hier identifiziert Husserl einen durch den Umgang mit den Dingen erzeugten Bestand an Überzeugungen und Erwartungen. In der Verallgemeinerung dieses Erfahrungszusammenhanges auf alle möglichen kommenden und gewesenen Dinge erfährt dieser eine Universalisierung. Diese Universalisierung von Überzeugungen und Erwartungen bedeutet einerseits, die antizipierende Vormeinung auf alle möglichen zukünftigen Begegnungen zu beziehen. Andererseits korreliert für Husserl hiermit das Bewusstsein einer einheitlichen Welt. Welt erfahren wir als eine „*unendliche Zeit dauernd[e]*", „*sich durch den einen Raum erstreckend[e]*" antizipierte Kontinuität von Erfahrungen. Somit erweist sich dieses durch Erfahrung entwickelte Weltverständnis als leitend in unserer Erfahrung und füllt die offenen Horizonte vorgreifend aus. Dabei ist das vorgreifende Meinen durch unsere vorangegangenen Erfahrungen motiviert und zeugt somit von empirischer Evidenz. Sie ist diesbezüglich jedoch schwächer als die logische Evidenz der Widerspruchsfreiheit. Ich erwarte zwar mit guten Gründen eine bestimmte Rückseite eines Dinges, aber es ist nicht logisch unmöglich, dass das Ding eine gänzlich andere Rückseite hat. In diesem Sinne hat die Welt stets ihre „*offenen Möglichkeiten des Anders-seins*" und schlimmstenfalls auch des „*Nichtseins*" (HUA VIII: 46). Durch die Fundierung des Weltverständnisses in faktischer Erfahrung ist das Fundament des Weltentwurfs logisch-zufällig und aus einer Begegnung mit prinzipiell nur inadäquat gegebenen Dingen entwickelt.

Husserls Kritik der mundanen Erfahrung zeigt, dass wir in unserem alltäglichen Erleben der Welt Kompossibilität entwickeln. Als erlebte Kompossibilität verstehe ich hier den Erwerb habitueller Überzeugungen im praktischen Umgang Dingen und Lebewesen. Wir können die Katze in einem Café in Istanbul streicheln und füttern, aber sie wird nicht fliegen. Was wir als erlebte Kompossibilität beschreiben können, fasst Husserl in die Termini der Einstimmigkeit bzw. Unstimmigkeit. Diese in aktualgenetischem Zusammenhang - sprich einer kompossibelen Serie von Erfahrungen eines Dinges - erlebte Einstimmigkeit, muss allerdings vor dem Hintergrund einer ontogenetischen Erfahrungsgeschichte verstanden werden, die den Totalhorizont der Welt inhaltlich bestimmt.

Kontinuität inmitten von Brüchen: Die Ablaufsharmonie des Alltags

Im Unterschied zu Leibniz muss bei Husserl betont werden, dass wir die erlebte Innenperspektive verstehen wollen. Es handelt sich um keinen rationalistischen und statischen Weltentwurf. Die erlebte Einheit der Welt, resultierend aus unseren Gesamtwahrnehmungen, ist stets durch neue Erfahrungen infrage gestellt. Der bewundernswerte Charakter unserer mundanen Erfahrung besteht gerade darin,

[9] Wir können dieses Mit- und Mehrleisten des Bewusstseins in der Dingwahrnehmung prädikativ im Sinne einer urteilsmäßigen, bleibenden Meinung verstehen. Ebenfalls können wir diesen Vorgang auch vorprädikativ im Sinne von Husserls Typentheorie der Wahrnehmung beschreiben. In diesem Fall handelt es sich um eine ästhetische Leistung, die unsere spontanen Urteile fundiert. Phänomene werden aufgefasst „*im Modus des Bekannten*" (Lohmar 2008: 120). Lohmar, D. (2008). Phänomenologie Der Schwachen Phantasie. Untersuchungen der Psychologie, Cognitive Science, Neurologie und Phänomenologie zur Funktion der Phantasie in der Wahrnehmung. Dordrecht, Springer.

eine einheitliche Welt vor dem Hintergrund von Ambivalenzen zu erleben.

Paradigmatisch ist hier für Husserl die Täuschung. Wir erfahren in der Wahrnehmung eines Dinges zunächst *Einstimmigkeit* mit unseren Erwartungen. In der İstiklal Caddesi erwarten wir andere Menschen und sehen ein Ding mit zwei Beinen, typischer Kleidung, fünf Fingern etc. Erst bei näherer Betrachtung tritt eine *Unstimmigkeit* hervor. Die Haut des Dinges lässt Plastizität vermissen. Der vermeinte Leib bewegt sich nicht. Wir erfahren einen „*Bruch*" in unserer Wahrnehmung. Mit der Erfahrung des Bruches geht „*Hand in Hand eine Meinungsänderung*". Wir erfahren das Ding nicht mehr als Mensch, sondern als Schaufensterpuppe. Mit der Änderung des Wahrnehmungssinnes geht somit eine Wiederherstellung der Einstimmigkeit einher. Ist das Ding als Schaufensterpuppe erfahren, mache ich in der weiteren Entfaltung meines Wahrnehmungsinteresses typische Erfahrungen mit Schaufensterpuppen. Dies gilt auch für die Erfahrung mit gänzlich unbekannten Dingen, die zuerst in typischer Vorbekanntheit erfasst werden, um dann durch die Erfahrung des Bruches und der Erforschung durch das Erkenntnisinteresses als ein Gegenstand eigener Art bekannt werden.

Zwar erfahren wir „*Disharmonien*", doch beinhalten sie immer die Tendenz zur „*auflösende[n] Wandlung zur Harmonie*". Ist diese Wandlung in Funktion, kann uns „*immerfort eine und dieselbe Welt als wahrnehmungsmäßig daseiend bewusstbleiben*". Wir erfahren immerfort eine einheitliche Welt, wenngleich es sich doch um eine korrigierte Welt handelt. Husserl untersucht im Weiteren, welche Konsequenzen aus diesem Umstand folgen. Der neu gewonnene Erfahrungszusammenhang ist stets relativiert durch unsere Kenntnis der alten Welt, die „*nie völlig preisgegeben*" ist. Wie auch unsere alte Welt, worin in der Fußgängerzone ein Mensch stand, relativiert wurde, ist auch unsere neue Welt potentiell relativierbar.

Insofern auch die alte Welt unsere erinnerungsmäßige Habe sein kann, ist diese potentielle Relativierbarkeit „*erkennbar*". Husserl spricht von einer „*Ablaufsharmonie einer beständigen Selbstkorrektur*", die unsere Erfahrung der Welt kennzeichnet. Es bildet sich somit eine Abfolge von erfahrenen Welten, universalisierten Vormeinungen und Erwartungen, wobei uns die neu gewonnene Welt stets als die wahre Welt gilt (HUA VIII: 47). In Husserls Aussage, „*Diese Wahrheit ist und bleibt ewig auf dem Marsche*", findet sich somit eine erkenntnistheoretische Wendung des Weltbegriffs. Für Husserl lebt sich unser Erkenntnisinteresse nach und nach in den unendlich offenen Horizont des wahrgenommenen, sich unendlich erstreckenden Raum aus. Wenden wir diese Charakterisierung unseres Weltverständnisses bei Husserl auf unsere Erkenntnismöglichkeit der Dinge, so zeigt sich diese auch als prinzipiell unabgeschlossenes Unterfangen. In der Konsequenz ist die gesamte Forschung über weltliche Dinge, in Husserls Terminologie auch Tatsachen genannt, betroffen (HUA III: 12).

Auch Leibniz hat diesen prinzipiellen Charakter der Tatsachenwissenschaften, bspw. Physik oder Geschichtswissenschaften, erkannt und systematisch gemacht. Für Leibniz beruht die Zufälligkeit der Tatsachenwahrheiten, die mehr sind als ihre logische Möglichkeit, auf ihren synthetischen Charakter. Im Gegensatz zu der analytischen Aussage, dass Junggesellen unverheiratet sind, stellen synthetische Urteile für den Rationalisten Leibniz eine Kombination einfacher Begriffe dar. Um sie aus der rationalistischen Sicht Leibnizens als Wahrheiten zu klassifizieren, sind Urteile durch den Satz des zureichenden Grundes begründet.[10] Dass Cäsar den Rubikon überschritten hat, verweist auf die

[10] Das Prinzip des zureichenden Grundes findet sich bspw. im §32 der Monadologie. Das Prinzip besagt, dass es für jede Tatsache in der Welt, einen zureichende Begründung gibt. Kein Umstand in der Welt ist grundlos, „*obgleich sehr häufig diese Gründe uns nicht bekannt sein können*" Leibniz (Leibniz 2014: 125). Das Prinzip des zureichenden Grundes zeigt den Optimismus Leibnizens, dass alles in der Welt prinzipiell erklärbar sein muss.

Tatsache des Scheiterns des Triumvirats. Doch weshalb musste das Triumvirat scheitern? Begründungen von Tatsachen fordern somit eine unendlich fortlaufende Kette von Begründungen, die einen infiniten Regress darstellt. Sie mundet für Leibniz jedoch im Begriff Gottes und der Kompossibilität mit der besten aller möglichen Welten (Heimsoeth 1914: 242f., Mahnke 1925: 330). Hier zeigt sich Leibnizens rationalistische Idee einer in der vollkommenen Vernunft Gottes und einem rein vernünftig bestimmten Willen Gottes begründeten, metaphysischen Weltordnung. Aus Husserls Perspektive ist diese verwunderliche Idee durchaus aus unserer alltäglichen Welterfahrung heraus zu erklären. Die Erfahrung der beständigen Korrektur birgt für Husserl die Möglichkeit und die Motivation für die Idee „*einer wirklich und endgültigen wahren Welt*", die letztendlich nicht mehr korrigierbar ist. In dieser Hinsicht lässt sich die Vorstellung Leibnizens als Idealisierung der in unserer Erfahrung ausweisbaren Ablaufsharmonie begreifen.

Fassen wir zusammen, was Husserl aufgezeigt hat, und welche Rolle der Harmoniebegriff einnahm. Husserl zeigt, dass wir in unserem Umgang mit Dingen eine einheitliche Welthabe des Erfahrenden aufzeigen können. Evident wird uns dieses Verfügen über die Welt durch unsere Erwartungen und vorgreifenden Meinungen. Dass wir antizipierende und in der Wahrnehmung nicht nur passive, sondern auch mitleistende Subjekte sind, zeigt sich insbesondere, wenn wir Unstimmigkeit zwischen unseren Erwartungen und der aktuellen Wahrnehmung des Gegenstandes empfinden. Interessanterweise folgt den erlebten *Disharmonien* eine *Harmonisierung* hin zu einer Vereinheitlichung der Gegensätze. Die Welt wird zu einer Welt, in der Schaufensterpuppen fälschlicherweise als Menschen aufgefasst werden können. Harmonisierung zeigt allerdings auf, dass für Husserl das erlebende Subjekt stets eine einheitliche Welt hat und nicht in mehrere Welten zerfällt. Vielmehr scheint die Besonderheit bewusster Welthabe darin zu liegen, ambivalente Erfahrungen zwecks Harmonisierung miteinander vereinbaren zu können. Hier zeigt sich eine deutliche Nähe zu Leibnizens Harmoniebegriff, der vor dem Hintergrund einer unversöhnlichen Differenz verstanden werden muss. Ein Beispiel für die vorliegende Harmonie trotz erlebter Ambivalenz wäre bspw. die Differenzierung der Welt in soziale Räume, in denen wir unterschiedlich Zuschreibung sozialer Identitäten erleben (Vgl. etwaGoffman 2018: 106). Insofern wir bestimmte Orte als geordnet erleben, bspw. gewissen Regeln gehorchend, verstehen wir gewisse Verhaltensweisen als kompossibel.

Die Situiertheit der Ablaufsharmonie in der lebensweltlichen Praxis

Neben der Tendenz Disharmonien in Harmonie zu wandeln, die sich durch die Perspektive auf das Ganze des Erlebnisstromes und die Universalisierung der vorgreifenden Leistung von der Erfahrung Einstimmigkeiten bzw. Unstimmigkeiten in der einzelnen Dingwahrnehmung unterscheiden, macht Husserl darauf aufmerksam, dass Harmonisierungen nicht unabhängig voneinander erfahren werden. Vielmehr erleben wir eine durch Ablaufsharmonie getragene Welt, in der auch enttäuschte Weltvorstellungen mitleisten und in einem Zusammenhang mit unserem aktuellen Weltverständnis stehen. Aus der erkenntnistheoretischen Perspektive Husserls erfährt das Subjekt die neue Welt zwar als eine korrigierte und wahre Welt, doch zeigen sich die verschiedenen Erfahrungen von Harmonisierung als *Ablaufsharmonie einer beständigen Selbstkorrektur* und verweisen ebenso auf die Relativität des aktualen Weltverständnisses, wie auf die des durch Erfahrung verworfenen Kosmos. Als Korrektur ist die Welt stets eine Abwandlung von vorigen Welten und wird somit selbst als potenziell korrigierbare Welt erfahren. Als erlebte Welt ist sie Vorbild für eine Welt idealer Einstimmigkeit, ohne selbst eine solche zu sein. Im Unterschied zur erlebten Welt lässt eine ideale Welt keine Unstimmigkeit zu und schließt jede Möglichkeit der Ambivalenz aus. So ist Leibniz mit Husserl dahingehend zu kritisieren, dass er sich mit seiner rationalen Metaphysik, die auf der besten aller möglichen Welten beruht, jegliche Möglichkeit einer potenziellen Korrektur nimmt. Dies resultiert aus dem Umstand, dass Leibniz letztendlich auch die Sphäre der Tatsachenwahrheiten durch den Rückgriff auf den Satz vom zureichenden Grunde, in die Sphäre der seiner Ansicht nach göttlichen Vernunftwahrheiten stellen möchte. Damit zeigt sich nicht nur sein grenzenloser, aufklärerischer Optimismus, sondern zugleich die von Husserl beschriebene universalisierende Charakteristik von Weltverständnissen. Ebenso macht Husserl deutlich, wie eine solche idealisierende Vorstellung einer Welt in der natürlichen Einstellung und im hier vorgenommenen Umgang mit Dingen motiviert wird.

Mit dieser klärenden Deskription der mundanen Erfahrung hat Husserl allerdings noch nicht gezeigt, dass die „*harmonische Einheitsstruktur der universalen Weltwahrnehmung*" apodiktisch ist (HUA VIII: 48). Handelt es sich um ein bloßes Faktum, dass wir „*fortgehende Korrektur*" und „*fortgehende Kontinuität allzusammenpassender Korrekturen*" erfahren, oder um eine notwendige Eigenschaft unserer Erfahrung, die nicht anders sein kann?

Husserl muss diesbezüglich versuchen Anschauungsgründe für die Apodiktizität der *Harmonisierung* zu finden. Um diese logische Möglichkeit hinsichtlich ihres apodiktischen Gehaltes erforschen zu können, muss jedoch jenseits unserer alltäglichen Erfahrung, die ein Feld mundaner Erfahrung ist, verwiesen werden. Er beginnt mit einer Herausstellung dessen, was es bedeuten würde, wenn es unserer Erfahrungen der positiven Leistungen der Ablaufsharmonie ermangeln würde. Kennzeichnend ist hier der Verlust der „*systematischen Vorgriffsstruktur*", die unserer Wahrnehmung äußerer Dinge wesentlich ist. Statt zusammenhängendem Wahrnehmungsverlauf, in dem sich unsere Vormeinung und die Möglichkeit ihrer Erfüllung bzw. Enttäuschung realisiert, bleibt nur ein „*bloßes Gewühl*", wie es Husserl in Anlehnung an Kant formuliert, übrig. In der Konsequenz zeigt sich somit, dass die Dingwahrnehmung als solche nicht mehr möglich wäre. Diesem Umstand entspricht, dass auch die „*Wahrnehmungsbereitschaft*" des Subjekts verloren ginge. Diese resultiert für Husserl aus dem Wissen um das „*Ich kann*" des Subjektes und betont die unmittelbar praktische Bedeutung der Dingwahrnehmung. Mit dem Verlust um das Wissen der eigenen Möglichkeiten der sehenden, riechenden und tastenden Orientierung im Raum der Dinge „*entwurzelt*" sich der naive Weltglaube (HUA VIII: 49). Dass wir zur Wasserflasche greifen, um unseren Durst zu stillen, ohne in einen cartesianischen Zweifel zu stürzen und in großes Staunen auszubrechen, bezeichnet die Naivität aber gleichzeitig auch die grundlegende Leistung des unhinterfragten Weltglaubens des Subjekts. Unser alltägliches Leben wäre demnach ohne Weltglauben nur schlecht durchführbar. Unser stets mitwirkende „*Vorglaube*" ist wesentlich ermöglicht durch unsere Erfahrung der Harmonie. So schreibt Husserl an späterer Stelle: „*Und so glauben wir, und so müssen wir glauben; der Glaube gehört beständig mit zur universalen Struktur der strömenden Weltwahrnehmung.*" (HUA VIII: 53).

Jede Weltvorstellung ohne *Ablaufsharmonie* wäre zudem bloße logische Möglichkeit. Husserl nennt sie gar „*willkürliche Fiktion*", da sie ohne motivierende Erfahrung der Harmonie ist, der alle anderen fiktiven Weltvorstellungen mit gleichem Gewicht gegenüberstehen (HUA VIII: 49). So sinnentleert in Bezug auf unser praktisches Leben ein solch abstraktes Erfahrungsfeld auch beschaffen wäre, bleibt es doch logische Möglichkeit und zeigt so den fehlenden apodiktischen Charakter der harmonisierten Welt auf. Insofern die Möglichkeit ihres Nichtseins evident offen bleibt, verliert die Existenzforderung einer solchen Welt jeglichen Anspruch auf Apodiktizität. Damit einher geht, dass „die Welt ist" nicht den Ausgangspunkt phänomenologischer, wissenschaftlicher Praxis sein kann, wenn sie dem epistemischen Anspruch einer strengen Wissenschaft gerecht werden soll. Gleichzeitig verdeutlicht die Kritik der mundanen Erfahrung, wieso die existierende, einheitliche Welt anstelle einer Pluralität von Welten als bloßes Faktum unserer Erfahrung ihre einheitliche Geltung hat.

Schluss: Harmonie als Gestalteigenschaft

Die Kritik der mundanen Erfahrung ist in diesem Sinne eine radikale Reflexion auf die „Generalthesis" der natürlichen Einstellung. Im Laufe der analysierenden Deskription zeigt Husserl die Universalisierung der Erfahrungsgeschichte und das Erleben von „Ablaufsharmonie" als wesentlich für die durchgehaltene Vorstellung einer permanenten Welt auf.

Harmonie darf in phänomenologischer Hinsicht nicht als diskursives Übereinkommen urteilender Einzelmonaden verstanden werden. Im Gegenteil ist sie eine kontinuierliche, aber ebenso unthematische Gegebenheit. Dies gilt auch für das Erleben von Ablaufsharmonie im Angesicht von disharmonischen Brüchen. Es handelt sich hier um eine passive Vorgegebenheit und nicht um eine willentliche, spontane Anstrengung des Subjekts. Harmonische Phänomene sind in diesem Sinne irrationale Anknüpfungspunkte phänomenologischer Forschung. Es muss von ihrem „*Dass-Sein*" ausgegangen werden, ohne eine Aufklärung ihres „*Warum- oder Woher-Sein*" leisten zu können. Es handelt sich um keine aus Vernunftgründen getätigten Urteile, sondern um vorgefundene Fakta, die sich nicht im Sinne von Final- und Wirkursache analysieren lassen (Lembeck 1987: 221). Damit unterscheidet sich Husserls methodischer Umgang mit erlebter Harmonie grundlegend von Leibnizens Forderung nach einer Harmonie, die in einem vernünftigen Schöpfer ihre Wirk- und Zweckursache hat.

Zugleich nötigt die beschriebene Dynamik von Harmonie, Disharmonie und Ablaufsharmonie zu einer präziseren Bestimmung. Hier steht in Frage, ob Harmonie schlicht eine Umschreibung für eine wesentliche Eigenschaft in der Wahrnehmung physischer Gegenstände ist. Andrea Staiti hat darauf verwiesen, dass „*Tendenz zur Einstimmigkeit*" richtigerweise als transzendentale Bedingung einer jeden Konstitution von Welt und erfolgreichen Wahrnehmung von Dingen gelten muss (Staiti 2010: 134). Allerdings handelt es sich meiner Meinung nach beim Erlebnis der Harmonie um einen spezifischen Typus von Einstimmigkeit, der von einer generellen Tendenz zur Einstimmigkeit, die wir in der alltäglichen Dingwahrnehmung vorfinden, unterschieden werden muss. Grund hierfür ist der mit Husserls Harmoniebeschreibung verbundene Gedanke der Universalisierung aller Erfahrungen und der explizite Bezug zur Welt als Horizont aller Horizonte.

Harmonie, Disharmonie und Ablaufsharmonie verweisen demnach auf einen holistischen Charakter des Erlebnisverlaufes, der betont werden soll. Dieser Sinn wird deutlicher, wenn wir Husserls Verweis auf Disharmonien und Ablaufsharmonien betrachten. Leider erfahren wir nicht die beste aller möglichen Welten, die statisch und ahistorisch ist. Wir erfahren Brüche, die unsere Erfahrungsgeschichte betreffen können. Doch wann genau wird eine Ablaufsharmonie erlebbar und wann nicht? Ich schlage vor, dass von Schütz entlehnte Beispiel des »Schockmomentes« als eine mögliche Illustration einer allumfassenden Disharmonie zu betrachten. In diesem Zusammenhang wird deutlich, dass eine Gleichsetzung von Disharmonie und Unstimmigkeit zu einer inflationären Ansetzung erlebter Ablaufsharmonie führen würde, die unserer beschreibbaren natürlichen Einstellung nicht mehr adäquat entspricht.

Wenn die Universalisierung zu einem Gesamthorizont die vollzählige Erfahrungsgeschichte umfasst, so auch die bisherigen Enttäuschungen in der Auslebung unseres Erkenntnisinteresses, wäre es schlicht nicht plausibel zu behaupten, dass mit jeder gemachten unstimmigen Erfahrung der gesamte Bestand von Erwartungen entwertet wird. Denken wir an einen Einkauf im Supermarkt: Wir haben schon oft in unserem Leben eingekauft und erlebt, dass bestimmte Artikel ausverkauft sind. Wir erwarten einen bestimmten Erfahrungsverlauf - Ich drehe mich zum Zeitschriftenregal, erkenne das Logo meiner Lieblingszeitschrift, ich strecke meine Hände aus und nehme sie an mich - ich erfahre Unstimmigkeit - Ich finde das Logo nicht, die Zeitschrift ist nicht zu finden. Diese Form der Unsicherheit ist nicht neu. Sie gehört vielmehr zu unserem habitualisierten Bestand an Erwartungen. Die am Zeitschriftenregal erfahrene Unstimmigkeit bricht nicht mit unserem alltäglichen Einkaufserlebnis. Disharmonie bezeichnet meiner Meinung nach eine Erfahrung, die zum Bruch eines einheitlichen Erlebniszusammenhanges führt. Sie ist bezogen auf ein Ganzes. Dass in einer Pandemie das Klopapier ausverkauft und die Regale geplündert sind, ist ein Bruch! Unser Erlebnis des Bruches divergiert stark von alltäglichen „Enttäuschungen".

Erst in diesem Zusammenhang wird die außergewöhnliche Leistung des naiven Weltglaubens sichtbar. Wir haben einen Ablauf der Harmonisierung trotz solch drastischer, globaler Ereignisse. Es bleibt bei der monistischen Grundannahme der einen Welt. In ihrem Bezug zum Ganzen und zum möglichen Bruch des Ganzen liegt das wesentliche Unterscheidungsmerkmal von Harmonie/Disharmonie und Einstimmigkeit/Unstimmigkeit. Damit einhergehend schlage ich vor, Harmonie/Disharmonie als globale Gegebenheit einer konkreten Erfahrungsgeschichte aufzufassen (ontogenetisch) und Einstimmigkeit/Unstimmigkeit als ein regionales Phänomen zu beschreiben. Aus dieser Perspektive beschreibt Harmonie eine Gestalteigenschaft unseres mundanen Lebens. Damit knüpft Husserl einerseits an Carl Stumpfs Begriff der Verschmelzung und seine Rezeption im Zusammenhang mit figuralen Momenten in den Logischen Untersuchungen an, die der phänomenologische Gestalttheoretiker und Husserl-Schüler Aron Gurwitsch ausführlich analysierte (Gurwitsch 1975: 60f.). Andererseits ist das Motiv der Harmonie genetisch und kann als Übertragung eines Beschreibungsbegriffes der statischen in die genetische Phänomenologie gelten. Dabei ist das Phänomen der Harmonie insbesondere aus einer ontogenetischen Perspektive von Interesse. In der Kritik der mundanen Erfahrung geht Husserl noch von der Universalisierung des gesamten Erfahrungslebens aus, dass teleologisch in kontinuierlich erkennender Subjektivität fundiert ist. Dabei ist das teleologische Moment lediglich eine denkökonomische Abkürzung, so Husserl im ersten Band der Logischen Untersuchungen (HUA XVIII: 203)[11], und ersetzt nicht die konkrete phänomenologische Analyse, wie schon Stumpf festhielt: „*Was es in Wirklichkeit damit auf sich hat, dass Empfindungen ein Ganzes bilden und sich mehr oder weniger dem Eindruck Einer Empfindung nähern, das kann man doch zuletzt nur aus und an Beispielen lernen.*" (Stumpf 2013: 128)

Gleichwohl ist für die erkenntnistheoretische Untersuchung der Harmonie in ihrem globalen Charakter kennzeichnend, dass sie als Vordeutung auf Husserls späte Lebenswelt-phänomenologie zu verstehen ist. Hier sei auf Rudolf Boehms Einschätzung verwiesen, dass in der Vorlesung Erste Philosophie von 1923/24 „*Probleme an den Tag*" treten, „*deren Lösung sich erst in den Gedankengängen jener letzten Schrift Husserls* [der Krisis – P.B.] *anbahnt*" (Boehm 1959: XII). Wenn es sich hier noch um eine Harmonie im globalsten aller möglichen Sinne, nämlich um eine Harmonie für die rationale Subjektivität, handelt, so gewinnt die Frage nach Bedingungen der Ablaufsharmonie bzw. nach Grenzen dieser globalen Tendenz zur Einstimmigkeit erheblich Brisanz, insofern das Erfahren sozialer Realitäten in den Fokus der Aufmerksamkeit rückt. Während Ablaufsharmonie im globalsten Sinne schlicht kennzeichnet, dass verschiedene Realitätsräume in einem Bewusstseinsfeld als Horizont aller Horizonte fundiert sind und dieses auch durch Brüche einzelner geschlossener Sinngebiete nicht außer Geltung gesetzt wird (Geniusas 2020: 561,564), hat diese in Bezug auf die

[11] Husserl, E. (1975). Logische Untersuchungen. Erster Band. Prolegomena zur reinen Logik. Den Haag, Martinus Nijhoff.

verschiedenen kulturellen Umwelten des Alltages hohe Bedeutung für unser Verhalten. In diesem Zusammenhang deutet die Kritik der mundanen Erfahrung bereits auf die Verschiebung der Fragerichtung von Einstimmigkeit und Unstimmigkeit in der Dingwahrnehmung zu einer Untersuchung des Verhältnisses von Normalität und Anormalität in einer geisteswissenschaftlichen Phänomenologie hin, die Steinbock für Husserls späte Phänomenologie attestiert (Steinbock 1995: 129, 132f.). Wenn nun spezifische kulturelle Umwelten, wie bspw. die des preussischen Junkers (HUA XXXIX: 340)[12], untersucht werden, haben Erfahrungsbrüche und Möglichkeiten einer Ablaufsharmonie unmittelbare sozialwissenschaftliche Relevanz. Hier sei auf den Schockmoment als wesentliche Erfahrung des Bruchs im Zusammenhang mit der von Freud beschrieben instituierenden Wirkung für neurotische Kosmen (Freud 1982: 241) und die sich daran anschließende soziologische bzw. lebensweltphänomenologische Forschungsdebatte verwiesen (Psathas 2014: 207). In der Kritik der mundanen Erfahrung wird mit dem Motiv der Harmonie ein Urtyp einer phänomenologischen Beschreibung von Weltbezügen entwickelt, der das Potenzial der genetisch-phänomenologischen Methode Husserls für die Geisteswissenschaften verdeutlicht. Erlebte Harmonie und gelingende Ablaufsharmonie sind in diesem Zusammenhang, so lautet meine These, als Indikator für Kompossibilität bestimmter Erlebnisse mit einer bestimmten kulturellen Umwelt zu verstehen.

Literatur:

Boehm, R. (1959). Einleitung des Herausgebers. Erste Philosophie (1923/24). R. Boehm. The Hague, Martinus Nijhoff. **VIII**.

Brown, G. (1987). "Compossibility, Harmony, and Perfection in Leibniz." The Philosophical Review **96**(2): 173-203.

Brudzinska, J. (2013). "Mitvollzug und Fremdverstehen." Phänomenologische Forschungen **2013**(1): 45-76.

Cassirer, E. (1962). Leibniz System in seinen wissenschaftlichen Grundlagen. Hildesheim, Georg Olms.

Deleuze, G. (2017). Die Falte. Leibniz und der Barock. Frankfurt am Main, Suhrkamp.

Freud, S. (1982). Jenseits des Lustprinzips. Psychologie des Unbewußten. A. Mitscherlich, A. Richards and J. Strachey. Frankfurt am Main, Fischer Wissenschaft. **III**.

Geniusas, S. (2020). "“Multiple Realities” Revisited: James and Schutz." Human Studies **43**(4): 545-565.

Goffman, E. (2018). Stigma: Über Techniken der Bewältigung beschädigter Identität. Frankfurt am Main, Suhrkamp.

Gurwitsch, A. (1975). Das Bewusstseinsfeld. Berlin/New York, De Gruyter.

Heimsoeth, H. (1914). Die Methode der Erkenntnis bei Descartes und Leibniz. Leibniz Methode der formalen Begründung: Erkenntnislehre und Monadologie. Berlin, Walter De Gruyter.

Husserl, E. (1954). Die Krisis der Europäischen Wissenschaften und die Transzendentale Phänomenologie. Eine Einleitung in die Phänomenologische Philosophie. Haag, Nijhoff.

Husserl, E. (1959). Erste Philosophie (1923/24) Zweiter Teil. The Hague, Martinus Nijhoff.

Husserl, E. (1973). Cartesianische Meditationen und Pariser Vorträge. The Hague, M. Nijhoff.

Husserl, E. (1975). Logische Untersuchungen. Erster Band. Prolegomena zur reinen Logik. Den Haag, Martinus Nijhoff.

Husserl, E. (1976). Ideen zu Einer Reinen Phänomenologie und Phänomenologischen Philosophie. The Hague, Martinus Nijhoff.

Husserl, E. (1999). Erfahrung und Urteil. Hamburg, Felix Meiner Verlag.

Husserl, E. (2008). Die Lebenswelt : Auslegungen der vorgegebenen Welt und ihrer Konstitution : Texte aus dem Nachlass (1916-1937). Dordrecht, Springer.

Kant, I. (2020). Kritik der reinen Vernunft. Berlin/Boston, De Gruyter.

Leibniz, G. W. (2014). Monadologie und andere metaphysische Schriften: Französisch-Deutsch. Hamburg, Felix Meiner Verlag.

Lembeck, K.-H. (1987). "'Faktum Geschichte' und die Grenzen phänomenologischer Geschichtsphilosophie." Husserl Studies **4**(3): 209-224.

Lohmar, D. (2002). Die Idee der Reduktion: Husserls Reduktionen - und ihr gemeinsamer, methodischer Sinn. Die erscheinende Welt: Festschrift für Klaus Held. H. Hüni and P. Trawny. Berlin, Duncker & Humblot: 751-771.

Lohmar, D. (2008). Phänomenologie Der Schwachen Phantasie. Untersuchungen der Psychologie, Cognitive Science, Neurologie und Phänomenologie zur Funktion der Phantasie in der Wahrnehmung. Dordrecht, Springer.

[12] Husserl, E. (2008). Die Lebenswelt : Auslegungen der vorgegebenen Welt und ihrer Konstitution : Texte aus dem Nachlass (1916-1937). Dordrecht, Springer.

Mahnke, D. (1925). "Leibnizens Synthese von Universalmathematik Und Individualmetaphysik." Jahrbuch für Philosophie und phänomenologische Forschung **7**: 305-612.
Mouffe, C. (1996). Deconstruction, Pragmatism and the Politics of Democracy. Deconstruction and pragmatism. S. Critchley, C. Mouffe and B. Dawson. London/New York, Routledge: 1-12.
Poser, H. (2000). Phaenomenon bene fundatum: Leibnizens Monadologie als Phänomenologie. Phänomenologie und Leibniz. R. Cristin and K. Sakai. Freiburg, Alber: 19-41.
Poser, H. (2016). Gottfried Wilhelm Leibniz zur Einführung. Hamburg, Junius.
Psathas, G. (2014). Goffman and Schutz on Multiple Realities. Schutzian Phenomenology and Hermeneutic Traditions. M. Staudigl and G. Berguno. Dordrecht, Springer Netherlands: 201-221.
Rollinger, R. D. and R. Sowa (2003). Einleitung. Transzendentaler Idealismus. Texte aus dem Nachlass (1908-1921). R. D. Rollinger and R. Sowa. Dordrecht, Kluwer Academic Publishers.
Sakai, K. (2017). „Passive Synthesis" und „vis passiva". Versuch einer neuen Annäherung an die Husserl-Leibniz-Problematik. 300 Jahre Monadologie. Interpretation, Rezeption und Transformation. W. Li: 109-128.
Schütz, A. (1972). On Multiple Realities. Collected Papers I: The Problem of Social Reality. A. Schutz and M. Natanson. Dordrecht, Springer Netherlands: 207-259.
Schütz, A. and T. Luckmann (1979). Strukturen der Lebenswelt. Frankfurt am Main, Suhrkamp.
Staiti, A. (2010). "Different Worlds and Tendency to Concordance: Towards a New Perspective on Husserl's Phenomenology of Culture." New Yearbook for Phenomenology and Phenomenological Philosophy **10**: 127-143.
Steinbock, A. J. (1995). Home and beyond : generative phenomenology after Husserl. Evanston, Ill, Northwestern University Press.
Ströker, E. (1984). "Intentionalität und Konstitution. Wandlungen des Intentionalitätskonzepts in der Philosophie Husserls." Dialectica **38**(2/3): 191-208.
Stumpf, C. (2013). Tonpsychologie. London, Cambridge University Press.
Taguchi, S. (2017). Annihilation of the World? Husserl's Rehabilitation of Reality. Perception, Affectivity, and Volition in Husserl's Phenomenology. R. Walton, S. Taguchi and R. Rubio: 163-177.

WIEDERVEREINIGUNG VON LEBENSWELTEN? UMBRUCHSERFAHRUNGEN „OSTDEUTSCHER" WÄHREND DER NACHWENDEJAHRE NACH DER WIEDERVEREINIGUNG DEUTSCHLANDS 1989/90 UND ANSÄTZE AUS DER PHÄNOMENOLOGIE EDMUND HUSSERLS ZUR INTERSUBJEKTIVEN GEMEINSCHAFTSKONSTITUTION

Regina Schreiber[1]

Zusammenfassung:

Der vorliegende Beitrag greift Umbruchserfahrungen „Ostdeutscher" während der Nachwendejahre nach der Wiedervereinigung Deutschlands 1989/90 unter ausgewählten Perspektiven auf Verlust und Abwertung auf, um damit spezifische und grundlegende Probleme gesellschaftlicher Einheitsbildung aufzuzeigen. Davon ausgehend wird über den Begriff der *Lebenswelt* bei Edmund Husserl und ausgewählten Analysen zu intersubjektiven Konstitutionsleistungen in Prozessen der Gemeinschaftsbildung eine phänomenologische Perspektive auf grundlegende Strukturen und Dynamiken gesellschaftlicher Einheitsbildung eröffnet. Dabei spielen Husserls Ausführungen zur *Kommunikation* und zur *Einfühlung* eine zentrale Rolle. Dieser Beitrag bringt damit erstmalig konkrete Erfahrungen „Ostdeutscher", die während eines gesellschaftlichen Vereinigungsprozesses gemacht wurden, in einen thematischen Zusammenhang mit Untersuchungsansätzen zur Intersubjektivität aus der Phänomenologie Husserls. Die Bedeutung vielschichtiger gesellschaftlicher Prozesse in der Bildung von Gemeinschaften und deren Grundlage in intersubjektiven Formen wechselseitiger Bezugnahmen sind, über das gewählte Beispiel hinaus, in unserer globalisierten Welt Themen, denen wir uns immer wieder aufs Neue stellen müssen. Die reichhaltigen philosophischen Analysen Husserls haben auch hier bereits eine wertvolle geistige Vorarbeit geleistet, auf die wir uns stützen können.

Schlüsselwörter: Deutsche Wiedervereinigung 1989/90, Lebenswelt, Kommunikation, Einfühlung, intersubjektive Gemeinschaftskonstitution

■■■

Einleitung

Seit dem „Fall der Mauer" am 9. November 1989 und der Wiedervereinigung am 3. Oktober 1990 gibt es in Deutschland jährlich Anlass zur Feier und zur gesellschaftlichen Reflektion. Dabei stehen Fragen im Vordergrund, die die Einheit Deutschlands im Sinne einer „Angleichung der Lebensverhältnisse" zwischen Ost und West und einer *Identifikation* der Bürger als „Gesamtdeutsche" thematisieren. In empirischen Forschungen werden ökonomische Unterschiede, wie Einkommensverhältnisse, Rentenstruktur oder Arbeitslosenzahlen zwischen Ost- und Westdeutschland, als messbare Indikatoren der Einheit ausgewiesen.[2] Darüber hinaus wird in diesem

---

[1] Doktorandin, a.r.*t.e.s. Graduate School for the Humanities Cologne* & Doctoral Researcher, Universität Jyväskylä, Department of Social Sciences and Philosophy, Finland. E-mail: rschreib@smail.uni-koeln.de

[2] Vgl. Krause, Peter, „30 Jahre seit dem Mauerfall: Fortschritte und Defizite bei der Angleichung der Lebensverhältnisse in Ost- und Westdeutschland", in: *DIW Wochenbericht* 86, 2019 (45), S. 827-838.

Themenumfeld die gesellschaftliche Teilhabe diskutiert, worunter auch die geringe Repräsentation „ostdeutscher" Personen in Führungs- und Leitungspositionen zählt.[3] Spätestens seit 2010 werden gesellschaftliche Debatten auch auf transgenerative Aspekte und dabei auf die sogenannte „Dritte Generation Ostdeutschland" gelenkt.[4]

Leitfragen, die die gesellschaftlichen Debatten in Deutschland bis heute prägen, sind auch über 30 Jahre nach der Wiedervereinigung hauptsächlich darauf gerichtet, ob sich die Bürger in Deutschland als Gesamt- oder doch als Ost- und Westdeutsche identifizieren. Dabei werden auf der einen Seite immer wieder auf zahlreiche, hauptsächlich ökonomisch-strukturell bedingte Fehler im Prozess der Wiedervereinigung („Treuhandanstalt"[5]) rekurriert und auf der anderen Seite werden bis heute bestehende Wissens- und Bildungslücken sowie Vorurteile und Diskriminierungen, die die Bürger der ehemaligen DDR (bzw. heutige „Ostdeutsche"[6]) erleben, thematisiert.

Oft dienen diese Debatten über Ost- und Westdeutschland dazu, die heutigen und als problematisch verstandenen Unterschiede in Ostdeutschland im Vergleich zu Westdeutschland – beispielsweise das Wahlverhalten – einzuordnen und diesen in politischen oder ökonomischen Lösungsansätzen zu begegnen. In einer größeren Perspektive wird aber hier genau das als problematisch klassifiziert, was die fehlende Einheit zwischen Ost- und Westdeutschland und im weiteren Sinn damit die fehlende Identifikation ehemaliger DDR-Bürger (bzw. auch von heutigen „Ostdeutschen") mit dem demokratischen Rechtsstaat der heutigen Bundesrepublik Deutschland ausdrückt. Der Fokus verengt sich dabei jedoch auf wenige Aspekte von Identifikationsfragen und deren Ausdrucksformen und richtet sich häufig einseitig auf „Ostdeutsche".

Dies ist vor allem darin begründet, dass es sich bei der Wiedervereinigung nicht, wie das Wort vielleicht vermuten lässt, um eine Vereinigung im Sinn einer Vermischung oder Zusammenführung gleichberechtigter Teile zu einem neuen Ganzen handelte, sondern um einen Beitritt der DDR zur Bundesrepublik, der im Einigungsvertrag am 31. August 1990 unterzeichnet wurde. Anders ausgedrückt, sind Fragen nach der Einheit Deutschlands damit häufig Fragen danach, wie Bürger der ehemaligen DDR sich mit der heutigen Bundesrepublik identifizieren, da sie „beigetreten" bzw. „dazugekommen" sind und sich ihre Sozialisation und ihre Erfahrungen in den Nachwendejahren (hier: 1990-1995) von denen der Bürger der „alten BRD" unterscheiden. Die Erfahrungen ehemaliger DDR-Bürger sind in den Nachwendejahren kollektiv geteilte Erfahrungen von Umbrüchen, Verlusten und einschneidenden Veränderungen, die sich nicht mit denen „westdeutscher" Bürger decken. Aus diesem Grund kann man hinsichtlich der Erfahrungen in den Nachwendejahren zwischen einer ostdeutschen und einer westdeutschen Perspektive unterscheiden. Da die Frage der Deutschen Einheit bzw. der Einheitsstiftung wie beschrieben oft auf Identifikationsfragen und „Integrationsleistungen" ehemaliger DDR-Bürger reduziert zu sein scheint, lohnt es sich, auf deren Erfahrungen genauer zu schauen und von diesen ausgehend grundsätzlichere Fragen der Einheits- und Gemeinschaftsbildung zu untersuchen.

Die Erfahrungen „Ostdeutscher" bzw. ehemaliger DDR-Bürger während der Nachwendejahre

[3] Vgl. Kollmorgen, Raj, „Ein anhaltendes Defizit? Ostdeutsche in den Eliten als Problem und Aufgabe", in: *(Ost)Deutschlands Weg. 35 weitere Studien, Prognosen & Interviews. Teil II – Gegenwart und Zukunft*, Ilko-Sascha Kowalczuk/ Frank Ebert/ Holger Kulick (Hrsg.), Berlin/Bonn: Bundeszentrale für politische Bildung, 2021, S. 231-249.

[4] Vgl. *Dritte Generation Ost. Wer wir sind, was wir wollen*, Michael Hacker et al. (Hrsg.), Berlin: Ch. Links Verlag, 2012. – Vgl. *Die Generation der Wendekinder. Elaboration eines Forschungsfeldes*, Adriana Lettrari/ Christian Nestler/ Nadja Troi-Boeck, Wiesbaden: Springer, 2016.

[5] Vgl. Böick, Marcus, „Zwölf Thesen zu Wirtschaftsumbau und Treuhandanstalt. Die Rolle(n) und Folgen des Wirkens der Treuhand", in: *(Ost)Deutschlands Weg. 45 Studien & Essays zur Lage des Landes. Teil I – 1989 bis heute*, Ilko-Sascha Kowalczuk/ Frank Ebert/ Holger Kulick (Hrsg.), Berlin/Bonn: Bundeszentrale für politische Bildung, 2021, S. 413-435.

[6] Dieser Begriff wird im Folgenden als *Beschreibungskategorie* verwendet.

bieten in vielfacher Hinsicht interessante Untersuchungsthemen für phänomenologische Forschungen. Sie wurden aber bis heute, im Unterschied zu jahrzehntelangen Forschungen in Wirtschafts- und Gesellschaftswissenschaften, nicht aufgegriffen. Zur Frage der Deutschen Einheit bieten zum Beispiel sowohl Edmund Husserls Analysen zur Intersubjektivität, besonders zur intersubjektiven Konstitution von Gemeinschaften, als auch seine Analysen zur Lebenswelt und seine Ausführungen zur Heim- und Fremdwelt phänomenologische Perspektiven, die einen anderen Blick auf Fragen der Einheit oder Einheitsstiftung in einer Gesellschaft ermöglichen. Sie gehen nicht von bereits fertigen Begriffen, geschichtlichen Tatsachen, gesellschaftlichen Wünschen oder bereits politisch festgelegten Zielen aus. In diesen phänomenologischen Ansätzen wird nach Strukturen in und Leistungen der Subjektivität gefragt, die jeder Bildung von Gemeinschaften zugrunde liegen und durch die schließlich jede „Vereinigung" und „Einheit" als ‚Ergebnis' von subjektiven und intersubjektiven Konstitutionsprozessen verstanden und untersucht werden kann.

Da nicht nur die Forschungsfragen im Umkreis der Wiedervereinigung Deutschlands umfassend und zahlreich sind, sondern auch die Begriffe, Methoden, Beschreibungen und Analyseansätze in der Phänomenologie Husserls sich nicht beliebig übertragen oder anwenden lassen, muss sich dieser Beitrag auf wenige Themen beschränken und er versteht sich insgesamt als ein Anstoß oder als ein Versuch, die gesellschaftlichen Debatten über die Wiedervereinigung Deutschlands um Untersuchungsansätze und Perspektiven aus der Phänomenologie Husserls zu bereichern. Der Beitrag kann deshalb keine textexegetischen Begriffsanalysen oder eine umfassende Werkanalyse der Husserlschen Texte vorlegen und auch die Geschichte der Nachwendejahre nicht ausreichend darstellen.

Der folgende Beitrag gliedert sich in zwei Hauptteile. Zunächst soll auf die Erfahrungen „Ostdeutscher" in den Nachwendejahren Bezug genommen werden, die als Verlust, Veränderung oder Umbruch bezeichnet werden können. Dabei wird zunächst auf das Verhältnis zwischen Erfahrungen der Veränderung und des Verlustes eingegangen. Daran anschließend wird die besondere Verbindung von Verlusterfahrungen mit Abwertungserfahrungen thematisiert, die mit dem Vollzug der Wiedervereinigung als *Beitritt* in Zusammenhang stehen. Auf der einen Seite werden in diesem Teil allgemeine Überlegungen zu Verlust und Veränderung ausgeführt und auf der anderen Seite wird auf Forschungsbeiträge aus den Sozialwissenschaften rekurriert.

Im zweiten Teil wird zunächst der Begriff der *Lebenswelt* bei Husserl thematisiert, um davon ausgehend einige Schlüsselanalysen Husserls zur Konstitution von Gemeinschaften in den Fokus zu rücken, bei denen es zuerst um allgemeine Strukturen intersubjektiver Konstitution geht. Danach werden *kommunikative* und *soziale Akte* thematisiert, woran sich die Frage nach der Funktion von *Einfühlung* und gemeinschaftlichen *Willenszielen* und deren Bedeutung in der Stiftung und Konstitution von Gemeinschaften und gemeinschaftlicher Einheit anschließt.[7]

Teil I

1. Veränderung oder Verlust? Überlegungen zu Erfahrungen ehemaliger DDR-Bürger in den Nachwendejahren

Wenn wir unsere Heimat verlassen (müssen) und in ein anderes Land ziehen, dann erwarten wir

[7] Für die Einladung zu diesem Sammelband möchte ich Dr. Diler Ezgi Tarhan danken. Außerdem danke ich allen Teilnehmern und Teilnehmerinnen des Phenomenology Research Seminars in Helsinki, unter der Leitung von Prof. Dr. Sara Heinämaa, für die konstruktive Kritik zu einem ersten Entwurf dieses Beitrages, den ich im Dezember 2021 vorstellen durfte.

wahrscheinlich, eine andere Sprache zu hören, andere klimatische Bedingungen, eine andere Natur, andere Lebewesen oder eine andere Architektur vorzufinden. Wir erwarten andere Regeln und Normen, andere Formen des Miteinanders, andere Nahrungsmittel, für uns neue religiöse und kulturelle Feste. Wir können uns darauf vorbereiten, wie beispielsweise mit dem Erlernen einer neuen Sprache. Dem tatsächlichen Erleben können wir bei noch so guter Recherche jedoch nicht vorgreifen, die Gefühle können wir nicht vor-fühlen und die Vielschichtigkeit von Sinneseindrücken nicht durch Bilder des fremden Landes antizipieren. Was wir jedoch wissen, ist, dass wir in ein uns fremdes Land ziehen und dass wir dort „Fremde" sind. Vielleicht sind wir im fremden Land irritiert, belustigt oder verletzt über andere zwischenmenschliche Umgangsformen.

Im Ausgang von dem, was uns vertraut ist, können wir gemachte Erfahrungen reflektieren und verstehen, dass zum Beispiel ein für uns unfreundlich erscheinendes Verhalten im neuen Land nicht denselben Sinn hat, also nicht unfreundlich gemeint ist, oder dass eine Frage danach, wie es uns gehe, nicht als Frage, sondern als Grußformel zu verstehen ist. Wir beziehen uns dabei nicht nur auf bereits gemachte Erfahrungen, alltägliche Gewohnheiten und unser Verständnis von Normalität, um die neuen Erfahrungen einzuordnen; eine Normalität, die uns eher unreflektiert und unbenannt als ein Gefühl von Vertrautheit begegnet und erst durch ihr Fehlen greifbar wird. Sondern wir haben auch einen konkreten Rückbezug. Als „Fremde" im neuen Land haben wir auch die Möglichkeit, zurück in unsere „Heimat" zu gehen. Die Existenz der eigenen Heimat als Raum und Kultur, in der wir nicht fremd sind, in der wir die uns vertraute Normalität als etwas Selbstverständliches erleben, bildet damit nicht nur einen abstrakten Begriff, eine geschichtliche oder geographische Koordinate für die Lebenswelt und die Erfahrungen, die uns geprägt haben, sondern sie ist ein immer wieder aufsuchbarer Ort. Gehen wir an diesen Ort zurück, dann sprechen wir dort unsere Muttersprache, beispielsweise auch mit dem jeweiligen Dialekt der Region.

Mit dem Beitritt der DDR zur Bundesrepublik veränderte sich die *Heimwelt*, um einen Begriff Husserls zu benutzen, für die Bürger der ehemaligen DDR auf eine spezifische Weise. Diese Veränderungen können unter den Titeln der Verlust- oder Umbruchserfahrungen aufgegriffen werden. Aber sowohl die Arten des Verlustes als auch die der Veränderungen unterscheiden sich von denen in Migrationserfahrungen, bei denen die Heimat als Raum und Ort verlassen wird (bzw. werden muss), oder von alltäglichen Veränderungen, die wir alle ständig erleben.

Die Welt, in der wir leben, ist stets Veränderungen unterworfen. Das uns Vertraute ändert sich und oft bleibt „die Heimat" nur im Gedächtnis aufsuchbar.[8] Veränderungen, wie der Neubau von Straßen, der Wechsel der Jahreszeiten oder der Auszug der Nachbarn, gehören zu alltäglichen Erfahrungen und werden nur dann als einschneidende Erlebnisse reflektiert, wenn sie eine besonders große Veränderung mit sich bringen, also eine existenzielle Bedeutung für uns haben und unseren Alltag und unsere Gewohnheiten verändern, stören oder ‚bedrohen'.

Die Veränderungen für die Bürger der ehemaligen DDR bestanden während der Nachwendejahre in vielen Teilen auch aus diesen alltäglichen Veränderungen, nur waren sie sowohl in ihrer Anzahl als auch in ihrer Qualität verschieden und sie betrafen nicht nur einzelne Personen, sondern alle Bürger. Listet man einige Veränderungen auf, dann ‚verschwanden' zum Beispiel Behörden und Institutionen oder sie wurden reformiert bzw. ersetzt. Auch einige Straßennamen, Telefonnummern und die

[8] Vgl. dazu die umfassenden Ausführungen zu Gedächtnisformen in ihren Verschränktheiten: Schmidt, Stefan W., „Der Verlust des Ortes für das geographische Subjekt. Topophänomenologische Analysen des Nostalgischen Gedächtnisses", in: *Phänomenologische Forschungen*, Thiemo Breyer/ Julia Jansen/ Inga Römer (Hrsg.), Hamburg: Meiner, 2019 (1), S. 157-171.

Postleitzahlen änderten sich. In den Geschäften des täglichen Bedarfs ‚verschwanden' Produkte und neue kamen hinzu. Diese Veränderungen sind auch heutzutage sicherlich keine, denen wir besondere Aufmerksamkeit schenken würden, weshalb sie *als* Veränderungen auch nicht den Charakter besonderer Verlusterfahrungen beschließen.

Die wohl bedeutendste Veränderung bestand darin, dass mit dem Beitritt der DDR zur Bundesrepublik auch die Verfassung, also das Grundgesetz, übernommen wurde. Damit ‚wurde' aus einer Diktatur ein demokratischer Rechtsstaat mit seinem Bekenntnis zu unverletzlichen und unveräußerlichen Menschenrechten.

Würde man die Erfahrungen ehemaliger DDR-Bürger während der Nachwendejahre nicht nur als Veränderung, sondern als Verlust der „Heimat" bezeichnen wollen, so erschiene es absurd oder sogar zynisch, von einem Verlust hinsichtlich der Diktatur und ihrer Institutionen zu sprechen. Wenn der Wandel des politischen Systems nicht als Verlust, sondern als Gewinn und damit als eine Veränderung im positiven Sinn bezeichnet werden kann und genau diese Veränderung und die damit einhergehenden Freiheiten und Menschenrechte der Antrieb für die Proteste vor dem „Fall der Mauer" waren,[9] dann sind Verlusterfahrungen in diesem Fall nicht unmittelbar auf den Verlust des politischen Systems bezogen. Damit scheint die „Heimat" auch nicht mit dem politischen System, das in der Heimat besteht, gleichgesetzt zu werden.

Verstehen wir unter Verlust vor allem etwas, das wir vermissen und uns zurückwünschen, dann vermissten die Bürger der ehemaligen DDR – um allgemein zu bleiben – wohl kaum die Unterdrückung, die Unfreiheit, den wirtschaftlichen Mangel oder die fehlenden Menschenrechte. Was jedoch vermisst wurde (bzw. wird), war das soziale Miteinander, die Gemeinschaft, in der man lebte, das Vertraute und Gewohnte.

Diese allgemeine Feststellung ist aus zwei Gründen aufschlussreich. Zunächst, weil sich hier zeigt, dass das „Private", das keinesfalls frei von Einflüssen des politischen Systems war, entweder als klar geschieden vom Staat und dessen Politik erlebt wurde oder dass das, was in Bezug auf das Private als Verlust empfunden wurde, sich auf die unmittelbarsten zwischenmenschlichen Beziehungen im Nahumfeld beschränkte. Folgt man aber gerade diesem letzten Punkt, dann lässt sich ebenfalls feststellen, dass genau diese Formen des Miteinanders eigentlich nicht mit dem Beitritt der DDR zur Bundesrepublik von einem Tag zum anderen verloren gegangen sind oder sich grundsätzlich änderten.

In diesem Zusammenhang scheinen Verlusterfahrungen in Bezug auf das soziale Miteinander nicht mit denen in Migrationserfahrungen übereinzustimmen, in denen das Verlassen der Heimat einen Ortswechsel bedeutet, woran der Verlust des vertrauten und gelebten Miteinanders, das an einem bestimmten Ort stattfindet, verbunden ist.[10]

Weder die Heimat als Ort – als vertrautes Bild von Straßen, Häusern und Natur – änderte sich schlagartig noch sind die vertrauten Menschen an diesem Ort mit dem Beitritt der DDR zur Bundesrepublik ‚plötzlich' von einem Tag auf den anderen verschwunden noch ist die Heimat zuvor

---

[9] Vgl. Leistner, Alexander, „Oppositionelle Akteurskonstellationen im Herbst 1989. Vorgeschichte und Nachleben der Protestbewegung in der DDR", in: *(Ost)Deutschlands Weg (Teil I)*, S. 61-77. – Vgl. Jauer, Joachim, „Vergessene Vorarbeiter. Die eigentliche Maueröffnung", in: *(Ost)Deutschlands Weg (Teil I)*, S. 123-131.

[10] Vgl. Foroutan, Naika, „Sind Ostdeutsche auch Migranten? Über Sinnhaftigkeit und Grenzen des Vergleichs von Ostdeutschen und Migrant*innen in Deutschland", in: *(Ost)Deutschlands Weg (Teil II)*, S. 191-204.

vollständig mit dem politischen System identifiziert worden, das sich änderte.[11]

Worauf bezieht sich also der Verlust, der Umbruch, der die Erfahrungen ehemaliger DDR-Bürger in den Nachwendejahren prägte und die bis heute als Erklärungsansatz für eine noch fehlende Wiedervereinigung bzw. Einheit Deutschlands angeführt werden?

2. Verlust durch Abwertung

Was entscheidend die Verlusterfahrungen hinsichtlich des sozialen Miteinanders während der Nachwendejahre prägte, und auch bis heute nachwirkt, waren Erfahrungen der Abwertung, die auch unter dem Titel der Abwertung ostdeutscher Erwerbsbiographien beschrieben und untersucht worden sind.[12] Verschiedene Formen der Abwertung in unterschiedlichen Bereichen spielten dabei eine Rolle.

Die Arbeitsstelle zu verlieren, weil die Firma, für die man arbeitet, beispielsweise schließt, ist in der heutigen globalisierten Welt kein Einzelschicksal und daher für viele eine Normalität in ihrer sogenannten Erwerbsbiographie. Bei der Bewerbung um einen neuen Arbeitsplatz, der dem vorherigen ähnelt, sind die gesammelten Erfahrungen und die erworbenen Kenntnisse in der Regel von Vorteil. Im Falle einiger Erwerbsbiographien ehemaliger DDR-Bürger sind aber eben jene Erfahrungen und Kenntnisse und darüber hinaus bereits ihre Schulbildung bzw. spätere Berufsausbildung mit einer großen Skepsis aufgenommen und abgewertet worden. Wichtig sind dabei die Gründe für diese Skepsis bzw. Abwertung, die Personen, die sie vorbringen, die Ausdrucksformen, in denen Abwertungen geäußert werden, und die Art und Weise, wie sich jene Nichtanerkennung und Abwertung auswirkte und bis heute auswirkt.

Die Arbeitsstelle kann über den reinen Gelderwerb hinaus verschiedene soziale Funktionen haben und die Kontakte zu Kollegen prägen häufig auch das Privatleben. Darüber hinaus ist die Arbeitstätigkeit auch eine „Leistung", die man für die Gesellschaft erbringt. Dadurch wird man im besten Fall nicht nur von der Gesellschaft wertgeschätzt und entlohnt, sondern es ist auch eine wesentliche Form, wodurch man sich selbst als Teil der Gesellschaft erleben und sich in diese einbringen kann. Der Verlust der Arbeitsstelle ist daher in sozialer Hinsicht auch ein Verlust der Funktion, die man in einer Gesellschaft haben kann. Die hohe Arbeitslosigkeit in den Nachwendejahren war für die Bürger der ehemaligen DDR eine kollektiv geteilte Erfahrung. Daran schloss sich im besten Fall jedoch nicht nur ein Arbeitsplatzwechsel an, sondern eine veränderte Ordnung in der Arbeitswelt, zu der auch neue Vorgesetzte aus Westdeutschland zählten. Viele ehemalige DDR-Bürger, die später entweder im Osten oder im Westen eine neue Arbeitsstelle fanden, berichteten von Abwertungserfahrungen und Diskriminierungen durch „Westdeutsche" aufgrund ihrer Zugehörigkeit zur Gruppe ehemaliger DDR-Bürger.[13]

Bezeichnend für die Nachwendejahre aus der Perspektive ehemaliger DDR-Bürger ist, dass Erfahrungen des Arbeitsplatzverlustes in großer Anzahl geteilt wurden und damit einschneidende

[11] Nach 1990 wanderten viele „Ostdeutsche" nach Westdeutschland ab, was auch heute demographische Auswirkungen hat. Hier soll allerdings betont werden, dass diese Abwanderungen in der Regel nicht überraschend oder plötzlich stattfanden, sondern sich an verschiedene Abwanderungs-, Auswanderungs- und Fluchtbewegungen aus der ehemaligen DDR anschlossen: Vgl. Gehrmann, Manfred, *Die Überwindung des ‚Eisernen Vorhangs': die Abwanderung aus der DDR in die BRD und nach West-Berlin als innerdeutsches Migranten-Netzwerk*, Berlin: Ch. Links Verlag, 2009.

[12] Vgl. Haag, Hanna, „Biographische Entwertung – wertvolle Biographien. Ostdeutsche Narrative symbolischer und sozialer Abwertung nach 1989", in: *BIOS – Zeitschrift für Biographieforschung, Oral History und Lebensverlaufsanalysen*, 2020 (1), S. 46-69.

[13] Vgl. Haag, Hanna, „Vertraute Fremde. Ein Blick auf die DDR-Transformation als Migration", in: *Vergangene Vertrautheit. Soziale Gedächtnisse des Ankommens, Aufnehmens und Abweisens*, Oliver Dimbath/ Anja Kinzler/ Katinka Meyer (Hrsg.), Wiesbaden: Springer, 2019, S. 217-236.

Veränderungen oder sogar der Verlust der Funktion, die man für die Gesellschaft ausübte, einhergingen.

Aber vor allem das Zurückgewinnen der (oder einer ähnlichen) Funktion, die man zuvor in der und für die Gesellschaft innehatte, wurde erschwert bzw. strukturell verhindert. Einige Gründe dafür liegen in wirtschaftlich begründeten Transformationsprozessen. Vor allem können die Abwertungserfahrungen als bedingt durch das neue und anders strukturierte Miteinander interpretiert werden. Dabei stehen nicht nur die Veränderungen als solche im Vordergrund, sondern die gesellschaftliche Neuordnung und die sich daran anschließende Vergabe institutioneller und struktureller Macht an Personen, die hauptsächlich aus Westdeutschland stammten. Die daraus resultierende, problematische Dynamik besteht darin, dass diese Strukturen (bis heute) kaum durchlässig für Personen aus Ostdeutschland sind und sich durch verschiedene Abwertungsmechanismen verfestigen und legitimieren. Damit steht der erlebte Verlust des vertrauten Miteinanders in den Nachwendejahren zugleich für die gemeinschaftlich geteilte Erfahrung ehemaliger DDR-Bürger, kein Teil der Mehrheitsgesellschaft (mehr) sein zu *können* – eben jener Gesellschaft, der man doch beigetreten war und an der man teilhaben wollte. Diese Zusammenhänge und sozialen Dynamiken als Folge der Wiedervereinigung Deutschlands wurden gesellschaftlich nicht antizipiert oder ausreichend vorbereitet und sie stehen für eine spezifische Art des Verlustes; eines Verlustes der ‚sozialen' Heimat, die man nicht mehr aufsuchen kann.

Folgt man dem Begriff des *Beitritts*, dann ist es aus westdeutscher Perspektive durchaus nachvollziehbar, dass nicht die Umgestaltung oder Neuordnung der Bundesrepublik angestrebt wurde, sondern die Neugestaltung der ehemaligen DDR nach bereits bestehenden und nicht infrage stehenden Strukturen – nach dem Vorbild der „alten BRD".

In diesem Zusammenhang wurden in der Forschung bereits die Begriffe der *Kolonialisierung* und der *westdeutschen Überschichtung* diskutiert, um vor allem auf die gesellschaftlichen Folgen der Wiedervereinigung in einer spezifischen Weise aufmerksam zu machen und auch, um zu erklären, weshalb von „Ostdeutschen" als Minderheit gesprochen werden kann. Mit dem Begriff der Minderheit ist nicht nur die Bevölkerungsanzahl gemeint, sondern durch ihn wird auf in verschiedenen Strukturen begründeten Diskriminierungserfahrungen hingewiesen. Auch Prozesse des *Othering* werden in diesem Themenumfeld diskutiert und als Erklärungsansatz für bis heute bestehende Probleme herangezogen.[14]

Über 30 Jahre nach der Wiedervereinigung Deutschlands scheint es selten tiefgehende Analysen dessen zu geben, was Einheit, Vereinigung oder Einheitsstiftung in der Gesellschaft überhaupt bedeutet, konkret bedeuten soll oder wie sie praktisch vollzogen werden kann. Die empirisch erhobenen Zahlen, die als Maßstab der Einheit aufgelistet werden, scheinen sich im Grundsatz darauf zu beziehen, dass Einheit durch die Angleichung von (messbaren) Lebensverhältnissen herzustellen sei. Was selten im öffentlichen Diskurs reflektiert wird, sind grundsätzliche Strukturen zwischenmenschlicher Beziehungen und die Bedeutung wechselseitiger Prozesse, die jeder Einheitsstiftung zugrunde liegen.

Versteht man Einheit nur als Beitritt, dann sind die Beitretenden diejenigen, die sich anpassen, einfügen und angleichen müssen – und dies scheint auch ihre alleinige Aufgabe zu sein, für deren Gelingen sie selbst verantwortlich gemacht werden. Werden sie jedoch zugleich von der Mehrheit als

[14] Vgl. Kubiak, Daniel, „Die Nachwendegeneration – zwischen ambivalenter Solidarität mit den Eltern, Abwertungserfahrungen und ‚Othering'-Prozessen. Über Prägungen junger Ostdeutscher durch den Vereinigungsprozess", in: *(Ost)Deutschlands Weg (Teil II)*, S. 81-92.

Minderheit „angesprochen", dann werden sie zu Repräsentanten einer von außen „umgrenzten" Gruppe und sind innerhalb dieser Grenzen keine Teilnehmer oder Mitgestalter im vollen Umfang. Diese Grenzen verhindern aber auch einen empathischen Kontakt und damit ein umfassenderes Verständnis für den Anderen als Individuum.

Die einseitige Fokussierung auf Fragen, ob und wie sich ehemalige DDR-Bürger und heutige „Ostdeutsche" mit der wiedervereinigten Bundesrepublik identifizieren, folgen daher eher einem Narrativ des Beitritts, bei dem die Vielfältigkeit der Lebenserfahrungen der Beitretenden unbedeutend ist. Diese wären nur dann von Bedeutung, wenn man Vereinigung bzw. Einheit als einen Prozess versteht, in dem alle teilnehmen müssen und können und in dem bestehende (Macht)Strukturen und Ordnungen Gegenstände von immer neuen gemeinschaftlichen Aushandlungen und Zielsetzungen sind.

In der Phänomenologie Husserls finden sich sowohl detaillierte Beschreibungen und Analysen der Subjektivität und von Subjekten in der Gemeinschaft als auch Leitbegriffe, anhand derer verschiedenen Fragestellungen nach intersubjektiver Gemeinschaftskonstitution nachgegangen wird. Weder die Beschreibungen selbst noch die Begriffe mit ihrem systematisch-erkenntnistheoretischen Hintergrund lassen sich ohne Weiteres auf die konkreten gesellschaftlichen Debatten um die Wiedervereinigung in Deutschland „anwenden". Es geht im Folgenden Teil daher auch nicht um eine Anwendung der Phänomenologie Husserls, sondern um eine Auffächerung einiger zentraler Analysen und Begriffe, die es erlauben, grundsätzlichere Fragen nach Einheit bzw. Einheitsstiftung in einer Gemeinschaft anzusprechen und zusammenzudenken.

Spezifische phänomenologische Methoden, wie etwa *reduktive* oder *eidetische* Ansätze in der Phänomenologie Husserls, werden in den folgenden Ausführungen nicht explizit diskutiert, weil diese zum einen bereits in anderen Beiträgen ausführlich dargestellt sind und weil hier zum anderen nicht suggeriert werden soll, dass „fertige" Methoden zur Anwendung für gesellschaftliche Diskurse bereitstünden. Dies zeigt sich besonders in den komplexen systematischen Zusammenhängen, die den Analysen und Begriffen Husserls zugrunde liegen.

Teil II

Hinsichtlich der im Titel angedeuteten Frage nach einer Wiedervereinigung von Lebenswelten könnte man zunächst überlegen, ob es möglich wäre, eine Lebenswelt durch eine sprachliche Umbenennung zu erweitern oder mit einer anderen zu verbinden. Wie Staatsgebiete konkret durch Verträge und Gesetze erweitert oder verkleinert werden können, kann ein Thema rechtswissenschaftlicher bzw. völkerrechtlicher Diskurse auf nationaler und internationaler Ebene sein. Am Beispiel der Wiedervereinigung Deutschlands und der gesellschaftlichen und politischen Probleme, die bis heute bestehen, stellt sich hier die Frage nach der Wiedervereinigung als Vereinigung der Menschen *in* Lebenswelten, der damit verbundenen Prozesse und der intersubjektiven Konstitutionsdynamiken, die in dieser Einheitsstiftung und -bildung relevant sind. Der Lebensweltbegriff scheint bereits verschiedene Denkansätze in Bezug auf Einheit, Einheitlichkeit oder Einheitsstiftung implizit verbunden zu haben und sich auf den ersten Blick auch nicht dem Gedanken zu entziehen, dass im gesellschaftlichen Zusammenschluss von Menschen auch ‚irgendwie' ihre Lebenswelten miteinander vereinigt werden.

Der Begriff der Lebenswelt ist bis heute im allgemeinen deutschen Sprachgebrauch weit verbreitet. Er unterscheidet sich jedoch von dem Lebensweltbegriff in der Phänomenologie

Husserls.[15] Im allgemeinen Sprachgebrauch in der deutschen Sprache wird mit Lebenswelt nicht nur die Natur bezeichnet, die uns oder andere Lebewesen umgibt, sondern es sind vor allem das soziale Umfeld bzw. die kulturellen Bedingungen, in denen wir leben, die gemeint werden. Damit beinhaltet der allgemeine Gebrauch des Lebensweltbegriffes immer schon Aspekte des Sozialen und hat vielschichtige geschichtliche, kulturelle und politische Implikationen.

1. Anmerkungen zum Lebensweltbegriff bei Edmund Husserl

In der Phänomenologie Husserls hat der Begriff der Lebenswelt zum einen eine andere Bedeutung als in diesem bereits angerissenen, allgemeinen Sprachgebrauch in der deutschen Sprache, weil ihm eine bestimmte Funktion innerhalb der Philosophie Husserls zukommt. Zum anderen liegen dem Lebensweltbegriff bestimmte terminologische, inhaltliche und systematische Entwicklungen zugrunde und diese stehen damit sowohl mit der Entwicklung der Phänomenologie Husserls im Ganzen als auch mit spezifischen methodisch-systematischen Fragestellungen in Zusammenhang.

Auf der einen Seite kann man untersuchen, in welchen Texten Husserl den Lebensweltbegriff verwendet, mit welchen konkreten phänomenologischen Untersuchungsfragen dieser Begriff in Zusammenhang steht und welche phänomenologischen Methoden in ihrem jeweiligen Ausarbeitungsgrad dabei eine Rolle spielen. Als Beispiel lässt sich hier die *Krisis*-Schrift anführen,[16] in der der Bezug auf die Lebenswelt sowohl im Kontext von Fundierungs- und Letztbegründungfragen hinsichtlich der Wissenschaften und der Phänomenologie selbst als auch im Kontext von Husserls Intersubjektivitäts- und Geschichtlichkeitsauffassung steht. Einige dieser systematischen Fragen arbeitet zum Beispiel Anthony Steinbock heraus, indem er zwischen vier Ansätzen des Lebensweltbegriffes bei Husserl unterscheidet und zusätzlich auf zwei transzendental-phänomenologische Funktionen des Lebensweltbegriffes verweist (Horizont und Boden).[17]

Auf der anderen Seite kann man auch nach Begriffen suchen, die Husserl benutze, bevor er dezidiert von Lebenswelt sprach. Auch hier kann man die Entwicklungsgeschichte des Begriffes untersuchen und dabei die dem Lebensweltbegriff „vorgängigen" oder parallel verwendeten Begriffe wie beispielsweise *Umwelt*, *Außenwelt* oder auch *Welt* wiederum in einen inhaltlichen und systematischen Zusammenhang zur Entwicklung der Phänomenologie als Gesamtprojekt stellen.

In Texten, in denen Husserl Analysen der *konkreten* Lebenswelt durchführt bzw. von der Umwelt spricht, wie beispielsweise in den *Hua* 4 bzw. *Hua* 4/5,[18] spielen unterschiedliche Fragerichtungen und systematische Ziele eine Rolle. So geht es beispielsweise in der Frage nach der „Konstitution der geistigen Welt" in *Hua* 4 unter anderem um Abbauanalysen und die methodische Bedeutung und

---

[15] Vgl. dazu die Ausführungen zum Begriff der Lebenswelt: Sowa, Rochus, „Einleitung des Herausgebers", in: Husserl, Edmund, *Die Lebenswelt. Auslegungen der vorgegebenen Welt und ihrer Konstitution. Texte aus dem Nachlass (1916–1937)* (=*Hua* 39), R. Sowa (Hrsg.), Dordrecht: Springer, 2008, S. XXV-LXXXI, hier S. XLVI-XLVII. – Vgl. Bermes, Christian, „Die Lebenswelt", in: *Husserl-Handbuch. Leben – Werk – Wirkung*, Sebastian Luft/ Maren Wehrle (Hrsg.), Stuttgart: J.B Metzler Verlag, 2017, S. 230-236.

[16] Vgl. Husserl, Edmund, *Die Krisis der europäischen Wissenschaften und die transzendentale Phänomenologie. Eine Einleitung in die phänomenologische Philosophie* (=*Hua 6*), W. Biemel (Hrsg.), Den Haag: Martinus Nijhoff, 1954.

[17] Vgl. Anthony J, Steinbock, *Home and Beyond. Generative Phenomenology after Husserl*, Evanston: Northwestern University Press, 1995. – Steinbock spricht von "provisional concepts of the lifeworld" und meint damit: „(1) the lifeworld as what is in principle intuitable, (2) the lifeworld as a foundation of sense, (3) the lifeworld as the realm of subjective-relative truths, and (4) the lifeworld as an essential structure, as *the* perceptual world." (Ebd., S. 87.)

[18] Vgl. Husserl, Edmund, *Ideen zu einer reinen Phänomenologie und phänomenologischen Philosophie. Zweites Buch. Phänomenologische Untersuchungen zur Konstitution* (=*Hua* 4), M. Biemel (Hrsg.), Den Haag: Martinus Nijhoff, 1952. – Vgl. Husserl, Edmund, *Ideen zu einer reinen Phänomenologie und phänomenologischen Philosophie. Zweites Buch. Phänomenologische Untersuchungen zur Konstitution und Wissenschaftstheorie* (=*Hua* 4/5), Dirk Fonfara (Hrsg.), unveröffentlicht. Da der *Husserliana*-Band 4/5 (die Neuedition der *Ideen 2* im Rückgang auf Husserls Originalmanuskripte, die nach Angaben des Herausgebers an die Stelle von *Hua* 4 und *Hua* 5 treten soll) nicht veröffentlicht ist und damit keine Endfassung vorliegt, beziehen sich die zitierten Seitenzahlen im Folgenden auf die Seitenzahlen im Dokument in der unveröffentlichten Vorlage von 2020.

Ausarbeitung der *personalistischen* und *naturalistischen Einstellung*. Verweise auf die Umwelt von Personen und die gemeinsam konstituierte Umwelt haben in diesen Untersuchungen nicht unmittelbar letztbegründende, transzendentalphänomenologische Ausrichtungen. Die Intersubjektivität und gemeinschaftliche Konstitutionen werden zwar auch in diesen Texten angesprochen, sie unterscheiden sich jedoch von grundlegenderen Analysen (Reduktion auf die transzendentale Eigensphäre), wie wir sie beispielsweise in den *Cartesianischen Meditationen* finden.[19]

Im Hinblick auf den Lebensweltbegriff sollte einerseits beachtet werden, ob sich Husserl primär mit den Fundierungsverhältnissen zwischen verschiedenen Wissenschaften hinsichtlich ihrer Formen und Inhalte (Seinsregionen), wie sie unter anderem in *Hua* 4/5 und den Texten zu *Natur und Geist* vorliegen,[20] beschäftigt, um nicht zuletzt die Phänomenologie als selbst- und letztbegründende Wissenschaft auszuweisen. Andererseits sollte beachtet werden, ob Husserl ausgehend von der transzendentalen Subjektivität Möglichkeiten der Fremderfahrung und *transzendentalen Intersubjektivität* untersucht und ob er dabei wiederum den Schwerpunkt auf das Subjekt und seine transzendentalen Fundamentalstrukturen oder auf das Subjekt als Person in einer konkreten Gemeinschaft legt. Hier liegen zwar nicht miteinander in Konflikt stehende Ansätze hinsichtlich dessen vor, was etwa ein Subjekt sei, aber die methodischen Zugriffe (statisch, genetisch, transzendental, ontologisch etc.) und auch die ihnen zugrundeliegenden und sie damit bestimmenden Fragerichtungen unterscheiden sich.[21] Einen umfassenden Überblick über diese begrifflichen als auch systematischen Entwicklungen des Lebensweltbegriffes legt Rochus Sowa vor.[22]

Zentral am Begriff der Lebenswelt sind zwei von Husserl herausgearbeitete methodologische Zugriffe bzw. Perspektiven, die auch in der Forschungsliteratur immer wieder aufgegriffen werden. Auf der einen Seite ist die Lebenswelt in der Phänomenologie als einem transzendental-phänomenologischen Erkenntnisprojekt eine „letzte Begründungsinstanz", durch die Geltungsfundierung und Evidenzbewährung, die ursprünglichsten und nicht weiter sinnvoll hinterfragbaren Erfahrungen thematisiert werden, die vorwissenschaftlich und vorprädikativ eben jenes Fundament bilden, auf dem höherstufige Konstitutionsprozesse, Geltungsfundierungen und Geltungsbewährungen aufbauen.[23] Dabei sind vor allem die Ausführungen in der *Krisis*-Schrift auf Wissenschaften und deren „Sinnursprung"[24] und „Bewährungsquellen"[25] bezogen. Diesem Verständnis nach ist die Lebenswelt die *eine* Welt, die kulturunabhängig zugrunde liegt und auf die wir uns immer (in erkenntnistheoretischen Begründungsfragen) zurückbeziehen können:

> „[Die Welt ist] nicht seiend wie ein Seiendes, wie ein Objekt, sondern seiend in einer Einzigkeit, für die der Plural sinnlos ist. Jeder Plural und aus ihm herausgehobene Singular setzt den Welthorizont voraus."[26]

---

[19] Vgl. Husserl, Edmund, *Cartesianische Meditationen und Pariser Vorträge* (=*Hua* 1), S.Strasser (Hrsg.), Den Haag: Martinus Nijhoff, 1963, S. 125.

[20] Vgl. Husserl, Edmund, *Natur und Geist. Vorlesungen Sommersemester 1927* (=*Hua* 32), M.Weiler (Hrsg.), Dordrecht: Springer, 2001. – Vgl. Husserl, Edmund, *Natur und Geist. Vorlesungen Sommersemester 1919* (=*HuMat* 4), M. Weiler (Hrsg.), Dordrecht: Kluwer, 2002. – Vgl. Husserl, Edmund, *Logik und allgemeine Wissenschaftstheorie. Vorlesungen 1917/18. Mit ergänzenden Texten aus der ersten Fassung 1910/11* (=*Hua* 30), U. Panzer (Hrsg.), Den Haag: Kluwer, 1996.

[21] Vgl. Steinbock, *Home and Beyond*, S. 88, 92.

[22] Vgl. Sowa, „Einleitung des Herausgebers", in: *Hua* 39, S. XXV-LXXXI.

[23] Vgl. Føllesdal, Dagfinn, „Husserls Begriff der Lebenswelt", in: *Lebenswelt und Wissenschaft. XXI. Deutscher Kongress für Philosophie. 15.-19. September 2008 an der Universität Duisburg-Essen. Kolloquienbeiträge*, Carl Friedrich Gethmann (Hrsg.), Hamburg: Meiner, 2011, S. 372-394, hier S. 372.

[24] Vgl. *Hua* 6, S. 57.

[25] Vgl. *Hua* 6, S. 129.

[26] *Hua* 6, S. 146. – „Dass doch diese Lebenswelt in allen ihren Relativitäten ihre allgemeine Struktur hat. Diese allgemeine Struktur, an die alles relativ Seiende gebunden ist, ist nicht selbst relativ." (*Hua* 6, S. 142.)

Auf der anderen Seite beschreibt Husserl aber auch die Vielfältigkeit unserer Lebenswelten, die durch verschiedene kulturelle Leistungen geprägt sind. Kulturspezifische *Sinne* sind dabei nicht ohne Weiteres zu verstehen, wenn man zum Beispiel in eine „andere" Lebenswelt kommt. Im Zusammenhang mit Ausführungen zum *Welthorizont* bemerkt Husserl im dritten Teil der *Krisis*-Schrift, der auf Grundlage seiner Manuskripte mit der Frage übertitelt wurde, wie die Lebenswelt nach der *Epoché* zum Thema einer Wissenschaft werden könne:

> „Wenn wir in einen fremden Verkehrskreis verschlagen werden [...], dann stoßen wir darauf, dass ihre Wahrheiten, die für sie [Personen aus anderen Kulturkreisen] feststehenden allgemein bewährten und zu bewährenden Tatsachen, keineswegs die unseren sind."[27]

Im Zusammenhang mit dem Paragraphen 44 von Husserls *Phänomenologischer Psychologie*, in dem methodologische Unterscheidungen zwischen psychologischen sowie wesens-, geistes- und naturwissenschaftlichen Ansätzen und die Bedeutung der transzendentalen Reduktion und transzendentalen Phänomenologie reflektiert werden, finden wir in der dazu abgedruckten Beilage XXVII:

> „Genau besehen ist es eine Verständigungsgemeinschaft, die nicht alle erfahrenden Subjekte, alle Menschen überhaupt umspannt, sondern diejenigen allein, mit denen wir eine Lebensgemeinschaft, eine aktuelle und potentielle bilden. [...] Nicht mit allen Menschen teilen wir dieselbe Lebenswelt, nicht alle Menschen ‚auf der Welt' haben mit uns alle Objekte, die unsere Lebenswelt ausmachen und die unser personales Wirken und Streben bestimmen, gemeinsam, selbst wenn sie mit uns in aktuelle Gemeinschaft treten."[28]

Im Anschluss an einen Lebensweltbegriff, der die Pluralität von konkreten Lebenswelten in den Mittelpunkt stellt, sind auch Husserls Ausführungen zur *Heim- und Fremdwelt* relevant, beispielsweise in *Hua* 15,[29] da hier anhand des Themas der Fremdheit Konstitutionsprozesse diskutiert werden, durch die Husserl auch in der Lage ist, „lebensweltliche Erfahrungen der Alterität, der Normalisierung oder des sich Einspielens und wieder Aufbrechens von Stimmigkeit in interpersonalen oder auch interkulturellen Erfahrungen" aufzugreifen.[30]

> „Vielmehr ist das Fremde zunächst unverständlich Fremdes. Freilich, alles noch so Fremde, noch so Unverständliche hat einen Kern der Bekanntheit, ohne das es überhaupt nicht, auch nicht als Fremdes, erfahren werden könnte."[31]

> „Unsere eigene Umwelt [ist] als vorwissenschaftliche die ursprünglich gewachsene (‚ursprünglich' historische) mythische Umwelt [...], und diese bedarf vor allem einer Strukturerforschung, wobei die Frage ist, was an Strukturen sich überhaupt erst abheben kann im Kontrast mit der fremden Umwelt, bzw. mit der Weise, wie Unverständnis bewusst wird und in Verständnis und immer neu sich korrigierendes Verständnis

---

[27] *Hua* 6, S. 141.

[28] Husserl, Edmund, *Phänomenologische Psychologie. Vorlesungen Sommersemester 1925* (=*Hua* 9), W. Biemel (Hrsg.), Den Haag: Martinus Nijhoff, 1962, S. 496.

[29] Vgl. Husserl, Edmund, *Zur Phänomenologie der Intersubjektivität. Texte aus dem Nachlass. Dritter Teil: 1929–1935* (=*Hua 15*), I. Kern (Hrsg.), Den Haag: Martinus Nijhoff, 1973.

[30] Bermes, „Die Lebenswelt", S. 235-236.

[31] *Hua* 15, S. 432.

übergeht.“[32]

Die Unterscheidung zwischen einem Begriff der Lebenswelt im Sinne einer Singularität und im Sinne einer Pluralität wird unter anderem bei Nam-In Lee ausführlich besprochen.[33] Dagfinn Føllesdal hebt vor allem die erkenntnistheoretische Bedeutung der Lebenswelt im Sinne ihrer Singularität bei Husserl hervor, auf deren Basis wir ohne Widersprüche auch von der Lebenswelt in ihrer Pluralität sprechen können.[34]

2. Lebenswelt und Intersubjektivität

Sowohl die Lebensweltanalysen entsprechend eines Lebensweltbegriffes, der entweder – wenn man dieser vereinfachten Charakterisierung an dieser Stelle folgen darf – in seiner Singularität oder in seiner Pluralität aufgegriffen wird, sind bei Husserl mit Analysen intersubjektiver Konstitutionsprozesse verbunden. Für das Thema der Wiedervereinigung Deutschlands und für die bis heute bestehenden Fragen nach einer Einheit Deutschlands scheinen Verweise auf die Lebenswelt als „allgemeiner Struktur“, als Instanz des erkenntnisbegründenden Rückbezugs, zwar Einheit im Sinn eines *Bodens* oder eines *Ausgangs* anzusprechen, aber sie adressieren noch nicht eine gemeinschaftliche Einheitsstiftung vor dem Hintergrund der Pluralität von Lebenswelten und Lebenswirklichkeiten konkreter Subjekte.

Es sind gerade, phänomenologisch ausgedrückt, die verschiedenstufigen, wechselseitig-intersubjektiven und kulturellen Konstitutionsleistungen der Subjektivität in ihrer *vollen Konkretion*, die hier in den Fokus rücken, wenn wir Gemeinschaftsbildung thematisieren.

Steinbock weist jedoch darauf hin, dass Husserls Begriff der Lebenswelt, wenn man ihn als Gesamtheit subjektiv-relativer Wahrheiten versteht, nicht dazu gedacht ist, eine Theorie der Intersubjektivität zu präsentieren oder zu entwickeln.[35]

Dieser Einwand motiviert die Frage, warum der Verweis auf die Intersubjektivität, genauer gesagt, auf die transzendentalen Ansätze oder Theorien zur Intersubjektivität in der Phänomenologie Husserls im Zusammenhang mit dem Begriff der Lebenswelt an dieser Stelle eigentlich von Bedeutung sei.

Der Lebensweltbegriff bei Husserl ermöglicht es nicht nur, ihn unter der Perspektive auf eine Singularität oder Pluralität zu adressieren, sondern er steht auch mit grundlegenden systematisch-methodologischen Entwicklungen in der Phänomenologie in Zusammenhang, die am Beispiel der Intersubjektivität aufgegriffen werden können:

Auf der einen Seite sind diejenigen Ansätze, die das Pluralistische der Lebensweltanalysen Husserls hervorheben und damit auch die Analysen der konkreten Lebenswelt bzw. der Umwelt miteinbeziehen können, geeignet, um gemeinschaftliche und intersubjektive Konstitutionsprozesse zwischen Personen zu untersuchen. Von den methodisch-systematischen Ansätzen in der Phänomenologie scheinen sich genetische Intentionalanalysen in Bezug auf Personen und Gemeinschaften bzw. „Personen höherer Ordnung“ (Staat etc.) sehr gut mit einer pluralistischen Perspektive auf den Lebensweltbegriff verbinden zu lassen, auch wenn die jeweiligen

[32] *Hua* 15, S. 437.

[33] Vgl. Lee, Nam-In, „The Pluralistic Concept of the Life-World and the Various Fields of the Phenomenology of the Life-World in Husserl“, in: *Husserl Studies*, 2020 (36), S. 47-68.

[34] Vgl. Føllesdal, „Husserls Begriff der Lebenswelt“, S. 377-380.

[35] Vgl. Steinbock, *Home and Beyond*, S. 94.

Untersuchungsgegenstände (Lebenswelt, Personen, Gemeinschaft) nicht identisch oder austauschbar sind.

Auf der anderen Seite ist der Lebensweltbegriff in der Perspektive auf seine Singularität davon abzugrenzen und in einen anderen methodischen Rahmen einzuordnen. Liegt hier eine systematische Verbindung zu Analysen der transzendentalen Intersubjektivität vor? Dieser Eindruck kann dadurch erweckt werden, dass sowohl bei Husserls Ausführungen zum Lebensweltbegriff unter der Perspektive auf seine Singularität als auch in Husserls Analysen zur *Ur-intersubjektivität* oder zum *Ur-Ich* „letztfundierende" Schichten und Strukturen (Zeitkonstitution, passive Synthesen etc.) im Fokus stehen.[36] Sicherlich könnte man ihre Gemeinsamkeit darin sehen, dass beiden eine fundamentale, letztausweisende und grundlegende Untersuchungsausrichtung im transzendentalen Erkenntnisprojekt der Phänomenologie attestiert werden kann. Aber auch dies sollte nicht dazu verleiten, Analysen der transzendentalen Subjektivität und Intersubjektivität mit dem Lebensweltbegriff in seiner erkenntnistheoretischen Begründungsfunktion, wie er oben beschrieben wurde, gleichzusetzen.

Diese Gegenüberstellungen, wie ich sie hier skizziert habe, stehen meiner Meinung nach zwar nicht zueinander im Widerspruch, aber sie führen erkenntnistheoretische Analysen gewissermaßen innerhalb verschiedener „Programmlinien" und damit in unterschiedlichen systematischen und methodologischen Weisen aus. Beide methodologischen Zugriffe, wenn man dieser Zweiteilung hier weiter folgen darf, gehören jeweils zum Gesamtprojekt der Phänomenologie Husserls, insofern wir unter Phänomenologie sowohl Abbauanalysen und genetische Intentionalanalysen als auch Untersuchungen grundlegender Strukturen in der transzendentalen Subjektivität und darin beschlossener Konstitutionsmöglichkeiten und Konstitutionsweisen verstehen dürfen.

In fundamentalen Betrachtungen und dem transzendental-erkenntnistheoretischen Interesse an letzter Geltungsfundierung und ihrer Ausweisung in subjektiven Konstitutionsleistungen geht es in erster Linie nicht um die faktische Auseinandersetzung mit Subjekten und der Intersubjektivität im konkreten, alltäglichen Miteinander. Stattdessen werden grundsätzliche Strukturen transzendentaler Konstitutionsprozesse ausgewiesen und diese als solche in ihrer fundamentalen Funktion thematisiert. Husserl analysiert in diesem Zusammenhang daher keine sozioökonomischen oder gesellschaftlichen Prozesse.

Mit dem Begriff der konkreten Lebenswelt und seinen „vorgängigen" Begriffen von *Umwelt*, *Welt* oder *Außenwelt* – vor allem in den „Intersubjektivitätsbänden"[37] und den Texten von *Hua* 4 und *Hua* 4/5 – sind Husserls Analysen von intersubjektiven Konstitutionsleistungen und Konstitutionsdynamiken verbunden. Die Lebenswelt bzw. Umwelt wird dabei unter verschiedenen methodischen Hinsichten thematisiert, die es zugleich erlauben, die grundlegenden Funktionen und Bedeutungen der *Kommunikation* und *Einfühlung* aufzudecken, die wiederum intersubjektive Konstitutionsstrukturen freilegen, die auch in der Konstitution von Gemeinschaften wirken. In gewisser Weise dient die intersubjektive Konstitution der Lebenswelt bzw. Umwelt hier als Blaupause für Gemeinschaftskonstitutionen. Dabei tritt die intersubjektiv konstituierte Umwelt als eigenständiges Thema in den Hintergrund, bleibt aber zugleich innerhalb der ‚Verschränktheiten' intersubjektiver Konstitutionsleistungen immer thematisierbar.

---

[36] Vgl. Iribarne, Julia V., *Husserls Theorie der Intersubjektivität*, Freiburg: Alber, 1994, S. 142-148.

[37] Damit sind die *Husserliana*-Bände 13-15 gemeint. Vgl. Husserl, Edmund, *Zur Phänomenologie der Intersubjektivität. Texte aus dem Nachlass. Erster Teil: 1905–1920* (=*Hua* 13), I. Kern (Hrsg.), Den Haag: Martinus Nijhoff, 1973. – Vgl. Husserl, Edmund, *Zur Phänomenologie der Intersubjektivität. Texte aus dem Nachlass. Zweiter Teil: 1921–1928* (=*Hua* 14), I. Kern (Hrsg.), Den Haag: Martinus Nijhoff, 1973.

3. Kommunikation, Einfühlung und personale Einheiten

Im Hinblick auf die Konstitution einer Welt, innerhalb welcher die Subjekte ein soziales Gefüge miteinander und im wechselseitigen Bezug aufeinander konstituieren, richtet Husserl den Fokus auf das Verhältnis zwischen der intersubjektiven Konstitution einer Welt bzw. Umwelt auf der einen Seite und auf die jeweilige Umwelt als etwas bereits Bestehendes innerhalb intersubjektiver ‚Verflechtungen' auf der anderen Seite. In den Texten zu *Hua* 4/5 wird also die Umwelt nicht nur als Ziel oder Ergebnis von intersubjektiven Konstitutionsprozessen thematisch, sondern schon als Ausgangspunkt, Vorbedingung bzw. Grundlage des intersubjektiven Aufeinanderbezogenseins. Meiner Meinung nach liegt gerade in der Verschränktheit dieser Konstitutionsanalysen und Konstitutionsperspektiven eine Stärke der Husserlschen Texte. Diese Verschränktheit lässt sich anhand der Begriffe der *Kommunikation* und der *Einfühlung* adressieren. Diesen Analysen kommt es auch zugute, dass Husserl in seinen methodischen Ansätzen sowohl sprachlich als auch inhaltlich eine „lebensnahe" Haltung einnimmt. Sein methodisches Vorgehen kann als *lebensvolle Vergegenwärtigung* aufgegriffen werden.[38] Er spricht davon, dass wir „uns in die personalen Träger dieser Beziehungen sozusagen einleben".[39] Dass wir uns in das „Wesen der personalen Subjektivität" einleben und sie uns zur „[intuitiven] Gegebenheit" bringen.[40] Dies zeigt sich auch in seinen Beschreibungen hinsichtlich höherstufiger, intersubjektiver Konstitutionsprozesse in Bezug auf „Personalitäten höherer Ordnung".

Husserl beschreibt in *Hua* 4/5, im methodologischen Zusammenhang mit der Unterscheidung zwischen *personalistischer* und *naturalistischer* Einstellung, die „Idee der Welt als Geisteswelt", die durch miteinander in Kommunikation stehender sozialer Subjekte „niederer und höherer Stufe" konstituiert wird.[41] Das Subjekt ist dabei „Glied eines sozialen Gesamtverbandes".[42] Er unterscheidet zwischen Stufen der Konstitution, wie beispielsweise der „[intersubjektiven materiellen] Natur" als unterster Stufe und höheren Stufen, die durch theoretische, axiologische und praktische Betätigungen der beteiligten Subjekte konstituiert werden.[43] Die Welt, die sich so konstituiert, bezeichnet Husserl auch als „Wirklichkeit für den Geist".[44] Dabei drückt die Präposition „für" sowohl die Konstitutionsleistungen der beteiligten Subjekte als auch die Bedeutung dieser so konstituierten Welt oder Umwelt aus, die kein beiläufiges ‚Nebenprodukt' ist, sondern auch auf existenzielle Dimensionen der Subjektivität verweist, die nicht in naturwissenschaftlichen Zugriffen erfasst werden können (wie innerhalb einer naturalistischen Einstellung). „Ganz allgemein gesprochen ist die Umwelt keine Welt ‚an sich', sondern Welt ‚für mich', eben Umwelt ihres Ichsubjekts."[45]

Die Analysen zur Kommunikation, die Husserl auch unter den Titeln der *Wechselverständigung*, der *komprehensiven Erfahrungen* oder der *Beziehungen des Einverständnisses* durchführt, sind wichtig, um die intersubjektiven Konstitutionsleistungen hinsichtlich der gemeinsamen Umwelt und der

[38] Vgl. *Hua* 4/5, S. 187.
[39] *Hua* 4/5, S. 187.
[40] *Hua* 4/5, S. 189.
[41] *Hua* 4/5, S. 195.
[42] *Hua* 4/5, S. 195. – „Die Personen sind vielmehr Glieder von Gemeinschaften, von personalen Einheiten höherer Ordnung, die als Ganze ihr Leben führen, [...] ihre Gemeinschaftsbeschaffenheiten haben, ihre sittlichen und rechtlichen Ordnungen. [...] Die Glieder der Gemeinschaft, der Ehe und Familie, des Standes, des Vereins, der Gemeinde, des Staates, der Kirche usw., ‚wissen' sich als ihre Glieder, finden sich von ihr bewusstseinsmäßig abhängig und eventuell auf sie bewusstseinsmäßig rückwirkend." (*Hua* 4/5, S. 186-187.)
[43] *Hua* 4/5, S. 195.
[44] *Hua* 4/5, S. 195.
[45] *Hua* 4/5, S. 190.

Gemeinschaft nicht nur als bloße Addition von Teilleistungen zu verstehen.[46]

> „Die miteinander kommunizierenden Subjekte gehören wechselseitig füreinander zur Umwelt, die relativ ist zu dem jeweilig von sich aus umblickenden, seine Umwelt konstituierenden Ich. Andererseits konstituiert sich im intersubjektiven Verband eine einzige Welt, in der es Stufen gibt. Die miteinander kommunizierenden Subjekte konstituieren personale Einheiten höherer Stufe, deren Gesamtinbegriff, so weit wirkliche und mögliche personale Bande reichen, die Welt der sozialen Subjektivitäten ausmacht."[47]

Als charakteristisch für einen Personenverband beschreibt Husserl ein „verbunden-einheitliches Verhalten mehrerer Personen" zu den Objekten in der gemeinschaftlich konstituierten Umwelt.[48] Die sprachliche Kommunikation hat vor allem in hochstufigen Konstitutionsprozessen eine wichtige Rolle, also dann, wenn es um „Personalitäten höherer Ordnung" geht. Husserl berücksichtigt aber auch leibliche Kommunikationsformen und passive Konstitutionsleistungen.

> „Personen fassen sich nicht nur komprehensiv auf dadurch, dass der Eine die zu seiner Umwelt gehörige Leiblichkeit des Anderen und deren geistigen Sinn versteht, hierbei Mienenspiel, Geste, gesprochene Worte als Kundgebungen persönlichen Lebens deutend. Sie richten sich in ihrem geistigen Tun aufeinander, sie vollziehen Akte in der Absicht, von ihrem Gegenüber verstanden zu werden und es in seinem verstehenden Erfassen dieser Akte (als in solcher Absicht geäußerter) zu gewissen persönlichen Verhaltensweisen zu bestimmen. Umgekehrt kann der so Bestimmte auf diese Einwirkung willig eingehen oder sie unwillig ablehnen und seinerseits dadurch, dass er nicht nur danach handelt, sondern die Willigkeit oder Unwilligkeit durch Mitteilung verständlich macht, den ihn Bestimmenden wieder zu Reaktionen bestimmen."[49]

> „Es bilden sich so Beziehungen des Einverständnisses. [...] In diesen Beziehungen des Einverständnisses ist eine bewusstseinsmäßige Wechselbeziehung der Personen und zugleich eine einheitliche Beziehung derselben zur gemeinsamen Umwelt hergestellt."[50]

In diesen Einverständnisbeziehungen ist aber die andere Person nicht nur ein Gegenüber, mit dem man etwas beschließen kann, sondern sie ist, wie Husserl es formuliert, „menschliches Subjekt" und „intersubjektives Sein".[51] In diesem Sinn ist auch die Einfühlung bzw. die einfühlende Bezugnahme auf die andere Person wichtig und sowohl innerhalb von Konstitutionsleistungen als auch als eine Grundlage für diese nicht vernachlässigbar.

Die intersubjektiven und gemeinschaftlichen Konstitutionsleistungen greift Emanuele Caminada umfassend auch unter dem Titel der *Pluralität der Konstitution* auf.[52] Er stellt in seiner Arbeit auch *Hua* 4 mit dem Neueditionsprojekt der *Ideen 2*, *Hua* 4/5, und mit Texten zum *Gemeingeist* in Verbindung,

---

[46] Vgl. dazu auch die Ausführungen zum Begriff *Kollektiv* bei Husserl in diesem Zusammenhang: Caminada, Emanuele, *Vom Gemeingeist zum Habitus: Husserls Ideen II. Sozialphilosophische Implikationen der Phänomenologie* (=*Phaenomenologica* 225), Springer, 2019, S. 142.

[47] *Hua* 4/5, S. 194.

[48] *Hua* 4/5, S. 192.

[49] *Hua* 4/5, S. 192-193.

[50] *Hua* 4/5, S. 193.

[51] *Hua* 4/5, S. 555. – „Das Subjekt der Einfühlung ist gegeben und bekundet sich ursprünglich in seiner irrealen Absolutheit, und jeder zur Einfühlung Befähigte erfasst es direkt als dasselbe, wenn er es überhaupt richtig erfasst, wenn er es überhaupt versteht. Also das menschliche Subjekt ist ohne Weiteres ein intersubjektives Sein." (*Hua* 4/5, S. 555.)

[52] Vgl. Caminada, *Vom Gemeingeist zum Habitus*, S. 144.

dessen Bedeutung für die phänomenologische Forschung Dieter Lohmar hervorhebt.[53]

Die Rolle der Einfühlung als *interpersonaler Einfühlung* (*interpersonal empathy*) hat James Jardine umfänglich untersucht und dabei detailliert verschiedene Konstitutionsschichten und -leistungen im Subjekt nach ihren passiven und aktiven Charakteren und zugleich in ihren vielfältigen intersubjektiven Verflechtungen herausgearbeitet.[54]

Die Einfühlung ist bei Husserl kein Selbstzweck. Sie hat eine wichtige Funktion, wenn wir den Anderen verstehen und damit auch seine Willensziele, Willensentschlüsse und Handlungsmotive nachvollziehen wollen:

> „Wenn ich jemanden mir gegenüber habe und durch Einfühlung erfasse, dass er die und die einzelnen Handlungen vollzogen hat, so habe ich damit sein Handeln noch nicht verstanden. Ich habe es, und zwar voll, verstanden, wenn ich den Motivationszusammenhang rekonstruiert habe, das, was ihm als Ziel vor Augen stand, was ihm als erreichbares Mittel erschien, welche Neigungen, Reize auf ihn einstürmten, welche er abwies, und warum er es tat. Kurz, überall verstehe ich das Warum, wenn ich ihn als Subjekt erfasse, und zwar als Subjekt von Passivitäten und Aktivitäten, und im Zusammenhang herausbekomme, wo er passiv getrieben war und wo aktiv sich entscheidend, und wie es mit seinen Gründen stand, was ihm als Gründe galt."[55]

Auch wenn Husserl das Subjekt als Subjekt von *Aktivitäten* und *Passivitäten* beschreibt, in denen die *Leiblichkeit* in ihrer Funktion umfassend berücksichtigt wird, richtet sich sein Fokus häufig auf hochstufige, sprachlich erfassbare Motivationszusammenhänge. Das „Verstehen" und das „Rekonstruieren" ist gerade im gemeinschaftlichen Miteinander sprachlich vermittelt. Ich kann zum Beispiel eine andere Person beobachten, wie sie einer Pfütze auf dem Gehweg ausweicht, mich in sie einfühlen und nachvollziehen, dass nasse und kalte Füße unangenehm sein können. Wenn ich jedoch jemanden im Supermarkt dabei beobachte, wie er etwas stiehlt, dann kann ich seine Motivationen, seine Gründe und seine Lebensgeschichte nur sprachlich erfragen. Das Warum zu verstehen, um Husserls Formulierung zu folgen, setzt zusätzlich voraus, dass der Andere es mir mitteilen will und mitteilen kann, in dem Maße, in dem er sich selbst einsichtig ist und dies sprachlich ausdrücken kann. Eine andere Person zu verstehen bedeutet, sich mit dieser auseinanderzusetzen und das erfordert sozusagen sehr viel ‚geistige' und ‚emotionale' ‚Arbeit', einen hohen Zeitaufwand und beruht auf Wechselseitigkeit. Gerade deshalb sollte man bei Husserls Analysen darauf verweisen, dass er zwar grundsätzliche und vielschichtige Möglichkeiten der wechselseitigen Bezugnahmen berücksichtig, dass sein Fokus aber auch häufig zielgerichtet ist auf das, was bei wechselseitigen Einverständnisbeziehungen, bei gemeinsamen Willensbildungs- und Einstimmigkeitsprozessen in der Konstitution von Gemeinschaften und „Personalitäten höherer Ordnung" im Sinne der sprachlichen Vermittelbarkeit „relevant" ist.

Husserls Ausführungen und Beschreibungen wechselseitiger und intersubjektiver Konstitutionsprozesse, in denen Kommunikation und Einfühlung grundlegend sind, laufen nicht darauf hinaus, Gemeinschaften und zugrundeliegende Einverständnisbeziehungen oder Gemeinschaftsbildungen zu romantisieren oder ein harmonisch funktionierendes Ganzes zu beschreiben. Husserl ist aber in der Lage, die Bedeutung und Funktion von Kommunikation und

[53] Vgl. Lohmar, Dieter, „Vorwort von Dieter Lohmar", in: Caminada, *Vom Gemeingeist zum Habitus*, S. V-XII, hier S. X, S. XII.

[54] Vgl. Jardine, James, *Empathy, Embodiment, and the Person. Husserlian Investigations of Social Experience and the Self* (=*Phaenomenologica* 233), Springer, 2022, besonders Kapitel 7.

[55] *Hua* 4/5, S. 578.

Einfühlung vielschichtig und umfassend auch in seinen existenziellen Dimensionen darzustellen.

Sowohl im Hinblick auf das Einzelsubjekt als auch im Hinblick auf Gemeinschaften sind für Husserl die Vernunft und durch die Vernunft bestimmte (praktische) Ziele zentral. In diesem Sinne steht die Gemeinschaft auch unter der ‚Leitung' der Vernunft, insofern sie gemeinschaftlich durch vernünftige Subjekte konstituiert wird. Intersubjektive Konstitutionen und intersubjektive Gemeinschaftskonstitution – in all ihren Facetten – stehen damit immer in Verbindung mit erkenntnistheoretischen Methoden der Phänomenologie und ihren Zielen, Vernunftleistungen (in) der Subjektivität grundlegend aufzuklären und zu erforschen. Deshalb sind Überlegungen, wie eine ‚vernünftige' Gemeinschaft beispielsweise tatsächlich gebildet werden kann, bei Husserl weder empirische Studien noch praktische Handlungsempfehlungen. Stattdessen hängen sie mit Einsichten zusammen, auf deren Grundlage mögliche Formen und Entwicklungen vorgezeichnet werden, die sich an *Zielideen* orientieren. Sowohl in den *Kaizo*-Artikeln, in denen Husserl unter anderem *Lebensformen* und Möglichkeiten der individuellen und gemeinschaftlichen *Erneuerung* erläutert,[56] als auch zum Beispiel in *Hua* 4/5 und den „Intersubjektivitätsbänden" ist Husserls Ausrichtung an diesen (idealen) Entwicklungen oder idealen Zielideen einer vernünftig konstituierten Gemeinschaft mit sehr konkreten, lebensweltlichen Beschreibungen und Analysen verbunden. Darin zeigt sich nicht nur das Potenzial der Phänomenologie, das in der Verschränktheit von Erkenntnistheorie und praktischer Philosophie liegt, sondern auch ihre Zugänglichkeit für uns. Husserl Ausführungen wirken so stellenweise weniger formal und vernunftteleologisch, sondern für uns lebensnaher und nachvollziehbarer.

Vernunftziele, Willensziele und Willensentschlüsse sind nicht nur leitend und maßgebend, sondern in der gemeinschaftlichen Setzung dieser Ziele wirken sie auch einheitsstiftend und sind zugleich intersubjektiven Konstitutionsprozessen unterworfen, die innerhalb sozialer Ordnungsstrukturen stattfinden. Diese Zusammenhänge greift Husserl häufig im Notizstil auf:

> „Aus sich heraus Stellung nehmen, aktiv, die Stellungnahme aus Vernunft, Autonomie der Vernunft. Autorität und Freiheit. a) Nicht fremden Einflüssen folgen (es sei denn, dass ich sie mir zueignen kann), sondern mir selbst folgen, b) nicht von Neigungen, Trieben getrieben sein, sondern frei tätig sein. Vernünftig tätig sein und wahre Autonomie. Fremde Einwirkung ist blinder Trieb, oder ich folge aus Vernunft, dann aus mir selbst."[57]

4. Willensgemeinschaft

Dass Einfühlung und Kommunikation eine bedeutende Funktion in der intersubjektiven Konstitution von Gemeinschaften spielen, wurde bereits angesprochen. In den Texten zum *Gemeingeist* in *Hua* 14 arbeitet Husserl deutlicher heraus, was er unter „sozialen Akten" versteht.[58] Er stellt damit die Bedeutung der Einfühlung noch stärker in den Vordergrund und spricht nicht mehr nur von *Wechselverständigung* oder *komprehensiver Erfahrung*, sondern von „Berührung" und „Ich-Du-Beziehungen":

> „Unmittelbare Mitteilungen, oder besser, Berührung, ursprünglichen Konnex zwischen

[56] Vgl. Husserl, Edmund, *Aufsätze und Vorträge. 1922–1937* (=Hua 27), T. Nenon / H. R. Sepp (Hrsg.), Dordrecht: Kluwer, 1989.
[57] *Hua* 4/5, S. 584.
[58] Vgl. Kern, Iso, „Einleitung des Herausgebers", in: *Hua* 14, S. XVII-XXXV, hier S. XXIII. – Vgl. Iribarne, *Husserls Theorie der Intersubjektivität*, S. 115-130.

Ich und Du herstellende, in der ursprünglich erfahrenden Einfühlung."[59]

„Der Ursprung der Personalität liegt in der Einfühlung und in den weiter erwachsenden sozialen Akten."[60]

Die Funktion der Einfühlung wird, wie oben bereits angedeutet, besonders bei Wechselverständigungen hervorgehoben, in denen wir den Anderen verstehen wollen, um überhaupt gemeinschaftlich etwas beschließen und wollen zu können. Dies ist nicht zu verwechseln mit *Sympathie*, persönlichen Gefühlen, *Empathie* und Verbundenheit, wie sie Husserl auch am Beispiel der „Liebesgemeinschaft" aufgreift.[61]

„Es ist ein durch Einfühlung gestifteter personaler Zusammenhang, in dem (in jeder echt sozialen Hinsicht, die eine Schicht eigener Sozialität konstituiert) ‚eine Überzeugung' lebt, ‚eine Wertung', ‚ein Wille' mit allen ihren Einheitsvoraussetzungen analoger Art. Und als Korrelate haben wir die Einheit ‚einer' Leistung, ‚eines' Werkes, evtl. eine sich in die offene Unendlichkeit der Zeiterstreckung hindurcherstreckende, hindurchentwickelnde Einheit: die Einheit eines Staats, einer Religion, einer Sprache, einer Kunst usw."[62]

Im Hinblick auf so gestiftete personale Zusammenhänge, eine sich entwickelnde personale Einheit und die Konstitution von „Personalitäten höherer Ordnung" beschreibt Husserl *Koordinations-* und *Subordninationsverhältnisse*, also unterschiedliche Ordnungsstrukturen in der Gemeinschaft. Er rekurriert dabei zum Beispiel auf traditionelle Familienbilder, in denen etwa der Vater das sogenannte Oberhaupt der Familie ist. Dabei lässt Husserl anklingen, dass die Beschreibung einer Funktion, die ein Subjekt einnimmt, noch keine moralische Wertung beinhaltet oder vernünftig begründet sein muss: „Er [der Hausvater] kann Despot sein oder das ‚Haupt', das verantwortlich für das Ganze sorgt."[63] Husserl greift in seinen Beschreibungen von Funktionen Begriffe wie „Herr und Diener"[64] auf. Es geht dabei nicht nur um die Beschreibung von Wechselverständnissen und Beziehungen des Einverständnisses, wie wir sie auch in den Texten von *Hua* 4/5 finden, sondern um Ausführungen zum *praktischen Einverständnis* und zur *praktischen Willensgemeinschaft*.[65]

In Husserls Perspektive auf Subjekte als *Funktionsträger* in einer Gemeinschaft, wie einem Herrschenden oder einem Dienenden, wird die Gemeinschaft bereits als ein Ganzes verstanden, womit jedes Subjekt ein Teil des Ganzen ist und damit in einem Funktionsverhältnis zur Gemeinschaft steht, die das Subjekt zugleich selbst mitkonstituiert. Husserl reproduziert damit zwar keine biologistischen oder mechanistischen Ansätze, aber dem Subjekt kommt gewissermaßen durch die bloße ‚Existenz' anderer Subjekte in einer Gemeinschaft eine Funktion zu, was zugleich ein Charakteristikum jeder Gemeinschaft ist:

„So wie jedes Ich für jedes andere Ich nicht nur da ist, sondern sozial da ist, wie alle füreinander Funktionselemente des Ganzen ‚sind' und füreinander wirkliche und

[59] *Hua* 14, S. 166-167.
[60] *Hua* 14, S. 175.
[61] Vgl. *Hua* 14, S. 172-175. – Zum Begriff der *Einfühlung* vgl. auch: Jardine, *Empathy, Embodiment, and the Person*, S. 265, Anm.
[62] *Hua* 14, S. 194.
[63] *Hua* 14, S. 179.
[64] *Hua* 14, S. 169. – „Hat der Diener Zwecke (seien es auch nur relative) des Herrn übernommen, wenn er handelt, so hat die Handlung noematische Zweckform, aber der Zweck ist übernommener Zweck, die Handlung ist die des Dieners als Dieners, sie hat die vom Herrn übernommene und von daher dem Diener zu eigene Zweckgestalt." (*Hua* 14, S. 223-224.)
[65] Vgl. *Hua* 14, S. 169-170.

mögliche soziale Funktion gewinnen."[66]

Auf der einen Seite rufen diese grundlegenden Charakterisierungen von Funktionen und Funktionsträgern in einer Gemeinschaft zu Anschlussfragen auf. Was bedeuten faktische, bereits vorliegende Strukturen, vielschichtig institutionell geordnete, bürokratische Gesellschaften, in denen soziale Zwänge (*Klassismus*), Dynamiken und Voraussetzungen bereits gestiftet wurden und denen man als Einzelsubjekt in gewisser Weise ‚ausgeliefert' ist, weil man sie nicht ohne Weiteres verändern oder ablehnen kann; weil man nicht als Vernunftsubjekt, sozusagen in ‚Ausübung der Vernunft', teilnehmen kann? Derartige Strukturen und Ordnungen, in denen wir tatsächlich leben, scheinen von einer Ich-Du-Beziehung und von Möglichkeiten des Einverständnisses abstrahiert oder entfremdet zu sein. Auch verlangt die bloße Anzahl an teilnehmenden und mitkonstituierenden Subjekten in einer Gesellschaft, von mehreren Millionen Menschen beispielsweise, ganz andere Fragestellungen nach Einfühlung, sozialen Akten und gemeinschaftlich geteilten bzw. konstituierten Willenszielen. Kann die faktische Komplexität von zwischenmenschlichen, internationalen und ökonomischen *Abhängigkeitsverhältnissen* in hochstrukturierten Gesellschaften mit grundlegenden Einsichten in Vernunftmöglichkeiten des Subjekts und damit verbundenen intersubjektiven Gemeinschaftsbildungsprozessen in Einklang gebracht werden?

Auf der anderen Seite eröffnet uns Husserl aber auch die Perspektive auf Veränderungen bzw. gemeinschaftliche Entwicklungen. Die Möglichkeit des Einverständnisses spielt für ihn eine bedeutende Rolle. So meint Husserl es nicht zynisch, wenn er beschreibt, dass der Dienende in seine dienende Funktion einwilligt. Die Möglichkeit des Einverständnisses, der Einwilligung als Grundlage eines Gemeinschaftswillens, der wechselseitig beschlossenen Ziele, beinhaltet auch, dass das Einverständnis entzogen werden kann. Das zuvor als richtig, vernünftig und gesollt Erkannte steht nicht als letzte Erkenntnis, sondern verweist auf die Möglichkeiten des fortschreitenden Erkenntnisgewinns und der damit verbundenen praktischen „Konsequenzen" in Handlungen und der Setzung von Willenszielen. Die Möglichkeit der Willensübernahme und der gemeinsam beschlossenen Willensziele zeigt außerdem, dass es möglich ist, Einsichten anderer Subjekte nachzuvollziehen und mitzumachen und in der Einsicht und im Mitmachen eine Gemeinschaft zu konstituieren und sie so in und durch ihren Gemeinschaftswillen zu vereinen.[67]

Das schließt für Husserl nicht aus, dass es neben „[personalen] Verbindungen in Einheit eines Gemeinschaftswillens" auch „personale Wirkungsgemeinschaften ohne Einheit einer umspannenden Gemeinschaftswollung und -handlung" gibt.[68]

> „Ein Staat ist eine personale Ganzheit, obschon da nicht jeder jeden kennt, so wie auch schon in einem größeren Verein. Die Art, wie sich eine personale Verbindung herstellt, muss freilich von der aktuellen Einfühlung und aktuellen Verabredung oder natürlich erwachsenden, aber im Status personaler Berührung oder Mitteilung sich stiftenden Unterordnung etc. ausgehen. Es müssen dann aber Stiftungen von personalen Vereinigungen auf mittelbaren Wegen erwogen werden, wobei die Personen ‚unbekannt' bleiben. Es sind aber jedenfalls Willensgemeinschaften bestimmter Personen, die also als Willenssubjekte, wenn auch vermittelt, in Einverständnis sind."[69]

Dieser Charakterisierung entsprechen folglich nicht alle Gemeinschaftsarten, wobei Husserl

[66] *Hua* 14, S. 206.
[67] Vgl. Schuhmann, Karl, *Husserls Staatsphilosophie*, Freiburg: Alber, 1988, S. 56-77, S. 191-199.
[68] *Hua* 14, S. 195.
[69] *Hua* 14, S. 182.

beispielsweise auf Sprachgemeinschaften verweist.[70] „Nicht jede Gemeinschaft ist wechselseitige Gemeinschaft".[71] Viele Wirkungsbeziehungen zwischen Subjekten haben einen nur „relativ bleibenden Dauercharakter".[72] Außerdem sind nicht alle Subjekte, wie zum Beispiel Kinder, im vollen Umfang vernünftige Willenssubjekte.[73]

In Husserls Beschreibungen von Gemeinschaftsbildungen zieht sich eine ethische Grundgesinnung durch. Trotz aller Kritik an seinen Perspektiven zeigt sich sein ernsthaftes, ethisch-erkenntnistheoretisches Ringen, was vielleicht auch durch seinen Notizstil besonders hervortritt:

„Vernunft in der Sozialität. Das Ethische. Das Ethische auf instinktiver Grundlage. Das Ethische und die Personalität. Kann es ein Ethisches geben, wo nicht wirkliche oder mögliche personale Gemeinschaft im Spiele ist, irgendein Verhalten von Personen zu Personen?"[74]

Abschlussbemerkungen:

Die gemachten Ausführungen zu Husserls Begriff der Lebenswelt und zur Bedeutung von Kommunikation und Einfühlung in der vielschichtigen Verschränktheit intersubjektiver Konstitutionsprozesse ermöglichen es, sowohl grundlegendere Perspektiven auf einzelne Personen als auch auf Personen in ihren Bezügen zueinander in Gemeinschaftsbildungsprozessen einzunehmen. Auf der Ebene der Gemeinschaftsformen eröffnet Husserl uns auch die Perspektive, verschiedene Typen von Gemeinschaften danach zu unterscheiden, in welchem Maße, in welchen Formen und über welche Zeiträume hinweg die Subjekte miteinander in Beziehung treten und gemeinschaftliche Willensentschlüsse fassen und umsetzen können.

Im Hinblick auf die Wiedervereinigung Deutschlands und auch im Anschluss an die umfassende empirische Sozialforschung in diesem Bereich, zeigen die phänomenologischen Analysen grundsätzlichere Strukturen in intersubjektiven Gemeinschaftsbildungsprozessen auf. Diese beruhen auf vielfältigen Analysewegen und methodischen Zugängen, die sich aus der Entwicklung der Phänomenologie Husserls ergeben. Für die Frage nach gemeinschaftlicher Einheitsstiftung sind besonders Husserls Verweise auf gemeinschaftlich gesetzte und umzusetzende Willensziele und die dabei notwendigen Einverständnisverhältnisse durch einfühlende Bezugnahmen wichtig. Um diese phänomenologischen Ansätze noch spezifischer und ausführlicher für die Debatten um die Wiedervereinigung Deutschlands einbringen zu können, ist zugleich die wissenschaftliche Auseinandersetzung mit der Zeitgeschichte, der Geschichte der DDR sowie der Deutsch-deutschen Geschichte unbedingt erforderlich und kann unter Einbeziehung nachfolgender Generationen, wie der „Dritten Generation Ostdeutschland", neue und tiefergehende Perspektiven eröffnen.

Für die gesellschaftlichen Debatten um die Wiedervereinigung Deutschlands ist es nicht nur wichtig, danach zu fragen, ob sich die Bürger als „Gesamtdeutsche" identifizieren und ob die jeweiligen Lebensverhältnisse einander angeglichen wurden, sondern ob und warum wir wollen, dass alle Personen in unserer Gesellschaft in gemeinschaftlichem Austausch teilnehmen und ihr Einverständnis geben können. Was sind unsere gemeinsam und „vernünftig" gesetzten Willensziele,

---

[70] Vgl. *Hua* 14, S. 182.

[71] *Hua* 14, S. 172.

[72] *Hua* 14, S. 215.

[73] Vgl. *Hua* 14, S. 178. – In der Beilage 26 sind einige Notizen Husserls angeführt, in denen er näher auf verschiedene Gemeinschafts- und Gesellschaftsarten eingeht und dabei die Bedeutung der *Willenseinheit* als Unterscheidungskriterium angibt. (Vgl. *Hua* 14, S. 213-217.)

[74] *Hua* 14, S. 180. – „Diese höchstmögliche Wertstufe möglicher Sozialität ist aber zugleich die ethisch höchstmögliche für die in ihr sozialethisch geeinigten Individuen, die also ethisch bestmögliche nur sein können als Bürger einer solchen Gemeinschaft." (Husserl, Edmund, *Einleitung in die Philosophie. Vorlesungen 1916-1920* (=HuMat 9), H. Jacobs (Hrsg.), Dordrecht: Springer, 2012, S.177.)

unter denen wir uns in einer Gesellschaft „vereinigen“ wollen?

DIE ÜBERTRAGUNG ALS GRUNDGESETZLICHKEIT DER ERFAHRUNGSSTRUKTUREN. EIN INTERDISZIPLINÄRER ANSATZ ZUR ÜBERTRAGUNG IN PHÄNOMENOLOGIE UND PSYCHOANALYSE[1]

Santiago Sourigues[2]

Zusammenfassung:

In diesem Beitrag haben wir vor, eine Analyse des Begriffs der Übertragung in der Phänomenologie von E. Husserl und M. Merleau-Ponty und seine mögliche Anwendung als methodologisches Instrumentarium zum Ansatz der Übertragung in der Psychoanalyse zu bringen. Zu diesem Zweck konzentrieren wir uns erstens auf Husserls Theorie der Übertragung in den *Cartesianischen Mediationen* als Gesetzlichkeit der passiven Konstitution der Erfahrung, welche bei der Paarung (Urform der passiven Synthesis der Assoziation), die Funktion übernimmt gemäß Gegenstandstypen eine antizipierende und analogisierende Apperzeption des Anderen zu leisten. Zweitens wird sich unsere Analyse auf die Aneignung Merleau-Pontys des Begriffs der Übertragung richten, und zwar auf seine Umdeutung derselben als Umsetzungsgeseztlichkeit des Leibes und der Erfahrungsfelder. Methodologisch werden wir unseren Weg entlang – und zwar in methodologischer Gemeinsamkeit mit dem Vorschlag Merleau-Pontys – einer Reihe von Dialogen und Referenzen im Bereich der Pathologie, der Psychoanalyse und der Entwicklungspsychologie widmen, womit ein Weg für die gegenseitige Bereicherung in diesen Feldern gebahnt wird. Auf diese Weise erreichen wir zum Schluß eine dritte Etappe dieser Strecke, auf welcher die umfassten Folgen des phänomenologischen Begriffs der Übertragung uns ermöglichen, ein Feld von interdisziplinären Beziehungen zwischen Phänomenologie und Psychoanalyse zu erschliessen, und zwar bezüglich der Phänomene der Übertragungsneurose und ihres Verhältnis zur Sexualität, zum Symptom und zu den Mechanismen der psychoanalytischen Heilung, denn sie alle sind Phänomene, bei denen sich die ausgelegten phänomenologischen Strukturen der Übertragung am Werk zeigen und auch nachträglich dazu dienen, die Aussichten einer Phänomenologie der Übertragung zu bestimmen.

Schlüsselwörter: Übertragung – Leib – Andere – Phänomenologie – Psychoanalyse

■■■

Einleitung

Der Begriff der Übertragung ist kein eigenständiger Begriff der Phänomenologie. Trotzdem können wir sehen, dass er sowohl von Husserl sowie von Merleau-Ponty verwendet wird, und zwar als operativer Begriff, der uns erlaubt, den Aufbau gewisser Erfahrungsstrukturen zu beschreiben, was als Grundlage zu einem interdisziplinären Dialog mit der Psychoanalyse im Bezug auf die

[1] Diese Arbeit wird im Rahmen eines Stipendiumsprogramms vom DAAD (Deutschen Akademischen Austausch Dienst) für eine binational Betreute Promotion gefördert.

*Ich bin Thomas Dojan und Magdalena Herzig sehr dankbar für ihre wertvolle Hilfe und ihre Korrekturen bei der Gestaltung der Endfassung des Textes auf Deutsch.

[2] Doktorand, *Deutscher Akademischer Austausch Dienst* (DAAD)/ Universität zu Köln, Husserl-Archiv/ Universidad de Buenos Aires, Facultad de Psicología, santiago.sourigues@gmail.com

Übertragung dienen kann.

Auf diese Weise schlagen wir hier einen Weg vor, der an erster Stelle mit den Husserlschen Referenzen über die Übertragung anfängt, um danach die Neudeutung, die Merleau-Ponty der Übertragung gibt, zu bearbeiten, und zwar in Form der Ausarbeitung in *Phänomenologie der Wahrnehmung* (1994 [1945]). Danach lesen wir nochmals die relevanten Stellen über die Leistung der Umsetzung im Zusammenhang mit den Entwicklungen im Kurs *Die Beziehungen des Kindes zu den Anderen* (1951), womit ein Zugang zu den Folgen der Leistung der Umsetzung auf der Ebene der Beziehungen zum Anderen geboten wird.

Im letzten Abschnitt dieses Beitrags bearbeiten wir eine Anwendung des phänomenologischen Begriffs der Übertragung als methodisches Mittel zur Analyse der Übertragung[3] in der Psychoanalyse und ihr Verhältnis zur Beziehung zum Anderen, zum Symptom, und zu den Mechanismen der Heilung bei der Behandlung. Somit wird ein interdisziplinärer Dialog ermöglicht, wobei das Potential der Umsetzungsleistung für diese interdisziplinäre Untersuchung erschlossen wird.

Die Übertragung in der Phänomenologie. Husserlsche Referenzen

Die erste Quelle der Übertragung, womit wir uns beschäftigen werden, ist Husserls Anwendung des Begriffs in seinen *Cartesianischen Meditationen* bei der Analyse der Erfahrung des Anderen und seiner Konstitution.

In seiner fünften Cartesianischen Meditation beschreibt Husserl, wie bei der Konstitution des Anderen eine *analogisierende Übertragung* des Sinnes des eigenen Leibes zum Leib des Anderen stattfindet, wodurch der Leib des Anderen als *alter ego*[4] konstituiert wird. Genauso wie mein Körper kein bloßer objektiver Körper ist – denn er hat den Sinn eines lebendigen, erfahrenden Leibes –, bekommt der andere Körper, der in meiner Erfahrung vorgefunden wird, den Sinn vom Leib des Anderen (mit seinem eigenen Leben und Erlebnissen) mittels einer analogisierenden Übertragung mit meinem eigenen Leib. Diese analogisierende Übertragung leistet eine Paarung zwischen beiden Leibern (nämlich zwischen meinem erfahrenden Leib und dem Körper, der mir als Gegenstand vorgegeben wird) und konstituiert den dort vorgefundenen Körper nicht nur als einen anderen Leib, sondern auch als den Anderen selbst.

Das Verhalten des Anderen und seine Leibesbewegungen fungieren hier als das Motivationsfundament aufgrund dessen eine Übertragung des Sinnes meines eigenen Leibes (einziger ursprünglich lebendiger erfahrender Leib in der immanenten Sphäre) vollzogen wird, und zwar wegen der Ähnlichkeit zwischen seinen und meinen Gesten.

Da der Leib des Anderen und sein Verhalten in verähnlichende Apperzeption[5] mit dem psychophysichen lebendigen Leib des Subjekts eintreten, appräsentieren[6] sie den Anderen als *alter Ego* in Paarung mit meinem eigenen *Ego*. Die gegebene Einheit zwischen dem präsentierten Leib und dem (aufgrund der Bewegungen) appräsentierten psychischen Erleben fungiert als das notwendige Motivationsfundament, damit der dort gegebene Leib als Leib des Anderen konstituiert wird, und

[3] Es ist wichtig zu unterstreichen, dass wir hier nicht vorschlagen, die Begriffe der Übertragung in der Phänomenologie und der Psychoanalyse zu überlagern oder gleichzusetzen, sondern den Begriff der Übertragung in der Phänomenologie auszuarbeiten, um ihn als Instrument der Analyse des Übertragungsphänomens in der Psychoanalyse zu verwenden.

[4] Hua I, SS. 135-149.

[5] Hua I, S. 141.

[6] d. h. als mitgegenwärtig-(mit)bewusst-machen und in einer leeren Weise mittelbar geben, so wie die Vorderseite die Rückseite eines Dinges)

zwar noch als der Andere selbst[7].

Husserls Thesen zur Konstitution der Erfahrung des Anderen weisen einige problematische Punkte bezüglich der Psychoanalyse und der Möglichkeit eines interdisziplinären Ansatzes auf. Lassen wir diese Diskussion allerdings beiseite, denn sie würde den Rahmen dieser Untersuchung sprengen. Wir beschränken uns hier auf einige Bemerkungen über die *Leistung der Übertragung*:

1. An erster Stelle ist die *Übertragung eine passive Leistung* und gehört zum *Bereich der passiven Synthesis*[8] d. h. sie ist weder ein Denkakt des wachen Ichs, noch eine explizite aktive Leistung des Denkens eines reflexiven bzw. kategorialen Selbstbewusstseins; 2; Hier geht es um die Umsetzung des Sinnes von einem Gegenstand zu einem anderen Gegenstand, d. h. dank der Übertragung wird ein Gegenstand gemäß dem von einem anderen Gegenstand übertragenen Sinn erfahren[9]; 3. Deshalb ermöglicht die Übertragung die Leistung einer typisierenden Apperzeption, wobei ein Gegenstand gemäß dem von anderen Gegenstand übertragenen Sinn erfahren wird[10], d. h. sie ermöglicht *eine Leistung*, wodurch *die Erfahrungsgegenstände typisch erfahren werden* (und – wie Freud sagen würde – *in Erfahrungsreihen auftreten*) bzw. *die Erfahrung gemäß einer Typik stattfindet;* 4. Solche Typen spielen eine sinnesvorgreifende, vorgebende Rolle der neuen Erfahrungsgegenstände, denn die neuen Gegenstände werden erfahren gemäß vorgegebenen Sinnen, die ihnen übertragen wurden („soweit Vorgegebenheit, soweit Übertragung“[11]); 5. Wenn die Übertragung eine passive und regelmäßige Leistung ist, ohne einen zufälligen Charakter zu haben, d. h. wenn sie eine Gesetzlichkeit der passiven Konstitution der Erfahrung ist, dann bedeutet das, dass keine Erfahrung von einem Nullpunkt aus geschieht, sie beginnt nicht „ganz von vorne“; die Erfahrung der Gegenwart ist nicht vollkommen und in sich selbst abgeschlossen, denn die Vergangenheit ist in ihr verwickelt. Der Gegenstand ist nicht von einem Nullpunkt aus gegeben, sondern von der Vergangenheit angereichert und schon vor-gegeben und vor-gezeichnet. *Die Vergangenheit skizziert eine Vorzeichnung der Erfahrung.* Und umgekehrt: Dank die Übertragungsleistung übernimmt die Erfahrung eine skizzierte Struktur[12][13]*;* 6. Folglich ist diese in der Gegenwart verwickelt-implizierte Vergangenheit nicht in einer reflexiven Weise gegeben, bei ihr handelt es sich um keine Vergangenheit, die sich als identifizierbarer erfahrbarer Gegenstand vor einem reflexiven Bewusstsein zeigt, wie z. B. bei der Wiedererinnerung, sondern vielmehr als eine fungierende Vergangenheit, die den Charakter einer sozusagen aktuell erfahrenen Struktur (d. h. einer Struktur, die die Erfahrung konstituiert) trägt. Da sie sich gegenwärtig

---

[7] Ebd., SS. 140-1.

[8] Ebd., S. 142.

[9] Ebd., SS. 141-2.

[10] Ebd., S. 141.

[11] Ebd.

[12] Hierzu sei verwiesen auf Brudzinska, Jagna. ***Bi-Valenz der Erfahrung. Assoziation, Imaginäres und Trieb in der Genesis der Subjektivität bei Husserl und Freud***, Dordrecht: Springer, 2019*;* und Brudzinska, Jagna, ***Depth Phenomenology of the Emotive Dynamic and the Psychoanalytic Experience***, in D. Lohmar y J. Brudzinska (Hsg.), *Founding psychoanalysis phenomenologically. Phenomenological Theory of Subjectivity and the Psychoanalytic Experience*, Dordrecht: Springer, SS. 23-52.

[13] Vor dem Hintergrund Brudzińskas These der Bi-Valenz der Erfahrung (2019) im Rahmen ihres interdisziplinären Ansatz von Phänomenologie und Psychoanalyse, lässt sich auch diese skizzierte Struktur als *Ergebnis doppelter Quelle* deuten, d. h. als Ergebnis der Leistung der zwei Erfahrungsstrukturen des subjektiven Erlebens bzw. des impressional-apperzeptiven Bewusstseins und der *quasi-gegenwärtigenden Leistung* des konstitutiven phantasmatisch-imaginären Bewusstseins, welches als Erfahrungsstruktur des Unbewussten in phänomenologischer Hinsicht (2012, 39) gedeutet wird. Dieses phantasmatisch-imaginäre Bewusstsein – so Brudzińska – hat eine transitive und mediale bzw. umwandlungs- und umdeutungsfähige Struktur, welche bei der impressional-fundierten Wahrnehmung mitfungiert und ihre impressionalen Materialien umwandelt, und zwar die Triebe und die phantasmatischen Materialien innerhalb der Wahrnehmung medialisiert und durchdringt (2019, SS. 116-7, 177-8, 224). Diese Entwicklungen konvergieren mit der Freudschen Übertragungstheorie in zwei Punkten: erstens in Hinblick auf seine Beschreibung der Neurose als aktuelle bzw. gegenwärtige Macht (d. h. als leistende Struktur) und keine Episode der Vergangenheit (GW, X, 131). Zweitens in Hinblick auf die Anknüpfung der Analytiker bei der Übertragung an ein „Klischee“ der Ausübung des Liebeslebens (GW, VIII, SS. 372-3), bzw. an psychische Reihen und unbewusste bzw. phantasmatische Vorbilder, welche die Wiederholungsphänomene in der Übertragung prägen und gestalten.

fungierend zeigt, wird sie tatsächlich nicht als Vergangenheit vorgegeben, sondern als quasi-Gegenwart bzw. mitwirkende Anreicherung der Gegenwart. Also handelt es sich hier um eine restliche, übrig gebliebene Vergangenheit bzw. um eine lebendige quasi-gegenwärtige, mitbestimmende und belebende Vergangenheit. Diese Vergangenheit erscheint nicht unmittelbar von selbst, sondern als stillschweigend vorausgesetzt in den gegenwärtigen Erscheinungen, in denen sie verborgen fungiert, indem diese Erscheinungen durch die Übertragung den Sinn, mit welchem sie erfahren werden, erhalten. Nun betrachten wir näher, wie Merleau-Ponty die Übertragung im Leib und Existenz neudeutet und auffasst.

Die Übertragung als Umsetzung und Leibesgesetzlichkeit in Merleau-Ponty

Die zweite Quelle der Übertragung ist die Phänomenologie Merleau-Pontys. Dabei hat sie einen zentralen operativen Charakter, wenn es darum geht, die Begriffe von Leib und Existenz zu erarbeiten, besonders wenn es sich darum handelt, diejenige Art von Einheit, die bei ihnen mithilfe eines phänomenologischen Ansatzes gefunden werden kann, zu verstehen. Nun gilt es an erster Stelle folgendes hervorzuheben: auf der Ebene der expliziten Behandlung des Begriffs der Übertragung in *Phänomenologie der Wahrnehmung* (1966 [1945]), wird sie kritisch aufgefasst, denn er ist mit einem empirisch-assoziationistichen Hintergrund verbunden, nach welchem die Erfahrungsgegenstände im Prinzip inhaltlich neutral und gleichgültig sind, und nur sekundär einen Sinn durch die Übertragung von anderen assozierten Gegenständen erhalten. So ist dieser Begriff korrelativ mit der Auffassung des Subjekts als ein weißes Blatt Papier. Also behauptet Merleau-Ponty:

> Für den Empirismus aber verdanken „Kulturgegenstände" und menschliche Gesichter ihre Physiognomie und ihre magische Macht bloß Übertragungen und Gedächtnisprojektionen, hat die menschliche Welt ihren Sinn nur durch Zufall. Nichts im sinnlichen Anblick einer Landschaft, eines Gegenstandes, eines Körpers bestimmt dieses Seiende dazu, „froh" oder „traurig", „lebhaft" oder „eintönig", „elegant" oder „grob" auszusehen. Aufs neue das, was wir wahrnehmen, durch die physikalisch-chemischen Eigenschaften auf unsere Sinnesorgane einwirkender Reize bestimmend, betrachtet der Empirismus den Zorn oder Schmerz, den ich auf einem Antlitz lese, [...] die Stadt, deren Struktur ich an der Haltung eines Polizisten oder am Stil eines Bauwerks erkenne - als schlechterdings nicht wahrgenommen.[14]

So wird hier der Begriff der Übertragung wegen seiner Stellung im Empirismus und den mit ihm assozierten Psychologien kritisiert, denn die von der Landschaft angedeutete affektive Bedeutung und die Sinneseloquenz des Gegenstandes werden durch ihn ausgeschlossen, d.h die Erfahrung wird auf eine einfache und bloße Übertragung der Vergangenheit geschrumpft, und somit, da die Empfindlichkeit auf ein sensitives Anreizen reduziert wird, kann nicht erklärt werden, wie der Gegenstand, der in einem Sinnesfeld erscheint, schon eine mögliche unmittelbare Bedeutung in anderen Feldern suggerieren kann, wie es z. B. der Begriff des Stils ermöglicht. Dieser letztgenannte Begriff beinhaltet eigentlich keinen spezifischen Sinn, sondern eine Art und Weise, ein Feld zu strukturieren, eine Strukturierungsweise, die relativ umzetzbar auf andere Bereiche ist.

So beobachtet man, dass die Übertragung hier nur auf einer bestimmten Ebene und in einem analytischen Rahmen kritisiert wird, um dann in einem zweiten Zugriff eingeholt zu werden, und

---

[14] Merleau-Ponty, Maurice, ***Phänomenologie der Wahrnehmung***, übersetzt von Rudolf Boehm, Berlin: Walter de Gruyter & Co., 1966 [1945], S. 44).

zwar in der Form einer Bedetungsumzetzung[15]. Das deutet an, dass Merleau-Ponty seine Kritik gerade an der Naivität einer objektivistischen Position ausübt. Dieser Position nach wird der Körper auf ein Objekt begrenzt, das nur physisch-chemische Sensationen abgeben muss. Die Übertragung wird dann von Merleau-Ponty aus einer phänomenologischen Warte zurückerobert, und zwar auf der Ebene des Leibes als Schema intersensorieller Umsetzungen. In mehreren seiner Werken können wir beobachten, dass sich Merleau-Ponty mit der Ausarbeitung dieses operativen Begriffs beschäftigt.

In diesem Zusammenhang zeigen nicht nur das affektive Erlebnis der Landschaft und das Erlebnis des Stils die Übertragung als Umsetzung, sondern auch eine große Anzahl an anderen Phänomenen, die Merleau-Ponty zusammenfasst, von denen wir einige entnehmen. Als ihr gemeinsamer Zug ist hervorzuheben, dass sich die begriffliche Auffassung der Übertragung und des Körpers im Sinne des Empirismus bei der Erklärung dieser Phänomene als unausreichend ergeben, sowie es auch bei den schon erwähnten Phänomenen der Fall war. Unter den Phänomenen, bei denen sich die phänomenologisch aufgefasste Übertragung (und zwar in Beziehung zur phänomenologischen Beschreibung des Leibes) als Umsetzung offenbart und neudeuten lässt, finden wir die Synästhesien und die pathologischen Fälle der Wahrnehmung.

An erster Stelle haben wir das Phänomen der sensoriellen Synästhesien. Um es zu analysieren wendet sich Merleau-Ponty an die *Untersuchungen über Empfindung und Empfinden* von Werner (1930), so wie an die *Pathologie der Wahrnehmung* von Stein (1928). Diesbezüglich behauptet Merleau-Ponty:

> *Die eigentliche Sinneserfahrung verfügt nur über einen engen Raum: entweder zeichnen Ton und Farbe durch ihre eigene Zusammensetzung einen Gegenstand — einen Aschbecher, eine Geige - vor, und dieser Gegenstand spricht in eins unsere sämtliche Sinne an; Ton und Farbe finden sich in meinen Leib aufgenommen, und es wird schwierig, meine Erfahrung auf ein einziges Sinnesregister einzuschränken: spontan schlägt sie auf sämtliche anderen über.* Die […] auftretende Sinneserfahrung spezifiziert sich lediglich durch einen „Akzent", der eher nur die „Richtung auf Farbigkeit oder auf Tonigkeit" anzeigt.[16]

Im Zusammenhang damit bezieht er sich auf eine konvergente, bestätigende Erfahrung, bei der der umsetzende-synästhetische Charakter der Wahrnehmung von der Etablierung des Phänomens der stroboskopischen Bewegung mithilfe der Begleitung von klingenden Rhythmen dargestellt wird.

> Auf dieser Ebene ist die Zweideutigkeit der Erfahrung eine solche, daß ein auditiver Rhythmus kinematographische Bilder miteinander verschmelzen und uns eine Bewegung wahrnehmen läßt, indessen ohne diese auditive Unterstützung die Folge der Bilder zu langsam wäre, um die stroboskopische Bewegung hervorzurufen. Töne modifizieren aufeinanderfolgende Farbbilder: ein stärkerer Ton intensiviert sie, die Unterbrechung des Tones bringt sie ins Schwanken, ein tiefer Ton läst Blau dunkler oder tiefer erscheinen.[17]

Besonders ist in diesem Fall Folgendes hervorzuheben: eine langsame Aufeinanderfolge von Bildern wäre allein nicht ausreichend, um das Phänomen der stroboskopischen oder scheinbaren Bewegung zu erreichen; sie erhält diesen Effekt jedoch, indem sie von einem simultanen Rhythmus bzw. einer zeitlichen Gestalt begleitet wird. Also wird in diesem Fall die akustischeEinheit in eine visuell bewegende Einheit vorreflexiv und passiv umgesetzt, wobei den visuellen Vorgegebenheiten

---

[15]Die umsetzenden Bedeutungen sind auch bei Merleau-Ponty (wie bei Husserl) vorreflexiv. Sie sind nicht als explizite Gedanken eines aktiven Bewusstseins gegeben, so wie die Übertragung bei Husserl eine passive Leistung war, ohne Leitung einer reflexiven Aktivität, und somit vorreflexiv.

[16] *Merleau-Ponty, Ebd., S. 266.*

[17] Ebd.

die Einheit der akustischen Vorgegebenheiten eingegeben wird, d.h, die akustische Gestalt dient als Basis, damit eine visuelle Einheit entsteht.

Das dient als Grundlage, um die Kritik der empirisch-physikalischen Reduktion der Empfindung auf einem nervlich-sensoriellen Anreiz wieder aufzunehmen. Wenn diese gültig wäre und die Empfindung einer mechanichen Gesetzlichkeit entspräche, dann müsste die Korrespondenz zwischen physischem Anreiz und erfahrener Empfindung eins-zu-eins sein, d.h. zu jedem physichen Anreiz müsste eine entsprechende Empfindungserfahrung in einer geradlinigen Beziehung stehen, und umgekehrt. Dieser Auffassung gemäß wäre daher die Empfindung abgeschlossen und innerhalb der Grenzen der eigenen Empfindungsdomäne abgeteilt. Wenn diese Auffasung gültig wäre, dann könnte man die intersensorielle Übertragung beim synästhetischen Phänomen nicht verstehen und müsste sie für eine unverständliche oder bizarre Pathologie halten. Troztdem ist diese Annahme hinfällig mit der Analyse des erwähnten stroboskopischen Phänomens, wobei *die intersensorielle transpositive Übertragung als Struktur der gesunden und normalen Wahrnehmung* offenbart wird, statt als Zufälligkeit oder bizarrer Fehler. Das ermöglicht, die Synästhesie nachträglich zu deuten. Statt als unverständliche Pathologie, wird die synästhetische Übertragung bzw. die synästhetische Wahrnehmung jetzt als die Regel[18] aufgefasst, und somit wird *die transpositive Übertragung zum ursprünglichen inhärenten Charakter der Struktur der Wahrnehmung* selbst. Diesen Charakter findet Merleau-Ponty auf einer urspünglicheren Ebene der Erfahrung gegenüber der Erfahrung der sensoriellen Teilung[19]. Wie wir unten sehen werden fungiert dieser ursprünglich transpositive Charakter nicht nur auf der Ebene der Wahrnehmungserfahrung. Er ist vielmehr eine *Struktur der Erfahrung im Allgemeinen*, welche sich auf dem Niveau der Wahrnehmung als eine Erfahrungsart offenbart, die uns den Zugang zu einer *globalen Erfahrungsstruktur* erlaubt, deren Erscheinungen wir in verschiedenen Bereichen analysieren werden.

Eine andere Erfahrung, die das Vorherige bestätigt, ist diejenige aus dem Fall Schneider, welche von Gelb und Goldstein (1925) präsentiert wird.

Schneider leidet unter einer Gehirnschädigung im Hinterhauptslappen (*Lobus occipitalis*). Seine Wahrnehmung und Erfahrung weisen nach der Verletzung eine Reihe von morbiden Veränderungen auf, z. B. hat die Landschaft ihre Ausdruckskraft für ihn verloren, d. h. sie gewinnt keine affektive Bedeutung mehr. Er geht folglich nicht mehr spazieren, es sei denn, er hat ein konkretes Ziel, er pfeift nicht und singt nicht ohne Weiteres, und letztlich mangelt es ihm auch an sexueller Initiative[20]. Es ist möglich, dass Letzteres eine der deutlichsten Erscheinungen der transversalen betroffenen Störung ist:

> Bei Schneider ist die Struktur der erotischen Wahrnehmung oder Erfahrung selbst gestört. Der Normale nimmt einen menschlichen Körper nicht bloß wie einen beliebigen Gegenstand wahr, der objektiven Wahrnehmung wohnt hier noch eine geheimere ein: der sichtbare Leib ist getragen von einem streng individuellen Sexualschema, in dem die erogenen Zonen sich akzentuieren, eine sexuelle Physiognomie sich verzeichnet. […]. Dem Raume sowohl wie der Zeit nach hat die

[18] Ebd., S. 268.

[19] Ebd., SS. 265-6. „Die Qualitat, die abgetrennte Sinnlichkeit tritt erst in Erscheinung wenn wir diese Gesamtstrukturierung unseres Sehens zerbrechen […] In solcher Einstellung zerbricht in eins mit der Auflösung der Welt in Sinnesqualitäten *die natürliche Einheit des Wahmehmungssubjekts*, ich selbst als Subjekt des Gesichtsfeldes werde mir unkenntlich. Doch ganz ebenso, wie es *innerhalb eines jeden Sinnes seine eigene natürliche Einheit* aufzudecken gilt, werden wir eine *„Urschicht" des Empfindens* freizulegen haben, *die der Teilung der Sinne vorgängig ist*“ (Merleau-Ponty, a. a. O., 265-6) (Hervorhebung SS.)

[20] Steinfeld, J., ***Ein Beitrag zur Analyse der Sexualfunktion***, Zeitschrift f. d. ges. Neurologie u. Psychiatrie, SS. 175-180.

> Wahrnehmung ihre erotische Struktur eingebüßt. Was dem Kranken verlorengegangen ist, ist das Vemögen zum Entwurf einer geschlechtlichen Welt überhaupt, das Vermögen, sich in erotische Situation zu versetzen.[21]

Gleichzeitig führen Merleau-Ponty diese letzten Bemerkungen dazu, einige Stichpunkte über den Begriff von Bedeutung, der hier behandelt wird, zu geben. Dieser Begriff bezieht sich weder auf die Vorstellung einer konkreten expliziten Bedeutung, die klar erkennbar und durchsichtig wäre, noch auf ein korrelatives reflexives Bewusstsein, das solch eine konkrete diskrete Bedeutung ergreifen würde. Wir sind nochmals zu einer *ursprünglicheren Form einer globalen Bedeutung* angelangt, sowie zu *einer Urschicht leiblichen vorreflexiven Erfahrungsbewusstseins*, das vorichlich ist, d. h. das noch ursprünglicher als das wache Ich, das kartesianische reflexive Bewusstsein (*ego cogitans*) und seine Denkakte (*cogitatio*) ist, und stattdessen ein dezentriertes, laterales und globales vorreflexives *cogito* offenbart.

> So meldet sich hier [...] eine von intellektueller Bedeutung verschiedene Bedeutungsart, eine Intentionalität, die nicht ein bloßes „Bewußtsein von etwas" ist. Die erotische Wahrnehmung ist keine cogitatio, die ein cogitatum vermeint: durch den Leib hindurch meint sie einen anderen Leib, sie hält sich in der Welt, sie vollzieht sich nicht im Bewußtsein. Ein Anblick hat nicht dann für mich sexuelle Bedeutung, wenn ich ihn — sei es auch in verworrener Weise — in seinem möglichen Bezug zu den Geschlechtsorganen oder zu Lustzuständen vorstelle, sondern sofern er existiert für meinen Leib und dessen beständig bereites Vermögen, gegebene Reize in eine erotische Situation zu fügen [...]. Es gibt ein erotisches „Verstehen", das von anderer Art ist als das Verstehen des Verstandes.[22]

Zu diesem Auszug können wir meherere Punkte anbringen. An erster Stelle wird die sexuelle Bedeutung hier als sexueller Wert des Gegenstands verstanden, d. h. als eine sexuelle Färbung des Gegenstands, aber keine konkrete explizite Vorstellung. Seine Bedeutung ist keine diskrete und konkret erkennbare Bedeutung, sie ist, um eine Referenz auf Descartes zu machen, keine klare und distinkte Idee eines denkenden Bewusstseins.

Diese Art von Bedeutung besteht nicht in einer objektiven Bedeutung eines intelektuellen und reflexiven Bewusstseins, sondern sie besteht in jener *Sinnrichtung,* die es erlaubt, die Gegenstände global zu organisieren, um sie in einer sexuellen Situation einzufügen und bereitzustellen. Wie die Ethymologie des Wortes anzeigt, ist die sexuelle Bedeutung kein einzelner Bedeutungseffekt, sondern das, was die Gegenstände aus der Perspektive der Sexualität belebt und deutet, d. h. es ist das, was die Werte der Gegenstände ordnet und verteilt, das, was die Gegenstände gemäß den Koordinaten der Sexualität artikuliert und sie in eine sexuelle Atmosphäre einhüllt. Diese Funktion kommt den sexuellen Bedeutungen als Bedeutungseffekte zuvor, sie findet vor der Vorstellung von diskreten und reflexiven sexuellen Bedeutungen statt. So bildet das sexuelle Schema eine sexuelle Situation innerhalb des Wahrnehmungsfeldes, und ordnet die Wahrnehmungsgegenstände gemäß der Sexualität an. Es ist gerade nicht die Sexualität als physiologische und mechanische Funktion in dritter Person, welche bei Schneider beschädigt ist, sondern die Kraft, die die visuellen Bedeutungen ins Sexuelle umsetzt, d. h., sie nach einer sexuellen Situation bereitstellt und deutet. Die Anreize nehmen eine sexuelle Bedeutung oder einen sexuellen Wert an, und zwar gemäß der Situation, in der das sexuelle Schema sie artikuliert, und nicht gemäß den bloß objektiven physisch-chemischen

[21] Merleau-Ponty, a. a. O.., s. 187.
[22] Ebd., S. 188.

Reizprozessen.

In diesem Punkt weist die intersensorielle transpositive Umsetzung die Charaktere der Übertragung bei Husserl auf, die im Punkt 6 des vorherigen Abschnitts behandelt wurden: diese Umsetzung befindet sich weder auf dem Niveau des Sinnes noch auf dem Niveau der erfahrungsgegebenen Objekte, sondern als eine fungierende Struktur auf der Ebene des sog. „Erfahrenen", d. h. als Vorzeichnung und Skizzierung der Situationen, die die Gegenstände sexuell strukturiert und die Art und Weise ausmacht, in der diese erfahren werden. Die Sexualität befindet sich also nicht auf der Ebene der Bedeutung als sexueller Bedeutungseffekt, sondern besteht vielmehr in der allgemeinen Möglichkeit, die Erfahrung sexuell zu deuten bzw. den Gegenständen eine sexuelle Orientierung zu geben. Nun ist diese allgemeine Möglichkeit eine vorausgehende transzendentale Bedingung der Möglichkeit der konkreten sexuellen Bedeutung von etwaigen Erfahrungsgegenstände. Es ist gerade dieses transpositive Übertragungspotenzial der Bedeutung, was hier bei der Störung Schneiders betroffen ist:

> Schneider ist ebenso außerstande, sich in eine sexuelle Situation zu versetzen, wie er sich überhaupt außerhalb jeder affektiven oder weltanschaulichen Situation findet. Gesichter sind ihm weder sympathisch noch unsympathisch [...]. Regen und Sonnenschein machen ihn weder fröhlich noch traurig, seine Stimmung hängt bloß von seinen elementaren organischen Funktionen ab, die Welt begegnet ihm in affektiver Neutralität.[23]

Diese morbide Störung und solche Erscheinungen, bei denen es weder eine unmittelbare vorreflexive Konfiguration einer sexuellen Situation noch eine Gestaltung von sexuellen Werten gibt (es sei denn durch eine ersätzliche Operation des vorstellenden Bewusstseins), erleuchten durch Kontrast die umsetzenden Strukturen der gesunden Wahrnehmungserfahrung. Bei den morbiden Störungen zeigt sich durch Kontrast und dank ihrer Abwesenheit die Übertragung dann als grundsätzliche Struktur, die der gesunden Erfahrung ermöglicht, visuelle, taktile oder Bewegungsbedeutungen ins Affektive und/oder Sexuelle umzusetzen. So gibt die Übertragung der Welt eine affektive Eloquenz und Densität, indem die Übertragung eine sexuelle Dichte und Atmosphäre öffnet. Auf diese Weise erweist uns die Analyse der sexuellen und affektiven Erfahrung bei Schneider (durch Kontrast) die passive und vorreflexive Operation der transpositiven Übertragungsgesetzlichkeit auf der Ebene der affektiven, sexuellen (und, wie wir es später sehen werden, auch intersubjektiven/zwischenleiblichen) Felder, die über die sinnliche Erfahrung hinausgehen. So wird die *Übertragung zu einer allgemeinen Leistung der Erfahrung*, d.h *die Übertragung ist eine allgemeine Erfahrungsstruktur*, denn ihre Leistung wird nicht auf dem Bereich der sensoriellen Erfahrung begrenzt. Zuletzt kann bemerkt werden, dass die Reihe der erwähnten Phänomene den ursprünglichen Charakter der Übertragung bei der Wahrnehmungserfahrung zeigt, denn hier offenbart sich die Übertragung vorgängig dem Mitwirken des Reflexiven-, Vorstellungs- und des Willensbewusstseins. Bei Schneider ist die Fähigkeit der objektiven Vorstellung nicht betroffen, aber doch das sexuelle und affektive Schema, und so muss er die affektiven und sexuellen Bedeutungen wie Wörter eines Wörterbuchs oder wie ein Passwort behandeln, er muss sie rationell folgern, und das zeigt nachträglich und durch Kontrast die vorreflexive, passive Lebendigkeit der Bedeutungen durch Umzetzungsübertragung. Demgemäß finden die Sexualität und die Übtertragung des sexuellen Schemas vor der Ebene des reflexiven Bewusstseins statt.

[23] Ebd., S. 174.

Das Vorhergegangene setzt eine Kritik der physiologischen Auffasung voraus, und zwar nicht nur von dem sexuellen Reiz, sondern auch von der Empfindung: „Die Konstanzhypothese, die jedem Reiz eine und nur eine Empfindung zuordnet, wird um so schlechter verifizierbar, je mehr man sich der natürlichen Wahrnehmung nähert“[24]. Während für die physiologisch-mechanistische Auffassung die sensorische Teilung als erste und originelle angesehen wird, verneint Merleau-Ponty nicht die Trennung zwischen den Sinnen, sondern weist nur darauf hin, dass sie nicht die primäre Ebene der Erfahrung darstellt. Die Trennung wird nur als primäre Ebene dargestellt, wenn die Wahrnehmung von Außen angesetzt wird, d. h. in dritter Person, wobei der Anreiz so erscheint, als gehöre er zu einem bestimmten (*inputs-*) Sinn. In erster Person und in ursprünglicher Einstellung, jedoch erscheint bei der Wahrnehmung doch eine relative Betonung auf eine bestimmte Domäne, aber nicht eine reine primäre und unausweichliche Isolierung zwischen den sensoriellen Feldern, sondern eine gegenseitige transpositive Bereicherung, eine natürliche Einheit des wahrnehmenden Subjekts[25]. So ist bei der Wahrnehmung in erster Person die Trennung auf einem zweiten und abgeleiteten Niveau, während die synästhetisch-transpositive Intersensorialität die primäre Schicht ist. Statt als pathologische Ausnahmen gedeutet zu werden, zeigen so die synästhetischen Phänomene durch Abschichtung die ursprüngliche Struktur der Wahrnehmung. „Die synästhetische Wahrnehmung ist vielmehr die Regel, und wenn wir uns dessen selten bewußt sind, so weil das Wissen der Wissenschaft unsere Erfahrung verschoben hat […]“[26]. Tatsächlich hat die Wahrnehmung eine ursprüngliche synästhetisch-transpositive Struktur, und nur später erheben sich die Schranken[27] zwischen den verschiedenen Bedeutungsfeldern[28], und zwar mit dem Wechsel der ursprünglichen Wahrnehmunsgseinstellung, der mit der Aufnahme der unparteischen, analytischen und reflexiven Einstellung auftritt, bei der das wahrnehmende Subjekt von der Welt Abstand nimmt, und die Welt so ihre intersensorielle Eloquenz[29] verliert.

Diese zwei Einstellungen oder Ebenen (eine ursprünglichere als die andere) verhalten sich nicht nur gemäß Momenten einer genetischen Analyse von verschiedenen konstitutiven Erfahrungsebenen, denn diese Schichtsunterscheidung kann auch bei der Entwicklung der Erfahrungsstrukturen des Kindes betrachtet werden. Dieser Aspekt ist nicht tiefgreifend in der *Phänomenologie der Wahrnehmung* bearbeitet, wird aber angedeutet:

> Im Alter von etwa zwölf Jahren vollzieht nach Piaget das Kind das cogito und entdeckt die Wahrheiten des Rationalismus. Es entdeckt sich als Vereinigung von sinnlichem und intellektuellem Bewußtsein […]. Doch Piaget geleitet das Kind zum Alter der Vernunft, als genügten die Gedanken des Erwachsenen sich selbst und höben alle Widersprüche auf. In Wirklichkeit muß das Kind in gewisser Weise gegen die Erwachsenen — oder gegen Piaget — Recht behalten, muß, soll es für den Erwachsenen auch eine einzige

[24] Ebd., S. 267.
[25] Ebd., SS. 265-6. Vgl. Fn [18].
[26] Ebd., S. 268.
[27] Ebd., S. 267.
[28] Diese sind im breiten Sinne zu verstehen und Umfassen die unterschiedlichen Dimensionen der Erfahrung, wie z. B. Affektivität und, wie unten behandelt wird, die Beziehungen zum Anderen: „Die Aufklärung über die Herkunft der kindlichen Angst verdanke ich einem dreijährigen Knaben, den ich einmal aus einem dunklen Zimmer bitten hörte: „Tante, sprich mit mir; ich fürchte mich, weil es so dunkel ist.“ Die Tante rief ihn an: „Was hast du denn davon? Du siehst mich ja nicht.“ „Das macht nichts," antwortete das Kind, „wenn jemand spricht, wird es hell." — Er fürchtete sich also nicht vor der Dunkelheit, sondern weil er eine geliebte Person vermißte, und konnte versprechen sich zu beruhigen, sobald er einen Beweis von deren Anwesenheit empfangen hatte“ (Freud, GW, 5, S.126).
[29] In Übereinstimmung mit Freud finden sich die Identität und Unterschiedlichkeit zwischen den Objekten der Erfahrung, die vom Satz vom Widerspruch festgelegt werden, auf der Ebene des wachen, reflexiven-ichlichen Denkens. Bei Freud ist das unbewusste System durch das Fehlen des Widerspruchs und die Beweglichkeit der Besetzungen charakterisiert. So werden im Unbewussten die Identitäten und Werte der Objekte verschoben und verdichtet, und zwar gemäß dem Primärvorgang. Hingegen gehören die Rücksichtnahme auf die Wirklichkeit und der Satz vom Widerspruch zum vorbewussten-bewussten System, das gemäß dem Sekundärvorgang fungiert.

> intersubjektive Welt geben, das barbarische Denken des frühen Kindesalters als unentbehrlicher Erwerb auch dem des Erwachsenen zugrundeliegen bleiben.[30]

Es ist gerade an diesem Punkt, wo wir anhalten, um die Weise zu analysieren, wie das Kind die übertragungs-transpositive Gesetzlichkeit des Körperschemas auf dem intersubjektiven/ zwischenleiblichen Bereich aufweist, was uns ermöglicht wird, die Folgen dieser Erfahrungsstruktur einen weiteren Schritt jenseits des Bereichs der Wahrnehumung zu führen und zu vertiefen.

Die ursprüngliche Übertragung des Körperschemas auf den Bereich des Anderen

In diesem Abschnitt schlagen wir vor, die kindliche Erfahrung zu bearbeiten. Die Analyse der Erfahrung von Kindern ermöglicht uns, die oben geschilderten Strukturen in einer relativ isolierten Weise zu betrachten. Wie in manchen Zeilen der Phänomenologie der Wahrnehmung schon vorgegriffen wurde, gibt uns die Erfahrung von Kindern einen direkteren Zugang zur ursprünglichen Einstellung. Je nach dem Enwicklungsmoment, und besonders im Fall der ganz kleinen Kinder im ersten Lebensjahr, weisen sie keine Überlappung der zwei Erfahrungsmodalitäten auf, so wie es bei gesunden Erwachsenen auftritt, bei denen nur die Pathologie oder bestimmte besondere Phänomene uns einen Zugang gewähren, um sie zu isolieren. Die kindliche Erfahrung hingegen ermöglicht, die ursprüngliche transpositive Gesetzlichkeit des leiblichen Schemas und der Bedeutungsfelder auf dem Bereich der Zwischenleiblichkeit und die Domäne des Anderen zu erkennen und zu isolieren. Um diese Aufgabe zu erfüllen, befassen wir uns mit einem von Merleau-Ponty an der Sorbonne gehaltenen Kurs: *Die Beziehungen des Kindes zu den Anderen* (1951).

Die Hauptthese dieses Kurses ist, dass die Strukturen der kindlichen Erfahrung in einem inneren Verhältnis zu der Art und Weise stehen, in welcher die Beziehungen des Kindes zu den Anderen strukturiert sind. So sind z. B. weder der Gedanke noch die kindliche Erfahrung außerhalb des Zusammenhangs mit der sozialen Dimension der Erfahrung fassbar, und zwar sowohl in einem synchronischen als auch in einem diachronischen Sinne. Denn das Denken und die intersubjektive Dimension der Erfahrung haben nicht nur ein inneres Zwischenverhältnis in jedem Moment der Entwicklung, indem sie ein Korrelationssystem als mitwirkende Phänomene aufbauen, sondern sie werden auch miteinander artikuliert, dynamisch mitgestaltend. So wirkt eine Entwicklung im Bereich der Beziehungen zum Anderen als Vorläufer von Entwicklungen des Denkens und umgekehrt. Auf diese Weise wird die diachronische Strukturierung dieser Felder dann auch artikuliert und die momentanen Divergenzen und Phasenverschiebungen tendieren zur Selbstorganisation[31]. *Die transpositive Übertragung der Bedeutungsfelder ergibt so eine allgemeine (dynamisch-einheitliche) Gesamtstruktur der Erfahrung.*

Eine querschnittliche Eigenschaft der Entwicklung ist die Tatsache, dass es eine Erfahrung des Anderen vom Anfang angibt, obschon unter verschiedenen Modalitäten, die mehreren Differenzierungen und Bereicherungen im Lauf der Genese unterzogen werden (es ist klar, dass die Erfahrung des Anderen beim Baby und beim Erwachsenen nicht gleich sind). Zu Beginn, und als ursprüngliche Schicht und Urgrund von den Beziehungen zum Anderen, finden wir in den ersten Lebensmonaten die Abwesenheit einer Unterscheidung zwischen der exterozeptiven und interozeptiven Wahrnehmung als hervortretendes Merkmal, bedingt durch die Unreife und die fehlende Koordination des visuellen Systems.

---

[30] Merleau-Ponty, a. a. O., S. 407.
[31] Ebd., SS. 22-31; 45.

Ein zentrales Phänomen, worauf sich Merleau-Ponty bezieht, und dass die Art von Offenheit der Babyerfahrung zum Anderen zeigt, ist das ansteckende Verhalten, das Wallon in seinen Untersuchungen[32] beschreibt. Mit zwei Monaten beantwortet das Baby also mit Schreien die Schreie eines anderen Kindes, ein Phänomen, das im Alter von drei Monaten verschwindet, und zwar im Laufe der Entwicklung der visuellen Wahrnehmung des Anderen. Dieses Phänomen erscheint auch bei der Ansteckung des Weinens in der Kinderkrippe. Außerdem weist Wallon darauf hin, dass man dies nicht nur bei Babys und kleinen Kindern beobachten kann, sondern auch im Leben des Erwachsenen, wie z. B. beim Gähnen und Lachen[33], wobei diese Konkomitanz, dieses Zusammenwirken und diese Mitbeteiligung in einer Umwelt-Empfindlichkeit oder in einer Stellungseinprägung[34] beobachtet werden kann. Andererseits gilt es hervorzuheben, die Ansteckung ist nicht auf die Form Mensch-zu-Mensch begrenzt, denn es findet auch von Tier zu Mensch statt:

> Wallon spricht von einer Art „posturaler Imprägnierung, die durch nachahmende Gesten aufgelöst wird". Er führt das Beispiel eines Kindes an, das einem Vogel beim Zwitschern zusieht und nach dieser „Haltungsimprägnierung" beginnt, die Schreie des Vogels und einen Teil seines Ausdrucks nachzuahmen.[35]

Zuletzt gibt es auch Ansteckung von leblosen Gegenständen zu Mensch, und zwar absgesehen von der Ähnlichkeit als Motivationsfundament (wie Husserl voraussetzte): „Wallon bemerkt in diesem Sinne, dass ein Baby seinen Kopf von links nach rechts dreht, während gleichzeitig eine Lampe ihm gegenüber hin und her baumelt"[36]. Dieses Phänomen hat eine zentrale Bedeutung, da es uns ermöglicht, einige Folgen darzustellen, die letzten Endes mit der Auffassung des Leibes als Schema einhergehen. Hier ist es wichtig, Nachahmung von Ansteckung zu unterscheiden. Einerseits hat die Nachahmung zwei Einheiten als Voraussetzung, nämlich eine Imitierte, die als Muster fungiert, und eine Imitierende, die das Muster mit einer aktiven Regelmäßigkeit des reflexiven Bewusstseins annimmt. Hingegen setzt die Ansteckung voraus, dass es keinen ursprünglichen Unterschied zwischen den Identitäten der beiden gibt, sondern Mimik und unmittelbare transpositive Einheit, nämlich Annahme und vorreflexive Einprägung. Während die Nachahmung des Musters mit einer vorherigen Unterscheidung zwischen Ich und nicht-Ich rechnet, finden wir bei der Ansteckung eine ursprünglichere Struktur, die jener Unterscheidung entbehrt, denn hier liegt „eine Art von wahrnemungs-motorische[r] Identifizierung vor, die nicht als Nachahmung verstanden werden kann."[37]

Ein tieferes Verständnis des Ansteckungsphänomens beansprucht eine Durchsicht der Auffassung von Psychismus auf der Basis der Begriffe von Verhalten und Leibschema. Dementsprechend erfordert das Verständnis der Verhaltensansteckung den Vorurteilen zu entsagen: nämlich den Vorurteilen, nach denen der Unterschied zwischen Ich und Nicht-Ich und das Dasein eines differenzierten Ich als ursprüngliche Erfahrung voraussetzen. Wiederum wird dieser Unterschied auf ein in der Genesis später festgelegtes Niveau verortet. Das reflexive und differenziertes Ich wird somit als konstituiert statt konstituierend umgedeutet, während wir auf der

[32] Wallon, Henri, *Del acto al pensamiento. Ensayo de psicología comparada*, übersetzt von E. Dukelsky, Buenos Aires: Lautaro, 1947.

[33] Ebd., S. 136.

[34] García, E. A., ***Intercorporalidad y contagio comportamental en la filosofía de M. Merleau-Ponty***, Basso, L y Giorgini, F (comps.), Actas de las XIV jornadas nacionales, Agora philosophica. III Coloquio de Hermenéutica. Biblioteca electrónica. Asociación Argentina de Investigaciones Éticas, Regional Buenos Aires.

[35] Merleau-Ponty, Maurice, *Las relaciones del niño con los otros,* übersetzt von: Irma B. Bocchino de González. Córdoba: Universidad Nacional de Córdoba, Facultad de Filosofía y Humanidades, 1951, S. 83.

[36] García, a. a. O., S. 112.

[37] Wallon, a. a. O., S. 136.

konstituierenden Ebene eine leibliche Erfahrung in ihrer ursprünglichen transpositiven Offenheit zur Welt und zum Anderen auffinden. Gleichzeitig hat die Tatsache, dass es keine ursprüngliche Unterscheidung zwischen Ich und Nicht-Ich gibt, eine Reihe von Folgen: Der Psychismus ist nicht mehr ein in sich selbst verschlossenes Bewusstsein, ist nicht mehr eine Reihe von bewussten und privaten Zuständen, sondern auf die Welt bezogen, den Sachen gegenüber offen und im Kontakt zugewandt. Nun sind diese Überlegungen auf den Bereich des Anderen anzuwenden, der nicht als verschlossenes und nur für sich selbst zugängliches Fremdbewusstsein primär entedeckt wird, sondern als Verhalten im Kontakt mit der Welt, dass das leibliche Subjekt (wie z. B. die Motrizität des Subjekts) durch die Umsetzungsleistung mimetisch einprägt. So wird die Verhaltensansteckung leichter verstanden:

> Das Bewusstsein des Anderen ist vor allem auch eine bestimmte Art, sich zur Welt zu verhalten. In seinem Verhalten, in der Art und Weise, wie der andere die Welt behandelt, werde ich ihn finden können. Wenn ich ein den Dingen zugewandtes Bewusstsein bin, kann ich dort Handlungen finden, die die Handlungen des Anderen sind, und dass man den Anderen am Ursprungspunkt dieser Handlungen findet. (Merleau-Ponty, 1951, 39)

An diesem Punkt bezieht sich Merleau-Ponty auf Guillaumes Arbeit zur *Nachahmung beim Kind* (1925), in der behauptet wird, dass das Kind vor allem nicht *jemanden* nachahmt, sondern *sein Verhalten*[38]. Dies wird in der Tat besonders durch die Erscheinungen des Ansteckungsphänomens klar, wobei es nicht darum geht, dass das Verhalten vom Menschen aufs Baby übertragen wird, sondern um die Übertragung einer Bewegung eines Tieres oder eines unbeseelten Gegenstands aufs Baby (wie bei den oben erwähnten Beispeilen des Zwitscherns des Vogels und des Baumelns der Lampe). Auf diese Weise, von dem Moment an, wo sowohl das Bewusstsein als auch der Andere nicht mehr als in sich verschlossener Psychismus verstanden werden, sondern als fungierendes und weltbezogenes Verhalten, ist die Umzetzbarkeit von dem Einen in den Anderen einfacher zu verstehen, denn das, was in der Welt ist, spricht das Leibschema des Kindes an, und es ist gerade die (transpositive) Struktur dieses Leibschemas, welche ermöglicht, die Bedeutungen zwischen den Leibern umzusetzen. Es gilt zu unterstreichen, dass das im Unterschied zu den Bemerkungen Husserls unabhängig von der Ähnlichkeit stattfindet. Dieses beobachten wir ebenso bei der Tatsache, dass diese Umsetzung intersensoriell geschieht, denn sollte sie Ähnlichkeit als Motivationsfundament benötigen, dann könnte sie nur intrasensoriell sein, die Bedeutungsfelder würden ursprünglich paralell fungieren und sie würden nur später bei der Umsetzung koordiniert werden. Merleau-Ponty bemerkt, dass wenn ich z. B. einen Anderen zeichnen sehe, er mit einer eigenen Motrizität spricht, die es mir ermöglicht, die Zeichnung zu verstehen[39]. In diesem Fall können wir sehen, dass ein bestimmter visuell-, motorischer Stil der Welt die Motrizität des Leibschemas anspricht, d. h. hier erfolgt die Umsetzung einer motorischen Bedeutung. Gerade das, was hier nachgeahmt wird, ist in erster Linie nicht eine Person, sondern eine bestimmte gestisch-motorische Bedeutung, nämlich ein bestimmter artikulativer Bewegungsstil. Dieses Gepräge bzw. diese globale Einstellung besteht in einer (wie Wallon es nennen würde) *Haltungsimprägnierung* oder *Stellungseinprägung* des Leibes durch das Verhalten, von dem der Leib Zeuge ist. Gerade diese Einprägung findet nicht auf eine analytische Weise statt, bzw. Teil für Teil bis auf das Ganze, so wie bei der Nachahmung oder bei der Kopie in der willentlichen Einstellung des Erwachsenen.

Die Untersuchung dieser Phänomene ermöglicht es, den vorherigen Bezug auf *Phänomenologie der*

---

[38] Merleau-Ponty, *Las relaciones del niño con los otros*, S. 39.
[39] Ebd.

Wahrnemung zu bereichern. Sie bezeugen, wie die Umsetzung des Leibschemas auf der intersubjektiven Ebene mitwirkt und erlauben somit, sie als System von Bedeutungsumsetzungen zu verstehen, die (wie es im vorherigen Abschnitt dargelegt wurde) sich nicht auf die Intersensorialität des eigenen Leibes beschränkt. Also zeigt die Umsetzung zwischen den Gegenständen und den Bedeutungsfeldern bei der Verhaltensansteckung die *zwischenleibliche Umsetzbarkeit der Bedeutung*, und wie diese auf den ursprünglichen Erfahrungsschichten global strukturiert wird. Dabei übersteigt die Bedeutung auf solchen Ebenen nicht nur die Sinnesgrenzen (wie im vorherigen Abschnitt ausgelegt), sondern auch die Grenzen zwischen den Leibern, welche nur auf einer späteren Stufe als diskrete Identitäten unterschieden und voneinander abgesondert werden, genau wie es bei den Sinnesgrenzen geschieht. Wenn wir im letzten Fall eine *ursprünglich intersensorrielle* Schicht auffanden, kommt es nun zu einer *ursprünglich zwischenleiblichen* Schicht.

> Nehme ich im Spiel die Finger eines fünfzehnmonatigen Kindes zwischen die Zähne und beiße ein wenig, so öffnet es den Mund. Und doch hat es schwerlich je sein Gesicht im Spiegel gesehen und ähneln seine Zähne nicht den meinen. Aber sein eigener Mund und seine Zähne sind für das Kind, so wie es sie von innen fühlt, unmittelbar Beißwerkzeuge, und mein Kiefer, so wie es ihn von außen sieht, unmittelbar mit der gleichen Intention begabt. „Beißen" hat für das Kind unmittelbar eine intersubjektive Bedeutung. Es nimmt in seinem Körper seine Intentionen wahr, meinen Leib mit dem seinen, und so meine Intentionen in seinem Körper.[40]

Auf diesen ursprüglichen Bedeutungsschichten, auf welchen die Verhaltensansteckung stattfindet, wobei die Bedeutung die Grenzen zwischen den Sinnen und den Leibern überschreitet und sich von einem Leib in den anderen Leib umsetzt, und zwar als Vorderseite und Rückseite eines gleichen gemeinsamen Verhaltens, ist die Bedeutung nicht ausdrücklich artikuliert, nicht bestimmt, sich selbst gleich, identisch, weder diskret noch klar und unterschiedlich für ein rationelles Bewusstsein gegeben. Demgemäß ist das Leibbewusstsein nicht primär das reflexive Bewusstsein, das wir bei der willentlichen und reflexiven Beherrschung auffinden (wie es z. B. bei der Nachahmung benötigt wird), sondern ein *zum Anderen zwischenleiblich offenes Bewusstsein.*

> Die verschiedenen Sinnesbereiche [...] bieten sich mir nicht als so viele absolut fremde Regionen an. Selbst wenn im ersten und zweiten Jahr die Übersetzung der einen in die Sprache der anderen ungenau und unvollständig ist, hätten sie einen bestimmten Handlungsstil, eine bestimmte gestische Bedeutung gemeinsam, die ihr Ganzes zu einem bereits organisierten Ganzen machen würde.[41]

Hingegen ist hier die Bedeutung global gegeben, weder ausdrücklich noch in einer analytischen Weise artikuliert, d. h. *sie ist keine diskrete Bedeutung*, nicht deutlich Punkt für Punkt erkennbar und voneinander unterscheidbar, sondern in unbestimmer Weise gegeben, ohne klare Grenze, diffus und synkretisch, so wie die Idee von Stil es andeutet, wobei der Akzent nicht auf den strukturierten Inhalt selbst gelegt wird, sondern auf die Art und Weise, wie der Inhalt strukturiert wird, und zwar als eine quasi umsetzbare Strukturierungsweise, die die unterschiedlichen Erfahrungsfelder transversal durchquert. So ist die Bedeutung *nicht nur ursprünglich synästhetisch und intersensoriell, sondern auch synkretisch und zwischenleiblich-intersubjektiv*: daher ist zu verstehen, dass die Übertragung unmittelbar ist, und dass sie keinen ausdrücklichen Denkakt von Schlussfolgerung oder Analogie braucht, so wie keine

40 Merleau-Ponty, *Phänomenologie der Wahrnehmung*, S. 403.
41 Merleau-Ponty, *Las relaciones del niño con los otros*, S. 40.

rationale oder willentliche Nachahmung.

> Da das Andere nicht mehr ein in sich geschlossener Psychismus ist, sondern ein Verhalten, eine Verhaltensweise in Bezug auf die Welt, bietet es sich spontan für die Erfassung meiner motorischen Absichten und für jene „intentionales Übergreifen" (Husserl) an, durch die ich mich in ihm belebe und transportiere. [...] Mein Körper und der Körper des Anderen sind gepaart.[42]

Letzten Endes, wenn die Verhaltensansteckung in den ursprünglicheren Schichten der Erfahrung gefunden wird, bedeutet dies, dass nicht nur die Grenzen zwischen den Sinnen, sondern auch die Grenzen zwischen den Leibern und den Erfahrungen nicht ursprünglich sind, denn sie sind urspünglich durch die Übertragung des Leibschemas zum Bereich der Anderen zusammengesetzt, ohne dass es eine primäre Unterscheidung zwischen Ich und Nicht-Ich gibt.

Ursprünglich ist das agierende (vorreflexive) Leib-Erfahrung-Bewusstsein offen zu einem anderen agierenden Leib-Erfahrung-Bewusstsein, bereit zur Einprägung durch seine Bedeutung, sowie die Sinne überströmen und bei ihrer ursprünglichen synästhetischen Leistung miteinander kommunizieren.

> Dieses Verhalten, das ich nur sehe, erlebe ich auch aus der Ferne, ich mache es mir zu eigen, ich greife es auf, oder ich verstehe es. Und umgekehrt weiß ich, dass die Gesten, die ich selbst ausführe, Gegenstand der Absicht eines Anderen sein können. Es ist diese Übertragung meiner Absichten auf den Körper des Anderen und der Absichten des Anderen auf meinen eigenen Körper, diese Entfremdung des Anderen von mir und von mir vom Anderen, die die Wahrnehmung des Anderen ermöglicht.[43]

Zwar sind die identitären Grenzen zwischen den Sinnesfeldern und zwischen den Leibern keine ursprüglichen Erfahrungsstrukturen, jedoch sind sie eine Tatsache in der Erfahrung des Erwachsenen, aber der analysierte Ablauf zeigt, dass sie ein Ankunftspunkt und kein Anfangspunkt sind, denn sie treten in der ursprünglichen Einstellung nicht auf, welche durch die *intersensorielle-zwischenleibliche Umsetzung des Leibschemas* gekennzeichnet ist.

Daher, genauso wie die Bedeutung gleichzeitig in allen Sinnen lebt, wird sie auch simultan vom Leib und vom Leib des Anderen erlebt, und zwar als mit-erlebte Bedeutung in gegenseitiger Umsetzung, die Echo und Resonanz im Anderen findet, indem sie sich von dem Einen in den Anderen verbreitet, als Vorderseite und Rückseite:

> eben mein Leib ist es, der den Leib des Anderen wahrnimmt, und er findet in ihm so etwas wie eine wunderbare Fortsetzung seiner eigenen Intentionen, eine vertraute Weise des Umgangs mit der Welt; und wie die Teile meines Leibes ein zusammenhängendes System bilden, bilden somit auch der fremde Leib und der meinige ein einziges Ganzes, zwei Seiten eines einzigen Phänomens.[44]

Nun analysieren wir die Folgen der Übertragungsleistung als Gesetzlichkeit der passiven Konstitution der Erfahrung auf der Ebene der existenziellen Einheit des Leibes. Soweit wie wir erkennen können, ist es gerade hier, dass wir die Mittellinien für die interdisziplinäre Durchdringung mit dem Phänomen der Übertragung in der Psychoanalyse vorfinden.

---

[42] Ebd., S. 41.
[43] Ebd., SS. 41-2.
44 Merleau-Ponty, *Phänomenologie der Wahrnehmung*, S. 405.

Die transpositive Übertragung: Gesetzlichkeit der existenziellen dynamischen Einheit des Leibes und der Erfahrung

Das Verhältnis zwischen Umsetzung und existenzieller Einheit des Leibes ist eng und beide sind voneinander beim Denken von Merleau-Ponty nicht trennbar. Das heißt, dass die Umsetzung kein eigenes Dasein an sich hat, denn sie zeigt sich als Beschreibung der Leistungsgesetzlichkeit des Leibes, wenn er phänomenologisch verstanden wird, und zwar nicht mehr als eine Beschränkung weder zum mechanisch-physischen Objekt, noch zum biologischen Körper, sondern als intersensorielle Offenheit zur Welt und zum Anderen. So weist Merleau-Ponty z. B. darauf hin, dass wir beim Traum und bei der Sexualität: „jene allgemeine Transpositions-funktion wieder, die wir schon am Leib erkannten“ finden.[45]

Der Begriff von Schema stellt den einzigartigen untrennbaren Zusammenhang zwischen Leib und Umsetzung, denn die Umsetzung erfolgt hier gemäß der Struktur des Leibschemas und der Leib lässt sich so als Schema erkennen, da er sich als transpositives System vollzieht:

> [...] der Normale hat seinen Leib nicht bloß als ein System aktueller Positionen, sondern ebensosehr und in eins damit als offenes System einer Unendlichkeit gleichwertiger Stellungen in anderen Orientierungen. Was wir das Körperschema nannten, ist eben dieses System von Äquivalenzen, diese unmittelbar gegebene Invariante, auf Grund deren die verschiedensten Bewegungsaufgaben augenblicklicher Transposition fähig sind. Es ist also nicht allein eine Erfahrung meines Leibes, sondern eine Erfahrung meines Leibes in der Welt, und auf Grund dessen allein vermag es sprachlichen Anweisungen einen Bewegungssinn zu geben. [Mit dem Leib muß uns] das erste Vorbild jener Transpositionen, Äquivalenzen und Identifikationen gegeben sein.46 (Hervorhebung SS.)

Im Zitat ist hervorzuheben, dass der Leib die Instanz ist, die das Umsetzungsmuster liefert, aber die besagte Umsetzung ist unmittelbar und unausgesprochen und benötigt kein persönlich- reflexives Bewusstsein, welches die Umsetzung mittels ihrer Denk- und Vorstellungsakten leistet. Es ist gerade der Leib selbst, und zwar die Systemzusammenstellung seiner Sinnesfelder und die „kontinuierliche Verkettung der Präsenzfelder“[47] der Erfahrung, welche sich gegenseitig andeuten, welcher die Umsetzung vollzieht, und zwar ohne Vermittlung einer reflexiven Leistung, die die Synthesis bildet. Und umgekehrt ist es nun diese transpositive Eigenschaft, die den Leib und seine Art von Einheitlichkeit kennzeichnet, da „mein Leib ein durch und durch aus intersensorischen Äquivalenzen und Transpositionen bestehendes System ist. Die Sinne übersetzen sich in einander, ohne dazu eines Dolmetschers zu bedürfen, sie begreifen einander, ohne dazu des Durchgangs durch eine Idee zu bedürfen“[48]. Der Leib erscheint als ein syntetisches und globales System von Umsetzungen von Bedeutungen der Erfahrungsfelder, die sich mittels ihrer gegenseitigen Andeutung vereinheitlichen: jedes Lebensgeschehnis erscheint nur auf dem Untergrund einer Gesamtstellung, eines Bedeutungsuntergrundes, wobei die Möglichkeit einer intersensorischen Äquivalenz unmittelbar mitgegenwärtig ist.[49]

Ich übertrage nicht die „Tastgegebenheiten“ „in die Sprache des Sehens" oder

---

[45] Ebd., S. 201

[46] Ebd., S. 171.

[47] Ebd., S. 481.

[48] Ebd., S. 274.

[49] Ebd., S. 180.

umgekehrt, ich versammle nicht die Teile meines Körpers einen nach dem anderen; eine solche Übertragung und Versammlung ist vielmehr in mir immer schon vollzogen, ein für allemal: sie ist überhaupt mein Leib selbst.[50]

Außerdem ist es bemerkenswert, dass der Leib nicht nur das Äquivalenz- und Umsetzungsmuster liefert, sondern auch, dass er selbst dafür zuständig ist, die Umsetzung zu vollziehen. Ebenso wie die absolute Beständigkeit des Leibes als Grund (bzw. Hintergrund) für die Beständigkeit der der Abwesenheit fähigen Gegenstände dient[51], verhält es sich beim Problem der Einheit, denn Leib und Gegenstand stehen in Korrelation zueinander: Es ist die Einheit des Leibes, nämlich die simultane und kontinuierliche Präsenz seiner in gegenseitiger Verweisung befindlicher Sinnesfelder, welche als Hintergrund für die mögliche Umsetzung bzw. transpositive Einheit der unterschiedlichen Sinnesdimensionen des Gegenstands durch gegenseitige Andeutung dient. Es ist die kontinuierliche Offenheit zu einer intersensoriellen Erfahrung, was die Intersensorialität des Gegenstands andeutet und was letzten Endes bedingt, dass die Erfahrung in einem Feld auf ihre mögliche Umsetzung in ein anderes Erfahrungsfeld verweist und andeutet, und zwar ohne Notwendigkeit der Mittlung eines reflexiven Denkaktes dazwischen. Es geht nicht nur darum, dass der Leib eine transpositive Struktur besitzt, sondern, dass die Umsetzung die Leistungsstruktur der Leibeseinheit selbst ist, die Art und Weise, wie diese Einheit erlebt und stillschweigend verwirklicht wird. Sie ist anders als die Einheit eines Objektes in einer intelektuellen Einstellung, in welcher sich die Einheit des Objektes „verschlossen", vollendet und unabhängig vom Subjekt gibt. Diese Einheit ist hingegen die innerliche Gesetzlichkeit, welche sich in der gegenseitigen Artikulation der Erfahrungen äußert und verwirklicht. Es gibt keine erste tatsächliche Einheit und dann in einem zweiten Moment ihre Übersetzungen in jeden Sinn, sondern eine Leistungseinheit, welche in der (bzw. durch die) Umsetzung selbst erfolgt. Sie ist keine reelle Einheit, weder monolytisch, wirklich noch vollkommen oder schon vollendet, sondern eine lebendige Einheit in ständiger Entfaltung, in jedem Augenblick geschehend und verwirklichend, eine dynamische Einheit, welche sich aus der polyphonischen und intersensoriellen Andeutung in der Koexistenz und der Sukzession ergibt. Sie ist eine offene Einheit, nicht geschlossen und ein für allemal gegeben, sondern eine berufene[52] und unerfüllte Einheit in dynamischer Andeutung, die Ergebnis des gegenseitgen synchronischen und diachronischen Anrufens der Erfahrungsfelder ist.

Das operative Schema der Übertragung als methodologisches Instrumentarium für die Analyse der regelnden Dynamik der Übertragung in der Psychoanalyse

Nun ist ein operativer Begriff erarbeitet, welcher uns erlaubt, weitere Ausarbeitungen von Phänomenen im Bereich der Psychopathologie und der klinischen Psychologie auszuführen, insbesondere im Bereich der Psychoanalyse, worin auch von Merlau-Pontys Interesse bestand.[53]

Wenn die vorherigen Analysen uns gezeigt haben, dass der Leib als Umsetzungssystem fungiert und es keine ursprüngliche Teilung der Bedeutungsfelder gibt, dann wird es einfacher verständlich, dass, wie Freud hinweist[54], das Symptom sinnvoll ist und mit dem Erleben des Kranken zusammenhängt. Also wird das psychische Erleben ins neurotische Symptom umgestezt. Denn beide

[50] Ebd.

[51] Ebd., S.117.

[52] Ebd., S.462.

[53] Es ist nicht das Ziel dieser Arbeit, eine ausdrückliche Ausarbeitung Merleau-Pontys in Bezug auf die Psychoanalyse zu machen. Wir halten uns stattdessen innnerhalb der Grenze der Anwendung des Begriffs der transpositiven Übertragung als phänomenologisches Instrumentarium zur Analyse von einigen grundsätzlichen Phänomenen der psychoanalytischen Erfahrung.

[54] Freud, Gesammelte Werke, Band XI, SS. 264-5. Von hier an: GW.

neurotischen Hauptsymptomsarten setzten eine Art Umsetzung bzw. Transposition voraus, und zwar bei einer Verschiebung des Leidens ins Denken im Fall der Zwgangsneurose (nämlich unter der Form von Zwangsvorstellungen, Zweifel, usw.) oder bei einem konversiven hysterischen Symptom, welches in den Leib umgestezt und verdichtet wird.

Der Leib als System von Umsetzungen und Äquivalenzen ist derjenige, der die Umsetzung und die sublimierende Verdoppelung des Erlebens leistet, und so das Erleben verallgemeinert und zur modulierten Verkörperung beim Symptom führt, sei es im grundsätzlichen Erscheinungsbereich des Körpers, der Affekte, der Tat oder der Vorstellung, je nach klinischem Typus. Das ist ein interessanter Punkt, der uns z. B. den „rätselhaften Sprung aus dem Seelischen ins Körperliche"[55] zu verstehen erlaubt, den Freud im konversiven hysterischen Symtpom findet, ein Problem, das er aufweist, welches aber schwer zu lösen ist[56], denn obwohl er den Mechanismus des hysterischen Symptoms beschreibt, sowie die Struktur eines Leibes, welcher im Symptom das Leiden des Subjektes bildlich symbolisiert[57], bleiben die regelnden Strukuren im Dunkeln, welche die Leistung solcher Mechanismen ermöglichen.

An diesem Punkt finden wir, dass wenn diese Frage für Freud dunkel geblieben ist, dies im Zusammenhang steht mit der Art ihrer Formulierung: nehmen wir an, wir haben "das Seelische" und "das Körperliche", dann treffen wir unbedingt auf das Hindernis, den konversiven „Sprung" zu erklären, was in der Tat eine schwierige Aufgabe ist, denn einmal getrennt, ist es schwer, Seele und Körper wieder zu vereinen. So dringt auf der begrifflichen Ebene ein gewisser, subtiler Rest von Cartesianischem Dualismus ein, der das Verständnis einer Umsetzung erschwert. Es reicht nicht aus, zwei getrennte Termini zu konzipieren, die nachher „verbunden" werden müssen. Hingegen, wenn der Leib schon die Skizze des Subjekts ist, und zwar der Reflexion vorausgehend und dem Anderen und der Welt zugewandt ist, dann gibt es kein isoliertes diskretes Datum, welches bloß Ergebnis eines mechanischen Verfahrens ohne Eingriff einer ursprünglich einheitlichen synästhetischen Einstellung, die der Leib als Äquivalenzensystem durch seine passive Übertragungsleistung auswirkt, ist. Daher ist das Leibliche schon ursprünglich vorreflexiv-seelisch und das Seelische ist schon ursprünglich leiblich, und zwar durch die Umsetzungsleistung der Bedeutungsfelder, welche die Struktur des Leibes bedingt. Die Bedeutung auf einem Bereich ist unmittelbar und vorreflexiv in andere Felder umsetzbar. So befindet sie sich verdoppelt, gespiegelt, ausgebreitet und auf die unterschiedliechen Erfahrungsdimensionen verallgemeinert. So ist der Leib als vorreflexives Subjekt derjenige, der seine Struktur einer offenen passiven ursprünglich umsetzend-transpositiv-dynamischen Einheit bietet und damit ermöglicht, dass sich das psychische Leiden in den Beziehungen zum Anderen moduliert und der Trieb sich in unterschiedliche Bereiche ausbreitet und sich Ersatzbefriedigungen beschaffen kann, sei es z. B. im Symptom, in der Sublimierung oder in den restlichen Triebschicksalen.[58][59]

Außerdem, und in homologer Weise, ist es nicht selbstverständlich, dass in der psychoanalytischen

---

[55] Ebd., S. 265.

[56] GW, XIV, SS. 140-1.

[57] Gemäß der *Selbstdarstellung* Freuds (1925) ist das hysterische Symptom durch eine Umsetzung ausgezeichnet. So wird das Symptom schon früh in den *Studien über Hysterie* „als das Ergebnis der Umsetzung einer sonst anderswie verwendeten Energiemenge betrachtet (sog. Konversion)" (GW, XIV, S. 46).

[58] GW, X, S. 219.

[59] Im Vorhinein sei zu bemerken, dass wir bei den verschiedenen Triebschicksalen die Umsetzung zwischen den verschiedenen Bestandteilen des Triebes finden (GW, X, SS. 210-233), und zwar als gemeinsamen Leitfaden. Bei der Verdrängung: Umsetzung der Vorstellung auf verschiebbaren oder verdichtbaren Affekt, welcher im Symptom wiederkehrt; bei der Verkehrung ins Gegenteil: Umsetzung des Triebsziels (z. B. von Aktivität in Passivität oder des Inhalts – wie bei der Verkehrung von Liebe in Hass). Bei der Wendung gegen die eigene Person: Umseztung des Triebobjektes bei ungeändertem Ziel; und bei der Sublimierung: Umsetzung von Ziel und Objekt. Dabei beobachten wir dank der Umsetzbarkeit der Bestandteile des Triebes eine *allgemeine Umsetzbarkeit des Triebes* selbst.

Behandlung ein Phänomen wie die Übertragung, nämlich eine Übertragung in der Art eines Vorbildes bzw. eines Klischees stattfinden kann. Noch einmal verdanken wir Freud die Beschreibung des Übertragungsphänomens[60,61], aber es ist hier von Wichtigkeit, die Erfahrungsstrukturen zu erhellen, welche die transzendentale Bedingung der Möglichkeit des Übertragungsphänomens bilden, und welche das regelmäßige und typische Auftreten des Phänomens ausmachen, denn solche Erhellung würde uns eine tiefere Erkenntnis der Übertragungsdynamik und ihrer Behandlung geben.

Wenn das Übertragungsphänomen ihre Bedingungen nicht in manchen regelnden Strukturen finden würde, dann könnte man ihre Regelmäßigkeit nicht erhellen. Aber das ist nicht das, was Freud findet. Die Übertragung ist keine Außergewöhnlichkeit, sondern ein reguläres[62] Phänomen, welches mittels der Aktualisierung des Symptoms bei der Beziehung zum Psychoanalytiker, der psychoanalityschen Behandlung einen Zugang zum Symptom gibt, damit sie einen Eingriff darin vornehmen kann. Vor dem Hintergund des regelmäßigen Geschehens des Übertragungsphänomens richten wir uns nun auf die Frage nach den Erfahrungsstrukturen, welche es regulieren und fundieren, Strukturen deren regelmäßige Leistung es erlaubt, die Regelmäßigkeit und Typizität des Phänomens zu erhellen, welche jene Strukturen voraussetzen. An diesem Punkt beziehen wir uns auf das bisherig bearbeitete phänomenologische Instrumentarium.

Zurückgehend auf die Punkte 1-6, die wir bei der Analyse der Übertragung bei Husserl bearbeitet haben, nehmen wir die Freudsche Frage wieder auf. So wie bei Husserl ist die Übertragung in der Psychoanalyse durch eine bestimmte Dynamik reguliert und ist von keinem aktiven reflexiven Prozess abhängig. Außerdem wird ein Sinn von einem Gegenstand zu einem anderen Gegenstand übertragen: Freud gemäß wird eine gewisse Eigenart bei der Ausübung des Liebeslebens und der Triebbefriedigung in der Beziehung mit dem Psychoanalytiker wiederholt und in die Tat umgesetzt, bei dem der Psychoanalytiker an eine psychische Reihe in der Art und Weise eines sich regelmäßig wiederholenden Vorbilder bzw. Klischees gebunden wird[63].

Aufgrund dieser Einreihung des Analytikers in Vorbilder der Vergangenheit steht die Übertragung also im besonderen Verhältnis zur Wiederholung. Bei der Übertragung ist das Erinnern durch das

---

[60] Breit verstanden umfasst die Übertragung das Spektrum der Phänomene bei der Beziehung zwischen Pazient und Psychoanalytiker (Laplanche und Pontalis, 1996, S. 439), wobei besonders wichtig die Wiederholung von Liebes- und Verhaltensmustern der Vergangenheit und die Übertragung von Gefühlen auf den Analytiker (GW, XI, S. 459) sind. Dazu erklärt Freud, dass jeder Mensch eine Eigenart erworben hat, wie er das Liebesleben ausübt. Dieses umfasst die Liebesbedingungen, welche gestellt werden, die Triebe, welche dabei befriedigt werden, und die Ziele, welche er sich setzt. Das ergibt ein oder auch mehrere Vorbilder bzw. Klischees, welche im Laufe des Lebens regelmäßig wiederholt und neu abgedruckt werden, obwohl sie gegen rezente Eindrücke nicht völlig unveränderlich sind (und so auch die Kur einen Einfluss darauf haben kann). „Von diesen das Liebesleben bestimmenden Regungen nur ein Anteil die volle psychische Entwicklung durchgemacht hat; dieser Anteil ist der Realität zugewendet, steht der bewußten Persönlichkeit zur Verfügung […]. Ein anderer Teil dieser libidinösen Regungen ist in der Entwicklung aufgehalten worden, er ist von der bewußten Persönlichkeit wie von der Realität abgehalten, durfte sich entweder nur in der Phantasie ausbreiten oder ist gänzlich im Unbewußten verblieben" (GW, VIII, S. 365) und wird von unbewussten Komplexen angezogen, so daß er der bewussten Persönlichkeit unbekannt ist. „Wessen Liebesbedürftigkeit nun von der Realität nicht restlos befriedigt wird, der muß sich mit libidinösen Erwartungsvorstellungen jeder neu auftretenden Person zuwenden" (Ebd.). Diese erwartungsvoll bereitgehaltene Libidobesetzung des teilweise Unbefriedigten wendet sich also auch der Person des Arztes zu. „Unserer Voraussetzung gemäß, wird sich diese Besetzung an Vorbilder bzw. Klischees halten, die bei der betreffenden Person vorhanden sind oder, wie wir auch sagen können, sie wird den Arzt in eine der psychischen „Reihen" einfügen, die der Leidende bisher gebildet hat" (Ebd.). Bei der Übertragung erfolgt so eine Einreihung der Analytiker an Vorbilder wie z. B. die Vater-, Mutter- oder Bruder- *Imago*. (Ebd., SS. 364-6).

[61] Laplanche, Jean und Pontalis, Jean-Bertrand, *Diccionario de psicoanálisis*. Buenos Aires: Paidós, S. 439.

[62] „Die ersten Male konnte man etwa glauben, die analytische Kur sei auf eine Störung durch ein zufälliges, d. h. nicht in ihrer Absicht liegendes und von ihr nicht hervorgerufenes Ereignis gestoßen. Aber wenn sich eine solche zärtliche Bindung des Patienten an den Arzt regelmäßig bei jedem neuen Falle wiederholt, wenn sie unter den ungünstigsten Bedingungen, bei geradezu grotesken Mißverhältnissen immer wieder zum Vorschein kommt, […] auch dort, wo nach unserem Urteil keinerlei Verlockungen bestehen, dann müssen wir doch die Idee eines störenden Zufalles aufgeben und erkennen, daß es sich um ein Phänomen handelt, welches mit dem Wesen des Krankseins selbst im Innersten zusammenhängt." (GW, XI, S. 459)

[63] GW, VIII, SS. 364-5.

Agieren bzw. die Wiederholung der Vergangenheit in allen Bereichen des Erlebens ersetzt: „die Übertragung ist selbst nur ein Stück Wiederholung und die Wiederholung ist die Übertragung der vergessenen Vergangenheit nicht nur auf den Arzt, sondern auch auf alle anderen Gebiete der gegenwärtigen Situation"[64] z. B. bei der Wahl eines Liebesobjektes oder bei der Unternehmung einer Aufgabe. Je größer der Widerstand ist, desto ausgiebiger wird das Erinnern durch das Agieren (Wiederholen) ersetzt[65]. So wie bei Husserl, offenbart sich dann diese wiederholende Vergangenheit nicht als vergangene sondern als mitwirkende quasi-Gegenwart. Als Beispiel des Übertragungsphänomens und der Übertragungswiederholung sagt Freud:

> „der Analysierte erzählt nicht, er erinnere sich, daß er trotzig und ungläubig gegen die Autorität der Eltern gewesen sei, sondern er benimmt sich in solcher Weise gegen den Arzt. Er erinnert nicht, daß er in seiner infantilen Sexualforschung rat- und hilflos stecken geblieben ist, sondern er bringt einen Haufen verworrener Träume und Einfalle vor, jammert, daß ihm nichts gelinge, und stellt es als sein Schicksal hin, niemals eine Unternehmung zu Ende zu führen. Er erinnert nicht, daß er sich gewisser Sexualbetätigungen intensiv geschämt und ihre Entdeckung gefürchtet hat, sondern er zeigt, daß er sich der Behandlung schämt, der er sich jetzt unterzogen hat, und sucht diese vor allen geheim zu halten usw.[66]

Daher bedeutet dieses Phänomen auf der Seite des Gegenstands bzw. auf der noematischen Seite eine Übertragung von Gefühlen, und auf der subjektiven bzw. noetischen Seite eine Übertragung des Verdrängten, der Erfahrungsmuster der Vergangenheit bei der Ausübung des Liebeslebens, der Triebregungen, der Charakterzüge und der Symptome auf die Beziehung zum Analytiker.

So wird die Erfahrung der Beziehung zum Psychoanalytiker gemäß dem vorgegebenen Sinn erfahren, welcher auf den Analytiker von anderen Gegenständen aus übertragen wird und in der Übertragung wiederholt wird. Dieses hat zur Folge, dass die Erfahrung der Übertragung in der Psychoanalyse von einer Vergangenheit geprägt wird, welche sie einrahmt und skizziert. Solch eine Vergangenheit hat aber nicht wie bei Husserl den Charakter einer ausdrücklichen Vorstellung eines reflexiven Bewusstseins (wie z. B. bei der Erinnerung, welche hier tatsächlich ausgeschlossen und verhindert ist), sondern eine verhüllte und leistende Vergangenheit, welche nur durch die Ergebnisse ihrer Leistung zur Kenntnis kommt. Freud selbst weist in diesem Sinne darauf hin, dass die Übertragungswiederholung und die Erinnerung sich in gewisser Art ausschließen, da die Übertragungswiederholung eine Art Erinnerungsersatz ist[67][68]. So wie wir beim Husserlschen Gedankengang ausgelegt haben, schließt dies die Folge mit ein, dass es zwei verschiede Modi gibt, in der die Vergangenheit ins Spiel kommt, und zwar als gegenständliche Vergangenheit und als fungierende, quasi-gegenwärtige Vergangenheit. Das psychoanalytische Übertragungsphänomen

[64] GW, X, S. 129.

[65] Ebd., S.130.

[66] Ebd., S. 129.

[67] Hinsichtlich der Beziehung der Übertragung und der Übertragungswiederholung zur Kur, spielt die Übertragung eine wichtige Rolle, denn bei der Übertragung tritt jedes Stück des Krankseins des Patienten in den Wirkungsbereich der Kur, was Bedingung ihrer Behandlung ist: der Analysierte wiederholt anstatt zu erinnern, [...] er wiederholt alles, was sich aus den Quellen seines Verdrängten bereits in seinem offenkundigen Wesen durchgesetzt hat, seine Hemmungen und unbrauchbaren Einstellungen, seine pathologischen Charakterzüge. Er wiederholt ja auch während der Behandlung alle seine Symptome." (GW, X, 135). Dieses bedeutet, dass die Krankheit nicht als eine historische Angelegenheit behandelt werden muss, sondern als eine aktuelle Macht, welche bei den Übertragungsphänomenen erscheint. So wird die Zurückführung dieser Macht auf die Vergangenheit zum Ziel der Kur (Ebd.). Deswegen ist die Übertragung dank ihrer Leistung von Wiederholung des Unbewussten in der Gegenwart bei der Beziehung zum Psychoanalytiker von technischer Bedeutsamkeit: „[...] man darf nicht vergessen, daß gerade sie uns den unschätzbaren Dienst erweisen, die verborgenen und vergessenen Liebesregungen der Kranken aktuell und manifest zu machen, denn schließlich kann niemand *in absentia* oder *in effigie* erschlagen werden." (GW, VIII, S. 374).

[68] GW, X, SS. 128-130.

zeigt daher die zeitliche Struktur der Erfahrung auf der Ebene der psychoanalytischen Behandlung und der Beziehung zum Analytiker, nämlich die Konstitution der vielfältigen Modi der Erfahrung der Vergangenheit.

Außerdem, wenn man das Übertragungsphänomen in der Hinsicht der Phänomenologie Merleau-Pontys betrachtet, ähnlich wie beim Symptom, finden wir nochmals beim Leib als System von Umsetzungen und Äquivalenzen[69] und als allgemeine Symbolik der Welt[70] die Erfahrungsstrukturen, welche die Möglichkeit und das regelmäßige Auftreten des psychoanalytischen Übertragungsphänomens bedingen. Wenn wir dank Husserls Bearbeitungen die konstitutive Leistung erhellen können, durch die einen Modus der Liebesbeziehung von einem Gegenstand in einen Anderen gemäß einer typischen[71] Reihe übertragen wird und die Erfahrung der Beziehung zum Psychoanalytiker nicht ohne Mitwirkung einer leistenden fungierenden Vergangenheit geschieht, dann können wir auf der Seite von Merleau-Ponty gründlicher verstehen, wie es möglich ist, dass sich ein Symptom in der Übertragung wiederholt und die Übertragungsneurose ausmacht.

Die ursprüngliche Übertragung des Leibschemas zum Anderen gibt der Bedeutung eine unmittelbare vorreflexive leiblich-intersubjektive Richtung, welche ermöglicht, dass sich das Leiden als Symptom vom Gedanken und Leib auf die verschiedenen Präsenzfelder umsetzt, und so zum zwischenleiblich-intersubjektiven Feld und zu den Beziehungen zum Anderen modalisiert[72], ohne dass es sich auf einen leiblichen Bereich (Hysterie) oder auf den eines verschobenen und zwangsmäßig an sich geschlossenen Gedanken beschränkt (Zwangsneurose). Dank dieser Übertragungsleistung wird ein Symptom, welches am Anfang der Behandlung außerhalb der Behandlung liegt, in diese moduliert und wiederholt. Bei dieser Modulation aufs Feld der Beziehungen zum Anderen bekommt also das Symptom eine korrelative Umsetzung in der Beziehung zum Psychoanalytiker, welche die Behandlung ermöglicht:

> Wenn der Patient nur so viel Entgegenkommen zeigt, daß er die Existenzbedingungen der Behandlung respektiert, gelingt es uns regelmäßig, allen Symptomen der Krankheit eine neue Übertragungsbedeutung zu geben, seine gemeine Neurose durch eine Übertragungsneurose zu ersetzen, von der er durch die therapeutische Arbeit geheilt werden kann. Die Übertragung schafft so ein Zwischenreich zwischen der Krankheit und dem Leben, durch welches sich der Übergang von der ersteren zum letzteren

[69] Merleau-Ponty, *Phänomenologie der Wahrnehmung*, S. 171.
[70] Ebd., S. 277.
[71] Vgl. Oben Fn. 13.
[72] In Übereinstimmung damit liest Lacan im *Seminar 10* (1962-1963) die Freudschen Triebobjekte neu, die nicht im Sinne des Chemismus des Organismus und seiner organischen Prozesse gedacht werden, sondern im Sinne der Art und Weise, wie sie als Objekte erogenisiert werden, die differentielle Modi der Bindung an den Anderen ins Spiel bringen, was ihnen somit die Funktion verleiht, die sie in der Subjektivierung spielen. So wird jedes Objekt unter dem Aspekt der Nachfrage und des Begehrens neu gelesen, wobei die obskure Frage nach dem ökonomischen und konstitutionellen Faktor beiseite gelassen wird. Fixierungen sind also ein Korrelat der Stasis bestimmter Modalitäten der Bindung an den Anderen, und Triebobjekte haben keine intrinsische Valenz, die sich aus biologischen Eigenschaften ergibt, sondern indem ihnen eine bestimmte Valenz der Bindung an den Anderen übetragen wird, indem sie als privilegierte Modulatoren bestimmter Modalitäten der Bindung wirken. Infolgedessen impliziert die Wiederholung der unbewussten Phantasie in der Analyse dann korrelativ die Wiederholung einer bestimmten Übertragungsmodalität. Da der Trieb in der Bindung an den Anderen verwurzelt ist, kann die Handhabung der Übertragung ihrerseits den Trieb und seine Fixierung beeinflussen. In diesem Sinne sehen wir, wie in Lacans Ansatz der Begriff der Übertragung, entsprechend seiner Artikulation in der Phänomenologie, uns erlaubt, die Umsetzung auf den drei untersuchten Ebenen zu erklären: vom Bereich der Beziehungen zum Anderen zum Leib und zur Sexualität (in der Subjektivierung und auch in der Bildung des Symptoms); vom Symptom und der unbewussten sexuellen Phantasie zu ihrer Umsetzung in der analytischen Übertragung (in ihrer Übertragungswiederholung); und schließlich von der Bindung an den Anderen in der Übertragung zum Leib und zur Sexualität bei der Handhabung der Übertragung, womit sich der Kreis schließt, der es uns erlaubt zu verstehen, warum das psychoanalytische Übertragunsphänomen einen entscheidenden Platz in der Freudschen und Lacanischen Konzeptualisierung der analytischen Erfahrung übernimmt.

vollzieht.[73]

Aber wie das obige Zitat zeigt, konstituiert sich nicht nur durch diese operative Gesetzmäßigkeit die Übertragungswiederholung des Symptoms und des pathogenen Triebes[74], die die Übertragungsneurose festigt, sondern auch und wiederum die *Mechanismen der Handhabung der Übertragung und der analytischen Heilung*, da diese Mechanismen mit der sogenannte „Lösung der Übertragung" als eine der Hauptaufgaben der Kur[75] zusammenhängen. Tatsächlich funktioniert die Konsolidierung der Übertragungsneurose auch als der Weg, der es der psychoanalytischen Behandlung ermöglicht, einen Einfluss auf das Symptom auszuüben, gerade weil, so wie das Symptom auf die Beziehung zum Analytiker übertragen wird, auch das, was in dieser Beziehung geschieht, auf die Sexualität übertragen und ausgebreitet wird und auf den Leib und auf das Erleben als Ganzes jenseits der Grenzen der Beziehung zum Analytiker verallgemeinert wird:

> Es ist dann nicht unrichtig zu sagen, daß man es nicht mehr mit der früheren Krankheit des Patienten zu tun hat, sondern mit einer neugeschaffenen und umgeschaffenen Neurose, welche die erstere ersetzt. Alle Symptome des Kranken haben ihre ursprüngliche Bedeutung aufgegeben und sich auf einen neuen Sinn eingerichtet, der in einer Beziehung zur Übertragung besteht. [...] Die Bewältigung dieser neuen künstlichen Neurose fällt aber zusammen mit der Erledigung der in die Kur mitgebrachten Krankheit, mit der Lösung unserer therapeutischen Aufgabe. Der Mensch, der im Verhältnis zum Arzt normal und frei von der Wirkung verdrängter Triebregungen geworden ist, bleibt auch so in seinem Eigenleben, wenn der Arzt sich wieder ausgeschaltet hat. (GW, XI, s. 462) (Hervorhebung SS.)

Damit wird die Beeinflussung des Symptoms möglich und auch, dass die Wirkung der Psychoanalyse sich keineswegs auf die Aufhebung des Symptoms beschränkt, sondern mit einer Veränderung des Erlebens und des „Seelenlebens" insgesamt zusammenhängt, eine Veränderung von der die Aufhebung des Symptoms Ausdruck ist. Gerade diese Wirkung wird von Freud sogar als eine der wichtigsten Wirkungen der Psychoanalyse eingeschätzt:

> Wir können das Ziel unserer Bemühung in verschiedenen Formeln ausdrücken: Bewußtmachen des Unbewußten, Aufhebung der Verdrängungen, Ausfüllung der amnestischen Lücken, das kommt alles auf das gleiche hinaus. Aber vielleicht werden Sie von diesem Bekenntnis unbefriedigt sein. Sie haben sich unter dem Gesundwerden eines Nervösen etwas anderes vorgestellt, daß er ein anderer Mensch werde, nachdem er sich der mühseligen Arbeit einer Psychoanalyse unterzogen hat, und dann soll das ganze Ergebnis sein, daß er etwas weniger Unbewußtes und etwas mehr Bewußtes in sich hat als vorher. Nun, Sie unterschätzen wahrscheinlich die Bedeutung einer solchen inneren Veränderung. Der geheilte Nervöse ist wirklich ein anderer Mensch geworden, im Grunde ist er aber natürlich derselbe geblieben, d. h. er ist so geworden, wie er bestenfalls Unter den günstigsten Bedingungen hätte werden können. Aber das ist sehr viel.76

[73] GW, X, SS. 134-5.
[74] Ebd.
[75] GW, VIII, S.384.
[76] GW, XI, SS. 451-2.

Schlussfolgerungen

In dieser Arbeit haben wir den Begriff der Übertragung als einen operativer Begriff der Phänomenologie untersucht, welcher uns in einem nächsten Schritt als methodisches Instrument zur Analyse der Übertragung in der Psychoanalyse diente. Zunächst haben wir die Übertragung als Gesetzmäßigkeit der passiven Synthesis bei Husserl betrachtet und die typisierende und vorzeichnende Rolle, die sie bei der Erfahrung des Anderen spielt.

Zweitens haben wir den physisch-objektiven Körper vom phänomenologischen Leib-Subjekt unterschieden und die Umdeutung der Übertragung als stillschweigende Umsetzungsfunkion zwischen den Bedeutungsfeldern und als operative Gesetzmäßigkeit der lebendig-dynamischen intersensorischen und existenziellen Einheit des Leibes und der Erfahrungsfelder behandelt. Dabei haben wir ein sexuelles und affektives Schema und einen zwischenleiblich-intersubjektiven Bereich der Beziehungen zum Anderen als Erfahrungsfelder identifiziert, die sich in wechselseitiger Umsetzung und dynamischer Interaktion mit den restlichen Sinnesfeldern befinden, gerade wegen der Umsetzungsleistung des phänomenologisch verstandenen Leibes.

Dies führte uns zur Untersuchung bestimmter Phänomene, die eine besondere ursprüngliche Erfahrung des Anderen von den ersten Momenten der Erfahrung an belegen, die auf einer passiven und vorreflexiven Übertragung des Leibschemas in den Bereich des Anderen beruht, und zwar in einem ursprünglichen Phänomen, in dem die Bedeutung von dem einen auf das andere Leib-Subjekt übertragbar ist, ohne dass es eine ursprüngliche Unterscheidung zwischen dem Leib des Subjekts und dem Leib des Anderen, noch eine scharfe Trennung zwischen den Bedeutungsfeldern gibt, denn Letztere befinden sich auch in gegenseitiger Übertragung.

Nach einem solchen Durchgang durch die Phänomenologie haben wir diese Analysen als methodischen Hintergrund genutzt, um die Phänomene der Entstehung des psychischen Symptoms und der Übertragung in der Psychoanalyse zu untersuchen, um uns den Prinzipien zu nähern, die die Übertragung regulieren und ihrer Konstitution und Dynamik in der analytischen Behandlung zugrundeliegen. Auf diese Weise hat uns der Husserlsche Ansatz erlaubt, eine Annäherung an die Konstitution eines Vorbildes bzw. Klischees bei der Ausübung des Liebeslebens und an die Einfügung des Analytikers in psychische Reihen zu machen, welches dann die regelmäßige Wiederholung früherer Liebesmuster in der Behandlung bedingt. Die Umsetzungsstruktur des Leibes und seine dynamische Einheit ermöglichten uns außerdem, die Mechanismen der Symptombildung, der Übertragungswiederholung der Neurose in Form der Übertragungsneurose und schließlich den Mechanismen der Heilung zu bearbeiten, d. h. die Strukturen, die es bedingen, dass das, was in der psychoanalytischen Behandlung geschieht, ein Korrelat für die Erfahrung des Subjekts als Ganzes hat, und zwar über die räumlich-zeitlichen Grenzen der Behandlung und der Beziehung zum Psychoanalytiker selbst hinaus[77].

---

[77] Hier ist eine letzte Klarstellung angebracht. Obwohl die analytische Übertragung die Übertragungsleistung als Gesetzmäßigkeit der passiven Konstitution der Einheit von Leib und Existenz offenbarte, ist zu beachten, dass nicht jede Manifestation der Übertragung phänomenologisch verstanden eine Erscheinung des psychoanalytischen Übertragungsphänomens ist. Das heißt, die beiden Phänomene überschneiden sich nicht vollständig. Der phänomenologische Ansatz zur Übertragung geht zwar über die Grenzen dessen hinaus, was im Rahmen des analytischen Übertragungsphänomens beschrieben wird, was aber kein Problem für diese Untersuchung darstellt. Im Gegenteil, gerade das Überlaufen der Umsetzungsgesetzmäßigkeit des Leibes und der Erfahrungsfelder in Bezug auf das analytische Übertragungsphänomen hat es uns ermöglicht, über letzteres hinauszugehen und bestimmte regelnde Strukturen zu finden, die sowohl auf der Ebene des Übertragungsphänomens als auch auf der Ebene der Konstitution des Symptoms und der Quellen der analytischen Heilung wirken. So nimmt die Umsetzungsgesetzmäßigkeit des Leibes und die passive Konstitution der Erfahrung die Stelle eines Leitfadens ein, der es uns erlaubt, diese drei Phänomene miteinander zu verbinden und die strukturellen Beziehungen zu verstehen, die die interne Artikulation zwischen ihnen in der Konzeptualisierung der analytischen Erfahrung so eng macht.

HUSSERLS BEGRIFFE DER APPERZEPTION UND WELTAPPERZEPTION[1]

Saulius Geniusas[2]

Hier möchte ich mich mit der philosophischen Bedeutung von Husserls Konzepten der *Apperzeption* im Allgemeinen und der *Weltapperzeption* im Besonderen befassen, indem ich den in Teil VII von Hua XXXIX[3] gesammelten Manuskripten besondere Aufmerksamkeit widme. In diesen Manuskripten - die frühesten stammen aus dem Jahr 1916, die jüngsten aus dem Jahr 1936 (die meisten wurden zwischen 1930 und 1934 verfasst) - stoßen wir auf Husserls ausführlichste Überlegungen zu den apperzeptiven Strukturen der Erfahrung. Drei Ziele werden meine Analyse leiten. Erstens werde ich durch die Gegenüberstellung von Husserls Begriff der Apperzeption mit der Art und Weise, wie dieser Begriff von seinen Vorgängern verwendet wurde, die spezifische Bedeutung des Begriffs in Husserls Phänomenologie klären. Zweitens wird es von entscheidender Bedeutung sein zu sehen, dass Apperzeption in Husserls Phänomenologie als Oberbegriff fungiert, der eine große Vielfalt von nicht-intuitiven Bewusstseinsmodi abdeckt, die synthetisch mit dem intuitiven Bewusstsein vereinigt sind und so wahrgenommen werden, als wären sie Modi des intuitiven Bewusstseins. *Bei der Apperzeption geht es darum, etwas ursprünglich nicht Vorhandenes so zu intendieren, als ob es ursprünglich vorhanden wäre:* Das ist die Kernbedeutung des Begriffs, die uns in vielen sehr unterschiedlichen Analysezusammenhängen der Husserlschen Phänomenologie begegnet. Darüber hinaus wird es wichtig sein, zu erkennen, dass Husserls Begriff der Apperzeption verschiedene Ebenen der Allgemeinheit zulässt, was es uns wiederum ermöglichen wird zu sehen, was an seinem Begriff der Weltapperzeption einzigartig ist. Und drittens werde ich meine Analyse mit einigen Überlegungen zu den genetischen Ursprüngen der Weltkonstitution im Allgemeinen und der Weltapperzeption im Besonderen abschließen.

1. Apperzeption als phänomenologischer Begriff

Es ist bekannt, dass Husserl etablierte philosophische Begriffe oft auf ungewöhnliche Weise verwendet, indem er sie mit noch nie dagewesenen Bedeutungen versieht.[4] Er tut dies nicht aus Laune oder Unwissenheit, sondern aus der kompromisslosen Überzeugung heraus, dass die Phänomenologie die Wiedergeburt der philosophischen Radikalität markiert, die gefährdet wäre, wenn man philosophische Begriffe unkritisch verwenden würde. Solange wir in phänomenologische Begriffe den Sinn hineinlesen, den sie in anderen philosophischen Traditionen erlangt haben, laufen

---

[1] Saulius Geniusas, "Husserl's Concepts of Apperzeption and Weltapperzeption", *Die Welt und das Reale | The World and the Real | Le monde et le reel,* Hg. Karel Novotný & Cathrin Nielsen, Verlag Traugott Bautz GmbH, 2020, pp.13-30. Wir haben den Verlag um die Erlaubnis gebeten, den englischen Text ins Deutsche und Türkische zu übersetzen und neu zu veröffentlichen. Wir möchten dem Autor dafür danken, dass er uns erlaubt hat, diesen wertvollen Artikel in zwei Sprachen zur Verfügung zu stellen.

[2] Prof.Dr., The Chinese University of Hong Kong, Department of Philosophy, geniusas@cuhk.edu.hk

[3] Diese Manuskripte tragen bezeichnenderweise den Titel *"Die Welt als Erwerb. Struktur und Genesis der Weltapperzeption und der Apperzeptionen von weltlich Seiendem "* (vgl. Husserl 2008, ss.409-556).

[4] Siehe Husserls eigene "terminologische Erörterung", die seine Einführung in die *Ideen I* abschließt (Husserl 1976, 8-9/2002, 5-6). Hier schreibt Husserl: "Da es nicht angeht, Kunstausdrücke zu wählen, die aus dem Rahmen der historischen philosophischen Sprache ganz herausfallen, und vor allem, da philosophische Grundbegriffe nicht definitorisch zu fixieren sind durch feste, auf Grund unmittelbar zugänglicher Anschauungen jederzeit zu identifizierende Begriffe; da vielmehr, ihren endgültigen Klärungen und Bestimmungen im allgemeinen lange Untersuchungen vorangehen müssen: so sind öfters kombinierte Redeweisen unerläßlich, die mehrere in ungefähr gleichem Sinne gebräuchliche Ausdrücke der allgemeinen Rede, unter terminologischer Auszeichnung einzelner, zusammenordnen." (ebd. 9/6).

wir Gefahr, ihre Funktion, ihren Sinn und ihre Bedeutung misszuverstehen.

Dies ist von Bedeutung, wenn es um Husserls Verwendung des Begriffs der *Apperzeption* geht. In der Geschichte der modernen Philosophie, insbesondere bei Denkern wie Gottfried Wilhelm Leibniz (der den Begriff der Apperzeption erfand) und Immanuel Kant (der seine grundlegende Bedeutung für die Transzendentalphilosophie im Allgemeinen herausstellte), wurde der Begriff der Apperzeption dem der Wahrnehmung gegenübergestellt. Leibniz zufolge verschafft uns die Wahrnehmung Zugang zu äußeren Dingen, während die Apperzeption die Quelle unseres Bewusstseins für innere Zustände ist. Ähnlich wie Leibniz versteht auch Kant die Apperzeption als eine zum Wahrnehmen parallele Tätigkeit (vgl. Kant, 1998, A120). Nach Kant ist die Apperzeption der Modus des Selbstbewusstseins, der das Subjekt befähigt, alle seine Vorstellungen sich selbst zuzuschreiben. Kant unterscheidet bekanntlich zwischen drei Formen von Synthesen, nämlich denen des Begreifens, der Reproduktion und des Erkennens, und er verwendet den Begriff der Apperzeption in Bezug auf das Urteil, das die Synthesen des Erkennens durchführt.[5] Husserl weitet die Bedeutung der Apperzeption erheblich aus. Während für Leibniz und Kant die Apperzeption im Wesentlichen eine Selbstapperzeption ist, die als eigentümlicher Modus des Selbstbewusstseins verstanden wird, betrachtet Husserl die Selbstapperzeption als einen Modus der Apperzeption neben der Apperzeption der Welt (*Weltapperzeption*) und der Apperzeption von Entitäten in der Welt (*Apperzeptionen von weltlich Seiendem*). Wie ist eine solche beispiellose Erweiterung der Bedeutung des Begriffs zu verstehen?

Sobald man erkennt, dass Wahrnehmung grundlegend und irreduzibel ein Modus der *Intentionalität* ist, genügt es nicht mehr, wie bei Kant, die Einheit der Apperzeption als transzendentale Einheit der Selbstapperzeption zu klären. Wenn die Wahrnehmung ein Modus des intentionalen Bewusstseins ist, dann muss es neben der Selbstapperzeption auch eine Apperzeption der Dinge in der Welt und sogar eine Apperzeption der Welt selbst geben. In Husserls Phänomenologie erweisen sich diese drei Formen der Apperzeption (*Selbstapperzeption, Weltapperzeption und Dingapperzeption*) als untrennbare Momente ein und derselben *apperzeptiven Struktur der Erfahrung*. Es ist jedoch von entscheidender Bedeutung zu betonen, dass der Begriff in der Phänomenologie Husserls nicht nur eine beispiellose

[5] Hier besteht weiterer Klärungsbedarf, wenngleich wir uns hier auf einige recht kurze Bemerkungen beschränken müssen. Für Leibniz dient der Begriff der Apperzeption dazu, die bewussten von den unbewussten Perzeptionen zu unterscheiden. Er dient auch dazu, Geschöpfe, die zur Reflexion und zum Selbstbewusstsein fähig sind (Menschen), von solchen zu unterscheiden, denen ein solches Vermögen fehlt (nicht-menschliche Tiere sowie bloße Monaden). Leibniz unterscheidet drei verschiedene Arten von Monaden, je nachdem, zu welchen Arten der Perzeption sie fähig sind. Es gibt Monaden wie die nichtmenschlichen Tiere, die zu bewussten Perzeptionen fähig sind; es gibt Monaden wie die Menschen, die zu die zu selbstbewussten Perzeptionen fähig sind; und schließlich gibt es Monaden wie die bloßen Entelechien die keine Erinnerungen haben und nur zu unbewussten Perzeptionen fähig sind. Mit dieser allgemeinen Unterscheidung im Hinterkopf schreibt Leibniz in seinen *Auf Vernunft gegründete[n] Prinzipien der Natur und der Gnade* (1714): "So ist es gut zu unterscheiden zwischen der *Perzeption*, die der innere Zustand der die äußeren Dinge vorstellenden Monade ist, und der *Apperzeption*, welche das *Bewußtsein* oder die reflexive Erkenntnis dieses inneren Zustands ist, was nicht allen Seelen gegeben ist, noch auch immer derselben Seele." (Leibniz 2002, 157). Wie Franklin Perkins bemerkt, ist "Apperzeption einer von Leibniz' Schlüsselbegriffen, der sich auf Perzeptionen bezieht, die bewusst erkannt werden" (Perkins 2007, 110). Leibniz verwendet den Begriff der Apperzeption als Modus des Selbstbewusstseins (daher die Identifizierung der Apperzeption mit dem Bewusstsein in der oben zitierten Passage) und behauptet, dass es Perzeptionen gibt, die wir nicht perzipieren ("Übrigens gibt es gar viele Anzeichen, aus denen wir schließen müssen, daß es in jedem Augenblicke in unserem Innern eine unendliche Menge von Perceptionen gibt, die aber nicht von Apperzeption [...] begleitet sind." [Leibniz 1996, 8]). Es dürfte daher verständlich sein, warum Leibniz sich im Gegensatz zu Descartes weigert, den Begriff der Perzeption mit dem des Denkens zu identifizieren. Nach Leibniz haben alle Monaden Perzeptionen, aber nicht alle Monaden sind sich bewusst, Perzeptionen zu haben. Kant entlehnt den Begriff der Apperzeption von Leibniz, modifiziert ihn und entwickelt ihn weiter, wenn er *das Prinzip der notwendigen Einheit der Apperzeption* wie folgt erläutert: It must be the case that each of my representations is such that I can attribute it to my self, a subject which is the same for all of my self-attributions, which is distinct from its representations, and which can be conscious of its representations (Kant, 1998, See A116, B131–2, B134–5). Diese Fähigkeit, dem Selbst Vorstellungen zuzuschreiben ist genau das, was Kant im Anschluss an Leibniz als die Kraft der Apperzeption bezeichnet Apperzeption, die er als Bedingung der Möglichkeit objektiver Einheit begreift. objektiven Einheit. So erweist sich die reine Apperzeptionskraft als the thoroughgoing identity of myself in regard to all presentations (See Kant, 1998, A 116).

Erweiterung erfährt, denn wir werden hier auch Zeuge eines Bedeutungswandels, der jedes Strukturelement der Apperzeption betrifft. Das bedeutet unter anderem, dass auch der Begriff der Selbstapperzeption in der Husserlschen Phänomenologie seine Bedeutung verändert. Ich kann mich als Europäer, als Litauer oder als Bewohner von Hongkong, als Mitglied der akademischen Gemeinschaft, als Philosoph, als Phänomenologe usw. apperzipieren. Diese verschiedenen Formen der Selbstapperzeption bringen bereits eine besondere Form der Weltapperzeption mit sich. So können die Kontinente, Länder und Städte, in denen wir leben, eigene Welten bilden; ebenso können wir von der Welt der Philosophie oder sogar der Welt der Phänomenologie sprechen. Darüber hinaus dürfen wir nicht übersehen, dass diese spezifischen Modi der Selbst- und Weltapperzeption auch die Bedeutung der erscheinenden Objektivitäten mitbestimmen. Ein altes Buch aus Husserls Privatbibliothek, das mit seinen privaten Notizen gefüllt ist, bedeutet dementsprechend für jemanden, der in der Welt der Phänomenologie lebt, etwas anderes als für jemanden, der Teil der Welt des Handels ist, genauso wie ein antikes Gebäude eine andere Bedeutung hat, je nachdem, ob man in der Welt der Architektur, der Archäologie oder der Technik lebt. Das ist etwas, was wir alle wissen: zwischen uns können Welten liegen, oder wir können auch ein und dieselbe Welt bewohnen (oder beides, wenn auch nicht im selben Sinne des Wortes).

Aber ist es nicht so, dass die verschiedenen Welten, von denen wir hier sprechen, nur durch Gleichsetzung Welten sind und dass sie in Wahrheit alle zu ein und derselben Welt gehören? Die Antwort hängt natürlich davon ab, wie man den Begriff der Welt versteht. Wir wollen in Anlehnung an Husserl zwischen kulturellen Welten, die als spezifische Umwelten und als Produkte intersubjektiver und intergenerationeller Konstitution verstanden werden, und der Welt in ihrer allumfassenden Allgemeinheit unterscheiden, die in der Phänomenologie bisweilen als Horizont aller Horizonte bezeichnet wird. Wir haben bereits gesehen, dass kulturelle Welten apperzeptiv gebildete Sinneinheiten sind, die intentional mit spezifischen Formen der Selbstapperzeption verbunden sind. Nach Husserl *ist die allumfassende Welt* neben den kulturellen Welten *auch eine apperzeptiv gestaltete Welt, die bewusst mit einer besonderen Form der Selbstapperzeption, nämlich der profanen Selbstapperzeption, verbunden ist.* Sich als weltliches Ich zu apperzipieren, bedeutet für das Ich nichts anderes, als sich als Mitglied der allumfassenden Welt zu apperzipieren. Und sobald das Ich sich als weltliches Ich apperzipiert, wird von diesem Moment an alles, was auf dieses Ich einwirkt, unmittelbar als eine weltliche Entität apperzipiert, die zur allumfassenden Welt gehört.

An dieser Stelle ist alles gesagt, was nötig ist, um Husserls Begriff der Apperzeption von dem zu unterscheiden, wie er von seinen Vorgängern verstanden wurde. *Der phänomenologische Begriff der Apperzeption bezieht sich auf die wesentliche Struktur der intentionalen Erfahrung, deren drei wesentliche Momente die der Selbstapperzeption, der Weltapperzeption und der Dingapperzeption sind.*[6] In dieser Hinsicht gibt es keine wesentlichen Unterschiede zwischen den spezifischen Umgebungswelten und der allumfassenden Welt.

[6] Nehmen wir als Beispiel einen einfachen Akt der Wahrnehmung. Hier ist diese Tasse Kaffee, die vor Ihnen auf dem Tisch steht. Was Sie in der ursprünglichen Erfahrung direkt perzipieren, ist nichts anderes als ein Aspekt des Objekts. Was Sie sehen, ist aber nicht nur eine Abschattung des Dings, sondern das Ding selbst. Das bedeutet, dass Sie das Ding streng genommen nicht perzipieren (insofern der Begriff der Wahrnehmung austauschbar mit dem der ursprünglichen Vorstellung verwendet wird), sondern dass Sie es apperzipieren. Außerdem ist dieses Ding, das Sie vor sich haben, nicht von allen anderen Dingen in der Umgebung isoliert. Die Tasse Kaffee steht auf dem Tisch, der wiederum im Raum steht, der wiederum im Gebäude steht, usw. In dem Maße, in dem Sie den Gegenstand als zu seiner Umgebung gehörig begreifen (und Sie müssen ihn so begreifen!), apperzipieren Sie ihn als zur tatsächlichen Welt gehörig. Um das Objekt als ein Ding in der Welt zu begreifen, müssen Sie auch sich selbst als ein weltliches Ich apperzipieren. Und darüber hinaus müssen Sie sich auch jedes einzelne Moment der Erfahrung als zu dem einen Strom Ihrer eigenen Erfahrung gehörig bewusst sein. Kurz gesagt, die Appräsentation eines beliebigen Objekts geht Hand in Hand mit der Selbstapperzeption. Wir sehen also, wie die drei Figuren der Apperzeption durch einen intentionalen Knoten aneinander gebunden sind.

2. Arten und Strukturen des apperzeptiven Bewusstseins

Wir wollen nun zu einer genaueren Bestimmung des apperzeptiven Bewusstseins übergehen. In Husserls Phänomenologie fungiert der Begriff der Apperzeption als Oberbegriff, der eine große Vielfalt nicht-intuitiver Bewusstseinsformen umfasst, die nicht im Widerspruch zum intuitiven Bewusstsein stehen, sondern mit diesem synthetisch vereinigt sind. *Die Erfahrung ist viel umfassender als das rein intuitive Bewusstsein.* Ich sehe den Baum vor mir, oder zumindest denke ich, dass ich ihn sehe. Doch bei genauerem Hinsehen muss ich zugeben, dass das, was ich sehe, nur eine Andeutung ist, die ich als einen Aspekt des Baumes interpretiere. *Wir meinen immer mehr, als wir sehen.* Dieser irreduzible Bedeutungsüberschuss bringt die synthetische Einheit zum Vorschein, die intuitive und nicht-intuitive Bewusstseinsformen miteinander verbindet. In dem Maße, in dem das Bewusstsein auf die Ebene der ursprünglichen Intuition verdichtet und zu solchen Synthesen unfähig ist, ist es auch unfähig, die weltlichen Dinge wahrzunehmen oder die Welt selbst zu erfahren. Die Wahrnehmung der Dinge hängt also vollständig von unserer Fähigkeit ab, intuitive mit nicht-intuitiven Bewusstseinsformen zu synthetisieren. Nur wenn das Bewusstsein den ursprünglichen Inhalt des intuitiven Bewusstseins mit dem sedimentierten Inhalt des nicht-intuitiven Bewusstseins zu synthetisieren weiß, können wir uns der Dinge und der Welt bewusst sein und nicht nur des ursprünglichen Inhalts unserer eigenen Erfahrungen (*Erlebnisse*).

Seit den 1890er Jahren vertrat Husserl mit Nachdruck die Ansicht, die - mit Blick auf die britischen Empiristen - von William James besonders eindringlich formuliert worden war: "Niemand hat jemals eine einfache Empfindung von sich aus gehabt" (James, 1950, 224). In der Nachfolge von James behauptet Husserl immer wieder, dass *Erfahrung* nicht auf die passive Aufnahme von Sinnesdaten reduzierbar ist.[7] Wir meinen immer mehr, als wir sehen, hören, schmecken, berühren oder riechen. Dieser Sinnesüberschuss ist nicht reduzierbar, und deshalb ist es völlig legitim, *Erfahrung* als eine synthetische Einheit von Perzeptionen und Apperzeptionen zu bezeichnen.[8] Bedenken Sie, was in diesem Augenblick geschieht, während Sie diesen Text lesen. Was Sie tatsächlich sehen, ist nichts anderes als eine Ansammlung bestimmter geometrischer Formen. Ihr Bewusstsein ist jedoch nicht auf die Aufnahme dieser Daten reduzierbar. Vielmehr apperzipiert man in diesen geometrischen Formen die Buchstaben des Alphabets; nicht nur Buchstaben, sondern Worte; nicht nur Worte, sondern Sätze in Absätzen, Absätze in Abschnitten, Abschnitte in Kapiteln, mit unterschiedlichen Gruppen von Bedeutungen. Das Gleiche gilt für Phänomene, die in anderen Formen des intuitiven oder nicht-intuitiven Bewusstseins beabsichtigt sind. Wir können Apperzeptionen in *allen* Bereichen des bewussten Lebens am Werk sehen: Dieser Begriff bezieht sich auf alle Sinndimensionen, die in der unmittelbaren Erfahrung mitpräsent sind, obwohl sie nicht auf die unmittelbar gegebenen Erfahrungsinhalte reduzierbar sind.

In seinen Vorlesungen zur passiven Synthese definiert Husserl die Art der Apperzeption, die er als *Vergegenwärtigung* bezeichnet, als "ein Bewußthaben eines nicht im Original Gegenwärtigen" (Husserl 1966, 234/ 2001, 367). Darüber hinaus beschreibt er in Hua XXXIX die Apperzeption als einen *Als-ob*-Modus des Bewusstseins (siehe insbesondere Husserl 2008, Text Nr. 44). Er behauptet, dass die Apperzeption die konstante Funktion ist, aufgrund derer das, was nicht aus der eigenen

---

[7] "Das Bewusstsein ist nicht ein *white paper*, ein dunkler Raum, in den von außen Bilder von weltlichen Objekten und so ein Weltbild hineingewirkt ist, sondern es ist ein lebendiges Werden, und dabei nicht bloß ein passives, sondern zugleich in einem ständigen, engeren Umkreis eine ständig leistende Aktivität, die in unterster fundierender Stufe schon erfahrendes Tun ist." (Husserl 2008, 448).

[8] Zugegeben, in Husserls Phänomenologie im Allgemeinen und in Hua XXXIX im Besonderen ist der Begriff der Perzeption zweideutig. Manchmal begreift Husserl sie als eine Synthese von unmittelbaren Vorstellungen und Anschauungen (vgl. ebd. Text Nr. 40). Ein anderes Mal bezieht er sich auf intuitive Akte oder unmittelbare Vorstellungen, durch die der intuitive Gehalt der Erfahrung zur Selbstverständlichkeit wird. Im vorliegenden Zusammenhang beziehen wir uns auf die zweite Bedeutung des Begriffs.

ursprünglichen Erfahrung hervorgegangen ist, so wahrgenommen wird, als ob es so hervorgegangen wäre. Husserl ist sich der Zweideutigkeit, die diese Wendung zwangsläufig hervorruft, durchaus bewusst und schreibt in diesem Sinne: "Aber *das Als-ob ist doch nicht das einer bloßen Phantasie*" (ebd. 504). Während man im Falle des Phantasiebewusstseins einen Konflikt zwischen dem Wirklichen und dem Nicht-Wirklichen erlebt (und daher weiß, dass das imaginierte Einhorn keinen Platz in seiner wirklichen Welt hat), gibt es im Falle der Apperzeption weltlicher Objekte keinen solchen Konflikt. Dies erlaubt uns die Behauptung, dass eine entscheidende Voraussetzung, die den verschiedenen Ausformungen des apperzeptiven Bewusstseins zugrunde liegt, darin besteht, dass diese Ausformungen mit dem, was in der unmittelbaren intuitiven Erfahrung gegeben ist, in Einklang stehen, denn nur auf diese Weise können die Inhalte des apperzeptiven Bewusstseins so aufgefasst werden, als wären sie unmittelbar erfahrene Inhalte.

Erfahrung ist eine synthetische Einheit von Wahrnehmungen und Apperzeptionen, eine Einheit, die sehr unterschiedliche Formen annehmen kann. Erfahrung ist also immer schon eine Synthese, die die im intuitiven und nicht-intuitiven Bewusstsein gegebenen Inhalte integriert. Doch woher kommt der nicht-intuitive Inhalt? Husserls detaillierte Überlegungen legen nahe, dass die Ursprünge des apperzeptiven Bewusstseins zweierlei sind. Der nicht-intuitive Inhalt kann aus unserer eigenen vergangenen Erfahrung stammen,[9] oder er kann aus einem Bewusstsein stammen, das nicht unser eigenes ist - dem Bewusstsein anderer, das wir uns angeeignet haben, als wäre es unser eigenes.[10] In unserer gegenwärtigen Erfahrung übernehmen wir die Art und Weise, wie wir die Welt in der Vergangenheit gesehen haben, oder die Art und Weise, wie andere Menschen (und sogar andere nicht-menschliche Tiere) sie sehen; kraft solcher Modi der Sinnesübertragung erweitern wir kontinuierlich unsere "Weltvorstellungen" und konstituieren unsere Welten (vgl. ebd. 511).

Was uns im vorliegenden Zusammenhang interessiert, sind die Apperzeptionen, durch die sich die Dinge in der Welt und die Welt selbst konstituieren. Ähnlich wie das weltliche Bewusstsein ist auch das Phantasie-Bewusstsein durch und durch apperzeptiv (vgl. Husserl 1980/2005). Allerdings unterliegt das Phantasie-Bewusstsein flexibleren Regeln und ist daher willkürlicher als das weltliche Bewusstsein. Mit den genannten Beispielen im Hinterkopf können wir fragen: Warum ist es so, dass ich beim Lesen die gegebenen geometrischen Formen gerade als Buchstaben des Alphabets wahrnehme? Warum ist es auch so, dass ich "das Ding" vor meinem Fenster als einen Baum wahrnehme? Natürlich *könnte* ich diese intuitiven Inhalte auch anders wahrnehmen. Aber was die alltägliche Erfahrung betrifft, so unterscheiden wir ganz klar zwischen angemessenen und unangemessenen Wahrnehmungen. Es ist besonders wichtig, die folgenden zwei Punkte zu betonen. Erstens sind angemessene weltliche Apperzeptionen solche Apperzeptionen, die nicht im Widerspruch zu anderen weltlichen Apperzeptionen innerhalb des Erfahrungsstroms stehen, sondern mit ihnen eine harmonische Einheit bilden. Und zweitens sind gerechtfertigte weltliche Apperzeptionen solche Apperzeptionen, die intersubjektiv verifiziert werden können. Gewiss kann die harmonische Natur der weltlichen Erfahrung sowohl innerhalb des Erfahrungsstroms als auch im Kontext der intersubjektiven Erfahrung zusammenbrechen. Solche Konflikte müssen jedoch überwunden werden, und die harmonische Natur der Erfahrung muss wiederhergestellt werden,

[9] "Auf das neu Affizierende in seiner Änderung übertrage ich den aus Aktivität stammenden Seinssinn, als Vorgewissheit, ihn als Identitätswiederholung aktivieren zu können" (ibid. 432). Wenn ich also von bestimmten Erfahrungsinhalten affiziert werde, apperzipiere ich sie von Anfang an als Objekte, die einen bestimmten objektiven Sinn mit sich bringen. Auf diese Weise lebe ich ständig in der apperzeptiven Übertragung von Sinn.

[10] "Aber Wissensbeläge können auch durch 'Tradition' entspringen, durch Übernahme eines Urteils und durch Übertragung auf das Erfahrene" (ibid. 424f.). Sobald ich also erfahre, dass die dunklen Flecken auf dem Mond Berge sind, sehe ich diese Flecken von diesem Moment an als Berge. Meine Erfahrung absorbiert und reproduziert damit einen nicht intuitiven Inhalt, der nie intuitiv war.

wenn wir Apperzeptionen als prägend für die Welterfahrung identifizieren wollen.

Eines der grundlegenden Ziele von Husserls Analyse der Apperzeptionen ist es, zu klären, wie bestimmte Arten von weltlichen Apperzeptionen gebildet werden und warum sie unter bestimmten Umständen als angemessen erachtet werden. Nach Husserl sind wir es selbst, die alle weltlichen Apperzeptionen bilden, die uns im Laufe unserer späteren weltlichen Erfahrung weiter leiten. Das bedeutet, dass die Bildung dieser Apperzeptionen irreduzibel subjektiv ist, wenn auch keineswegs willkürlich Damit wird deutlich, dass der Begriff der Apperzeption das grundlegende Gesetz wachsender und sich ständig erweiternder Erfahrungsgebilde bezeichnet. Alle Erfahrungen, die wir in der Vergangenheit gemacht haben, sowie alle unsere gegenwärtigen und zukünftigen Erfahrungen beinhalten nicht nur einen bestimmten Erfahrungsinhalt, der im Strom des Bewusstseins kommt und geht. Während alle Erfahrungen einströmen, strömen sie in gewissem Sinne auch nicht weg. Wir behalten sie als unsere eigenen gewohnheitsmäßigen Besitztümer. Alle unsere Erfahrungen formen spezifische Arten von apperzeptivem Bewusstsein, die uns bei unseren nachfolgenden Erfahrungen weiterhin leiten.

Apperzeptionen lassen sehr unterschiedliche Ebenen der Allgemeinheit zu. Einerseits ist jeder beliebige Erfahrungsgegenstand, sofern er nicht auf den Erfahrungsgehalt des intuitiven Bewusstseins reduzierbar ist, immer schon apperzeptiv geformt. Um auf eines von Husserls Beispielen zu verweisen: Wenn ich zum ersten Mal einen Gorilla sehe, ist von diesem Moment an jeder andere Gorilla bereits ein Gorilla - ein Wesen, das von Anfang an als dieses spezifische nichtmenschliche Tier apperzipiert wird. Jedes Mal, wenn ich einen Gorilla sehe, reaktiviert der Anblick des Tieres einen vorgegebenen apperzeptiven Erfahrungstypus, wobei er diesen Typus höchstwahrscheinlich vergrößert, näher bestimmt und seine neuen charakteristischen Merkmale zum Vorschein bringt (vgl. Husserl 2008, 448). Hier haben wir es mit einer sehr niedrigen Ebene der Allgemeinheit zu tun, die nur eine Art von Erfahrungsgegenstand betrifft. Andererseits werden am anderen Ende des Spektrums auch die allgemeinsten Erfahrungstypen apperzeptiv gebildet. So unterscheidet Husserl im Anhang XXXIV zu Hua XXXIX zwischen den allgemeinsten Arten, durch die die Dinge in der Welt ihre allgemeinste Bestimmtheit erhalten. Husserl spricht von *leblosen Dingen* (man denke an natürliche Felsformationen, Sand am Strand, Wolken am Himmel usw.); von *Tieren* (sowohl menschlichen als auch nicht-menschlichen); von *kulturellen Objekten* (verschiedene Dinge, die unseren praktischen Zwecken dienen, verschiedene Werkzeuge, Kunstwerke, sprachliche Zeichen usw.); und von *Subjekten/Objekten*, die als Träger kultureller Bedeutungen konzipiert sind (Menschen, die als Mitglieder verschiedener Vereinigungen und Gemeinschaften, als Vertreter verschiedener Berufe, als Lehrer oder Studenten, Bürger usw. konzipiert sind). Sobald diese allgemeinen apperzeptiven Typen konstituiert sind, prägen sie weiterhin das Aussehen der Dinge im Laufe unserer späteren Erfahrung. Denken Sie daran, was passiert, wenn Sie sich in einem fernen Land befinden und von unbekannten Dingen umgeben sind. Auch unter solchen Umständen subsumieren Sie den Inhalt der unmittelbaren Vorstellungen weiterhin unter diese allgemeinen apperzeptiven Erfahrungstypen. Sie begegnen immer noch entweder leblosen Dingen oder Tieren oder kulturellen Objekten oder Subjekten - Objekten, egal wie unbestimmt die intentionalen Korrelate Ihrer Erfahrung sein mögen.

Im Hinblick auf die zeitlichen Modalitäten der Erfahrung unterscheidet Husserl zwischen *analogisierender* und *anzeigender Apperzeption*. Die analogisierende Apperzeption ermöglicht es uns, gegenwärtig gegebene Phänomene durch Analogie mit der Vergangenheit zu begreifen. Der intuitive Kern der gegenwärtigen Erfahrung bringt die Erinnerung an das, was wir in der Vergangenheit erlebt haben, zurück, und diese Erinnerung motiviert uns, den Sinn aus der Vergangenheit auf die Gegenwart zu übertragen.[11] Unsere Fähigkeit, die Dinge zu benennen, d. h. sie entsprechend den vorgegebenen Erfahrungstypen zu schematisieren, ist eine Leistung der analogisierenden Apperzeption. Und nicht nur das: Unsere Fähigkeit, jedes beliebige alltägliche Objekt als das zu erkennen, was es ist, ist bereits eine Leistung der analogisierenden Apperzeption·

Durch analogisierende Apperzeption begreifen wir also gegenwärtig gegebene Phänomene. Im Gegensatz dazu kann die anzeigende Apperzeption auch retrospektiv (*rückgreifende Apperzeption*) und antizipatorisch (*vorgreifende Apperzeption*) sein. Ein bestimmter intuitiver Inhalt, der in der Gegenwart gegeben ist, weist auf eine Reihe von Ereignissen hin, die entweder in der Vergangenheit stattgefunden haben oder in der Zukunft stattfinden werden. Geleitet von retrospektiver Apperzeption begreifen wir die antiken Ruinen als Hinweis auf die Herrlichkeit des vergangenen historischen Lebens; geleitet von vorgreifender Apperzeption nehmen wir die Wolken am Himmel als Hinweis auf den nahenden Sturm wahr.

Wir sehen also, dass der Begriff der Apperzeption in Husserls Phänomenologie eine große Vielfalt von Synthesen umfasst, die intuitives und nicht intuitives Bewusstsein in Einklang bringen. Um diese Vielfalt schematischer zu bestimmen, wollen wir vier grundlegende Typen von Apperzeption herausgreifen. Typ 1 betrifft die grundlegende Struktur, durch die ein bestimmter Erfahrungsgegenstand gegeben ist. Wenn die Vorderseite des Objekts der direkten Wahrnehmung gegeben ist, wird seine Rückseite nicht wahrgenommen, sondern apperzipiert, und gerade weil sie apperzipiert wird, sehen wir die Dinge und nicht nur ihre Andeutungen. Husserl bezeichnet diese Form der Apperzeption als ursprüngliche Apperzeption und beschreibt sie weiter als "perzipierend-ad-perzipierende Wahrnehmung".[12] Beim Typ 2 können uns Dinge in der Gegenwart als Hinweise gegeben werden, die es uns ermöglichen, andere Dinge wahrzunehmen. Wenn ein Naturfotograf die Schritte eines wilden Tieres sieht, nimmt er direkt die Schritte wahr und nimmt indirekt das Tier wahr; er kann das Tier bereits in den Schritten "sehen", wenn auch nur indirekt. Hier haben wir es mit einem Fall dessen zu tun, was wir oben *anzeigende Apperzeption* genannt haben. Nicht nur andere, gleichzeitig existierende Dinge, sondern auch frühere Ereignisse und kausale Prozesse können durch indikative Apperzeption wahrgenommen werden. Eine Ursache als Ursache zu sehen, heißt bereits, ihre Wirkung wahrzunehmen; ebenso heißt eine Wirkung als Wirkung zu sehen, ihre Ursache wahrzunehmen. Bei Typ 3 werden kulturelle Phänomene ebenfalls apperzeptiv erlebt: Was wir direkt wahrnehmen, sind materielle Dinge, die wir aber auch unmittelbar mit einer Reihe von kulturellen Eigenschaften erfassen. Typ 4 schließlich, die Empathie, die als Grundlage der intersubjektiven Erfahrung verstanden wird, bildet einen weiteren Typus des apperzeptiven Bewusstseins: Während wir den Körper des Anderen direkt wahrnehmen, nehmen wir den Anderen indirekt als ein *Alter Ego* wahr.

3. Weltapperzeption

Bisher haben wir ausschließlich von Apperzeptionen von Dingen gesprochen, und zwar von solchen, die wir im Horizont der weltlichen Erfahrung finden. Husserl unterscheidet jedoch scharf

[11] Der Einfluss von David Hume auf Husserl ist bei diesen Analysen unübersehbar. Nach Husserl funktionieren analogisierende Apperzeptionen als Übertragung der *Seinsgeltung* von einem erinnerten A auf ein ähnlich wahrgenommenes B. Diese Übertragung ist eine Frage der Assoziation. Auf dieser Grundlage behauptet Husserl weiter, dass die Welterfahrung eine universelle Synthese der Assoziation ist: "Durch die strömende Welterfahrung geht hindurch eine ständige *Synthesis der Assoziation*" (vgl. ebd. 461). Für Husserls eigene, ausführlichere Konzeption der Assoziation, siehe Husserl 1966, 117- 191/2001, 162-242).

[12] "Ursprünglichste Apperzeption ist perzipierend-ad-perzipierende Wahrnehmung" (Husserl 2008, 431).

zwischen der *Weltapperzeption* und den *Apperzeptionen von weltlichen Wesen*. Er behauptet, dass sich diese beiden Begriffe trotz ihrer Ähnlichkeit deutlich unterscheiden. So schreibt er im Anhang XXXVI zu Hua XXXIX: "*Die Welt ist kein Reales*; die Begriffe „Ganzes" und „Teil", „Eigenschaft", „Relation" etc. ändern grundwesentlich ihren Sinn" (ebd. 434). Wie also wird die Welt wahrgenommen?

Wir haben gesehen, dass Apperzeptionen nicht-ursprüngliche Bewusstseinsmodi sind, durch die das, was *nicht* in der ursprünglichen Erfahrung entstanden ist, so wahrgenommen wird, *als ob* es so entstanden wäre; wir haben auch gesehen, dass Apperzeptionen verschiedene Ebenen der Allgemeinheit zulassen. Doch was ist die allgemeinste Form des apperzipierenden Bewusstseins? Husserls Analyse der Weltwahrnehmung ist weitgehend durch eben diese Frage motiviert. Husserl lädt uns ein, den Welthorizont als das intentionale Korrelat des allgemeinsten apperzeptiven Bewusstseins zu begreifen, eines Bewusstseins, das nicht auf ein bestimmtes Ding gerichtet ist, sondern sich immer schon mit allen weltlichen Dingen, den tatsächlichen wie den möglichen, in ihrer Gesamtheit befasst. Wir können ein solches Bewusstsein von der Welt als die *Apperzeption aller Apperzeptionen* bezeichnen, und entsprechend können wir die einem solchen apperzeptiven Bewusstsein gegebene Welt als den *Horizont aller Horizonte* bezeichnen. Husserl fasst ein solches Korrelat des Gesamtbewusstseins als den Horizont der sich immer weiter ausdehnenden Bekanntheiten auf, der sich im noch weiteren Horizont der Unbekanntheit entfaltet (vgl. ebd. 436).[13]

Trotz der wichtigen Unterschiede zwischen der Weltapperzeption und der Apperzeption von Dingen in der Welt ist die Struktur der Weltapperzeption in einigen wichtigen Punkten analog zu der jeder anderen Apperzeption. Nach Husserl muss ein intuitiver Inhalt gegeben sein, damit er als ein Moment des apperzipierenden Bewusstseins erfasst werden kann, das den betreffenden Inhalt als Teil der tatsächlichen Welt beabsichtigt. Die Welt-Apperzeption ist insofern eine einzigartige Form der Apperzeption, als sie nicht nur einen bestimmten Erfahrungsinhalt als Andeutung dieser oder jener Entität wahrnimmt, sondern diesen Inhalt auch als Moment des Weltbewusstseins begreift. Wie verhält sich nun die Apperzeption der weltlichen Dinge um uns herum zur Weltapperzeption? Im Lichte der vorangegangenen Ausführungen können wir Folgendes sagen: Jeder Moment der weltlichen Erfahrung ist immer schon im Gesamtbewusstsein - verstanden als die *Gesamtapperzeption* - enthalten, in dem die Welt selbst "erscheint", und da sie in ständig wechselnden Momenten erscheint, ist sie immer ein und dieselbe Welt.

Die durch die Weltwahrnehmung intendierte Einheit des Welthorizonts lässt sich auf zwei grundlegend verschiedenen Ebenen konzipieren - nämlich auf der bloß formalen Ebene, die als rudimentäre Ebene der Welterfahrung gedacht ist, und auf einer genetisch weiter entwickelten Ebene, die bereits die Habitualitäten des Ichs und den konkreten Erfahrungsstil, der die eigene, elaboriertere Weltdarstellung bildet, einschließt. Auf der ersten Ebene entfaltet sich die weltliche Erfahrung im Horizont einer *stummen Welt*, auf der zweiten Ebene ist sie im Rahmen einer *ausgesprochenen Welt* gegeben.[14]

Sobald ich die Gegenstände um mich herum als zur wirklichen Welt gehörig wahrnehme, *drücke ich ihnen das Siegel der Existenz auf*. Das bedeutet, dass jede weltliche Wahrnehmung bereits einen Sinn des Seins mit sich bringt, den sie auf ihre intentionalen Korrelate projiziert. Insofern die weltliche

---

[13] Wie Husserl im Anhang XLI zu Hua XXXIX darlegt, ist unser Bewusstseinsleben in jedem Augenblick ein Erfahrungsleben, und alle unsere besonderen Erfahrungen sind in jedem Augenblick Bestandteile einer universellen Erfahrung, nämlich der Welterfahrung. Erfahrung. So ist in jedem Augenblick unseres wachen Lebens jeder erlebte Inhalt ein Bestandteil einer Gesamtapperzeption, durch die die Welt selbst erscheint.

[14] Siehe diesbezüglich ebd. Anhang XXXVII.

Wahrnehmung diesen Sinn des Seins nur formal erfasst, ohne auf die besonderen Eigenschaften des Objekts zu achten, kann sie als *stummes Wahrnehmen* charakterisiert werden - sie beabsichtigt das Sein, ohne es zu explizieren. Eine solche Wahrnehmung ist nichts anderes als eine einfache, ursprüngliche Hinwendung zu weltlichen Entitäten: sie nimmt diese Entitäten bereits als weltlich wahr, noch bevor diese Entitäten einen bestimmten Sinn erhalten. Sobald die Wahrnehmung zur Sache einer interpretierenden Tätigkeit wird (was Husserl "*auslegendes Tun*" nennt), das heißt, sobald sie von der Ebene des unausgesprochenen Erfassens von Entitäten zu deren Explikation übergeht, überschreitet sie die Ebene der stummen Erfahrung. Aus diesem genetischen Übergang ergibt sich die Steigerung der Welterfahrung, die Husserl als genetischen Übergang von der stummen zur ausgesprochenen Welt begreift.

Der Begriff der stummen Welt ist ein Grenzbegriff. Husserl selbst gibt zu, dass wir nie eine völlig stumme Welt erlebt haben (vgl. ebd. 447). Wir leben in einer Welt, in der alles immer schon typisch wahrgenommen wird. Gerade die Tatsache, dass wir alltägliche Gegenstände immer schon als zu apperzeptiv geformten Erfahrungstypen gehörig begreifen, erlaubt es uns, die Welt als einen *Horizont der Bekanntheit* zu qualifizieren. Dennoch sollten wir nicht übersehen, dass wir selbst die Apperzeptionen bilden, durch die die Horizonte der Bekanntheit entstehen. Wir sollten auch nicht übersehen, dass der Prozess der Horizontbildung nie zu einem Ende gekommen ist - in der Tat nie zu einem Ende kommen kann -, was bedeutet, dass sich der Horizont des Bekannten selbst innerhalb des größeren *Horizonts des Unbekannten* entfaltet. Die untrennbare Einheit, die den Horizont der Bekanntheit mit dem Horizont der Unbekanntheit verbindet, ist genau das, was die Welt, die als Horizont aller Horizonte konzipiert ist, in einzigartiger Weise auszeichnet. Vor diesem Hintergrund wird verständlich, warum Husserl den Stil der Welterfahrung als eine ständige Genese qualifiziert, in der sich Bekanntheit konstituiert (vgl. ebd. 448). Die Welt ist immer schon da, immer schon bekannt, aber sie ist auch immer schon im Fluss, verändert sich und erhält neue Bestimmungen.

Husserl qualifiziert die Welterfahrung als universelle Synthese der Assoziation (ebd. 461).[15] Das bedeutet, dass sich eine universelle Kohärenz durch die Erfahrung aller tatsächlichen und möglichen Wirklichkeiten zieht. Gewiss, Konflikte können und werden auftreten. Mehr noch: Konflikte sind notwendig, denn nur durch sie kann der Welthorizont neue charakteristische Merkmale erhalten. Diese Konflikte stellen die bisher etablierten Sinneinheiten, die die Gesamtheit der weltlichen Erfahrung kennzeichnen, in Frage. Darüber hinaus entsteht aus diesen Konflikten die Forderung, die verlorene Einheit des Sinns wiederherzustellen und damit die für die Welterfahrung charakteristische universelle Kohärenz wiederherzustellen.

An dieser Stelle können wir fragen: Welchen Sinn hat Husserls paradoxe Behauptung, die Lebenswelt sei sowohl gegeben als auch apperzipiert? Erstens bedeutet sie, dass die Lebenswelt, verstanden als Erfahrungswelt, eine eigentümliche Sinnkonfiguration ist, die als Korrelat eines spezifischen Bewusstseins zu verstehen ist, das Husserl als Weltbewusstsein identifiziert. Dieses Bewusstsein beabsichtigt einen Sinnhorizont, der alle weltlichen Objektivitäten sowohl begründet als auch einschließt. Als ein Sinnhorizont, der in einem bestimmten Bewusstseinstypus intendiert ist, ist die Welt sowohl eine Struktur als auch eine Formation der Erfahrung. Sie ist nicht etwas, das einfach da ist, als ob sie irgendwie allen möglichen Sinngebungen vorausgehen könnte. Vielmehr ist die vorgegebene Welt selbst etwas, das apperzeptiv gebildet wird, und als solches ist sie immer etwas, das für neue mögliche Aktivitäten auf einer höheren Ebene der Sinnesbildung da ist, vorgegeben für immer neue mögliche Apperzeptionen. So kommen wir zu der Erkenntnis, dass es keine Kluft gibt,

[15] "Durch die strömende Welterfahrung geht hindurch eine ständige Synthesis der Assoziation" (ebd. 461).

die die vorgegebene Welt von der wahrgenommenen Welt trennt. Vielmehr ist die Welt, so wie sie vorgegeben ist, immer schon apperzipiert, und als solche ist sie immer schon vorgegeben für weitere Apperzeptionen, die ihrerseits neue Formen der Vorgegebenheit der Welt konstituieren.

4. Abschließende Beobachtungen

Husserls Darstellung der Apperzeption führt uns in ein Paradoxon. Einerseits argumentiert Husserl, dass alle Wahrnehmungen immer schon von den Strukturen des apperzeptiven Bewusstseins umhüllt sind. Andererseits argumentiert er aber auch, dass die Apperzeptionen selbst aus früheren Wahrnehmungen hervorgehen. Wir scheinen in einem Teufelskreis gefangen zu sein. Um ihm zu entkommen, fragt Husserl: Wie ist die ursprüngliche Aneignung der Welt möglich? (vgl. ebd. 438).

Husserls Auflösung dieses Paradoxons beruht im Wesentlichen auf der Unterscheidung zwischen zwei verschiedenen Konzepten von *Affektionen*. In unserem täglichen Leben wird alles, was uns affiziert, sofort in den Horizont der Apperzeption aufgenommen. Wenn mich etwas Bedeutendes affiziert, erkenne ich es sofort als das, was es ist, und nehme es als dieses oder jenes zum Welthorizont gehörende Objekt wahr. Dies ist jedoch nicht der einzige Sinn, in dem Affektionen im subjektiven Leben gegeben sein können. Es gibt auch solche Affektionen, die in Abwesenheit von apperzeptiven Sinneshorizonten erlebt werden. Husserl nennt solche Affektionen *Uraffektionen.* Wenn er diesen Begriff verwendet, denkt er vor allem an die früheste Kindheit ("*die erste Kindheit*"), an das Ich der konstitutiven Anfänge und an den Beginn der "*strömenden Zeitigung*", aber nicht nur daran. Er spricht auch explizit die mögliche Rolle solcher "nicht-praktischen" Affektionen im reifen Leben an (vgl. ebd. 483f.). Primäre Affektionen beziehen sich auf die Gegebenheit von Empfindungen auf den rudimentären Erfahrungsebenen, also auf den Ebenen, auf denen etwas durchlebt wird, obwohl es noch nicht in irgendeine Art von apperzeptiven Strukturen eingebettet ist. Primäre Affektionen sind jene Affektionen, die in Abwesenheit jeglicher Apperzeptionen durchlebt werden (kein Wunder, dass sie zumeist namenlos bleiben).[16]

Auf der grundlegenden Erfahrungsebene, die genetisch der Konstitution von apperzeptiven Sinnhorizonten vorausgeht, werden diese abgehobenen Daten nur hyletisch durchlebt. Doch das Bewusstsein ist nicht nur ein zeitlicher Strom, sondern ist sich auch seiner eigenen Verzeitlichung bewusst. Aufgrund seines zeitlichen und vorreflexiven Selbstbewusstseins verwandelt das Bewusstsein diese hyletisch gegebenen Abhebungen in Erscheinungen. Husserl konzeptualisiert diese Transformation als den *Durchgang*, der mit der Betroffenheit von hyletischen Daten beginnt und zu deren Wahrnehmung als Erscheinungen führt (ebd. 468). Wir können uns diese ursprünglichen Erscheinungen als bereits wahrnehmungsmäßig gegebene Phänomene vorstellen, die zumindest am Anfang nicht in irgendeinen apperzeptiven Rahmen eingebunden sind. Genau hier stoßen wir also auf Husserls Auflösung des oben erwähnten Paradoxons. Primäre Affektionen und ihre Fähigkeit, sich in primäre Wahrnehmungen zu verwandeln, sind die subjektiven Ursprünge aller Apperzeptionen, einschließlich der Weltapperzeptionen. Der genetische Prozess, den wir hier beschreiben, verdeutlicht das Entstehen des apperzeptiven Bewusstseins aus den grundlegenderen Ebenen des subjektiven Lebens.[17]

[16] "Den Namen bereit haben (selbst wenn er uns entfallen ist, wir 'nicht auf das Wort kommen') ist nur die Kehrseite für eine typische Apperzeption, die ja im Menschenleben alsbald ihre Namen bekommt bzw. schon hat" (ibid. 483).

[17] Primäre Affektionen sind nach Husserl immer schon mit Grundinstinkten gekoppelt, die das Erfahrungssubjekt dazu bewegen, diese und nicht andere Salienz im Verlauf der Erfahrung herauszuheben. Aus diesem Grund ist das Ich, das an den konstitutiven Anfängen liegt, nach Husserl kein leerer Ich-Pol, sondern ein Ego, das bereits von verschiedenen Instinkten getrieben wird. Aus demselben Grund

Wie überzeugend ist diese phänomenologische Rekonstruktion der Ursprünge der Weltkonstitution? Letztlich stützt sie sich auf die Gegebenheit dessen, was Husserl manchmal als *Urmaterialen* bezeichnet (d.h. die Gegebenheit ursprünglicher Affektionen). Dennoch bleiben einige Fragen offen: Ist es gerechtfertigt, die Vorgegebenheit dieser "Urmaterialien" für bare Münze zu nehmenKönnen wir nicht über ihre Gegebenheit sagen, was Husserl selbst über die Gegebenheit der Welt sagt, nämlich dass sie ein Index ist, der seinerseits weitere phänomenologische Untersuchungen und Klärungen erfordert? Hier werden wir an das Fragment 45 von Heraklit erinnert, das Husserl selbst in der Krisis zitiert: "Der Seele Grenzen wirst du nie ausfinden, und ob du auch jegliche Straße abschrittest: so tiefen Grund hat sie." Diese Stelle zustimmend zitierend (oder besser gesagt, leicht falsch zitierend) schreibt Husserl weiter: "jeder erreichte 'Grund' verweist in der Tat wieder auf Gründe, jeder eröffnete Horizont weckt neue Horizonte [...]" (Husserl 1954, 173/1970, 170). Diese Worte sind sehr passend für Husserls eigene Darstellung der konstitutiven Genese der Welt-Apperzeption. So philosophisch faszinierend Husserls Darstellung der primären Affektionen auch sein mag, sie kann nicht als das letzte Wort verstanden werden, das alle weiteren Untersuchungen über die Ursprünge der Welt-Apperzeption abschließt. Es bleibt zu fragen: *Produziert das Ich selbst die primären Affektionen, die es dann passiv durchlebt? Wenn ja, wie? Und wenn es das nicht tut, woher kommen sie dann?* Die Analyse dieser wichtigen Frage wird auf eine andere Gelegenheit warten müssen: "[...] doch dergleichen liegt den Anfängern fern" (ebd. 173/ 170).[18]

Literatur:

Husserl, E. (1954): *Die Krisis der europäischen Wissenschaften und die transzendentale Phänomenologie. Eine Einleitung in die phänomenologische Philosophie*, ed. W. Biemel [Hua VI].

(1966): *Analysen zur passiven Synthesis. Aus Vorlesungs- und Forschungsmanuskripten 1918–1926*, ed. M. Fleischer [Hua XI].

(1970): *The Crisis of European Sciences and Transcendental Phenomenology: An Introduction to Phenomenological Philosophy*, trans. D. Carr, Evanston 1970.

(1976): *Ideen zu einer reinen Phänomenologie und phänomenologischen Philosophie.* Erstes Buch: Allgemeine Einführung in die reine Phänomenologie, ed. K. Schuhmann [Hua III,1].

(1980): *Phantasie, Bildbewusstsein, Erinnerung. Zur Phänomenologie der anschaulichen Vergegenwärtigungen. Texte aus dem Nachlass (1898–1925)*, ed. E. Marbach [Hua XXIII].

(2001): *Analyses Concerning Passive and Active Synthesis: Lectures on Transcendental Logic*, trans. A. J. Steinbock (Collected Works, vol. 9), Dordrecht.

(2002): *Ideas: General Introduction to Pure Phenomenology*, trans. W. R. Boyce Gibson, London.

(2005): *Phantasy, Image Consciousness, and Memory* (1898–1925), trans. J. B. Brough (Collected Works, vol. 11), Dordrecht.

(2008): *Die Lebenswelt. Auslegungen der vorgegebenen Welt und ihrer Konstitution. Texte aus dem Nachlass* (1916–1937), ed. R. Sowa [Hua XXXIX].

Kant, I. (1998): *Critique of Pure Reason*, trans. and ed. P. Guyer and A. W. Wood, Cambridge.

---

qualifiziert Husserl die primären Affektionen als Instinkt-Affektionen (vgl. z.B. ebd. 474) und behauptet weiter, dass die Empfindungssinnlichkeit zugleich die Instinktsinnlichkeit ist und somit mit der Gefühlsintentionalität verwoben ist (ebd. 476). Die Instinkte, von denen hier die Rede ist, geben dem Ego die Motivation, sich bestimmten Sinneseindrücken zuzuwenden und sie in die Erscheinungen von apperzeptiv intendierten Objektivitäten zu verwandeln. Nehmen wir als Beispiel den Fall des Ernährungstriebes. Was sich im Prozess der Verzeitlichung konstituiert, ist nicht nur ein objektives Ding (ein Dingliches), das das instinktive Bedürfnis befriedigt, sondern ein Mittel der Ernährung, das verschiedene Erscheinungsformen annehmen kann und das den Ernährungstrieb weiterhin befriedigen kann. Dasselbe gilt für alle anderen Instinkte wie Angst, Wut, Schüchternheit, Neugier, Zuneigung, sexuelle Liebe, Eifersucht, Neid, Rivalität, Geselligkeit, Sympathie, Bescheidenheit, Heimlichtuerei, Habgier usw. All diese und andere Instinkte motivieren uns dazu, bestimmte Empfindungen herauszufiltern und sie im Laufe der Erfahrung in apperzeptiv gegebene Phänomene zu verwandeln. Husserls phänomenologische Rekonstruktion der Entstehung von Apperzeptionen führt uns zurück zu den primären Instinkten und den primären Affektionen, die sie hervorrufen. In diesem Sinne kann er behaupten, dass es kein Zufall ist, dass sich die Welt mit all den Arten von apperzeptiv gegebenen Phänomenen konstituiert, die wir in ihr finden. Die Richtung auf eine Welt ist schon allgemeinst in den instinktiven Dimensionen des subjektiven Lebens vorgezeichnet (vgl. ebd. 476).

[18] Man kann ferner feststellen, dass Husserls Darstellung der konstitutiven Genese des Weltbegreifens auf dem Schema "Inhalt / Begreifen des Inhalts" aufgebaut zu sein scheint, das Husserl erstmals in den *Logischen Untersuchungen* eingeführt hatte. Bekanntlich hat Husserl selbst mehrfach die phänomenologische Legitimität dieses Schemas in Frage gestellt. Seine Kritik legt nahe, dass das, was wir was wir gewöhnlich für den Inhalt der Erfahrung halten, bereits eine konstitutive Leistung ist. Was im vorliegenden Zusammenhang zu fehlen scheint, ist eine genetische Erklärung der Konstitution von instinktiven Affektionen.

Leibniz, G.W. (1996): Monadologie und andere metaphysische Schriften, übers. v. Ulrich Johannes Schneider, Hamburg.
James, W. (1950): *Principles of Psychology*, vol. 1, New York.
Perkins, F. (2007): *Leibniz: Guide for the Perplexed*, New York.

HUSSERL ALS PHILOSOPH DER AUFKLÄRUNG[1]

Sebastian Luft[2]

Zusammenfassung:

This paper outlines a form of Enlightenment philosophy as envisioned by Husserl. Although Husserl did not explicitly align himself with the Enlightenment as an historical epoch, it is my claim here that he did carry out an Enlightenment philosophy as a concrete research project, following from his phenomenology, which is understood here as a strong version of transcendental idealism. This interpretation spells out the ramifications for Husserl's view of the lifeworld and subjects living in it. Husserl, in his way, carries on the project of modernity as an »unfinished project« (Habermas) and is, hence, of timely relevance far contemporary philosophy after the collapse of postmodernism.

»Rationalismus ist fast zum Schimpfwort geworden«
Edmund Husserl am 26. November 1934
in einem Brief an seinen Freund Gustav Albrecht; Hua-Dok. IIV/9, 108.

1. Einleitung: Die Beziehung von Aufklärung und Moderne als »unvollendetem Projekt«

Wer heute über das Thema »Aufklärung« spricht, wird wohl kaum umhinkommen, diese mit dem von Jürgen Habermas geprägten Topos der »Moderne« als eines »unvollendeten Projekts« in Verbindung zu bringen und von ihm her aufzurollen. Denn Habermas hat diese Formel bereits zu Anfang der achtziger Jahre in Umlauf gebracht, also zum Höhepunkt der aufklärungsfeindlichen Postmoderne. In dieser Auseinandersetzung hat er sich gegen verschiedene Formen derselben gewandt, die er allesamt als Projekte ansah, die Moderne auszuhebeln und zu überwinden (oder zu unterlaufen). Die grundsätzliche Strategie seiner Kritik war, eben gegen die Post-Moderne die „Moderne" in Anschlag zu bringen, wie er sie verstand. »Moderne« bezeichnet für Habermas die generelle Geisteshaltung, die das Projekt der Aufklärung nicht hinter sich lassen, sondern gerade in Konsequenz zu ihrem Ende und Abschluss bringen will. Die Moderne ist eben das Projekt der Aufklärung, oder hat Aufklärung als ihr Ziel. Soweit Habermas, der mit diesem hier artikulierten Verständnis von Aufklärung, als untrennbar verwoben mit der Moderne, sicher keine allzu provokante Behauptung aufstellte, sofern sich wohl alle ihre Vertreter im allgemeinsten Sinn unter das Kantische Motto des »Ausgangs des Menschen aus selbstverschuldeter Unmündigkeit« mehr oder weniger subsumieren lassen.

Provokant und interessant für die vorstehenden Reflexionen werden Habermas' Ausführungen dort, wo er seine Diagnose der Moderne - sowie dessen, was mit ihr schiefgelaufen ist - mit einem Begriff in Verbindung brachte, der ihn unmittelbar ins Fahrwasser von Edmund Husserls

[1] Sebastian Luft, *'Husserl als Philosoph der Aufklärung"; Psycho-Logik vol. 6: Aufklärung und Neue Mythen* (2011), pp.14-32. Um diesen Text in unserem zweibändigen deutsch-türkischen Buch zu veröffentlichen, haben wir uns an die Zeitschrift *Psycho-Logik* gewandt und die notwendige Genehmigung eingeholt. Wir danken dem Autor für die Möglichkeit, diesen wertvollen Artikel in unserem zweibändigen türkisch-deutschen Buch wieder zu veröffentlichen.

[2] Prof.Dr. Director of Graduate Studies, Marquette University, Klingler College of Arts & Sciences, Department of Philosophy, Sebastian.Luft@marquetre.edu

Phänomenologie führte, nämlich mit dem der Lebenswelt. Die Lebenswelt als Austragungsort des menschlichen Lebens und seines »kommunikativen Handelns«, wie es in Habermas' Werk detailliert untersucht wird, wird nämlich - so Habermas' Diagnose des »Differenzierungsprozesses« der Neuzeit - zunehmend »kolonialisiert«, und zwar von den »generalisierenden Steuerungsmedien« Macht und Geld. Diese zwingen den lebensweltlich gewachsenen Normen und Werten eine eigene »Handlungslogik« auf, die einen Übergriff auf die ursprüngliche Lebenswelt ausüben. In Habermas' Worten: »Heute [1984] dringen die über die Medien Geld und Macht vermittelten Imperative von Wirtschaft und Verwaltung in Bereiche ein, die irgendwie kaputtgehen, wenn man sie vom verständigungsorientierten Handeln abkoppelt und auf solche mediengesteuerten Interaktionen umstellt« (Habermas 1984, 189).

Ist dieser Prozess des Eindringens »in Bereiche, die irgendwie kaputtgehen«, vollendet, ist die Lebenswelt eben vollkommen »kolonialisiert«. »Kolonialisierung der Lebenswelt« ist also - das ist mir hier entscheidend - das Stichwort dafür, was in der Neuzeit der Vollendung des Projekts der Moderne, als des Prozesses der Aufklärung (wenn auch als regulativer Idee), im Wege steht. Denn die Imperative aus Wirtschaft und Kapitalwelt folgen eben nicht, sondern widersprechen geradezu den konsensuell hergestellten Werten und Normen einer *idealiter* vernunftgeleiteten Kommunikationsgemeinschaft, wie sie Habermas vorschwebt, hierbei den Geist der Aufklärung neu deutend. Nun ist dieser Befund insofern mit der Husserlschen Analyse der »Krisis der Wissenschaften« analog, als es auch Husserl als intrinsisches Problem der Neuzeit ansah, dass die neuzeitliche Wissenschaft, die sich auf ein positivistisches, szientistisches Verständnis von Wissenschaft verengt hatte, die Lebenswelt in der wissenschaftlichen »Idealisierung« mit einem »Ideenkleid« überdeckt, welches die ursprüngliche Lebenswelt zum Verschwinden gebracht hat (vgl. Hua. VI, 18-60, v.a. 45*ff*.). Das ist der in der Idee der Neuzeit angelegte »Fehler im System«. Insofern kann man die Habermassche Metapher durchaus auf die Husserlsche Diagnose anwenden und in ihrem Sinne sagen, dass die moderne Wissenschaft die vorwissenschaftliche Lebenswelt »kolonialisiert« hat. Geht es Habermas um die Aufhellung der gesellschaftlich-politischen Strukturmomente, die hierzu geführt haben, so ist die Husserlsche Analyse eine wissenschaftshistorische Rekonstruktion der modernen Wissenschaft und ihrer Krise und insofern, fasst man Wissenschaft ihrerseits als Moment der Gesellschaft und ihrer Kultur im Allgemeinen, ein speziellerer Fall der Habermasschen Analyse. Wo aber Habermas wiederum, seinerseits, theoretisch von Husserl abhängt, ist die Gedankenfigur der »Überdeckung« bzw. »Kolonialisierung« der ursprünglichen Lebenswelt durch ihr fremde und sie verfälschende Strukturen.

Der Ausgangspunkt beider scheint also eine unkontaminierte und vermeintlich heile, d.h. noch nicht von ihr Fremdem — was immer das im jeweiligen Kontext sei — überformte, also unkolonialisierte Lebenswelt zu sein. Hierbei sind zwei Dinge bemerkenswert: Erstens hat der Begriff »Kolonialisierung« in diesem Kontext eindeutig einen negativen Beiklang. Dabei muss man, worauf Walter Zimmerli neuerdings aufmerksam gemacht hat, darauf hinweisen, dass »der Begriff »Kolonialisierung« in seinem ursprünglichen Kontext eine ausgesprochen positive Konnotation hatte, und zwar, bis die unbeabsichtigten unerwünschten Nebenfolgen der Kolonialisierung bemerkt wurden« (Zimmerli 2010, 7). Kolonialisierung in einem positiven Sinn, nämlich (laut Wikipedia) als »Urbarmachung, Besiedelung und Entwicklung bisher ungenutzter Gebiete eines Staates«, ist damit vom Kolonialismus als der zumeist gewaltsamen Aneignung der von anderen bewohnten Ländereien unter gleichzeitiger Versklavung oder Unterdrückung der Ureinwohner zu unterscheiden. Wie aber der letzte Nebensatz von Zimmerlis Satz, »bis die unbeabsichtigten ungewünschten Nebenfolgen bemerkt wurden«, auf verräterische Weise deutlich macht (wer bemerkt?), verläuft nur eine feine Linie zwischen der Erfolgsgeschichte von »Pionieren«, die die »Neue Welt« entdeckten und Helden in der zurückgelassenen Heimat waren, und ihrer Sicht als » Ausbeuter, Rassisten und Mörder«, die fremde Völker ihrem Willen unterjochten; eine Art von Geschichtsbild, was etwa der Marxistische Historiker Howard Zinn in seinem bekannten »A People's History of the United States« vertritt (1995). Wie immer - man kann festhalten, dass der Begriff durchaus nicht notwendig negativ zu verstehen ist, aber dass die Frage, ob der Begriff positiv oder negativ konnotiert ist, vom Standpunkt abhängt. Hierbei muss der negative Begriff weder unbedingt Marxistisch, noch die positive und negative Sicht jeweils einer »rechten« oder »linken« politischen Gesinnung zuzuordnen sein.

Die positive oder negative Interpretation von Kolonialisierung hängt aber nun mit dem zweiten Punkt zusammen, nämlich der — naiven — Annahme von einer »heilen« Lebenswelt vor der Kolonialisierung. Sollte es so etwas jemals gegeben haben, dann ist die Kolonialisierung ja nicht anders denn als Überfremdung, Aneignung oder »Annexion« zu verstehen. Denn man kann mit Recht fragen, ob es eine »heile Welt« jemals gegeben hat und sie nicht eher den Visionen eines romantischen Traums entspringt. Wie Habermas zu diesem Punkt - des Traums bzw. Ideals einer vor- oder nicht-kolonialisierten Lebenswelt — steht, ist mir nicht bekannt; aber vermutlich ist Habermas in diesem Punkt - wie auch sonst - nicht naiv, Aber es soll hier nicht um Habermas gehen. Was jedenfalls Husserl betrifft, wovon es hier im weiteren handeln soll, so würde sein Verständnis von Lebenswelt im Rahmen seiner Phänomenologie (als transzendentaler Konstiutionstheorie) ganz sicher falsch wiedergegeben, wenn es sich hierbei um eine vollkommen vorwissenschaftliche, voridealisierte und damit *reine* und heile Welt handeln würde, also eine Art vorneuzeitliches Paradies, zu dem man - dies die Fortsetzung des romantischen Traums - zurückzukehren wünscht, koste es, was es wolle. Es ist dieser Traum, dem heute nicht wenige »grün« gesinnte Menschen nachhängen. Aber es war sicherlich nicht Husserls Traum.

Teil der Husserlschen Analyse der »Idealisierung der Lebenswelt« ist nämlich die — oftmals unterschlagene - Gegentendenz derselben, dass sich die idealisierten Elemente immer schon in die Lebenswelt »zurückgelegt« haben; Husserl nennt dies »Verweltlichung«. Eine Idealisierung - eine aus der Lebenswelt stammende und sie überdeckende Verwissenschaftlichung - ohne eine immer schon vor sich gehende Verweltlichung — eine Zurücklegung der wissenschaftlichen Ergebnisse in die Lebenswelt, der sie entstammen - ist strukturell undenkbar. Damit ist von vornherein einer Interpretation des Lebensweltgedankens als einer - egal wovon — unkontaminierten Welt der Boden entzogen. Zwar ist die Neuzeit, laut Husserl, von einem Exzess einer solchen Verwissenschaftlichung gekennzeichnet, sofern ihre Krise der Wissenschaft zu einer Entkoppelung der Wissenschaft von der alltäglichen Erfahrung geführt hat (krisis = wörtlich »Scheidung), und damit zu einer gegenseitigen Entfremdung. Husserls Diagnose dieser Tendenz, die sich seit Husserls Zeit noch verstärkt hat und daher heute nicht mehr allzu aufregend ist, kann aber nie und nimmer heißen, dass der Husserlsche Lebensweltbegriff auch nur im Entferntesten einen romantischen Beiklang hat, wie etwa Heidegger die landschaftliche Umwelt in ihrer »Ursprünglichkeit« - z.B. vor der Entdeckung durch Touristen - romantisiert hat.

Das bringt uns aber nun zum Punkt, wo wir, vom Habermasschen In-Beziehung-Setzen von Aufklärung und Lebenswelt ausgehend, zum Husserlschen Verständnis von Aufklärung übergehen und der vorstehenden Analyse eine klare Richtung vorgeben können. Für Habermas ist die Formel »Kolonialisierung der Lebenswelt« Ausdruck dafür, was an dem Projekt der Moderne als Aufklärung schief oder »aus dem Ruder« gelaufen ist und ihre Vollendung verhindert. Es ist die unerfreuliche Kehrseite der Aufklärung, in dem Sinne, wie die Kolonialisierung in einen chauvinistischen

Kolonialismus umschlagen kann. Das ist die »Dialektik der Aufklärung, die schon Habermas' Lehrer beschworen. Für Husserls Analyse der Idealisierung der Lebenswelt mag man zwar dieselbe Begrifflichkeit verwenden, aber sie kann in Husserls Sinn nicht für eine aufklärungskritische und negative Sicht von Aufklärung stehen. Im Gegenteil müsste »Kolonialisierung« im Sinne Husserls positiv besetzt sein, wenn man den Begriff so versteht, dass es zwar ein Einströmen von Lebensweltfremdem »immer schon« gibt, aber dass dies nicht eo ipso etwas Schlechtes, Verdammenswertes ist, sondern - wie zu zeigen sein wird — das genaue Gegenteil. Denn — wie gesagt - eine »reine Lebenswelt« ist ein Unding für Husserl, wie auch die Idee einer Natur ohne Kultur, also einer »reinen Natur«, die von Kultur »überformt« würde. Das führt uns aber zum Kern von Husserls Verständnis von Aufklärung, wovon es im Folgenden handeln soll. Und man kann sich schon jetzt denken, dass ein Begriff von Aufklärung bei Husserl undenkbar ist ohne den Austragungsort aufgeklärten Denkens und Handelns, also der Lebenswelt, die niemals unkulturiert, unkolonialisiert erlebt werden kann.

2. Reine Natur, Kultur und Lebenswelt

Ein Verständnis der Husserlschen Idee von Aufklärung gewinnen kann man nur, wenn die Idee der Aufklärung - ein Begriff, den Husserl im Übrigen selbst nicht zu seiner Selbstcharakterisierung verwendet - mit seinem Verständnis von Lebenswelt in Verbindung gebracht wird, Was also bedeutet dieser so oft verwendete und gleichwohl so oft missverstandene Begriff »Lebenswelt« bei Husserl? Als »Welt des Lebens« bezeichnet sie in erster Linie die Welt alltäglichen Lebens. Damit ist, wie bereits klar wurde, kein romantischer Urzustand gemeint, sondern genauer die vorwissenschaftliche Lebenswelt, die aber, wie wir bereits wissen, »immer schon« von Wissenschaft durchtränkt ist. Wir gebrauchen »selbstverständlich« Dinge, die einer wissenschaftlich-technischen Leistung entstammen, vom Korkenzieher angefangen bis hin zum Auto und der Fernbedienung. Was meint dann die Kennzeichnung »vorwissenschaftlich« und wie ist sie überhaupt berechtigt? »Vorwissenschaftlich« bezeichnet das, was Husserl auch als »naiv« kennzeichnet: Unsere alltägliche Lebensweise in der Lebenswelt, also das Leben in der »natürlichen Einstellung«, ist naiv, sofern wir um diese wissenschaftlichen Leistungen, die um uns herum »wirken«, indem sie gewisse Dinge »animieren« (in der Form von Autos, Mikrowellenofen etc.), nicht wissen. Die Fernbedienung wird genauso »normal« wahrgenommen wie der Baum im Garten. Das heißt nicht notwendig, dass man um die wissenschaftliche Leistung unwissend sein muss, sondern dass man diese wissenschaftliche »Denkleistung« nicht aktualisiert oder zu aktualisieren braucht, um mit den Dingen sinnvoll umzugehen. Auch ein Chemiker kocht »unbekümmert« um die chemischen Vorgänge im Kochtopf. Sie sind irrelevant oder werden nur dann relevant, wenn man sich etwa fragt, was die »wahren Ursachen« dafür sind, dass die Milch sauer geworden ist, sofern die Tatsache, dass man sie in der Sonne hat stehen lassen, zwar als die notwendige, aber nicht hinreichende Erklärung hierfür empfunden wird. Aber man muss kein Chemiker sein, um zu wissen, dass sich Zitronensaft und Milch —- chemisch gesprochen Säuren und Basen - »nicht vertragen«.

»Naiv« oder vorwissenschaftlich zu leben, heißt also, dass man die Denkleistungen (wissenschaftliche, technische, architektonische etc.), die in die Herstellung der Gebrauchsdinge um uns herum eingegangen sind, nicht aktualisiert, im »geistigen Auge vor sich stehen« hat, sei es, dass man die Leistungen ausblendet (wie der Chemiker), vergisst, oder nie besessen hat, wie das Kind, das in dieser Umwelt selbstverständlich aufwächst (und bereits im zarten Alter von Computern mehr weiß als seine Eltern). Die Dinge um uns herum sind also in dieser Hinsicht einander »gleich«, als wir sie ungeachtet ihres ontischen Status gebrauchen, einschätzen, bewerten, behandeln usw. Wir gebrauchen sie einfach gemäß unseren Interessen und Zwecksetzungen. Obwohl das ästhetische Interesse des Blumenliebhabers, wie Husserl sagt, am »wahren Sein [der Blume] noch himmelfern« (Hua. XI, 24) ist von dem des Botanikers, kann das gesteigerte Interesse von jenem doch Anlass zu genauerer Erforschung werden. Wäre dem nicht so, dann wäre der Übergang von vorwissenschaftlicher zu wissenschaftlicher Lebensweise nicht erklärlich. Aber die vorwissenschaftliche Lebensweise in der Lebenswelt ist vorwissenschaftlich, gerade nicht, weil es darin keine Wissenschaft gäbe, sondern deswegen, weil die Einstellung zu den Dingen nicht-wissenschaftlich ist, obwohl beide (die Einstellung zu den Dingen wie die Dinge selbst) doch — wissend oder (!) unwissend – von wissenschaftlichen Leistungen abhängen und von ihnen durchtränkt sind.

Ist dies so, dann kann es auch keine »reine Natur« geben, die von der vom Menschen überformten Natur unterschieden ist, die wir »Kultur oder »zweite Natur« nennen. Unser Blick auf die Welt ist interessegeleitet, und zwar nach partialen Interessen, die den Blick auf die Dinge leiten. Die natürliche Einstellung ist also unterschieden von der Wissenschaft darin, dass letztere geleitet ist vom »Universalinteresses, wissen zu wollen, »wie alles an sich« ist, gerade ohne sich durch ein besonderes (etwa wirtschaftliches, politisches} Interesse ablenken zu lassen oder ihm zu dienen; dies ist eben der Inbegriff der Wissenschaft. Vorwissenschaftlich folgen wir demgegenüber ständig irgendwelchen z.T. konfligierenden Interessen. In diese Richtung gehen die Heideggerschen Überlegungen bezüglich des »Um-zu« Charakters des In-der-Welt-Seins, die in dieser Hinsicht ganz im Sinne Husserls zu verstehen sind. Um ein Beispiel Heideggers zu nennen: So ist auch die »reine Natur«, die wir suchen für den »entspannten« Sommerurlaub weg vom »Getriebe« der lauten Stadt, nicht anders ein »Gebrauchsding« als der Wald als Holzspender, die Sonne oder der Wind als Energiespender und die Kuh als Milchspender. Mit »reiner Natur« ist hier also ein vermeintlich »unberührtes« Stück Land gemeint, was es eben fast gar nicht gibt, einmal abgesehen davon, dass »Urwald« ohnehin fast nirgends mehr auf dem Globus anzutreffen ist (in Europa sicherlich überhaupt nicht mehr außer Teilen des Bayerischen Waldes), und da, wo es ihn noch gibt, rapide vernichtet wird. Ein wichtigeres Argument, warm es »reine Natur« nicht gibt, als das faktische Verschwinden von »unberührter« Natur vom Erdball, ist die Tatsache, dass wir eben in der natürlichen Einstellung die Dinge in der Lebenswelt immer nur erfahren als einem Interesse dienlich. Also auch das Genießen von »wilder Natur« ist nicht »naturhaft«, sondern interessegeleitet (etwa, um dem gestressten Stadtmenschen Entspannung zu verschaffen).

Wenn es also »reine Natur« »an sich« gar nicht gibt, wie steht es dann mit ihrem Gegenstück, der Kultur? Sofern man Kultur nicht ausschließlich als »Hochkultur« mit ihren Produkten (Musik, Literatur, Kunst) versteht, sondern als das, was vom Menschen im weitesten Sinne »bebaut, gepflegt und geehrt« (lat. cultum) wird, also irgendwie vom Menschen »bearbeitet« wird, sofern der Mensch sich aus dem »Urzustand« erhebt, in dem er noch »eins mit der Natur« und damit gerade kein Mensch im vollen Sinne war, - versteht man also »Kultur« als das vom Menschen in irgend einer Weise »Berührtes, dann muss man schließen, dass »reine Natur« auch nur eine Form von Kultur ist und es keinen Sinn hat, Natur von Kultur zu unterscheiden. Das bestellte Feld, der kunstvoll angelegte Garten sind eben nicht grundsätzlich unterschieden von einem Gemälde oder einem gedeckten Tisch. Zwar hat es wissenschaftstheoretisch einen guten Sinn — und auch Husserl folgt dieser Tradition -, Natur- von Kultur- oder Geisteswissenschaften zu unterscheiden, sofern letztere die vom Menschen gemachten Produkte untersuchen, die Naturwissenschaften dagegen das »von selbst« Gewachsene im Sinne der ursprünglichen Bedeutung von physis. Sie sind aber damit Ergebnis einer ontologischen Unterscheidung, nämlich der ontischen Regionen Natur und Geist, und keiner methodischen, und

Husserl fügt gern hinzu, dass die Wissenschaften der Welt »nichts antun«, also lediglich erklärend oder beschreibend sind und ihr keine »Interpretation« aufoktroyieren. Sie sind also eine Methode, die Welt zu »sehen« (im weitesten Sinn), und nehmen keine Unterscheidungen vor, wie die Welt »ist«. Insofern sie aber doch in einer Weise Begriffe verwenden oder sonst wie erklären, beschreiben, usw. kann man auch dies als eine Form der »Bearbeitung« ansehen. Wissenschaft zu treiben ist damit eine Kulturtätigkeit neben anderen wie Bilder zu malen oder Gedichte zu schreiben.

Halten wir fest: Die Lebenswelt als Welt unseres vorwissenschaftlichen Lebens umfasst sowohl Natur wie Kultur, sofern damit Handlungs- und Interessehinsichten und keine »realen« Regionen gemeint sind — mit der einen Ausnahme, der Wissenschaft, die zwar als eine Form der Bearbeitung eine Kulturhandlung ist, aber als institutionalisierte Lebensform aus der natürlichen Einstellung hinausführt und eine »ganz andere« Sicht auf die Lebenswelt eröffnet. Sofern es keine »reine Natur« gibt und auch keinen »natürlichen« Zugang zu ihr, sondern Natur auch ein Kulturprodukt ist —- wie man z.B. von der »Entdeckung der Natur« in der Romantik spricht -, könnte man besser sagen, dass Kultur »Natur« absorbiert; und sofern beides Formen des Lebens in der Lebenswelt sind, hat es einen guten Sinn, die Lebenswelt als durch und durch kulturell aufzufassen. Unser Leben in der Lebenswelt ist kulturell bis hinunter zu den einfachsten Verhaltensweisen. Es gibt also nicht erst so etwas wie »reine Natur«, die dann in einer kulturellen Weise »überformt« und damit »verfälscht« würde - bzw. wäre eine Weise der Überformung die Verfälschung —, sondern jeder Zugang zur Welt ist - um es anders auszudrücken - interpretierend. Die Idee, dass ein bestimmter Zugang zur Welt die »Welt selbst« verfälscht, ist ein Grundirrtum, weil es keine Welt ohne Zugang zu ihr gibt.

Was Husserl also als »Interesse« bezeichnet, womit wir die Welt als kulturelle Lebenswelt erfahren, kann man in dieser Hinsicht durchaus mit dem Begriff des »Symbolischen« bezeichnen, wie ihn Cassirer verwendet hat (auch wenn Husserl keine Systematik des Interesselebens nach verschiedenen Hinsichten unterteilt ausgearbeitet hat, die mit Cassirers System der symbolischen Formen vergleichbar wäre). Unser Blick auf die Welt ist vermittelt durch »symbolische Formen«, die kein »Filter« einer »reinen« Sichtweise sind, sondern Bedingungen der Möglichkeit des Welterfahrens. Die Weisen, die Welt zu sehen, sind transzendentale Formen der Anschauung, die mit gewissen Interpretationsweisen, also interessegeleiteten Sichtweisen operieren, um uns »die Wirklichkeit« zugänglich zu machen. Aber es gibt nicht »die Wirklichkeit«, wie es auch nicht »den Raum« gibt - beides sind mathematische Abstraktionen, die die Welt, wie sie in der natürlichen Einstellung, also als

Lebenswelt, erlebt wird, überdecken; wie Husserl sagt, der »reine Raum« ist eine wissenschaftliche Substruktion (der Realismus als metaphysische Position ist also selbst ein Produkt der mathematisierenden Idealisierung der Lebenswelt). Demgegenüber wird die Wirklichkeit, die erfahren wird, erfahren als in einer wie immer gearteten Weise bearbeitet.

So hat Cassirer, völlig zu recht, Kants transzendentale Wende, dass wir nur das von der Welt erkennen können, was wir aufgrund unserer Verstandesfähigkeiten in sie legen, als eine bestimmte, spezifische Spielform des Gedanken Vicos identifiziert, dass der Mensch nur das, was er selbst gemacht hat, richtig verstehen kann. Hierbei ist aber »Machen« nicht pragmatisch verengt verstanden, als ein konkretes Machen, Herstellen oder Agieren; sondern »Machen« im weitesten Sinn als Interaktion zwischen erfahrendem Ich und erfahrener Welt - mit Husserl: »Konstituieren« - spielt sich ab auf jeder Ebene des Erfahrens, von der so genannten vorprädikativen Passivität hin zur höchsten kulturellen {im engeren Sinn) Aktivität. Die Lebenswelt ist also nicht schlichtweg »die Realität« als singulare tantum, sondern die Wirklichkeit in den mannigfaltigen Weisen, erlebt zu werden, wobei auch das Erleben und Erfahren von Welt plural ist, »Lebenswelt« ist also ein Oberbegriff für die Pluralität der Erfahrungswelten als Bedeutungsweiten und korreliert den verschiedenen Weisen, die Welt zu erfahren, Erfahrungen, worin »die Welt« sich jeweils anders darbietet, jeweils anders erfahren wird. Aber jedes Gesicht, das der Mensch der Welt zuwendet, ist ein Menschengesicht, und was der Mensch sieht, hat wieder ein menschliches Antlitz. Die Natur ist das Spiegelbild des Menschen, nicht umgekehrt.

Was sich hier aber artikuliert gegenüber einer Form von Realismus, der die Welt als bewusstseinsunabhängig ansieht (und die Sicht der Welt als möglichst getreues Abbild derselben), ist eine kopernikanisch geänderte Weltsicht, die das »Sein« der Welt von ihrer Erfahrung abhängig macht. Diese Weltsicht heißt »Idealismus«. Es gibt kein »Außerhalb« dieser Korrelation von Erfahrung-von-Welt, sofern Erfahrung und Welt nur Korrelatsbegriffe einer Struktur sind, nämlich der Struktur von Subjektivität-erfährt-Welt, Subjektivität gefasst als notwendig weiterfahrend und Welt notwendig gefasst als vom-Subjekt-erfahren, beides plural verstanden. Beide gehören zusammen als zwei Seiten einer Medaille. Insofern ist die urphänomenologische These von der Intentionalität des Bewusstseins bereits eine, wenn auch Husserl anfangs noch unbewusste, Form von Idealismus. Die bis hierher rekonstruierte Sicht der Lebenswelt ist also eine - wenn auch für Husserl in dieser Radikalität nicht vollständig erkannte – konsequente Artikulation des Idealismus, von der im Übrigen die Kantische Version - als verengt auf die Bedingung der Möglichkeit von synthetischen Urteilen a priori - »lediglich« eine spezielle Form darstellt. Die Husserlsche Beschreibung von Lebenswelt, wie sie hier in aller Kürze wiedergegeben wurde, ist also Ausdruck einer philosophischen Position, des Idealismus (von dem der transzendentale, wie gesagt, nur eine besondere Applikation ist). Wie kann das Gesagte nun fruchtbar gemacht werden für Husserls Sicht von Aufklärung?

Soll der Idealismus, der sich in Husserls Lebensweltphänomenologie ausspricht, eine Form von Aufklärung oder einer aufgeklärten Lebensweise sein — dies die These --, so muss die Husserlsche Philosophie eben das sein - Philosophie, und nicht »nur« Phänomenologie, sofern man unter letzterer reine und vorurteilslose Beschreibung versteht. Anders gesagt, es muss sich in Husserls Philosophie neben einem deskriptiven auch ein normatives Element finden, also nicht nur einer Deskription, wie die Welt ist, sondern auch einer Präskription, wie sie sein soll. Dies auszubuchstabieren soll die hier vertretene These, dass Husserls Phänomenologie, als Form von Idealismus, die Aufforderung zu einer aufgeklärten Lebensweise enthält, belegen.

Das deskriptive Element der phänomenologischen Beschreibung ist sozusagen ihr täglich' Brot: also die Beschreibung der Welt, wie sie sich in ihren verschiedenen Gegebenheitsweisen und den dazu korrelativen Weisen, erfahrbar zu werden, manifestiert. Was aber de facto beschrieben wird, ist eine Welt mit einem Menschenantlitz, eine Welt, wie sie von Menschen konstituiert wird; Menschen, die sich ihrerseits in einer Welt als Lebenswelt finden, einer Welt also, die sie nicht allein »herstellen«, sondern in der sie sich »je schon« finden, mit einer geschaffenen Tradition, einer Geschichte (das ist Aufgabe der genetischen Phänomenologie, vgl. Husserl 1948), einer gegenwärtigen Situation mit ihren politischen, sozialen etc. Gegebenheiten, einer Offenheit in die Zukunft, einer bestimmten Räumlichkeit, die »je schon« konstituiert ist als »Wald« oder »Stadt« oder politische Entität mit ihren Substrukturen etc. Diese lange enumeratio kann freilich - das ist der Punkt — noch endlos weitergesponnen werden, in dem Sinne, in dem die Welt eine Horizontstruktur mit dem Charakter von »und so weiter« hat und Konstitution überall statthat. Die Welt als Lebenswelt und den Menschen in ihr als Moment einer intersubjektiven und traditionsgebundenen generativen

Gemeinschaft im Rahmen des Idealismus begreifen, bedeutet:

Die Welt ist nicht ein »kalter Planet«, auf dem wir heimatlos sind, sie ist kein Spielplatz von anonymen Mächten, denen man hilflos ausgeliefert ist, von »Machenschaften« jenseits unserer Kontrolle, von »globalen« Strukturen, die uns widerspruchslos bestimmen, sondern die Welt ist durch und durch vom Menschen gemacht. Die Lebenswelt ist Kulturwelt. Nichts in der Welt kann dem Menschen grundsätzlich fremd sein. Die »weitesten Weiten« des Kosmos wie die »tiefsten Untiefen« des Unbewussten mögen uns »unbekannt« sein und damit furchtsam und bedrohlich erscheinen. Aber die Welt wird doch immer erfahren von meiner unmittelbaren Umgebung aus und entfaltet sich vom unmittelbaren Hier und Jetzt. Die Welt konstituiert sich von der »lebendigen Gegenwart« her, wie Husserl es ausdrückt, eine Welt, die zunächst einmal (auch dies ein Husserlscher Begriff) als »Heimwelt« erlebt wird und deren Horizont sich immer mehr weitet (potentiell ad infinitum). Das Fremde ist doch nur Ichfremdes, fremd für mich und damit »kolonialisierbar«, was hier eine durchaus positive Bedeutung hat. Was mir zunächst fremd ist in der Begegnung mit anderem, kann immer irgendwie nach-verstanden werden, sei es durch Analogisierung (dies ist meine Gottheit - dies deine) oder durch Kommunikation, die durchaus nicht immer sprachlich zu sein braucht.

Das heißt nun, auf die Frage des lebensweltlichen Subjekts bezogen, weil ich ein Ich bin, können mir auch andere Iche grundsätzlich verständlich sein, wenn auch erst im Prozess eines Nach-Verstehens. Es ist gerade die Aufgabe der genetischen Phänomenologie, die Prozesse, die gewisse Sinnstrukturen konstituiert haben, zu rekonstruieren, nachzuverstehen, was grundsätzlich immer möglich ist, aus dem einfachen Grund, weil sie menschliche Strukturen sind, die ihre bestimmten Voraussetzungen haben, die expliziert werden müssen, um ihre Genese rekonstruieren zu können. Aber dies ist grundsätzlich immer möglich. Eine »Horizontverschmelzung«, wie es Gadamer genannt hat, hierbei unwissentlich an Husserl anknüpfend, ist stets möglich, weil — um nochmals das Argument hervorzuheben — grundsätzlich jedes andere Ich ein anderes Ich, also von meiner Spezies ist und daher den gleichen Sinnstrukturen und Sinngesetzen untersteht, die sich natürlich faktisch anders entwickelt und ausgewirkt haben. (Auch eine »Psychoanalyse« als Untersuchung des eigenen Selbst nach mir Unverstandenem und Fremdem kann nur auf Ichhaftes stoßen und damit prinzipiell eine Horizontverschmelzung zwischen Ich und »Es«, was grundsätzlich aber ichhaft ist, herbeiführen.) Aber das ist eben die Aufgabe der Phänomenologie, die Genese von Sinnstrukturen sowie die Gesetze von Sinn selbst zu untersuchen. Das macht die Phänomenologie im Husserlschen Sinn eben zur Wesenswissenschaft; nicht eine Untersuchung vom Europäischen oder Indischen Menschentypus, sondern vom Bewusstseinswesen an sich, jenseits der anthropologischen Ausdifferenzierungen. Husserl hier einen Eurozentrismus vorzuwerfen, hieße, die Ebenen von faktischer und Wesensbeschreibung zu verwechseln.

Inwiefern ist dieses Husserlsche Forschungsprogramm, zusammenfassend, ein Beitrag zur aufgeklärten Lebensweise? Es birgt sicherlich keine konkrete oder für alle gültige normative Handlungsanweisung, wie man mit erlebter Oppression oder faktischem Schicksal umzugehen hat, aber es drückt doch eine aufgeklärte Haltung zur Welt aus, die sich folgendermaßen explizieren ließe: Weder die Welt noch das Ich sind grundsätzlich fremde Bereiche, sie sind beide zu beschreiben nach grundsätzlich erkennbaren und nachverstehbaren Sinnstrukturen, die ihrerseits eine nachverstehbare Singenese haben. Auch so etwas wie der Holocaust — das wohl drastischste Beispiel — har eine »Sinnstruktur« und eine historisch-faktische Genesis, die nachverstanden werden kann, auch wenn ein solches Nachverstehen schwierig und sogar schmerzhaft sein mag, aber gerade deshalb für die Täterkinder und -enkel stets notwendig, weil es ihre vermeintliche »Normalität« stets kritisch in Frage stellt. Denn was damit nachverstanden wird, sind Menschen, keine Monster. Das ist, wie zu betonen ist, keine Exkulpation der Täter und spricht nicht einem Revisionismus das Wort, sondern es ist gerade die Aufgabe, die Genese von noch so Unmenschlichem nachzuverstehen, weil es eben von Menschen in ihrer Welt und ihren Umständen getan wurde. Es wäre geradezu unverantwortlich, die Täter als Unmenschen zu bezeichnen und sie damit weit von sich und den eigenen Handlungsmotiven zu weisen. Die Täter sind damit nicht weniger schuldig, aber in ihrem Schuldigsein verstanden, und damit erst ist rechte Auseinandersetzung — und, hoffentlich, Verzeihen - möglich.

Die Welt »idealistisch« in diesem Sinne zu begreifen, heißt, eine Sicht auf die Lebenswelt zu haben, die in sich fasst: die Welt als ichhaft also menschlich - zu begreifen, und das Ich als welthaft, wobei Welt und Ich die Kristallisationspunkte der einen Struktur »Ich-in-der-Lebenswelt« sind. Die hierin implizierte normative Aufgabe, die dieses Projekt zu einem Projekt der Aufklärung macht, ist, dieses menschliche Antlitz der Welt und das menschliche Antlitz des Menschen selbst immer wieder herauszusehen, herauszuverstehen und herauszuinterpretieren, auch wenn »der Mensch in seinem Wahn« der »schrecklichste der Schrecken« sein mag. Aber es ist ein Schrecken, der verstanden werden kann. Das macht den Schrecken nicht weniger schrecklich, nimmt ihm aber den Stachel des Fremden und zeichnet so die Aufgabe vor, das Fremde verständlich zu machen. In dieser Sicht der Welt und des Menschen ist alles Weltliche prinzipiell menschlich und menschenartig, alles Ichhafte welthaft in dem Sinne, dass es nie einer Einzelaktion oder einem Individuum entspringt, sondern alles Subjektive als Intersubjektives begreift, entsprungen aus einer Gemeinschaft miteinander handelnder, denkender, verhandelnder Individuen als gemeinsamer Streiter im doppelten Sinn des Worts: sie streiten miteinander, aber damit für eine Welt als gemeinsame Lebenswelt, Eine gemeinsame Lebenswelt ist nie der Ausgangspunkt, sondern Ergebnis hart errungenen, durch Dissens hindurch erlangten und immer nur zeitweisen Konsenses — und damit auch für immer labil.

Eine solche Weltsicht ist gerade nicht hoffnungslos naiv angesichts der faktischen Katastrophen dieser Welt, Sie ist das Gegenteil von naiv, wenn damit der Sinn von »naiv« im obigen Zusammenhang gemeint ist, also unwissend um die idealistische Weltsicht. Sie ist höchst »transparent« - um die Lichtmetapher der Aufklärung zu verwenden —, denn sie sieht in allem Weltlichen nur das menschliche Antlitz, womit kein »mildes« humanistisches Licht auf die Welt geworfen werden soll, denn dass der Mensch zu Schrecklichem fähig ist, ist hier nie bestritten. Menschliches in der Welt zu sehen, also Eigenes im scheinbar Fremden, ist die höchste Form der Aufklärung, die nicht in einem naiven Glauben an die faktische Umwandlung des Menschen zum intrinsisch guten verharrt, sondern den Menschen damit nur umso mehr in die Pflicht nimmt, das scheinbar Fremde, Unverstandene und mit seinem rationalen Weltbild Unvereinbare zu verstehen, und das heißt, dessen Sinnstrukturen aufzuhellen und die »Fackel der Vernunft« (eine Metapher Husserls) in das nur scheinbar Dunkle hineinzuhalten, Dies ist kein »schöner Traume, sondern im Gegenteil eine harte Aufgabe und die Pflicht, Menschlichkeit herzustellen, wo sie scheinbar nie war und sein konnte, Wie man das Menschliche hier fassen mag als Vernunft, Rationalität, Logik oder eher als Herz, Gemüt, Liebe -- ist eine Debatte, die man erst führen kann, wenn man die idealistische These, wie sie hier expliziert wurde, akzeptiert hat.

Dennoch aber nochmals die Frage, ob nicht ein solches Weltbild naiv ist in dem Sinne, dass es die faktische Grausamkeit des Menschen und die Tragik der Welt übersieht oder nicht wahr haben will. Hier können wir an den Autor des Zitats vom »schrecklichsten aller Schrecken, Schiller, anknüpfen, der trotz dieser Feststellung einer der größten Idealisten war, nämlich im Sinne Kants:

Niemand kann ernsthaft verlangen, dass die Welt als menschlich zu sehen ist, wo sie es manifest nicht ist; wohl aber, dass man sie so sehen soll. Die Welt in diesem Sinne idealistisch zu sehen, ist eine Aussage, die, der Kantischen Unterscheidung entsprechend, nicht im Modus des »Ist«, sondern des »Soll« gesprochen ist. Es ist also eine Aufgabe, ein Imperativ, die Welt als menschhaft und den Menschen als welthaft - nicht isoliert, sondern vergemeinschaftet - zu begreifen; sie sind termini ad quem, gesprochen im Modus des »so wäre es, so sollte es idealiter sein«, mit dem klaren Wissen darum, dass es nie so sein wird, aber sein soll. Es ist moralisches Ideal, selbst vor der Einsicht in den »schrecklichsten aller Schrecken« nicht zu verzagen in dieser idealistischen Sicht von der Welt als Lebenswelt.

3. Schluss: Husserls Phänomenologie als Fortschreibung der Aufklärung

Da Husserl den Begriff »Aufklärung«, wie gesagt, nicht als prominenten Begriff für sein philosophisches Unternehmen verwendet, ist die Darstellung seiner Phänomenologie als einer Philosophie der Aufklärung sicherlich ein gutes Stück Interpretation, sofern lediglich Konsequenzen ausbuchstabiert wurden, die Husserl selbst nicht gezogen hat. Wie aber aus dem Vorstehenden deutlich werden sollte, ist Husserls Philosophie nicht nur akzidentiell, sondern vollständig vom Geist der Aufklärung durchtränkt, in einer Weise, wie er auch noch bei Habermas fortlebt. Husserls Phänomenologie ist eine Form von Aufklärungsphilosophie, sofern sie die hier skizzierte idealistische Weltsicht zum praktischen Postulat erhebt: Es ist Ausdruck einer aufgeklärten Weltsicht, die Welt als menschlich, und das heißt, durch und durch rational zu erleben - inklusive des Menschen darin, der die Welt als Kulturwelt und damit zur Lebenswelt formt.

Der Begriff »rational« wurde hier aber gewissermaßen unter der Hand eingeführt als Ausdruck dessen, was den Menschen ausmacht. Einer anderen Untersuchung muss es vorbehalten bleiben, Husserls Rationalitätsbegriff zu explizieren, aber aus dem Gesagten geht schon hervor, dass Rationalität bei Husserl nichts mit dem »kalten Verstand« zu tun hat, der anderen Formen der Rationalität oder gar dem »warmen Herz« gegenüberstünde. Vielmehr heißt »rational« hier so viel wie »verständlich gemachte, expliziert aus den tiefsten Quellen des menschlichen Seins, das aber nie individuell, sondern stets vergemeinschaftet verstanden wird und gleichzeitig eingebettet ist in die Welt als kulturelle Lebenswelt, eine Welt mithin, die aus gemeinsam konstituierten Projekten und Handlungsweisen mit ihren jeweiligen Werten und Normen besteht. Um nochmals den Topos der »Kolonialisierung« der Lebenswelt aufzugreifen, für Husserl ist die Lebenswelt »je schon« kulturell kolonialisiert. Der präskriptive Imperativ, der hierin implizit liegt, besteht darin, die Kolonialisierung fortzuführen, da, wo sie noch nicht statt gehabt hat, da, wo Unverständnis und die Erfahrung des gegenseitigen Fremdseins herrscht, Aufklärung ist damit auch stets ein Zurückdrängen nicht nur des Ir-Rationalen, das sich, z.T. unbemerkt, im rational bestimmten öffentlichen Raum breit zu machen droht, sondern auch eines verengten Verständnisses von Rationalität, etwa Rationalität von rein technischer, wissenschaftlicher, wirtschaftlicher oder auch nur pragmatischer Provenienz. Was immer positiv mit Rationalität als dem Wesen des Menschen gemeint ist, ein irgendwie einseitiges Verständnis ist immer von einer höheren Standpunkt aus kritisch zu bewerten. Dies ist der »Standpunkt des Ideals«, den einzunehmen Husserls Postulat ist.

Damit erweist sich Husserls Phänomenologie als Fortschreibung des Projekts der Aufklärung im hier beschriebenen Sinn des Worts. Sie ist folglich — auch dies ein Topos der Moderne - eine »aufgeklärte Aufklärung«, die sich selbst nochmals in Frage stellt und ihrer eigenen Leistung gegenüber kritisch eingestellt ist, allein deswegen, weil Aufklärung eine regulative Idee ist und menschlich-endliche Versuche, sie durchzuführen, stets dem selbst gesteckten Ideal hinterherhinken müssen. Der Mensch ist eben jemand, der »immer strebend sich bemüht«. Naiv wäre es, die Aufklärung als durchgeführt zu erachten, wenn noch die folgenden zwei, drei oder vier Bedingungen erfüllt wären. Ist damit die Aufklärung ein Mythos? Sie ist sicherlich ein Traum des Menschen, er selbst« zu sein, und die Welt ihrerseits »wahr, schön und gut«. Sofern die Menschheit aber den kollektiven Traum ausgeträumt hat, dass ein solcher Zustand in einem wie immer zu verstehenden Jenseits erlangt werden kann, ist dies der einzige Traum, den es zu träumen und für den es sich zu leben lohnt. Und ein Leben ohne Traum ist der Tod, Dies ist die einzige »Romantik«, die sich der Idealist erlauben darf.

Literatur:

E. Brentano, Vom Ursprung sittlicher Erkenntnis (Hg. O. Kraus). Leipzig: Meiner 1934

J. Habermas, Die neue Unübersichtlichkeit (Kleine politische Schriften, Bd. V). Frankfurt/M.: Suhrkamp 1985

E. Husserl, Husserliana. Dordrechr/Heidelberg: Springer 1950ff. (einzelne Bänder der »Husserliana« werden hier zitiert als »Hua.« mit der Bandzahl in römischer, der Seitenzahl in arabischer Nummerierung)

E. Husserl, Erfahrung und Urteil. Untersuchungen zur Genealogie der Logik. Hamburg: Claassen, 1948,

R. Rorty, Philosophy and the Mirror of Nature. Princeton: Princeton University Press 1979

W. Ch. Zimmerli, »Kolonialisierung — neu betrachtet. Aspekte einer Philosophie der technologischen Zivilisation«, in: Information Philosophie 3 (2010) 7-18

H. Zinn, A People's History of the United States 1492 — Present. New York: Harper/Row 1995 (und seitdem mehrfach neu aufgelegt)

■■■

[1] Hierbei darf man aber nicht vergessen, dass Husserls Krisis-Schrift im Jahre 1936 erschien, einer Zeit also, wo der Philosoph jüdischer Herkunft sich nur verhalten äußern durfte. Wie man nun mit Blick auf seine damals unveröffentlichten Manuskripte sehen kann, ist die »Krise der Wissenschaften« eine auch für ihn sehr eingeengte (und daher weniger anstößige) Krise, die die ganze Kultur betraf. Was Husserl in Bezug auf die Krise der Wissenschaft sagt, gilt also *mutatis mutandis* für die Kultur im Allgemeinen.

[2] Um nochmals Zimmerli zustimmend zu erwähnen: Die Tatsache, dass solch ein Traum und die Bemühung ihn zu erzielen naiv sind, zeigt sich darin, dass jeder Versuch, ihn zu erreichen, wiederum nur durch wissenschaftlich-technische Tätigkeiten erlangt werden kann (vgl. Zimmerli 2010, 12). Der neuzeitlichen Wissenschaft und Technik, d.h. - Husserlsch gesprochen - der wissenschaftlich durchtränkten Lebenswelt entkommt man also nicht mehr.

[3] Husserl spricht zwar von »Aufklärung« im Sinne einer Sinnesaufklärung der konstitutiven Zusammenhänge durch die phänomenologische Deskription, also nicht im Sinne des aus der Tradition bekannten Begriffs, und er hätte wohl auch abgelehnt, seine Phänomenologie in die Linie der modernen Aufklärungsphilosophie (etwa Lessings) zu stellen. Allerdings verwendet Husserl betontermaßen den Begriff »(Selbst-)Besinnung«, auch »radikale« Selbstbesinnung, und rückt diesen Begriff in enge Verwandtschaft mit der Idee einer »radikalen Rationalisierung« als Ideal, was sicherlich in die Tradition der modernen Aufklärung gehört. Vgl. auch das folgende Zitat aus Husserls Vorlesung »Natur und Geist« von 1919 (Hua-Mat. IV, 4): »So bedeutet der Durchbruch der Idee der Wissenschaft [in Europa] als begreifliche Folge den Durchbruch eines universalen praktischen Vernunftideals, einer neuen Idee der Menschheit als Vernunftmenschheit. Schon an den Namen Platons knüpft sich die Konzeption dieses das weitere Schicksal der europäischen Menschheit ganz wesentlich bestimmenden Ideals oder Prinzips, das gesamte Menschheitsleben auf rationale Einsicht, also letztlich auf strenge Wissenschaft zu gründen. Erweist es sich schon streckenweise als wirksam im Altertum, so wird es erst recht zu einem bewusst leitenden und schließlich zu einem nahezu allherrschenden Motiv in der europäischen Kultur seit der Renaissance. Man kann darin geradezu den allgemeinsten Sinn der Aufklärungsepoche sehen, ja der gesamten Neuzeit, deren Lebenspulse uns selbst noch durchströmen.« Aber — notabene — die volle Durchführung dieses »allgemeinsten Sinns« gelingt erst in der Phänomenologie. Ich danke Thomas Vongehr (Leuven) für den Hinweis auf diese Passagen aus Husserls Oeuvre.

[4] Zu Husserls umfangreichen Reflexionen über die Lebenswelt vgl. nun die voluminöse Edition der relevanten Texte in Hua. XXXIX. Die obige Darstellung ist eher frei; zu einer textnahen Interpretation vgl. allerdings die Einleitung des Herausgebers zu diesem Band, Rochus Sowa.

[5] Die hier angedeuteten Probleme können nur gestreift werden. Freilich sind die Unterscheidungen, die Aristoteles' wissenschaftliches Weltbild formen, ontologisch, also in himmlische und irdische Körper, letztere in solche, die bewegt werden können, und solche, die sich von selbst bewegen, usw. Husserls Unterscheidung folgt hier aber - trotz all seiner Kritik daran, vgl. Hua. XXXH, 93-102 der grundsätzlichen methodischen Unterscheidung, die von den Neukantianern und Dilthey geläufig ist, nämlich die zwischen idiographischen und nomothetischen Wissenschaften. Diese beziehen sich nicht auf Sein, sondern auf Untersuchung von Sein, also verschiedenen Perspektiven, wobei man auch z.B. die Französische Revolution nomothetisch zu beschreiben unternehmen kann, also wenn man nach Regel- oder Gesetzmäßigkeiten von Revolutionen forscht, etwa gewissen sozialen, wirtschaftlichen oder politischen Ereignissen, deren Konstellationen sich wiederholen, wenn man etwa untersucht, was Imperien zum Einsturz bringt. Hiermit ist man aber bereits über traditionelle Historiographie hinaus und bewegt sich auf etwas wie Soziologie oder politische Philosophie zu. Die Erweiterung und

Ausdifferenzierung von Wissenschaften ist also hier nicht von neuen *Seins*bestimmungen abhängig, sondern -- eben — methodisch von der Verfeinerung und Ausweitung von Blickweisen auf »die Realität«, die es eben »an sich« »vor« der Beschreibung gar nicht gibt.

[6] Insofern ist der von Rorty kritisierte »Repräsentationalismus« (das Bewusstsein als der getreue Spiegel der Natur) eine Form von Realismus, und von daher ist seine globale Kritik der Moderne, sofern er darunter auch Kant (und alle Formen von Idealismus) subsumiert, vollkommen schief. Vgl. Rorty 1979.

[7] Man könnte demgegenüber entgegnen — Waldenfels' Untersuchungen zu einer »Phänomenologie des Fremden« gehen in diese Richtung -, dass die Aneignung des Fremden das Fremde als Fremdes zunichte macht. Sofern ich aber vom Fremden nur als von mir aus und d.h. vom Eigenen aus weiß und Fremdes nur als *vom Ich her Fremdes* mir aneignen *kann*, ist die Unterscheidung zwischen beiden wiederum im Sinne des Idealismus unterlaufen. Dass dann das »wahre« und »eigentlich« Fremde nie erfahren werden kann, ist damit genauso der Fall, wie die Tatsache, dass man das Ding an sich nicht erfahren kann.

EINSTRÖMEN:
DIE DYNAMISCHE STRUKTUR DES TRANSZENDENTALEN LEBENS

Takuya Nakamura[1]

Zusammenfassung:

Husserl hat den Begriff des Einströmens erstmals in seinem letzten, nicht mehr abgeschlossenen Werk Die Krisis der europäischen Wissenschaften und die transzendentale Phänomenologie gebraucht. Die Abhandlung unternimmt den Versuch aufzuzeigen, welche Bedeutung diesem Begriff in der letzten Phase von Husserls transzendentaler Phänomenologie zukommt. Zwar thematisiert Husserl das ‚Einströmen' in der Krisis und einigen Manuskripten, die sich auf die Krisis beziehen und sich im Ergänzungsband zur Krisis finden. Bedeutung und Funktion dieses Begriffs sind aber nicht voll ausgearbeitet. Um diese zu klären, konzentriere ich mich auf zwei Aspekte des Einströmens: erstens auf das Einströmen der Sonderwelten in die Lebenswelt, zweitens auf das Einströmen des transzendentalen Lebens in das natürliche Leben. Zunächst zeige ich, wie Husserl den Begriff „Einströmen" gebraucht, um das Verhältnis von Sonderwelten und Lebenswelt zu erklären. Dabei weist er eine zirkelhafte Beziehung von Sonderwelten und Lebenswelt auf: Zunächst gehen die Sonderwelten von der Lebenswelt aus. Dann strömen die verschiedenen Errungenschaften der Sonderwelten wieder in die Lebenswelt ein und bereichern sie auf diese Weise. Anschließend zeige ich, wie für Husserl das in der Naivität des Alltags lebende natürliche Leben durch den Vollzug der phänomenologischen Reduktion von seiner Naivität befreit wird. Daran wird deutlich, dass das natürliche Leben immer schon das transzendentale Leben ist. In diesem Sinne strömt das transzendentale Leben in das natürliche Leben ein, wodurch das natürliche Leben bereichert wird. Diese beiden Formen des Einströmens, die jeweils eine Bereicherung darstellen, sind nicht zwei unterschiedliche Funktionen, sondern bestehen in der einheitlichen Funktion des Einströmens. Die Abhandlung vermag zu zeigen, dass Husserl mit dem Begriff des Einströmens die dualistische Gegenüberstellung von Welt und Leben zu überwinden und ein Weltbewusstseinsleben zu finden sucht, in dem nicht nur Welt und Leben, sondern auch das Transzendentale und das Natürliche miteinander verschmelzen. Durch die Einführung des Einströmens erweitert und vertieft Husserl seine Phänomenologie und entwirft damit gegenüber Kant ein neues Konzept der Transzendentalphilosophie.

Schlüsselwörter: Lebenswelt, Sonderwelten, Einströmen, Weltbewusstseinsleben

■ ■ ■

Einleitung

Husserl hat in seinem letzten Werk *Die Krisis der europäischen Wissenschaften und die transzendentale Phänomenologie* den Begriff „Einströmen" neu eingeführt. Es ist das Ziel der folgenden Abhandlung, Funktion und Möglichkeiten dieses Begriffs in der letzten Phase seiner transzendentalen

[1] Prof.Dr. Doshisha University, Faculty of Letters, Department of Philosophy, taknakam@mail.doshisha.ac.jp

Phänomenologie zu klären.

Die Aufmerksamkeit auf das in der *Krisis* eingeführte Einströmen ist noch relativ neu, durch die Behandlung dieses Begriffs in Dodds *Krisis*-Monographie[2]. Aufgrund solcher neueren Interpretationen ist der Begriff in Husserls letzter Phase zwar in die Forschung eingeführt, aber nie entsprechend seinem Gewicht ausgearbeitet worden[3].

Freilich behandelt Husserl thematisch den Begriff des Einströmens in den §§ 59 und 60 der *Krisis* und im Manuskript Nr. 7 der Husserliana XXXIX, wo die Manuskripte der Lebenswelt-Problematik gesammelt sind. Doch auch wenn wir diese Stellen der *Krisis* und die betreffenden Manuskripte heranziehen, lässt sich nicht sagen, dass Husserl dort den Begriff des Einströmens adäquat ausbildet. Trotzdem oder vielmehr deswegen soll dieser nun vollständig im Hinblick auf die Möglichkeiten und Bedeutungen (die Husserl selbst nicht genügend ausgeführt hat) für seine Phänomenologie überhaupt aufgeklärt werden. Dafür macht der vorliegende Aufsatz auf zwei Aspekte des Einströmens in der *Krisis* aufmerksam.

Dort bestimmt Husserl die Welt, die durch die phänomenologische Reduktion als Thema der Phänomenologie gewonnen wird, als Lebenswelt. Darüber hinaus geht er klärend auf die unterschiedlichen Beziehungen zwischen der Lebenswelt und den verschiedenen Sonderwelten ein. Zwar analysiert er im Rahmen der Konstitution der Sonderwelten die Art und Weise, wie die unterschiedlichen Sonderwelten, aus der Lebenswelt schöpfend, in vielfältigen Bedeutungen auftreten, nämlich die Lebenswelt als das Sinnsubstrat der Sonderwelten in der *Krisis*. Die Beziehungen zwischen Lebenswelt und Sonderwelten, die hier behandelt werden sollen, dürfen daher nicht ausgehend von der Lebenswelt auf die Sonderwelten, sondern als von den Sonderwelten auf die Lebenswelt vordringend behandelt werden. Die Frage ist: Wie verhält sich die Lebenswelt zu den neuen Sinngebungen und Resultaten aus den Wissenschaften? Husserl gemäß strömen die unterschiedlichen Sonderwelten, die nach einer bestimmten Zweckidee konstituiert werden, in die Lebenswelt zurück, die als Sinnsubstrat der Sonderwelten die vorgegebene Welt ist. Hier macht Husserl vom Begriff des Einströmens Gebrauch, um diese dynamischen Beziehungen der Sonderwelten auf die Lebenswelt aufzuzeigen.

Darüber hinaus benutzt er diesen Begriff nicht nur, um diese Beziehungen der Sonderwelten auf die Lebenswelt, sondern auch jene zwischen dem transzendentalen und dem natürlichen Leben aufzuweisen. Genauer gesagt: Der Begriff des Einströmens in der Phänomenologie Husserls, der durch die Interpretationen von Forschern wie Dodd, Moran und Schmid in den Fokus gerückt wurde, stellt eigentlich nicht die Beziehung zwischen Sonderwelten und Lebenswelt dar. Husserl selbst benutzt das Einströmen in § 59 der *Krisis* zum ersten Mal als einen eigenen Terminus, um klarzumachen, dass das Leben in jener psychologischen Einstellung, die immer noch der vor-wissenschaftlichen und vor-phänomenologischen Naivität verhaftet ist, nämlich das Leben in der natürlichen Einstellung, zugleich schon das transzendentale Leben ist, was allerdings erst nach dem Vollzug der phänomenologischen Reduktion klar wird. Kurz: Er versucht durch die Einführung des Einströmens deutlich zu machen, dass das Leben das natürliche *und* das transzendentale Leben *zugleich* ist.

Demnach stellt sich die hier zu behandelnde Frage nach dem Begriff des Einströmens auf

[2] Dodd, James, *Crisis and Reflection. An Essay on Husserl's Crisis of the European Sciences*, Dordrecht: Kluwer Academic Publishers, 2004, S. 216-224.

[3] Moran, Dermot, *Husserl's Crisis of the European Sciences and Transcendental Phenomenology. An Introduction*, Cambridge: Cambridge University Press, 2012, S. 293.

zweierlei Weise. Einerseits im Hinblick darauf, wie die Bereicherung durch den Sinn, der in den Sonderwelten gewonnen wird, in die Lebenswelt ein- und zurückströmt. Andererseits: Wie verhält sich das transzendentale Leben zum natürlichen? Anders gefasst, worin besteht die Bereicherung des natürlichen Lebens durch das Einströmen des transzendentalen Lebens?

Diese zwei Weisen des Einströmens beziehen sich einerseits auf die Bereicherung zwischen Lebenswelt und Sonderwelten, andererseits zwischen dem transzendentalen Leben und dem natürlichen Leben. Deshalb sind beide nichts anderes als die eine, jene Bereicherungen der Welt und des Lebens hervorbringende vereinheitlichte Funktion eines und desselben Einströmens, nicht zwei differente Funktionen. Diese Funktion des Einströmens zu klären, ist die letzte Aufgabe der vorliegenden Abhandlung.

Das Aufdecken des Verhältnisses von Transzendentalem und Natürlichem durch Husserl, nämlich des Einströmens vom transzendentalen Leben ins natürliche Leben, könnte die Möglichkeit enthalten, die Transzendentalphilosophie selbst zu erweitern und zu vertiefen. Denn während die traditionelle Transzendentalphilosophie im kantischen Sinne das Transzendentale vom Natürlichen streng scheidet und jenes dieses bedingt, tritt mit der Einführung dieses Einströmens die transzendentale Phänomenologie Husserls, als eine Form der Entwicklung der traditionellen Transzendentalphilosophie, in die Phase der Erklärung des konkreten Zusammenhangs zwischen dem transzendentalen Leben und dem natürlichen Leben ein. Genauer gesagt: Die transzendentale Phänomenologie erhellt, dass die Bereicherung durch das Einströmen der Sonderwelten, die durch das transzendentale Leben konstituiert werden, in die Lebenswelt und die Bereicherung des Natürlichen durch das Transzendentale eine und dieselbe Sache sind.

Der Beitrag gliedert sich in vier Teile. Zuerst wird der Begriff des Einströmens, das von Husserl in § 59 der *Krisis* eingeführt wird, in seiner grundsätzlichen Charakterisierung dargestellt. Als Zweites wird das Einströmen von den Sonderwelten in die Lebenswelt aufgegriffen. Die Phänomenologie Husserls sieht die Beziehung von Sonderwelten und Lebenswelt nicht wie den Gegensatz der wissenschaftlichen Welten und der alltäglichen Welt an, sondern betrachtet die Sonderwelten als vielschichtige Strukturen, die die Lebenswelt als Strukturmoment umgreift. Drittens wird das Einströmen des transzendentalen Lebens in das natürliche Leben thematisiert. Durch den Vollzug der phänomenologisch-transzendentalen Reduktion erweist sich das bisherige naive Leben in Wirklichkeit als das Leben in der natürlichen Einstellung, nämlich das natürliche Leben. Und gleichzeitig bereichert sich dieses natürliche Leben durch das stetige Einströmen des transzendentalen Lebens. Durch den Vollzug der Reduktion verliert das naive Leben, in welches das transzendentale Leben vor diesem Vollzug immer schon eingeströmt ist, seine Naivität. Daraus ergibt sich, dass das naive Leben nichts anderes ist als das natürliche Leben, das beständig durch das Einströmen des transzendentalen Lebens bereichert wird. Viertens wird geklärt, wie sich die letzte Phase von Husserls Transzendentalphilosophie in seiner *Krisis* darstellt.

Das Problem des Einströmens

Welches Problem bezeichnet das Einströmen in Husserls Phänomenologie? Den Begriff als eigenen Terminus führt Husserl erst in § 59 der *Krisis* ein, dessen Titel lautet: „Analyse der Umstellung aus der psychologischen Einstellung in die transzendentale. Die Psychologie „vor" und „nach" der phänomenologischen Reduktion. (Das Problem des ‚Einströmens'"[4]; er findet sich in Abschnitt III

[4] Husserl, Edmund, *Husserliana VI: Die Krisis der europäischen Wissenschaften und die transzendentale Phänomenologie. Eine Einleitung in die*

„B. Der Weg in die phänomenologische Transzendentalphilosophie von der Psychologie aus"[5]. Wie der Titel bereits darstellt, geht es bei der Klärung des Einströmens darum, die Veränderung des Verhältnisses aufzuzeigen, wie sich die Psychologie in der vor der Reduktion zwar schon wissenschaftlichen, aber immer noch naiven natürlichen Einstellung auf den phänomenologisch-transzendentalen Ansatz in der nach der phänomenologischen Reduktion gewonnenen transzendentalen Einstellung, nämlich auf die phänomenologische Transzendentalphilosophie, bezieht. Um es allgemeiner zu sagen: Mit dem Problem des Einströmens stellt sich die Frage, was die dynamische Beziehung von natürlichem Leben und transzendentalem Leben nach dem und durch den Vollzug der phänomenologischen Reduktion ist, anders gesagt, auf welche Weise das natürliche Leben durch das Einströmen des transzendentalen Lebens bereichert wird.

Obwohl das Einströmen ein höchst wichtiger Begriff ist, haben die bisherigen Forschungen es nicht seinem phänomenologischen und systematischen Wert entsprechend behandelt. Erst durch die Aufnahme von Dodd am Ende seiner Monographie und danach durch eine Formulierung von Moran aufgrund der Aussage von Dodd wurde man auf das Einströmen aufmerksam. Am Ende seines Buches schreibt Dodd[6]:

> Husserl deeply believes that the sphere that transcendental philosophy would enrich is life itself: all sense-unities are universally susceptible for transcendental enrichment. The mechanism whereby transcendental philosophy enriches the sense unities of natural life is designated in Husserl's later writings by the term „*Einströmen*", which describes the manner in which the transcendental dimension, or the consciousness of the subjectivity of meaning on a transcendental register, "flows into" natural life, enriching its content, above all the content of the sense of "subjectivity" itself.[7]

Im Gegensatz zur klassischen Transzendentalphilosophie, die durch Kant vertreten wird und das Empirische und das Transzendentale als gegensätzliches Begründungsverhältnis versteht, ist das, was Husserl mit dem Begriff des Einströmens fassen will, nicht ein solches gegensätzliches Verhältnis, sondern es sind die vielschichtigen Beziehungen von Natürlichem und Transzendentalem, die Bereicherung durch Kreuzung und Mischung in sämtlichen Schichten beider. Dadurch erweist sich die transzendentale Phänomenologie Husserls als eine Philosophie, die die Möglichkeiten enthält, die Transzendentalphilosophie zu erweitern und weiterzuentwickeln – eine Philosophie mit dem Potential, die phänomenologische Entwicklung der Transzendentalphilosophie zu ermöglichen.[8]

---

phänomenologische Philosophie. Hrsg. v. Biemel, Walter, Dordrecht: Nijhoff, 1954, S. 212–214. (Im Folgenden zitiert mit dem Sigel Hua VI und Seitenangabe.)

[5] Hua VI, S. 194–276.

[6] Dazu erwähnt auch Schmid schon vor Dodd und Moran den Begriff des Einströmens in der *Krisis*. Schmid, Hans Bernhard, *Subjekt, System, Diskurs. Edmund Husserls Begriff transzendentaler Subjektivität in sozialtheoretischen Bezügen*, Dordrecht: Kluwer Academic Publishers, 2000, S. 40–45. Im Hinblick auf *Ideen I, Ideen II* und die betreffenden Manuskripte der *Krisis* behandelt er diesen Begriff als das Einströmen der transzendentalen Erkenntnis in den Gehalt der Seele. „Menschen-Ich und transzendentales Ich sind so über den Abgrund des Sinnes hinweg innig verbunden". Schmid, *Subjekt, System, Diskurs*, S. 42.

[7] Dodd, *Crisis and Reflection,* S. 218 f. Nach dem Aufweis durch Dodd fasst Moran die Funktion des Einströmens kurz zusammen: „Husserl characterizes the manner in which transcendental life mingles with natural life as a kind of flowing of the transcendental into the mundane". Moran, *Husserl's Crisis of the European Sciences and Transcendental Phenomenology*, S. 293.

[8] In diesem Zusammenhang ist die Beilage XXIX bemerkenswert, „Finks Entwurf zur Fortsetzung der Krisis", Hua VI, S. 515 f. Darin findet sich die „Charakteristik des Verhältnisses von Psychologie und Phänomenologie (der Bezug der beiden ‚Einstellungen' aufeinander", woraus sich ersehen lässt, dass Husserl in der letzten Phase seines Lebens das Problem des Verhältnisses von psychologisch-natürlicher und phänomenologischer Einstellung, nämlich das Problem des Einströmens, als gemeinsames Problem von ihm und Fink ansieht. Nach Cains' Monographie besprachen sich Husserl und Fink damals sehr eng über die verschiedenen Probleme der Phänomenologie. Fink schreibt: „Im Grunde gibt es keine Psychologie, die Psychologie bleiben könnte. Wenn einmal die Methode der Aufschließung der Intentionalität gefunden ist, dann wird durch die ‚Konsequenz der Sache selbst' der analytische Weg von den vorgegebenen Einheiten zu

Trotz dieser Relevanz für die Entwicklung der Transzendentalphilosophie ist der Begriff des Einströmens eher abgewertet worden. Das Einströmen sei „a central but neglected transcendental concept in Husserl".[9] Zwar hat Husserl das Potenzial dieses Begriffs nicht genügend entfaltet. Allerdings thematisiert er ihn nicht nur in § 59, sondern auch § 60 der *Krisis* und dazu in den Manuskripten Nr. 7[10], 16[11] und 22[12] (in Husserliana Bd. XXXIX, Ergänzungsband der *Krisis*). Aber auch, wenn alle diese Materialien gründlich analysiert würden, ließe sich Morans Einschätzung nicht bestreiten: „Unfortunately, Husserl lacks a detailed account of how the transcendental life, once discovered, can flow back into and transform mundane life."[13]

Der andere Gebrauch des Einströmens in der *Krisis*, auf den Dodd und Moran gar nicht eingehen, darf jedoch nicht ignoriert werden. Es handelt sich hierbei um das Einströmen der verschiedenen Sonderwelten in die Lebenswelt. In den bisherigen Erwähnungen des Einströmens wird, wie schon vielfach betont, ausschließlich nur das Einströmen des transzendentalen Lebens in das natürliche Leben behandelt. In § 59 der *Krisis* wird nur diese Art des Einströmens thematisiert: wie das transzendentale Leben, das sich durch die Reduktion vom natürlichen Leben zunächst unterscheidet und trennt und in scheinbarem Gegensatz zum natürlichen Leben erfasst wird, wieder ins natürliche Leben zurückströmt, wodurch sich das natürliche Leben bereichert. Aber Husserl spricht in der *Krisis* auch von einem anderen Einströmen, das ein Einströmen von den Sonderwelten in die Lebenswelt ist.[14] Dadurch, dass Husserl das dynamische Verhältnis zwischen Sonderwelten und Lebenswelt als Einströmen fasst, wird die vielschichtige Gestalt der Lebenswelt erhellt, die nach dem Vollzug der phänomenologischen Reduktion auch als das Korrelat des transzendentalen Lebens wieder aufgedeckt wird.

Einströmen von den Sonderwelten in die Lebenswelt

Die Lebenswelt, die Husserl in der *Krisis* auch thematisch in seine späte Phänomenologie einführt, hat über den Rahmen seiner Phänomenologie hinaus große philosophische Bedeutung gewonnen.[15] Der Begriff selbst ist als höchst vieldeutig bekannt:[16] Die Lebenswelt ist „vergessenes Sinnesfundament der Naturwissenschaft" (§ 9)[17], „unausgesprochene ‚Voraussetzung' Kants"[18] (§§ 28–32), steht in Zusammenhang mit der natürlichen Einstellung,[19] ist Thema der Historiker, der nichttranszendentalen Ontologie[20], der transzendentalphilosophischen Wissenschaft (§§ 38 f.). In

den eigentlich-konstituierenden Tiefen des intentionalen Lebens und damit in die transzendentale Dimension weitergetrieben. Psychologie muß in Transzendentalphilosophie münden." Hua VI, S. 515. Und er fügt hinzu: „Der Horizont der konstituierten Selbstobjektivation (wenn auch der transzendental ‚durchsichtigen') bestimmt das legitime Problemreich der Psychologie nach der Selbstauflösung in die Phänomenologie: sie wird jetzt eine thematisch beschränkte phänomenologische Problemsphäre, aber eine solche, in die wiederum doch alles ‚hineingehört' (Problem des ‚Einströmens')" Hua VI, S. 516.

9 Moran, *Husserl's Crisis of the European Sciences and Transcendental Phenomenology*, S. 293.

10 Husserl, Edmund, *Husserliana XXIX: Die Krisis der europäischen Wissenschaften und die transzendentale Phänomenologie. Ergänzungsband. Texte aus dem Nachlass 1934–1937*. Hrsg. von Smid, Reinhold, N., Dordrecht: Kluwer Academic Publishers, 1993, S. 77–83. (Im Folgenden zitiert mit dem Sigel Hua XXIX und Seitenangabe.)

11 Hua XXIX, S. 203–13.

12 Hua XXIX, S. 247–71.

13 Moran, *Husserl's Crisis of the European Sciences and Transcendental Phenomenology*, S. 293.

14 Hua VI, S. 141 Fn.

15 Ein Beispiel für die Erweiterung des Lebensweltsbegriffs zeigt der Sammelband von Gehtmann, der den Lebensweltsbegriff als Thema und einen Umfang von über 1000 Seiten hat, mit Beiträgen von nahezu 100 Autor:innen. Gethmann, Carl Friedrich, hrsg. *Deutsches Jahrbuch Philosophie Band 2: Lebenswelt und Wissenschaft*, Hamburg: Meiner, 2011.

16 Diese Vieldeutigkeit fasst Aguirre zusammen: Aguirre, Antonio, *Die Phänomenologie Husserls im Licht ihrer gegenwärtigen Interpretation und Kritik*, Darmstadt: Wissenschaftliche Buchgesellschaft, 1982, S. 87.

17 Hua VI, S. 48 ff.

18 Hua VI, S. 105.

19 Hua VI, S. 146 ff.

20 Hua VI, S. 145 f., 176 f.

solchen, vielerlei Sinnen wird die Lebenswelt gebraucht. Hinzu kommt die Lebenswelt als nicht-thematischer Horizont (Beilagen 17–19)[21].[22]

Im Folgenden erfasse ich zunächst die diese Vieldeutigkeit enthaltende Lebenswelt als zwei Hauptbedeutungen habend und gliedere sie in die Lebenswelt im Weiteren und im engen Sinne. Dann widme ich mich dem Verhältnis von der Lebenswelt (im weiteren Sinn) und den Sonderwelten. Obwohl diese Problematik nicht erschöpfend behandelt wird, macht Husserl vom Begriff des Einströmens Gebrauch, um dieses Verhältnis zu verdeutlichen. Während die Lebenswelt im engen Sinne die vorwissenschaftlich-alltägliche, subjektive Welt ist, die der objektiven Welt der natürlichen Welt gegenübersteht, bezeichnet die Lebenswelt im weiteren Sinn die alle Arten von Sonderwelten einschließlich der naturwissenschaftlichen Welt umgreifende, konkrete universale Welt.

Die Lebenswelt im engen Sinne ist also die subjektiv-relative, vor der naturwissenschaftlichen Idealisierung stehende Welt, die der objektiven Welt als der für die Naturwissenschaft wahren Welt gegenübersteht. Die Welt, die Husserl dadurch herausstellen will, ist nichts anders als die Lebenswelt – als vergessenes Sinnesfundament der Naturwissenschaft.[23] Dank dieser Auffassung der Lebenswelt tritt die Divergenz zwischen der objektiven, vom Subjekt unabhängigen Realität, die die Naturwissenschaft immer wieder betont und ausschließlich als wahr ansieht, und dem in der vor der Naturwissenschaft stehenden alltäglichen Welt Begegnenden in den Vordergrund. Hier spielt die Lebenswelt die Rolle einer Kritik am Naturalismus und Objektivismus (der subjektlosen und an sich seienden Welt), ausgehend von der Seite des Subjektivismus (der subjektiv-relativen Welt). So stehen die objektive Welt als abstraktiv-logische und die Lebenswelt als konkret-anschauliche einander gegenüber. Ist jene erst einmal als objektive Welt idealisiert, vergisst diese objektive Welt sogleich die Lebenswelt als ihr Sinnesfundament, obwohl sie ihre Sinne aus dieser schöpft.

Wie steht es dann mit der Lebenswelt im weiteren Sinne? Um sie und die Rolle des Einströmens in sie zu erhellen, ist es nötig, den Begriff der Sonderwelten bei Husserl aufzugreifen. Was die Sonderwelten betrifft, führt Husserl sie in den Beilagen XV, XVII und XIX der *Krisis* eigehender aus.[24] Husserl erfasst die Wissenschaft als „eine besondere Art von Zwecktätigkeiten und zweckmäßigen Leistungen“[25] innerhalb der Lebenswelt. Dazu bestimmt sich die wissenschaftliche Welt als eine dem thematischen Interesse an der Zweckidee der Wahrheit unterliegende Welt, als ein „ins Unendliche fortlaufendes Zweckgebilde“[26]. Dagegen ist die Sonderwelt die Welt als „Interessen-Horizont“,[27] daher nichts anderes als die Welt, wie sie gemäß dem durch das subjektive Interesse jedes Subjekts gesetzten Zweck gebildet wird. Und sie ist auch eine multidimensionale Welt, gebildet gemäß den verschiedenen Zwecken der jeweiligen subjektiven Interessen. Zum Beispiel ist die

---

[21] Hua VI, S. 459–467.

[22] Die Thematik der Lebenswelt braucht eine selbstständige Behandlung. In den Abhandlungen von Moran und Lee zeigt sich ein angemessener und umfassender Ausblick für diese Thematik: Moran, *Husserl's Crisis of the European Sciences and Transcendental Phenomenology*, S. 178–217. Lee, Nam-In., The Pluralistic Concept of the Life-World and the Various Fields of the Phenomenology of the Life-World in Husserl. *Husserl Studies* 36, 2020, S. 47–68.

[23] Hua VI, S. 48 ff.

[24] Die Thematik der Sonderwelt wurde erst von W. Marx aufgenommen (Marx 1970: 63–77). Dessen Theorie der Sonderwelt wird von Aguirre überzeugend kritisch interpretiert und modifiziert. (Aguirre, *Die Phänomenologie Husserls im Licht ihrer gegenwärtigen Interpretation und Kritik*, S. 144–147). Luft nimmt diese Problematik auf in seinem Versuch, den Lebensweltbegriff Husserls mit dem Kulturbegriff Cassirers in Zusammenhang zu bringen (Luft, Sebastian, *Subjectivity and Lifeworld in Transcendental Phenomenology*, Illinois: Northwestern University Press, 2011, S. 253–267, 288–91). De Warren kritisiert diese Richtung der Interpretation radikal (de Warren, Nicolas, Husserl's Hermeneutical Phenomenology of the Life-World as Culture Reconsidered. In Učník, L. et al. (eds.), *The Phenomenological Critique of Mathematisation and the Question of Responsibility*, Switzerland: Springer, 2015, S. 133–154).

[25] Hua VI, S. 141 Fn.

[26] Hua VI, S. 461.

[27] Hua VI, S. 459.

wissenschaftliche Welt eine von vielen verschiedenen Sonderwelten, insbesondere eine Sonderwelt, die jenem thematischen Interesse am Ziel der Wahrheit unterliegt.[28]

In einer Fußnote zu § 36 der *Krisis* betrachtet Husserl das Einströmen als Versöhnung der wissenschaftlichen mit der alltäglichen Welt, die sich im scharfen Konflikt im Zusammenhang mit dem engen Begriff der Lebenswelt zeigt. „[D]as alles liegt im universalen Rahmen der Lebenswelt, in die alle Leistungen einströmen und alle Menschen und leistenden Tätigkeiten und Vermögen immerfort hineingehören."[29] Darüber hinaus wird das Einströmen aller Leistungen in Beilage XIX zu § 34, noch konkreter die wissenschaftliche Welt von den verschiedenen Sonderwelten aus in den Vordergrund bringend, wie folgt behandelt: „Die Kontrastierung: wissenschaftliche Welt, Welt der Wissenschaftler, die nur zweckvolles Universum wissenschaftlicher Wahrheit, ⌜ist⌝, wissenschaftlich wahres Sein hat – Lebenswelt, in die diese Zwecke und Werke, wie alle sonst einströmen"[30].

Die Lebenswelt im engen Sinne bestimmt sich als subjektive Welt, die eine kritische Funktion gegen die objektive Welt als die wahre Welt der Wissenschaftler in sich trägt, in der Art und Weise, alltägliche Welt vor der Wissenschaft im Gegensatz zur objektiven Welt der Wissenschaft zu sein. Dabei werden die wissenschaftliche Welt und die Lebenswelt als zwei Welten, die in wechselseitig gegensätzlichem Verhältnis stehen, erfasst. Aber durch die Einführung des Einströmens der wissenschaftlichen Welten in die Lebenswelt wird nicht ihre gegensätzliche Spannung, sondern vielmehr das versöhnende Verhältnis zwischen der wissenschaftlichen Welt und der Lebenswelt unterstrichen. Wie Aguirre zu Recht feststellt: „[N]ach deren [der objektiv-logischen Welt] Einströmen, ist sie das universale All des Seienden, die allumfassende Welt schlechthin"[31], und die Lebenswelt vertieft sich nicht mehr nur in die alltägliche, anschauliche Welt, die den verschiedenen Sonderwelten einschließlich der wissenschaftlichen gegenübersteht, nämlich die Lebenswelt im engen Sinn, sondern auch in die Lebenswelt im weiteren Sinn: die konkrete universale Welt, die selbstverständlich die objektive Welt der Naturwissenschaft als eine Art der Sonderwelten enthält und auch alle anderen verschiedenen Sonderwelten umfasst.

Die wissenschaftliche Welt – die systematische Theorie – und die in ihr beschlossene in wissenschaftlicher Wahrheit seiende (in der Naturwissenschaft, der universalen Theorie, ihre Natur, die in den Sätzen, in den formalen, als Substrat geltende) gleich allen den Zweckwelten „gehört" nun selbst zur Lebenswelt, so wie alle Menschen und menschlichen Gemeinschaften überhaupt und ihre menschlichen Zwecke, Einzel- und Gemeinschaftszwecke mit allen entsprechenden Werkgebilden zu ihr gehören.[32]

Aber sie [die Lebenswelt] ist Subjektives und in Relativität Seinsgeltendes der Menschen als „Subjekte für die Welt", und diese Subjekte leben immerfort in Interessen, instinktiven, aber auch vorstellungsmäßigen und willensmäßigen Interessen – Zweckinteressen. Immerfort haben sie Zwecke, und immerfort strömt das Bezweckte als Erwecktes in die vorgegebene Welt ein, und immer schon ist die vorgegebene Welt von menschlichen Interessen her geworden, irgend wie immer schon erworben als unsere Bewußtseinswelt.[33]

---

[28] Hua VI, S. 460.
[29] Hua VI, S. 141 Fn.
[30] Hua VI, S. 466.
[31] Aguirre, *Die Phänomenologie Husserls im Licht ihrer gegenwärtigen Interpretation und Kritik,* S. 145.
[32] Hua VI, S. 460.
[33] Hua VI, S. 466.

Durch das Einströmen aller Sonderwelten (Zweckwelten subjektiver Interessen) vertieft sich die Lebenswelt im engen Sinne zur Lebenswelt im weiteren Sinne: zur konkreten universalen Lebenswelt als die durch das Einströmen beständig werdende und sich verändernde dynamische Welt.[34] Indem erst die Sonderwelten in die Lebenswelt einströmen, die sich zudem auch als „Bewußtseinswelt“ bestimmt, bedeutet die Bereicherung der Lebenswelt zugleich auch die dynamische Bereicherung der transzendentalen Subjektivität selbst. Das Klären all dieser Sachverhalte als Leistungen des transzendentalen Lebens durch den Vollzug der phänomenologischen Reduktion macht das Einströmen konkreter deutlich, dadurch tritt der konkrete Modus der Lebensweltbereicherung zutage als dynamisch wirbelnder Hin-und-zurück-Fluss, in dem die Lebenswelt als das transzendentale Leben und sein Korrelat erst in die Sonderwelten einströmt und die Resultate des zwecktätig sonderweltlichen Werdens wiederum in die Lebenswelt strömen. Wie verhält sich nun diese Bereicherung durch das Einströmen der Sonderwelten in die Lebenswelt zur Bereicherung des natürlichen Lebens durch das transzendentale Leben? Dies soll der nächste Abschnitt klären.

Das Einströmen des transzendentalen Lebens in das natürliche Leben

Husserl nimmt das Problem des Einströmens erst in § 59 der *Krisis* im Hinblick auf die psychologische und transzendentale Einstellung thematisch auf.[35] Dabei ist der Schlüsselbegriff immer noch die phänomenologische Reduktion. Zum Problem des Einströmens muss die Bedeutung der transzendental-phänomenologischen Umstellung von der psychologischen zur transzendentalen Einstellung durch die phänomenologische Reduktion geklärt werden. Durch diese Umstellung stürzt die Welt radikal um, die vor dem Vollzug der phänomenologischen Reduktion zwar immer schon der Naivität verhaftet, aber zugleich gegeben ist als die Welt, die, gleichsam im Voraus, die Transzendentalität bereits enthält. Denn die transzendentale Dimension, die als Komponente der vorgegebenen Welt unthematisch bewusst ist, wird erst durch den und nach dem Vollzug der phänomenologischen Reduktion aufgefunden. Dadurch werden zwei Probleme entdeckt, die durch den Begriff des Einströmens gelöst werden müssen: erstens das vom Natürlichen zu Unterscheidende, sich aber auch zugleich immer noch auf die natürliche Einstellung Beziehende und vom Natürlichen nicht Trennbare – nämlich die transzendentale Dimension innerhalb der natürlichen Einstellung – und zweitens im Zusammenhang damit die Bereicherung des natürlichen Lebens durch das Einströmen des Transzendentalen. Diese beiden Probleme sind durch die Analyse des Einströmens zu lösen.

Hier ist zu beachten, dass die natürliche Einstellung, in der die psychologische Einstellung immer noch verbleibt, erst nach dem Vollzug der phänomenologischen Reduktion als Einstellung bewusst wird. Denn die alltägliche natürliche Einstellung ergibt sich erst durch die Umstellung von der natürlichen in die phänomenologische durch den Vollzug der phänomenologischen Reduktion als diejenige Einstellung, die sich mit dem Innerweltlichen geradehin beschäftigt und noch der Naivität vor der Wissenschaft überhaupt oder der Phänomenologie verhaftet ist „als einheitliche ‚natürliche Einstellung‘[,] das ‚schlicht‘ ‚geradehin‘ Dahinleben“.[36] Darüber hinaus bleibt das natürliche Leben nach wie vor ein und dasselbe abgesehen von der Klärung des Faktums, dass das transzendentale Leben immer schon ins natürliche Leben eingeströmt ist, ob es sich nun bewusst ist, ein Leben in der

[34] Vgl. Strasser, Stephan, *Phänomenologie und Erfahrungs-wissenschaft vom Menschen. Grundgedanken zu einem neuen Ideal der Wissenschaftlichkeit*, Berlin: de Gruyter, 1964, S. 67.
[35] Hua VI, S. 212–214.
[36] Hua VI, S. 153.

natürlichen Einstellung zu sein oder nicht. Der Vollzug der phänomenologischen Reduktion thematisiert dieses Faktum und bringt das natürliche Leben als ‚Fläche' des transzendentalen Lebens ins Licht.[37] Sobald das Einströmen des transzendentalen Lebens in das natürliche Leben deutlich wird, muss Letzteres als ein Leben in der natürlichen Einstellung, die vor der phänomenologischen Reduktion als Einstellung nicht einmal bewusst war, von nun an immer vermittels der transzendentalen Dimension betrachtet werden, die als „Tiefendimension" notwendig immer schon dem natürlichen Leben zugehört, das damit seine Naivität unwiederholbar und unwiderruflich verliert.[38]

> Mit dem Bruch der Naivität durch die transzendental-phänomenologische Umstellung tritt aber nun eine bedeutsame Wandlung ein, bedeutsam für die Psychologie selbst. Als Phänomenologe kann ich zwar jederzeit in die natürliche Einstellung, in den schlichten Vollzug meiner theoretischen oder sonstigen Lebensinteressen zurückgehen [...]. Wie sonst – und doch nicht ganz wie sonst. Denn die alte Naivität kann ich nie mehr erlangen, ich kann sie nur verstehen. Meine transzendentalen Einsichten und Bezweckungen sind dann nur inaktuell geworden, sie sind aber weiter meine eigenen.[39]

Und damit wird das natürliche Leben als die Selbstobjektivation des transzendentalen Lebens deutlich.

> Alle die neuartigen, an die phänomenologische Reduktion ausschließlich gebundenen Apperzeptionen [...] – alles dieses früher völlig Verschlossene und Unsagbare strömt jetzt in die Selbstobjektivation ein, in mein Seelenleben, und wird als dessen neu freigelegter intentionaler Hintergrund konstitutiver Leistungen apperzipiert.[40]

Durch den Vollzug der phänomenologischen Reduktion wird deutlich, dass das transzendentale Leben in das natürliche Leben einströmt, genauer: immer schon in dieses eingeströmt ist. Dadurch gewinnt es einen enormen Reichtum: „Jede neue transzendentale Entdeckung bereichert also im Rückgang in die natürliche Einstellung mein und (apperzeptiv ohne weiteres) eines jeden Seelenleben."[41] Das Einströmen, das Husserl hier thematisiert, ist also nichts anderes als die Bereicherung des natürlichen Lebens durch das Einströmen des transzendentalen Lebens. Die Selbstobjektivation des transzendentalen Lebens in das natürliche Leben und dadurch der Gewinn der „transzendentale[n] ‚Innerlichkeit'"[42] des natürlichen Lebens bilden den Gehalt dieses Einströmens.

> Wie vordem das Seelische, so ist nun auch dieses neu Eingeströmte konkret in der Welt durch den körperlichen Leib, den wesensmäßig immer mitkonstituierten, lokalisiert; Ich-Mensch mit der mir nun zugemessenen transzendentalen Dimension bin irgendwo im Raume und irgendwann in der Weltzeit.[43]

Das bedeutet: Das Subjekt, das den in diesen, nach seinen Interessen gebildeten Sonderwelten

---

[37] Hua VI, S. 121 f.

[38] In diesem Sinne könnte die Änderung aufgrund des Vollzugs der phänomenologischen Reduktion jene außerordentliche sein, die Husserl selbst mit einer „religiösen Umkehrung" vergleicht. Hua VI, S. 140.

[39] Hua VI, S. 213 f.

[40] Hua VI, S. 214

[41] Hua VI, S. 214

[42] Hua XXIX, S. 268. Diese Innerlichkeit wird auch von Dodd und Moran als wichtiger Begriff der *Krisis* behandelt, der so interessant sei wie das Einströmen, aber nicht vollständig entwickelt. Dodd, *Crisis and Reflection. An Essay on Husserl's Crisis of the European Sciences*, S. 220–224. Moran, *Husserl's Crisis of the European Sciences and Transcendental Phenomenology*, S. 258, 293–296.

[43] Hua VI, S. 214.

waltenden Zweck setzt, ist nicht das bloße natürliche Leben, sondern das natürliche Leben, in das das transzendentale Leben schon eingeströmt ist: das „durch Einströmen der transzendentalen Ergebnisse in die früher naiv apperzipierte Subjektivität eine transzendentale ‚Innerlichkeit'" erhaltende „Ich, der Philosophierende".[44] Und diese Bereicherung bedeutet zugleich die Bereicherung der Welt, in der solch ein Leben eben lebt. Das Manuskript Nr. 7 im Ergänzungsband der *Krisis* weist diesen Sachverhalt am klarsten auf.[45]

> Die Welt selbst verwandelt sich. Nicht nur, daß sie ein Universum sich verändernder, aber in der Veränderung verharrender Realitäten ist, sondern auch als dieses Universum veränderlich verharrender Seienden „verändert" sie sich oder, wie wir besser mit neuen Worten sagen, sie verwandelt sich durch Verweltlichung des Transzendentalen, das somit – in dieser Verwandlung – ganz und gar in sie aufgenommen wird.[46]

Die Welt, die sich als kreisförmiger Wirbel des Einströmens und Ausströmens wandelt und sich dadurch bereichert, ist nichts anderes als die Lebenswelt im weiteren Sinne, die alle Leistungen der Konstitution des transzendentalen Lebens einschließlich der zuvor genannten Sonderwelten umschließt. „Die Bewegung dieser Verwandlung hat die konstitutive Bedeutung einer mit dem Ansatz der Reduktion anhebenden Umschöpfung der Welt, die dabei unter Erhaltung der kategorialen Struktur sich fortkonstituiert als dieselbe Welt und als neuartigen Horizont, eben den der immer wieder durch Einströmen sich bereichernden Wandlungen erhält."[47] In Manuskript Nr. 16 des Ergänzungsbandes zur *Krisis* bezieht sich die Bereicherung der Welt ausdrücklich auf das Einströmen.

> Durch Überschreiten der Welt lebensweltlicher Onta, also mit der Entdeckung der sie konstituierenden transzendentalen Leistungen ist gleichsam eine neue Welt, ein neues Seinsuniversum, aber nicht eine Erweiterung der alten, entdeckt, die sie doch nicht als Stück umfaßt, und wird nun wissenschaftliches Thema, aber als ein Thema, das alle Themen des alten *mundus* befaßt und diesen zugleich vermöge des Einströmens ständig bereichert.[48]

Es ergibt sich durch den Vollzug der phänomenologischen Reduktion, dass das in der alltäglich-anschaulichen Welt lebende naive Leben zugleich das natürliche Leben ist, in das das transzendentale Leben immer schon einströmt.

Nicht mehr das naive Leben im Gegenständlichen der Lebenswelt im engen Sinne, als geradehin dahinlebend in der Welt des Alltäglich-Anschaulichen ist also das Thema der letzten Phase von Husserls transzendentaler Phänomenologie im Spätwerk der *Krisis*, sondern vielmehr das natürliche Leben, das sich durch Einströmen des transzendentalen Lebens, das im konkreten Universum lebt, und durch Einströmen aller Sonderwelten als des alle Themen des Weltlichen befassenden neuen Seinsuniversums enorm bereichert.

Wie am Begriff des Einströmens ausdrücklich gezeigt, bringt Husserl so, den starren Gegensatz

---

[44] Hua XXIX, S. 268.

[45] Dazu wird in Manuskript Nr. 16 des *Ergänzungsbandes* zur *Krisis* auch das Einströmen des transzendentalen Lebens in das natürliche Leben wie im § 59 der *Krisis* aufgenommen. „Sowie die transzendentale Dimension erschlossen ist, und von welcher mundanen Stelle aus, etwa zunächst von der körperlichen Natur aus, die in der Tat in der systematischen Ordnung transzendentaler Konstitution den Vorzug hat, ist schon der lebensweltliche Gehalt aller Seelen in eine ‚Bewegung' geraten durch das ‚Einströmen' der transzendental erschlossenen Gehalte und sich von ihnen anzeigenden transzendentalen Horizonte in die Seelen." Hua XXIX, S. 208.

[46] Hua XXIX, S. 79.

[47] Hua XXIX, S. 79.

[48] Hua XXIX, S. 209.

von Empirischem und Transzendentalem überwindend, an den sich die kantische klassische Transzendentalphilosophie hält, die Bereicherung der Transzendentalphilosophie überhaupt zustande.

Der Entwurf der Transzendentalphilosophie Husserls

Der husserlsche Begriff des Einströmens ist genau der transzendentale Begriff, der sich sowohl auf das natürliche als auch auf das transzendentale Leben bezieht und sich durch den Vollzug der transzendentalphänomenologischen Reduktion enthüllt. Durch die Klärung seines Gehalts kann der Entwurf der husserlschen Transzendentalphilosophie nun etwas nuancierter dargestellt werden.

Zwar handelt es sich in § 59 der *Krisis*, wo Husserl erstmals den Begriff des Einströmens als eigenes Thema aufnimmt, um die psychologische und die transzendentale Einstellung. Aber die vorangehenden Betrachtungen konnten die verschiedenen Aspekte des Einströmens deutlich machen. Die zentrale Bedeutung des Einströmens in der transzendentalen Phänomenologie der spätesten Phase Husserls ist das Einströmen des transzendentalen Lebens ins natürliche Leben. Von den verschiedenen Aspekten dieser außerordentlichen Veränderung kündet dieses Einströmen. Die Bereicherung des natürlichen Lebens durch dieses Einströmen wird von der Bereicherung der Lebenswelt als Korrelats des natürlichen Lebens begleitet. Husserl erfasst diese Bereicherung als Einströmen von den Sonderwelten in die Lebenswelt. Die Leistungen des Interessenhorizonts einschließlich der wissenschaftlichen Welt strömen als Sinnbildungen in die Lebenswelt ein. Das verursacht die Bereicherung der Lebenswelt selbst in einem gewissen Sinne der Erweiterung und Vertiefung der Lebenswelt als das konkrete Universum, das die Leistungen des transzendentalen Lebens alle umfasst. Dass das Einströmen hierbei in eben diesem Sinn benutzt wird, wird bereits deutlich in dem Ergänzungsband, wo Husserl von der Bereicherung der Welt durch das Einströmen spricht.[49]

Darüber hinaus klärt sich auch der Gehalt der Beziehung „einer unendlich reicheren Tiefendimension“ zur „Flächenwelt“ und dementsprechend der „Antagonismus zwischen dem ‚patenten‘ Flächenleben und dem ‚latenten‘ Tiefenleben“[50]. Für das Flächenleben in der natürlichen Einstellung vor der transzendentalen Reduktion gibt es nur die Flächenwelt, und wegen ihrer Naivität ist sie sich nicht bewusst, dass sie nur die Flächenwelt ist. „In der naiven Einstellung des Weltlebens gibt es eben nur Weltliches: die konstituierten, jedoch nicht als das verstandenen Gegenstandspole.“[51] Sobald sich dem natürlichen Leben durch den Vollzug der phänomenologischen Reduktion das Leben mitsamt der „transzendentale[n] ‚Innerlichkeit‘“ enthüllt, kommt die Lebenswelt als die naive alltägliche Welt, die bisher nur als die Flächenwelt betrachtet wurde, als die Welt mit der „unendlichen reicheren Tiefendimension“ ans Licht.[52] Vom Flächenleben zum Tiefenleben, das ist eine drastische Veränderung, die auch „Übergang vom zweidimensionalen zum dreidimensionalen Leben“[53] genannt werden kann. Danach verliert sich die Naivität des natürlichen Lebens entscheidend und es ergibt sich, dass das transzendentale Leben mit jener unendlich reicheren Tiefendimension immer schon ins natürliche Leben eingeströmt ist. Noch genauer gefasst: Das natürliche Leben birgt die transzendentale Innerlichkeit in sich, und das transzendentale Leben ist auch vor dem tatsachlichen Vollzug der phänomenologischen Reduktion immer schon ins natürliche Leben eingeströmt, doch

[49] Hua XXIX, S. 20–29.
[50] Hua VI, S. 121 f.
[51] Hua VI, S. 213.
[52] Hua VI, S. 121.
[53]Zahavi, Dan, *Husserl und die transzendentale Intersubjektivität. Eine Antwort auf die sprachpragmatische Kritik,* Dordrecht: Kluwer, 1997, S. 7.

letztlich enthüllt sich dieses transzendentale Faktum erst nach dem Vollzug der phänomenologischen Reduktion.

Das durch die phänomenologische Reduktion gefundene geistige Leben als Weltbewusstseinsleben scheidet sich nicht in das natürliche und das transzendentale Leben, sondern findet sich als die beständig durch das Ein- und Ausströmen wechselseitig dynamisch werdende und zirkelartig wirbelnde, vielschichtige Struktur. Das Ziel von Husserls Transzendentalphilosophie ist die Aufdeckung zum einen der Lebenswelt, in die alle Leistungen des transzendentalen Lebens einschließlich der verschiedenen Sonderwelten einströmen und die nichts anderes als die dadurch ständig werdende dynamische Welt ist, zum anderen des transzendentalen Lebens, das in dieser Lebenswelt lebt: des „Weltbewusstseinsleben[s]".[54] Die Transzendentalphilosophie, die die Sphäre „ins Endlose reichender, miteinander durchgängig verwobener transzendentaler Funktionen"[55], nämlich die unendliche reichere Tiefendimension als ihren Hauptthemenbereich hat, das ist der letzte Entwurf von Husserls eigener Transzendentalphilosophie in seiner spätesten Phase.

[54] Husserl, *Husserliana XV: Zur Phänomenologie der Intersubjektivität III. Texte aus dem Nachlass. Dritter Teil. 1929–35*, Hrsg. v. Kern, Iso, Den Haag, Nijhoff, 1973, S. 539.
[55] Hua VI, S. 214.

UNSICHTBARE GRENZEN. ZUR PHÄNOMENOLOGIE DER NORMALITÄT, LIMINALITÄT UND ANOMALITÄT[1]

Thiemo Breyer[2]

Zusammenfassung:

This paper examines the phenomenological notions of normality and abnormality. It is argued that in order to describe the processual character of normal and abnormal modes of experience, it does not suffice to apply the categorical distinction between normality and abnormality to an experience. What is needed is a concept of liminality, with which the transitions between both domains can be grasped. Following Husserl's analyses of different types liminal states such as falling or being asleep, becoming or being crazy (verrückt), liminality is interpreted as a phenomenon midway between normality and abnormality and as a complex topological figure. The time and space of liminality opens up a potential for reflection, a viewpoint from which the characteristics of what was previously functioning unthematically as normality (and abnormality, accordingly) become visible in a clearer shape. In the conclusion, an approach to liminal states is developed that combines both phenomenology and the empirical sciences of such states, namely psychology and psychopathology. Since the phenomenological observation of conscious phenomena is dependent on a pre-established normality of perception, phenomenology can learn from psychopathology about the empirical structure of liminal and abnormal states of consciousness. Phenomenology, on the other hand, can give genetic-constitutional explanations about which aspects of normality are at the transcendental core, from which abnormal phenomena arise gradually as exaggerations.

■■■

1. Einleitung

In der modernen Geistesgeschichte lassen sich zwei Grundformen des Normalitätskonzeptes unterscheiden, die sich diametral gegenüberstehen: eine deskriptive Interpretation, derzufolge normal ist, was der ‚Natur der Sache' entspricht, und eine konstruktivistische Deutung, dergemäß normal ist, „was der theoretischen oder praktischen Normativität menschlicher Vernunft entspringt"[3]. Die phänomenologische Thematisierung von Normalität unterläuft die Ambivalenz zwischen der deskriptiven und normativen Dimension des Begriffs. Die Kantische Gegenüberstellung von Sinnlichkeit und Sittlichkeit beziehungsweise von empirischer Normalität und moralischer Normativität wird hier zugunsten der Frage abgeschwächt, wie sich ein beiden Aspekten zugrundeliegendes Potential oder ein Kern von Normalität in jeder Erfahrung geltend macht – sei diese eine sinnliche Anschauung, ein moralisches Gefühl oder eine logisch-kategorial operierende Erkenntnis. Für die Phänomenologie ergibt sich dabei eine direkte Verbindung von Normalität und

---

[1] Thiemo Breyer, "Unsichtbare Grenzen. Zur Phänomenologie der Normalität, Liminalität und Anomalität", *Studien zur Phänomenologie und praktischen Philosophie – Band 21: Geist – Person – Gemeinschaft. Freiburger Beiträge zur Aktualität Husserls.* Hg. Philippe Merz, Andrea Staiti, Frank Steffen, Ergon Verlag, 2010, pp.109-127. Der Ergon Verlag wurde vom Autor für die Wiederveröffentlichung dieses Textes in unserem zweibändigen türkisch-deutschen Buch kontaktiert und die notwendige Veröffentlichungserlaubnis wurde eingeholt. Wir möchten dem Autor dafür danken, dass er uns erlaubt hat, diesen wertvollen Artikel den Lesern wieder zugänglich zu machen.

[2] Prof.Dr. *Direktor des Husserl-Archivs der Universität zu Köln, Philosophisches Seminar,* https://www.thiemobreyer.com/ & thiemo.breyer@uni-koeln.de

[3] Rolf, Thomas: Normalität. Ein philosophischer Grundbegriff des 20. Jahrhunderts, München, 1999, 32.

Subjektivität, und zwar deshalb, weil das Bewusstsein selbst schon etwas ist, das „zwischen den Polen deskriptiver und normativer Normalität angesiedelt ist“[4]. Wie Ferdinand Fellmann es ausdrückt: „Normalität des Bewußtseins heißt Normativität im Sinne des Sollens und zugleich Regelmäßigkeit im Sinne der über den Einzelfall hinausgehenden Typik.“[5] Deshalb ist es für die phänomenologische Arbeit an den Phänomenen von zentraler Bedeutung herauszupräparieren, wie sich Normalität in den unterschiedlichen Schichten der Erfahrung und der Konstitution von Bewusstseinsgegenständlichkeiten ausbildet und stabilisiert.

Im Folgenden wird zunächst Husserls Begriff von Normalität und korrelativ dazu von Anomalität skizziert. Was Husserls Normalitätskonzept auszeichnet, ist eine Verbindung der sinnlichen mit der kategorialen Ebene. Die Normalität der rezeptiven Wahrnehmung fundiert die Normativität prädikativer Urteile und jeglicher höherstufiger Verstandestätigkeit. Die Hauptkriterien der normalen Erfahrung sind für Husserl Einstimmigkeit und Optimalität. Anhand der Horizontalität der Erfahrung wird sodann gezeigt, dass das Anomale im prägnanten Sinne als dasjenige verstanden werden kann, das vertikal in die Normalität des Bewusstseins hereinbricht. Wie ist ein solcher Bruch aber genauer zu beschreiben? Lässt er sich nur in der begrifflichen Gegenüberstellung von ‚horizontal-vertikal‘ bzw. ‚normal-anomal‘ auflösen oder gibt es Vorgänge im Bewusstseinsstrom, anhand derer der Übergang von der Normalität in die Anomalität und gegebenenfalls wieder in die andere Richtung exemplifiziert werden kann? Der Begriff der Liminalität wird in diesem Sinne als Bestimmung solcher Übergangsphänomene vorgeschlagen und an den Phänomenen des Einschlafens, des Todes und im Besonderen des Verrücktwerdens bzw. Verrücktseins erläutert. Hierbei erweist sich ein Blick auf die Psychopathologie als inspirierend für die phänomenologische Betrachtung, werden durch sie doch Einsichten in die Variabilität des liminalen und anomalen Bewusstseins und seiner Erscheinungen bereitgestellt, die phänomenologieintern – sozusagen aus der Perspektive des ‚normalen‘ Bewusstseins – nicht unmittelbar vorstellbar wären. Die Phänomenologie kann andererseits die psychopathologisch-empirische Forschung bereichern, indem sie aufzeigt, welche Anomalitätsmerkmale genetisch auf welche konstitutiven Momente der Normalität zurückgeführt werden können. Diese Rückführung gelingt dann, wenn man die Liminalität als Zwischenphänomen zwischen Normalität und Anomalität im Hinblick auf ihre topologische Struktur und auf die Prozessualität der Erfahrung freigelegt hat.

2. Der Normalitätsbegriff in der Phänomenologie Husserls

Husserl bestimmt die „normale Erfahrung“ als „die rechtmäßige, die einstimmig in den Zusammenhang sich einfügende, die Identität der erfahrenen Dinglichkeit durchhaltende Erfahrung“[6]. Als sinnliche Normalität kann diese Erfahrung deshalb bestimmt werden, weil zu ihr notwendigerweise ein „orthoästhetische[r]“[7] Leib gehört, dessen Empfindungsabläufe einheitlich reguliert sind. Abweichungen von dieser Normalität können auftreten, wenn die Sinnesorgane beeinträchtigt sind. Husserl exemplifiziert das an einer Wärmeempfindung: Dasselbe Wasser kann von einer verbrannten Hand als heiß, von einer gesunden Hand dagegen als lauwarm empfunden werden.[8] Erst der Widerstreit, der zwischen beiden Empfindungen entsteht, lässt unter Umständen

[4] Rolf, Normalität, 32. Vgl. hierzu auch Luft, Sebastian: „Phänomenologie der Phänomenologie“. Systematik und Methodologie der Phänomenologie in der Auseinandersetzung zwischen Husserl und Fink, Dordrecht 2002, Kap. 1

[5] Fellmann, Ferdinand: Phänomenologie als ästhetische Theorie, Freiburg/München 1989, 23.

[6] Hua 13, 364.

[7] Hua 13, 380.

[8] Vgl. dazu auch Frank Steffen in diesem Band: „So wird sich – wie im Falle zweier Kaffee-experten – der Geschmack desselben Kaffees

entdecken, was als Normalität des entsprechenden Sinnesfeldes vorausgesetzt war. Vergleicht man die beiden Zustände, könnte man ebenfalls annehmen, es seien zwei Arten der gleichen Erfahrung, zwischen denen ein gradueller Unterschied in der Sinnesqualität herrscht. „Rein deskriptiv betrachtet kann in dem Beispiel [...] nicht erklärt werden, warum der Gesundheit und nicht der Krankheit zur Qualifizierung von Normalität der Vorzug gegeben wird."[9] Nachvollziehbar wird dies nur durch Husserls weiterführende Argumentation, „dass die normale Erfahrung eine solche ist, die den Gegenstand nicht nur in einstimmiger, sondern auch in bestmöglicher oder ‚optimaler' [...] Weise konstituiert"[10]. Optimalität heißt für Husserl dabei größtmöglicher Reichtum an Differenzen, welche die Wahrnehmung an ihrem Gegenstand entdeckt. Die verbrannte Hand wäre im Beispiel deshalb nicht in der Lage, eine differenzierte Wahrnehmung von Wasser oder eines beliebigen Gegenstandes zu ermöglichen, da sie so überreizt ist, dass der subjektiv empfundene Schmerz prominenter ist als ein objektiv zu ertastendes Detail am Gegenstand. Würde nun aber eine Krankheit oder ein anderer anomaler Zustand die Hand in die Lage versetzen, auf wundersame Weise mehr Merkmale am Gegenstand tastend differenzieren zu können, so wäre dieses gesteigerte Tastvermögen als Hypernormalität zu bezeichnen. Für Husserl bedeutet eine (auch künstliche bzw. anomale) Steigerung der Normalität nicht selbst wieder Anomalität, sondern Übernormalität. Wer eine solche Fähigkeit besitzt, liegt über dem ‚Durchschnitt' der normalsinnigen Gemeinschaft.[11] Diese Übernormalität kann dann ihrerseits zum neuen Normalitätsmaßstab gemäß des Differentialitätskriteriums werden. Normalität verbürgt demgemäß stets deskriptiven Reichtum und stellt deshalb ebenfalls die Ausgangsbasis für eine detaillierte phänomenologische Bewusstseinsanalyse dar. Inhaltliche und methodische Ausrichtung der Phänomenologie durchdringen sich hierbei. Weitere Grundmerkmale von Normalität sind intersubjektive Regulierung und Stabilisierung sowie „eine gewisse typische Konstanz"[12], die zur Lebenswelt in ihrer alltäglichen Vertrautheit gehört. Hier stellt sich Normalität im Sinne von Typizität ein, indem sich in Prozessen der Habitualisierung, durch die wiederholte und wiederholbare Erfahrung mit Gegenständlichkeiten gleicher Art Erfahrungstypen herausbilden.

2.1. Normalität in der rezeptiven Erfahrung und Normativität in der prädikativen Erfahrung

Hierin zeigt sich, dass für Husserl Normalität nicht erst durch logisch-kategoriale Leistungen des Bewusstseins zustande kommt: Eine begriffliche Auseinandersetzung um Normalität sieht sich bereits auf die ‚normalen' Strukturen der rezeptiven, also vorprädikativen Erfahrung verwiesen. Diese rezeptive Erfahrung wird in der genetischen Phänomenologie eingehend unter dem Titel *Passivität* analysiert. Anders als in den weitgehend egologisch ausgerichteten Analysen des Frühwerks und auch noch der *Ideen I*, in denen Husserl die Aktualität des Ich und seiner Ichstrahlen der Erfahrung hervorhebt, wendet er sich in den Analysen zur passiven Synthesis den affektiven Kräften von Sinnesempfindungen und deren „Kraftstrahlen auf den Ichpol"[13] zu. Diese Strahlen gehen direkt

durch jahrelange Expertise und Vergleich ebenso anders darstellen als mit einer zeitweilig verbrannten Zunge oder wenn der erste Schluck des Kaffees in der festen Erwartung getrunken wird, einen Tee vor sich zu haben. Diese Abhängigkeiten sind komplex und in vielen Fällen wohl schwer zu formalisieren. Dennoch scheinen die dargestellten empfindungsvorgängigen Funktionen einen gangbaren Weg für das Verständnis der Genesis subjektiver Relativität zu bezeichnen." Normalität ist demgemäß subjektrelativ und abhängig sowohl von passiven Prozessen (Habitualisierung, Sedimentierung durch Ausgesetztsein gegenüber bestimmten wiederkehrenden Reizklassen) als auch von aktiven Prozessen (Interesse an einer Sache, intentional gesteuertes Training, explizite Erwartungen – z.B. dass das Getränk ein

[9] Taipale, Joona: Normalität, Artikel in: Gander, Hans-Helmuth (Hrsg.): Husserl-Lexikon, Darmstadt 2010, 212.

[10] Taipale, Normalität, 212f.

[11] Vgl. Hua 15, 230ff.

[12] Hua 14, 121.

[13] Hua 11, 149

vom Sinnesmaterial aus und strömen in Richtung des Ichpols, bevor überhaupt eine ichliche ‚Reaktion' auf solch einen affektiven Strahl auftritt. Denn erreichen die affektiven Kraftstrahlen den Ichpol nicht, weil sie zu schwach sind, hebt sich also der affektive Reiz nicht in einer solchen Weise von einem Hintergrund ab, dass er die Schwelle der Aufmerksamkeit überschreitet, so werden diese Kraftstrahlen für den Ichpol nicht zu einem „weckenden Reiz"[14]. Die affektive Weckung des Ich setzt also bei der Disposition des Ich selbst an. Um überhaupt eine affektive, anziehende Kraft ausüben zu können, reicht es nicht, dass ein Reiz in einer von außen feststellbaren Weise gegeben ist, wie etwa ein messbares Quantum an Licht, sondern er muss in einer Weise gegeben sein, in der das Ich ihn bemerken kann, und dies hängt maßgeblich von den Dispositionen des Ich ab. Unter Affektion versteht Husserl allgemein den Reiz oder Zug, den ein Bewusstseinsgegenstand auf das Ich ausübt, „der sich entspannt in der Zuwendung des Ich und von da sich fortsetzt im Streben nach selbstgebender, das gegenständliche Selbst immer mehr enthüllender Anschauung"[15]. Jede Affektion, die einen solchen Zug auf das Ich ausübt, hat sich in diesem Moment bereits von einem „affektiven Relief"[16] abgehoben, wobei die Struktur dieses Reliefs abhängig ist von den früheren Erfahrungen des Subjekts sowie von den Gewohnheiten und der sensorischen Übung. Das Relief kann sich im Hinblick auf einen bestimmten Reiz (z.B. das hämmernde Geräusch von Straßenarbeiten) durch Häufigkeit und Dauerhaftigkeit des Auftretens ‚normalisieren', sodass der ursprünglich prominente Sinneseindruck an affektiver Kraft verliert und nicht mehr so stark auffällt – man gewöhnt sich an ihn und beachtet ihn nicht mehr eigens.

Was Husserl hier auf prägnante Weise darstellt, ist seine bereits in den Frühschriften gewonnene Einsicht in die „Abhängigkeit der Aufmerksamkeit von der Besonderheit des Gegebenen"[17] und seiner Reizung. Ein willkürliches ‚Absehen auf' Elemente des Wahrnehmungsfeldes und ein ‚Absehen von' ihnen setzt voraus, dass sie selbst schon in einer gewissermaßen normalisierten Form gegeben sind. Normalisierung soll hier heißen, dass keines der Elemente besondere Zuwendung fordert, etwa durch besondere Auffälligkeit (Kontrast oder Intensität der empfundenen Sinnesqualitäten). Das aktive Meinen schwebt nicht frei über den Dingen, sondern ist wesentlich an sie gebunden, d.h. die Unwillkürlichkeit des passiven Angezogenwerdens durch Attraktoren (‚sinnliche Abgehobenheiten', die aufgrund auffälliger Charakteristika besondere Aufmerksamkeit fordern) geht der Willkürlichkeit des meinenden Zugriffs stets voraus. In einem Zustand, in dem die Affektionen, die von einem Gegenstand ausgehen, so groß sind, dass die Aufmerksamkeit unvermittelt zu dieser Reizquelle hingezogen wird, kann Normalität, wie sie durch Husserls Differentialitätskriterium bestimmt ist, nicht mehr aufrechterhalten werden. Was durch eine solch unwillkürliche Verschiebung des Bewusstseinsfeldes verunmöglicht wird, ist eine differenzierte und zu steigender Klarheit motivierte Wahrnehmung. Das Vertiefen in den Innenhorizont eines Gegenstands, wobei immer mehr Einzelheiten an ihm sichtbar werden, setzt voraus, dass sich nichts im Außenhorizont zu stark abhebt und seinerseits fokale Aufmerksamkeit fordert. Auf der Ebene der Wahrnehmung gehört zur Normalität also die Möglichkeit des aufmerkenden Subjekts, sich ‚ungestört' von ‚fremden' Reizen dem Erscheinenden zu widmen und in der Wahrnehmung auf diese Weise zu möglichst hoher Differenziertheit zu gelangen. In welchem Zusammenhang stehen bei Husserl nun diese fundierende Normalität des wahrnehmenden Bewusstseins und die fundierte Normativität höherstufiger kategorialer Leistungen? Wie Maren Wehrle zeigt, kann man bei Husserl in dieser Frage

[14] Hua 11, 149
[15] Hua 11, 148f.
[16] Hua 11, 168
[17] Hua 38, 74.

> von einer versteckten Normativität sprechen, da sich seine Beschreibungen des Bewusstseins und der Erfahrung geistesgeschichtlich am Maßstab der Vernunft orientieren. Diese fungiert bei Husserl nicht unabhängig von der Erfahrung im Sinne eines reinen Vernunftgebots, sondern bestimmt das Wesen der Erfahrung selbst[18]

da sich laut Husserl das universale Vernunftstreben und damit gleichsam auch das teleologische Vernunftgesetz in der Erfahrung selbst bereits zum richtigen Erkennen der Sachen veranlasst. Dies zeigt sich bereits in „Husserls Annahme eines inhärenten Drangs zur Klarheit und eines Strebens zum Ideal der Adäquation bzw. der optimalen Gegebenheit, das er methodisch in seiner phänomenologischen Forderung, zu den Sachen selbst zu gelangen, übernimmt"[19]. Auch wenn man diese Grundannahme als „normatives Vorurteil"[20] interpretieren kann, so ist Husserl dennoch kein durchgängiger Normativismus zu unterstellen, erkennt er doch die Fragilität der Normalität und die Möglichkeit ihres zumindest lokalen Kollapses an. Husserls Normalismus unterstellt zwar einerseits, dass der Anomale im Prinzip einsieht und anerkennt, dass die Welt der Normalen die bessere sei:

> Ein Volk von Farbenblinden ist denkbar, in dem die Kinder die ‚farbenblind' sichtige Welt als normale sich konstituieren. Tritt dieses Volk in Beziehung zu uns und unserer Normalität, so wird es doch unsere Normalität akzeptieren, wie es der einzelne Farbenblinde unter uns tut, der, wenn er von Geburt an farbenblind ist, in seiner doch notwendig solipsistischen Konstitution seiner Welt sich uns akkomodiert, ohne doch unsere Anschauungen selbst gewinnen zu können. Es erkennt indirekt, dass seine Welt nicht die optimale ist, dass unsere die ‚wahrere' gleichsam ist.[21]

Andererseits sieht er aber auch die bedrohliche Möglichkeit einer völligen Denormalisierung, die für seinen Normalitätsbegriff von großer Wichtigkeit ist.[22] In fatalistisch düsterem Ton fragt Husserl:

> Aber ist nun nicht auch möglich eine Weise des Schicksalslaufs, der diese Normalität total bricht und mich in die Situation bringt: ‚ich weiß nicht mehr aus und ein, es ist nicht abzusehen, wie das Leben weiter noch laufen soll, wie es wiederum die Form annehmen kann eines fruchtbringenden, eines stabilen Daseins, eines normal menschlichen'? [...]
>
> Was nützt es da, wenn Welt durch alle Anomalien hindurch und selbst durch die des Zusammenbruchs der praktischen menschlichen Umwelt die Identität erhält, die ihrerseits auf einer Stilform beruht, in der die Naturgesetze passiv sich erfüllen usw.?[23]

Normalität kann in der konkreten Erfahrung nie gänzlich vor Störungen bewahrt werden, andererseits ist es gerade das Anomale – wie es in Husserls Gedankenexperiment aufgerufen wird –, von dem her das Normale als Normales besonders deutlich zum Vorschein kommt. Normalität und Anomalität definieren sich für Husserl, wie bereits erläutert, nicht nur wechselseitig in der begrifflichen, gleichsam in strukturalistischem Modus konstruierten Gegenüberstellung als polare Gegenfiguren, sondern bilden auch auf der Ebene der vorprädikativen Erfahrung ein kontrastives Konstitutionsverhältnis. Von der Prozessualität der Erfahrung her gedacht, kann der Primat des

---

[18] Wehrle, Maren: Die Normativität der Erfahrung. Überlegungen zur Beziehung von Normalität und Aufmerksamkeit bei E. Husserl, in: Husserl Studies 26/3 (2010), DOI 10.1007/s10743-010-9075-5.
[19] Wehrle, Die Normativität der Erfahrung.
[20] Wehrle, Die Normativität der Erfahrung.
[21] Hua 14, 133.
[22] Vgl. Rolf, Normalität, 102f.
[23] Hua 15, 213

Normalen erst nachträglich anhand des Einbruchs des Anomalen etabliert werden, denn der Normalitäts-Anomalitäts-Komplex ist nicht das Ergebnis der spontanen, aktiv-ichlichen Stellungnahme, sondern eine Einsicht in dasjenige, was vor dem passiv erfahrenen Einbruch des Anomalen als fungierende Normalität unhinterfragt und unthematisch im Gange war.[24]

1.1. Normalität und Horizontalität der Erfahrung

Die Unthematizität dieser Ebene vorgängiger Normalität, ihre natürliche Selbstverständlichkeit liegt in der Horizonthaftigkeit des Bewusstseins begründet.[25] Das Bewusstsein ist sowohl noematisch wie auch noetisch horizontal strukturiert. Noematisch gesehen erscheint jegliches gegenständlich Erscheinende als Thema des Bewusstseins nicht isoliert und für sich, sondern stets eingebettet in ein sinnhaftes Feld von Mitgegebenem, das thematisch mit dem Gegenstand verknüpft ist bzw. mannigfaltige kontextuelle Bezüge zu diesem aufweist. Diesen Verweisungszusammenhang nennt Husserl bekanntlich den Außenhorizont des Gegenstandes. Der Innenhorizont hingegen bezeichnet die Unabgeschlossenheit des Gegenstand nach innen hin, d.h. im Hinblick auf seine eigenen Eigenschaften und internen Differenzen. Wie gesehen, ist die Möglichkeit, sich gerade in diesen Innenhorizont wahrnehmend hineinzubegeben, um die größtmögliche Klarheit der Wahrnehmung des Gegenstandes zu erzielen, für Husserl ein wichtiges Kriterium für Normalität. Noetisch betrachtet besteht die Horizontalität des Bewusstseins darin, dass kein intentionaler Akt für sich alleine und unverbunden mit anderen Akten existieren kann. Jeder Akt verweist auf gleich- und andersartige frühere (bereits vollzogene) wie auf spätere (noch zu vollziehende) Akte.[26]

Gestört werden kann die Horizontalität des Bewusstseins durch die Vertikalität[27] eines Bruchs, sofern etwas als noematisch horizontlos erscheint und nicht in einen sinnhaften Gesamtzusammenhang von Miterscheinendem integriert werden kann oder als noetisch horizontlos, wobei es sich als unmögliche Erfüllung (was keineswegs dasselbe ist wie eine Enttäuschung) eines vorhergehenden Aktes bzw. als gänzlich leere Vorzeichnung eines bevorstehenden Aktes erweist. Eine Phänomenologie, die sich offen hält für derartige Unverfügbarkeiten der Erfahrung, für die Über- und Unterschreitung von Normalitätsgrenzen, die sich den Setzungen des intentionalen Bewusstseins entziehen, tut gut daran, die Liminalitäten zu untersuchen, die durch einen Bruch der Einstimmigkeit in der Erfahrung entstehen.

2. Liminalität bei Husserl?

Liminalität ist ein Begriff, der als Abstraktum bei Husserl so nicht vorkommt. Was allerdings bereits auf der Ebene der phänomenologischen Wahrnehmungsanalyse eine große Rolle spielt, sind sogenannte Limes-Gestalten. Jeder Gegenstand der äußeren Wahrnehmung konstituiert sich beispielsweise als unendliche Offenheit von Perspektiven bzw. Abschattungen. Der Gegenstand ist dabei nie allseitig präsent und stellt so einen Limes der Anschauung dar, dem man sich in einem teleologischen Prozess von Signifikation und Intuition nähern kann – er hat als Steigerungsideal der

[24]Diese fungierende Normalität findet sich in Husserls Überlegungen zu den Normalgewohnheiten innerhalb von Gemeinschaften und schließlich der Menschengemeinschaft
ausgearbeitet (vgl. Hua 29, 321ff.).

[25] Vgl. hierzu Held, Klaus: Horizont und Gewohnheit. Husserls Wissenschaft von der Lebenswelt, in: Vetter, Helmuth (Hrsg.): Krise der Wissenschaften – Wissenschaft der Krise, Frankfurt a. M. 1998, 11-25.

[26] Vgl. Husserls Bestimmung des noetischen Horizonts als Antizipation oder „Induktion" (EU, 28)

[27] Derrida spricht in ähnlicher Weise von der Vertikalität des ‚Ereignisses' (vgl. Derrida, Jacques: Von der Gastfreundschaft, Wien 2001, 33ff.)

Erfüllung einen regulativen Charakter.[28] Der Gegenstand bildet also eine Grenze, die in der Ichaktivität der Betrachtung nie erreicht werden kann. Eine andere Form der Liminalität, die mehr mit Aspekten des Übergangs und der Schwellenhaftigkeit zu tun hat, beschreibt Husserl an Phänomenen wie Aufwachen und Einschlafen – und in einer näher zu bestimmenden Analogie an Geburt und Tod.

Das Einschlafen ist ein „Sinken- und Fahrenlassen der Willenspositivität Leben", wobei „diese Umkehrung der Willensaktivität" hin zur Entspannung und zur Abkehr von den alltäglichen Umtrieben des Wachzustandes, diese Negativität also „auch die Affektionen betrifft. Ihre Anziehungskraft sinkt mit. Im Fahrenlassen lasse ich auch das Affizierende fahren. Entspanne ich mich, bin ich im Modus des total sich entspannenden Interesses, so verlieren auch die Affektionen ihre korrelative Spannung des Appells."[29] Das Einschlafen kann von einem mehr oder weniger großen Interesse am Einschlafen begleitet sein, es kann mehr oder weniger herbeigesehnt werden im Dienste der Entspannung von Körper und Geist, es kann schneller oder langsamer eintreten, je nachdem wie rege das Bewusstsein noch mit den Themen des Wachzustandes beschäftigt ist, seien es Berufsinteressen, emotionale Verwicklungen, Vergangenheitsrepräsentationen oder Zukunftsantizipationen. Jedenfalls sind all diese vom Wach- ins Schlafbewusstsein herüber spielenden Phänomene „Übergangsphänomene zum Schlaf. Schlaf selbst ist der Limes dieses Modus, der Limes totaler Affektionsentspannung und Aktionslosigkeit, der Willenslosigkeit, Willensentspanntheit."[30] Dieser Limes ist

> selbst nicht direkt erfahrbar[31] [...], weil jedes Erfahren selbst ein Modus der wachen Aktivität ist. [...] Das Eigentümliche des Einschlafens ist also die Universalität des Passiv-werdens des Ich als Interessen-Ich; und so ist es ein bedeutsames Totalphänomen des ichlichen Lebens, also des willensmäßigen Lebensmodus bzw. der strömenden Lebensgegenwart, in der das Ich einen total einheitlichen negativen Interessensmodus hat.[32]

Unter Liminalität lassen sich also unterschiedliche Dimensionen der Erfahrung verstehen. Erstens bezeichnet Liminalität die Limes-Gestalt in der Wahrnehmung: Sie konstituiert eine unerreichbare, daher ideale Grenze der Erfüllung. Wie stark sich das Subjekt auch aktiv-ichlich in die Betrachtung eines Gegenstandes der äußeren Wahrnehmung vertiefen mag, es kann diesen Limes aus apriorischen Gründen nicht erreichen und damit keine vollständige originäre Gegebenheit des Gegenstandes herbeiführen. Insofern markiert dieser Limes eine Grenze der Ich-aktivität ‚nach oben' hin, eine Grenze der teleologischen Steigerung anschauungsmäßiger Klarheit im Rahmen eines aktiv unterhaltenen Erkenntnisinteresses. Zweitens kann Liminalität als erreichbare Grenze verstanden werden, wie am Beispiel des Schlafes deutlich wird. Zwar ist der Schlaf der Limes des Einschlafens, dennoch erreichen wir diesen Limes, wenn die Ichaktivitäten des Bewusstseins so weit absinken, dass wir in den Tiefschlaf fallen. Diese erreichbare Grenze kann somit als Grenze der Ichaktivität ‚nach unten' hin gedeutet werden. Drittens ist mit Liminalität das Hin und Her etwa zwischen Wachen und Schlafen und radikaler zwischen Normalität und Anomalität bezeichnet, die Schwellenhaftigkeit, die eine interne räumliche und zeitliche Ausdehnung und Dauer hat. Liminalität in diesem Sinne ist als

[28] Vgl. hierzu Tengelyi, László: Erfahrung und Ausdruck. Phänomenologie im Umbruch bei Husserl und seinen Nachfolgern, Dordrecht 2007, 84.

[29] Hua 39, 591

[30] Hua 39, 591

[31] Insofern könnte man hier von einer ‚unsichtbaren' Grenze sprechen

[32] Hua 39, 591.

Bereich zu verstehen, in dem man sich zum Limes hin bzw. von ihm weg bewegt.

Begreift man anomale Zustände des Bewusstseins wie die Verrücktheit gemäß dieser dritten Bestimmung, so ist diese Anomalität als graduelle Verschiebung des Normalzustandes zu verstehen, als Übertritt einer Schwelle, die auch in die andere Richtung, nämlich in Richtung der Normalität überschritten werden kann.

2.1. Verrücktheit als liminaler Zustand

Ein Paragraph in den Analysen zur passiven Synthesis heißt Verrücktwerden und Tod als Aufhören der Konstitution einer gemeinsamen Welt. Die Ausführungen an jener Stelle erlauben eine Analogisierung von Tod und Verrücktwerden in dem Sinne, dass beide Phänomene für das Subjekt ein „Ausscheiden aus der Welt"[33] bedeuten. Zum Verrücktwerden schreibt Husserl: „Wir können uns ein solipsistisches Subjekt auch denken, das beliebig stark anomal ist, verrückt ist und schliesslich so, dass es keine Welt mehr zustande bringt."[34] Im Unterschied zum Tod ist die Verrücktheit jedoch ein Zustand, von dem es ein Zurück gibt; er ist weniger eine Liminalität im Sinne einer Grenze, als vielmehr einer Schwelle, die in graduellem Hin und Her bzw. Hinein und Hinaus in der Erfahrung umspielt werden kann.[35] In der Psychopathologie spricht man beispielsweise von ‚paranoiden Schüben', die den Patienten aus der Welt herausreißen, die aber auch vorbeigehen und dadurch einen Wiedereintritt in die Gemeinschaftswelt der Normalen ermöglichen. Anders als beim Tod kann der Verrückte, im Zustand intersubjektiver Normalität angelangt oder sogar im Schwellenzustand der Anomalie selbst, von seinen Erscheinungen berichten. Er ist – etwa im Sinne der anthropologischen Ritualtheorie Arnold van Genneps oder Victor Turners[36] – ein ‚Schwellenwesen', das zwischen den Welten ein Niemandsland bewohnt und dessen Reintegration von rituellen Instanzen oder göttlichen Mächten abhängt. Aus ethnologischer Sicht ist im Rahmen der Psychotherapie, die durch das Berichten-Können des Patienten aus der Liminalität möglich wird, der Therapeut in gewissem Sinne der Zeremonienmeister, der den Übergang organisiert und legitimiert. Etwas Vergleichbares gibt es im Falle des Sterbens nicht.[37] Will man also aus phänomenologischer Perspektive Anomalität nicht nur von der Normalität aus untersuchen, sondern auch umgekehrt die Normalität von der Anomalität aus, so bietet die Psychopathologie mit ihren Berichten ‚aus einer anderen Welt' die Möglichkeit einer fruchtbaren Auseinandersetzung. Husserl thematisiert die Verrücktheit im Vergleich mit den animalischen, kindlichen und fremdkulturellen Aspekten der Andersartigkeit in der Fremderfahrung als Problemfeld für die Phänomenologie der Intersubjektivität und bestimmt sie als einen Zustand, in dem das Subjekt keine einheitliche Welt mehr zustande bringen kann und die von einem Mangel an Fähigkeiten zu sozialen, auf den grundlegenden empathischen Leistungen des Bewusstseins basierenden Akten gekennzeichnet ist. Im wissenschaftlichen Sinne tritt die Verrücktheit im Sinne der Schizophrenie als Diagnose für psychische Störungen des Denkens, der Wahrnehmung und der Affektivität auf, wobei verschiedene symptomatische Erscheinungsformen unterschieden werden. Als eine der häufigsten Diagnosen im stationären Bereich der Psychiatrie ist die Schizophrenie gewissermaßen ein ‚Normalfall der Anomalie' des Bewusstseins, die durch den Einbruch und das Affiziertwerden von fremden Einflüssen (etwa der Stimme im Ohr oder des halluzinatorischen

[33] Hua 11, 399.
[34] Hua 11, 398f.
[35] Vgl. zur Differenzierung von Grenz- und Schwellenphänomenen Waldenfels, Bernhard: Ordnung im Zwielicht, Frankfurt a. M. 1987, 28ff
[36] Vgl. Gennep, Arnold van: Übergangsriten, Frankfurt a. M. 1986; Turner, Victor: Das Ritual. Struktur und Anti-Struktur, Frankfurt a. M. 2005.
[37] Unkommentiert bleiben hier die zweifelhaften Nahtoderfahrungen, bei denen klinisch Tote wieder ins Leben zurückkehren und aus dem Jenseits berichten.

Auftauchens von bedrohlichen Erscheinungen im Gesichtsfeld) entsteht. Als Positivsymptome der Schizophrenie werden häufig die Übersteigerungen des normalen Erlebens genannt. Charakteristisch hierfür sind formale wie inhaltliche Denkstörungen, Sinnestäuschungen und motorische Unruhe. Typisch für inhaltliche Denkstörungen sind Wahnbildungen, z.B. akustische Halluzinationen[38], bei denen die Patienten von kommentierenden, beleidigenden oder imperativen Stimmen angesprochen werden. Dazu kommt häufig Verfolgungswahn, die Überzeugung, man werde beobachtet, verfolgt oder sogar entführt. Aus Sicht der Phänomenologie der Intersubjektivität besonders interessant ist die Überzeugung Schizophrener, andere könnten ihre Gedanken lesen oder manipulierten sie durch telepathische Fähigkeiten.

Der phänomenologische Psychiater Wolfgang Blankenburg bestimmt die Schizophrenie als den „Verlust der natürlichen Selbstverständlichkeit“[39]. Der Schizophrene kann angesichts der permanenten Verunsicherung durch seine Erscheinungen nichts mehr in der ihn umgebenden Welt für schlicht gegeben halten. Dieser Verunsicherung entspricht der Verlust des Orientierungsvermögens, d.h. die Maßstäbe leiblicher und geistiger Einstimmigkeit des Erfahrungsverlaufs hören auf, zuverlässig zu gelten. Die Sicherheit der lebensweltlichen Alltäglichkeit bricht für den Schizophrenen zusammen. Die Verwirrung hierüber geht häufig einher mit dem gesteigerten Bedürfnis nach einer theoriegeleiteten Erkenntnis seiner Welt anhand von detaillierten Erklärungsmodellen, die er sich selber schafft. Spricht man mit Psychotherapeuten über dieses Phänomen, so schildern sie häufig ihr Erstaunen darüber, in welch analytisch-quasiwissenschaftlicher Weise die Patienten versuchen, der Anomalität ihres Bewusstseins auf einer abstrakten Ebene Rechnung zu tragen und sie zu verstehen. Die privaten Theoriegebäude, die Patienten im Therapeutengespräch anbieten, erreichen zuweilen eine erstaunliche Komplexität. Schizophrenie ist also, korrelativ zu den Positivmerkmalen erster Stufe, gekennzeichnet durch eine Hyperanalytizität in Bezug auf das eigene, als anomal erfahrene und erkannte Bewusstsein.

Vergleicht man den pathologischen Zustand der Schizophrenie mit dem Zustand, in dem sich der Phänomenologe befindet, wenn er sich durch Epoché und Reduktion von seinem unmittelbaren Lebensvollzug distanziert und aus der Unthematizität der Lebenswelt zu einer expliziten thematischen Beschreibung des Bewusstseins gelangt, so sind einige Merkmale wie Skepsis, Selbstzweifel und Hyperanalytizität durchaus vergleichbar. In die Phänomenologie ist der ‚Verlust der natürlichen Selbstverständlichkeit‘, wie sie den Schizophrenen passiv überkommt und bei ihm zur Sensitivierung des Sinnes dafür, was normal ist und was nicht, führt, als methodisches Instrument und transzendentalphilosophische Grundentscheidung eingeschrieben. Der Phänomenologe suspendiert aktiv und in methodischer Weise jene gewöhnlichen Selbstverständlichkeiten, um die konstitutiven Leistungen des Bewusstseins für ihr Zustandekommen zu analysieren. Dabei werden die unhinterfragten Selbstverständlichkeiten der natürlichen Welteinstellung, allen voran der doxische Glaube an die bewusstseinsexterne Realität der Welt, eingeklammert. Die phänomenologische Betrachtung betreibt eine Verfremdung, die an den Grenzen dessen, was das natürliche Bewusstsein für normal und wahr hält, umschlägt in eine transzendentale Normalisierung mit dem Ergebnis einer Restituierung des Normalen auf einer tieferen ontologischen Ebene.

Aber noch in einem weiteren Sinne sind die Schizophrenie und dic sie erforschende

[38] Phänomenologisch können Halluzinationen als „selbstaffektive Vorstellungen“ (Lohmar, Dieter: Phänomenologie der schwachen Phantasie. Untersuchungen der Psychologie, Cognitive Science, Neurologie und Phänomenologie zur Funktion der Phantasie in der Wahrnehmung, Dordrecht 2008, 57) bestimmt werden.

[39] Blankenburg, Wolfgang: Der Verlust der natürlichen Selbstverständlichkeit. Ein Beitrag zur Psychopathologie symptomarmer Schizophrenien, Stuttgart 1971

Psychopathologie für die Phänomenologie von Interesse. Wie der Medizinhistoriker Canguilhem in seinem grundlegenden Werk Das Normale und das Pathologische Renan zitiert:

> Schlaf, Wahnsinn, Delirium, Somnambulismus und Halluzination stellen für die Individualpsychologie ein weitaus geeigneteres Forschungsgebiet dar als der Normalzustand. Denn die Phänomene, die hier wegen ihrer Unauffälligkeit quasi inexistent sind, treten in außerordentlichen Krisen dank ihrer Übersteigerung um so deutlicher zutage.[40]

Die Pathologie stellt sich als Heuristik, Mikroskop und Experiment dar, denn die Krankheit, so der ebenfalls von Canguilhem zitierte Ribot, „ist ein höchst raffiniertes Experiment, das von der Natur selber unter festgelegten Bedingungen und mit Hilfe bestimmter – jedes menschliche Geschick übersteigender – Verfahrensweisen angeordnet wird“[41]. Im pathologischen Zustand erscheint das Normale in deutlicherer Weise, d.h. die Krankheit lässt, ganz im Sinne von Husserls Differentialitätsargument, mehr Differenzen erkennen, als man normalerweise erkennen könnte.

2.2. Phänomenologie als Experiment

Indem das phänomenologisch reflektierende Beobachter-Ich das Bewusstsein, das es selbst ist, auf seine konstitutiven Leistungen, seine ‚Leistungsvermögen‘ und ‚Leistungsbeschränkungen‘ (d.h. gerade auch die uneinlösbaren Prätentionen der Wahrnehmung, die uneinholbaren Sinnüberschüsse der Erfahrung, die unhintergehbar routinierten Muster des Verhaltens) hin befragt und seine Inhalte in abgestuften Reihen variiert, um zum Wesen des jeweiligen Inhalts und der ihn gebenden Bewusstseinsfunktion zu gelangen, so kann hierin durchaus ein ‚experimenteller‘ Zug erkannt werden. Don Ihde bestimmt diesen experimentellen Charakter des phänomenologischen Tuns folgendermaßen: „Phenomenology, in the first instance, is like an investigative science, an essential component of which is experiment. Phenomenology is experimental and its experiments are conducted according to a carefully worked out set of controls and methods.“[42] Die methodischen Schritte der Reduktion und Epoché legen ein Feld reiner phänomenologischer Betrachtung frei, ein Feld, auf dem die Phänomenologie ihre Sicht auf die Dinge schulen und erproben kann, ein Feld für Bewusstseinsexperimente. Was das phänomenologische ‚Experiment‘ erzeugt, ist aber kein Wissen um die Wirklichkeit psychischer Phänomene oder Effekte, sondern ein Wissen um deren Möglichkeit. Sind die empirische Psychologie und Psychopathologie Wirklichkeitswissenschaften, so ist die Phänomenologie Möglichkeitswissenschaft. Wirklichkeiten dienen der phänomenologischen Methode als Varianten in einem Prozess des Umfingierens und freien Variierens, bei dem nach und nach alle kontingenten Eigenschaften des Bewusstseinsphänomens abgestreift werden. Kontingenzen und Variablen werden in jedem Experiment so weit wie möglich ausgeschaltet. Im psychologischen Experiment etwa geschieht dies durch unterschiedliche Kontrolltechniken, die sich auf die Versuchsanordnung, die Anweisungen an die Probanden und die Auswertungsverfahren auswirken. Sind mögliche Störvariablen bekannt, so lässt sich ihr Einfluss etwa durch Techniken der Konstanthaltung, der systematischen Bedingungsvariation, der Parallelisierung oder der Implementierung von Kontrollfaktoren mindern oder sogar eliminieren. Sind die möglichen Störvariablen unbekannt, so kann ihr Einfluss lediglich durch Randomisierung, ihre zufällige Verteilung und Kombination, eingeschränkt werden. Im phänomenologischen

[40] Renan, Ernest: L'avenir de la science, zit. aus: Canguilhem, Georges: Das Normale und das Pathologische, Frankfurt a. M./Berlin/Wien 1977, 23.
[41] Ribot, Théodule: Psychologie, zit. aus: Canguilhem, Das Normale und das Pathologische, 23.
[42] Ihde, Don: Experimental Phenomenology. An Introduction, New York 1977, 14.

Bewusstseinsexperiment geschieht dies durch Epoché (Einklammerung der Seinsthesis der natürlichen Welt) und Reduktion (Rückgang auf die Konstitutionsleistungen des intentionalen Bewusstseins).

Empirische Experimente können Validität ihrer Ergebnisse beanspruchen, wenn die Störvariablen so kontrolliert werden, dass sich eine Interdependenz- oder Dependenzbeziehung zwischen unabhängiger (z.B. Fernsehen) und abhängiger Variable (z.B. Gedächtnisspanne) aufweisen lässt, die Stichproben möglichst repräsentativ für eine bestimmte Population sind und die Ergebnisse repliziert werden können. Phänomenologische Validität wird erzielt, wenn es gelingt, die Phänomene im Wie ihrer Erscheinung methodisch kontrolliert zu reflektieren und zur Sprache zu bringen. Mit dem „Prinzip aller Prinzipien“[43] wendet sich Husserl bekanntlich gegen alle ungeprüften Lehrmeinungen, die nicht selbst einen Anhalt in der anschaulichen Fülle gebender Akte der Wahrnehmung haben.[44] Die Prüfung, die sich beim systematisch schauenden Durchdringen des sich wahrnehmungsmäßig Darbietenden vollzieht, ist aber keine Prüfung von Hypothesen im Sinne des empirischen Experimentierens. Das ‚Gesehene‘ selbst festzuhalten und in seinem Eigenwesen zu würdigen, ist Aufgabe der Prüfung. Was damit aber eigentlich geprüft wird, sind Prätentionen bezüglich einer Sache, die sich an ihr selbst nicht ausweisen lassen. Das phänomenologische ‚Sehen‘ ist ein Exerzitium, bei dem der Phänomenologe gleichsam Versuchsleiter und Versuchsperson in einem ist. Das Aufdecken von Prätentionen erfolgt dabei auf unterschiedlichen Ebenen. Die Phänomenologie setzt bei der Wahrnehmung an, die in der natürlichen Einstellung vorgibt, ihren jeweiligen Gegenstand als ganzen zu geben. Dabei werden aber immer nur gewisse Aspekte (z.B. die Vorderseite) an ihm ansichtig, während andere Aspekte (z.B. die Rückseite) aktuell nicht in die Wahrnehmung fallen. Der Gegenstand der äußeren Wahrnehmung erscheint stets „perspektivisch verkürzt und abgeschattet“[45], eine allseitige Anschauung des Gegenstands ist unmöglich. Die Wahrnehmung beinhaltet demnach „eine beständige Prätention, etwas zu leisten, was sie ihrem eigenen Wesen nach zu leisten außerstande ist“[46]. Das Ideal adäquater Wahrnehmung, einer Wahrnehmung, die eine umfassende und evidente Anschauung des Gegenstands ermöglichen würde, kann in der äußeren Wahrnehmung nicht erreicht werden. Husserl sieht dieses Ideal vielmehr in der inneren Wahrnehmung verwirklicht, da in ihr der Gegenstand „restlos erfaßt, also im Wahrnehmen reell beschlossen ist“[47]. Das Sein des Gegenstands ist gleich seinem Wahrgenommensein – von der Ebene der Wahrnehmung aus, die als „Urmodusder Anschauung“[48] den Boden aller weiteren Analysen liefert, fallen esse und *percipi* demnach zusammen.[49]

---

[43] Hua 3/1, 52.

[44] Heidegger schreibt im Rückblick auf seine Lehrjahre bei Husserl: „Husserls Belehrung geschah in der Form einer schrittweisen Einübung des phänomenologischen ‚Sehens‘, das zugleich ein Absehen vom ungeprüften Gebrauch philosophischer Kenntnisse verlangt, aber auch den Verzicht, die Autorität der großen Denker ins Gespräch zu bringen.“ (Heidegger, Martin: Mein Weg in die Phänomenologie, in: Heidegger, Martin: Zur Sache des Denkens, Tübingen 2000, 86).

[45] Hua 19/2, 589.

[46] Hua 11, 3

[47] Hua 19/1, 365

[48] Hua 6, 107.

[49] Die Rede von phänomenologischen Bewusstseinsexperimenten mag leicht missverstanden werden, scheint sie doch zu suggerieren, dass hier ein Selbstversuch ohne objektivierende Instrumentarien unternommen wird, was impliziert, dass nichts von allgemeiner Gültigkeit ausgesagt werden kann, sondern der Gültigkeitsbereich der Ergebnisse des Versuchs auf dasjenige Subjekt beschränkt bleibt, das ihn durchführt. Der objektive Standpunkt des Experimentators scheint dahingegeben. Die phänomenologische Analyse scheint sich auf eine ‚Selbstanalyse‘ oder ‚Autophänomenologie‘ einzugrenzen. Müsste sie dann aber nicht durch eine ‚Heterophänomenologie‘ ergänzt oder gar ersetzt werden, um objektiv gültige Aussagen erzeugen zu können? Dieser Verdacht wird in der Tat von nicht wenigen empirischen Wissenschaftlern und analytischen Philosophen gehegt. Getragen wird er durch den Vorwurf des Introspektionismus (vgl. z.B. Dennett, Daniel: The Intentional Stance, Cambridge 1987, 154; Dennett, Daniel: Consciousness Explained, Boston 1991). Eine kritische Diskussion des Verhältnisses von Introspektion und phänomenologischer Deskription als Formen des ‚self-knowledge‘ findet sich bei Thomasson, Amie: Introspection and Phenomenological Method, in: Phenomenology and the Cognitive Sciences 2 (2003), 239–254

3.3. Liminalität als topologische Figur

Die phänomenologische Deskription setzt eine Anschauungsnormalität voraus, eine Typik des Erscheinenden und eine habituelle Selbstverständlichkeit der subjektiven Vollzüge. Anomalität wird bei Husserl von dieser Normalität aus bestimmt. Wie verhalten sich Normalität und Anomalität aber in Bezug auf die Prozessualität des Bewusstseinslebens zueinander? Wie gelangt man vom Zustand der Normalität in den der Anomalität? Der Übergang ist weniger als Überschreiten einer Grenzlinie, die selbst keinerlei Ausdehnung hat, zu bestimmen, sondern vielmehr als Eintreten in und Austreten aus einem Schwellenzustand, der eine interne Dauer und Struktur besitzt. Wie Jeff Malpas beschreibt, sind Phasen der Liminalität wie etwa die Zeit zwischen Wachen und Schlafen (Einschlafen und Aufwachen) mit ihren Entsprechungen in den Abläufen der Natur (Sonnenuntergang und Morgendämmerung) Zeitspannen, in denen sich ebenfalls Räume eröffnen, die weder klar zum einen noch zum anderen Zustand gehören. Solche Zwischen-Räume und Zwischen-Zeiten können durch ihren transitorischen Charakter – einmal ist es die Zeit des Übergangs, die an einem vorüberhuscht, einmal ist man es selbst, der durch einen Raum des Übergangs hindurch geschleust wird – ebenfalls einen zeitweiligen Stillstand, einen Moment des Abstands und der Lösung von den strukturellen Bedingtheiten und Gegebenheiten des Anfangs- und Zielzustandes erzeugen. In solchen Zwischen-Momenten und Zwischen-Stellen kann sich ein reflexives Potential freisetzen, das dem Bewusstsein in der Abstandnahme vom Vorher und Nachher seine eigensten Merkmale vor Augen führt.

> The time of liminality thus opens up a space for reflection – a time when action is temporarily held in abeyance (hence it is only fitting that Hegel should claim that only with the coming of dusk does the owl of Minerva, meaning philosophy, take wing). [...] The time and space of liminality is the time and space of the indeterminate and the opaque, the time and the space of possibility and of the question.[50]

Das bedeutet, dass nicht nur jegliche Handlungen temporär unterbleiben, sondern dass die Ich-Aktivitäten des Subjekts zugunsten eines Sich-affizieren-Lassens durch fremde Reize auf ein Minimum herabgesetzt sind. Die Möglichkeit der Frage bezeichnet hierbei mehr eine Haltung der passiv-rezeptiven Offenheit als ein aktivinquisitives Befragen. Was in diesem Zustand affiziert bzw. als affizierend erscheint, kann sodann retrospektiv zum Gegenstand der Reflexion gemacht werden. Die Reflexion findet ihre Objekte dabei nicht in ‚neutraler' Form im Innenleben des Subjekts vor, sondern diese Objekte erscheinen je nach der entsprechenden Beobachterhaltung oder -einstellung, die dem Reflexionsakt vorausgeht, anders.[51]

Dass die Philosophie nun einer spezifischen Form der Disponierung des Egos, eines Sich-Aussetzens gegenüber unerwarteten und nicht-verortbaren Phänomenen bedarf, um zu einer echten Selbstvergewisserung zu kommen, hat insbesondere die Phänomenologie hervorgehoben. Die Aufwertung der passiven Seite der Erfahrung und die Durchdringung der Ebene passiv-synthetischer Verläufe in der Konstitution von Erfahrungsinhalten, gehört zu den wichtigsten erkenntnistheoretischen Fortschritten der genetischen Phänomenologie.

Mit der Liminalisierung des Bewusstseins in Phasen des Übergangs, wie sie eben beschrieben wurden, ist nun weniger eine Ichspaltung im Sinne der transzendentalen Reduktion Husserls oder eine schlichte Selbstobjektivierung, die das Selbst als intentionalen Gegenstand vorstellig machen

[50] Malpas, Jeff: At the Threshold: The Edge of Liminality, Vortrag zur Ausstellung ‚Liminality', kuratiert von Colin Langridge in der Carnegie Gallery, Hobart (Tasmanien, Australien) im März 2008.

[51] Vgl. zu Husserls Einstellungslehre Staiti, Andrea: Systematische Überlegungen zu Husserls Einstellungslehre, in: Husserl Studies 25/3 (2009), 219–233

würde, gemeint. Es handelt sich vielmehr um eine Selbstverfremdung, die daher rührt, dass man von sich lässt und sich dem Fremden anheimgibt, ohne sich dabei zu verlieren, sondern um sich in der Antwort auf das Fremde gerade wiederzufinden. Ohne eine solche ‚Rückkehr zu sich', welche die Leistung der Reflexion sein kann, verlöre man sich im Niemandsland der Liminalität, würde – oder bliebe – man schizophren.

Die ‚normale' Leistung der Reflexion, den Zustand der Liminalität in Richtung einer Normalität des Bewusstsein wieder zu verlassen, ist in der Schizophrenie nicht mehr möglich. Hier wird die Reflexion zur Hyperreflexivität[52] – zu einem ‚krankhaften Rationalismus'[53] – gesteigert, bei der sich das Denken selbst im Wege steht. Die Hyperanalytizität des schizophrenen Bewusstseins verunmöglicht gerade die Selbstdistanzierung, die für den Wiedereintritt in die Normalität erforderlich ist.[54]

Die Schwelle zeichnet sich als derjenige Un-Ort aus, an dem man nicht verweilen kann, weil dieser Ort dadurch seinen Charakter der Schwellenhaftigkeit verlieren würde. Das Verweilen an der Schwelle macht sie zu einem Ort dies oder jenseits weiterer Schwellen, die überschritten werden können. Ebenso wie die Schwelle selbst nicht dauerhaft ‚bewohnt' werden kann, so kann auch die Erfahrung der Liminalität nicht von Dauer sein. Der ‚Normalfall' der liminalen Erfahrung ist, dass sie eine klar begrenzte Dauer hat und in ihr sowohl der präliminale Zustand retentional mitgegeben als auch der postliminale Zustand protentional vorgezeichnet ist. Die liminale Erfahrung *„always recedes from us into other experiences, into other places, into other times"*.[55]

Wenn die Phänomenologie in Absetzung von der Kantischen Tradition der Transzendentalphilosophie keine Kategorientafel oder reinen Vernunftideen als transzendentalen Leitfaden verwenden will, so hat sie keine andere Möglichkeit, als gerade auch bei der ‚empirischen' Erfahrung anzusetzen, um von hier aus zu den konstitutiven Leistungen des Bewusstseins für das Zustandekommen der empirischen Eigentümlichkeiten zurückzufragen. Das empirische Bewusstsein hat dabei mannigfaltige Zustände und bildet unterschiedliche phänomenologisch zu differenzierende intentionale Zusammenhänge aus. Was im empirischen Bewusstsein aber normal ist, ist nicht von vornherein zu bestimmen, sondern muss sich im Durchgang durch möglichst viele Varianten erweisen. Liminale Zustände sind in ein solches Variationsverfahren nach Möglichkeit einzuschließen. Wie soll das aber funktionieren, wenn man einen liminalen Zustand wie denjenigen der Schizophrenie als Phänomenologe, der die Variation vollzieht, nicht selbst einnehmen kann? Man weiß ja nur von anderen, dass sie in diesem Zustand sind und darüber berichten können. Der Zustand erscheint von daher zumindest als eine Möglichkeit eines überhaupt möglichen Bewusstseins, also auch des meinen. Die Möglichkeit der phänomenologischen Analyse dieses Zustandes ergibt sich nur indirekt über die Daten der Psychopathologie, also aus der Dialogform des Patientengesprächs heraus.

---

[52] Vgl. hierzu Sass, Louis; Parnas, Josef: Schizophrenia, Consciousness, and the Self, in: Schizophrenia Bulletin 29 (2003), 427–4

[53] Minkowski, Eugène: La schizophrénie. Psychopathologie des schizoides et des schizophrènes, Paris 1927.

[54] Um im Zwischenreich des Monologs mit dem eigenen Denken dennoch eine gewisse Stabilität zu erlangen, entsteht ein Drang zur Ritualisierung, zur immer gleichen Ausführung bestimmter mentaler (und leiblicher) Routinen. Vgl. Fuchs, Thomas: „Theory of Mind" oder „Common Sense"? Zur Intersubjektivität in Autismus und Schizophrenie, in: Schizophrenie 23 (2007), 22.

[55] Malpas, At the Threshold: The Edge of Liminality. Zu beachten wäre hier aus kulturanthropologischer Perspektive, dass es durchaus kulturell regulierte und durch diese Regulation kristallisierte Formen der Liminalisierung gibt, die dieser Wesensbeschreibung zu widersprechen scheinen, dort nämlich, wo der liminale Zustand zu einem dauerhaften Zustand wird. Wie ethnographische Aufzeichnungen deutlich vor Augen führen, gibt es in zahlreichen Kulturen die Figur des ‚Schwellenwesens' (des Untoten, Ausgestoßenen, missglückten Neophyten etc.), das die Rückkehr in die Gemeinschaft nicht schafft, weil es die Phase der Liminalität nicht in der ‚richtigen', kulturell-normativ kodierten Art und Weise zu durchlaufen in der Lage ist. Dieses Wesen ist nicht nur eine skurrile und dadurch prominente Gestalt, sondern ein sozial-integratives Element, da es als Ausnahmefall die Einheit der Gemeinschaft im Innern bestätigt.

In der Tradition der phänomenologischen Psychiatrie wird die Phänomenologie mehr als fertiges Methodenarsenal verwendet, mit dem einerseits die Schilderungen der Patienten interpretiert werden und das den Patienten andererseits an die Hand gegeben wird, um ihre eigenen Zustände zu analysieren. Durch die intersubjektive Einübung in die phänomenologische Deskription des Bewusstseins kann der Patient zu einer detaillierteren Sicht auf die Charakteristika seines als pathologisch eingestuften Bewusstseins gelangen, was der Hyperanalytizität der Schizophrenie entgegenkommt und in der Schaffung bleibender Erkenntnisse Sicherheit vermittelt. Was seltener versucht wird, ist eine Bereicherung und gegebenenfalls Modifizierung der phänomenologischen Erkenntnisse anhand der Analyse des pathologischen Zustandes selbst. Der umgekehrte Einfluss von der Bestimmung anomaler bzw. liminaler Charakteristika auf das Gebiet der Phänomenologie steht bislang nicht im Zentrum des Erkenntnisinteresses.

> Wenn Normalität auf einen Prozess der Normalisierung zurückgeht, so bedeutet dies, dass niemals völlig normal ist, was normal wird. Es gibt dann nicht einfach etwas, das abweicht und das sich auflisten ließe wie in einem Druckfehlerverzeichnis oder einem Sündenregister; was abweicht, entsteht im Laufe der Abweichung. Sie ist Ausdruck einer grundlegenden Kontingenz, die besagt, dass es auch anders kommen könnte.[56]

So ist auch der Phänomenologe den Unwägbarkeiten und Liminalitäten der Erfahrung, seien sie pathogen oder nicht, ausgeliefert und muss sich zu ihnen verhalten, wenn sie auftreten. Wann und wie sie auftreten, ist nicht im Vorhinein auszumachen. Über dieses Wann und Wie können Wissenschaften wie die Psychopathologie, die sich der Kontingenz und Brüchigkeit des psychischen Lebens widmen, Einsichten bereitstellen, die rein phänomenologisch nicht zu gewinnen wären. Insofern lohnt sich aus phänomenologischer Sicht die Zusammenarbeit mit diesen Wissenschaften, die der Phänomenologie zumindest als Heuristikum für die eigene Besinnung dienen können.

■■■

Literatur :

Blankenburg, Wolfgang: Der Verlust der natürlichen Selbstverständlichkeit. Ein Beitrag zur Psychopathologie symptomarmer Schizophrenien, Stuttgart 1971.

Canguilhem, Georges: Das Normale und das Pathologische, Frankfurt a. M./Berlin/ Wien 1977.

Dennett, Daniel: The Intentional Stance, Cambridge 1987.

Dennett, Daniel: Consciousness Explained, Boston 1991.

Derrida, Jacques: Von der Gastfreundschaft, Wien 2001.

Fellmann, Ferdinand: Phänomenologie als ästhetische Theorie, Freiburg/München 1989.

Fuchs, Thomas: „Theory of Mind" oder „Common Sense"? Zur Intersubjektivität in Autismus und Schizophrenie, in: Schizophrenie 23 (2007), 14–25.

Gennep, Arnold van: Übergangsriten, Frankfurt a. M. 1986.

Heidegger, Martin: Mein Weg in die Phänomenologie, in: Heidegger, Martin: Zur Sache des Denkens, Tübingen 2000, 81–90.

Held, Klaus: Horizont und Gewohnheit. Husserls Wissenschaft von der Lebenswelt, in: Vetter, Helmuth (Hrsg.): Krise der Wissenschaften – Wissenschaft der Krise, Frankfurt a. M. 1998, 11-25.

Ihde, Don: Experimental Phenomenology. An Introduction, New York 1977.

Lohmar, Dieter: Phänomenologie der schwachen Phantasie. Untersuchungen der Psychologie, Cognitive Science, Neurologie und Phänomenologie zur Funktion der Phantasie in der Wahrnehmung, Dordrecht 2008.

Luft, Sebastian: „Phänomenologie der Phänomenologie". Systematik und Methodologie der Phänomenologie in der Auseinandersetzung zwischen Husserl und Fink, Dordrecht 2002.

Malpas, Jeff: At the Threshold: The Edge of Liminality, Vortrag zur Ausstellung ‚Liminality', kuratiert von Colin Langridge

[56] Waldenfels, Bernhard: Normalität im Widerstreit, Festvortrag zur feierlichen Eröffnung des Bernhard Waldenfels-Archivs im Rahmen der Husserl-Arbeitstage 2009, Univ. Freiburg am 26.11.2009

in der Carnegie Gallery, Hobart (Tasmanien, Australien) im März 2008.
Rolf, Thomas: Normalität. Ein philosophischer Grundbegriff des 20. Jahrhunderts, München 1999.
Sass, Louis; Parnas, Josef: Schizophrenia, Consciousness, and the Self, in: Schizophrenia Bulletin 29 (2003), 427–444.
Staiti, Andrea: Systematische Überlegungen zu Husserls Einstellungslehre, in: Husserl Studies 25/3 (2009), 219–233.
Taipale, Joona: Normalität, Artikel in: Gander, Hans-Helmuth (Hrsg.): Husserl-Lexikon, Darmstadt 2010, 212–214.
Tengelyi, László: Erfahrung und Ausdruck. Phänomenologie im Umbruch bei Husserl und seinen Nachfolgern, Dordrecht 2007.
Thomasson, Amie: Introspection and Phenomenological Method, in: Phenomenology and the Cognitive Sciences 2 (2003), 239–254.
Turner, Victor: Das Ritual. Struktur und Anti-Struktur, Frankfurt a. M. 2005.
Waldenfels, Bernhard: Ordnung im Zwielicht, Frankfurt a. M. 1987.
Waldenfels, Bernhard: Normalität im Widerstreit, Festvortrag zur feierlichen Eröffnung des Bernhard Waldenfels-Archivs im Rahmen der Husserl-Arbeitstage 2009, Univ. Freiburg am 26.11.2009.
Wehrle, Maren: Die Normativität der Erfahrung. Überlegungen zur Beziehung von Normalität und Aufmerksamkeit bei E. Husserl, in: Husserl Studies 26/3 (2010), DOI 10.1007/s10743-010-9075-5.

SURROGATE UND LEERE INTENTIONEN: HUSSERLS *"ÜBER DIE LOGIK DER ZEICHEN"* ALS ENTWURF FÜR SEINE ERSTE LOGISCHE UNTERSUCHUNG [1]

Thomas Byrne [2]

Zusammenfassung:

Die vorliegende Arbeit erfüllt zwei Aufgaben. Erstens untersuche ich ausführlich Edmund Husserls früheste Philosophie der Surrogate, wie sie in seinem 1890 erschienenen Werk "Über die Logik der Zeichen (Semiotik)" zu finden ist. Ich analysiere seine psychologischen und logischen Untersuchungen von Surrogaten, wobei erstere sich damit befassen, zu erklären, wie diese Zeichen funktionieren, und letztere damit, wie sie dies zuverlässig tun. Seine Unterscheidung von Surrogaten auf der Grundlage ihrer genetischen Herkunft und des Grades ihrer Notwendigkeit wird erörtert. Zweitens wird die historische Bedeutung dieses Textes aufgezeigt, indem gezeigt wird, wie die Semiotik sowohl als Inspiration als auch als Folie für Husserls Erste Logische Untersuchung von 1901 dient. Husserl übernimmt nicht nur die Idee, dass sprachliche Zeichen durch Assoziation funktionieren können, sondern behauptet auch, dass solche Zeichen einen zur Ausführung einer von zwei Erfahrungen motivieren können. Der Hauptunterschied zwischen den beiden Texten besteht darin, dass Husserl 1901 seine Theorie der Surrogate aufgibt und stattdessen behauptet, dass man abwesende Objekte durch leere Absichten erfahren kann. Die Gründe, warum Husserl es für notwendig hielt, diesen Grundsatz seiner Philosophie zu ändern, werden ausführlich diskutiert.

■■■

1. Einführung:

In seinen frühesten Schriften zeigt sich Husserl sehr beunruhigt darüber, dass noch nicht richtig verstanden ist, wie bestimmte Begriffe oder Gegenstände, die mir nicht persönlich gegeben oder "eigentlich" vorgestellt sind, dennoch durch Zeichen behandelt und erkannt, also "uneigentlich" vorgestellt werden können. In seiner Philosophie der Arithmetik von 1891 (Hua XII/2003; im Folgenden PA)[3] stellt Husserl fest, dass dies für die Mathematik am beunruhigendsten ist, da unklar bleibt, wie Zahlzeichen ihre begrifflichen und natürlichen Zahlen uneigentlich vorstellen; aber er ist auch verblüfft, wie das Zeigen logischer und sprachlicher Zeichen uneigentliche Vorstellungen motivieren kann. Unabhängig davon, welchen Bereich er zu verstehen sucht, ist die Lösung dieser Schwierigkeit für den frühen Husserl dieselbe: Ein Zeichen präsentiert sein bezeichnetes Objekt uneigentlich, indem es als dessen Ersatz oder Surrogat dient, wobei diese beiden gleichwertig sind. Obwohl die zeichenhafte Operation des Ersatzes der Grundpfeiler seiner Philosophie ist, behauptet Husserl oft einfach, dass dieser Prozess für die uneigentliche Vorstellung verantwortlich ist, ohne

[1] Husserl Stud (2017) 33:211–227 © Springer, Dordrecht, 2017. Wir haben den Verlag um die Erlaubnis gebeten, den englischen Text ins Deutsche und Türkische zu übersetzen und neu zu veröffentlichen. Wir möchten dem Autor dafür danken, dass er uns erlaubt hat, diesen wertvollen Artikel in zwei Sprachen zur Verfügung zu stellen.
[2] Assoc. Prof., *Sun Yat-sen University, Department of Philosophy,* t.byrne3@gmail.com & https://thomasbyrnephenomenology.com/
[3] Obwohl alle Übersetzungen von mir stammen, werde ich, sofern verfügbar, auf die entsprechende englische Übersetzung verweisen, und zwar mit einem Schrägstrich nach der Hua-Seitenzahl. Zitate aus den Logischen Untersuchungen stammen immer aus der Erstausgabe.

dies weiter auszuführen.[4] Es scheint, dass er diesen Begriff in seinem alltäglichen Sinn verstanden wissen wollte: Das Zeichen ersetzt den Gegenstand, es ist sein Surrogat. Auch die zeitgenössische Fachliteratur hat, Husserls Beispiel folgend, diesen Begriff häufig für bare Münze genommen.

Dennoch erkannte Husserl die Surrogation als ein hochkomplexes und zutiefst problematisches Konzept. In einem Text aus dem Jahr 1890[5] mit dem Titel "Über die Logik der Zeichen (Semiotik)" (im Folgenden LZ) bemüht er sich, die mentalen Mechanismen zu beschreiben, durch die eine Ersetzung erfolgen kann, und die verschiedenen Arten und Gattungen von Surrogaten detailliert darzulegen, um diese Idee zu klären. Bemerkenswert ist, dass sich Husserl im Gegensatz zur Untersuchung in PA vor allem auf sprachliche und logische Zeichen konzentriert. Husserl schrieb LZ, weil er erkannte, dass man seine anderen Ansichten nicht verstehen konnte, ohne zuerst den Begriff der Surrogation klar zu erfassen; daher ist es überraschend zu erfahren, dass seine Schlussfolgerungen in der Fachliteratur kaum diskutiert wurden.[6]

Aus diesen Gründen besteht das erste Ziel dieses Artikels darin, eine gezielte Untersuchung von Husserls Analyse der Surrogate in LZ durchzuführen. Diese Aufgabe wird in zwei Schritten erfüllt. Im ersten Abschnitt untersuche ich Husserls Beschreibungen der motivierenden sprachlichen Zeichen, die oft den Ersetzungsprozess in Gang setzen. Anschließend untersuche ich ausführlich Husserls psychologische und logische Analysen der Operation von Surrogaten (2.1) und seine Differenzierung dieser Ersatzzeichen (2.2).

Der dritte Abschnitt schließt die genaue Untersuchung von LZ ab. Es wird gezeigt, warum dieser vergleichsweise kurze Text für die Husserl-Forschung von weiterer historischer und philosophischer Bedeutung ist, da er als Grundlage und Inspiration für Husserls spätere Analysen dient. Es wird gezeigt, wie Husserls Beschreibungen der signitiven Erfahrung im Jahr 1890 als Katalysator für seine Diskussionen über sinnvolle Ausdrücke in seiner Ersten Logischen Untersuchung von 1901 (Hua XIX/1970; im Folgenden LU) fungieren. Wenn man diese Untersuchung zu lesen beginnt, scheinen viele der Schlussfolgerungen, zu denen Husserl gelangt, in der Luft zu schweben, da er gegen einen Gegner zu argumentieren scheint, von dem der Leser keine Kenntnis hat. Indem man die LU in den Kontext von LZ als deren Vorläuferin stellt, können Husserls nuancierte und oft verwirrende Behauptungen in der LU als sein Versuch, von und gegen LZ zu arbeiten, geklärt werden.

2. Assoziativ motivierende Zeichen

Husserls Analyse der motivierenden sprachlichen Zeichen in LZ offenbart eine der

[4] Der Leser kann sich davon überzeugen, dass Husserl in LZ die Begriffe "Surrogat", "surrogieren" und "ersetzen" so verwendet, wie sie üblicherweise verstanden werden, indem er sie einundzwanzig Mal im Zusammenhang mit der Beschreibung der Art und Weise verwendet, wie ein Zeichen seinen Signifikanten ersetzt. Ein Beispiel: Als Husserl zum ersten Mal den Begriff "Surrogat" verwendet, gibt er keine Erläuterung, sondern postuliert lediglich diesen Vorgang. Er schreibt: "Demgemäß dient uns die symbolische Vorstellung als vorläufiges, in Fällen, wo das eigentliche Objekt unzugänglich ist, sogar als dauerndes Surrogat für die wirkliche Vorstellung" (Hua XII, S. 194/206).

[5] Folgt man der Datierung von Ierna (2005, S. 36-40), so schrieb Husserl LZ unmittelbar nach der Abfassung seines Briefes an Carl Stumpf, in dem er zugab, dass das Projekt seiner bevorstehenden Philosophie der Arithmetik, die Mathematik im Begriff der Zahl zu begründen, grundlegend fehlgeleitet war (Hua XII, S. 244-251/1994c, S. 12-19). Folgt man dagegen den Interpretationen von Willard (1980, S. 111-116) oder Hopkins (2002, S. 60-71), so verfasste er LZ noch vor dem Briefwechsel mit Stumpf! In jedem Fall zeigt Husserls Fokus auf Logik und Sprache in LZ, dass seine Philosophie bereits zu einem viel früheren Zeitpunkt große Veränderungen erfuhr, als dies in der Literatur dargestellt wurde. So schreibt Robin Rollinger, dass sich Husserl erst nach seinem 1893 unternommenen Versuch, eine Philosophie des Raumes zu entwerfen, "mehr und mehr mit der Logik statt mit dem engeren Bereich der Arithmetik und Geometrie beschäftigte" (1999, S. 44). In einem anderen Fall behauptet Ierna, dass Husserls Kritik an Brentanos Urteilstheorie, die sich in seinen Logikvorlesungen von 1896 findet, den entscheidenden Wendepunkt in seinem Werk hin zu einer Konzentration auf logische Analysen darstellt (2008, S. 58-60).

[6] Soweit ich weiß, gibt es sechs Artikel, die sich ausführlich mit den Grundsätzen von LZ befassen. Diese sind: D'Angelo (2013), Ierna (2003), Majolino (2010, 2012), Zuh (2008, 2012).

Möglichkeiten, wie Surrogate dem Bewusstsein präsentiert werden können, und ebnet damit den Weg für seine psychologischen und logischen Untersuchungen des Letzteren. Die Grundannahme dieser Studie ist, dass, wenn mir ein sprachliches Zeichen präsentiert wird, zwei verschiedene mentale Operationen stattfinden können: Das Zeichen kann mich assoziativ dazu motivieren, entweder eine eigentliche Präsentation[7] des Signifikats auszuführen oder ein Surrogat dafür zu präsentieren, d.h. eine uneigentliche Präsentation durchzuführen. Beide Verschiebungen erfolgen über die beiden Schritte der Assoziation: Verknüpfung und Wiedererweckung.[8]

Um diese beiden Fälle zu verdeutlichen, nehme ich das einfache Beispiel, dass mir jemand eine blaue Kaffeetasse[9] schenkt. Als ich sie erhielt, erlebte ich die eigentlicihe Präsentation der Tasse: Ich sehe sie, in Person, in robuster Ausführlichkeit. Husserl erklärt, dass an jede eigentliche Vorstellung assoziativ eine Vielzahl anderer Vorstellungen gebunden werden kann (Hua XII, S. 353/1994d, S. 32-33). So kann zum Beispiel auf dem Becher ein einzigartiges Bild des Ouroboros eingeprägt sein. Dieses Merkmal der Tasse wird dann assoziativ mit der Tasse selbst verbunden. Wichtig ist, dass Husserl behauptet, dass die Vorstellung des stimmlichen und schriftlichen sprachlichen Zeichens "Tasse" auch assoziativ mit der Wahrnehmung der Tasse verbunden werden kann (und in diesem Fall, wie wir annehmen, ist) (Hua XII, S. 353/1994d, S. 32).

Zu einem späteren Zeitpunkt, wenn ich mit einer Freundin am Telefon über dieses Geschenk spreche und die Tasse vor mir auf dem Tisch steht, fragt sie vielleicht: "Welche Farbe hat die Tasse? Husserl sagt, dass ich diese Frage beantworten kann, weil die zuvor hergestellte assoziative Verbindung zwischen dem sprachlichen Zeichen "Tasse" und der Präsentation der Tasse wiedererweckt wird. Wenn ich dieses Wort höre, werde ich passiv angetrieben oder assoziativ motiviert, die Tasse, die vor mir steht, eigentlich darzustellen und sie als das zu erkennen, was dem Zeichen entspricht. Sie wird als die Bedeutung des Zeichens genommen; ich sehe sie als das Objekt, nach dem meine Freundin fragt. Dadurch bin ich in der Lage, sie zu sehen, zu erkennen und ihr zu sagen: "Die Tasse ist blau".

Nicht nur sprachliche Zeichen können diese motivierende und signitive Operation durchführen. Jedes Objekt oder Merkmal, das zuvor assoziativ mit einem anderen verbunden war, kann diese Verbindung wiederherstellen. Husserl schreibt: "Das Wort Zeichen in unserer Definition ist in dem denkbar weitesten Sinne nehmen" (Hua XII, S. 340/1994d, S. 20). Wenn ich zum Beispiel, nachdem ich in der Woche zuvor meine Tasse verloren habe, in mein Lieblingscafé gehe und jemanden sehe, der aus einem Kaffeebecher mit demselben Bild des Ouroboros trinkt, könnte diese Vorstellung die assoziative Verbindung hervorrufen. Das Bild auf der Tasse würde als motivierendes Zeichen dienen, das mich passiv dazu veranlasst, die signifizierte, eigentlich präsentierte Tasse als meine zu erkennen.

---

[7] In LZ untersucht Husserl auch zwei verschiedene Arten, wie mich sprachliche Zeichen zu eigentlichen oder uneigentlichen Vorstellungen motivieren können. Zum einen gibt es äußere Zeichen, die auf ihre Gegenstände verweisen, diese aber nicht charakterisieren oder beschreiben (Hua XII, S. 341/1994d, S. 21). Sie treiben mich passiv zu einer einseitigen, direkten und unmittelbaren Wahrnehmung des Objekts. Andererseits motivieren mich begriffliche Zeichen dazu, Vorstellungen zu vollziehen, die sich auf bezeichnete Eigenschaften oder Objekte beziehen (Hua XII, S. 342-344/1994d, S. 22-23).

[8] Sowohl in LZ (Hua XII, S. 341-342/1994d, S. 21-22) als auch in der PA (Hua XII, S. 193-194/205-207) behauptet Husserl, ohne jedoch jemals zu klarstellen wie, dass sprachliche Zeichen als Surrogate dienen können. Meine zukünftigen Forschungen sollen zeigen, warum Husserl diese Doktrin in keinem der beiden Texte aufrechterhalten kann, da sie im besten Fall mit fast allem, was er über die Ersetzungsoperation in LZ und PA sagt, unvereinbar wäre und im schlimmsten Fall im Widerspruch dazu stehen würde.

[9] Um diesen Fall richtig einschätzen zu können, muss man davon ausgehen, dass ich vor dem Erhalt dieses Geschenks weder von Tassen gehört noch über sie nachgedacht oder Bilder von ihnen gesehen hatte. Das heißt, dass ich mir vor der Wahrnehmung (eigentliche Vorstellung) dieser Tasse nie eine uneigentliche Vorstellung von ihr gemacht habe. Die Fälle, in denen ich eine uneigentliche Vorstellung eines intentionalen Objekts konstruiere, bevor ich eine eigentliche Vorstellung davon habe, die Husserl als "genetisch primäre Surrogate" bezeichnet (Hua XII, S. 354/1994d, S. 33), werden in Abschnitt 2.2 behandelt.

Husserls Beschreibung der zweiten Operation der sprachlichen Zeichen - nämlich mich zu motivieren, ein Surrogat vorzustellen, das das Bezeichnete uneigentlich vorstellt - leitet sich aus seinem Verständnis von Funktion und Zweck des Denkens ab. Er erklärt, dass das Denken in höhere und niedrigere psychologische Aktivitäten unterteilt werden kann. Höhere Aktivitäten sind solche, die schwieriger auszuführen sind, d. h. sie erfordern eine größere geistige Anstrengung, während die Leistungen auf niedrigerer Ebene leichter sind.[10] Die Bedeutung dieser Einteilung wird deutlich, wenn Husserl feststellt, dass das Denken darauf ausgerichtet ist, weniger geistige Energie zu verbrauchen: Das Denken hat das Telos, effizienter zu werden (Hua XII, S. 353/1994d, S. 31). Die niederen Tätigkeiten werden daher den höheren vorgezogen, da sie weniger anspruchsvoll sind (vgl. Parpan 1984, Kapitel 1).

Uneigentliche Vorstellungen sind eine Möglichkeit, dieses Ziel des ökonomischen Denkens zu erreichen. Damit diese Präsentationen stattfinden können, muss eine weitere assoziative Verbindung hergestellt werden, nachdem die Verbindung zwischen der Kaffeetasse und dem sprachlichen Zeichen hergestellt wurde, die entsteht, wenn ich das Geschenk zum ersten Mal sehe. Im Hinblick auf die Richtung meines Interesses zu diesem Zeitpunkt konstruiere ich passiv eine Präsentation, die ein schlechtes Faksimile der Tasse selbst ist, d. h. eine, deren Ausführung deutlich weniger geistige Energie erfordert. Diese einfachere Vorstellung - zum Beispiel ein blauer Kreis (keine Idealisierung, sondern eine imaginäre Skizze) - wird dann auch assoziativ mit dem Wort "Tasse" verbunden. Die Einrichtung dieser zweiten Verbindung fördert die Effizienz des Denkens, denn wenn ich dieses Wort wieder höre, kann diese Verbindung wieder geweckt werden. Anstatt dazu angehalten zu werden, die Kaffeetasse eigentlich darzustellen, was eine große geistige Anstrengung erfordert, kann die Verbindung zwischen dem Wort und der einfachen Vorstellung des Kreises passiv geweckt werden.[11]

Bei der Präsentation dient der Kreis als Surrogat für die Tasse: Er ersetzt diese. Der Kreis fungiert als zweites Zeichen (neben dem assoziativ motivierenden sprachlichen Zeichen), das die Kaffeetasse uneigentlich (durch Ersetzung) präsentiert. Indem ich motiviert bin, den Kreis anstelle der Tasse zu präsentieren, erfasse ich nicht nur die entsprechende Eigenschaft des bezeichneten Objekts richtig, sondern verbrauche auch weniger geistige Energie (Hua XII, S. 354-355/1994d, S. 33-35).

2.1. Psychologische und logische Untersuchung von Surrogaten

Während die obige Analyse Husserls explizite Erörterung der Funktionsweise von Surrogaten in den meisten seiner frühen Werke erschöpft, macht seine nähere Untersuchung in LZ deutlich, dass eine solche Untersuchung unzureichend ist. Es wird nur gesagt, dass, aber nicht erklärt, wie der Kreis in der Lage ist, den Becher uneigentlich zu präsentieren. Da Husserl erkennt, dass seine philosophische Darstellung unvollständig ist, führt er in LZ eine zweistufige Untersuchung der Surrogatzeichen durch. Zunächst führt er eine psychologische Studie durch, in der er die Art und Weise untersucht, wie Surrogate entstehen und funktionieren. In einer anschließenden logischen Untersuchung analysiert Husserl, wie man dem Ergebnis von Urteilen, die Surrogate verwenden,

[10] Einige Beispiele für diese höheren und niedrigeren Paare sind Vorstellungen in der Phantasie oder in der Empfindung, Vorstellungen von abstrakteren oder konkreteren Objekten, Vorstellungen von Relationen oder von absoluten Inhalten, Vorstellungen von Vielheiten oder Singularitäten und Vorstellungen von psychischen Handlungen oder Objekten (Hua XII, S. 352/1994d, S. 31).

[11] Husserl verwendet für diesen Ersetzungsprozess in LZ das Beispiel, dass die Vorstellung des Wortes "Kugel" mich assoziativ zur Vorstellung eines Balls führt, der als Surrogat der Kugel fungiert (Hua XII, S. 353/1994d, S. 33). Ich habe mich für das Beispiel des Kreises als Surrogat für die Kaffeetasse entschieden, weil der Fall, in dem der Ball die Kugel ersetzt, recht komplex ist, da es sich um ein genetisch primäres und prinzipiell notwendiges Surrogat handelt. Erst nach der Analyse dieser Arten von uneigentlichen Vorstellungen in Abschnitt 2.2 kann das Beispiel mit dem Ball und der Kugel richtig erklärt werden.

vertrauen kann.

Husserl spricht die psychologische Aufgabe geradeheraus an, indem er offenlegt, dass der Kreis die Kaffeetasse ersetzt, wenn ich den Kreis als die Kaffeetasse erlebe. Er schreibt:

Und so vollkommen und sicher surrogieren sie für die wirklich intendierten Begriffe, daß wir in der Mehrheit von Fällen den Unterschied beider trotz ihres ungeheuren Abstandes gar nicht gewahr werden. Die Zeichen und Rudimente vertreten die wirklichen Begriffe, aber daß sie sie vertreten, merken wir nicht (Hua XII, p. 352/1994d, p. 31).

Hier behauptet Husserl, dass die Surrogate so gut als Ersatz funktionieren, dass ich normalerweise gar nicht merke, dass sie Surrogate sind. Wenn ich mich mit dem Kreis beschäftige, nehme ich an, dass ich die Tasse vor mir habe. Die Surrogation des Kreises für die Tasse ist also nach dem Schema, das Husserl entwickelt hat, als eine Art von Verwechslung zu definieren. Die Vorstellung des Kreises kann mir die richtige Antwort auf meine Frage nach der Farbe der Tasse geben, weil ich den Kreis mit der Tasse "verwechselt" habe.

Wie man mittels nicht eigentlicher Vorstellungen zu einem richtigen Verständnis kommt, verdeutlicht Husserl, indem er den mentalen Korrelaten der Ersatzerfahrung Variablen zuordnet. Auf mein Beispiel angewandt, ist die Tasse als G, der Kreis als X und die blaue Farbe als a zu bezeichnen. Vor diesem Hintergrund ist es möglich zu verstehen, was Husserl meint, wenn er schreibt: "Ein Urteil knüpft sich an ein X ausschließlich, sofern es das Merkmal α besitzt; G besitzt das Merkmal α; also gilt das Urteil auch von G in eben derselben Hinsicht" (Hua XII, S. 360/1994d, S. 32). Weil ich die blaue Farbe des Kreises (Xa) mit der blauen Farbe der Tasse (Ga) verwechsle, urteile ich "richtig", dass letztere so gefärbt ist. Die Vorstellung der Tasse (Xa) kann als angemessener Ersatz dienen, weil sie auch das einzige hier relevante Merkmal besitzt, die blaue Eigenschaft (a), die ich als Vorstellung der Kaffeetasse (G) annehme. In diesem Fall habe ich keine - und brauche nach Husserl auch keine - eigentliche Präsentation der Tasse, um die Frage meines Freundes korrekt zu beantworten, da das Surrogat mir die relevanten Informationen über die Farbe liefert.

Diese Verwechslung oder uneigentliche Vorstellung ist aufgrund der passiven Wiedererweckung des Surrogats möglich. Was mein Interesse[12] an der Farbe der Tasse betrifft, so tauscht mein passives Bewusstsein ein Objekt gegen ein anderes aus, um geistige Energie zu sparen - oder besser gesagt, es ermöglicht die Ausführung einer Präsentation anstelle einer anderen. Da ich mir der Ersetzung nicht aktiv bewusst bin, kann ich das Objekt, das mir präsentiert wird, als die Tasse und nicht als den Kreis, der sie ist, betrachten.[13]

---

[12] Husserl betont, dass es die Richtung meines Interesses ist, die als Referenz für den Ersetzungsprozess dient. Abhängig von meinen momentanen Interessen kann ein und dieselbe Vorstellung als Surrogat für verschiedene bezeichnete Objekte dienen, und dasselbe intentionale Objekt kann durch verschiedene Ersetzungen uneigentlich vorgestellt werden (Hua XII, S. 353/1994d, S. 32).

[13] Da man die Radikalität dieser Lehre von den Surrogaten leicht übersehen kann, wenn man die LU zu sehr in LZ hineinliest, sind drei Vorbemerkungen zur Beziehung zwischen den beiden Texten notwendig. Der Leser sollte diese bei der Lektüre des folgenden Abschnitts im Hinterkopf behalten. 3 unten. Erstens funktioniert ein Surrogat nicht wie irgendeiner der Fälle in Abschnitt 18 der Ersten Untersuchung, wo Husserl sie einen "Anhalt für die *intellectio*" nennt (Hua XIX, S. 70/1970, S. 208). Er stellt eine auf eine Kreidetafel gezeichnete Linie als einen solchen Halt für das Bewusstsein einer idealen geraden Linie vor. Die Intuition dieser skizzierten Linie stellt mir nicht den Begriff oder die Bedeutung einer geraden Linie vor Augen, sondern dient vielmehr als "naturgemäße[r] Ausgangspunkt für die geometrische Idealisierung" (Hua XIX, S. 70/1970, S. 208). Wenn die gezeichnete Linie als Surrogat für eine ideale gerade Linie diente, wäre nach dem Husserl von 1890 meine Verwechslung der ersteren mit der letzteren dagegen der Endpunkt dieser Erfahrung. Wenn ich eine uneigentliche Vorstellung erlebe, bin ich nicht, wie bei motivierenden Zeichen, gezwungen, das bezeichnete Objekt eigentlich vorzustellen. Zweitens widerspricht die Tatsache, dass das Surrogat "blitzschnell" (Hua XII, S. 353/1994d, S. 32) erscheinen und ebenso schnell wieder verschwinden kann, nicht dem ersten Punkt. Das Surrogat würde mir trotz seines begrenzten Auftretens immer noch alle Informationen liefern, die für mein Interesse relevant sind. In den LU kritisiert Husserl diese Lehre aus LZ ausdrücklich, indem er schreibt: "Wendet man

In seiner logischen Untersuchung versucht Husserl nun zu erklären, wie sprachliche Surrogate zuverlässig funktionieren. Er ist der Ansicht, dass der größte Teil unseres Denkens mit Hilfe von Ersatzbegriffen erfolgt und dass diese Ersatzbegriffe uns in den allermeisten Fällen ermöglichen, den Gegenstand des Interesses genau zu erfassen.[14] Dies ist nicht nur ein Zufall. Surrogate funktionieren zuverlässig, weil es einen Mechanismus gibt, der ihre Vertrauenswürdigkeit gewährleistet. Einfach ausgedrückt: Husserls logische Untersuchung in LZ ist darauf ausgerichtet, diesen Garanten zu entdecken.

Das Problem, das Husserl identifiziert, betrifft nicht die Surrogate selbst, sondern das, was das Bewusstsein von ihnen ermöglicht: die motivierende Operation des sprachlichen Zeichens. Er erklärt, dass, wenn ich dieses Zeichen wahrnehme, es die Vorstellung des Surrogats durch den blinden psychologischen Mechanismus der Assoziation erweckt (Hua XII, S. 358/1994d, S. 37). Da dieses Wiedererwachen passiv geschieht, wird es nicht rational gesteuert, und so scheint es wahrscheinlich, dass ich durch das Zeichen zu Vorstellungen motiviert werde, die es mir nicht erlauben, das Objekt meines Interesses richtig zu verstehen. Er erklärt: "A priori wäre es ja sehr wohl denkbar, daß eine psychologische Einrichtung unserer Natur unser praktisches (außerlogisches) Urteilen immer oder vorzugsweise zum Irrtum und nur ausnahmsweise zur Wahrheit drängte" (Hua XII, S. 358/1994d, S. 37). Während die Richtung des Interesses als partielle Einschränkung dient, glaubt Husserl, dass dies nicht vollständig die "metaphysisch sehr interessante Tatsache" erklären kann, dass die Surrogate in einer zuverlässigen Weise funktionieren (Hua XII, S. 358/1994d, S. 37).

Während die assoziative Verbindung zwischen dem sprachlichen Zeichen und dem Surrogat eine gewisse Zufälligkeit mit sich bringt, kann Husserl die Zuverlässigkeit der surrogativen Erfahrung erklären, indem er sich der Beziehung zwischen dem Ersatz und dem Ersetzten zuwendet. Es ist die letztere Verbindung, die als Kontrolle für die erstere dient; sie zügelt die Unvorhersehbarkeit der passiven Motivation des sprachlichen Zeichens. Damit ein präsentiertes Objekt als Ersatz für ein anderes dienen kann, muss eine Voraussetzung erfüllt sein. Das Surrogat muss "eine grobe Annäherung" (Hua XII, S. 353/1994d, S. 32) oder innerhalb eines bestimmten Ähnlichkeitsbereichs des ersetzten Objekts in Bezug auf die Richtung meines Interesses sein. Da es mir um die Farbe der Tasse geht, muss die blaue Farbe des Kreises in etwa die gleiche sein wie die der Tasse, wenn er als deren Ersatz dienen soll. Es gibt also eine Vielzahl von Objekten, die als Ersatz für die Kaffeetasse in Frage kommen, sofern sie sich im entsprechenden Bereich der Annäherung befinden.

Husserl behauptet, dass dies als Kontrolle für die motivierende Operation des sprachlichen Zeichens dient, weil er glaubt, dass, wenn die Surrogate nicht innerhalb dieses Ähnlichkeitsgrades liegen, "die Symbole [...] ihren Zweck nicht [erfüllen], der Fluß der Gedanken stockt, und wir [nun selbst] merken [...], daß uns die wahren Begriffe fehlen" (Hua XII, S. 353/1994d, S. 32) Wenn das sprachliche Zeichen ein Surrogat hervorruft, das nicht im Bereich der Affinität mit dem Ersetzten liegt, dann kann dieses Surrogat seine Funktion nicht erfüllen.

Wenn mich das Zeichen "Tasse" dazu veranlasst, einen roten Kreis anstelle des blauen darzustellen, dann würde ich nach Husserl den Unterschied zwischen den beiden erkennen, weil

---

ein, die Phantasie wirke auch in solchen Fällen, aber in großer Flüchtigkeit, das innere Bild tauche auf, um alsbald wieder zu verschwinden, so antworten wir, daß sich das volle Verständnis der Ausdrücke, ihr voller, lebendiger Sinn, nach dem Dahinschwinden des Bildes noch forterhalte und demnach nicht in eben diesem Bild liegen könne." (Hua XIX, S. 69/1970, S. 207). Schließlich sind die Surrogate den "analogen Intuitionen", die Husserl in Abschnitt 52 der Sechsten Untersuchung beschreibt, nicht ganz ähnlich. Sie funktionieren zwar auf sehr ähnliche Weise, aber das, was analog erahnt wird, wird - so Husserl 1901 - in vollem Bewusstsein der Tatsache vorgestellt, dass mir das Bezeichnete in dieser Erfahrung nicht gegeben ist (Hua XIX, S. 690-693/1970, S. 292-294).

[14] "Im Durchschnitt fahren wir sehr gut bei dem Urteilen mit Surrogaten (und die unvergleichliche Mehrheit aller Urteile ist von dieser Art)." (Hua XII, S. 358/1994d, S. 37)

dieser rote Kreis der Farbe der Kaffeetasse nicht nahe kommt. Dieses Surrogat[15] kann nicht mit der Tasse verwechselt werden oder sie uneigentlich vorstellen, da ihre Farben erheblich voneinander abweichen. Mein "Gedanke hält an", und ich sehe den roten Kreis als einen unpassenden Ersatz. Infolgedessen nehme ich die Welt nicht falsch wahr; ich denke weder, dass die Tasse rot ist, noch antworte ich falsch auf die Frage meines Freundes nach der Farbe. Da ich diese Vorstellung nicht mehr als Surrogat verwenden kann, stelle ich die Kaffeetasse stattdessen eigentlich dar, indem ich sie wahrnehme, was zwar mehr geistige Energie erfordert, mir aber erlaubt, ihre Farbe richtig zu erkennen.[16]

2.2. Unterscheidung von Surrogaten

Husserl ist sich darüber im Klaren, dass Ersetzungen auf verschiedene Weise gebildet werden und funktionieren können, weshalb er sich nicht damit begnügt, eine umfassende Darstellung der Funktionsweise und Zuverlässigkeit aller Surrogate zu geben. Er geht von diesen Schlussfolgerungen aus, um seine Semiotik zu erweitern, indem er die Ersetzungen auf der Grundlage ihrer genetischen Herkunft und des Grades ihrer Notwendigkeit differenziert. Seine Unterteilungen lassen sich wie folgt skizzieren.

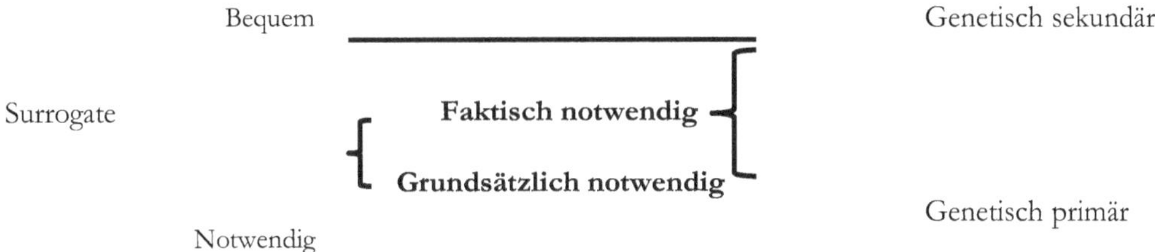

Husserl beginnt mit der Unterscheidung zwischen bequemen (Hua XII, S. 351-354/ 1994d, S. 30-33) und notwendigen (Hua XII, S. 354-357/1994d, S. 33-36) Surrogaten, bei der es darum geht, ob das Objekt, das ersetzt wird, in eigentlicher Weise vorgestellt werden kann oder nicht. Wenn der Kreis die Tasse ersetzt, ist es mir möglich, durch Reflexion zu erkennen, dass ich es mit einem Surrogat zu tun habe. In dem Fall, dass die Kaffeetasse vor mir auf dem Tisch steht, kann ich die assoziative Verbindung zwischen dem Wort und der Kaffeetasse selbst wiederherstellen. Ich kann die Tasse wieder wahrnehmen, um die Frage meines Freundes nach ihrer Farbe richtig zu beantworten. Das heißt, dass es für mich bequem ist, die Kreisersetzung vorzustellen, da ich dadurch geistige Energie spare, aber es ist nicht notwendig. Husserl definiert also bequeme Surrogate als jene

---

[15] Um es klar zu sagen: Der rote Kreis kann in diesem Fall nicht als Surrogat für die Kaffeetasse fungieren, da ich nur an der Farbe der Tasse interessiert bin. Wäre ich daran interessiert, die Form des Tassendeckels zu bestimmen, könnte der rote Kreis durchaus als Ersatz dienen, da er mir die relevante Information (dass der Deckel rund ist) offenbaren kann. Der Bereich der Annäherung ist also nur in Abhängigkeit von meinen aktuellen Interessen eingeschränkt.

[16] Hier sollten wir ein ernsthaftes Problem mit Husserls Erklärung bemerken. Ich konnte nur wissen, dass die Farbe des Kreises nicht mit der Farbe der Kaffeetasse übereinstimmt, indem ich mir beide präsentieren ließ, um sie dann zu vergleichen oder zu kontrastieren. Hätte Husserl diesen Punkt erkannt, so hätte er auch gesehen, dass seine Theorie zusammenbricht. Erinnern wir uns daran, dass der Grund, warum ich ein Surrogat verwende, darin besteht, geistige Energie zu sparen. Da aber für das (zuverlässige) Funktionieren des Surrogats sowohl der Ersatz als auch das Ersetzte gegeben sein müssen, ist es klar, dass der surrogative Prozess tatsächlich mehr mentale Energie erfordert als die einfache eigentliche Vorstellung. Anstatt das Surrogat und den Referenten vorzustellen und dann das Erstere mit dem Letzteren zu vergleichen, wäre mein Denken effizienter, und ich könnte das bezeichnete Objekt immer noch richtig erkennen, wenn ich eine eigentliche Vorstellung durchführen würde. Es ist zwar wichtig zu erkennen, dass Husserls Beschreibung der Surrogate fehlerhaft ist, doch ändert dies nichts an der Tatsache, dass diese Theorie aus dem Jahr 1890 als Grundlage und Inspiration für die Erste Untersuchung dient, wie wir weiter unten zeigen werden.

Ersetzungen, deren ersetzte Objekte in diesem Moment eigentlich gegeben werden können.

Notwendige Surrogate hingegen lassen diesen Wechsel zur eigentlichen Vorstellung nicht zu. Diese Einschränkung kann aus zwei verschiedenen Gründen bestehen. Zum einen kann mir die eigentliche Vorstellung des bezeichneten Objekts faktisch verwehrt sein (Hua XII, S. 354-355/1994d, S. 33-34). Ich bin aufgrund der besonderen Situation oder des Ortes, an dem ich mich befinde, nicht in der Lage, mir dieses Objekt vorzustellen: Ich muss mich in diesem Moment eines Surrogats bedienen, das für das Bezeichnete einspringt. Wenn ich mich zum Beispiel außerhalb der Wahrnehmungsreichweite meiner Kaffeetasse befinde, wäre das Kreis-Surrogat (oder ein anderes Ersatzzeichen für die Tasse) faktisch notwendig. Andererseits sind Surrogate, die prinzipiell oder immer notwendig sind, solche, die unabhängig von den Umständen Objekte bezeichnen, die niemals eigentlich gegeben werden können. Als deutlichste Beispiele für prinzipiell notwendige Surrogate nennt Husserl die Fälle von Gott und den Seelen der anderen (Hua XII, S. 356/1994d, S. 35).

Die dritte relevante Unterteilung, die sich mit den beiden anderen überschneidet, betrifft die Frage, ob der Ersatz konstituiert wird, bevor oder nachdem mir das zu bezeichnende Objekt eigentlich vorgestellt wurde. Die Ersetzung der Kaffeetasse, wie ich sie erklärt habe, ist ein Beispiel für ein genetisch sekundäres Surrogat (Hua XII, S. 354/ 1994d, S. 33). Als ich die Kaffeetasse zum ersten Mal sah, stellte mein Bewusstsein dann den einfacheren oder niedrigeren Ersatz vor (siehe Anmerkung 7 oben). Es ist möglich, dass ein genetisch sekundäres Surrogat bequem oder faktisch notwendig ist.

Bei genetisch primären Ersetzungen (Hua XII, S. 354-356/1994d, S. 33-36) verhält es sich umgekehrt. Ich konstituiere das Surrogat vor oder ohne die Möglichkeit der eigentlichen Vorstellung des Signifikats, und aus diesem Grund können diese Ersetzungen nicht bequem sein. Ein solcher Entstehungsprozess scheint jedoch nach dem von Husserl aufgestellten Schema nicht denkbar. Wir wissen, dass das Kreis-Surrogat von meinem passiven Bewusstsein als eine energiesparende Annäherung an die Kaffeetasse konstituiert wurde. Insofern scheint es auch so zu sein, dass, wenn mir die Tasse nicht zuerst eigentlich vorgestellt würde, es kein Modell gäbe, von dem das Surrogat als schlechtes Faksimile geschaffen werden könnte.

Um Husserls Gründe für die Annahme zu erläutern, dass die Konstitution des Surrogats auf eine genetisch primäre Weise erfolgen kann, wende ich seine Analyse auf ein Beispiel an. Nehmen wir an, einer meiner Freunde ist aus Chile zurückgekommen, wo er eine neue Tierart entdeckt hat, die er als "Threshdohr" bezeichnet hat. Er hat keine Bilder von dieser Kreatur und ich muss mich daher auf seine Beschreibungen verlassen, um zu verstehen, wie dieses Tier aussieht. In seiner Erklärung erzählt mir mein Freund von einigen Merkmalen des Tieres, wie zum Beispiel, dass es rot ist, Hörner hat und mit Hufen ausgestattet ist. Husserl schreibt, dass, wenn dies geschieht,

[d]ie einzelnen Merkmale [...] gegeben [sind], deren Gruppierung und Zusammenhang […] nach bekannten Vorbildern in der Phantasie leicht bewerkstelligt [wird] und die Vorstellung eines Etwas, das dem gebildeten Phantasma gleicht, dient als genügender Ersatz für die Sache, die nun auch, falls sie einmal selbst auftritt, […] [erkannt werden kann]. (Hua XII, p. 355/ 1994d, p. 34).

Husserl will damit sagen, dass ich, obwohl ich das Threshdohr noch nicht wahrgenommen habe, mir einen Gegenstand vorstellen kann, der als sein Surrogat dient. Aber nicht jedes Bild kann diese Funktion erfüllen. Der Ersatz, den ich mir vorstelle, ist einer, den ich aufgrund der Beschreibung meines Freundes als dem Threshdohr ähnlich ansehe. Es kann ein Surrogat sein, da es sich offensichtlich im Bereich der Annäherung an einen tatsächlichen Threshdohr befindet. Diese Bildung erfolgt in mehreren Schritten. Da mir die Merkmale (behuft, gehörnt und rot), die mein Freund erwähnt, bekannt sind, kann ich sie zunächst in der Phantasie vorstellen. Diese Merkmale sind zunächst einzeln gegeben und fügen sich dann zu einer Vorstellung davon zusammen, wie ich mir ein Threshdohr vorstelle. Die vereinte imaginäre Vorstellung kann dann assoziativ mit dem tatsächlichen Threshdohr verknüpft werden und als Surrogat für diesen dienen: Wenn jemand dieses Wort wieder sagt, wird die assoziative Verbindung geweckt und ich stelle das ersetzende Bild vor. Komplizierter wird dieser Vorgang, wenn Husserl erklärt, dass normalerweise ein weiterer Schritt erfolgt. Er schreibt:

> Sind wir mit so entstandenen inhaltsreichen Symbolvorstellungen hinreichend vertraut, dann erfolgt alsbald deren Surrogierung durch bequemere, inhaltsärmere oder gar äußerliche Ersatzvorstellungen (also durch eine Symbolisierung zweiter Stufe), entsprechend dem wiederholt erwähnten ökonomischen Zuge unseres Geistes (Hua XII, p. 355/1994d, p. 34).

In diesem Zitat, das gut die verschlungene Art und Weise zeigt, in der Husserl seine Einsichten in LZ zusammenfasst, behauptet er, dass mein Bewusstsein mit dem ersten Ersatz, den ich konstituiert habe, nicht zufrieden sein kann, weil er sehr reich an Details ist. Infolge der energiesparenden Tendenz des Bewusstseins komme ich normalerweise dazu, passiv einen zweiten Ersatz zu formulieren, der inhaltsärmer ist und weniger Anstrengung meinerseits erfordert als der erste. Dieses zweite Surrogat, das vielleicht nur der Umriss eines rot eingefärbten Stiers ist, wird dann assoziativ mit dem Wort "Threshdohr" verknüpft, so dass es als Ersatz dienen kann, wenn ich wieder auf dieses Wort in Sprache oder Schrift stoße.

Schließlich ist dieses genetisch primäre Surrogat als faktisch unzugänglich einzustufen und nicht als prinzipiell unzugänglich, weil ich das Tier in Chile besuchen kann. Wenn ich das täte und ein geeignetes Surrogat gebildet hätte, dann würde die Kreatur dem Ersatztier so ähneln, dass ich es als Threshdohr erkennen könnte. Hätte ich dagegen ein ungeeignetes Surrogat gebildet, würde der Unterschied zwischen dem Ersatz und dem Tier letzteres unerkennbar machen. Wenn mir in diesem Fall jemand sagen würde, dass die Kreatur, die ich sehe, ein Threshdohr ist, würde ich meinen bisherigen Ersatz aufgeben und ein neues, genetisch genaueres, sekundäres Surrogat bilden.

3. Die Semiotik der Logischen Untersuchungen

Mit diesem Verständnis von Husserls Surrogattheorie aus LZ im Hinterkopf mag es für diejenigen, die mit seiner Ersten Logischen Untersuchung vertraut sind, offensichtlich erscheinen, dass es sich bei letzterer um eine eindeutige Ablehnung und nicht um eine Revision der ersten handelt. Diese Schlussfolgerung ist verlockend, weil Husserl in diesem Werk von 1901 nur einen Abschnitt (Hua XIX, S. 73-75/1970, S. 210-211) der detaillierten Erörterung von Surrogaten widmet, in dem er ohne Umschweife behauptet, dass kein Zeichen jemals als Ersatz fungiert. Er schreibt: "Es ist eine sehr unangemessene Beschreibung dieser Sachlage, wenn man hier von einer stellvertretenden Funktion der Zeichen gesprochen hat, als ob die Zeichen selbst für irgendetwas surrogierten und das Denkinteresse im symbolischen Denken den Zeichen selbst zugewendet wäre" (Hua XIX, S. 73/1970, S. 210).

Es ist sicherlich richtig, dass Husserl die Idee der Surrogate 1901 (und in den meisten Aspekten bereits 1894) aufgibt,[17] aber es wird sich zeigen, dass er dies unter Beibehaltung des übergreifenden

[17] Das muss betont werden: Husserls Denken erfuhr 1901 keinen radikalen Wandel, als ob er zu diesem späteren Zeitpunkt sofort von

Schemas der Zeichenerfahrung tut, das er 1890 aufgestellt hatte. Darüber hinaus übernimmt und revidiert er seine frühere Theorie der motivierenden Zeichen, indem er die assoziative Funktion solcher Zeichen aufspaltet und gleichzeitig einschränkt. Er behauptet immer noch, dass Worte und Sätze mich zu einer von zwei Erfahrungen motivieren können. Anstatt zu schreiben, dass ich zu eigentlichen oder uneigentlichen Vorstellungen getrieben werden kann, behauptet Husserl nun, dass sprachliche Zeichen mich zu intuitiven oder leeren Bedeutungsintentionen motivieren können.[18]

Um mit der ersten Revision zu beginnen, erinnern wir uns daran, dass Husserl in LZ feststellte, dass nicht nur sprachliche Zeichen eine signitive Funktion ausüben können, sondern dass jeder Gegenstand oder jede Eigenschaft eines Gegenstandes, der/die eine assoziative Verbindung mit einem anderen hat, dies tun kann, wenn diese Verbindung wiedererweckt wird. 1901 erkennt er, dass dieses Verständnis zu weit gefasst ist: Er sieht, dass der zweistufige Vorgang der Assoziation oder Motivation für eine große Anzahl bewusster Erfahrungen[19] verantwortlich ist, von denen nur einige wenige als signitiv eingestuft werden sollten. Während er daran festhält, dass Zeichen durch Assoziation funktionieren können, besteht das erste Ziel seiner Ersten Logischen Untersuchung darin, streng abzugrenzen, welche assoziativen Verbindungen auch signitive Beziehungen sind. Konkret stellt er fest, dass es zwei Erfahrungen gibt, die so klassifiziert werden können, nämlich solche, bei denen ein Zeichen auf etwas hinweist, und solche, bei denen es mich motiviert, eine Bedeutungsintention auszuführen.

Um Husserls Analyse der anzeigenden Zeichen (Hua XIX, S. 30-37/1970, S. 183-187) darzustellen, untersuche ich seine Schlussfolgerungen anhand des klassischen Beispiels der Anzeige - nämlich wenn Rauch ein Feuer anzeigt. Das Unterscheidungsmerkmal einer Erfahrung, das es Husserl erlaubt, sie als anzeigend und damit als signitiv und nicht nur als assoziativ zu klassifizieren, besteht darin, dass die Vorstellung eines Objekts oder Merkmals, das als in der Realität existierend gegeben ist, eine assoziative Verbindung hervorruft, die mich dazu motiviert, mir der Realität eines anderen Objekts oder Merkmals bewusst zu werden. Wäre diese Verbindung zwischen dem Rauch und dem Feuer nur assoziativ, würde ich, wenn ich letzteres sehe, nur dazu veranlasst werden, mir des ersteren bewusst zu werden. Eine solche Erfahrung kann aber auch anzeigend sein, weil der Rauch (Anzeichen), der als real existierend dargestellt wird, meinen Glauben an die Realität des Feuers (angezeigter und signifizierter Sachverhalt) motiviert und gut belegt. Husserl schreibt, dass das anzeigende Objekt "nicht nur an ein anderes Objekt erinnert und auf diese Weise auf es hinweist, sondern auch Beweise für dieses andere Objekt liefert. Es begünstigt die Annahme der Tatsache, dass es ebenfalls existiert" (Hua XIX, S. 37/1970, S. 187).

Die anderen Erfahrungen, die nach Husserl Zeichencharakter haben, sind diejenigen, die unter dem Begriff des Ausdrucks zusammengefasst werden können (Hua XIX, S. 37-110/1970, S. 187-

---

seiner 1890 aufgestellten Surrogatstheorie abrückte. Vielmehr hat sich seine Philosophie, wie immer bei Husserl, im Laufe der Zeit langsam weiterentwickelt. Die folgende Gegenüberstellung dieser beiden Werke ist eine Darstellung der Ergebnisse von Husserls jahrzehntelangem Bemühen, Klarheit in Bezug auf die Zeichenerfahrung zu erlangen. Ich verweise insbesondere auf zwei Texte, in denen sich Husserls neue Philosophie der Signifikation als Reaktion auf LZ und auch PA zu kristallisieren begann: "Anschauung und Repräsentationen. zur Klassifikation der Repräsentationen (1893-1894)" (Hua XII, S.406-11/1994b, S..452-458), und "Psychologische Studien zur elementaren Logik (1894)" (Hua XXII, S. 92-123/1994e, S. 139-170). Für weitere Informationen über die allmähliche Transformation von Husserls Philosophie in dieser Zeit, siehe Schuhmann (1990).

[18] Micah Tillman (2011) erklärt in seiner unveröffentlichten Dissertation ebenfalls, wie Husserl eigentliche und uneigentliche Vorstellungen in intuitive und leere Absichten umformuliert. Allerdings beziehen sich seine Beschreibungen nie ausführlich auf LZ.

[19] "Aus bloß Zusammenseiendem Zusammengehöriges zu gestalten - oder um es genauer anzudeuten: aus ihnen zusammengehörig erscheinende intentionale Einheiten zu gestalten -, *das ist die kontinuierliche Leistung der assoziativen Funktion*. Alle Erfahrungseinheit, als empirische Einheit des Dinges, des Vorganges, der dinglichen Ordnung und Beziehung, ist phänomenale Einheit durch die fühlbare Zusammengehörigkeit der sich einheitlich heraushebenden Teile und Seiten der erscheinenden Gegenständlichkeit." (Hua XIX, S. 36/1970, S. 187, Hervorhebung von mir).

233). Alle bedeutsamen Zeichen sind notwendigerweise sprachlich, das heißt, sie bestehen aus Wörtern oder Sätzen. Diese sprachlichen Ausdruckszeichen haben zwei Funktionen, von denen die eine durch Assoziation erfolgt und die andere nicht. Die assoziative Funktion kommt zum Tragen, wenn ich die Sprache aus der Perspektive des Hörers oder Lesers erlebe. Die Erfahrung bestimmter sprachlicher Zeichen ist assoziativ mit einer sinn- oder bedeutungsgebenden Intention verbunden, so dass ich, wenn ich das erstere wieder sehe oder höre (als Hörer oder Leser), motiviert bin, das letztere auszuführen. Husserl schreibt: "Die Funktion des Wortes (oder vielmehr der anschaulichen Wortvorstellung) ist es geradezu, in uns den sinnverleihenden Akt zu erregen" (Hua XIX, S. 46/1970, S. 193).

Husserl nennt drei Merkmale bedeutsamer Zeichen, die sie von anzeigenden und bloß assoziativen Zeichen unterscheiden. Im Gegensatz zur Anzeige liefert die Existenz des Wortes keine Motivation für einen Glauben an die Realität des Bezeichneten. Wenn ich das Wort Jupiter lese, habe ich keinen Grund zu glauben, dass der König der olympischen Götter existiert.[20] Außerdem müssen weder die Worte (wie wenn ich sie mir vorstelle) noch das Bezeichnete (wie im Fall von Jupiter) überhaupt existieren (Hua XIX, S. 41-43/ 1970, S. 190-191). Die zweite Voraussetzung dafür, dass ein Zeichen ein Ausdruck ist, ist, dass es nicht nur eine grammatikalische Struktur besitzt, sondern, wie in der Vierten Untersuchung näher erläutert wird, eine Struktur, die die der Bedeutung und des bezeichneten Sachverhalts widerspiegelt. Es muss eine Isomorphie zwischen dem Ausdruck und dem Bezeichneten bestehen.[21] Die dritte Unterscheidung besteht darin, dass jemand diesen bedeutsamen Zeichen durch einen bedeutungsgebenden Akt einen Sinn geben muss. Es ist diese Fähigkeit, die die zweite Funktion des Zeichens ermöglicht, die nun untersucht werden soll.[22]

Die Trennung zwischen Husserls Beschreibung der ersten und der zweiten Ausdrucksoperation wird oft als Unterscheidung zwischen der Perspektive des Sprechers und der des Hörers (oder zwischen einer noetischen und einer noematischen Untersuchung der Bedeutung) dargestellt (Bernet et al. 1993, S. 170-180). Stattdessen sollte man davon ausgehen, dass der Hörer beide Funktionen erlebt, während der Sprecher nur die zweite wahrnimmt. Wenn ich (als Hörer) die sprachlichen Zeichen sehe, wissen wir, dass die Worte ihre assoziative Operation durchführen, indem sie mich passiv dazu motivieren, die bedeutungsgebende Absicht auszuführen. Husserl stellt fest, dass diese letztgenannte Absicht dann mit dem Akt verschmilzt, der die Worte konstituiert (Hua XIX, S. 35-51/1970, S. 187-194). Die sinngebende Absicht verleiht den Wörtern[23] den Sinn, so dass die Zeichen

[20] "Das Dasein des Zeichens motiviert nicht das Dasein, oder genauer, unsere Überzeugung vom Dasein der Bedeutung. Was uns als Anzeichen (Kennzeichen) dienen soll, muß von uns als daseiend wahrgenommen werden. [...] Die Nicht-Existenz des Wortes stört uns nicht. Aber sie interessiert uns auch nicht. Denn zur Funktion des Ausdrucks als Ausdruck kommt es darauf gar nicht an." (Hua XIX, s. 42–43/1970, p. 191).

[21] "Es ist klar: wenn sich die Vorstellungen, ausdrückbare "Gedanken" welcher Art immer, in der Sphäre der Bedeutungsintentionen getreu spiegeln sollen, dann muß, wie es *a priori* auch statthat, jeder Form auf der Vorstellungsseite eine Form auf der Bedeutungsseite entsprechen. Und soll nun weiter die Sprache in ihrem verbalen Material die *a priori* möglichen Bedeutungen getreu widerspiegeln, so muß sie über die grammatischen Formen verfügen, welche allen unterscheidbaren Formen der Bedeutungen einen unterscheidbaren "Ausdruck", d. h. jetzt eine sinnlich unterscheidbare Signatur, zu verleihen gestatten" (Hua XIX, p. 313/1970, p. 55). Für weitere Diskussionen über den in der Vierten Untersuchung festgestellten Isomorphismus siehe Bar-Hillel (1957), Drummond (2002, 2003), Edie (1972) und Sokolowski (1968).

[22] Während Husserl das, was ich die erste oder assoziative Funktion der Wörter in LU genannt habe, nur kurz erörtert, widmet er der Untersuchung dieser Funktion in seinen Überarbeitungen der Sechsten Logischen Untersuchung von 1913/14 (Hua XX/1-2) große Aufmerksamkeit. Dort beschreibt er detailliert, wie mir, wenn ich das Wort sehe, ein unpersönliches Sollen auferlegt wird, um die Bedeutungsabsicht auszuführen. Er schreibt: "Wir können auch sagen: Das habituelle Zeichen ist von sich aus Träger einer praktischen Zumutung, und zwar einer unpersonalen, bewusstseinsmäßig nicht mehr einen vorgängigen Willen realisierenden. Statt dass ich mir zumute oder jemand sonst mir zumutet, mutet von sich aus das Zeichen mir zu, und es mutet mir rein von sich aus zu und nicht nur als Korrelat einer personalen Zumutung." (Hua XX/2, S. 86).

[23] Richtig gesagt: Bevor eine Bedeutungsintention den Wörtern ihre Bedeutung verleiht, sind sie keine Wörter, sondern eher physische Kritzeleien auf einem Papier oder Geräusche, die man hören kann. Erst wenn das Gekritzel oder das Geräusch seine Bedeutung erhalten hat, kann man es als Wort oder Ausdruck bezeichnen.

ihre zweite Funktion erfüllen: Sie bedeuten und bezeichnen nun ihren Referenten. Husserl schreibt, “Vermöge dieser letzteren Akte ist der Ausdruck mehr als ein bloßer Wortlaut. Er meint etwas, und indem er es meint, bezieht er sich auf Gegenständliches“ (Hua XIX, S. 44/1970, S. 192). Husserl behauptet, dass der Sprecher oder Schreibende immer nur diese zweite Bedeutungsoperation der Zeichen erfährt, und diese Behauptung beruht auf seiner Überzeugung, dass es nichtsprachliche Gedanken und Urteile geben kann. Der Sprecher kann zunächst einen bedeutungsgebenden Akt vollziehen und dann die Worte "wählen", die geeignet sind, diese Bedeutung auszudrücken (siehe Rolf 2003; Sebestik 2003). Da die bereits konstituierte Bedeutung mit den Wörtern verknüpft ist, schließt dies die Möglichkeit aus, dass die Wörter mich assoziativ zur Ausführung einer bedeutungsgebenden Handlung motivieren könnten.

Die bedeutendste Änderung, die Husserl 1901 an seiner Semiotik vornimmt, betrifft die Arten der Vorstellung, zu deren Ausführung mich sprachliche oder bedeutsame Zeichen bewegen können. Anstelle von eigentlichen und uneigentlichen Vorstellungen stellt Husserl in LU fest, dass Ausdrücke mich dazu bewegen können, intuitive oder leere Bedeutungsabsichten auszuführen, wobei die letztere Dyade der ersteren entspricht. Damit modifiziert er seinen Gedanken auf zwei verschiedene Arten. Erstens revidiert Husserl seinen Begriff der eigentlichen Vorstellungen nur leicht, um seine Beschreibung der intuitiven Bedeutungsakte zu entwickeln. In krassem Gegensatz dazu gibt er die Idee, dass Zeichen Ersatz sein können, vollständig auf, indem er behauptet, dass ich Objekte, die mir nicht eigentlich oder intuitiv gegeben sind, durch leere Intentionen sinnvoll intendieren kann.

Um zunächst die weniger einschneidende Veränderung zu erörtern, stellt Husserl sowohl 1890 als auch 1901 fest, dass eine Erfahrung unter die jeweilige Rubrik eigentlich oder intuitiv fällt, wenn mir ihr Gegenstand in einer sinnlichen, d.h. in einer wahrnehmbaren oder vorstellbaren Weise gegeben ist. Bei beiden Arten der Vorstellung ist mir mir ein Objekt in voller phantasierter oder erinnerungsgemäßer Gegebenheit gegeben. Darüber hinaus behauptet er, dass eigentliche oder intuitive Akte einfach sein können, wie wenn ich durch einen Namen assoziativ motiviert werde (Hua XII, S. 341/1994d, S. 21; Hua XIX, S. 476-484/1970, S. 147-151, Vol. (Hua XII, S. 342-344/1994d, S. 22-23; Hua XIX, S. 657-734/1970, S. 269-319, Bd. II; s. o. Anm. 5), oder sie können intellektuell gebildet werden, z. B. wenn ich einen Satz lese.) Sowohl nach dem Husserl von LZ als auch nach dem Husserl der LU ist es so, dass ich durch das sprachliche Zeichen "Tasse" assoziativ veranlasst werden kann, die Kaffeetasse vorzustellen, und diese Erfahrung ist es, die - wenn auch auf die oben beschriebenen unterschiedlichen Weisen - die Bedeutung dieses Namens bestimmt. Was seine andere Modifikation betrifft, so führt Husserl 1901 den Begriff der leeren Intentionen ein, weil er nun erkennt, dass seine Beschreibungen von Surrogaten fehlgeleitet waren. Er erkennt, dass er den Prozess der uneigentlichen Vorstellung zum Teil mit Hilfe der Einbildungskraft vollzog. Nach diesem Schema von 1890 bin ich in der Lage, eine uneigentliche Vorstellung der Kaffeetasse durchzuführen, indem ich mir den Kreis vorstelle. Er behauptete, dass ich in der Lage bin, den Kreis mit der Tasse zu verwechseln und dadurch die Kaffeetasse selbst sinnvoll zu intendieren, weil das Bild des Kreises in dem entsprechenden Bereich der Ähnlichkeit (in Bezug auf mein Interesse) mit der Tasse liegt.

Das heißt, Husserl hat die Fälle, in denen mir der Gegenstand nicht eigentlich gegeben ist, ich ihn aber dennoch meine, durch die Aufstellung und Anwendung einer Bildtheorie der Bedeutung beschrieben: Ich kann die Kaffeetasse uneigentlich vorstellen, indem ich mir den Kreis vorstelle, der mit der Tasse verwechselt wird. Das Bild dient als Bedeutung für die abwesende Tasse.

Husserl lehnt diese Vorstellung 1901 entschieden ab, da er sieht, dass Bedeutungen niemals Bilder sind, noch dass Bedeutungsabsichten notwendigerweise von imaginativen Akten begleitet werden, selbst in den Fällen, in denen mir der Gegenstand nicht intuitiv gegeben ist. Er drückt dies in einer sehr bissigen Sprache aus, indem er schreibt:

> Es ist ein Zeugnis für den zurückgebliebenen Stand der deskriptiven Psychologie, daß solche zunächst wohl naheliegende Lehren möglich sind, und daß sie es sind trotz des Einspruchs, den vorurteilslose Forscher schon längst gegen sie erhoben haben. Gewiß sind in vielen Fällen die sprachlichen Ausdrücke von Phantasievorstellungen begleitet, die zu ihrer Bedeutung in näherer oder fernerer Beziehung stehen; aber es widerspricht den offenkundigsten Tatsachen, daß derartige Begleitungen für das Verständnis überall erforderlich sind. Damit ist gleichzeitig gesagt, daß ihr Dasein nicht die Bedeutsamkeit des Ausdruckes (oder gar seine Bedeutung selbst) ausmachen und ihr Ausfall sie nicht hemmen kann. (Hua XIX, s. 67–68/1970, p. 206).

Infolge dieser Erkenntnis entwickelt Husserl seine Philosophie der leeren Intentionen, indem er sie einer solchen Bildtheorie gegenüberstellt. Hervorzuheben ist, dass er immer noch versucht, die "gleichen" Erfahrungen zu erklären: Er versucht zu verstehen, wie ich einen Gegenstand meinen kann, der nicht intuitiv oder eigentlich vorgestellt wird. Doch wenn Bilder nicht für die abwesenden Objekte einstehen, dann scheint es keine Möglichkeit zu geben, sie zu bezeichnen. In seiner genial einfachen Lösung dieser Schwierigkeit stellt Husserl fest, dass ich solche Objekte sinnvoll erfahren kann und dies oft auch tue, gerade weil ein Bedeutungsakt auch auf Objekte gerichtet sein kann, die nicht intuitiv gegeben sind. Indem ich eine leere Bedeutungsintention ausführe, kann ich mir eines Objekts bewusst sein, das sinnlich nicht präsent ist und in der Tat vielleicht nicht einmal existiert (Hua XIX, S. 67-82/1970, S. 206-215). Wenn ich leer "Kaffeetasse" ausspreche, ist es mein nicht-intuitives Gewahrsein dieses Objekts (und nicht irgendeine imaginäre Vorstellung der Tasse oder eines ähnlichen Bildes), das dem Namen seine Bedeutung verleiht.

Weitere Klarheit über Husserls Semiotik im Jahre 1890 wird helfen, den relevanten Kontrast zwischen den beiden Werken zu enthüllen. Auch wenn im obigen Fall die Einbildungskraft für die Bereitstellung des Surrogats verantwortlich ist, ist sie nicht die einzige Art von Erfahrung, die dies tun könnte. Die Wahrnehmung eines blauen Kreises auf einer Kreidetafel zum Beispiel könnte ebenfalls als Ersatz dienen. In der Tat könnte man sagen, dass jede Art von intuitiver Erfahrung, die Husserl in LU identifiziert, ein Surrogat darstellt, wie es in LZ konzipiert ist. Wenn wir "Bilder" in einem erweiterten Sinne verstehen, nämlich als jedes intuitiv vorgestellte Objekt, wäre es immer noch richtig, Husserls Philosophie der Zeichenerfahrung als eine Bildtheorie zu bezeichnen. Im engeren Sinne, so dass mit Bildern nur die Korrelate der Imagination gemeint sind, ließe sich Husserls Semiotik von 1890 eher als intuitive Bedeutungstheorie einordnen: Für den frühen Husserl sind alle Bedeutungen und Objekte, seien sie durch eigentliche oder uneigentliche Vorstellungen intendiert, tatsächlich durch Intuitionen gegeben. Bei eigentlichen Vorstellungen ist das bezeichnete Objekt offensichtlich intuitiv intendiert. Bei uneigentlichen Vorstellungen wird mir das Surrogat ebenfalls durch eine Intuition gegeben, wenn auch eine falsche. Die uneigentliche Vorstellung kann keineswegs als leeres Intendieren eingestuft werden, sondern eher als eine falsche intuitive Vorstellung, bei der ich den intuitiven Ersatz mit dem ersetzten Abwesenden verwechsle.

Husserl behauptet in LZ, dass eigentliche und uneigentliche Vorstellungen die einzigen beiden Arten von Erfahrung sind, die ein Objekt konstituieren können (Hua XII, S. 340/1994d, S. 20), und da beide intuitiv sind, ist es offensichtlich, dass er 1890 leeren Intentionen nicht berücksichtigt hatte. Obwohl Husserl anerkennt, dass ich Objekte intendieren kann, die nicht direkt vorgestellt werden oder sogar vorstellbar sind, macht eine genaue Untersuchung seiner Beschreibungen deutlich, dass diese Intentionen in Wirklichkeit nur eine andere Art von Erfahrung von Präsenz sind. Er ist nicht in der Lage zu sehen, wie ich sinnvoll auf ein intentionales Objekt gerichtet sein könnte, wenn mir dieses Objekt oder eine Annäherung daran nicht intuitiv gegeben ist. Da ich immer nur intuitive Absichten ausführen kann, selbst wenn ich anfange zu denken, besteht mein Bewusstsein aus einem ununterbrochenen Strom von Intuitionen; da ich von Präsenz bombardiert werde, gibt es kein Anzeichen von Abwesenheit.[24]

Husserls endgültige Ablehnung seiner früheren Schlussfolgerung, dass das Bewusstsein immer mit Präsenz konfrontiert ist, zeigt, dass er nicht, wie ein schwer irregeleiteter Philosoph behauptete, "einen hartnäckigen Wunsch hat, die Präsenz zu retten" (Derrida 1967/2011, S. 57/43), sondern das Gegenteil ist der Fall (vgl. Crowell 1996, Hopkins 1985). Indem er anerkennt, dass man abwesende Objekte und Zustände intendieren kann, ohne eine andere Form der Präsenz zu benötigen, und indem er beschreibt, wie ich dasselbe Objekt entweder auf intuitive oder leere Weise meinen kann, bestätigt Husserl letztlich, dass die Beziehung des Bewusstseins zur Abwesenheit konstitutiv für seine Beziehung zur Präsenz ist.[25] Ein zentrales Anliegen dieses Aufsatzes war es, diese Umkehrung in Husserls Denken aufzuzeigen, die das Ergebnis eines Jahrzehnts mühsamer Forschung ist. Andererseits, und das ist vielleicht noch wichtiger, habe ich zu zeigen versucht, dass die Umwandlung dieses Grundsatzes, bei der Husserl das Prinzip der Abwesenheit richtig würdigt, nur im größeren Kontext der Entwicklung seiner Philosophie der Bedeutungsabsichten von 1901 stattfinden konnte - nicht als Ablehnung, sondern eher als Revision seiner Semiotik von 1890.[26]

*** Danksagungen:** *Ich möchte Ullrich Melle, Julia Jansen, Carlo Ierna, Diego D'Angelo und Claudio Majolino für ihre äußerst hilfreichen Kommentare zu diesem Aufsatz danken.*

■■■

Literatur:

Bar-Hillel, Y. (1957). Husserl's conception of a purely logical grammar. Philosophy and Phenomeno- logical Research, 17(3), 362–369.

Bernet, R., Marbach, E., & Kern, I. (1993). An introduction to husserlian phenomenology. Evanston: Northwestern.

Byrne, T. (Forthcoming). Husserl's early semiotics and number signs: Philosophy of Arithmetic through the lens of "On the Logic of Signs (Semiotic)". Journal of the British Society for Phenomenology. Crowell, S. (1996). Husserl, Derrida, and the phenomenology of expression. Philosophy Today, 40(1), 61–70.

D'Angelo, D. (2013). The foundations of alterity. Husserl on referencing and indicating. Investigaciones Fenomenolo´gicas, 10, 53–71.

Derrida, J. (1967). La voix et le phe´nome`nen. Paris: Presses Universitaires de France. Voice and Phenomena L. Lawlor (Trans.). Evanston: Northwestern 2011.

Drummond, J. (2002). The Logical Investigations: Paving the way to a transcendental logic. In D. Zahavi & F. Stjernfelt (Eds.), One hundred years of phenomenology: Husserl's Logical investigations reconsidered (s. 31–40). Dordrecht: Springer.

Drummond, J. (2003). Pure logical grammar: Anticipatory categoriality and articulated categoriality.
International Journal of Philosophical Studies, 11(2), 125–139.

[24] In diesem Punkt steht Husserl eindeutig nicht nur unter dem Einfluss von Brentano, sondern auch von Alexius Meinong. Da ich nicht in der Lage bin, die bedeutende, aber auch umstrittene Beziehung zwischen Husserl und Meinong zu erörtern, verweise ich den Leser auf Ierna (2009), Rollinger (1993, 2004, 2009) und Schubert und Luise (1978).

[25] Ausgehend von dieser Einsicht der Ersten Untersuchung wird Husserl in der Fünften und Sechsten Untersuchung sogar behaupten, dass leere Bedeutungsintentionen diejenigen sind, die einen Ausdruck primär und immer mit seiner Bedeutung ausstatten (Hua XIX, S. 570-572/1970, S. 209-210, Bd. II).

[26] Während dieser Artikel LZ als Palimpsest für die Erste Untersuchung enthüllt hat, birgt der Text von 1890 noch mehr Wert für das Verständnis der Entwicklung von Husserls Denken. In meiner demnächst erscheinenden Arbeit "Husserls frühe Semiotik und die Zahlzeichen" wende ich Husserls Analyse der Zeichenerfahrung in LZ auf seine Diskussion der Zahlzeichen in der PA an, was dieses bahnbrechende Buch von 1901 in ein neues Licht rückt. Indem ich den letztgenannten Text in den Kontext des erstgenannten stelle, werden Husserls Schlussfolgerungen bezüglich der eigentlichen und uneigentlichen Vorstellungen von Zahlen durch Zahlzeichen und seine Erklärung der Entstehung und Notwendigkeit des Zahlensystems auf neue Weise geklärt.

Edie, J. (1972). Husserl's conception of "the grammatical" and contemporary linguistics. In L. Embree (Ed.), Life-world and consciousness (s. 137–161). Evanston: Northwestern.
Hopkins, B. (1985). Derrida's reading of Husserl in Speech and Phenomena: Ontologism and the metaphysics of presence. Husserl Studies, 2(2), 193–214.
Hopkins, B. (2002). Authentic and symbolic numbers in Husserl's Philosophy of Arithmetic. The New Yearbook for Phenomenology and Phenomenological Philosophy, 2, 39–71.
Hua XII. Husserl, E. (1970). Philosophie der Arithmetik. Mit erga¨nzenden Texten. L. Eley (Ed.), Den Haag: Martinus Nijhoff; Philosophy of arithmetic. Psychological and logical investigations with supplementary texts from 1887-1901 D. Willard (Trans.). New York: Springer 2003.
Hua XIX. Husserl, E. (1984). Logische Untersuchungen. Zweiter Teil. Untersuchungen zur Pha¨nomenologie und Theorie der Erkenntnis. U. Panzer (Ed.). Den Haag: Martinus Nijhoff.
Hua XX-1. Husserl, E. (2002). Logische Untersuchungen. Erga¨nzungsband. Erster Teil. Entwu¨ rfe zur Umarbeitung der VI. Untersuchung und zur Vorrede fu¨r die Neuauflage der Logischen Untersuchungen. U. Melle (Ed.). Den Haag: Kluwer Publishers.
Hua XX-2. Husserl, E. (2005). Logische Untersuchungen. Erga¨nzungsband. Zweiter Teil. Texte fu¨ r die Neufassung der VI. Untersuchung. Zur Pha¨nomenologie des Ausdrucks und der Erkenntnis.
U. Melle (Ed.). Den Haag: Kluwer Publishers.
Hua XXI. Husserl, E. (1983). Studien zur Arithmetik und Geometrie. Texte aus dem Nachlass. I. Strohmeyer (Ed.). Den Haag: Martinus Nijhoff.
Hua XXII. Husserl, E. (1979). Aufsa¨tze und Rezensionen. B. Rang (Ed.). Den Haag: Martinus Nijhoff.
Husserl, E. (1970). Logical investigations Vol. I and II. J. N. Findlay (Trans.). New York: Routledge.
Husserl, E. (1994a). Early writings in the philosophy of logic and mathematics. D. Willard (Trans.). New York: Springer.
Husserl, E. (1994b). Intuition and Repra¨sention. towards a classification of Repra¨sentation. In Early writings in the philosophy of logic and arithmetic (s. 452–458). D. Willard (Trans.). New York: Springer.
Husserl, E. (1994c). Letter from E. Husserl to Carl Stumpf. In Early writings in the philosophy of logic and arithmetic (s. 12–19). D. Willard (Trans.). New York: Springer.
Husserl, E. (1994d). On a logic of signs (semiotic). In Early writings in the philosophy of logic and arithmetic (s. 20–51). D. Willard (Trans.). New York: Springer.
Husserl, E. (1994e). Psychological studies in the elements of logic. In Early writings in the philosophy of logic and arithmetic (s. 139–170). D. Willard (Trans.). New York: Springer.
Ierna, C. (2003). Husserl and the infinite. Studia Phaenomenologica, 1–2, 179–194.
Ierna, C. (2005). The beginnings of Husserl's philosophy, Part 1: From "U¨ ber den Begriff der Zahl" to Philosophie der Arithmetic. The New Yearbook for Phenomenology and Phenomenological Philosophy, 5, 1–56.
Ierna, C. (2009). Relations in the early works of Meinong and Husserl. Meinong Studies, 3, 7–36. Majolino, C. (2010). Structure de l'indice et e´quivocite´ du signe. A l'origine du partage. Anzeige/
Ausdruck dans les 'Recherches logiques'. Histoire E´ piste´mologie Langage, 32(2), 1–56.
Majolino, C. (2012). La fabrique du renvoi. Sur quelques the`mes se´miotiques chez le premier Husserl. In
C. Majolino (Ed.), Se´miotique et phe´nome´ologie (s. 93–114). Paraddigmi: Franco Angeli. Parpan, R. (1984). Zeichen und Bedeutung: Eine Untersuchung zu Edmund Husserls Theorie des
Sprachzeichens. Diss. Ruper-Karl U.
Rolf, G. (2003). Bolzano and the problem of psychologism. In D. Fisette (Ed.), Husserl's logical investigations reconsidered (s. 95–108). Dordrecht: Springer.
Rollinger, R. (1993). Meinong and Husserl on abstraction and universals: From Hume studies I to Logical Investigations II. Amsterdam: Rodopi.
Rollinger, R. (2004). Austrian theories of judgment: Bolzano, Brentano, Meinong, and Husserl. In A. Chrudzimski & W. Huemer (Eds.), Phenomenology and analysis: Essays in central European philosophy (s. 257–284). Frankfurt: Ontos Verlag.
Schubert, K., & Luise, M. (1978). Alexius Meinong on objects of higher order and Husserl's phenomenology. Dordrecht: Springer.
Schuhmann, K. (1990). Husserl's doppelter Vorstellungsbegriff: Die Texte von 1893. Brentano Studies, 3, 119–136.
Sebestik, J. (2003). Husserl reader of Bolzano. In D. Fisette (Ed.), Husserl's logical investigations reconsidered (s. 59–81). Dordrecht: Springer.
Sokolowski, R. (1968). The logic of parts and wholes in Husserl's Investigations. Philosophy and Phenomenological Research, 28(4), 537–553.
Tillman, M. (2011). Empty and filled intentions in Husserl's early work. Diss: Catholic University of America.
Willard, D. (1980). Husserl on a logic that failed. The Philosophical Review, 89(1), 46–64.
Zuh, D. (2008). How do categorial representations influence everyday intuition? On Husserl's early attempt to grasp the horizontal structure of consciousness. Studia Universitatis Babes Bolyai Philosophia, 12, 49–62.
Zuh, D. (2012). Wogegen wandte sich Husserl 1891? Ein Beitrag zur neueren Rezeption des Verha¨ltnisses von Husserl

und Frege. Husserl Studies, 28, 95–120.

DAS ALTE EGO UND SEINE NEUEN GEWOHNHEITEN. HUSSERLS WEG ZUM TRANSZENDENTALEN EGO UND SEINE NEBENPFADE[1]

Thomas Dojan[2]

Zusammenfassung:

Der vorliegende Beitrag widmet sich zwei miteinander verbunden Problemen, die sich der Phänomenologie Edmund Husserls unter dem Titel „transzendentales Ego" ankündigen: Zum einem, ob und wie wir anschaulich das erleben, was wir „Ich" nennen (d.h., wie die Phänomenologie innerhalb der erlebten Innenperspektive untersucht, was das Ich ist und welche Eigenschaften es hat) und zum anderen, welcher epistemologische Sinn transzendentalphilosophischen Betrachtungen innerhalb der Phänomenologie v.a. mit Bezug auf das Problem der transzendentalen Subjektivität zukommt. Dabei werden in sechs Etappen die Wege – *μέθοδοι* – erschlossen, auf denen Husserl sich dem Ich nähert und wie es dabei zur Gegebenheit kommt: 1. als empirisches Ich des natürlichen Erfahrungslebens, ausgewiesen auf dem Wege der Beschreibung und 2. als „philosophierendes Ich" in seiner Lebensumwelt, ausgewiesen auf dem Wege der Analyse von Wissenschaften als Kulturgebilden sowie 3. auf dem Wege des Einlebens in seine wissenschaftliche Intention; 4. als Ego der reinen *cogitationes*, ausgewiesen auf dem Wege der transzendentalen Reduktion; 5. als zentrierender Ichpol, ausgewiesen auf dem Wege der eidetischen Variation; und 6. als Substrat von Habitualitäten, ausgewiesen auf dem Wege der intentionalgenetischen Analyse.

Schlüsselwörter: Transzendentales Ego, Lebenswelt, transzendentale Reduktion, eidetischer Ich-Pol, Habitualitäten-Ich

■ ■ ■

Bekanntlich beschreitet Husserl in seiner als „Einleitung in die Phänomenologie"[3] gehaltenen Vortragsreihe *Cartesianische Meditationen* (CM, 1931) als erste Etappe den „Weg zum transzendentalen Ego."[4] Sollen wir diesem Umstand entnehmen, dass die Phänomenologie ihren Anfang mit einer Klärung des Problems vom transzendentalen Ego nehmen sollte oder sogar muss? Und falls dem so sei: weshalb?

Wir wissen, dass die Phänomenologie historisch-faktisch nicht über den Weg zum transzendentalen Ego begründet wurde. Tatsächlich ist die erste Phase der phänomenologischen

[1] Work on this chapter is financed under the Polish National Center for Research and Development (NCBiR) project, "*Humanities and social sciences for society and entrepreneurship*" (grant no. POWR.03.02.00-IP.08-I019 / 17). The project is co-financed by the European Union from the European Social Fund under the operational program *Knowledge Education Development 2014–2020*. The author received funds from the National Science Centre (Poland) as part of the research project *Towards a 'Depth Phenomenology' of Embodied Individuation*, grant agreement no. UMO-2019/35/O/HS1/042018. The Graduate School for Social Research (GSSR, gssr.edu.pl), of the Institute of Philosophy and Sociology, Polish Academy of Sciences has provided organisational support.

[2] Doktorand, Graduate School for Social Research (GSSR), Institute of Philosophy and Sociology of the Polish Academy of Sciences, tdojan@smail.uni-koeln.de

[3] Hua I, S. 41.

[4] Ebd., S. 48.

Forschung weder transzendental noch egologisch.[5] Das vielzitierte Wort von der Unauffindbarkeit des reinen Ichs als notwendiges Beziehungszentrum aller Bewusstseinsinhalte in der ersten Auflage der *Logischen Untersuchungen* von 1900 bezeugt sogar eine anti-egologische Tendenz.[6] Auch nach der transzendentalen Wende ab ca. 1905 fordert Husserl noch explizit, dass die Phänomenologie die Beziehung auf das Ich zu unterlassen habe, um die reinen Phänomene freizulegen; so etwa in der *Idee*-Vorlesung von 1907.[7] Auch wo Husserl in der *Grundprobleme*-Vorlesung von 1910/11 bereits das Erfahrungsfeld des transzendental reduzierten Ichs betritt, bleibt er bezüglich der Annahme eines reinen Ichs in Entgegensetzung zum empirischen Ich zunächst noch zurückhaltend.[8] Im Zuge der egologischen Wende in den *Ideen 1* von 1913 begegnen wir dann der neuen These, dass „[u]nter den allgemeinen Wesenseigentümlichkeiten des transzendental gereinigten Erlebnisgebietes […] eigentlich die erste Stelle der Beziehung auf das ‚reine' Ich [gebührt]."[9] Das ist auch der Standpunkt der CM, die die transzendentale Selbsterfahrung als das an sich erste Erfahrungs- und Urteilsfeld ausweisen.[10] Nun wird das reine Ich nicht mehr bloß formal als zentrierender Ichpol gedeutet, sondern auch gehaltvoll als Substrat von Habitualitäten ausgewiesen.[11] Die historische Entwicklung sei damit in einigen groben Zügen skizziert.[12] Aber was ist der systematische Sinn dieses Ich-Primats für die transzendentale Phänomenologie?

Um sich einer Antwort auf diese Frage zu nähern, ist es sinnvoll die beiden Probleme, die sich in der Rede vom „transzendentalen Ego" vermengt ankündigen, gesondert zu betrachten. Zum einen stellt sich also offenbar die Frage nach dem Ich. Fragen wir phänomenologisch nach dem Ich, dann fragen wir danach ob und wie wir anschaulich das erleben, was wir „Ich" nennen und stellen uns die Aufgabe innerhalb der erlebten Innenperspektive zu untersuchen, was das Ich ist und welche Eigenschaften es hat. Diese Frage ist phänomenologisch betrachtet aber nicht unmittelbar die Frage nach einem *transzendentalen* Ich.[13] Damit stellt sich also des Weiteren die Frage nach dem Sinn transzendentalphilosophischer Betrachtungen innerhalb der Phänomenologie – wir werden auf das Problem der Erkenntniskritik verwiesen.[14] Phänomenologisch stellt es sich als die Frage nach den für die Wirklichkeitssetzung der raumzeitlichen Welt konstitutiven Leistungen. Im Lichte dieser Erweiterung lässt sich fragen: in welcher Beziehung stehen Konstitutionsanalyse und reines Ich zueinander?

Im Folgenden möchte ich Husserls Weg zum transzendentalen Ego in der 1. CM nachverfolgen und dabei solche Passagen einer näheren Betrachtung unterziehen, die mir Hinweise auf die formulierten Probleme zu geben scheinen. Dabei werde ich auch auf sinnverwandte Stellen in anderen Texten aus Husserls Werk verweisen, sozusagen – in Husserls Metapher zu sprechen – als

---

[5] Vgl. Marbach, Eduard. *Das Problem des Ich in der Phänomenologie Husserls*. Dordrecht: Springer, 1974, S. 23–43, sowie Brudzińska, Jagna. *Bi-Valenz der Erfahrung: Assoziation, Imaginäres und Trieb in der Genesis der Subjektivität bei Husserl und Freud*. Dordrecht: Springer, 2019, S. 41–46.

[6] „Nun muß ich freilich gestehen, daß ich dieses primitive Ich als notwendiges Beziehungszentrum schlechterdings nicht zu finden vermag" (Hua XIX/1, S. 374). Gemeint ist das transzendentale Ich der reinen Apperzeption im Sinne Kants und der Neukantianer (v.a. Natorps), vgl. ebd., S. 372.

[7] Hua II, S. 44.

[8] Hua XIII, S. 155.

[9] Hua III/1, S. 159.

[10] Hua I, S. 61.

[11] Ebd., S. 99–102.

[12] Vgl. weiterführend Marbach, *Das Problem des Ich in der Phänomenologie Husserls* sowie Sakakibara, Tetsuya. Das Problem des Ich und der Ursprung der genetischen Phänomenologie bei Husserl. *Husserl Studies* 14 (1). 1997, S. 21–39.

[13] Sie fällt in den Rahmen phänomenologischer Psychologie, welche transzendentalphilosophisch verfahren kann, aber nicht notwendig muss. Vgl. Drüe, Hermann. *Edmund Husserls System der phänomenologischen Psychologie*. Berlin: De Gruyter, 1963, S. 55–62.

[14] In den *Kaizo*-Artikeln erkundet Husserl ferner den Nutzen der transzendentalen Reduktion auf das reine Ego für die praktische Philosophie vermittels der solchermaßen erzielten Vorurteilsfreiheit v.a. bzgl. tradierter Werte; vgl. Hua XXVII, S. 3–94. Diese praktische Dimension wird im vorliegenden Beitrag ausgeklammert.

die Nebenpfade, die auf dem Weg zum transzendentalen Ego liegen. „Weg" sei hier verstanden als *μέθοδος*, d.h. als systematisches Verfahren des Erkenntnisgewinns. Solchermaßen stehen im Folgenden nicht nur die verschiedenen Sinne der Rede vom „Ich" in der Phänomenologie im Zentrum, sondern auch die Methoden, die den jeweiligen Sinn des Ichs zur Gegebenheit bringen. Unsere Stationen auf dem Weg zum transzendentalen Ego sind dabei 1. das empirische Ich des natürlichen Erfahrungslebens (Methode der Beschreibung), 2. der Lebensumwelt (Methode der Analyse von Wissenschaften als Kulturgebilden) und 3. der wissenschaftlichen Intention (Methode des Einlebens); 4. das reine Ich als transzendental gereinigtes Erfahrungsfeld (Methode der transzendentalen Reduktion), 5. das reine Ich als eidetischer Ich-Pol (Methode der eidetischen Variation) und 6. das reine Ich als Substrat von Habitualitäten (Methode der intentionalgenetischen Analyse).

1. Das empirische Ich des natürlichen Erfahrungslebens

In der 1. CM führt Husserl uns in Anlehnung an die *Meditationes* René Descartes' (1641) auf das Problem des Ich, indem er einen Fokus auf das „philosophierende Ich" in seinem Rückgang auf „das Ego der reinen *cogitationes*"[15] richtet. Dieses reine Ich wird gedeutet als die transzendentale Subjektivität, die im *ego cogito* als apodiktisch gewisser und letzter Urteilsboden der Philosophie ausgewiesen werden soll.[16]

Nun ist das Ich (sei es ein philosophierendes Ich oder nicht) phänomenologisch befragt nicht ohne Weiteres – sozusagen im ersten Zugriff – „das Ego der reinen *cogitationes*." Die privilegierte Methode des ersten Zugriffs auf ein gegebenes Problem ist für die Phänomenologie bekanntlich die Deskription der Vorfindlichkeiten.[17] Beschreibe ich also in meiner natürlichen, vorphilosophischen Erfahrungseinstellung, wie ich mein Ich als gegeben vorfinde, so lassen sich einige charakteristische Züge des empirischen Ichs zeichnen, die Husserl beispielsweise in der *Grundprobleme*-Vorlesung skizziert hat:[18] Ich finde mich, waltend in meinem Leib, jederzeit im Zentrum einer räumlichen Umgebung vor und über die Zeit hinweg bleibe ich ein identisches Ich. Ich bin eine konkret bestimmte Person – als solche bin ich von anderen Personen verschieden. Ich habe meine Anlagen und erworbenen Fähigkeiten; ich habe meine Erlebnisse (darunter Wahrnehmungen, Erinnerungen, Erwartungen, Phantasien, Gefühle usw.) und in solchen Erlebnissen vollziehe ich Bewusstseinsakte, mit welchen ich mich auf die Welt beziehe. Ich kann reflexiv das Vorfinden meiner Ichgegebenheiten selbst auffinden und kenne mich dann als „Habender" von all diesem „Gehabtem": als Habender eines Leibes, einer raumzeitlichen Umgebung, von Erlebnissen, usw.

Wenngleich nun aber offenbar nicht in jedem Bewusstseinsakt das Ich thematisch ist, d.h.: Wenngleich offenbar nicht jeder Bewusstseinsakt eine Reflexion auf das Ich vollzieht, worin er das Ich aufmerksam betrachtet und speziell meint, so liegt im Sinn von Bewusstseinsakten überhaupt doch immer auch ein Verhältnis zum Ich.[19] Diese Feststellung soll in ihrer Allgemeinheit auch dann gelten, wenn wir uns Fälle von Bewusstseinsakten denken, in deren Gehalt ein Bezug auf das Subjekt gar nicht auffindbar scheint. Nehmen wir zum Beispiel die Situation, dass ich am Kamin sitze und mich in die Betrachtung des Feuers versenke. Meine Zuwendung soll in diesem Beispiel restlos in der Betrachtung des intentionalen Gegenstandes aufgehen: gebannt schaue ich sozusagen selbstvergessen

[15] Ebd., S. 45.
[16] Ebd., S. 58.
[17] Hua XIII, S. 112.
[18] Ebd., S. 112–113.
[19] Hua XXIII, S. 199–201, v.a. Fn. 2.

dem Schauspiel des Feuers zu und in dem Gehalt dieses Bewusstseinsaktes, sofern er sich einstrahlig nur auf seinen Gegenstand richtet, ist für mein Ich gleichsam kein Platz mehr. *Ein* Akt allein bildet als Aktbewusst zwar durchaus eine sinnvolle Einheit, welche aber freilich in der Fülle des konkreten Erfahrungslebens immer in Bewusstseinshorizonte eingebettet ist: der isolierte Einzelakt wird von einem Gesamtbewusstsein umfasst. Und was für mein auffassendes Bewusstsein aktuell nicht thematisch ist, ist darum nicht einfach für es verschwunden. So ist in dem Beispiel etwa das Zimmer mit seinem Sitzplatz vor dem Kamin während der attentionalen Maximalzuwendung zum Feuer nach wie vor für mein Bewusstsein da; die räumliche Umgebung des Bewusstseinsgegenstandes verschwindet „bei der noch so intensiven Versenkung in das Objekt"[20] nicht.[21] „Vielerlei ist nebenbei bemerkt, oder eigentlich gar nicht beachtet, aber doch für uns da", schreibt Husserl bereits 1898 in einer Ausarbeitung unter dem Titel *Keine Wahrnehmung ohne wahrnehmendes Subjekt* und ergänzt: „Dazu gehört aber vor allem und überall wo es nicht beachteter Gegenstand ist, das Ich."[22] Dieses Mitdasein des Ichs bekundet sich empirisch durch den Leib; der Leib ist im Erfahrungsleben der „zentrale Kern" des Ichs, „an den sich alles sonst zu [ihm] gehörige knüpft."[23] Wahrnehmungserlebnisse (und sämtliche andere Erlebnisse) sind dergestalt im Leib seelisch lokalisiert.[24] Dennoch gilt: die Reflexion auf das Ichsubjekt dieses Leibes geht nicht in den gegenständlichen Sinn der konstituierten Sache (im Beispiel: des Kaminfeuers) ein, sodass in der Explikation der *Sache* das Ich *inhaltlich-gehaltvoll*, mithin anschaulich, wirklich nicht auszumachen ist. Wie kann man hier trotzdem von einem *notwendigen* Verhältnis aller Bewusstseinsinhalte zum Ich sprechen? Offenbar kündigen sich schon in der Beschreibung einfacher Wahrnehmungserlebnisse Schwierigkeiten für das Unterfangen, das Ich als einheitlichen Bezugspunkt auszuweisen, an. Diese werden im Folgenden im Rahmen der phänomenologischen Betrachtung zu untersuchen sein, aber es erlaubt sich hier zunächst eine kurze Digression auf eine relevante Position der Philosophiegeschichte:

David Hume diskutiert in seinem *Treatise of Human Nature* (1739/40) unter Voraussetzung seiner sensualistischen Prämissen die Frage, ob wir auf Grundlage von Erfahrungstatsachen die Annahme eines numerisch identischen Ichs als einheitlichen Bezugspunkt aller Bewusstseinsakte rechtfertigen können. Gesetzt, dass alle *ideas* auf der Grundlage von *impressions* gebildet werden, kann die *idea* des Ich nur entweder aus einer Ich-*impression* oder aus einer Bündelung von anderen *impressions* und/oder *ideas* abgeleitet sein.[25] Die erste Option scheitert wie wir oben bereits gesehen haben daran, dass sie schlicht nicht der Fall ist, denn sonst müsste in unserem Bewusstsein eine gleichbleibende und konstant auftretende Ich-*impression* vorliegen, während alle anderen *impressions* ständig wechseln. So etwas finden wir schlechterdings nicht in unserer Erfahrung vor. Die zweite Variante ist erfolgversprechender. Humes Erfahrungsbeschreibungen ergeben, dass wir das konstante Ich in unserem Erfahrungsleben annehmen, indem wir es auf die gewohnheitsmäßige assoziative Verknüpfung unserer *ideas* zu einem Erlebnisstrom zurückführen. Solch ein Ich ist uns Hume zufolge vor allem als ein „*bundle of impressions and ideas*" bekannt und die Frage nach der einheitliche Grundlage des Bewusstseins im Sinne etwa einer Ich-Substanz übersteigt schlicht unsere Erkenntnismöglichkeiten.[26] Mit Hume lernen wir, dass ein reines Ich *aus dem unmittelbaren*

[20] Ebd., S. 200.
[21] Weiterführend zum Phänomen der Versenkung und zur Erfahrung der Versunkenheit sei verwiesen auf Geniusas, Saulius. Towards a Phenomenology of the Unconscious: Husserl and Fink on *Versunkenheit*. *Journal of the British Society for Phenomenology*, 53 (1). 2022, 1–23.
[22] Ebd.
[23] Ebd.
[24] Vgl. Hua XIII, S. 114–115.
[25] Hume, David. *Traktat über den menschlichen Verstand*. Hrsg. H. D. Brandt & übers. Th. Lipps. Hamburg: Meiner. 2013, S. 278–285.
[26] Vgl. Strawson, Galen "*Hume on Personal Identity*" in: The Oxford Handbook of Hume, Hrsg. P. Russel, Oxford: Oxford University Press. 2016, S. 269–294.

Erfahrungsleben also *nicht zu erschließen* ist, und wir lernen, dass das Erfahrungs-Ich seine Einheit, wie immer es um deren Status bestellt sein mag, vermittels seiner *Gewohnheiten* als assoziative Verknüpfung ausweisen kann. Wir werden darauf zurückkommen.

Wenden wir uns aber zunächst noch einmal unseren Ausführungen zur Gegebenheit des Ichs in der natürlichen Erfahrungseinstellung zu. Nicht nur auf die Ichgegebenheiten, sondern auch auf den Stil meines anschaulichen Erfahrungslebens selbst kann ich reflektieren. Dann bemerke ich, dass charakteristisch für die natürliche Erfahrungseinstellung ist, dass ich darin nicht nur in der direkten Gewissheit meiner unmittelbaren Anschauungen lebe, sondern im Modus einer indirekten Gewissheit Stellungnahmen bezüglich der Wirklichkeit der Welt, „Daseinssetzungen", vollziehe, die über die unmittelbare Anschauung hinausgehen. Anhand einer kleinen (unvollständigen) Auswahl von Gegenüberstellungen lässt sich zeigen, welche Art von Überschuss in der Daseinssetzung gegenüber den unmittelbaren Anschauungen liegt.[27] Anschaulich finde ich vor: Mein erlebter Ichleib ist das Zentrum einer unmittelbaren, begrenzten räumlichen Umgebung. Diese Umgebung ist jeweils gegenwärtig wahrgenommen. Ich lebe ferner in einem aktuell erinnerten Zeitstück des Daseins. In meinen Wahrnehmungen sind mir schließlich einige Gegenstände in der aktuellen Erfahrungsumgebung gegeben. Dagegen wird als Daseinssetzungen vollzogen: Mein Leib ist als raumzeitlicher Körper das Zentrum einer unbegrenzt fortgehenden raumzeitlich-dinglichen Umgebung. Meine direkte Umgebung ist nur ein Teil eines endlosen Raumes als Gesamtumgebung, welcher der Ort aller physischen Dinge ist. Das aktuelle Zeitstück ist nur ein Glied einer endlosen Daseinskette mit unendlicher Vergangenheit und endloser Zukunft. Die Dinge, die *für mich* gegenwärtig existieren, haben auch früher schon *an sich* existiert und werden auch später noch *an sich* existieren. Wir sehen also, dass im Sinn dieser Daseinssetzungen vor allem eine Objektivitätsbehauptung liegt, welche eine Unabhängigkeit des Daseins von meinem subjektiven Weltbezug prätendiert.

Das empirische Ich des natürlichen Erfahrungslebens ist uns damit in einiger Allgemeinheit bekannt. Wenden wir uns nach diesem ersten Zugriff nun dem „philosophierenden Ich" zu, welchem Husserls besondere Anteilnahme in der 1. CM gilt.

2. Das „philosophierende Ich" der *Cartesianischen Meditationen* in seiner Lebensumwelt

Das philosophierende Ich steht zunächst wie jedes Ich eines Erfahrungslebens in seinen „in der natürlichen, unreflektierten, unphilosophischen Einstellung des Lebens notwendig betätigten Stellungnahmen."[28] Soweit ist das philosophierende Ich in unserer obigen Allgemeindarstellung des empirischen Ichs durchaus schon in den charakteristischen Zügen mitbeschrieben.

Nehmen wir den Standpunkt der Analyse von Wissenschaften als lebensweltlichen Kulturgebilden ein,[29] so können wir den einleitenden Paragraphen der CM[30] gehaltvolle Bestimmungen des philosophierenden Ichs als Person in einer Lebensumwelt entnehmen, indem wir es nicht als ein einsames *solus ipse*, sondern als Mitglied einer kollektiven wissenschaftlichen Praxis unter dem Titel „Philosophie" kennenlernen. Die Philosophierenden finden im Jahre 1929 an der Sorbonne in Paris, jener „ehrwürdigen Stätte französischer Wissenschaft" zueinander im „unbeirrbaren Glauben an eine

[27] Vgl. Hua XIII, S. 113.
[28] Hua I, S. 59.
[29] Vgl. Hua VI, S. 20–60; 123–138.
[30] Hua I, S. 43–48.

wahre Philosophie“ und im „ernstlichen Miteinander- und Füreinanderphilosophieren.“ Sie widmen sich einem „verantwortungsbewußte[n] wechselseitige[n] Studium im Geiste einer ernsten Zusammenarbeit und eines Absehens auf objektiv gültige Resultate.“ Die hierin angestrebte Objektivität enthüllt ihren Sinn lebensweltlich nicht etwa als Unabhängigkeit vom subjektiven Weltbezug, sondern als intersubjektive Leistung. Das philosophierende Ich betreibt seine Wissenschaft im Miteinander von anderen Philosophierenden in kommunikativer Vermittlung und Sanktionierung anlässlich „philosophische[r] Kongresse“ in einer personalen Gemeinschaft: „Objektiv gültige [Resultate], – das besagt doch nichts anderes als durch wechselseitige Kritik geläuterte und jeder Kritik standhaltende Resultate.“[31]

Das philosophierende Ich steht ferner in einer wissenschaftlichen Tradition – namentlich im Anschluss an René Descartes‘ –, die für das Ich nicht einfach die abgeschlossene und überwundene ideengeschichtliche Vergangenheit ist, sondern die als Tradition in der Gegenwart „in lebendiger Fortentwicklung“[32] begriffen ist. Lebendig ist diese Tradition vermittels einer Praxis der Tradierung, d.h. der zwischenmenschlichen und intergenerationalen Vermittlung von (vermeintem) Wissen. Lebensweltlich betrachtet sind Wissenschaften (und darunter auch die Philosophie) also zunächst gemeinschaftlich akzeptierte und normierende Vorstellungskomplexe, d.h. Kulturerwerbe mit intersubjektiver Geltung.[33] Wie die Praxis der Tradierung aussehen kann, führt Husserl uns vor, indem er als Kongressredner die zweifache „Ewigkeitsbedeutung“[34] der *Meditationes* des Descartes in Geltung setzt. Demnach ist ein philosophierendes Ich in der cartesianischen Tradition erstens dem Projekt verpflichtet, Philosophie als eine „Wissenschaft aus absoluter Begründung“[35] zu betreiben[36] und verfolgt dieses Ziel zweitens auf dem Wege einer Wendung der Philosophie[37] „vom naiven Objektivismus zum transzendentalen Subjektivismus.“[38] Mit Blick nach vorn, teleologisch betrachtet, liegt in der Ausbildung der „notwendige[n] Endgestalt“ des transzendentalen Subjektivismus für die Philosophierenden in der cartesianischen Tradition „eine große, von der Geschichte selbst [ihnen] auferlegte Aufgabe.“[39] Für ein Philosophieren, das seine Tradition als lebendig begreift, kann der Sinn eines Anschlusses an Descartes aber nicht darin bestehen, die Befunde der *Meditationes* schlicht zu übernehmen, sondern gestaltet sich als deren „Renaissance.“[40] Es geht in einem lebedingen Bezug auf die philosophische Tradition darum, dass man im Lichte der Gegenwart „die vergangenen Denker versteht, wie sie sich selbst nie hätten verstehen können.“[41] Das heißt im Rahmen der CM für Husserl vor allem, dass der Sinn des cartesianischen *ego cogito* phänomenologisch als transzendentale Subjektivität zu enthüllen ist.[42]

Wir können an dieser Stelle kurz innehalten, um einen ersten Antwortversuch zu unternehmen hinsichtlich der Eingangsfrage, ob oder auch weshalb die Phänomenologie ihren Anfang mit einer Klärung des Problems vom transzendentalen Ego nehmen sollte oder sogar muss. Unter dem lebensweltlichen Gesichtspunkt könnten wir diesen Auftakt also als durch Tradition und Tradierung gleichsam intentionalhistorisch gefordert deuten. Vergegenwärtigen wir uns außerdem, dass Husserl

[31] Vgl. Hua VI, S. 123–138, v.a. S. 124.
[32] Ebd., S. 21.
[33] Ebd., S. 23.
[34] Hua I, S. 43.
[35] Ebd.
[36] Vgl. Hua XXV, S. 3–62, v.a. S. 3.
[37] Vgl. Hua VII, 63–70.
[38] Hua I, S. 46. Vgl. Hua VII, 70–77.
[39] Hua I, S. 46.
[40] Ebd., S. 47.
[41] Hua VI, S. 74.
[42] Hua I, S. 47.

die CM auf Einladung der *Académie française* gehalten hat, dann könnten wir Husserls Zuwendung zu Descartes auch im Lichte dieses Umstandes lebensweltlich durch soziale Motive im Sinne einer besonderen Rücksichtnahme auf sein französisches Publikum erklären. Für eine solche Deutung spricht ferner, dass der Quelltext der *Pariser Vorträge* – die *Londoner Vorträge* – in einem viel geringeren Maße die Philosophie Descartes' in den Fokus rücken. Für lebensweltlich perspektivierte Analysen sind solche Antworten legitim und sinnvoll. Gleichwohl bleibt damit die Frage nach dem systemimmanenten Stellenwert des transzendentalegologischen Problems innerhalb der Phänomenologie noch unbeantwortet.

3. Einleben in die wissenschaftliche Intention des philosophierenden Ichs

Vertiefen wir also unsere Bekanntschaft mit dem philosophierenden Ich, indem wir es nach den Absichten seiner spezifisch philosophischen Praxis befragen. Hier bedienen wir uns einer Methode der Phänomenologie, die Husserl als das „Einleben"[43] in Intentionen bezeichnet, und die darauf abzielt im Mitvollzug intentionaler Leistungen Motivation und Zweck, Sinn und Stil einer zu untersuchenden Praxis zu erhellen.

Die Ambitionen des philosophierenden Ichs gehen auf den Erwerb von Wissenschaft „als sein selbsterworbenes, universal fortschreitendes Wissen, das [es] von Anfang an und in jedem Schritte verantworten kann aus seiner absoluten Einsicht."[44] Demgemäß entfalten sich im Einleben in die Intention wissenschaftlichen Strebens und Handelns „die für die allgemeine Zweckidee echter Wissenschaft konstitutiven Momente."[45] Als Zweck-*Idee* von Wissenschaft genommen ist mit dem Einbezug der wissenschaftlichen Intention in die Untersuchung noch nicht ausgemacht, dass ihr anvisiertes Ziel auch einzulösen sei. Es wird zunächst einfach als bloße Prätention in der Funktion einer regulativen Idee genommen.[46] Die Herkunft dieser Idee selbst klärt Husserl hier über den Rückgang auf ihre „konstitutiven Momente."[47] Konstitution, das besagt allemal das Hervortreten eines neuen Sinngebildes, welches in den fundierenden Momenten allein „noch nicht gegeben war und nicht gegeben sein konnte."[48] Diese fundierenden Momente, aus welchen Wissenschaft erwächst, umfassen in der Darstellung der 1. CM das „Streben nach begründeten Urteilen" (inbegriffen: Wahrheit und Falschheit, der Erwerb von Erkenntnis) und „die Idee der Evidenz" (inbegriffen: Adäquation und Inadäquation, das Ideal der Apodiktizität).[49] Ich muss darauf verzichten den vollen Umfang all dieser „Momente" angemessen zu diskutieren, um den Rahmen des Beitrags nicht zu überschreiten.[50] Ich möchte darum nur selektiv den Erwerb von Erkenntnissen thematisch machen, sofern wir darin eine bisher nur angedeutete Seite unseren philosophierenden Ichs zum Vorschein

---

[43] Ebd., S. 50.

[44] Ebd., S. 44. Im Vorgriff sei schon hier darauf hingewiesen, dass das angestrebte Wissen des philosophierenden Ichs in allen genannten Hinsichten mit dem Index der Meinigkeit versehen ist („*mein* Wissen, das *ich* verantworten kann aus *meiner* Einsicht"), woraus wir entnehmen können, dass Erkenntnis der in Frage stehenden Art in einer engen Beziehung zum Ich steht. Nicht angestrebt ist hier offenbar Erkenntnis nach dem naturwissenschaftlichen Vorbild als ein (vermeintlich) subjektunabhängiges Wissen, wie es auch in naturalistischen Philosophien aus dem „*view from nowhere*" oder in der „*third person perspective*" ausgewiesen werden soll.

[45] Ebd., S. 50.

[46] Ebd.

[47] Lebensweltliche Analysen über den Ursprung von Idealisierungen liefert Husserl am Beispiel der Geometrie als idealisierte Feldmesskunst in Hua VI, S. 21–26. Meine Überlegungen dazu lege ich vor in Dojan, Thomas. Die Mathematisierung der Natur als intentionalhistorisches Problem in Husserls *Krisis*-Schrift. *b@belonline Rivista online di Filosofia – Nuova serie* 6 (1). 2020, S. 107–122.

[48] Hua XIX/2, 675.

[49] Hua I., S. 51–53.

[50] Vgl. zum Evidenzproblem Hua XVII, S. 209–209 und Lohmar, Dieter. *Edmund Husserls ›Formale und transzendentale Logik‹*. Darmstadt: Wissenschaftliche Buchgesellschaft, 2000, S. 151–166, S. 194–199, sowie Heffernan, George. Miscellaneous Lucubrations on Husserl´s Answer to the Question 'was die Evidenz sei': A Contribution to the Phenomenology of Evidence on the Occasion of the Publication of Husserliana XXX. *Husserl Studies* 15 (1), 1998, S. 1–75. Vgl. zum Wahrheitsbegriff Tugendhat, Ernst. *Über den Wahrheitsbegriff bei Husserl und Heidegger*. Berlin: De Gruyter, 1967.

bringen können und auf die Idee der Evidenz nur so weit eingehen, als nötig ist, um den Brückenschlag zum reinen Ich zu vollziehen.

Im Sinn von Begründungen, die die Wahrheit von Urteilen ausweisen liegt, dass sie nicht nur einmal vollzogen werden können, sondern dass man in der „Freiheit der Wiederverwirklichung"[51] nach Belieben wieder auf sie zurückkommen kann, um sie erneut zu vollziehen. Die Wahrheit eines Urteils ist dann dem philosophierenden Ich in der früheren und späteren Begründung als identische Wahrheit bewusst und darin wiederum liegt, dass sie eine Erkenntnis, d.h. ein *bleibender* Erwerb bzw. Besitz ist.[52] Erkenntnisse gehören also zu den „habituellen Eigenheiten"[53] des philosophierenden Ichs. Solche Habitualitäten haben wir auch früher schon kennengelernt, als wir uns vor Augen geführt haben, dass das philosophierende Ich als Erfahrungs-Ich seinen Seinsglauben an eine objektive Welt (d.h. seine Daseinssetzungen) in „Stellungnahmen"[54] vollzieht, die in bleibender – habitualisierter – Geltung stehen. Ferner haben wir erfahren, dass das philosophierende Ich auch Erinnerungen hat, die es wiederverwirklichend abrufen kann.[55] Erinnerungen sind ein gutes Beispiel dafür, dass nicht in jeder Wiederverwirklichung eine Identität der Gehalte im früheren und späteren Zugriff vorliegen muss, wie das bei Erkenntnissen der Fall ist. Vielmehr verlaufen Erinnerungen etwa an die persönliche biographische Vergangenheit frühester Kindheit sich in der Regel in eine „völlig dunkle Selbstvergangenheit."[56] Diese Überlegungen führen uns auf die Unterscheidung adäquater und inadäquater Evidenzen.

In jedem Urteil ist zunächst ein Sachverhalt als Sachmeinung vermeint, unabhängig davon, wie es sich mit der Sachgegebenheit verhalten mag. Der Charakter von Evidenzen kann nun dem Grad ihrer Vervollkommnung nach dahingehend unterschieden werden, ob sie adäquat oder inadäquat sind. Vervollkommnung vollzieht sich dabei in deckender Synthesis zwischen Sachmeinung und Sachgegebenheit als adäquate Evidenz. Demgegenüber besagt Unvollkommenheit (Inadäquation) von Evidenz die Behaftung der Erfahrung mit Komponenten unerfüllter Vor- und Mitmeinungen.[57]

Nach einem anderen Kriterium, das nicht auf dem Kontinuum von Unvollkommenheit bis Vollkommenheit der Evidenz zu verorten ist, lässt sich eine Evidenz darauf hin überprüfen, ob sie apodiktisch, also unumstößlich ist.[58] Dieses Kriterium ist die Bezweifelbarkeit einer Evidenz, die auf dem Wege der kritischen Reflexion zu prüfen ist.[59] Der Stellenwert von apodiktischer Evidenz für die Begründung von Wissenschaften wird deutlich, indem man sich vor Augen führt, dass ihre Lehrgehalte als Ansammlung von systematisch miteinander verbundenen Urteilen vorliegen. Urteile stehen dabei derart in einem Zusammenhang, dass der urteilende Glaube von *mittelbaren* Urteilen den Glauben an die Geltung der *unmittelbaren* Urteile voraussetzt.[60] Der Intention nach gehört zur Idee der Wissenschaft damit eine Erkenntnisordnung und folglich „ein nicht willkürlich zu wählender, sondern in der Natur der Sachen selbst begründeter Anfang und Fortgang"[61] dergestalt, dass die ersten Erkenntnisse aus apodiktischer Evidenz die auf ihnen aufbauenden Urteile stützen können

[51] Hua I, S. 51.
[52] Ebd.
[53] Ebd., S. 62.
[54] Ebd., S. 59.
[55] Hua XXV, S. 112.
[56] Hua I, S. 64.
[57] Ebd., S. 55.
[58] Darin liegt unter anderem die überraschende Konsequenz, dass für die Phänomenologie eine Evidenz gleichzeitig inadäquat und dennoch apodiktisch sein kann. Vgl. Heffernan, George. *On Husserl's Remark that '[s]elbst eine sich als apodiktisch ausgebende Evidenz kann sich als Täuschung enthüllen …' (XVII 164:32–33): Does the Phenomenological Method Yield Any Epistemic Infallibility?* In Husserl Studies 25 (1), 2009, S. 15–43.
[59] Hua I, S. 56.
[60] Ebd., S. 50.
[61] Ebd., S. 53.

müssen.[62]

Vergegenwärtigen wir uns im Vorgriff, dass Descartes' Antwort auf die Frage nach einer apodiktischen Evidenz ihn auf das *ego cogito* führen wird und Husserl ihm darin folgt, so können wir jetzt eine Antwort auf die Frage ob oder auch weshalb die Phänomenologie ihren Anfang mit einer Klärung des Problems vom transzendentalen Ego nehmen sollte oder sogar muss im Lichte der Intention wissenschaftlichen Strebens des philosophierenden Ichs geben. Sofern die Phänomenologie „Philosophie als strenge Wissenschaft" ist[63] und als solche wie jede Wissenschaft ihre Urteile in einer systematischen Hierarchie anordnen muss, erklärt sich ihr Anfang bei der Frage nach dem transzendentalen Ego damit echt cartesianisch als die sachlich geforderte Letztbegründung jeder Erkenntnisordnung in einer apodiktischen Evidenz.[64]

Indem das philosophierende Ich sich den Sinn seiner wissenschaftlichen Intention ausgelegt hat, hat es sich über die konstitutiven Momente der Wissenschaftsidee aufklären können. Aus der wissenschaftlichen Intention entspringt dem philosophierenden Ich nun ferner die Motivation in kritischer Reflexion zu prüfen, welche Sachen oder Sachverhalte ihm als evident gelten, um darunter solche Evidenzen auszumachen, die aufgrund ihrer Apodiktizität zur letztbegründeten Fundierung seiner Wissenschaft taugen.

4. Der Rückgang des philosophierenden Ichs auf das Ego der reinen *cogitationes* in der transzendentalen Reduktion

Auf der Suche nach apodiktischen Evidenzen ist jede Evidenz versuchsweise vermittels einer Modifikation ihrer Geltung in den Status der Problematisierung zu überführen: zu prüfen ist, ob sich ihr Nichtsein sinnvoll ansetzen lässt[65] oder sich in diesem Versuch die „schlechthinnige Unausdenkbarkeit des Nichtseins derselben enthüllt."[66] Gesucht ist damit nicht weniger als dasjenige, das einem universalisierten Zweifel „als absolut zweifellos, als unaufhebbar, auch wenn diese Welt nicht wäre"[67] standhält.[68] Das führt uns allemal zu Descartes' Zweifelsversuch. Hier ist nun eine wichtige Abgrenzung zu Descartes einzufordern. Heißt es bei Descartes zu Beginn der zweiten Meditation: „Ich will alles *beseitigen*, das auch nur den geringsten Zweifel zuläßt, gerade so, *als ob ich sicher erfahren hätte, daß es insgesamt falsch ist*"[69], dann kann Husserl darüber durchaus sagen „sein [i.e. Descartes'] universeller Zweifelsversuch sei eigentlich ein Versuch universeller Negation."[70] Ein Zweifel muss aber nicht mit einer Negation zusammenfallen und solchermaßen müssen wir auch keine Negation vollziehen, wenn wir den Zweifelsversuch durchführen wollen. Statt einer *Negation* vollziehen wir eine *Reduktion*: „*Wir greifen nur das Phänomen der »Einklammerung« oder »Ausschaltung«*

[62] Obwohl Wissenschaft *de facto* nicht zum System „absoluter" Wahrheiten durchdringt und ihre vermeinten Wahrheiten immer wieder modifizieren muss, „folgt sie eben doch der Idee der absoluten oder wissenschaftlich echten Wahrheit und lebt demgemäß hinein in einen unendlichen Horizont auf diese Idee hinstrebender Approximationen" (ebd.).

[63] Vgl. Hua XXV, S. 3–62.

[64] Wenngleich die Rhetorik der Letztbegründung zeitgenössisch vielfacher Kritik unterliegt (etwa in Anlehnung an Quines Konzept ontologischer Relativität), so ist der Sinn ihrer Idee nach wie vor ernst zu nehmen. Jede Wissenschaft, die als System zusammenhängender, hierarchisch geordneter Erkenntnisse aufzutreten prätendiert wird Stellung nehmen müssen hinsichtlich der Frage, auf welche erste Erkenntnis ihre höherstufigen Urteile aufbauen und woher diese erste Erkenntnis ihre Geltung bezieht. Vgl. Carr, David. „Interpreting and Self-Evidence: Husserl and Hermeneutics" in *Interpreting Husserl: Critical and Comparative Studies.* Dordrecht: Martinus Nijhoff, 1987, S. 179–195.

[65] Hua III/1, S. 55.

[66] Hua I, S. 56.

[67] Ebd.

[68] Vgl. Hua III/1, 91–94.

[69] Descartes, René. *Meditationen über die erste Philosophie.* Hrsg. & übers. Ch. Wohlers. Hamburg: Meiner. 2009, S. 27. Hervorh. TD.

[70] Hua III/1, S. 55.

heraus."[71] Alles was ich vor dem Zweifelsversuch in Seinsgeltung gehabt habe, behalte ich dem Inhalt nach auch weiterhin in meiner kritischen Reflexion, aber ich werde es jetzt als bloßen Seinsanspruch betrachten und mache den Seinsglauben nicht mehr mit: Im kritisch reflektierenden Leben erscheint die Welt weiter „wie vordem",[72] aber mit der doxastischen Modifikation einer Enthaltung vom Seinsglaubens der Welterfahrung. Diese Enthaltung ist ausdrücklich keine Negation und deswegen bedeutet sie nicht das „Verschwinden" aller Inhalte aus dem Erfahrungsfeld, sondern ihre Geltungsmodifikation als „bloße Phänomene."[73] Sofern diese Reduktion uns also das Erfahrungsfeld als transzendentale Sphäre der reinen Phänomene freiliegt, wird sie eine transzendental-phänomenologische Reduktion genannt.[74] In diesem Feld können wir philosophierend Forschungen betreiben, die dann eben phänomenologische Forschungen sind. Wichtig ist, dass wir dabei keine Verfahren anwenden dürfen, die nur unter der Seinsgeltung des Seinsanspruchs zu rechtfertigen sind. Vor allem dürfen wir also keine Behauptungen aufstellen, die sich durch das objektive Sein der Welt begründen und dasselbe bereits voraussetzen. „Das Sein der Welt auf Grund der natürlichen Erfahrungsevidenz darf nicht mehr für uns selbstverständliche Tatsache sein, sondern selbst nur ein Geltungsphänomen"[75] und zusammen mit der Welt ist auch „die umweltliche Existenz aller anderen Iche"[76] nur ein bloßer Seinsanspruch; „Kurzum, nicht nur die körperliche Natur, sondern die ganze konkrete Lebensumwelt ist nunmehr für mich statt seiend nur Seinsphänomen."[77]

Durch die Reduktion wird mir „mein reines Leben mit all seinen reinen Erlebnissen und all seinen reinen Gemeintheiten, das Universum der Phänomene"[78] zu eigen. Wie findet sich in dieser modifizierten Situation unser philosophierendes Ich als transzendental-phänomenologisch reduziertes Ich vor? Als empirisches Ich ist es in Klammern gesetzt, aber nicht negiert;[79] es ist noch „wie vordem" – aber als „bloßes Phänomen" – *als reines Ich*: „richte ich ausschließlich meinen Blick auf dieses Leben selbst, als Bewußtsein von der Welt, so gewinne ich mich als das reine Ego mit dem reinen Strom meiner *cogitationes*."[80] Das reine Ich findet sich als waltend in einem Leib vor – aber diesen Leib setzt es nun nicht mehr als einen raumzeitlichen Körper an. Das reine Ich steht im Zentrum einer räumlichen Umgebung und erstreckt sich in der Zeit – aber diese Raumzeit ist ihm nicht mehr die objektive Raumzeit der physikalischen Wissenschaften. Das reine Ich hat nach wie vor seine „habituellen Eigenheiten" und es vollzieht seine Bewusstseinsakte, seine *cogitationes* – aber dieselben werden nun nur noch in der erlebten Innenperspektive untersucht. Das reine Ich ist nach wie vor kein *solus ipse* und lebt auch weiterhin in der personalen und intersubjektiven Lebensumwelt eines philosophierenden Ichs mit seiner wissenschaftlichen Intention – aber seine Stellungnahmen gelten ihm jetzt nur noch als vermeinte Stellungnahmen und Logik und Wissenschaftstheorie sind ihm ebenfalls „im Umsturz" einbegriffen.[81] Ferner kann auch das reine Ich reflexiv das Vorfinden seiner reinen Ichgegebenheiten selbst auffinden. In dieser Selbstreflexion auf das reine Ich vollzieht sich die Umwendung zur transzendentalen Subjektivität: „die Wendung zum *ego cogito* als dem apodiktisch gewissen und letzten Urteilsboden, auf den jede radikale Philosophie zu begründen ist."[82]

[71] Ebd.
[72] Ebd., S. 59.
[73] Ebd., S. 60.
[74] Ebd., S. 61.
[75] Ebd., S. 58.
[76] Ebd.
[77] Ebd., S. 59.
[78] Ebd., S. 60.
[79] Hua XXV, S. 155.
[80] Hua I, S. 61.
[81] Ebd., S. 48.
[82] Ebd., S. 58.

Nun gilt auch für mein transzendental reduziertes Bewusstsein, dass jedes Erlebnis das *meine* ist; „in jedem aktuellen *cogito* lebe ich."[83] Das Ich, das sich in dieser Meinigkeit ankündigt, kann aber nicht als Bewusstseinsdatum gegeben sein derart, dass es ein Stück oder Moment an allen *cogitationes* sei.[84] – Schon David Hume hat darauf hingewiesen, dass es schlicht nicht in unserer Erfahrung liegt, dass das Bewusstsein beständig von einem anschaulich gegeben Ichbewusstsein thematisch begleitet wird und auch für das transzendental reduzierte Bewusstsein erhält sich diese Feststellung als Deskription der Erfahrung – denn es ist ja als „bloßes Phänomen" in allen inhaltlichen Hinsichten noch alles „wie vordem." Innerhalb der gesetzten Grenzen der transzendentalen Reduktion ist das reine Ich aus jedem *cogito* vollkommen als adäquate Gegebenheit zu entnehmen, aber eben nur dann, wenn sich der „reflektierende Blick" dem *cogito* aktuell zuwendet.[85] Im aktuellen *cogito* ist das reine Ich dann aber durchaus im Modus apodiktischer Evidenz gegeben, weil es schlechthin nicht möglich ist sein Nichtsein anzusetzen, indem es wie das cartesianische Ego selbst im aktuellen Zweifel an seiner eigenen Existenz notwendig das unaufhebbare Subjekt dieses aktuellen Zweifelns bleibt. Verfließt hingegen die Aktualität des festgehaltenen *cogito* oder wendet sich der Blick auf andere Gegenstände, so sinkt die Gegebenheit des reinen Ich eben wieder ins Dunkel herab, weil es sich dann nur noch in der Erinnerung als das Subjekt des vergangenen Bewusstseinsaktes nehmen kann und darin nur im Modus inadäquater Evidenz vorfindet. „Nehmen wir [das reine Ich] also, wie wir es haben, so müssen wir sagen, es kann auftreten und muß aber nicht auftreten."[86] Das führt uns auf die schwierige Frage wie weit sich das reine Ich „über sich selbst täuschen [kann] und wie weit [...] die absolut zweifellosen Bestände trotz dieser möglichen Täuschung [reichen]."[87] Klar ist, „daß der Sinn der Zweifellosigkeit, in der das Ego durch die transzendentale Reduktion zur Gegebenheit kommt, wirklich dem von uns früher ausgelegten Begriff der Apodiktizität entspricht."[88] In der transzendentalen Selbsterfahrung ist „das Ego sich selbst ursprünglich zugänglich",[89] jedoch nicht für seine in der Vergegenwärtigung zu ergreifenden Gehalte, sondern „nur einen Kern von eigentlich adäquat Erfahrenem bietet jeweils diese Erfahrung. Nämlich die lebendige Selbstgegenwart, die der grammatische Sinn des Satzes *ego cogito* ausdrückt."[90] Darüber hinaus bleibt „ein unbestimmt allgemeiner, präsumtiver Horizont von eigentlich Nicht-Erfahrenem, aber notwendig Mitgemeintem."[91] Zu diesem Horizont gehört „die völlig dunkle Selbstvergangenheit, aber auch die dem Ich zugehörigen transzendentalen Vermögen und die jeweiligen habituellen Eigenheiten."[92] Damit gilt: „Das Wirklichsein des an sich ersten Erkenntnisbodens steht demnach zwar absolut fest, nicht aber ohne weiteres das, was sein Sein näher bestimmt und was während der lebendigen Evidenz des »Ich bin« noch nicht selbst erschlossen, sondern nur präsumiert ist."[93]

Das reine Ich ist nun ein *transzendentales Ego* insofern es auch nach der Reduktion in seiner Seinsgeltung apodiktisch gewiss bleibt; insofern es phänomenologisch irreduzibel ist. Das reine Ich ist also eine „*Transzendenz in der Immanenz*",[94] aber der Sinn seiner Transzendenz fällt nicht zusammen

[83] Hua III/2, S. 562.
[84] Ebd.
[85] Hua IV, S. 107.
[86] Ebd., S. 108.
[87] Hua I, S. 62. Vgl. Heffernan, *On Husserl's Remark [...]*.
[88] Hua I, S. 61.
[89] Ebd., S. 62.
[90] Ebd. Vgl. Held, Klaus. *Lebendige Gegenwart. Die Frage nach der Seinsweise des Transzendentalen Ich bei E. Husserl, entwickelt am Leitfaden der Zeitproblematik*. Dordrecht: Springer, 1966. Sinnverwandt zum Problem der „Urkindheit" des konstituierenden Bewusstseins: Pugliese, Alice. *Triebsphäre und Urkindheit des Ich*. Husserl Studies 25 (2), 2009, S.141–157.
[91] Hua I, S. 62.
[92] Ebd.
[93] Ebd.
[94] Hua III/1, S. 110.

mit dem Sinn der Transzendenz der Welt. Die unaufhebbare Wirklichkeit des reinen Ichs ist von einer anderen Art als die kontingente Wirklichkeit des natürlichen Seins. Es darf uns also nicht so scheinen „als ob wir in unserem apodiktischen reinen Ego ein kleines Endchen der Welt gerettet hätten",[95] denn das mir vermöge der Reduktion „notwendig verbleibende Ich und sein Ichleben ist nicht ein Stück der Welt"[96] etwa im Sinne des weltlichen Seelenlebens des emprischen Ichs, sondern „das Reich der transzendental-phänomenologischen Selbsterfahrung."[97] Und so wie das reine Ich kein Stück der Welt ist, so ist auch die Welt kein Stück des reinen Ich und seines Bewusstseinslebens. Die Welt ist in der transzendentalen Subjektivität zwar beschlossen, aber sie ist in ihr irreell – nicht reell – beschlossen. Wenn von dem reinen Ich in diesem Sinne die Rede ist, dann heißt es „transzendentales Ego."[98]

Sofern das transzendental reduzierte Bewusstsein als das von der Seinsgeltung gereinigte Feld diejenige Sphäre ist, innerhalb welcher sich die für die Wirklichkeitssetzung konstitutiven Leistungen ausweisen lassen, und insofern hier die im Sinn von Erkenntnisordnung geforderte erste apodiktische Evidenz als die Seinsgewissheit des *ego cogito* verortet ist, sehen wir, dass dem natürlichen Sein der Welt „als an sich früheres Sein das des reinen Ego und seiner *cogitationes*"[99] vorangeht. Ergibt sich hieraus ferner, dass jede konstitutive Leistung nur vermöge eines transzendentalen Egos vollzogen werden kann?[100] Zwar gilt durchaus: „Ich, das »transzendentale Ego«, bin das allen Weltlichen »vorausgehende«, als das Ich nämlich, in dessen Bewußtseinsleben sich die Welt als intentionale Einheit allererst konstituiert."[101] Aber das ist zu nehmen als ein transzendentales Ego „worin die Welt mit all ihrem Physischen und Psychischen sich *für mich* konstituiert."[102] Das transzendentale Ego veranlasst nicht ursprünglich den Vorgang der Konstitution – konstitutive Leistungen kommen vielmehr auch als nicht-ichliche Leistungen zustande. Das gilt offenbar für jedes Subjekt eines nicht-apperzeptiven Bewusstseins (das also kein Selbstbewusstsein hat) wie wir es für menschliche Säuglinge oder auch niedere Tiere anzunehmen berechtigt sind und die ja nichtsdestoweniger vermöge konstitutiver Leistungen Welt haben.[103] Durch das transzendentale Ego wird nur dem Konstituierten der Index der Meinigkeit verliehen, nicht die Konstitution selbst veranlasst. Sofern die Reduktion aber zeigt, dass nur ein transzendentales Bewusstsein die Konstitution von Wirklichkeit leisten kann, sind wir berechtigt einen Unterschied zwischen transzendentaler *Subjektivität* und transzendentalem *Subjekt* zu ziehen. In den Worten Hermann Drües: „»Transzendentales ego«, das kann also nur heißen: Wirken der transzendentalen Subjektivität bei Gelegenheit eines selbstbewußten Subjekts; nur wenn man sich über dieses Verhältnis im Klaren ist, darf man abkürzend vom »transzendentalen ego« sprechen."[104] Dem ist eine Antwort auf die oben gestellte Frage nach dem Verhältnis von Konstitutionsanalyse und reinem Ich zu entnehmen: „Man muß wissen, daß der Begriff der »Konstitution« den Begriff eines »ego« transzendental nicht

---

[95] Hua I, S. 63.
[96] Ebd., S. 64.
[97] Ebd., S. 65.
[98] Ebd.
[99] Ebd., S. 61.
[100] Das würde uns auf einen spekulativen Idealismus Fichtescher Prägung führen: „Alles, was für das Ich ist, ist durch das Ich" (Fichte, Johann Gottlob. *Versuch einer neuen Darstellung der Wissenschaftslehre. Vorerinnerung, Erste und Zweite Einleitung, Erstes Kapitel (1797/98)*. Hrsg. P. Baumanns. Hamburg: Meiner. 1975, S. 35, Fn.). Vgl. zur Abgrenzung des transzendentalphänomenologischen vom spekulativen Idealismus Drüe, *Edmund Husserls System der phänomenologischen Psychologie*, S. 281, S. 289–290.
[101] Hua XVII, S. 245.
[102] Ebd., Hervorh. TD.
[103] Vgl. zur Phänomenologie des Tierbewusstseins Marosan, Bence Peter. Husserl and the Problem of Animal. *b@belonline Rivista online di Filosofia – Nuova serie* 6 (1). 2020, S. 23–37.
[104] Drüe, *Edmund Husserls System der phänomenologischen Psychologie*, S. 290.

voraussetzt."[105]

So weit, so gut. Aber wie ist phänomenologisch – und das heißt sofern das Gesuchte direkt der Sphäre des Bewusstseins in unmittelbarer Evidenz zu entnehmen ist[106] – darüber Rechenschaft abzulegen, dass wir nun zwar ein reines Ich als notwendiges Beziehungszentrum *aller* Bewusstseinsakte ausweisen müssen, ohne dass wir es *allen* Bewusstseinsakten anschaulich entnehmen können? Denn wir sehen, dass das reine Ich nach der phänomenologischen Reduktion nicht plötzlich zu einem Stück oder Moment der *cogitationes* transformiert wird.[107] Diese Frage stellt sich als die Frage nach der anschaulichen Einheit des reinen Ichs, auf welche Husserl sowohl in der statischen als auch in der genetischen Forschungsrichtung seiner Phänomenologie Antworten gesucht hat. In der statischen Analyse führt uns diese Frage auf das eidetisch reine Ich als zentrierenden Ich-Pol aller Bewusstseinsakte. In der genetischen Analyse führt uns dieselbe Frage auf das reine Ich als Substrat von Habitualitäten.

5. Das eidetisch reine Ich als zentrierender Ichpol

Vorausgreifend lässt sich sagen, dass das reine Ich sich in der statischen Analyse als *Prinzip* der notwendigen Zugehörigkeit aller *cogitationes* zum einem und selben individuellen Bewusstseinsstrom und zum identischen und individuellen Ich im Sinne eines zentrierenden Ich-Pols erweisen wird.[108] Inwiefern wir diese Struktur in der Anschaulichkeit verankern können lässt sich zeigen, indem wir uns der Frage zuwenden, was anzufangen sei mit der so dringend gesuchten und endlich gefunden Apodiktizität des *ego cogito*. Es ist darauf die Philosophie letztbegründet aufzubauen, aber wie geht man dabei vor?

Descartes versuchte die Universalwissenschaft *deduktiv* auf „das Axiom [der] absoluten Selbstgewißheit des Ego mit den diesem Ego eingeborenen axiomatischen Prinzipien"[109] aufzubauen. Das cartesianische Ego „sucht apodiktisch gewisse Wege, durch die sich in seiner reinen Innerlichkeit eine objektive Äußerlichkeit erschließen kann" mithilfe von „Schlußweisen [...] am Leitfaden von Prinzipien, die dem reinen Ego immanent [...] sind."[110] Husserl hingegen setzt Wissenschaft nicht als deduktives System (*ordine geometrico*) voraus, denn auch Logik und Wissenschaftstheorie sind innerhalb der transzendentalen Reduktion „im Umsturz"[111] einbegriffen und haben ihre Legitimität noch nicht phänomenologisch erwiesen. Für den Anfang kommen sie also nicht in Frage, denn es liegt „im Wesen der Philosophie, sofern sie auf die letzten Ursprünge zurückgeht, daß ihre wissenschaftliche Arbeit sich in Sphären direkter Intuition bewegt, und [...] ohne alle indirekt symbolisierenden und mathematisierenden Methoden, ohne den Apparat der Schlüsse und Beweise, [...] Erkenntnisse gewinnt."[112] Die Phänomenologie hält sich also weiterhin an die beschreibende Analyse von Bewusstseinsakten – Intuition statt Deduktion. Als statische Phänomenologie strebt sie dabei danach die wesentlichen, apriorischen Strukturen des Bewusstseins offenzulegen, d.h. solche Strukturen und Gesetze, die in jedem möglichen Fall einer Bewusstseinsleistung der untersuchten Art notwendig vorhanden sein müssen. Die sogenannte Wesensschau bzw. eidetische Variation ist ihre Methode, um unabhängig vom untersuchten Fall und unabhängig von der Person auf methodisch

[105] Ebd.
[106] Hua III/2, S. 563.
[107] Ebd. S. 562.
[108] Ebd., S. 563.
[109] Hua I, S. 49.
[110] Ebd. S. 45. Vgl. Descartes, René. *Die Prinzipien der Philosophie*. Hrsg. & übers. Ch. Wohlers. Hamburg: Meiner. 2005 [1644], S. 15.
[111] Hua I, S. 48.
[112] Hua XXV, S. 61–62.

geregelte Weise in der phänomenologischen Beschreibung das Wesentliche zu treffen.[113]

Nun wissen wir bereits, dass der Evidenzstil der einfachen realen Gegenstände nicht hinreicht, um das reine Ich als notwendiges Bezugszentrum aller Bewusstseinsakte auszuweisen. Damit ist aber nicht gesagt, dass andere Stile der Selbstgebung nicht eventuell die geforderte Anschaulichkeit auszuweisen vermögen. Ein solcher Evidenzstil ist die kategoriale Anschauung als Stil der Selbstgebung von Wesensgegenständlichen, zu welcher mit der Methode der Wesensschau vorgedrungen werden kann. Husserl untersucht die kategoriale Anschauung erstmalig in der VI. LU,[114] ich beziehe mich im Folgenden aber v.a. auf die umfangreiche Darstellung von Dieter Lohmar in seinem Artikel zur *Methode der Wesensschau*.[115] Kategoriale Anschauung vollzieht sich als ein Akt, der eine gegliederte Aktfolge umgreift und diese in einer neuen, höherstufigen Intention zusammenfasst. Unter den Akten, die er umfasst, können auch ihrerseits bloß mittelbar anschauliche Akte auftauchen, aber wenigstens ein Akt in der Folge muss ein solcher sein, in dem sich der Inhalt in unmittelbarer Anschauung selbst gibt. Die anschauliche Erfüllung kategorialer Akte stellt sich in Deckungssynthesen zwischen Partialintentionen im Übergang zwischen den fundierenden Akten ein. Es heben sich dabei gemeinsame Sinnelemente ab, die zwar einerseits gleichsinnig sind, aber in unterschiedlicher Bestimmung auftreten. Das Eidos der Farbe Rot beispielsweise, die Röte, ist ein solcher kategorialer Gegenstand. In der eidetischen Variation im Übergang zwischen allen möglichen rotfarbigen Gegenständen tritt durchgehend dieselbe Partialintention „rot" invariant auf, hebt sich als deckendes Sinnelement ab und wird in eine neue Gegenständlichkeit, i.e. die Röte, synthetisiert. Dergestalt erfährt sie anschauliche Erfüllung: die Röte wird gleichsam durch alle roten Gegenstände *hindurch* gesehen als ein Moment, das wesentlich und notwendig an allen Gegenständen vorhanden sein muss, die ein rotes Farbmoment haben.

Auf dem Weg der kategorialen Anschauung gelingt es Husserl nun in der Tat das reine Ich im Sinne eines notwendigen Bezugszentrum aller Bewusstseinsakte eidetisch auszuweisen. Das reine Ich ist im unmittelbaren Erleben wie wir gezeigt haben, ein fließendes Erfahrungsfeld. Als Erfahrungsfeld ist es also von immerzu wechselndem Inhalt, sodass von seiner Identität nicht unmittelbar die Rede sein kann. Um das reine Ich als ein identisches Ich zu greifen, müssen wir einen Erkenntnisschritt vollführen, der uns von der Stufe unmittelbaren Erlebens auf die Stufe mittelbarer, fundierter Erlebnisse hebt – dazu kann uns die Wesensschau verhelfen. Sofern das reine Ich als notwendiges Bezugszentrum aller Bewusstseinsakte gesucht ist, verlangt die hier auszuführende Untersuchung also eine Wesensschau hinsichtlich *aller* möglichen intentionalen Akte. Ein Akt, der alle möglichen intentionalen Akte umfasst, kann nur ein kategorialer Akt sein. In die Reihe aller möglichen Bewusstseinsakte fällt natürlich auch die Reflexion auf das *ego cogito*, womit wir in der Folge der fundierenden Akte also den einen adäquat selbstgegebenen Akt finden, der methodisch für die legitime Anwendung der Wesensschau gefordert ist. Gehen wir die Reihe aller möglichen Bewusstseinsakte in eidetischer Variation weiter durch, dann hebt sich ferner ab, dass in jedem Bewusstseinsakt eine Reflexion auf das *cogito* vollzogen werden *könnte*, in der es sich als „meines" ausweisen würde, sodass sich hiermit ein in allen Bewusstseinsakten deckendes Sinnelement zur Abhebung bringt. Synthetisieren wir diese Sinnelemente in eine eigene Wesensgegenständlichkeit, dann gibt sich uns das eidetisch reine Ich. Seine Anschaulichkeit ist wiederum – wie in allen Fällen kategorialer Anschauung – nicht unmittelbar selbstgeben, sondern stellt sich in der Variation im

[113] Vgl. Lohmar, Dieter. Die phänomenologische Methode der Wesensschau und ihre Präzisierung als eidetische Variation. *Phänomenologische Forschungen* 1 (1). 2005, S. 68–92.
[114] Hua XIX/1, S. 537–750.
[115] Lohmar, *Die phänomenologische Methode der Wesensschau und ihre Präzisierung als eidetische Variation.*

Übergang in Deckungssynthesen der Partialintentionen ein: „Sein Blick geht durch jedes aktuelle *cogito* auf das Gegenständliche."[116] Darum lässt sich in Anlehnung an Kant formulieren: „Das Ich denke muß alle ‚meine' *cogitationes* begleiten *können.*"[117]

Als Ergebnis der eidetischen Variation aller möglichen Bewusstseinsakte zeigt sich nun zweierlei: zum einen, dass es in jedem intentionalen Akt die Struktur eines (noematischen) Gegenstands-Poles gibt, auf welchem der intentionale Gegenstand „verortet" ist.[118] Zum anderen zeigt sich aber auch, dass dem Gegenstands-Pol ein zweiter Pol korreliert: das ist der (noetische) Ich-Pol. Beides sind Strukturmomente aller intentionaler Akte. Deshalb und insofern es ein Strukturmoment ist, ist das eidetisch reine Ich mit jedem intentionalen Akt absolut, apodiktisch und apriori gegeben. Es ist prinzipiell notwendig für das Vorliegen intentionaler Akte und durch alle intentionale Akte hindurch eine numerisch identische Einheit. So verbürgt es die Geschlossenheit des individuierten Bewusstseinsstroms als bestimmten und von anderen verschiedenen, gleichsam als monadisches Bewusstsein.[119]

Wir sind also anschaulich fundiert berechtigt davon zu sprechen, dass das reine Ich phänomenologisch als das notwendige Bezugszentrum aller Bewusstseinsakte ausweisbar ist. Aber der Sinn, in welchem wir über das reine Ich sprechen hat sich nun verschoben: betrachten wir das eidetisch reine Ich, dann reflektieren wir auf ein *überzeitliches*, formales Strukturmoment. Solchermaßen ist es auch „nichts, was im Moment des Auftretens allererst wird, um dann wieder zu verschwinden";[120] es ist ungeboren und unsterblich. Gegenüber dem reinen Ich als fließendes Erfahrungsfeld hat das eidetisch reine Ich damit aber auch *jegliche* inhaltliche Lebensfülle verloren. Mit guten Gründen beansprucht Husserl allerdings, dass das reine ich „kein *leerer* Ich-Pol"[121] ist, denn das transzendental reine Ich ist als phänomenalisiertes Erfahrungs-Ich zunächst eine konkrete Person, die sich zwar in ihren Erfahrungen und Stellungnahmen beständig verändert, aber in seiner Geschichte – also *in der Zeit* – identisch bleibt. Um diesen Identitätsstil zu greifen, sind Analysen im Rahmen der statischen Phänomenologie nicht mehr hinreichend. Eine Analyse, die anschaulich auszuweisen vermag, wie das reine Ich in der Zeit ein Identisches sein kann, muss auf die Methoden der genetischen Phänomenologie zugreifen. Auf diesem Weg dringt Husserl vor zu seiner Bestimmung des reinen Ichs als ein Substrat von Habitualitäten.[122]

6. Das reine Ich als Substrat von Habitualitäten

Das reine Ich als eine Einheit von Habitualitäten wird in den CM ab den §§ 32 ff. (IV. CM) diskutiert.[123] Aber schon im § 29 der *Ideen 2*[124] hat Husserl die entscheidenden Untersuchungen durchgeführt.[125] Unter dem Titel „Die bleibenden Meinungen als Niederschläge des reinen Ich"[126]

[116] Hua III/2, S. 109.

[117] Ebd., S. 562. Kants parallele These lautet: „Das: *Ich denke* muss alle meine Vorstellungen begleiten *können*" (KrV, B 131). Vgl. weiterführend zum Verhältnis der Idee des reinen Ichs Husserls und Kants Lehre vom Ich der transzendentalen Apperzeption Marbach, *Das Problem des Ich in der Phänomenologie Husserls*, S. 247–282.

[118] Der Sache nach ist Franz Brentanos Bestimmung des Bewusstseins als wesentlich intentionales Bewusstsein – als *Bewusstsein von* – also bereits auf dieser Spur, wenngleich er nicht über die Methode der phänomenologischen Wesensschau verfügt hat. Vgl. Brentano, Franz. *Psychologie vom empirischen Standpunkt*. Leipzig: Duncker & Humblot. 1874, S. 124–125.

[119] Hua IV, S. 110.

[120] Ebd., S. 108.

[121] Hua I, S. 100.

[122] Ebd., S. 100–102.

[123] Hua I, S. 100–121.

[124] Hua IV, S. 111–120.

[125] Vgl. weiterführend Cavallaro, Marco. Das „Problem" der Habituskonstitution und die Spätlehre des Ich in der genetischen Phänomenologie E. Husserls. *Husserl Studies* 32 (3). 2016, S. 237–261.

[126] Hua IV, S. 111.

dringt Husserl hier zu einer genetischen Egologie vor, welche die Einheit des reinen Ich auszuweisen vermag, ohne es als eidetisch reines Ich auf einen *leeren* Ich-Pol zu reduzieren, sodass seine volle inhaltliche Konkretion, seine Identität im Wechsel seiner unterschiedlichen Erfahrungen und Stellungnahmen beibehalten wird. Gelöst wird diese Aufgabe unter Ausweisung der Verbindungen der „*bleibenden »Meinungen«* eines und desselben Subjekts."[127] Die Methode der hier durchzuführenden Untersuchung ist die intentionalgenetische Analyse. In ihr werden die Intentionen des reinen Ich unter dem Gesichtspunkt untersucht, dass sich in ihnen „bleibende Vorstellungen", sogenannte Habitualitäten, gleichsam als eine Geschichte dokumentieren.

Bleibende Vorstellungen sind derart strukturiert, dass sie initial eben als Vorstellungen – und zunächst noch nicht als „bleibende" – zu einem bestimmten Zeitpunkt in einer bestimmten Situation und einem bestimmten Erlebnis gestiftet werden. Treten sie nun im Zuge einer Vergegenwärtigung *im gleichen Sinne* wieder auf, so ist ihnen das Prädikat „bleibend" beizulegen. Beispielshalber sei an diejenigen bleibenden Erwerbe unseres philosophierenden Ichs gedacht, die es als seine Erkenntnisse besitzt. Sie sind von genau dieser Art: in jedem Zugriff gibt das begründete Urteil sich als dasselbe und solcherart können die Erkenntnisse des philosophierenden Ich zu seinen „habituellen Eigenheiten"[128] gezählt werden. Erfolgen weitere Iterationen von Vergegenwärtigungen der bleibenden Vorstellungen, so wird darin nicht nur das urstiftende Erlebnis erinnert, sondern ebenso die Erinnerung an die Erinnerung, sodass sich in die Intention gleichsam historische Sedimente des wiederholten Erfahrungsvollzugs einschreiben. Solchermaßen erweist sich, dass jene Vorstellungen ein *bleibendes* Eigentum des jeweiligen Subjekts sind. Die „Meinigkeit", die sich in der intentionalgenetischen Historie der Vorstellungen des reinen Ichs bekundet, ist anschaulich als Erinnerung gegeben. Besonders die Fälle von „Erinnerungen an Erinnerungen" sind hierbei hervorzuheben, weil sich mir eben darin anschaulich *zeigt*, dass es *meine* Erinnerung war und geblieben ist.

Nicht in jedem Fall aber, wird in bleibenden Vorstellungen auch dieselbe Thesis vollzogen. Lernt das philosophierende Ich etwa, dass es in der Begründung einer vermeinten Erkenntnis einen Fehler begangen hat und korrigiert es denselben, so wird die Vergegenwärtigung derselben Vorstellung auf dem Wege der neuen Begründung die vergangene Vorstellung nach seiner gehaltvollen Seite nicht mehr als mit der vorigen Vorstellung identisch hervorholen. Es wäre aber ein Fehler, darum den Status solcher Vorstellungen als „bleibende" Vorstellungen zurückzuweisen. – Zum einen bleibt in beiden Fällen die Qualität der „Meinigkeit", auf die es für die Ausweisung der Einheit des reinen Ich ankommt, erhalten. Zum anderen zeigt die Analyse der Negation im § 21a von *Erfahrung und Urteil*, dass die Durchstreichung einer Thesis nicht mit ihrer Auslöschung zusammenfällt.[129] Vielmehr ist es so, dass das negierte Urteil als eine Stellungnahme erhalten bleibt, deren Thesis aber eben nicht mehr mitvollzogen wird. Sie ist dem reinen Ich dann als eine Thesis, an welche es früher geglaubt hat und nun nicht mehr glaubt, bekannt und zählt auch weiterhin zu dem Besitz seiner habituellen Eigenheiten.[130]

Die habituelle Einheit des reinen Ichs in seinen bleibenden Vorstellungen ist also nicht statisch, sondern historisch veränderlich und durchaus dynamisch. So klärt sich auf, wie das reine Ich dieselbe Person bleiben kann in ihren wechselnden Erfahrungen und Stellungnahmen als ein Substrat von

[127] Ebd.
[128] Hua I, S. 62.
[129] Husserl, Edmund. *Erfahrung und Urteil: Untersuchungen zur Genealogie der Logik*. Hrsg. L. Landgrebe. Hamburg: Meiner, 1972, S. 94–98.
[130] Vgl. Hua I, S. 101–102.

Habitualitäten.[131]

7. Fazit

Edmund Husserl hat bzgl. der Frage nach dem reinen Ich seinen Standpunkt beständig weiterentwickelt. Auf der cartesianischen Linie gelingt es ihm die apodiktische Gewissheit der Existenz des reinen Ichs als die legitime Grundlage aller Erkenntnis aufzeigen. Indem er den eidetischen Ich-Pol als notwendiges Strukturmoment des Bewusstseinsfeldes ausweist, knüpft Husserl an die Kantische Tradition an. Schließlich, in der Bestimmung der transzendentalen Subjektivität als personal-individuiertes Subjekt mit Habitualitäten dringt Husserl zu einem inhaltsreichen erfahrungstheoretischen Begriff vom Ich vor, der aber anders als Humes Bündel-Ich durchaus in einem absoluten Grund fundiert ist.

Husserls philosophische Aufgabe stellt sich in der Darstellung in den CM bekanntlich derart, dass zwischen den Analysen des reinen Ichs als eidetischer Ich-Pol und dem reinen Ich als Substrat von Habitualitäten keine Alternative vorliegt, sondern dass eine Identität zwischen dem eidetischen Ich-Pol und dem Habitualitäten-Substrat besteht.[132] Auch diese These findet sich bereits in den *Ideen 2*.[133] Eine Klärung dieses Problems zu versuchen, würde den Rahmen dieses Beitrags überschreiten. Die durchzuführende Untersuchung jedenfalls, bestünde darin zu zeigen, ob die entscheidenden Eigenschaften wie „absolut", „apodiktisch", „aprori", „prinzipiell notwendig" und „numerisch einzig" tatsächlich in demselben phänomenologischen Sinn sowohl über das eidetisch reine Ich als auch über das reine Ich als Substrat von Habitualitäten prädiziert werden können. Sie ist an anderer Stelle zu erbringen.

[131] Ebd., S. 102.
[132] Ebd., S. 100.
[133] Hua IV, S. 111–112.

VERTRAUTHEIT UND VERTRAUEN ALS GRUNDLAGEN DER LEBENSWELT[1]

Thomas Fuchs[2]

Zusammenfassung:

Phänomenologische Studien zu den Strukturen der Lebenswelt zielen auf eine grundlegende Analyse der „Vertrautheit mit Welt" ab. So verlassen wir uns in unserer natürlichen Einstellung selbstverständlich darauf, dass die Welt, wie wir sie vorfinden und wie wir in ihr leben, Bestand haben wird (Husserls „Urdoxa"). Ebenso sind wir wahrnehmend und handelnd, also über das Medium unseres Leibes, mit Situationen und Gegenständen vertraut, die in typischer Weise wiederkehren. Schließlich beruht auch der alltägliche Umgang mit anderen auf zumeist unhinterfragten Gewissheiten und Lebensformen, die dem *common sense* der jeweiligen Gemeinschaft zugehören, aber auch ein basales Vertrauen in die Konstanz und Verlässlichkeit der sozialen Welt einschließen, das sich als „Urvertrauen" der „Urdoxa" zur Seite stellen lässt. Es weist darauf hin, dass die Lebenswelt nicht nur auf kognitiv erfassten Regularitäten und entsprechenden Grundannahmen, sondern auch auf affektiv geprägten Einstellungen beruht.

Vertrautheit und Vertrauen sind nicht schlechthin vorgegeben, sondern entstammen einer ursprünglichen Erschließung der Welt, die sich mit einem Begriff der Stoá auch als *Oikeiosis,* d.h. „Einhausung" oder Beheimatung in der Welt beschreiben lässt. Die *Oikeiosis* vollzieht sich in der frühen Kindheit in leiblichen und zwischenleiblichen Erfahrungen, d.h. sie wird wesentlich vermittelt durch verkörperte Interaktionen, wie sie die Säuglingsforschung im Einzelnen beschreibt. In ihnen erfährt sich der Säugling zugleich als wahr- und angenommen von seinen Bezugspersonen und kann, eingebettet in diese affektive Resonanz, die Fähigkeiten des Umgangs mit Dingen und Situationen erwerben. Vertrautheit mit der Welt und Vertrauen in andere sind damit gleichursprüngliche und nicht voneinander zu trennende Grundlagen der Lebenswelt. Psychopathologische Analysen von posttraumatischen und schizophrenen Erkrankungen als Störungen der Beheimatung in der gemeinsamen Welt können diese Grundlagen zusätzlich erhellen.

■■■

Einleitung:

Im Zentrum phänomenologischer Untersuchungen der Lebenswelt steht die Analyse unserer grundlegenden Vertrautheit mit der Welt, die zugleich ein Vertrauen in ihre Verlässlichkeit einschließt. In unserer primären Einstellung verlassen wir uns selbstverständlich darauf, dass die Welt, wie wir sie vorfinden und erleben, weiter Bestand haben wird – Husserl bezeichnete dies bekanntlich als „Weltglaube" oder „Urdoxa" (Husserl 1950, 104f., 240f.). Ebenso sind wir im Wahrnehmen und Handeln über das Medium unseres Leibes mit Situationen und Gegenständen vertraut, die in

---

[1] Thomas Fuchs, Vertrautheit und Vertrauen als Grundlagen der Lebenswelt, Phänomenologische Forschungen (2015): Lebenswelt und Lebensform, Hg. Christian Bermes & Annika Hand, Felix Meiner Verlag, Hamburg, 2015, s.101-118. Um diesen Text in unserem zweibändigen deutsch-türkischen Buch zu veröffentlichen, haben wir uns mit dem Verlag in Verbindung gesetzt und die notwendige Veröffentlichungserlaubnis eingeholt. Wir möchten dem Autor dafür danken, dass er uns erlaubt hat, diesen wertvollen Artikel den Lesern wieder zugänglich zu machen.

[2] Prof.Dr.Dr., Karl-Jaspers-Professor für Philosophie und Psychiatrie, Universität Heidelberg, Department of General Psychiatry, Psychiatrische Universitätsklinik, thomas.fuchs@urz.uni-heidelberg.de

typischer Weise wiederkehren. Schließlich beruht auch der alltägliche Umgang mit anderen auf zumeist unhinterfragten Gewissheiten und Lebensformen, die dem *common sense* der jeweiligen Gemeinschaft und Kultur zugehören, und damit der Lebenswelt als dem „Universum vorgegebener Selbstverständlichkeiten", wie Husserl sie bezeichnete (Husserl 1976, 183).

Diese gemeinsamen Lebensformen schließen nun auch ein basales Vertrauen in die Verlässlichkeit anderer und der sozialen Welt insgesamt ein, das sich als „Urvertrauen" der „Urdoxa" zur Seite stellen lässt. Es weist darauf hin, dass die Lebenswelt nicht allein auf kognitiv erfassten Regularitäten und entsprechenden Grundannahmen, sondern auch auf affektiv geprägten Einstellungen beruht. Dem entspricht der sprachliche Zusammenhang von Vertrautheit und Vertrauen, ähnlich dem von *familiarity* und *family* im Englischen oder *familliarité* und *famille* im Französischen. *Vertrautheit mit der Welt und Vertrauen in andere*, so lässt sich thesenhaft formulieren, *sind gleichursprüngliche und nicht voneinander zu trennende Grundlagen der Lebenswelt.* Diese These möchte ich im Folgenden näher explizieren und begründen.

Dazu werde ich die phänomenologischen Analysen mit genetisch-entwicklungspsychologischen Befunden verknüpfen. Vertrautheit und Vertrauen sind ja nicht schlechthin vorgegeben, sondern beruhen auf einer ursprünglichen Erschließung der Welt, die ich mit einem Begriff aus der Stoá als *Oikeiosis,* d.h. „Einhausung" oder Beheimatung in der Welt beschreiben werde. Die *Oikeiosis* vollzieht sich in der frühen Kindheit in leiblichen und zwischenleiblichen Erfahrungen, d.h. sie wird wesentlich vermittelt durch verkörperte Interaktionen. In ihnen erfährt sich der Säugling zugleich als wahr- und angenommen von seinen Bezugspersonen und kann, eingebettet in diese affektive Resonanz, die Fähigkeiten des Umgangs mit Dingen und Situationen erwerben. Die Erschließung der Welt geschieht demnach primär durch *knowledge by acquaintance,* das heißt durch implizites oder Vertrautheitswissen, das in gemeinsamer Praxis und Interaffektivität erworben wird. Der Zusammenhang von Vertrautheit und Vertrauen soll abschließend durch eine psychopathologische Analyse der Schizophrenie erhellt werden, in der es zu einem tiefgreifenden Verlust des Vertrauens und der Beheimatung in der gemeinsamen Welt kommt.

1) Vertrautheit und Vertrauen

Die grundlegende Vertrautheit mit der Welt beruht nach Husserl zunächst auf der schon erwähnten Urdoxa oder dem „Weltglauben", also auf der fraglosen Annahme, dass die Welt grundsätzlich so weiter existieren und verlaufen werde wie bisher („und so weiter").[3] Merleau-Ponty hat dem in seinem Spätwerk den „Wahrnehmungsglauben" *(foi perceptive)* hinzugefügt: „Wir sehen die Sachen selbst, die Welt ist das, was wir sehen: Formulierungen dieser Art sind Ausdruck eines Glaubens, der dem natürlichen Menschen und dem Philosophen gemeinsam ist, sobald er die Augen öffnet; sie verweisen auf eine Tiefenschicht stummer Meinungen, die unserem Leben inhärent sind" (Merleau-Ponty 1964/1986, 17). Dieser Glaube impliziert zugleich die intersubjektive Gültigkeit der Wahrnehmung; wir gehen immer davon aus, dass auch andere sehen könnten, was wir sehen. „Diese nicht zu rechtfertigende Gewissheit einer gemeinsamen sinnlichen Welt ist der Sitz der Wahrheit in uns" (l.c., 28).

Gehen wir weiter: Zur Wahrnehmung gehört die Gegenständlichkeit des Wahrgenommenen, wiederum verbunden mit dem impliziten Glauben an die Existenz und Konstanz der Objekte auch unabhängig von meiner Wahrnehmung. Gegenstand ist, was einen Horizont weiterer

[3] „Die reale Welt ist nur in der beständig vorgezeichneten Präsumption, dass die Erfahrung im gleichen konstitutiven Stil beständig fortlaufen werde" (Husserl 1974, 258).

Wahrnehmungen eröffnet, sich in die Zukunft projizieren lässt und dabei bestimmte Protentionen oder Erwartungen bezüglich seiner Erscheinungsweisen induziert (Husserl 1976, 14, 91).[4] Wenn ich ein Glas zu Boden fallen sehe, nehme ich sein Zerbrechen und das dabei entstehende Geräusch vorweg – würde es lautlos fallen, wäre ich völlig überrascht. Gegenstand ist aber auch, was mir verlässliche Möglichkeiten des Handhabens und Handelns bietet – ich kann das Glas ergreifen, rechne mit seinem Gewicht und Widerstand, kann es mit Wasser füllen, usw. Dies wiederum verweist auf eine noch grundlegendere Vertrautheit, nämlich die mit meinem eigenen Leib. Denn der Leib ist das Medium aller selbstverständlichen Beziehungen zur Welt, und er nimmt als habitueller Leib all die Gewohnheiten und Fähigkeiten an, auf die wir uns dann im Umgang mit Dingen und Situationen selbstverständlich verlassen (Casey 1984, Fuchs 2008).

Dabei verweisen alle Fähigkeiten, die im Laufe des Lebens erworben werden, immer auf ein ursprüngliches Vermögen des leiblichen Subjekts, auf ein grundlegendes „ich kann" (Husserl 1952, 253). Dies meint weniger eine bewusste Kontrolle der Körperbewegungen als vielmehr ein präreflexives, protentionales Bewusstsein der jeweils nächsten Bewegungsmöglichkeiten, das uns in jeder Situation begleitet. Aufgrund seiner Gewohnheiten und Fähigkeiten wohnen dem Leib potenzielle Handlungen inne, die er implizit vorwegnimmt; das räumliche Körperschema seiner Haltungen und Lagen ist immer zugleich ein Aktionsschema, eine gespürte Bereitschaft zu handeln. Diese leibliche Potenzialität ist wiederum Teil meines grundlegenden Selbstvertrauens: Ich kann. Ja, man könnte noch weiter gehen und die These vertreten, dass selbst die elementare Daseinsgewissheit des „ich bin" immer auch einen stillschweigenden Glauben an die Beständigkeit des Selbstseins impliziert, ein Vertrauen in den Fortgang des Lebens, ohne dass wir etwas dafür tun müssen (Fuchs 2016). Auch die Existenz selbst verlässt sich auf ein „und so weiter".

Glauben, Vertrauen, Sich-Verlassen-auf – all diese Begriffe weisen darauf hin, dass unser basales Selbst- und Weltverhältnis auf einem affektiv getönten, impliziten Zukunftsbezug beruht. Er enthält also nicht nur die stillschweigende Annahme der Verlässlichkeit der Welt, sondern auch ein damit verbundenes Hintergrundgefühl existenzieller Sicherheit, ja Geborgenheit. Deren Widerpart bildet freilich die von Heidegger zur Prämisse eigentlichen Daseins erklärte Angst- und Todesbereitschaft. Doch genetisch wie logisch geht die Lebens- und Weltgewissheit der Todesgewissheit voraus. Das In-der-Welt-Sein bedeutet primär auch ein „Nicht-aus-der-Welt-fallen-Können". „Du, Erde, warst auch diese Nacht beständig … im Dämmerschein liegt schon die Welt erschlossen", wie Faust beim Erwachen dankbar feststellt (Faust II, 1. Akt).

Dieses Grundvertrauen in die Welt ist nun untrennbar verknüpft mit dem *Vertrauen in andere*, auf dem unsere alltäglichen sozialen Beziehungen beruhen. Was heißt Vertrauen? Es ist zunächst eine Einstellung positiver Erwartung, die wir hinsichtlich des Wohlwollens, der Aufrichtigkeit und Verlässlichkeit anderer hegen. Mehr noch: Diese Einstellung setzen wir in unseren Interaktionen auch wechselseitig voraus. Wer vertraut, der vertraut auch darauf, dass der andere seinerseits ihm vertraut. In der Sprache der soziologischen Systemtheorie bedeutet Vertrauen eine reziproke „Erwartungserwartung" (Luhmann 2001, Endreß 2002). Damit bildet es den impliziten gemeinsamen Hintergrund, vor dem die Äußerungen und Handlungen des Interaktionspartners in einem bestimmten Licht erscheinen, nämlich so, dass wir ihm keine verborgene Absicht, Verstellung oder Täuschung unterstellen, sondern von einer Kongruenz zwischen Äußerem und Innerem ausgehen.

[4] „Jede Erfahrung hat ihren Horizont (…) Jede Erfahrung verweist auf die Möglichkeit, und vom Ich her eine *Ver*-möglichkeit, nicht nur das Ding, das im ersten Erblicken Gegebene, nach dem dabei eigentlich Selbstgegebenen schrittweise zu explizieren, sondern auch weiter und weiter neue Bestimmungen von demselben erfahrend zu gewinnen" (Husserl, 1939, 27). – Vgl. auch Husserl 1976, 14, 91.

Insofern Vertrauen eine wechselseitige leibliche Resonanz und Affektabstimmung herstellt (Fuchs u. De Jaegher 2008), die sich meist nicht an einzelnen Ausdrucksmerkmalen explizieren lässt, kann man es auch als eine interpersonelle *Atmosphäre* beschreiben, die zwischen den Beteiligten entsteht.

Freilich, Vertrauen ist widerlegbar, und wir können es nie von vorneherein hinreichend begründen. Damit Vertrauen überhaupt möglich ist, muss es daher in der Gemeinschaft, in der wir leben, immer schon als fraglose Praxis etabliert sein. Die meisten alltäglichen Interaktionen setzen es als selbstverständlichen Hintergrund voraus, ob wir in ein Taxi steigen ohne die Sorge, der Fahrer könne uns womöglich kidnappen, oder ein Restaurant aufsuchen ohne die Furcht, dort vergiftet zu werden. Wir haben nie danach gefragt, womit solche Sicherheiten begründet sind. Erst enttäuschtes oder aus anderen Gründen verlorenes Vertrauen und das daraus resultierende Misstrauen lassen zwischen dem Verhalten und den Absichten der anderen eine Kluft aufbrechen. Wie bei einem Gestaltwechsel erscheinen ihre Äußerungen nun in einem ganz anderen, zweideutigen oder hintergründigen Licht, ja sie können als Verstellung geradezu das Gegenteil von dem bedeuten, was sie auszudrücken scheinen. Während Vertrauen wie beschrieben eine Atmosphäre der positiven wechselseitigen Resonanz herstellt, erzeugt Misstrauen eine Atmosphäre des Unbehagens, der Bedrohlichkeit oder auch Unheimlichkeit (Fuchs 2010).

Noch eine weitere Dimension gehört zum fraglosen Untergrund sozialer Beziehungen: Es sind die mit den Angehörigen einer gemeinsamen Kultur geteilten Grundannahmen und Gewissheiten, die bei Wittgenstein (1970, 32ff.) unter den *„bedrock of unquestioned certainties"* fallen, das harte Gestein am Grund des Flussbettes des Wissens. Gemeint sind alle Wahrheiten, die wir nie selbst überprüft, ja oft noch nicht einmal explizit formuliert haben, an denen zu zweifeln jedoch sinnlos ist, da sie zum gemeinsamen Weltbild einer Kultur gehören: dass die Erde rund ist; dass sie auch in den letzten 100 Jahren existiert hat; dass Menschen ein Gehirn haben; dass sie nicht fliegen können. Wir glauben dies, weil alle es glauben und nichts dagegen spricht, aber damit stellt sich die Frage nach der Glaubwürdigkeit gemeinsamen Wissens. Wieder handelt es sich um ein unbegründbares Vertrauen: Wir vertrauen den anderen, auch wenn wir wissen, dass sie nur ein tradiertes Wissen weitergeben, das sie selbst zum geringsten Teil überprüft haben und persönlich bezeugen können. Aber wir glauben ihnen, dass sie es glauben. Wie Wittgenstein schreibt, habe ich mein Weltbild nicht, „...weil ich mich von seiner Richtigkeit überzeugt habe (...) Sondern es ist der überkommene Hintergrund, auf dem ich zwischen wahr und falsch unterscheide" (l.c., 94).

In seinen „Kindergeschichten" erzählt Peter Bichel (1997) von Menschen, die an diesem *common sense* zu zweifeln beginnen. Ein alter Mann entschließt sich eines Tages, immer geradeaus nach Osten zu gehen, um zu sehen, ob er irgendwann von der anderen Seite zu seinem Tisch zurückkehre, ob also die Erde tatsächlich rund sei. Ein anderer kommt zu dem Schluss, dass es Amerika in Wahrheit gar nicht gebe, und man den vermeintlich dorthin Reisenden unterwegs unter dem Siegel der Verschwiegenheit nur eine Geschichte erzähle, die sie dann berichten: „Auf jeden Fall erzählen alle dasselbe, und alle erzählen Dinge, die sie vor der Reise schon wussten; und das ist doch sehr verdächtig" („Amerika gibt es nicht"). Die heute zunehmend verbreiteten Verschwörungstheorien haben hier ihre Grundlage – wir können nie absolut gewiss sein, dass man uns die Wahrheit gesagt hat. Gab es die Mondlandung wirklich? War der Angriff auf das World Trade Center selbst inszeniert? Wie Peter Bichsels Protagonisten können wir vieles bezweifeln und selbst nachprüfen, müssen dieses Bemühen aber früher oder später doch wieder abbrechen und zum Vertrauen zurückkehren (Wittgenstein 1970, 150). Ja, wer wirklich an allem zweifeln wollte, käme nicht nur an kein Ende, er könnte nicht einmal damit beginnen. „Das Spiel des Zweifelns setzt selbst schon die Gewissheit voraus" (l.c.,

115), und sei es auch nur den Glauben, dass ich mit meiner Sprache etwas Sinnvolles aussagen kann. Wer auch daran zweifelt und eine Privatsprache zu entwickeln versucht wie eine andere von Peter Bichsels Figuren („Ein Tisch ist ein Tisch"), wird nicht nur den Mitmenschen, sondern am Ende auch sich selbst unverständlich.

2) Oikeiosis: Die Beheimatung in der Welt

Vertrautheit mit der Welt und Vertrauen in andere sind also untrennbar miteinander verknüpft. Doch woher stammen Vertrautheit und Vertrauen, wenn wir uns nie bewusst dazu entschlossen haben? Beide haben eine gemeinsame Wurzel, nämlich in der ursprünglichen Erschließung der Welt, die in die früheste Kindheit zurückreicht, und die ich mit einem Begriff der stoischen Ethik als *„Oikeiosis"* bezeichnen möchte (vgl. Fuchs 2000, 311ff.). Abgeleitet vom griechischen *oikos* (‚Haus', ‚Wohnung', ‚Heimat', ‚Familie'), wörtlich also ‚Einhausung', ‚Beheimatung" oder auch ‚Aneignung', beschreibt der Begriff im stoischen Verständnis, etwa bei Chrysipp oder Cicero, zunächst die Selbstaneignung der Person einschließlich der Aneignung des eigenen Leibes, dann die zunehmende Erweiterung des persönlichen Eigenraums auf die konzentrischen Sphären der Familie, der Angehörigen, Nachbarschaft, Gesellschaft, schließlich der Menschheit insgesamt, der sich der vernünftige Mensch zugehörig fühlt (Bees 2004, Forschner 2008).

Ich verstehe unter Oikeiosis allerdings weder einen rein individuellen noch einen vernunftgesteuerten Prozess, sondern das primäre, sowohl leibliche als auch zwischenleibliche Vertrautwerden mit der gemeinsamen Welt. Der sprachliche Zusammenhang von Wohnung und Gewohnheit (im Englischen *habit* und *to inhabit*) verweist zunächst auf einen Prozess, in dem die zugleich leibliche, räumliche und zeitliche Erfahrung von Konstanz und Wiederholung eine zunehmende Vertrautheit mit der gewohnt-bewohnten Umwelt herstellt. Damit verbunden sind die Atmosphären von Beheimatung, Wohnlichkeit oder Sicherheit, in denen die leibliche Resonanz mit der Umwelt empfunden wird. Dieser Aneignungsprozess ist nun von Anfang an in die zwischenleiblichen und affektiven Interaktionen mit den primären Bezugspersonen eingebettet. Das heißt, das leiblich vermittelte Zur-Welt-Sein entwickelt sich ursprünglich als zwischenleibliches Mit-anderen-Sein. Betrachten wir diese Prozesse der Oikeiosis etwas näher.

Zunächst stehen dem kleinen Menschenkind als „physiologischer Frühgeburt" (Portmann 1944) seine eigenen leiblichen Fähigkeiten nicht von vorneherein zur Verfügung; sein Körper- und Aktionsschema ist nur rudimentär entwickelt. Erst in wiederkehrenden Erfahrungen von spontaner Bewegung und wahrgenommener Antwort der Umgebung gewöhnt sich der Säugling nach und nach an seinen Körper und lernt ihn gleichsam zu „bewohnen", d.h. auch zunehmend zu beherrschen. Im gleichen Zug entwickelt sich aber auch die leibliche Aneignung der Welt, das Vertrautwerden mit den Formen, Farben, Klängen und Gerüchen der Dinge, das Erlernen des handelnden Umgangs mit ihnen. In dem Maß wie das Kind leiblich geschickt zu agieren lernt, erlernt es auch den Gebrauch und die spezifische Eignung der Dinge seiner Umwelt. Sie werden ihm buchstäblich „zuhanden", das heißt, in der geschickten Handhabung in das eigene Körper- und Aktionsschema eingegliedert.

Grundlage für diese Aneignung von Leib und Welt ist das implizite oder *Leibgedächtnis* (Fuchs 2000, 2008, 2012). Dieses verkörperte Gedächtnis, im Prinzip bereits von Maine de Biran (1799/1953) und Henri Bergson (1896/1991) beschrieben, lässt sich als die Gesamtheit von Gewohnheiten und Fähigkeiten definieren, die uns durch das Medium des Leibes zur Verfügung stehen, ohne dass es dazu einer gezielten Aufmerksamkeit oder Erinnerung an frühere Erlebnisse bedarf. Wiederholte oder gezielt eingeübte Bewegungssequenzen haben sich inkorporiert und sind uns „in Fleisch und Blut übergegangen", etwa der aufrechte Gang, das Sprechen und Schreiben oder der geschickte Gebrauch von Instrumenten. Aufgrund seiner einzigartigen Plastizität ist der menschliche Leib lebenslang in der Lage, sich neue Umwelten, Situationen oder Gegenstände zu erschließen und vertraut zu machen. Das einmal erworbene leibliche Können realisiert sich im selbstverständlichen Umgang mit Situationen und Dingen und liegt dem schon erwähnten Gefühl des „ich kann" zugrunde, also dem Vertrauen auf die eigenen leiblichen Vermögen.

Zum Leibgedächtnis gehört wesentlich ein *zwischenleibliches Gedächtnis*, nämlich für den vertrauten Umgang mit anderen. In den dyadischen Interaktionen mit der Mutter oder anderen Bezugspersonen erlernt der Säugling bereits in den ersten Lebensmonaten typische Umgangsformen – Stern (1998a) spricht von *"schemes-of-being-with"* – die motorisch, affektiv und zeitlich organisiert sind, etwa ‚von Mama gestillt' oder ‚hochgehoben werden', ‚mit Papa schaukeln', usw. Daraus entsteht das, was Stern (1998b) *implizites Beziehungswissen* nennt: ein präreflexives leibliches Wissen, wie man mit anderen umgeht – wie man mit ihnen Vergnügen hat, Freude ausdrückt, Aufmerksamkeit erregt, Ablehnung vermeidet usw. Es ist ein zeitlich organisiertes, gewissermaßen „musikalisches" Gedächtnis für die Rhythmik, die Dynamik und auch die Emotionen, die in der Interaktion mit anderen mitschwingen. Das sogenannte „still face"-Experiment (Tronick u. Cohn 1989, Tronick 2003) zeigt, dass Babys schon im 3. Lebensmonat zwischenleibliche Verhaltenserwartungen gebildet haben: Weist man die Mutter an, in einer gemeinsamen Spielsituation plötzlich für 2 Minuten ein ausdrucksloses, starres Gesicht zu zeigen, so reagieren die meisten Säuglinge darauf äußerst irritiert oder beunruhigt und versuchen mit allen Mitteln, die Mutter wieder zur Rückkehr zum gewohnten Kontakt zu veranlassen.

Konstante zwischenleibliche Geborgenheit, Zuwendung und Wärme der Mutter begründen schließlich auch das, was Erikson (1950) „Urvertrauen" genannt hat, und was in Bowlbys (1969) Bindungstheorie als „sichere Gebundenheit" wiederkehrt. Es ist das Vertrauen darauf, von anderen grundsätzlich angenommen und geliebt zu sein, nicht verlassen zu werden, später dann ihrem Vorbild folgen und ihren Worten Glauben schenken zu können. Damit verbunden bedeutet es aber auch die grundlegende Erfahrung der Welt als eines freundlichen, bewohnbaren und vertrauten Ortes. Aller später erworbene Glauben, alle fraglos übernommenen Gewissheiten, alles Vertrauen in andere beruht letztlich auf diesem Urvertrauen der ersten Lebensjahre. Entsteht es nicht oder nur unzureichend, so bleiben alle späteren positiven Erfahrungen und Beziehungen immer vorläufig, ungesichert und misstrauensanfällig.[5]

Ein Beispiel für die welterschließende Wirkung des Urvertrauens findet sich in dem Phänomen, dass die Entwicklungspsychologie als „soziale Bezugnahme" *(social referencing)* bezeichnet: Konfrontiert man ein etwa 9 Monate altes Kind mit einem neuen, Unsicherheit oder Angst auslösenden Objekt, etwa einem piepsenden und sich auf das Kind zu bewegenden Roboter, so wird es zuerst nach der Mutter oder dem Vater sehen, um zu merken, ob sie ängstlich oder freudig auf das Objekt reagieren, um sich dann in seiner Reaktion nach ihnen zu richten (Hornik et al. 1987, Hirshberg & Svejda 1990).[6] Dies illustriert das fraglose Vertrauen in die Bezugspersonen, das dem Kind die Welt

---

[5] „Children with a history of attachment disorganization mistrust information from attachment figures and strangers, and even their own experience. (…) The child seeks others to confirm or deny his/her own understanding, which he/she has little faith in, but, being unable to trust information received from others, remains in a state of uncertainty and epistemic vigilance. This generates a state of interminable searching for validation of experience, coupled with the chronic lack of trust that we describe here as epistemic hypervigilance" (Fonagy and Allison 2014).

[6] Dies gilt auch noch im späteren Leben: Bayliss et al. (2007) konnten in einer Studie zeigen, dass die emotionalen Reaktionen anderer die Bewertung von fremden Objekten beeinflussen. Betrachten andere die Objekte mit freudigem Gesichtsausdruck, werden diese Objekte von den Testpersonen deutlich bevorzugt gegenüber Objekten, die andere mit einem Ausdruck von Ekel ansahen. – Vgl. auch die Übersicht

als eine gemeinsame vertraut werden lässt. Ähnlich verhält es sich mit den prägnanten Situationen der geteilten Aufmerksamkeit *(joint attention)* oder der kooperativen Praxis, die sich vom Ende des ersten Lebensjahrs an entwickeln (Tomasello 2002): Die gemeinsame Ausrichtung auf Objekte, mit dem Bewusstsein, dass auch der Erwachsene sie im Blick hat, das Zeigen auf Gegenstände und ihre Handhabung mit dem Ziel, gemeinsam etwas zu erreichen oder herzustellen, all das ist eingebettet in die vertrauensvolle Beziehung des Kindes zu den Erwachsenen und überträgt gewissermaßen dieses Vertrauen auf die Vertrautheit und den Sinn, den die Umwelt für das Kind erhält.

Die Oikeiosis ist damit von Anfang an zwischenleiblich, sozial und zugleich kulturell geprägt: Teller, Löffel, Stuhl, Spielsachen, Kleidung, Schuhe – nahezu alles, was der kindliche Leib sich vertraut macht, sind kulturelle Gegenstände und entsprechend vorgeprägte Vollzüge. Jeder Schritt der Sinnstiftung und Auslegung von Welt beruht damit auf einem Vorrat sedimentierter intersubjektiver Erfahrung anderer. Ja selbst der eigene Leib, mit dem der Säugling vertraut wird, ist von Anfang an auch der von der Mutter gestillte, gewärmte, getragene oder in anderer Weise auf sie bezogene Leib. Daraus folgt einerseits, dass sich die praktische Vertrautheit mit der Welt bis in die eigene Leiblichkeit hinein im Austausch mit den Mitmenschen herausbildet, und dass umgekehrt diese Vertrautheit implizit immer auf sie bezogen ist. Alles was wir wahrnehmen und somit wir handelnd umgehen, ist immer auch das potenziell von anderen Wahrnehmbare oder Handhabbare, also Teil der gemeinsamen Welt.

Das vorreflexive Sich-Verstehen auf die Welt beruht somit auf dem zwischenleiblichen Kontakt und dem atmosphärischen Urvertrauen, in das alle Interaktionen des Kleinkindes mit der Welt eingebettet sind. Diese primäre Oikeiosis bildet auch die Grundlage für die spätere, sprachlich vermittelte Einführung in die Phänomene, Normen und Lebensformen der gemeinsamen Welt, also für die Erweiterung des *knowledge by acquaintance* durch *knowledge by description.*[7] „Das Kind lernt, indem es dem Erwachsenen glaubt. Der Zweifel kommt nach dem Glauben," wie Wittgenstein schreibt (1970, 160), und: „Der Schüler glaubt seinen Lehrern und den Schulbüchern" (l.c., 263). Darin liegt keine falsche Autoritätsgläubigkeit, denn die Einführung in das kulturell sedimentierte Wissen der Lebenswelt erlaubt es überhaupt erst, dieses Wissen auch in Frage zu stellen. Zweifellos bedeutet der Common sense auch eine Einschränkung, doch ohne das „Grundgestein fragloser Gewissheiten" und deren Verwurzelung im Urvertrauen hätte auch der Zweifel nichts Greifbares, woran er ansetzen könnte.

Zusammengefasst vollzieht sich die *Oikeiosis* in der frühen Kindheit in leiblich-zwischenleiblichen Erfahrungen und Interaktionen. In ihnen erfährt sich der Säugling als wahr- und angenommen von seinen Bezugspersonen und kann so, eingebettet in die affektive Resonanz und Atmosphäre des Urvertrauens, die Fähigkeiten des Umgangs mit Dingen und Situationen erwerben. Die Erschließung der Welt geschieht also primär durch *knowledge by acquaintance* in doppeltem Sinn, nämlich durch verkörperte Erfahrung und durch gemeinsame, zwischenleibliche Praxis. Vertrautheit mit der Welt und Vertrauen in andere sind gleichursprüngliche und nicht voneinander zu trennende Grundlagen der Lebenswelt. Sobald sich repräsentationale, sprachlich vermittelte Formen des Erkennens und Wissens entwickeln, gewähren sie uns ein erweitertes Verständnis der Welt und eröffnen damit auch die Möglichkeit des Zweifelns. Sie bleiben jedoch, wie der Zweifel letztlich auch, immer angewiesen auf die ursprüngliche Beheimatung, die unser Leib schon in der gemeinsamen Lebenswelt vollzogen

von Becchio et al. (2008) mit dem Ergebnis: „Converging evidence from behavioural neuroscience and developmental psychology strongly suggests that objects falling under the gaze of others acquire properties that they would not display if not looked at. (…) A conceptual analysis of available evidence leads to the conclusion that gaze has the potency to transfer to the object the intentionality of the person looking at it."

[7] Diese Unterscheidung geht zurück auf James (1890, 221ff.) und Russell (1910).

hat, bevor wir dessen gewahr wurden.

3) Verlust von Vertrauen und Vertrautheit in der Psychopathologie

Soweit einige Überlegungen zur Phänomenologie und Genese von Vertrautheit und Vertrauen. Für den Psychiater liegt es nun nahe, eine Vielzahl von psychopathologischen Phänomenen als Verlust von Vertrautheit und Vertrauen und damit als Formen der *Entfremdung* zu interpretieren. Ich gebe zwei erste Beispiele:

Die *Posttraumatische Belastungsstörung* nach einem lebensbedrohlichen Unfall, nach Vergewaltigung oder Folter hat ihre Wurzel nicht nur in der wiederkehrenden Erinnerung an das Ereignis, sondern immer auch in einer Erschütterung des Urvertrauens in die Welt: Das Trauma hat das Gefühl eines wehrlosen Ausgesetztseins, einer ubiquitären, atmosphärisch gespürten Bedrohung hinterlassen. „Wer der Folter erlag", schreibt Jean Améry, selbst Überlebender nationalsozialistischer Folter, „kann nicht mehr heimisch werden in der Welt. (…) Das zum Teil schon mit dem ersten Schlag, in vollem Umfang aber mit der Tortur eingestürzte Weltvertrauen wird nicht wiedergewonnen. (…) Der gemartert wurde, ist waffenlos der Angst ausgeliefert" (Amery 1997, 73). „Sofern überhaupt aus der Erfahrung der Tortur eine über das bloß Albtraumhafte hinausgehende Erkenntnis bleibt, ist es die einer großen Verwunderung und einer durch keinerlei spätere menschliche Kommunikation auszugleichenden Fremdheit in der Welt" (l.c, 72).

Ein verwandtes Beispiel stellt die *Posttraumatische Verbitterungsstörung* dar (Linden et al. 2004): Hier ist es die Enttäuschung der grundlegenden Annahme einer gerechten Welt, die die Betroffenen nicht zu bewältigen vermögen. Die erlittene Unbill, Schmach, Gewalt oder andere Form von Traumatisierung wird als ungerecht, beleidigend und demütigend erlebt, ohne dass die Möglichkeit einer Anerkennung und Wiedergutmachung des Unrechts besteht. Gefühle der Bitterkeit, Wut und Ohnmacht vergiften das Leben der Betroffenen. Mit Michael Kohlhaas gab Kleist die klassische Beschreibung eines Menschen, der das Vertrauen in die Gerechtigkeit verloren hat und sich entschließt, die Rache selbst in die Hand zu nehmen.

Doch ich will im Folgenden eine Erkrankung hervorheben, die wie keine andere als Verlust der intersubjektiven Konstitution lebensweltlicher Vertrautheit verstanden werden kann, nämlich die *Schizophrenie*. Zumal in den basalen und frühen Stadien der Krankheit erleben die Patienten einen allmählichen Verlust des impliziten Wissens, Könnens und Sich-Verstehens auf die Welt, das an das Medium des Leibes gebunden ist. Die neuere phänomenologische Psychopathologie hat dafür den Begriff der „Entkörperung" *(disembodiment)* geprägt (Stanghellini 2004, Fuchs 2005a). Sie besteht in einer schleichenden Entfremdung leiblicher Gewohnheiten und Handlungsabläufe, die gerade das Selbstverständliche und Alltägliche immer fragwürdiger erscheinen lässt. Wolfgang Blankenburg hat diese subtile Entfremdung in einer klassischen Fallstudie einer schizophrenen Patientin mit ihrem eigenen Ausdruck als „Verlust der natürlichen Selbstverständlichkeit" beschrieben:

> „Was fehlt mir eigentlich? So etwas Kleines, so komisch, etwas Wichtiges, ohne dass man aber nicht leben kann (…) Das ist wohl die natürliche Selbstverständlichkeit, die mir fehlt." – „Jeder Mensch muss wissen, wie er sich verhält, hat eine Bahn, eine Denkweise. Sein Handeln, seine Menschlichkeit, seine Gesellschaftlichkeit, alle diese Spielregeln, die er ausführt: Ich konnte sie bis jetzt noch nicht so klar erkennen. Mir haben die Grundlagen gefehlt." – „Mir fehlt eben, dass, was ich weiß, dass ich das auch im Verkehr mit anderen Menschen – so selbstverständlich (…) weiß. Das kann ich dann

eben nicht. Da ist mir vieles fremd. (...) Und auch ebenso die Denkarten, so das Einfache, das Einfachste. Jeder Mensch ist doch etwas. Jeder bewegt sich doch in einer Bahn. Das ist eben bci mir nicht der Fall" (Blankenburg 1971, 42f.).

Deutlich wird erkennbar, wie sich für die Patientin der *common sense*, das Grundgestein fragloser Gewissheiten zersetzt hat und das Selbstverständliche fragwürdig geworden ist. Sie weiß wohl, was sie zu tun hätte, aber sie „weiß es nicht zu tun", sie versteht sich nicht darauf, weil sich die Sache nicht mehr von selbst versteht. Das explizite *„Wissen, dass ..."* vermag das implizite *„Wissen, wie ..."* nicht zu ersetzen. Gerade solche Dinge werden für schizophrene Patienten zum Problem, so Blankenburg, „... die sich rational nicht eindeutig bestimmen lassen, die Sache des 'Feingefühls' sind" – welches Kleid man trägt, wie man jemanden anspricht, sich entschuldigt, usw. (l.c., 82). Der Verlust der Selbstverständlichkeit „... macht sich vor allem... in den unzähligen kleinen Verrichtungen des Alltags bemerkbar, ergreift aber darüber hinaus die gesamte Lebensorientierung" (l.c., 80). Er ist letztlich gleichbedeutend mit einer Störung der intersubjektiven Konstitution der Lebenswelt, die in Ansätzen bis die Kindheit zurückreichen kann, wie das folgende Beispiel eines schizophrenen Patienten illustriert:

> "Als ich klein war, beobachtete ich immer meine Cousinen, um zu verstehen, wann der richtige Moment zum Lachen war, oder wie sie es anstellten zu handeln, ohne vorher darüber nachzudenken… Seit meiner Kindheit versuche ich zu verstehen, wie die anderen funktionieren, und bin daher gezwungen, den *kleinen Anthropologen* zu spielen" (Stanghellini 2004, 115).

Den Patienten drängt sich gerade das als Problem auf, was der Gesunde schon gewohnt war, bevor er danach fragen konnte: wie es möglich ist, mit anderen umzugehen, zu handeln, zu leben. Es mangelt ihnen an dem impliziten Beziehungswissen, das von der frühen Kindheit an den intuitiven Umgang mit anderen leitet (Fuchs 2001). Die sozialen Kontakte erfordern daher ständige bewusste Anstrengungen, bleiben oft von Fremdheit und Misstrauen geprägt und münden häufig in einen autistischen Rückzug.

Entwicklungspsychologisch liegt es nahe anzunehmen, dass wir es mit einer in den ersten Lebensjahren veranlagten Unterminierung des Urvertrauens und der Einbettung in die Lebenswelt zu tun haben, letztlich beruhend auf einer (auch biologisch-genetisch mitbedingten) mangelnden Verankerung des Selbst in der Leiblichkeit. Wie wir sahen, vermittelt der Leib die praktischen Fähigkeiten des Umgangs mit anderen, des intuitiven sozialen Verstehens und Verhaltens vor dem Hintergrund der gemeinsamen Lebensformen. Die „natürliche Selbstverständlichkeit" ist damit nichts anderes als ein im Leib verankertes, implizites Wissen, das wir „mit der Muttermilch aufgesogen haben", und das dem alltäglichen Leben seine vertrauten Bahnen vorzeichnet. Diese Grundlage des leiblichen Zur-Welt- und Mit-anderen-Seins fehlt den Patienten.

Betrachten wir noch weitere Beispiele:

> „Ein Patient denkt über selbstverständliche Dinge nach: Warum ist das Gras grün, warum haben die Ampeln drei Farben?" (Parnas u. Handest 2003).

> „Zeitweise konnte ich nichts tun, ohne darüber nachzudenken. Ich konnte keinen Handgriff mehr machen, ohne dass ich denken musste, wie ich das mache. (...) Manchmal habe ich schon über Worte nachgedacht, warum jetzt ‚Stuhl' ‚Stuhl' heißt

zum Beispiel, oder solche Sachen" (de Haan & Fuchs 2010).

Auch hier erkennen wir den Verlust vertrauter Bedeutsamkeiten, die in eine grundlegende Fragwürdigkeit der Welt mündet. Die folgende Kasuistik (Bürgy 2003) gibt eine längere Entwicklung wieder:

> Ein 32-jähriger Patient berichtet, er sei im Alter von etwa 16 Jahren zusehends unsicherer geworden, ob seine persönlichen Dinge wirklich noch die eigenen oder insgeheim von anderen ausgetauscht worden seien. Wenn er sich z.B. Bücher kaufte, war er nicht mehr sicher, ob der Verkäufer sie nicht heimlich durch andere ersetzt hatte; so musste er sie weggeben und wieder neue kaufen. Wenn er Dinge auf seinem Schreibtisch liegen ließ, kamen ihm später Zweifel, ob sie nicht inzwischen ausgetauscht worden waren. Zusehends sei das Vertrauen in seine Umgebung verloren gegangen.

Die basale Selbstentfremdung manifestiert sich bei diesem Patienten zunächst in einem Misstrauen in die Zugehörigkeit seines Eigentums. Die Verlässlichkeit der persönlichen Dinge ist für ihn deshalb von existenzieller Bedeutung, weil die Kontinuität der äußeren Umgebung die gespürte Brüchigkeit der Selbstkohärenz kompensieren soll. Doch die Vertrautheit der Dinge lässt sich nicht mehr herstellen, und die persönliche Umgebung erscheint zunehmend entfremdet. Ich setze die Kasuistik fort:

> Während des Studiums, mit 21 Jahren, konnte er auch seinen eigenen Aufzeichnungen aus der Vorlesung nicht mehr trauen. Schließlich begann er zu zweifeln, ob seine eigenen Arme oder die von jemand anderem die Arbeit machten, mit der er gerade beschäftigt war. Er musste seine Arme sorgfältig von den Händen bis zum Körper verfolgen, um sicherzugehen, dass er selbst das sei, und habe immer wieder nach hinten gesehen, ob da nicht jemand anderes stand, der sie bewegte. Nun begann er die einfachsten Handlungen anzuzweifeln. Er brauchte endlos zum Anziehen, denn er musste die Kleider mehrmals berühren und seine Bewegungen ständig bewusst wiederholen, da er seinen Händen nicht mehr trauen konnte. Er wusste nicht mehr, ob er die Hosen richtig hielt, und in welcher Reihenfolge er die Kleider anziehen sollte. Jeder Handgriff sei nun zu einer Mathematikaufgabe geworden, über die er mit größter Konzentration habe nachgrübeln müssen. So blieb er in den alltäglichsten Abläufen stecken und geriet in zunehmende Verzweiflung (Bürgy 2003).

Wie sich zeigt, geht schließlich auch das Gefühl der Urheberschaft für die eigenen Bewegungen verloren, und die gewohnten Handlungseinheiten lösen sich auf. Das verkörperte, leibliche Wissen, *embodied knowledge* oder *knowledge by acquaintance,* hat sich zersetzt. Um den Verlust auszugleichen, muss der Patient jede Bewegung bewusst vorbereiten und ausführen, indem er seinen Körper wie ein äußeres Instrument benutzt. Doch selbst dann kann er noch nicht sicher sein, ob die Bewegung nicht von jemand anderem ausgeführt wurde. Das selbstverständliche leibliche Können geht verloren, und damit zerbricht auch der intentionale Bogen zielgerichteter Handlungen.

Bei der schizophrenen Patientin im letzten Fallbeispiel kommt es zu einer Entfremdung der Wahrnehmung selbst, einem Verlust des „Wahrnehmungsglaubens", der schließlich in einen Verfolgungswahn mündet:

> „Es kam mir immer unwirklicher vor, wie ein fremdes Land ... Dann kam mir die Idee, das ist doch gar nicht mehr deine alte Umgebung ... es könnte ja gar nicht mehr unser

Haus sein. Irgendjemand könnte mir das als Kulisse einstellen. Eine Kulisse, oder man könnte mir ein Fernsehspiel einspielen. ... Dann hab ich die Wände abgetastet ... Ich habe geprüft, ob das wirklich eine Fläche ist ...“ (Klosterkötter 1988, 64f.).

Die Entfremdung der Wahrnehmung lässt nur noch Kulissen bestehen, während wir sonst, wie im ersten Abschnitt beschrieben, wahrnehmend immer die Dinge selbst in ihrer Konstanz und Verlässlichkeit erfassen. Die fundamentale Erschütterung des Wirklichkeitsglaubens und der damit verknüpfte „ontologische Zweifel“ kann nur im Wahn aufgefangen werden: Die Patientin war schließlich überzeugt davon, dass eine Geheimdienstorganisation sie zu Versuchszwecken missbrauche und ihr über Strahlen Scheinbilder in das Gehirn projiziere.

Generell entwickelt sich der paranoide Wahn auf der Basis verlorenen Grundvertrauens und der Auflösung fragloser Gewissheiten – in der Atmosphäre des Unheimlichen, die Jaspers als „Wahnstimmung“ bezeichnete (Jaspers 1973, 82; Fuchs 2005b, 2010). Im Wahn wird die existenzielle, ja transzendentale Bedrohung des Selbst in die Sphäre innerweltlicher Bedrohungen, Intrigen projiziert und damit vermeintlich „durchschaubar“ gemacht. Das Abgründige erhält damit einen neuen Sinn – den Wahnsinn: Die Undurchschaubarkeit und Unheimlichkeit des Geschehens entspringt gerade einer verborgenen Absicht. An die Stelle des radikalen Zweifels der Wahnstimmung tritt die wahnhafte Gewissheit. Die erstarrte, keiner Korrektur durch den *common sense* mehr zugängliche Struktur des Wahnschemas ersetzt so den vertrauten Sinn der wahrgenommenen Welt. In der äußersten Bedrohung, so zeigt sich, kann das in der Oikeiosis mit der Welt vertraut gewordene Selbst sich nur noch um den Preis des Verlusts der gemeinsamen Welt erhalten.

4.Resümee

Ich habe die These entwickelt, dass die Vertrautheit mit der Welt und Vertrauen in andere gleichursprüngliche und nicht voneinander zu trennende Grundlagen der Lebenswelt darstellen. So wie wir über das Medium unseres Leibes mit Situationen und Gegenständen vertraut sind, die wir wahrnehmen oder handhaben, so beruht auch der alltägliche Umgang mit anderen auf einem basalen Vertrauen in die Konstanz und Verlässlichkeit der sozialen Welt, das sich als „Urvertrauen“ der „Urdoxa“ zur Seite stellen lässt. Beide beruhen auf einer ursprünglichen Erschließung der Welt, die ich als *Oikeiosis* beschrieben habe. Sie vollzieht sich in der frühen Kindheit in leiblichen und zwischenleiblichen Erfahrungen, wie sie die Säuglingsforschung im Einzelnen beschreibt. Eingebettet in die affektive Resonanz und Atmosphäre des Urvertrauens vermag das Kind sich auch die Welt vertraut zu machen. Wenn die Lebenswelt, in den Worten Husserls, das „Universum vorgegebener Selbstverständlichkeiten“ ist (Husserl 1976, 183), so liefert die Analyse der Prozesse verkörperter Interaktionen eine Theorie der Verankerung, Sedimentierung und Stabilisierung der Lebenswelt im Individuum, nämlich durch *knowledge by acquaintance* oder intersubjektiv konstituiertes Vertrautheitswissen.

In psychischen Erkrankungen ist das basale Vertrautsein und Vertrauen in unterschiedlicher Weise beeinträchtigt. Die tiefgreifendste Entfremdung erfahren Patienten in der Schizophrenie, die als „Verlust der natürlichen Selbstverständlichkeit“ alle Bereiche des Erlebens erfassen kann und im Wahn schließlich zu einer Auflösung der intersubjektiven Konstitution der Lebenswelt führt. Was Vertrautheit und Vertrauen auf einer existenziellen Ebene bedeuten, können wir wohl nirgends so deutlich erkennen wie an der Schizophrenie, in der das Subjekt in seinem Leib und in der gemeinsamen Welt nicht mehr zuhause ist.

■ ■ ■

Literatur:

Améry, J. (1997) Jenseits von Schuld und Sühne. Bewältigungsversuche eines Überwältigten. Klett-Cotta, Stuttgart.

Bayliss, A.P., Frischen, A., Fenske, M.J., Tipper, S.P. (2007) Affective evaluations of objects are influenced by observed gaze direction and emotional expression. Cognition 104: 644-653.

Becchio, C., Bertone, C., Castiello, U. (2008) How the gaze of others influences object processing. Trends in cognitive sciences 12: 254-258.

Bees, R. (2004) Die Oikeiosislehre der Stoa. I. Rekonstruktion ihres Inhaltes. Königshausen & Neumann, Würzburg.

Bergson, H. (1991) Materie und Gedächtnis. Eine Abhandlung über die Beziehung zwischen Körper und Geist. Übs. von J. Frankenberger. Felix Meiner, Hamburg.

Bichsel, P. (1997) Kindergeschichten. Suhrkamp, Frankfurt am Main.

Biran, M. de (1953) Influence de l'habitude sur la faculte de penser. Paris: PUF.

Blankenburg, W. (1971) Der Verlust der natürlichen Selbstverständlichkeit. Ein Beitrag zur Psychopathologie symptomarmer Schizophrenien. Enke, Stuttgart.

Bowlby, J. (1969) Attachment and Loss. Vol. 1: Attachment. Hogarth, London. (dt. Bindung – Eine Analyse der Mutter-Kind-Beziehung. Kindler, München 1982).

Bürgy, M. (2003) Zur Phänomenologie der Verzweiflung bei der Schizophrenie. Zeitschrift für klinische Psychologie, Psychiatrie und Psychotherapie 51: 1-16.

Casey, E. S. (1984). Habitual body and memory in Merleau-Ponty. Man and World, 17, 279–297.

de Haan, S., Fuchs, T. (2010) The ghost in the machine: Disembodiment in schizo-phrenia. Two case studies. Psychopathology 43: 327-333.

Endreß, M. (2002) Vertrauen. Transcript-Verlag, Bielefeld.

Erikson, E. H. (1950) Kindheit und Gesellschaft. Klett, Stuttgart.

Fonagy, P., Allison, E. (2014) The role of mentalizing and epistemic trust in the therapeutic relationship. Psychotherapy 51: 372.

Forschner, M. (2008) Oikeiosis. Die stoische Theorie der Selbstaneignung. In: Neymeyr, B., Schmidt, J., Zimmermann, B. (Hrsg.) Stoizismus in der europäischen Philosophie, Literatur, Kunst und Politik: eine Kulturgeschichte von der Antike bis zur Moderne, Vol. 1, S. 169–192. De Gruyter, Berlin New York.

Fuchs, T. (2000) Leib, Raum, Person. Entwurf einer phänomenologischen Anthropologie. Klett-Cotta, Stuttgart.

Fuchs, T. (2001) The tacit dimension. Commentary to W. Blankenburg's "Steps to-wards a psychopathology of common sense". Philosophy, Psychiatry & Psychology 8: 323-326.

Fuchs, T. (2005a) Corporealized and disembodied minds. A phenomenological view of the body in melancholia and schizophrenia. Philosophy, Psychiatry & Psycholo-gy 12: 95-107.

Fuchs, T. (2005b) Delusional mood and delusional perception – A phenomenological analysis. Psychopathology 38: 133-139.

Fuchs, T. (2008). Das Gedächtnis des Leibes. In: Ders., Leib und Lebenswelt. Neue philosophisch-psychiatrische Essays, S. 37-64. Die Graue Edition, Kusterdingen.

Fuchs, T. (2010) Das Unheimliche als Atmosphäre. In: K. Andermann, U. Eberlein (Hrsg.) Gefühle als Atmosphären. Neue Phänomenologie und philosophische Emotionstheorie, S. 167-182. Akademie Verlag, Berlin.

Fuchs, T. (2012) The phenomenology of body memory. In: Koch, S., Fuchs, T., Summa, M., Müller, C. (Hrsg.) Body Memory, Metaphor and Movement, S. 9-22. John Benjamins, Amsterdam.

Fuchs, T. (2016) Self across time: The diachronic unity of bodily existence. Phenomenology and the Cognitive Sciences 15 (in press).

Hirshberg, L. M., Svejda, M. (1990) When infants look to their parents: I. Infants' social referencing of mothers compared to fathers. Child Development 61: 1175-1186.

Hornik, R., Risenhoover, N., Gunnar, M. (1987) The effects of maternal positive, neutral, and negative affective communications on infant responses to new toys. Child Development 58: 937-944.

Husserl, E. (1939) Erfahrung und Urteil. Untersuchungen zur Genealogie der Logik. Hrsg. L. Landgrebe. Academia, Prag.

Husserl, E. (1950) Ideen zu einer reinen Phänomenologie und phänomenologischen Psychologie. I. Allgemeine Einführung in die reine Phänomenologie. Husserliana Bd. III/1. Nijhoff, Den Haag.

Husserl, E. (1952) Ideen zu einer reinen Phänomenologie und phänomenologischen Philosophie II. Phänomenologische Untersuchungen zur Konstitution. Husserliana Bd. IV. Nijhoff, Den Haag.

Husserl, E. (1974) Formale und transzendentale Logik. Husserliana Bd. XVII. Nijhoff, Den Haag.

Husserl, E. (1976b) Die Krisis der europäischen Wissenschaften und die transzendentale Phänomenologie. Husserliana Bd.

VI. Nijhoff, Den Haag.
James, W. (1890) The Principles of Psychology. Vol. I. Henry Holt and Company, New York.
Klosterkötter, J. (1988) Basissymptome und Endphänomene der Schizophrenie. Sprin-ger, Berlin Heidelberg New York.
Linden, M., Schippan, B., Baumann, K., Spielberg, R. (2004) Die posttraumatische Verbitterungsstörung (PTED). Abgrenzung einer spezifischen Form der Anpassungsstörungen. Nervenarzt. 75: 51–57.
Luhmann, N. (2001) Soziale Systeme. 11. Auflage (1. Auflage 1984), Suhrkamp, Frankfurt am Main.
Merleau-Ponty, M. (1964/1986) Das Sichtbare und das Unsichtbare. Hg. und mit einem Nachwort versehen von Claude Lefort, übers. von Regula Giuliani und Bernhard Waldenfels. München: Fink.
Parnas, J., Handest, P. (2003) Phenomenology of Anomalous Self-Experience in Early Schizophrenia. Comprehensive Psychiatry 44: 121–34.
Portmann, A. (1944) Biologische Fragmente zu einer Lehre vom Menschen. Schwabe, Basel.
Russell, B. (1910) Knowledge by Acquaintance and Knowledge by Description. Proceedings of the Aristotelian Society (New Series), Vol.XI, S.108-128.
Stanghellini, G. (2004) Disembodied spirits and deanimatied bodies: The psychopa-thology of common sense, Oxford: Oxford University Press.
Stern, D. N. (1998a) Die Lebenserfahrungen des Säuglings, 6. Aufl. Klett-Cotta, Stuttgart.
Stern, D. N. (1998b) The process of therapeutic change involving implicit knowledge: Some implications of developmental observations for adult psychotherapy. Infant Mental Health Journal 19: 300-308.
Tomasello, M. (2002) Die kulturelle Entwicklung des menschlichen Denkens. Zur Evolution der Kognition. Suhrkamp, Frankfurt am Main.
Tronick, E. Z. (2003) Things still to be done on the still-face effect. Infancy 4: 475-482.
Tronick, E. Z., Cohn, J. F. (1989) Infant-Mother Face-to-Face Interaction: Age and Gender Differences in Coordination and the Occurrence of miscoordination. Child Development 60: 85-92.
Wittgenstein, L. (1970) Über Gewissheit. Suhrkamp, Frankfurt am Main. (Originalschrift: On Certainty, hrsg. G. E. M. Anscombe, G. H. v. Wright, Oxford 1969)

DIE AFFEKTION IN DEN *C-MANUSKRIPTEN* —EINE UNTERSUCHUNG DES OBJEKTIVIERENDEN AKTS

Ying-Chien Yang[1]

Zusammenfassung:

Objektivierung ist eine zentrale Funktion der Intentionalität. In den *Logischen Untersuchungen* wird die Intentionalität des Gefühles als ein nicht-objektivierender Akt gehalten. Freude sowie Trauer haben eine Bedeutung, sind aber nicht fähig zur Vorstellung des Gegenstandes. Die Wertintentionalität muss stattdessen in einem objektivierenden Akt fundiert werden. In den *Logischen Untersuchungen* werden die intentionalen Charaktere der verschiedenen Akte und das Fundierungsverhältnis der Akte untersucht. Im Vergleich dazu, können wir durch die genetische Analyse den genetischen Ursprung der Objektivierung in der Stufe der Rezeptivität untersucht. Darin können wir herausfinden, dass die drei Momente, und zwar den hyletischen Empfindungsdaten, der Gefühlsaffektion und der Kinästhese, bereits bei der zuwendenden Objektivierung ins Zusammenspiel beitreten. Während die statisch-phänomenologische Methode das Fundierungsverhältnis des fühlenden (nicht-objektivierenden) Akts auf dem vorstellenden (objektivierenden) Akt untersucht, stehen die doxischen, fühlenden und wollenden Motivationsfaktoren in der genetischen Analyse bereits in der Stufe der Objektivierung im Vordergrund. In diesem Aufsatz werde ich die Genesis des Gerichtet-seins, bzw. die des ‚Bewusstseins von etwas', entsprechend der drei Momente darlegen und zeigen, wie eine solche passive Intention mit Streben und affektivem Interesse zusammenhängt.

Schlüsselwörter: Affektion, Gefühl, Kinästhese, Motivation, Objektivierung

■■■

Einleitung

Objektivierung ist eine zentrale Funktion der Intentionalität. In den *Logischen Untersuchungen* ist der objektivierende Akt eine Hauptgattung des intentionalen Aktes, dessen Struktur aus Aktmaterie, Aktqualität und Fülle besteht. Das Gefühl hat auch sein sich auf den Gegenstand beziehendes intentionales Wesen. Die Intentionalität des Gefühles ist aber ein nicht-objektivierender Akt. Freude sowie Trauer haben eine Bedeutung, sind aber nicht fähig zur Vorstellung des Gegenstandes. Die Wertintentionalität muss stattdessen in einem objektivierenden Akt fundiert werden. In den *Logischen Untersuchungen* werden die intentionalen Charaktere der verschiedenen Akte und das Fundierungsverhältnis der Akte untersucht.

In Erfahrung und Urteil unterscheidet Husserl „zwei Stufen der objektivierenden Leistungen", einerseits ist die Objektivierung in der Stufe der rezeptiven Erfahrung, andererseits ist die in der Stufe der prädikativen Spontaneität.[2] Viele Untersuchungen in Erfahrung und Urteil sind von der

[1] Dr., National Tsing-Hua University, Institute of Philosophy, yepyoung@gmail.com

[2] Husserl, Edmund, *Erfahrung und Urteil*, Hrsg. Landgrebe, Ludwig, Hamburg: Meiner, 1999, S. 239.

genetisch-phänomenologischen Methode geprägt. Durch die genetische Analyse können wir den genetischen Ursprung der Objektivierung in der Stufe der Rezeptivität[3] untersucht. Darin können wir herausfinden, dass die drei Momente, und zwar den hyletischen Empfindungsdaten, der Gefühlsaffektion und der Kinästhese, bereits bei der zuwendenden Objektivierung ins Zusammenspiel beitreten.[4] Während die statisch-phänomenologische Methode das Fundierungsverhältnis des fühlenden (nicht-objektivierenden) Akts auf dem vorstellenden (objektivierenden) Akt untersucht, stehen die doxischen, fühlenden und wollenden Motivationsfaktoren in der genetischen Analyse bereits in der Stufe des objektivierenden Akts im Vordergrund.

In diesem Aufsatz werde ich die Genesis der „passiven Intention"[5] entsprechend der drei Momente darlegen und zeigen, wie die Genesis des Gerichtet-sein, bzw. das Bewusstsein von etwas, das bloße Meinen ist und wie solche passive Intention mit Streben und affektivem Interesse zusammenhängt. Mit anderem Wort ist die Affektionsstruktur im wahrnehmenden Akt hier darzulegen.

Im ersten Teil des Aufsatzes werde ich den Zusammenhang zwischen der Objektivierung und dem Horizont erklären. Ich werde erklären, wieso die Wesensgesetzmäßigkeit des Bewusstseinslebens wichtig für unsere Struktur des Kennens und den Kenntniserwerb ist. Im zweiten Teil werde ich die Beziehung zwischen der Affektion und dem Interesse darlegen. Im dritten Teil werde ich die Affektion und die Kinästhese von den *C-Manuskripten* darstellen, und im vierten Teil die Gefühlsaffektion und den Instinkt. Ich versuche zu erörtern, wie die Affektion zum objektivierendem Akt beiträgen kann. Im vierten Teil möchte ich zusammenfassend darauf hinweisen: im genetischen Kontext, wenn wir das Leben der Intention hinsichtlich seinen hyletisch-gefühlsmäßig-kinästhetischen Momenten berücksichtigen, ist die kennende Tätigkeit gleichzeitig auch eine praktische Tätigkeit. Im fünften Teil behandele ich kurz die Debatte zur Lehre des Fundierungsverhältnisses.

1. Die Objektivierung und der Horizont im genetischen Kontext

In Erfahrung und Urteil ist die Objektivierung in der vorprädikativen Erfahrungsstufe der Rezeptivität betrachtet. In der genetischen Phänomenologie hängt die Explikation vom Substrat und Bestimmungen wesentlich mit dem vorgezeichneten Horizont der Unbestimmtheiten zusammen. Die leeren Bestimmungen werden im explikativen Prozess zu dem gleichen Substrat immer näher bestimmt. Jede neue Stiftung der Kenntnisnahme wird zum bleibenden Besitz des Subjekts. Durch Aufweckung wird das Sediment wieder reaktiviert und wieder erkennbar. Die Gegenstandsauffassung im genetisch-phänomenologischen Kontext spielt immer mit dem Horizont der vorangegangenen Erfahrungen der Subjektivität zusammen. Die vorgezeichnete leere Vorstellung ist in der antizipierenden Vorerwartung durch Rückerinnerung möglich.

Die Wesensbedingung des Bewusstseinsstroms ist deshalb wichtig, zu erklären, wie der Erkenntniserwerb in der Herabsinkung der Sedimentierung möglich ist, und wie das Sediment wieder

[3] Die Passivität ist bei Husserl kein absoluter Begriff, der von der Aktivität getrennt ist, sondern im Faktischen ist die Passivität immer mit der Aktivität verflochten. Der Ichpol ist auch ein Zentrum vom Zusammenspiel von Affektion und Aktion. Die Affektion ist schon die niederigste Stufe der Aktivität.

[4] Vgl. Walton, Roberto (2017), "Horizonality and Legitimation in Perception, Affectivity, and Volition", in: Walton, R./Taguchi, S./ Rubio, R. (Hrsg.), *Perception, Affectivity, and Volition in Husserl's Phenomenology*, Springer, S. 3–20, S. 3; Vargas Bejarano, Julio C. (2006), *Phänomenologie des Willens. Seine Struktur, sein Ursprung und seine Funktion in Husserls Denken,* Berlin: Peter Lang, S. 244 f.

[5] Hua XI, Husserl, Edmund. 1966. *Analysen zur passiven Synthesis. Aus Vorlesungs- und Forschungsmanuskripten 1918–1926* , ed. Margot Fleischer. Den Haag: Martinus Nijhoff, S. 89.

in der Gegenwart auftauchen kann. Das Bewusstseinsleben, das Wesensgesetz der Subjektivität, und zwar die affektive Weckung und die assoziative Reproduktion, sind besonders hinsichtlich ihrer Funktion in dem Erkenntniserwerb und den weiteren Urteilsaktivitäten wichtig. In diesem Zusammenhang nennt Husserl das Bewusstseinsleben auch „Erkenntnisleben", oder „Leben des Logos".[6]

Die vorgezeichnete unbestimmte leere Intention ist nach der Wesensgenesis des Werdens der „notwendigen Folge"[7] passiv erwachsende, die nicht vom Ich aktiv gestiftet ist.[8] Solche durch den Horizont geweckte Leervorstellung ist eine spezifische Intention, die nicht ein vorstellendes Bewusstsein im normalen Sinn ist, weil die Intention der inhaltlichen Bestimmung noch nicht erfüllt ist. Vielmehr ist die leere Intention „intendierend"[9] und auf den Gegenstand gerichtet. Die Richtungsstruktur der passiven Intention hat einen total anderen Sinn als ein Ich-Akt, in dem das Ich als der Ausstrahlungspunkt des Aktes die intentionale Richtung auf den Gegenstand vollzieht. Die passiv intendierende Vorstellung gewinnt aber ihre gegenständliche Richtungsstruktur durch die assoziative Weckung.

Das Gerichtet-sein der passiven Intention ist „tendenziös" und „von vornherein als Tendenz, als ein Streben auf eine Befriedigung hinauswill".[10] Die synthetische Einheit ist nicht bloß eine Vorstellung, sondern betritt ein durchgehendes Streben.[11] Das Leben der passiven Intention will nicht einfach als leer bleiben, sondern hat ein „tendenziöses Fortstreben zu immer neuen Gegebenheitsweisen".[12]

Wir können ein paar Beispiele für die leere Vorstellung nennen. Wie wir vom unvollständigen sinnlichen Leitfaden zu einer Auffassung eins Gegenstands gelangen.

Ein Geräusch in der neuen Wohnung, das mir noch unbekannt ist. Aber das Gehalt des Geräuschs impliziert den kinästhetischen Abstand zu mir, und nach den Geräusch antizipiere ich mit der vorangegangenen Erfahrung, wie es sein könnte, aus welcher Art vom Maschinen oder welchem Stoff. Auch das bekannte Beispiel von Gestalttheorie. Es ist ein Bild als eine Ganze aber darin kann verschiedener Gegenstand aufgefasst werden, je nachdem wie man die sinnliche Linien und Konturen auffasst. Manchmal ist ein davon nicht so einfach zu erkennen, z. B. das Bild von einer jungen und alten Frau, so dass man die Hilfe aus vorangegangenen Erfahrungen braucht, zu antizipieren, was ein Mensch aussehen würde.

2. Die Affektion und das Interesse

Die Affektion ist einen wesentlichen Moment für die Konstitution der Gegenständlichkeit. Die Affektion ist laut Husserl so grundlegend, so dass „ohne sie überhaupt keine Gegenstände" wären.[13] Auf die affektive Kraft reagiert das Ich mit der Zuwendung und steigt nach seinem Interesse weiter in die Erfassung und Explikation usw. ein. Die Affektion und die Abwandlung der Ich-Zuwendung sind nach Husserl die „Grundformen der Vergegenständlichung".[14]

---

[6] Hua XI, S. 64.
[7] Hua XI, S. 339.
[8] Hua XI, S. 76.
[9] Hua XI, S. 76.
[10] Hua XI, S. 83.
[11] Hua XI, S. 84.
[12] EU, S. 93.
[13] Hua XI, S. 164.
[14] Hua XI, S. 162.

Die formale Wesensbedingung der Affektion ist eine Abhebung gegen den homogenen Hintergrund. Nur Abhebung als „Unterbrechung in der Form des ‚absolut glatten'" Hintergrund ermöglicht die eigentliche Affektion.[15] Die „Affektion setzt vor allem Abhebung voraus" und ist eine „Funktion des Kontrastes".[16] Die Affektion kann auch in den vergessenen lebendiglosen Fernhorizont der Vergangenheit fortpflanzt und ihre Kraft verteilt. Eine Rückstrahlung der affektiven Kraft kann dem inhaltsarmen Leerbewusstsein dazu befähigen, das vernebelte Gehalt identifizierend wieder zu reaktivieren.[17]

Innerhalb der Gegenwart sind manche Daten wirksamer, manche minder. Husserl benutzt ein geographisches Wort, das „affektive Relief", den Gradunterschied der Lebendigkeit zu beschreiben.[18] Das affektive Relief kann „sich je nachdem im Wandel der lebendigen Gegenwart stärker herauswölben " oder „mehr abflachen".[19] Die Gegenwartsgegenstände können „an Bewusstseinslebendigkeit, an affektiver Kraft zunehmen" oder „abnehmen".[20] Die Lebendigkeit der Daten ist nicht nur von der Intensität der Stärke der Daten abhängig. Vielmehr hängt die Lebendigkeit der Affektion auch mit dem Interesse und Gefühl zusammen. Husserl meint, dass der uns zugewendete Gegenstand in der Affektion „unser Gefühl berührt, dass er uns wert ist".[21] Solches Interesse ist ein positives Gefühl bei der Affektion.

Die Fortpflanzung der affektiven Weckung ist im Werden der Genesis motiviert. Wegen der Beschränkung auf das Wesensgesetz der Genesis des Bewusstseinsstroms hat Husserl in den Analysen zur passiven Synthesis nur darauf hingewiesen: „Vielleicht die wirksamste Motive" sind „Interessen im weiten" Sinn, „ursprüngliche oder schon erworbene Wertungen des Gemüts, instinktive oder schon höhere Triebe usw.".[22] Die Weckung, „von der affektiven Kraft des Erst-Geweckten zehrend", kann „eventuell auch durch Erregung von Gemütsinteressen usw. erhöht".[23] Die „affektive Kraft ist nicht eine bloße Funktion der Größe der Abhebung. Sie hängt auch ab vom Interesse des Ich".[24] Die Interessenkraft wird auch mit der Übertragung der affektiven Kraft verteilt.

In Erfahrung und Urteil und Analyse zur passiven Synthesis wird die Affektion durch eine Abstraktion dargestellt.[25] Die „Bekanntheitsqualitäten, Vertrautheiten"[26] und die „hinausgreifenden Apperzeptionen", die „im Weltleben erworbenen Erkenntnissen" sowie die „ästhetischen und praktischen Interessen"[27] sollen für eine systematische Genesis der Wesensgesetzmäßigkeit abstrahiert werden.[28] In Analyse zur passiven Synthesis wird vor allem die Wesensbedingung der affektiven Weckung fokussiert. In den C-Manuskripten können wir mehr Zusammenhänge zwischen der Affektion, der Kinästhese, dem praktischen Interessen und dem Instinkt zur Neugier und Bekanntheit usw. finden.

---

[15] Hua XLII, Husserl, Edmund. 2014. *Grenzprobleme der Phänomenologie.* Hrsg. R. Sowa und T. Vongehr. Dordrecht: Springer, S. 26.
[16] Hua XI, S. 149.
[17] Hua XI, S. 173.
[18] Hua XI, S. 168.
[19] Hua XI, S. 168.
[20] Hua XI, S. 168.
[21] EU, S. 91.
[22] Hua XI, S. 178.
[23] Hua XI, S. 182.
[24] Hua XLII, S. 43.
[25] Hua XI, S. 150.
[26] EU, S. 74-75.
[27] Hua XI, S. 150.
[28] In diesem Zusammenhang sagt Husserl, dass die sinnlichen Gefühle wie die Lust, der Instinkt und der Trieb auch zusammen betrachtet werden können (Hua XI, S. 150), aber er hat diese Möglichkeit in den Vorlesungsmanuskripten der transzendentalen Logik nicht ausführlich behandelt.

3. Die Gefühlsaffektion und die Kinästhese in den *C-Manuskripten*

Für Husserl ist „das Leben" immer „schon ein Interessenleben".[29] Das Leben ist „ursprünglich geleitet vom Instinkt" und „Interesse".[30] Das Interesse bietet Motiv für die Zuwendung. Wie ist genau das Geschehen des Affiziert-Werdens? Wie „appelliert es an das Ich"[31]? Was motiviert die Zuwendung des Ich? Das sinnliche Gegebene kann das Ich „anziehen" oder „abstoßen". Wenn das Ich positiv affiziert ist, richtet das Ich sich im „genießenden Begehren" auf den Gegenstand.[32] In diesem Zusammenhang bedeutet das Interesse das „Dabeisein (inter-esse) des Ich".[33] Die Zuwendung des Ich, gleichgültig dem Gegebene in der Gegenwart oder dem geweckten niedergeschlagenen Sinne, besagt: „Ich leiste Folge, und nun bin ich dabei".[34] Die „Affektion verwirklicht sich in der genießenden Form".[35]

Bei Husserl gibt es auch verschiedene Stufe der Interessen zu finden. Das „erfahrende Interesse" ist das „unterste, allfundierende Interesse".[36] Husserl nennt solches Interesse die „ursprüngliche und immer weiter fungierende Neugier".[37] Das allgemeine Interesse, bzw. das Interesse an das bloße „Dies-da" und seine Kenntnis, fundiert die anderen höheren Seinsinteresse, z. B. das wertende oder das theoretische Interesse.[38] Neugier ist nach Husserl auch ein „Lustgefühl", also die Lust am Dabei-Sein im ichlichen Zustand des Genusses.

Die hyletischen Daten haben selbst keinen Lustcharakter, also ob die Lust ein ichfremdes Datum wäre[39], sondern „das Gefühl ist schon ichlich".[40] Die Gefühlsaffektion ist ein „Mich-Ansprechen" (Hua Mat VIII, S. 324), ein „fühlendes Dabei-Sein des Ich" (Hua Mat VIII, S. 351). Das Ich antwortet oder reagiert mit einer Zuwendung, einem niederstufigen Ich-Tun.

Affektion steht in einem engen Motivationszusammenhang mit Kinästhese. Die Kinästhese bezeichnet sich als ein System der freien Bewegungsmöglichkeiten, und zwar einen „Horizont der Freiheit".[41] Husser meint, dass die Kinästhese in einer anderen eigenen Weise als die Empfindungsdaten abläuft. Die Empfindungsdaten laufen nach dem Wesensgesetz der affektiven Weckung ab, während die Kinästhese „als mir frei verfügbar" und sogar „als ursprünglich subjektive Realisation" verläuft. Der Horizont ist „ein praktischer kinästhetischer Horizont".[42] Hinsichtlich des kinästhestischen Könnens ist das Ich frei; das I[43]ch ist aber auch angesichts der Erscheinungen „nicht frei".[44] Wenn das Ich eine Linie im freien System des „Ich bewege mich" realisiert, sind die kommenden Erscheinungen auch im Voraus vorgezeichnet. Die Vorauszeichnung der Erwartung auf das Kommende ist keine beliebige Ausmalung, sondern ein aus der Wesensmäßigkeit des Bewusstseinsstroms eine notwendige.

---

[29] Hua Mat. VIII Husserl, Edmund. 2006. *Später Texte über Zeitkonstitution (1929-1934): Die C-Manuskripte*. Hrsg. Dieter Lohmar. Dordrecht, S. 252.
[30] Ibid.
[31] Hua Mat VIII, S. 319.
[32] Hua Mat VIII., S. 319.
[33] EU, S. 93.
[34] Hua Mat VIII, S. 319.
[35] Hua Mat VIII, S. 259.
[36] Hua Mat VIII, S. 325.
[37] Ibid.
[38] Ibid.
[39] Hua Mat VIII, S. 324.
[40] Hua Mat VIII, S. 351.
[41] Hua XI, S. 15.
[42] Hua XI, S. 15.
[43] Hua XI, S. 15.
[44] Hua XI, S. 15.

Die realisierende und praktische Dimension der Kinästhese können wir durch den instinktiven Trieb sehen. Der instinktive Trieb ist eine Vorform des Vorhabens. Die kinästhestische Hyle ist „ein instinktiver Verlauf".[45] Solcher Verlauf ist ein „ichlicher und kontinuierlicher Verlauf in Intention".[46] Der Instinkt wirkt sich in der Kinästhese aus.[47] In der kinästhetischen Bewegung kann das Ich wach sein. Das Ich hat in diesem instinktiven Verlauf sein Streben nach der Lustbefriedigung, in dem „er selbst als Telos" ist.[48] In diesem Kontext sagt Husserl auch, dass „jede kinästhetische Sphäre für sich ein instinktiver Zusammenhang ist"[49] Deshalb kann die Kinästhese als Tun-Können sich als die niedrigste Stufe der Praxis.[50]

4. Der Instinkt der Neugier und der Wiederholung

Das instinktive Streben ist auch ein wesentliches Moment der Affektion.[51] Es gibt verschiedene Arten des Instinkts, etwa einen Instinkt bezogen auf Nahrungsmittel, auf Sozialisierung usw. Ich möchte hier den Instinkt der Neugier und den Instinkt der Wiederholung erörtern, denn diese beiden Arten des Instinkts in den C-Manuskripten meiner Meinung nach einen engen Zusammenhang zur Weckungsstruktur der Affektion haben. Das Ich ist oft entweder durch lustvolle, interessante Objekte oder durch bekannte, vertraute Eigenschaft eines Objekts aufgeweckt.

Erstens hängt die Neugier als primitiver, auf das Sein des Seienden gerichteter Instinkt mit dem Streben nach neuer Erfüllung zusammen. Die Neugier ist für die spätere Entwicklung der Spontaneität eine wichtige, in der passiven Erfahrung verborgene Urform des Erkenntnisinteresses. Das Interesse an der Erfüllung in der rezeptiven kenntnisnehmenden Erfahrung und das Erkenntnisinteresse an der Feststellung des urteilsmäßigen Denkens spielen zentrale Rolle bei der transzendentalen Logik in Erfahrung und Urteil. Zweitens bezieht sich der Instinkt der Wiederholung in der Konstitution der Bekanntheit auf die Triebkraft der Gestaltung des Erfahrungserwerbs. Der Instinkt der Wiederholung betrifft auch die Konstitution der Umwelt.

Gehen wir zuerst auf die Neugier ein. Neugier ist nach Husserl ein „Lustgefühl" auf das Seiende.[52] Das Ich freut sich, wenn die leere Erwartung über einen neuen Gegenstand aus Neugier erfüllt wird. Neugier ist eine genießende Lust am Seienden. Während die Unlust zur Entfernung motiviert, animiert die Neugier zum Streben nach dem Dies-da und nach Kenntnis des Seienden. Husserl nennt die Neugier das „instinktive Seinsinteresse".[53] Er unterscheidet verschiedene Arten des Interesses in verschiedenen Stufen. In den C-Manuskripten meint er, dass Neugier als „ursprüngliche[ ] und immer weiter fungierende[ ]" das „unterste, allfundierende Interesse" sei.[54] Solches Seinsinteresse, als ein bloß das Seiende erfahrendes, fundiert weitere, höhere Interessen wie das axiologische Wertinteresse an z. B. Schönheit oder Hässlichkeit. Das bloße Seinsinteresse wird eingeschränkt, wenn andere, praktische Interessen wie Brauchbarkeit oder Nützlichkeit ins Spannungsfeld einwirken und, überwiegend, sich verwirklichen. Aber das Seinsinteresse selbst stammt nicht aus theoretischer

---

[45] Hua Mat. VIII, S. 327.
[46] Hua Mat. VIII, S. 327.
[47] Hua Mat VIII, S. 328.
[48] Hua Mat VIII, S. 328.
[49] Hua Mat VIII, S. 328.
[50] Lee (1993), S. 89.
[51] Bower argumentiert dafür, dass die Theorie der Affektion eigentlich eine Theorie des Instinkts sei: Bower, Matt E.M. (2014), „Husserl's Theory of Instincts as a Theory of Affection", in: *Journal of the British Society for Phenomenology* 45(2), 133–147.
[52] Hua Mat. VIII, S. 324.
[53] Hua Mat VIII, S. 324–325.
[54] Hua Mat VIII, S. 325.

Einstellung. Husserl erörtert, dass das theoretische Interesse mit der Neugier beginne.[55] Die Neugier des Seinsinteresses ist ursprünglicher als das Erkenntnisinteresse.

Die Neugier gehört zur untersten Stufe der Natur. Sie fungiert als Tendenz in einem objektivierenden, fundierenden Akt. In den Analysen zur passiven Synthesis erörtert Husserl, dass die äußere Wahrnehmung ständig nach dem strebe, was das über das Gesehene „Hinausreichende[]" ist.[56] Er sagt: „Die äußere Wahrnehmung ist eine beständige Prätention, etwas zu leisten, was sie ihrem eigenen Wesen nach zu leisten außerstande ist".[57] Meines Erachtens kommt das strebende Motiv für die „Bereicherung"[58] der Gegebenheitsweisen des gegenständlichen Selbst aus dem Interesse der Neugier. Aus ihr treibt die Tendenz immer weiter fort, zu den zwar mitgegebenen, aber nicht originär gegebenen Erscheinungen.[59] In der assoziativ geweckten leeren Erwartungsintention entfaltet sich die Tendenz auf das „erfahrende Selbsterschauen", auf das „Erfahren selbst".[60] „So geht die Tendenz der Zuwendung weiter als Tendenz auf vollkommene Erfüllung".[61]

Obwohl der Instinkt der Neugier in Erfahrung und Urteil und den Analysen zur passiven Synthesis kaum erwähnt wird, lässt sich, auch wie oben gezeigt, die Wirkung der Neugier als gründliches Interesse dort gut aufweisen. Husserl sagt: „In der Auswirkung seines [des Interesses] tendenziösen Fortstrebens zu immer neuen Gegebenheitsweisen desselben Gegenstandes kommt die konkrete Wahrnehmung zustande".[62] Das tendierende Streben nach weiteren Erfüllungen lässt sich auch durch den Charakter des ‚Will-darauf-Hinaus' der Neugier sehr gut erklären. Der Instinkt ist „sich in allem Aktleben auswirkend" und treibt immer nach neuer Erfüllung: „worauf das Ich ‚hinauswill'".[63]

Die Neugier als ein Interesse wirkt auf die kinästhetische Tendenz, m. a. W. das tendierend-verwirklichende Tun des Ich, gerichtet darauf, den Wert der Affektion zu verwirklichen. Eine ungehemmte Erfüllung bietet dann ein „Gefühl der Befriedigung".[64] Die drei Faktoren Emfindung, Gefühlsaffektion und Kinästhese hängen in der Zuwendung dynamisch miteinander zusammen. Das Ich ist affektiv durch die Abhebung zum Gerichtetsein gereizt; das geweckte Interesse motiviert dann in der Zuwendung zum kinästhetischen Tun. Die Abhebungen im Horizont sind dabei wegen der kinästhetischen Verläufe in ständiger Abwandlung. „Der hyletisch-gefühlsmäßig-kinästhetische Prozess ist [...] als instinktiver ein Strebensprozess".[65]

Nun zur zweiten Art des Instinkts, dem Instinkt der Wiederholung. Neben der Neugier ist auch das instinktive Interesse an Wiederholung relevant für die passive Genesis in der Erfahrung, weil es sich wesentlich auf die Gestaltung der Sedimentation des Erfahrungserwerbs bezieht. Die instinktive Wiederholung entspricht der Konstitution der Bekanntheit durch Verähnlichung der Assoziation.

In der genetischen Analyse steht jeder Gegenstand im „Horizont einer typischen Vertrautheit und

[55] Hua Mat VIII, S. 325.
[56] Hua XI, S. 4.
[57] Hua XI, S. 3.
[58] EU, S. 87.
[59] Vgl. Hua XI, S. 5.
[60] Hua XI, S. 88.
[61] EU, S. 87.
[62] EU, S. 93.
[63] (Hua Mat VIII, S. 254)
[64] EU, 92.
[65] Hua XLII, S. 105.

Vorbekanntheit".[66] Bekanntheit ist ein ganz allgemeiner Bewusstseinsmodus, in dem irgendetwas leer bewusst ist. Die Bekanntheit bezeichnet keinen Gehalt von Etwas, keine Eigenschaft oder Form der Relation des Gegenständlichen, sondern ein „subjektives Wie der Habe".[67] Der Instinkt wiederum hat verschiedene Modi. Eine seiner Auswirkungen ist die Tendenz auf das „Wiedererkennen".[68] Durch die passive Genesis der Sedimentierung und des Wiederauftauchens hat das Subjekt den erworbenen Besitz als seine Habe. Wiederholung ist „als Wiederhabe – des Verlorenen",[69] und Vermissen ist „Vermissen von etwas, worauf ich ständig hinauswill"[70], das Erwerben wie ein „Vermögen, es immer wieder zu genießen".[71] Die Lustaffektion und der Genuss hängen auch mit dem Horizont der Erwartung zusammen: Nicht allein die hyletischen Daten affizieren in der Urimpression, sondern auch „hyletische Antizipationen von Daten, und zwar als ‚Werten', als positiv affizierenden und in Genuss kommenden".[72]

Der Instinkt hat auch Spielräume im „Wiedererkennen, Identifizieren, Unterscheiden".[73] Dies gehört zum „Instinkt der Objektivierung"[74], der auch die primitive Triebkraft für die Intentionalität bereithält.

Der Instinkt trägt wesentlich zum Streben nach der näheren Bestimmungen der Welterfahrung bei. Die Gefühlsaffektionen können unsere „Objektivierung motivieren".[75] Die Affektion kann dem Gegenstand zur neuen Explikation der Eigenschaft motivieren. Husserl nennt die Nahrung als Beispiel. Die Affektion des Hungers und die Lust an der Nahrung motiviert die Gegenstandsauffassung zur Auffassung eines Speisenobjekts. Obwohl eine bestimmte Speise als ein Objekt in meinem vertrauten Objektsumgebung ist, kann dieses Objekt immer noch mich „in neuen Weisen affizieren, also neuartige Gefühle erregen".[76] Das Objekt „übt in neuer Richtung oder gibt dem Ich neue Richtung. Von da geht eine neue Objektivation, eine neue Konstitution aus"[77] Dadurch bekommt dieses Speisenobjekt eine neuartige objektive Eigenschaft. Durch die besonderen Affektionen wie z. B. auch einem instinktiven Bedürfnis, können wie auch eine Objektumgebung der ästhetischen Güter oder Nahrungsgüter bilden.[78]

5. Kenntnis und Praxis

Bei der im Horizont durch Affektion geweckten passiven leeren Intention fehlt noch eine selbstgebende Erfüllung. Laut Husserl ist „jedes erkennende intendierende Meinen eben ein Hintendieren, ein Streben".[79] Die tendierende Intention, wie z. B. ein kennendes Meinen, strebt danach, das Selbst des Seienden in der Anschauung selbstgeben zu lassen. Gleichzeitig ist das Streben auch eine Verwirklichung, die antizipierte Vorerwartung in das Selbst zu bringen, und zwar eine Verwirklichung der Befriedigung des Interesses.

[66] EU, S. 136–137.
[67] Hua Mat VIII, S. 249.
[68] Hua Mat VIII, S. 258.
[69] Hua Mat VIII, S. 273.
[70] Ibid.
[71] Hua Mat VIII, S. 274.
[72] Hua Mat VIII, S. 323.
[73] Hua Mat VIII, S. 258.
[74] Hua Mat VIII, S. 258.
[75] Hua Mat VIII, S. 321.
[76] Hua Mat VIII, S. 337.
[77] Ibid.
[78] Hua Mat VIII, S. 332.
[79] Hua XI, S. 88.

Es besteht eine „doppelschichtige Erfüllung".[80] Einerseits hat die bewahrheitende Synthese den „Charakter des ‚wahr'".[81] Die intendierende Intention ist auf die Selbstgebung gerichtet, die leere Vorzeichnung zur Erfüllung zu bringen. Das Gemeinte als Sinn ist durch die Deckung mit der erfüllten Vorstellung des Selbst identifiziert. Die leere Meinung erhält den „Charakter der bewährten Meinung".[82] Andererseits ist das Streben der tendierenden Intention ein „Sich-befriedigen".[83] Im Prozess der vorstellige Intention kann ein bestimmtes Wert durch die besondere Momente der Vorstellungsinhalte motiviert. Das Sosein der vorstelligen Sache interessiert uns. „Wir wünschen, dass sie sei, als für und praktisch möglich und erstreben sie dann eventuell als handelnd zu realisierende".[84] Die Sache ist für uns wert und erfüllt sich in der Herstellung der Gewissheit ihres Seins. Das Streben auf die Wirklichkeit ist nicht nur nach der Erfassung der Sache in der Anschauung oder der Bewährung der Vorgestellte. Sondern auch ist das Streben eine „Verwirklichung des Wertes, die Erfüllung der wertenden Intentionen".[85]

Wenn wir die passiv erwachsene Intention, bzw. das Gerichtet-Sein, das Zugewendet-Sein, entsprechend der drei Momente betrachten, und zwar den hyletischen Daten, den sinnlichen Gefühle und der Kinästhese, können wir die Verbindung herausfinden, dass die Intention, die nach der selbstgebenden Anschauung sucht, gleichzeitig selbst auch eine Verwirklichung der Werte ist. Hier können wir in der passiven rezeptiven Stufe[86] das sehen, dass die kennende, oder erkennende, Intention und die praktische Intention zusammengehörig sind.

Das Kenntnisstreben nach der Erfüllung ist auch die Befriedigung des strebenden Begehrens der Intention. Ein wissenschaftliches Erkenntnisstreben muss auch durch das Erkenntnisinteresse der höheren Stufe motiviert werden. In Erfahrung und Urteil parallelisiert Husserl das erkennende Handeln, wie eine Erzeugung der kategorialen Prädikation, mit dem praktischen Handeln bzw. eine willentliche Realisierung.[87] Das Erkenntnisinteresse hat kein Beitrag zum Inhalt des Wissens der Welterkenntnis, aber bietet das motivierende Streben nach der Befriedigung der „Klarheit der Gegebenheit"[88], m. a. W. nach der Befriedigung der Evidenz.

6. Die Fundierung des nicht-objektivierenden Akts auf dem objektivierenden Akt

Es gibt viele Forschungsarbeiten, die behaupten, dass die genetisch-phänomenologische Analyse des Wollens eine Revision der statischen Analyse darstelle[89], genauer: eine Revision des Fundierungsverhältnisses zwischen nicht-objektivierendem und objektivierendem Akt, wie es Husserl in den Logischen Untersuchungen vorbringt.[90] Ich vertrete dagegen den Standpunkt, dass

[80] Hua XI, S. 88.
[81] Hua XI, S. 89.
[82] Hua XI, S. 88.
[83] Hua XI, S. 88.
[84] Hua XI, S. 89.
[85] Hua XI, S. 89. Anschließend meint Husserl, dass solche wertende Intention auch durch die Vorstellung fundiert ist.
[86] Jede Aktivität hat einen Anteil der Passivität. Aber die Passivität im Sinne der Rezeptivität ist auch schon eine Arte der Aktivität, aber einer niedrigsten Stufe der Aktivität. Die Passivität zeigt immer bereits eine minimale subjektive Leistung des Bewusstseins.
[87] EU, S. 235.
[88] EU, S. 238.
[89] Melle, Ullrich (1992), „Husserls Phänomenologie des Willens", in: Tijdschrift voor Filosofie 2, 280–305, 304 ff.; Müller, Gisela (1999), *Wahrnehmung, Urteil und Erkenntniswille: Untersuchungen zu Husserls Phänomenologie der vorprädikativen Erfahrung*, Bouvier Verlag: Bonn, S. 156; Peucker, Henning (2015) „Hat Husserl eine konsistente Theorie des Willens? Das Willensbewusstsein in der statischen und der genetischen Phänomenologie", in: *Husserl Studies* 31, 17–43, S. 39 ff.
[90] Hierzu Ullrich Melle: „Wenn aber alles Bewusstsein den Charakter strebend-voluntativer Intentionalität hat, dann bedeutete dies offensichtlich eine grundlegende Modifikation dieses statischen Bewusstseinsbegriffs", in: Melle (1992), S. 280–305, S. 304 ff. – Gisela Müller fragt, „ob das in der statischen Intentionalanalyse aufgewiesene Fundierungsverhältnis, dem gemäß die personalen Akte des Wertens

Husserl das Fundierungsverhältnis in der genetisch-phänomenologischen Analyse nicht aufgibt. Die genetische Analyse ist keine ‚Korrektur' der statischen, sondern eine Ergänzung: Sie erweitert das intentionale Erlebnis um den inneren Lebensaspekt des Motivationszusammenhangs. Im Text von Erfahrung und Urteil, der geprägt ist durch die genetisch-phänomenologische Methode und in dem das Wollen als tendierendes Streben charakterisiert wird, ist das Verhältnis des fundierten Akts auf der fundierenden Anschauung noch vorhanden und indirekt zu finden.

Von meinem Standpunkt aus ist die genetisch-phänomenologische Analyse keine kritisierende Modifikation des statischen Fundierungsverhältnisses des Willensakts, sondern eine Ergänzung und Vervollständigung um den Lebens- und Motivationsaspekt in der intentionalen Erfahrung.[91] In der genetisch-phänomenologischen Analyse hat der unterliegende, objektivierende Akt bereits die Struktur des affektiven Gefühls und kinästhetischen Strebens; das Ich ist durch Interesse und Wertgefühl zum aktiven Spontaneitätsakt motiviert. Was die genetisch-phänomenologische Analyse ergänzt, sind Gefühl und tendierendes Streben als subjektive Momente der intentionalen Erfahrung in der vorstellenden, fundierenden Stufe.

Wertgefühl und tendierendes Streben sind bereits bei der Zuwendung des Ich in der rezeptiven Wahrnehmung zu finden. Die rezeptive Wahrnehmung, in den Logischen Untersuchungen als objektivierender Akt charakterisiert, ist keine bloße Vorstellung eines Gegenstands. Vielmehr ist sie in der genetisch-phänomenologischen Analyse bereits mit subjektiven Motivationsmomenten wie Interesse, Gefühl und Kinästhese als praktische Möglichkeit etc. verbunden. In der objektivierenden Wahrnehmung kann das Ich bereits durch Wertgefühl affiziert und zum tendierenden Streben motiviert werden. Die doxisch-gefühlsmäßig-strebenden Momente sind in der Stufe der passiven Rezeptivität immer im Zusammenspiel.

7. Fazit

In den C-Manuskripten meint Husserl immer noch, dass die Wertkonstitution auf eine Vorstellung basieren sollte und die Intentionalität des Instinkts ein nicht-objektivierender Akt ist.[92] Ein der Gründe dafür ist, dass nur das Empfindungsdatum den Vorstellungsinhalt des Gegenstands repräsentieren kann und die sinnlichen Gefühle nicht. Dieses Fundierungsverhältnis ist in den späten *C-Manuskripten* immer noch zu finden. Die Lebensmomente der subjektiven Seite z. B. wie Gefühlsaffektion, Streben usw. sind aus der genetisch-phänomenologischen Betrachtung, der Lehre des objektivierenden Akts (z. B. Wahrnehmung) zu ergänzen. Die statisch-phänomenologische Betrachtung wird nicht durch die genetische Phänomenologie ausgelöst oder kritisiert; auch führt die genetisch-phänomenologische Betrachtung nicht dazu, dass wir die auf der statischen Methode aufbauende Theorie aufgeben müssen. Die Empfindungsdaten, das sinnliche Gefühl und die Kinästhese sind die zusammenspielenden Faktoren für einen Vollzug der Gegenstandsauffassung, bzw. der Sinngebung der Intentionalität.

und Wollens immer auf doxischen Akten aufgebaut sind, nicht hinsichtlich der Erfahrungs*genese* einer Revision bedarf", in: Müller (1999), S. 156. – Henning Peucker: „Wenn ein Ergebnis der genetischen Phänomenologie darin besteht, die Unterscheidung von klar abgrenzbaren Erlebnisklassen des Denkens, Wertens und Wollens für künstlich und letztlich unphänomenologisch zu erklären, ergänzt die genetische Phänomenologie nicht die statische, sondern kritisiert sie", in: Peucker (2015), S. 17–43, S. 39 ff.

[91] Über die thematischen und methodologischen Unterschiede zwischen der statischen und genetischen Phänomenologie siehe: Lohmar, Dieter (2017), „Genetische Phänomenologie", in: Luft, S., Wehrle, M. (Hrsg.), *Husserl-Handbuch; Leben – Werk – Wirkung*, Stuttgart: J. B. Metzler, S. 149–157.

[92] Hua Mat VIII, S. 259.

Literatur:

Bernet, Rudolf (2006), „Zur Phänomenologie von Trieb und Lust bei Husserl“, in: Dieter Lohmar, Dirk Fonfara (Herg.): *Interdisziplinäre Perspektiven der Phanomenologie. Neue Felder der Kooperation, Cognitive Science, Neurowissenschaften, Psychologie, Soziologie, Politikwissenschaft und Religionswissenschaft*, Dordrecht, S. 38-53.

Brudzinska, Jagna (2005), *Assoziation, Imaginäres, Trieb. Phänomenologische Untersuchungen zur Subjektivitätsgenesis bei Husserl und Freud,* Diss. Köln.

Brudzinska, Jagna (2017), „In Sachen Glück. Ein genetisch-phänomenologischer Ansatz“, in: *Gestalt Theorie,* Vol. 39, No. 2/3, S. 281–302, De Gruyter.

Bower, Matt E.M. (2014), „Husserl's Theory of Instincts as a Theory of Affection", in: *Journal of the British Society for Phenomenology* 45(2), 133–147.

Hua XI Husserl, Edmund. 1966. *Analysen zur passiven Synthesis. Aus Vorlesungs- und Forschungsmanuskripten 1918–1926* , ed. Margot Fleischer. Den Haag: Martinus Nijhoff.

Hua XXXIX Husserl, Edmund. 2008. *Die Lebenswelt. Auslegungen der vorgegebenen Welt und ihrer Konstitution. Texte aus dem Nachlass (1916–1937).* Hrsg. R. Sowa. Dordrecht: Springer.

Hua XLII Husserl, Edmund. 2014. *Grenzprobleme der Phänomenologie.* Hrsg. R. Sowa und T. Vongehr. Dordrecht: Springer.

Hua Mat. VIII Husserl, Edmund. 2006. *Später Texte über Zeitkonstitution (1929-1934): Die C-Manuskripte.* Hrsg. Dieter Lohmar. Dordrecht.

Husserl, Edmund, *Erfahrung und Urteil*, Hrsg. Landgrebe, Ludwig, Hamburg: Meiner, 1999.

Lee, N.-I. (1993), *Edmund Husserls Phänomenologie der Instinkte*, Dordrecht: Kluwer Publishers.

Lohmar, Dieter (1998), *Erfahrung und kategoriales Denken. Hume, Kant und Husserl über vorprädikative Erfahrung und prädikative Erkenntnis,* Dordrecht.

Lohmar, Dieter (2017), „Genetische Phänomenologie", in: Luft, S., Wehrle, M. (Hrsg.), *Husserl-Handbuch; Leben – Werk – Wirkung*, Stuttgart: J. B. Metzler, 149–157.

Lotz, Christian (2002), „Husserls Genuss: Über den Zusammenhang von Leib, Affektion, Fühlen und Werthaftigkeit“, in: *Husserl Studies*, 18, S. 19–39.

Melle, Ullrich (1992), „Husserls Phänomenologie des Willens", in: *Tijdschrift voor Filosofie* 2, 280–305.

Müller, Gisela (1999), *Wahrnehmung, Urteil und Erkenntniswille: Untersuchungen zu Husserls Phänomenologie der vorprädikativen Erfahrung*, Bouvier Verlag: Bonn.

Peucker, Henning (2015) „Hat Husserl eine konsistente Theorie des Willens? Das Willensbewusstsein in der statischen und der genetischen Phänomenologie", in: *Husserl Studies* 31, 17–43.

Schuhmann, Karl (1991), "Probleme der Husserlschen Wertlehre", in: *Philosophisches Jahrbuch* 98 (1), 106–111.

Spano, Nicola (2021), „The Genesis of Action in Husserl's Studien zur Struktur des Bewusstseins“, in: *The Journal of the British Society for Phenomenology*, DOI: 10.1080/00071773.2021.1909426

Vargas Bejarano, Julio C. (2006), *Phänomenologie des Willens. Seine Struktur, sein Ursprung und seine Funktion in Husserls Denken,* Berlin: Peter Lang.

Walton, Roberto (2017) "Horizonality and Legitimation in Perception, Affectivity, and Volition", in: Walton, R./Taguchi, S./ Rubio, R. (Hrsg.), *Perception, Affectivity, and Volition in Husserl's Phenomenology*, Springer, S. 3–20.

www.ingramcontent.com/pod-product-compliance
Lightning Source LLC
LaVergne TN
LVHW081256100826
845148LV00005B/890

9781801351720